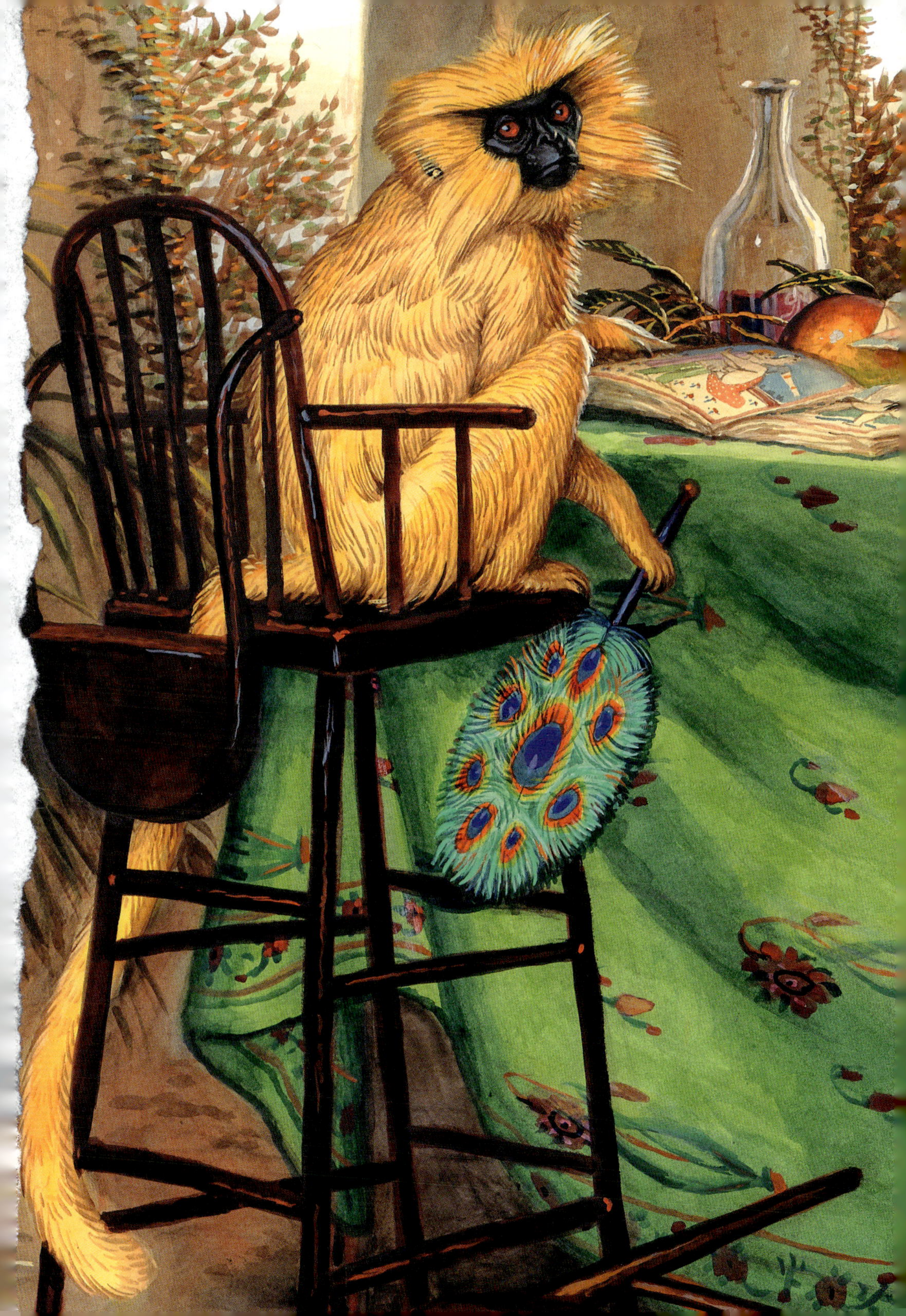

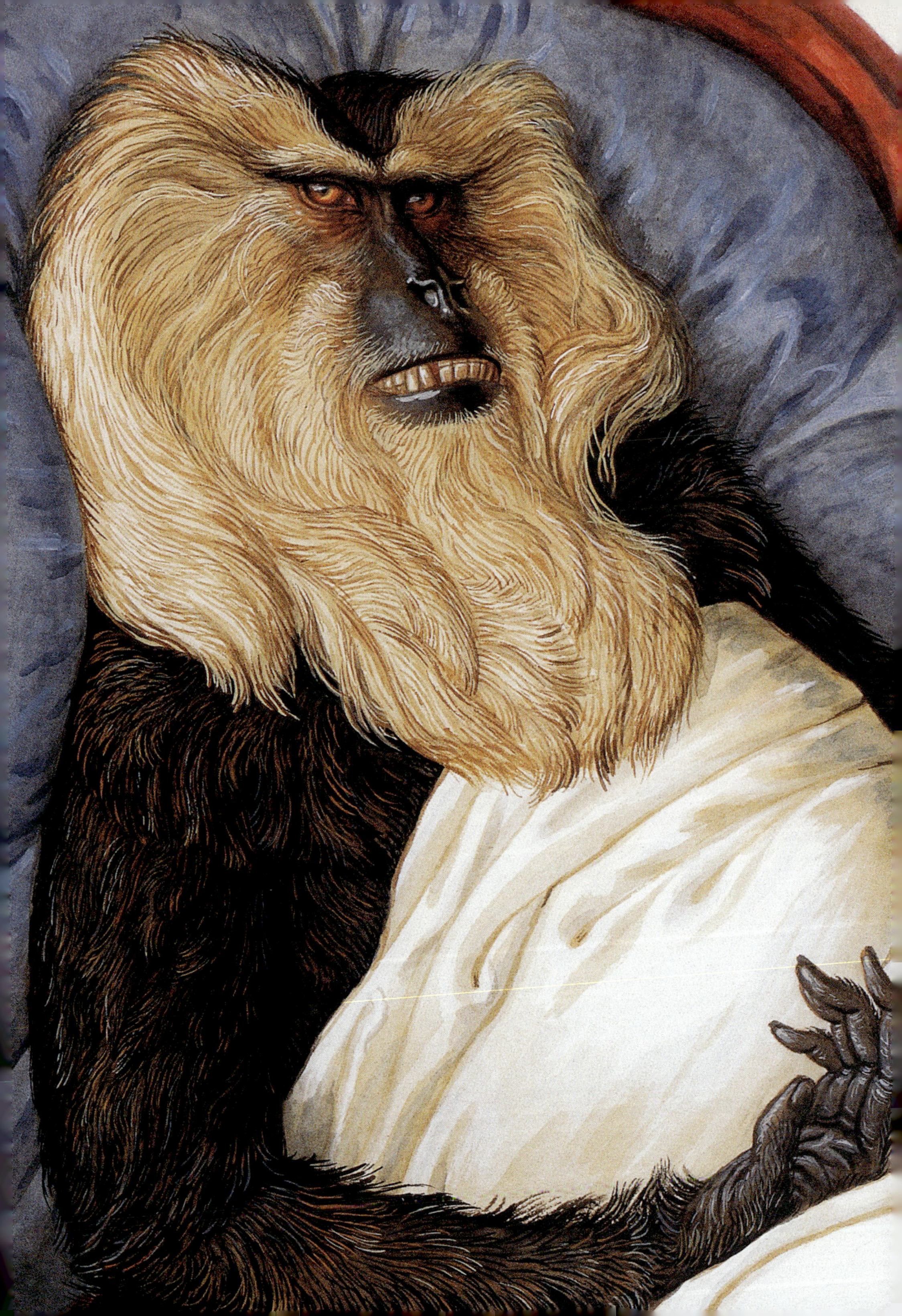

WALTON FORD

Pancha Tantra

Directed and produced by
Benedikt Taschen

Fifth edition, revised and updated

TASCHEN

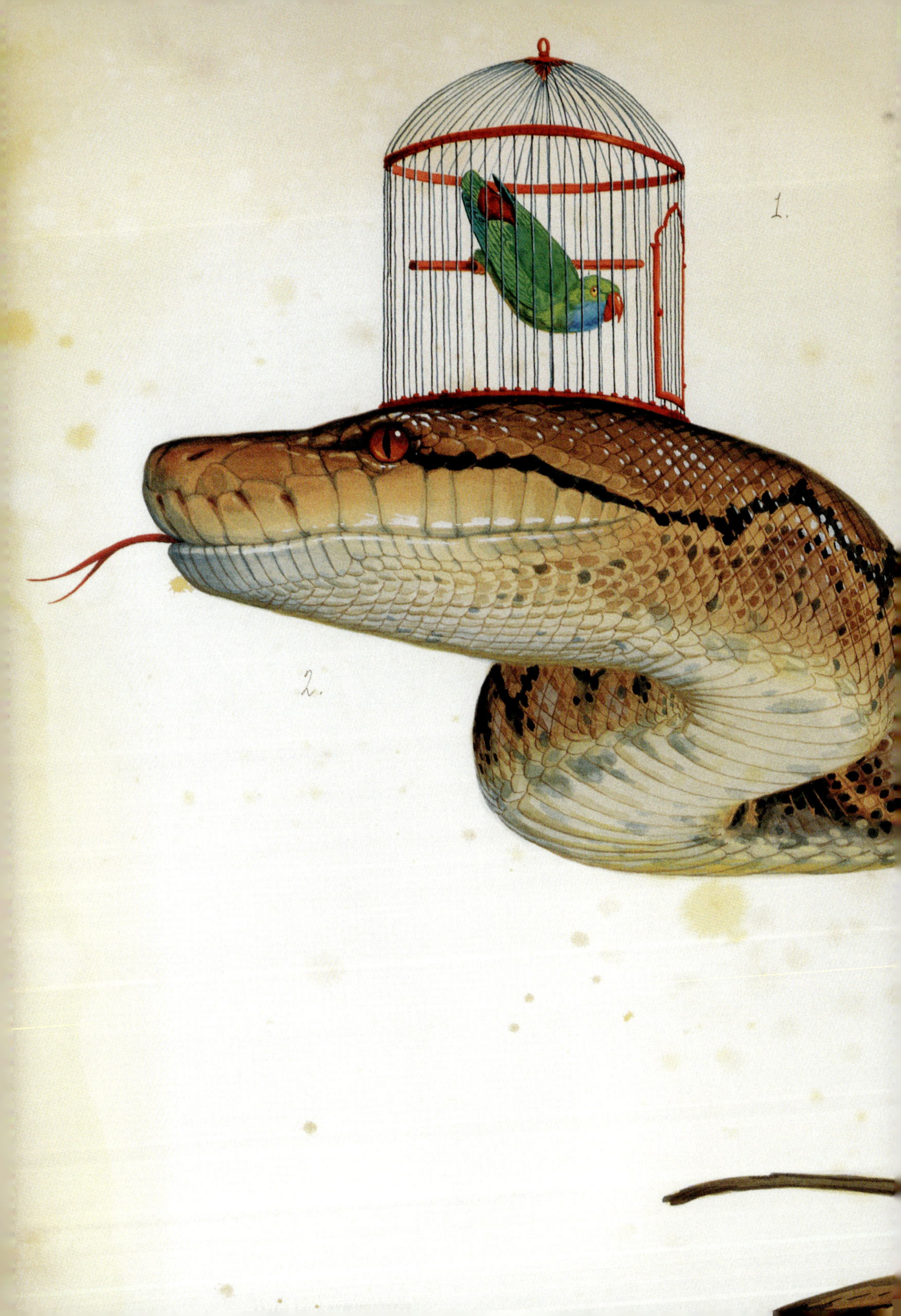
1.
2.

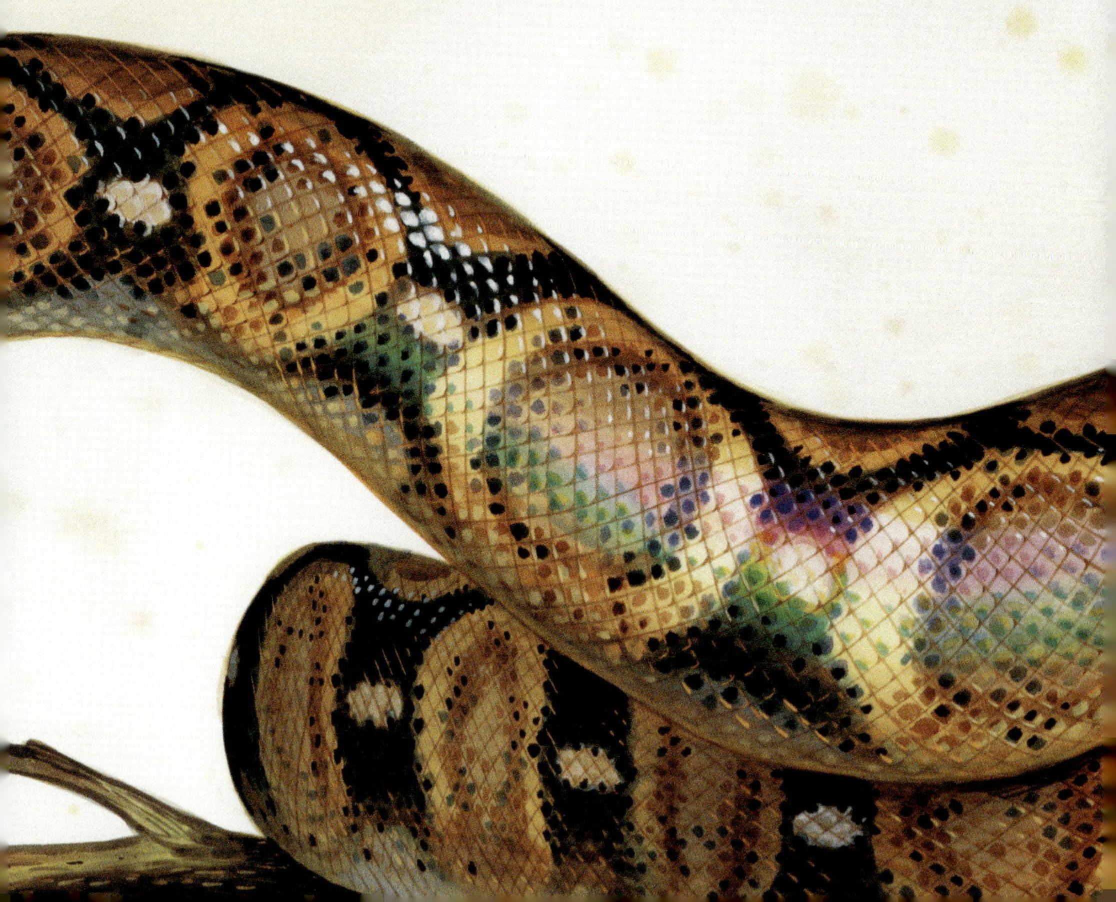

If only greed be there
For some material feast,
How draw a line between
The man-beast and the beast?

The Pancha Tantra

Field Studies
Walton Ford's Bestiary

By Bill Buford

*When I pulled the trigger I did not
hear the bang or feel the kick—one
never does when a shot goes home—
but I heard the devilish roar of glee
that went up from the crowd. In that
instant, in too short a time, one would
have thought, even for the bullet to get
there, a mysterious, terrible change had
come over the elephant. He neither
stirred nor fell, but every line of his
body had altered.*
— GEORGE ORWELL,
"SHOOTING AN ELEPHANT"

George Orwell famously shot an elephant in
Burma when he was twenty-five years old and
working as a colonial policeman, after the animal,
which had been in must, had killed a man. Orwell
fired five times in the vicinity of the elephant's
heart. He then sent for another rifle, and shot the
elephant some more, until, overcome by its not
dying and the protracted wheezing, he walked
away. This was 1927. The literature of big-game
hunting hadn't entirely devolved into an absurd-
ist wealthy white-man's self-parody. Hemingway
hadn't taken his first safari yet, and there were
still plenty of raw, genuine *bwana*-memoirs of
the I-saw, I-shot-them, I-returned-home-with-
my-life variety, like *The Recollections of William*

Finaughty, published around the same time, jaunty
true tales of an ivory-trader's derring-do—surviving an elephant's trampling, say, or a herd's
charging, or being followed by two calves who
believed that the hunter, having killed their moth-
ers, had somehow taken over their maternal roles.
(Unlike Orwell, Finaughty knew that you shot an
elephant by avoiding its hide—not through the
heart, but through the ear.) But Orwell's essay is
the writing that has endured—more so even than
Hemingway's African stories—in part because
it is the most modern, possibly the first modern, account of killing an animal. What matters
isn't the death so much, or even the animal, but
the anthropology: the colonial resentment of the
British, the jeering Buddhist priests, the Impe-
rial prisons, the floggings, the immense crowd,
two thousand "yellow faces" looking for a piece
of theatre, the botched job.

Walton Ford's *Nila* puts Orwell's essay in
mind. In some respects, this painting, too, is
a study of an animal's anthropology. The elephant
is also in must, but, unlike Orwell's, is not dangerous, but distractedly happy, drooling, opened
mouthed, with a long, pink, anatomically precise curving erection. Oxpickers—the indige-
nous white birds that feast on the parasites in an
elephant's hide—have been replaced, in Ford's

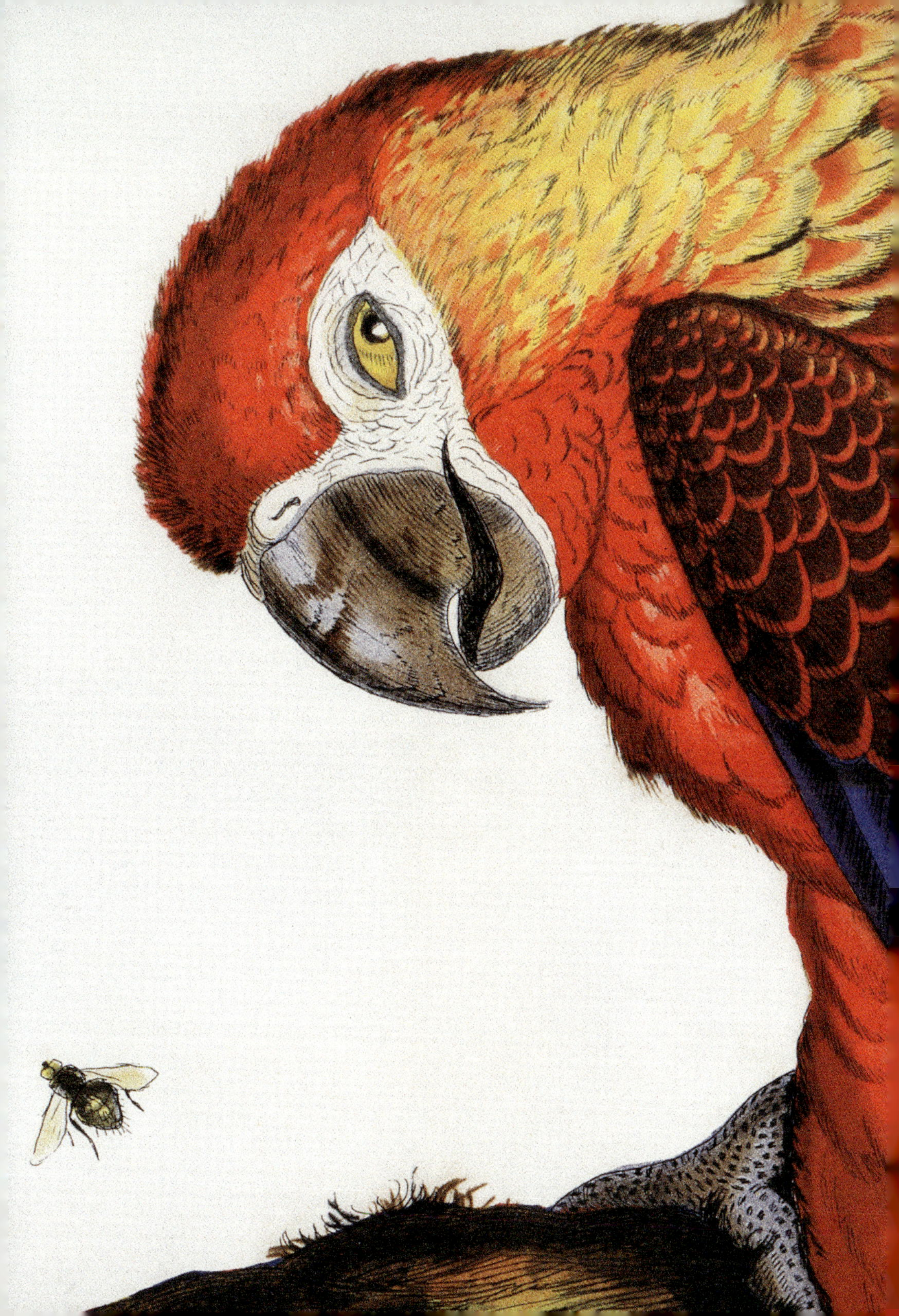

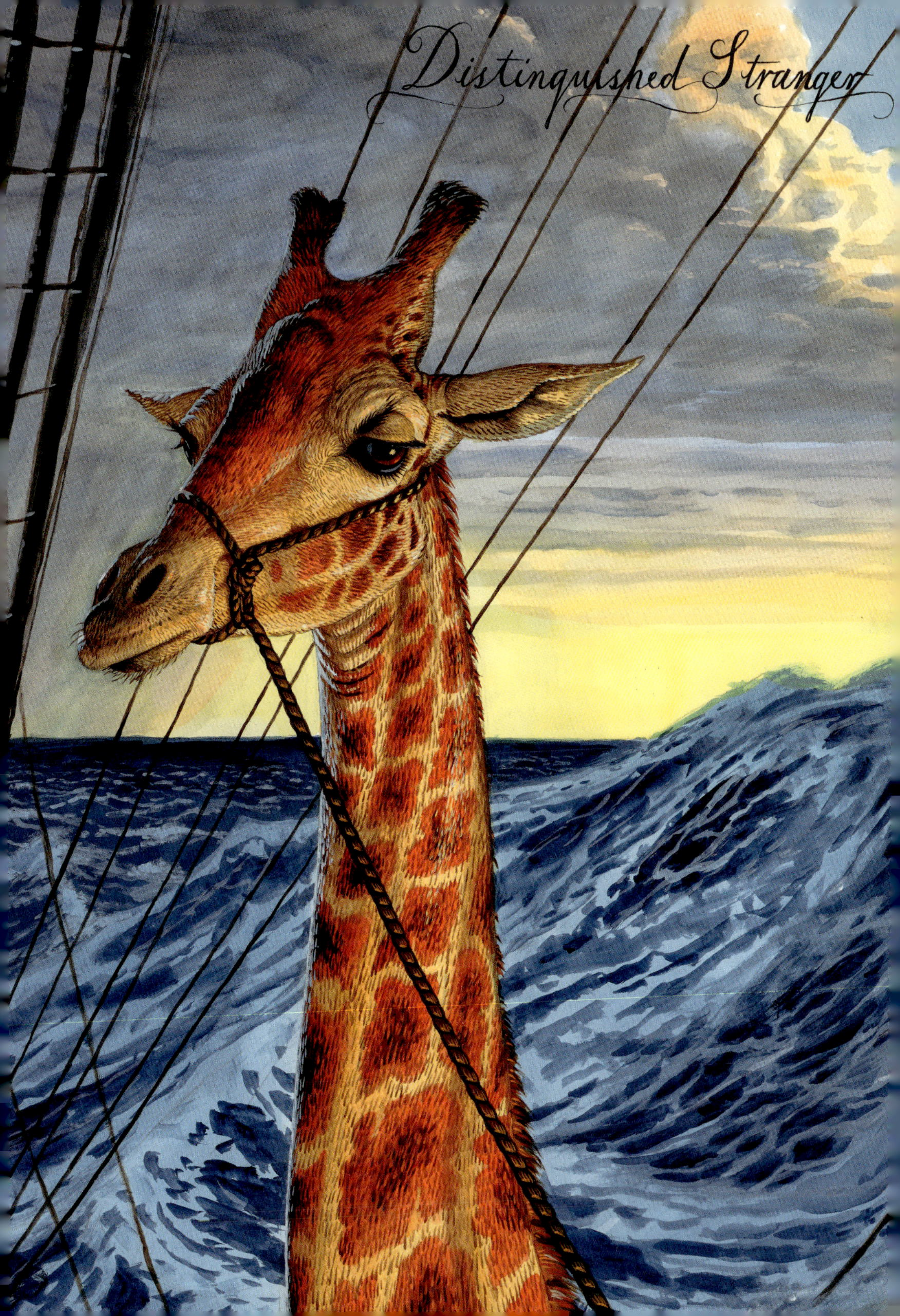
Distinguished Stranger

Page 1: **Manners, Customs, and Habits**, 2021 (detail)
Page 2: **Jack on His Deathbed**, 2005 (detail)
Pages 4–5: **Atma**, 1998 (detail)
Page 7: **La Historia Me Absolvera**, 1999 (detail)
Opposite: **Distinguished Stranger**, 2022 (detail)

version, by an aviary of foreign fowl, each with a culturally weighted association (starlings, nightingales, white owls, a rooster, vultures, and a shrike that seems to be having its way with the only native, a little parrot, right there on the end of the penis). The painting seems to be encouraging us to see the elephant as more than an elephant—India, perhaps, or the East, or undisturbed nature. And the birds themselves, all Western, seem to be the insidious successors to Orwell's Empire managers—tourists, hippie backpackers, corporate opportunists, know-it-all field workers. But there is much more going on as well.

For a start, there is the obtrusive physical fact of the thing. The painting is gigantic, literally as big as an elephant. (And deliberately so– these paintings seem to aspire to the actual size of the beasts they depict, as though Ford were driven by some larger purpose, an explorer's imperative, perhaps, to capture an animal in its immediacy before it returns into its wildness.) *Nila*, the mammoth centerpiece of "The Tigers of Wrath," the Brooklyn Museum's retrospective of a mere decade of Ford's work (it ran from October 2006 to February 2007), used up a whole wall and was too big to take in without standing at some distance from it. If you didn't, you saw only the details. In fact, you had no choice: The picture was broken down into twenty-two panels, like so many separate paintings with their own sense of composition, serving to reinforce the overall elephantine proportions and the sense that anything so large (an animal,

a building, a life) will always be understood differently by different people at different spots.

Then there is the physical texture. Like Ford's other works, *Nila* is a watercolor, painted on paper, not canvas, an unsettling evanescence, which, in me, at least, gave rise to a feeling that I could tear the picture off the wall, crumple it up into a giant ball, and throw it away. Ford's watercolors ask you to see them as field notes, an anachronistic conceit, like hastily done dispatches or reports, a bearing witness (again, that explorer's imperative) of some rare creature suddenly sighted. I kept staring hard at what Ford works with: so portable but so perishable. All painters have had to find their relationship to photography. Ford discovered his by projecting himself into a world that didn't yet have a camera.

And then there is the bibliographic urgency. You can't ignore that the paintings want you to think of them in the context of a specific history, almost as if they were not paintings, but documents or literary works. (*Nila*, in this regard, is exceptional because it has so little commentary: Many have an actual script written round the margins, often half-rubbed-out, a diary entry or a favorite passage from a book, something essential to the initial composition, possibly scrawled there to help keep the artist focused.) Almost all of these paintings owe their conception to a piece of text. The journals of Richard Burton, the nineteenth-century British explorer who became convinced that he could speak to monkeys in their own language, inspire *The Sensorium*. The louche history of the Earl of Rochester, the infamous seventeenth-century wastrel and rogue, informs *The Debt to Pleasure*. A nineteenth-century guide to bird trapping, the autobiography of Benvenuto Cellini (which includes the burning of a salamander—the magical creature meant to survive fire—in the family hearth), the sixteenth-century diary of a Dutch explorer (the entry describing a polar bear's killing two crew members), a letter by the degenerate English Consul in Naples (about a pet monkey that enjoys enemas): Ford, I find myself thinking fancifully, must be one of the first artists since the invention of the paintbrush to find his images not from the world, in all its color and clutter and shapes, but from books. I exaggerate but the exaggeration seems to describe the uniqueness of the nonvisual way this highly visualizing mind seems to work. While the paintings themselves—flamboyantly detailed, extravagantly precise—might invite the obvious comparisons to the wildlife work of John James Audubon, the texts they are based on (I imagine Ford's discovering them in cracked leather bindings or on a shelf in a dark library of a neglected country estate, the walls mounted with hunting trophies) reveal something else at work, a writerly imagination: Bruegel by way of Borges. *Of course,* a Ford elephant painting would suggest an essay by Orwell—a literary imagination invokes literary associations—even though the essay itself probably didn't inspire the painting. That inspiration, typically, was found in a much more obscure text, an ancient elephant-training manual, translated from the Sanskrit in 1985, that includes an explanation of the origins of must, which, according to the anonymous author, was invented at the beginning of the world and distributed among all of Brahma's creations, half of it going to every living thing on the planet, *except* the elephant, which then got all of the rest. And *that's* what you see in *Nila*—a unique animal madness, the energy of a wild, frightening, unfocused arousal, there, a fury of excess, quickly, before it goes.

Walton Ford is one of the most unmodern of modern painters—a premodernist, trying to reconnect us to a rustic, rough land that had many more animals in it, and many more animals known by the people nearby, than the barren cities and suburbs where most of us now live. Audubon, and others, may have found a home in a place like this, but didn't understand it, or see it, with Ford's compelling starkness. It is evident in the most elementary-seeming details. Like Audubon, Ford paints birds; birds have beaks; like Audubon, Ford paints beaks. But no one has painted beaks with such violent relish. Conventionally, the beak defines a bird's ability to find food. The way a finch's beak changes, from island to island in the Galapagos, according to the environment and what is available to eat, is at the heart of Darwin's theories of natural selection. In Ford's hands, a beak becomes a Darwinian nightmare. For a pink flamingo, in the last broken thrashings of its life, the beak is a trumpet of pain. In a tug-of-war for a small scrap of flesh, between a stork and an Egyptian vulture (bird of life, bird of death), the beak is a vise, a tenacious tool of possession. Between a bee-eater and a grey hornbill, the beak is a mortal instrument, piercing another bird's egg

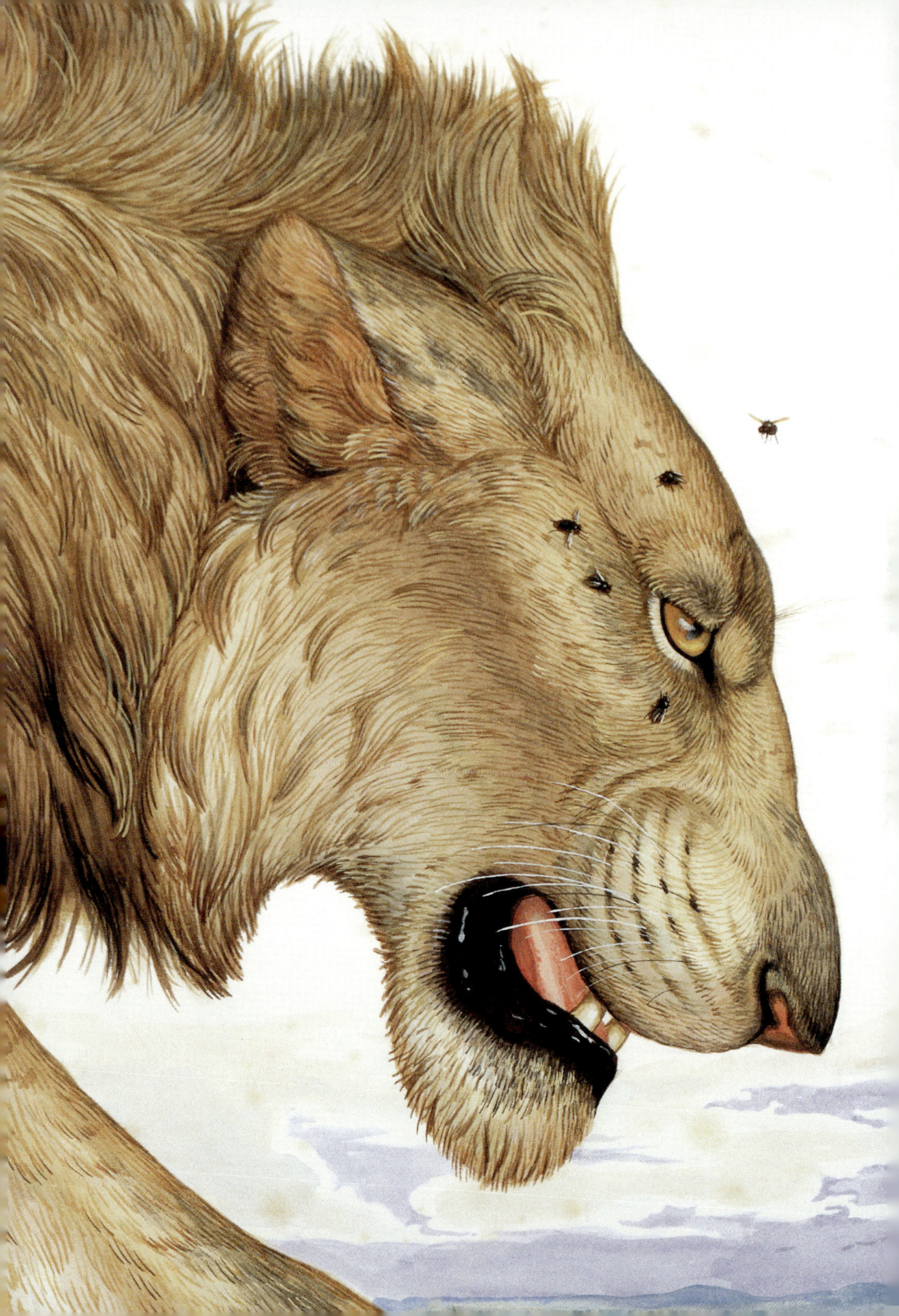

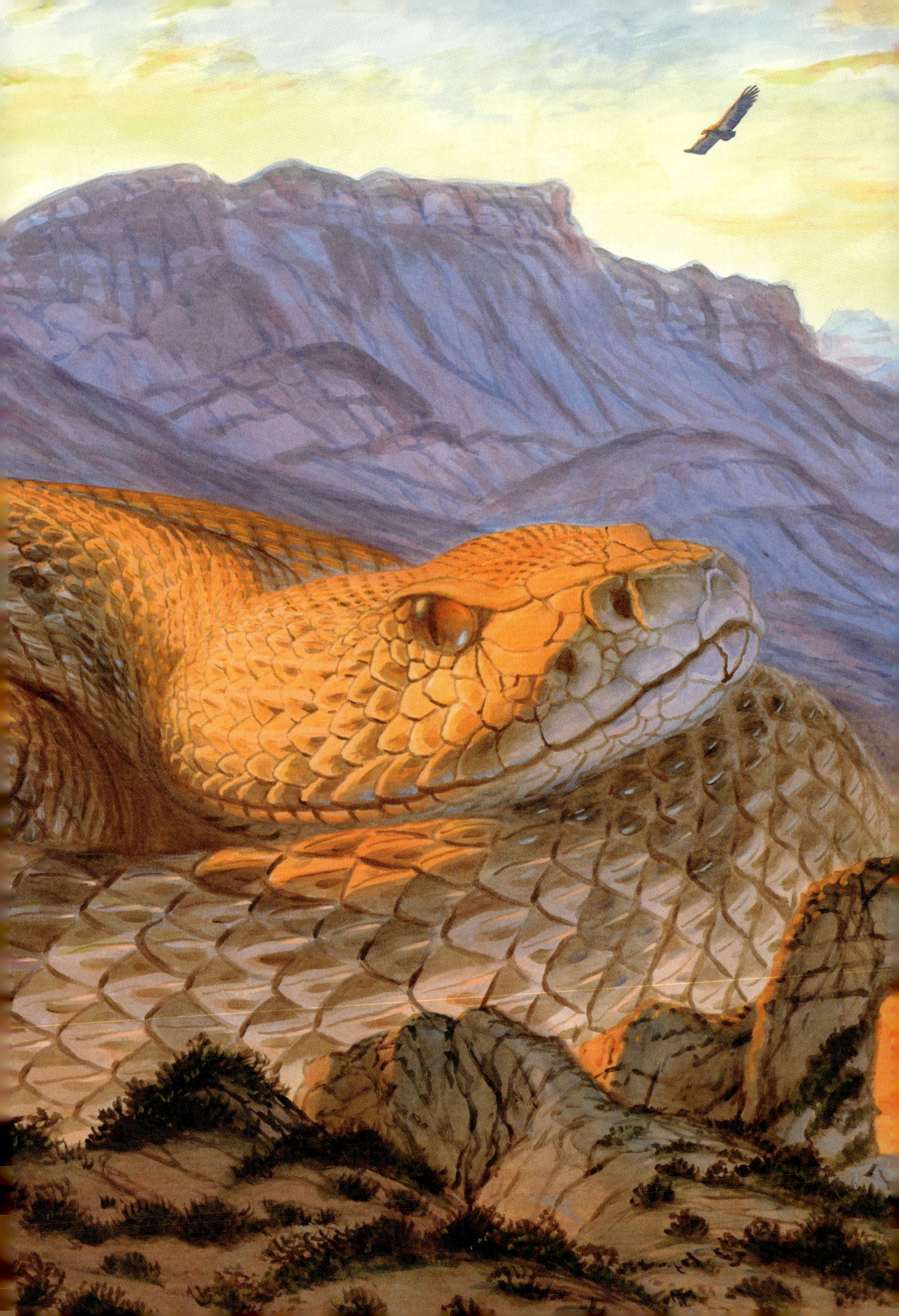

and draining its contents—a birth terminated, a life continued (*Last Freedom Fighter*). With its beak, the Indian hawk tears the flesh of a still-talking parrot (*Sights*). With its beak, a stork is about to consume a nest of smaller birds (*Chalo, Chalo, Chalo!*). With its beak, a gray parrot bites the bait that will trap and kill it (*Au Revoir Zaire*). With a beak, birds peck and eat and build nests and wound. In Ford's hands, a beak does indeed define a bird's ability to find food, but it also facilitates its ability to destroy.

The painting that continues to haunt me is *Der Pantherausbruch*, depicting a black panther (life-size, of course) in the Alps, chased by villagers with torches, a surreal, preposterous image, until you read the historical clues scattered around the composition. The inspiration, again, is a book, an obscure text about animals in captivity, which includes a 1934 account of a black African cat that escaped from the Zoological Gardens in Zurich and then managed to survive in and around the snowy communities of the nearby mountains, eating livestock, spotted more often and in more places than could ever have been possible. And with each newly reported sighting, the panther became more than a panther: no longer a cat but a wolf, and not just a wolf but a cat-wolf, a menacing contradiction, a demon, a ghost, something very, very dangerous. Having learned how the work was conceived (Ford regularly makes you go out into a world beyond the paintings in order to understand them), I returned to the image and saw it in different ways—the surrealism wasn't in the artist but in history—attracted now to the terror it was describing: of an unknown and unknowable animal in a church-going, solemn village, a piece of Africa at large in the very center of Europe. In this terror is everything. Anybody who has found a home, even an occasional one, in the wilderness, knows it and recognizes its qualities: irresistible and utterly repellent. Once I start studying the picture, I can't leave it—the cat's taut muscles, the breath, the intensity of its stare, its complete and total awareness. The villagers matter the least, except as a dull force of brutality and ignorance. The subject is the animal.

Orwell could walk off and leave behind an elephant that he'd shot but that hadn't died. The elephant for him existed in its relationship to everything else around him; a political relationship. Ford, the premodernist, isn't political. He gives us the elephant, not the crowds; the panther, not the villagers; a sky of birds, in their energy and danger and unpredictability. Sometimes I find myself imagining what Walton Ford would have done with Orwell's elephant. In Orwell's hands, the elephant is an oppressive, ponderous fact: the huge pale pink throat that the author kept shooting into, the blood like red velvet, the Burmese standing by with their baskets, waiting to cut up the flesh and carry it off. But in Ford's hands, what would the elephant be? A depiction of waste and pain and squandered joy, the life of a great animal—in its vitality, its complexity, its overwhelming thereness—terminated. I find it hard to believe that there could be another painter alive who has so much to tell.

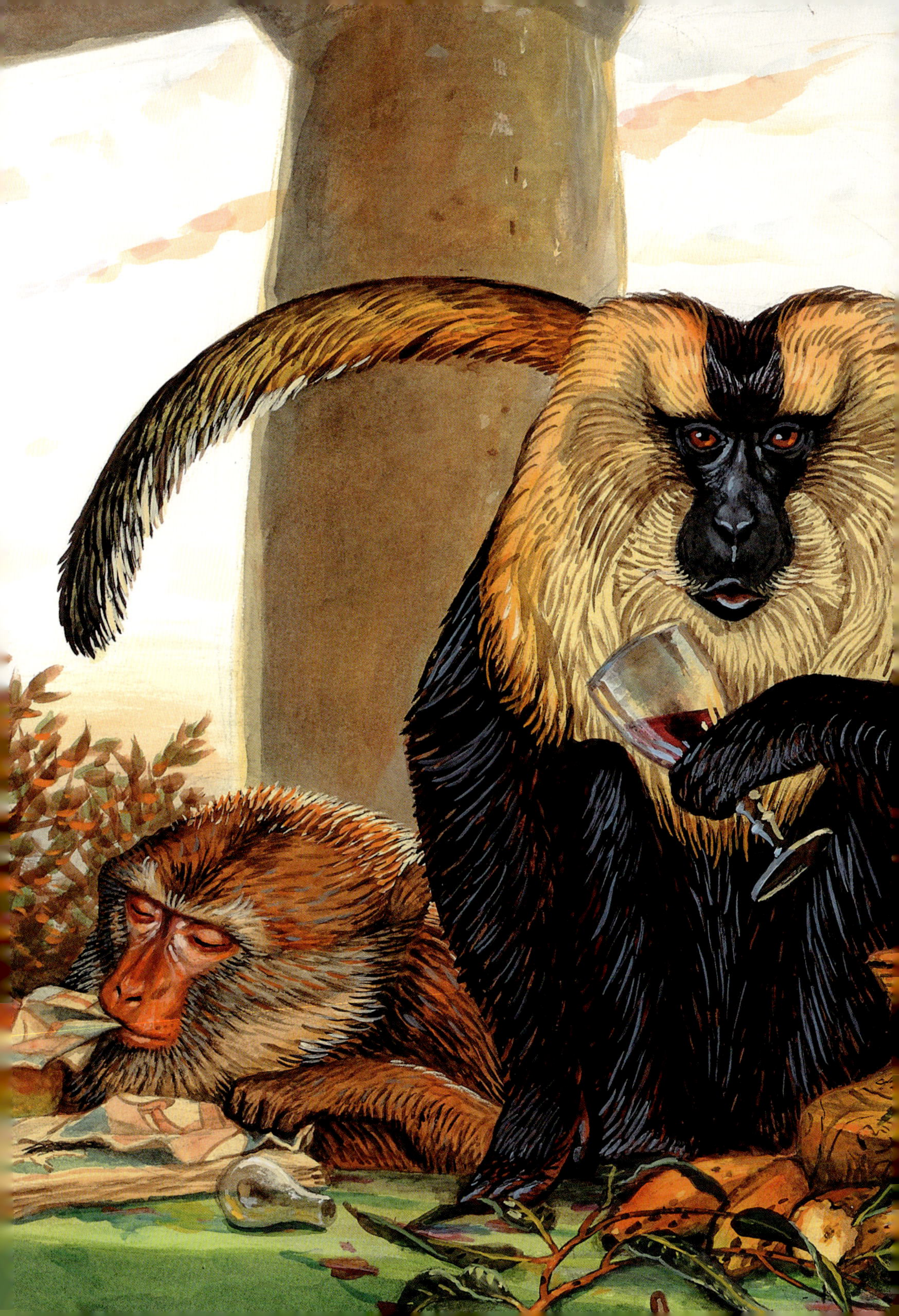

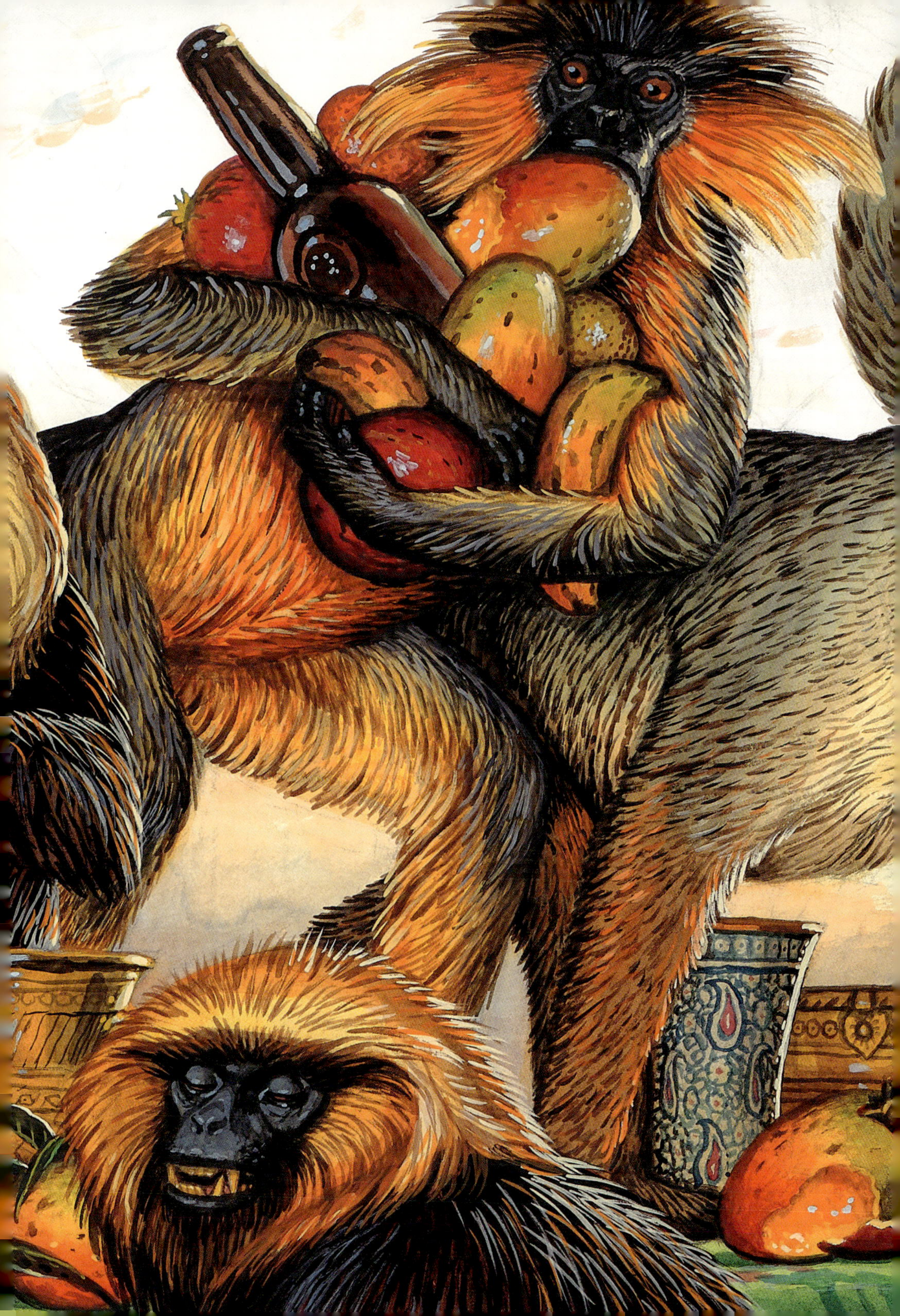

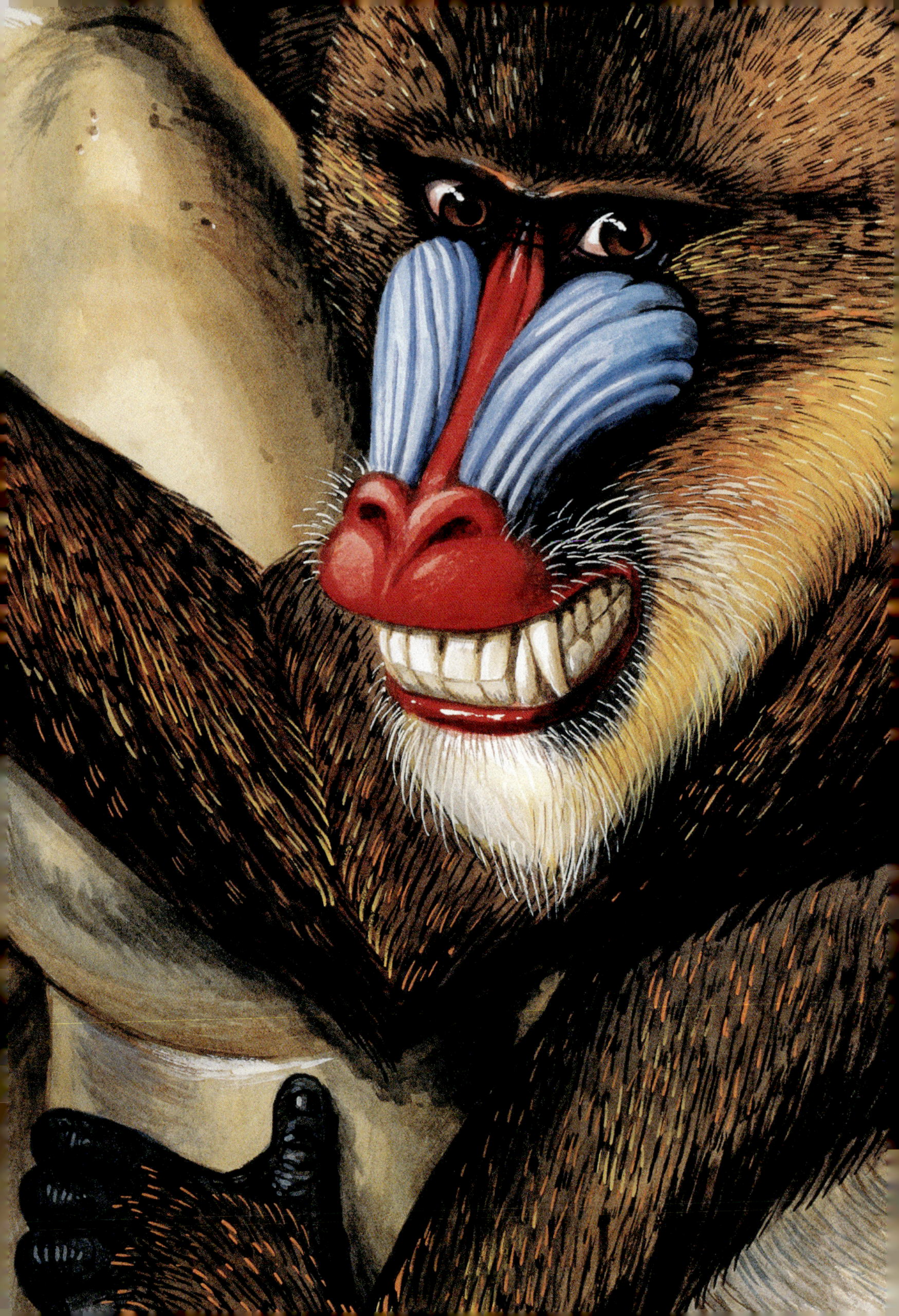

Feldstudien
Das Bestiarium des Walton Ford

Von Bill Buford

Als ich den Abzug drückte, hörte ich weder den Knall, noch spürte ich den Stoß – den spürt man nie, wenn man eine Kugel auf den Weg schickt –, doch ich hörte den teuflischen Aufschrei des Entzückens, der der Menge entfuhr. In diesem Augenblick, ja nach Sekundenbruchteilen, man hätte meinen können, dass die Kugel noch kaum ihr Ziel erreicht hatte, erschien der Elefant auf geheimnisvolle, fürchterliche Weise verwandelt. Er zeigte keinerlei Regung und fiel auch nicht um, doch jede Falte seines Leibes hatte sich verändert.

— GEORGE ORWELL,
„EINEN ELEFANTEN ERSCHIESSEN"

Es ist bekannt, dass George Orwell im Alter von 25 Jahren als Kolonialpolizist in Burma einen Elefanten erschoss, nachdem das brünstige Tier einen Menschen getötet hatte. Orwell feuerte fünfmal auf die Stelle, an der das Herz des Elefanten sitzen musste. Dann forderte er ein anderes Gewehr an und schoss erneut mehrfach auf den Elefanten, bis er schließlich, hilflos, weil das Tier nicht sterben wollte, den Schauplatz des Dramas verließ. Das war 1927. Die Literatur zur Großwildjagd hatte sich noch nicht zur Gänze in eine absurde Selbstparodie wohlhabender Weißer verwandelt.

Noch war Hemingway nicht zu seiner ersten Safari aufgebrochen, und es gab eine Menge jener *bwana*-Memoiren im Stile von „Ich sah, ich erlegte, ich kehrte wohlbehalten nach Hause zurück" wie die etwa zur gleichen Zeit veröffentlichten *Erinnerungen von William Finaughty*, launig erzählte Geschichten eines wagemutigen Elfenbeinhändlers, der berichtet, wie er von einem Elefanten niedergetrampelt wurde und dennoch überlebte, oder wie ihn zwei Kälber verfolgten, die meinten, der Jäger, der ihre Mütter erschossen hatte, übernehme nun die Rolle des Muttertiers. Doch es war Orwells Schilderung – eher noch als Hemingways Afrika-Geschichten –, die die Zeit überdauerte, was zum Teil daran liegt, dass er den modernsten, vielleicht überhaupt den ersten modernen Bericht über die Tötung eines Tieres geschrieben hat. Es geht nicht so sehr um den Tod und auch nicht um das Tier, sondern vielmehr um die anthropologischen Aspekte: die kolonialistischen Ressentiments der Briten, der Spott der buddhistischen Priester, die imperialistischen Gefängnisse, die Züchtigungen, die Menschenmassen, zweitausend „Gelbgesichter", die nach einem Schauspiel gieren, die ganze verfahrene Situation.

An Orwells Kurzgeschichte muss ich denken, wenn ich Walton Fords *Nila* betrachte. In gewisser Hinsicht ist auch dieses Gemälde eine Studie zur Anthropologie eines Tieres. Auch dieser Elefant ist brünstig, doch anders als Orwells Dickhäuter ist er nicht gefährlich, sondern munter, freudig erregt mit offenem Maul und hat eine mächtige, rosafarbene, anatomisch präzise gebogene Erektion. Madenhacker – jene weißen Vögel, die sich in der Heimat der Elefanten an den Parasiten auf der Haut der Kolosse gütlich tun – hat Ford in seiner Darstellung durch einen Schwarm ausländischer Flattertiere ersetzt, von denen jedes eine bestimmte kulturelle Bedeutung hat (Stare, Nachtigallen, weiße Eulen, ein Hahn, Geier und ein Würger, der sich, just an der Spitze des Penis, mit dem einzigen in den Gefilden der Elefanten heimischen Vogel, einem kleinen Papagei, zu vergnügen scheint). Das Gemälde fordert uns geradezu auf, im Elefanten nicht nur den Elefanten zu sehen – vielleicht Indien oder den Osten oder auch die unberührte Natur. Und die Vögel, allesamt im Westen beheimatet, scheinen die heimtückischen Nachfolger von Orwells Kolonialherren zu verkörpern – Touristen, Hippies und Rucksackreisende, Opportunisten und besserwisserische Feldforscher. Doch gibt es noch viel mehr zu entdecken.

Auffällig ist zunächst die physische Präsenz der Darstellung. Das Gemälde ist riesig, buchstäblich so groß wie ein Elefant. (Und mit voller Absicht scheinen diese Gemälde auf die lebensgroße Abbildung der Tiere angelegt zu sein, als triebe Ford irgendein anderer Grund, vielleicht eine Art Entdeckerdrang, ein Tier in seiner unmittelbaren Erscheinung festzuhalten.)

Nila, kolossaler Mittelpunkt der Retrospektive „The Tigers of Wrath" im Brooklyn Museum, bei der Fords Arbeiten aus einem Jahrzehnt präsentiert wurden (die Ausstellung fand von Oktober 2006 bis Februar 2007 statt), nahm eine ganze Wand in Anspruch und war so groß, dass man das Gemälde nur mit einigem Abstand erfassen konnte. Hielt man diesen Abstand nicht ein, konnte man nur Details erkennen. Tatsächlich blieb dem Betrachter keine Wahl: Das Bild war in 22 Tafeln aufgeteilt, in so viele durchkomponierte Einzelbilder, dass die elefantösen Proportionen insgesamt verstärkt wurden und der Eindruck sich vertiefte, dass ein Motiv von diesen Ausmaßen (ein Tier, ein Gebäude, ein Leben) von verschiedenen Betrachtern stets nur aus unterschiedlichen Blickwinkeln begriffen werden kann.

Darüber hinaus hat das Bild eine bestimmte Textur. Wie die anderen Arbeiten von Ford handelt es sich bei *Nila* nicht um eine Leinwand, sondern um ein auf Papier gemaltes Aquarell, das beunruhigend vergänglich erscheint und in mir das Gefühl aufkommen ließ, ich könnte es herunterreißen, zu einem riesigen Papierball zerknüllen und wegwerfen. Fords Aquarelle bringen den Betrachter dazu, sie als Skizzen einer Exkursion zu sehen, ein Anachronismus, wie hastig hingeworfene Berichte, ein bedeutsames Zeugnis (wieder der Imperativ des Entdeckers) der Existenz eines seltenen, plötzlich gesichteten Wesens. Ich vertiefte mich in Fords Maltechnik: so praktisch anwendbar und dabei so vergänglich. Jeder Maler muss für sich ein Verhältnis zur Fotografie

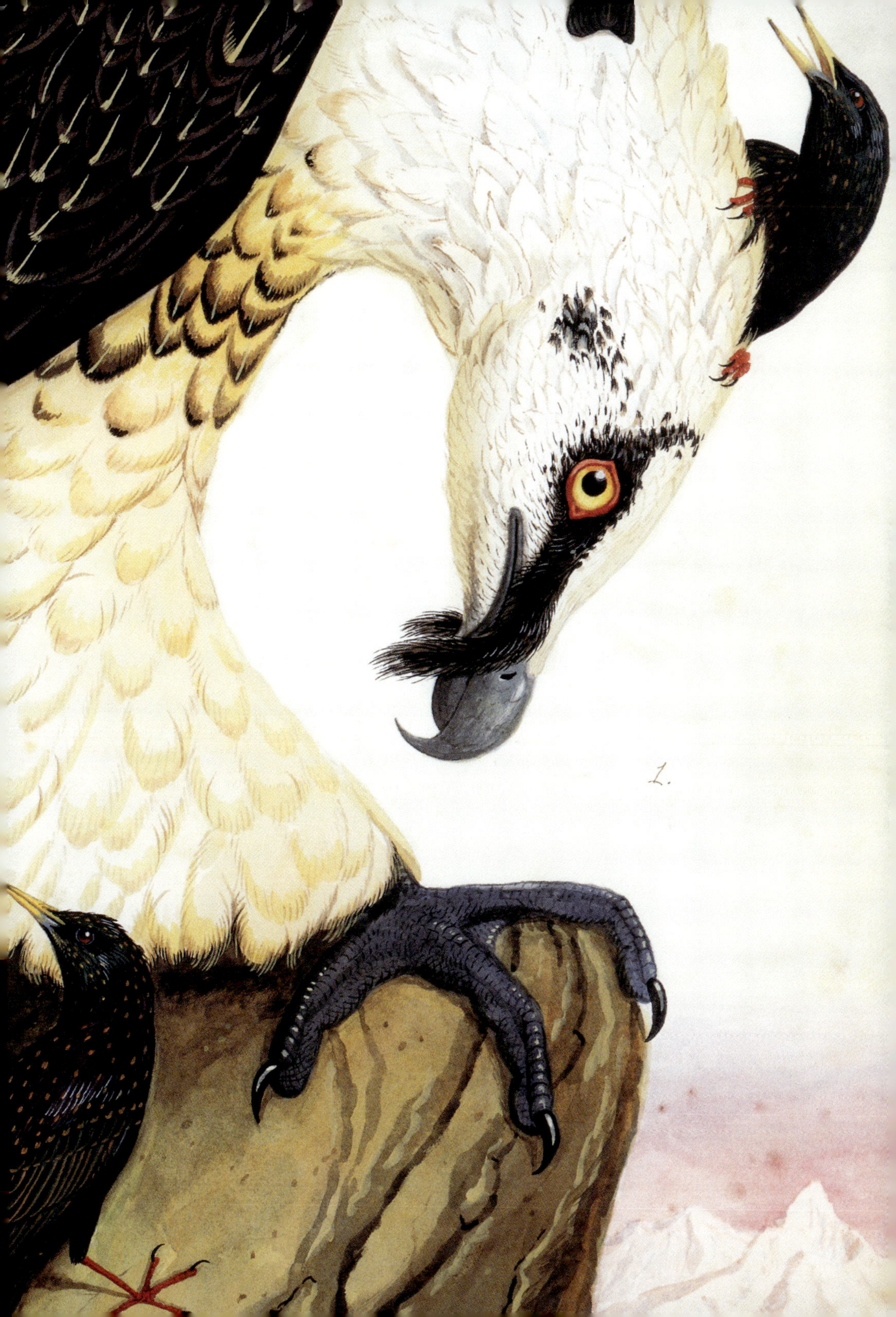

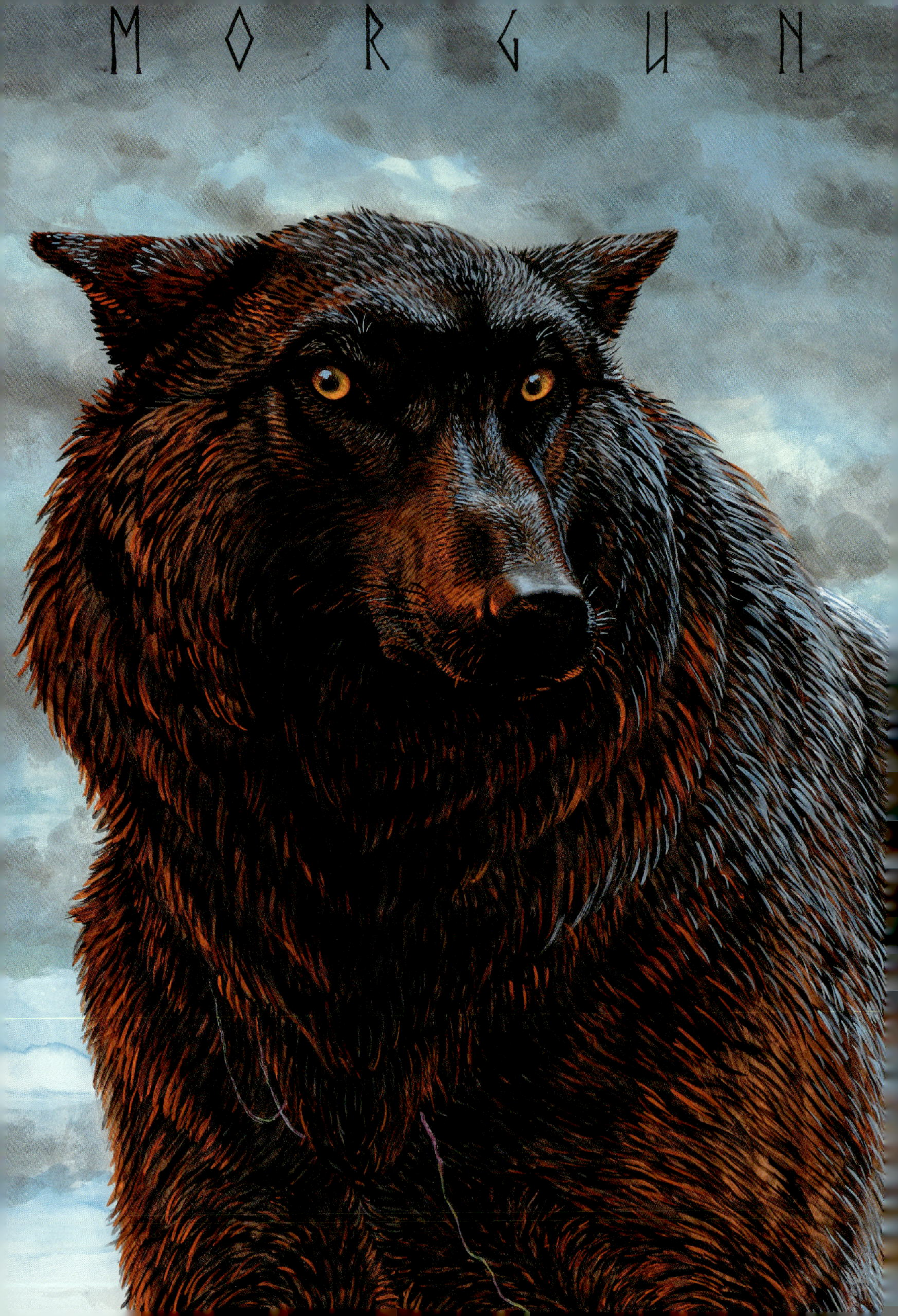
MORGUN

definieren. Ford hat seines gefunden, in einer Welt, bevor es Kameras gab.

Und dann drängt sich das Bibliografische auf. Man kommt nicht umhin, die Gemälde im Zusammenhang mit einer bestimmten Geschichte zu sehen, so als seien sie eigentlich keine Gemälde, sondern Dokumente oder literarische Werke. (*Nila* ist in dieser Hinsicht eine Ausnahme, weil das Bild nur sparsam kommentiert ist. Auf vielen Bildern läuft ein Text an den Rändern entlang, oft halb verwischt, erste Sätze aus einem Tagebuch oder ein Lieblingszitat, irgendetwas, das den Impuls zur Bildidee gab.) Fast alle Gemälde gehen also auf bestimmte Texte zurück. Die Tagebücher Richard Burtons, jenes britischen Entdeckungsreisenden aus dem 19. Jahrhundert, der zu der Überzeugung gelangte, er könne mit Affen in der ihnen eigenen Sprache sprechen, dienten als Anregung für *The Sensorium*. Die zwielichtige Geschichte des Earl of Rochester, jenes berüchtigten Spitzbuben, der im 17. Jahrhundert lebte, steht am Ursprung von *The Debt to Pleasure*. Ein Fachbuch über Vogelfallen aus dem 19. Jahrhundert, die Autobiografie des Benvenuto Cellini (in der von einem Salamander, jenem geheimnisvollen Geschöpf erzählt wird, von dem es heißt, es könne durch Feuer gehen), das Tagebuch eines holländischen Entdeckungsreisenden aus dem 16. Jahrhundert (in dem beschrieben wird, wie ein Eisbär zwei Mann der Besatzung tötet), ein Brief des degenerierten englischen Konsuls in Neapel (über einen zahmen Affen, der Einläufe mag). Ford ist einer der ersten Künstler seit Erfindung des Pinsels, der seine Bilder nicht in

unserer bunten, chaotischen, formenreichen Welt findet, sondern aus Büchern schöpft, so geht es mir durch den Kopf. Ich übertreibe, doch die Übertreibung scheint die Einzigartigkeit der nicht-visuellen Arbeitsweise dieses hochgradig visualisierenden Geistes treffend zu beschreiben. Während die Gemälde selbst – auffallend detailliert und präzise gearbeitet – den Vergleich mit den Tierbildern von John James Audubon nahelegen, enthüllen die Texte, auf denen sie basieren (ich stelle mir vor, wie Ford sie zwischen rissigen Ledereinbänden oder in den Regalen einer dämmerigen Bibliothek eines heruntergekommenen Landguts, an deren Wänden Jagdtrophäen hängen, aufspürt), dass hier noch etwas anderes zum Tragen kommt, eine schriftstellerische Einbildungskraft: Bruegel über den Umweg Borges. *Selbstverständlich* kann ein Ford'sches Elefantenbild auf eine Kurzgeschichte von Orwell verweisen – eine literarische Einbildungskraft beschwört literarische Assoziationen herauf –, auch wenn jene Kurzgeschichte vermutlich keinerlei Einfluss auf das Gemälde hatte. Die Inspiration zu diesem Bild lieferte – typisch – ein sehr viel obskurerer Text, ein überliefertes Handbuch zur Abrichtung von Elefanten. Es enthält eine Erklärung über die Ursprünge der Brunst, die, so der anonyme Autor, zu Beginn der Schöpfungsgeschichte erfunden und unter allen Kreaturen Brahmas aufgeteilt wurde. Die eine Hälfte wurde auf sämtliche Lebewesen des Planeten verteilt, mit Ausnahme des Elefanten, dem allein die gesamte zweite Hälfte zukam. Und *genau das* ist bei *Nila* zu sehen – die einzigartige Verzückung eines Tieres, die Energie einer wilden, beängstigenden und nicht zielgerichteten sexuellen Erregung, ein maßloses Ungestüm, schnell festgehalten, bevor es wieder abgeebbt ist.

Walton Ford ist einer der unmodernsten modernen Maler – ein Vormoderner, der bemüht ist, uns eine unberührte Natur nahezubringen, ein Land, in dem noch viel mehr Tiere lebten, ein Land, dessen menschliche Bewohner, anders als in den öden Städten und Vororten, in denen heutzutage die meisten von uns wohnen, noch viel mehr Tiere kannten. Audubon und andere mögen sich in einer solchen Welt heimisch gefühlt haben, doch sie sahen sie nicht auf Fords drastische Weise. Das wird bei den elementarsten Details deutlich. Wie Audubon malt Ford Vögel. Vögel haben Schnäbel und wie Audubon malt Ford Schnäbel. Doch nie zuvor hat jemand Schnäbel mit einer solch leidenschaftlichen Lust gemalt. Die Form des Schnabels weist darauf hin, wie der Vogel sich ernährt. Die Schnäbel der Finken, die auf den Galapagosinseln leben, sind von Insel zu Insel unterschiedlich, je nach der Umgebung und je nach der Nahrung, die den Vögeln zur Verfügung steht. Diese Vielfalt der Schnabelformen führt uns Darwins Theorie der natürlichen Selektion anschaulich vor Augen: Der Schnabel ist keine Metapher für die Evolution, sondern bringt unseren Glauben an Darwins Theorien zum Ausdruck. Unter Fords Händen verwandelt sich der Schnabel in einen Darwin'schen Albtraum. Für einen rosa Flamingo in seiner Agonie wird der Schnabel zum Schalltrichter des Schmerzes. Im Gezerre um ein kleines Stückchen Fleisch zwischen einem Storch und einem Schmutzgeier (der eine gilt als Vogel des Lebens, der andere als Vogel des Todes) ist der Schnabel eine Art Schraubstock, ein Werkzeug hartnäckiger Besitzergreifung. In der Auseinandersetzung zwischen einem Bienenfresser und einem Grautoko (*Last Freedom Fighter*) wird der Schnabel zu einem todbringenden Instrument, mit dem das Ei durchstochen und dessen Inhalt ausgesaugt wird (ein Leben wird schon vor der Geburt vernichtet, ein anderes kann weitergehen). Mit seinem Schnabel zerfetzt der indische Falke die Haut eines munter weiterquasselnden Papageis (*Sights*). Mit seinem Schnabel macht sich ein Storch über das Nest kleinerer Vögel her (*Chalo, Chalo, Chalo!*). Mit seinem Schnabel knabbert ein Graupapagei an einem Köder, der ihn in eine Falle lockt (*Au Revoir Zaire*). Mit ihren Schnäbeln picken und fressen die Vögel, sie bauen mit ihnen ihre Nester und sie können mit ihnen auch verletzen. Ja, Fords Schnäbel beschreiben die Fähigkeiten des Vogels zur Nahrungsbeschaffung und gleichzeitig die Fähigkeit zu töten – der Dreh- und Angelpunkt der Darwin'schen Theorien.

Ein Gemälde, das mich nach wie vor beschäftigt, ist *Der Pantherausbruch*. Es zeigt einen schwarzen Panther (natürlich in Lebensgröße) in den Alpen. Mit Fackeln bewaffnete Dorfbewohner sind ihm auf den Fersen. Ein surreales, absurdes Bild – auf den ersten Blick, bis man die Zusammenhänge erfasst, die um die Komposition verstreut dokumentiert sind. Auch in diesem Fall war ein Buch die Inspirationsquelle, eine Sammlung außergewöhnlicher Texte über Tiere

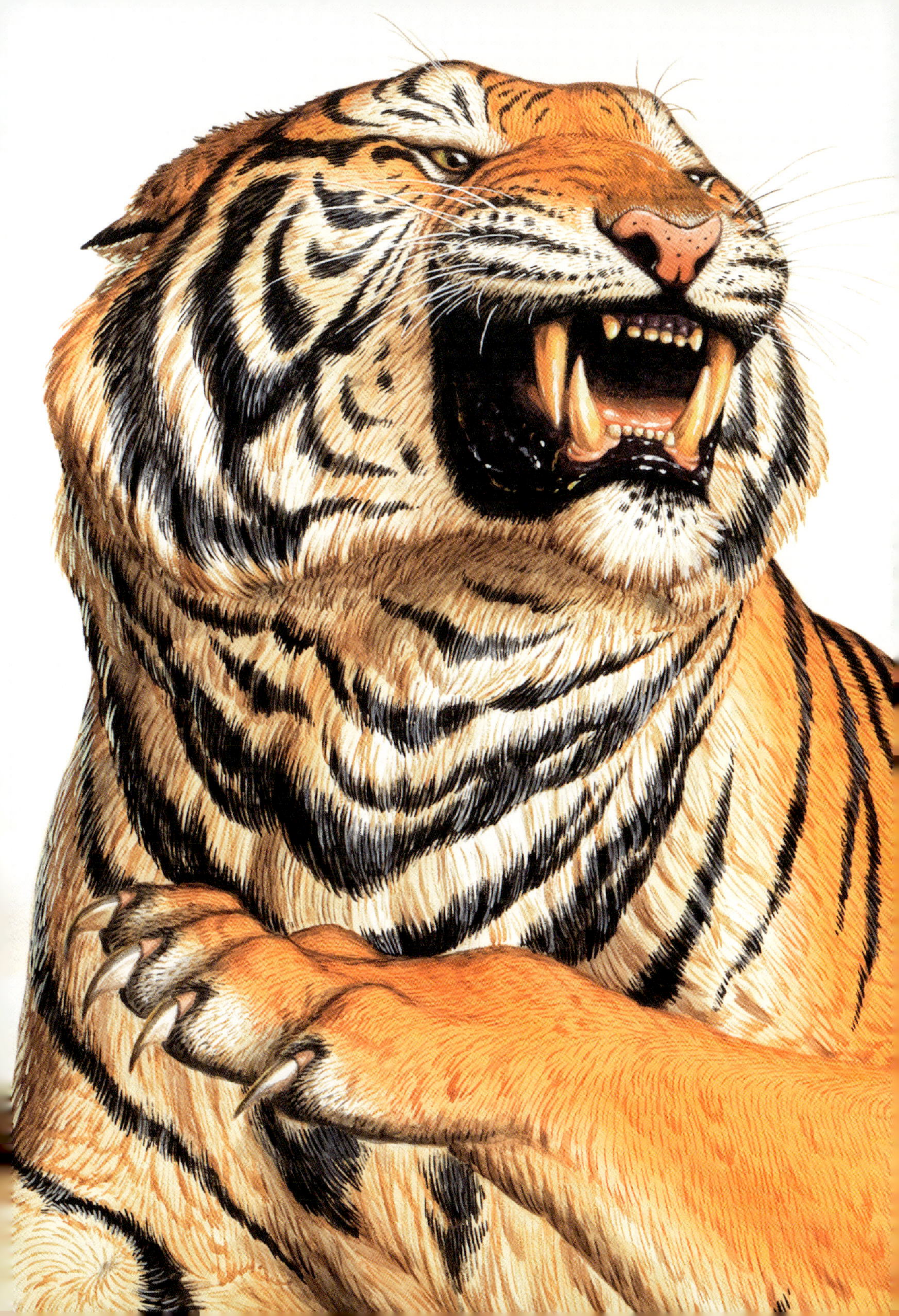

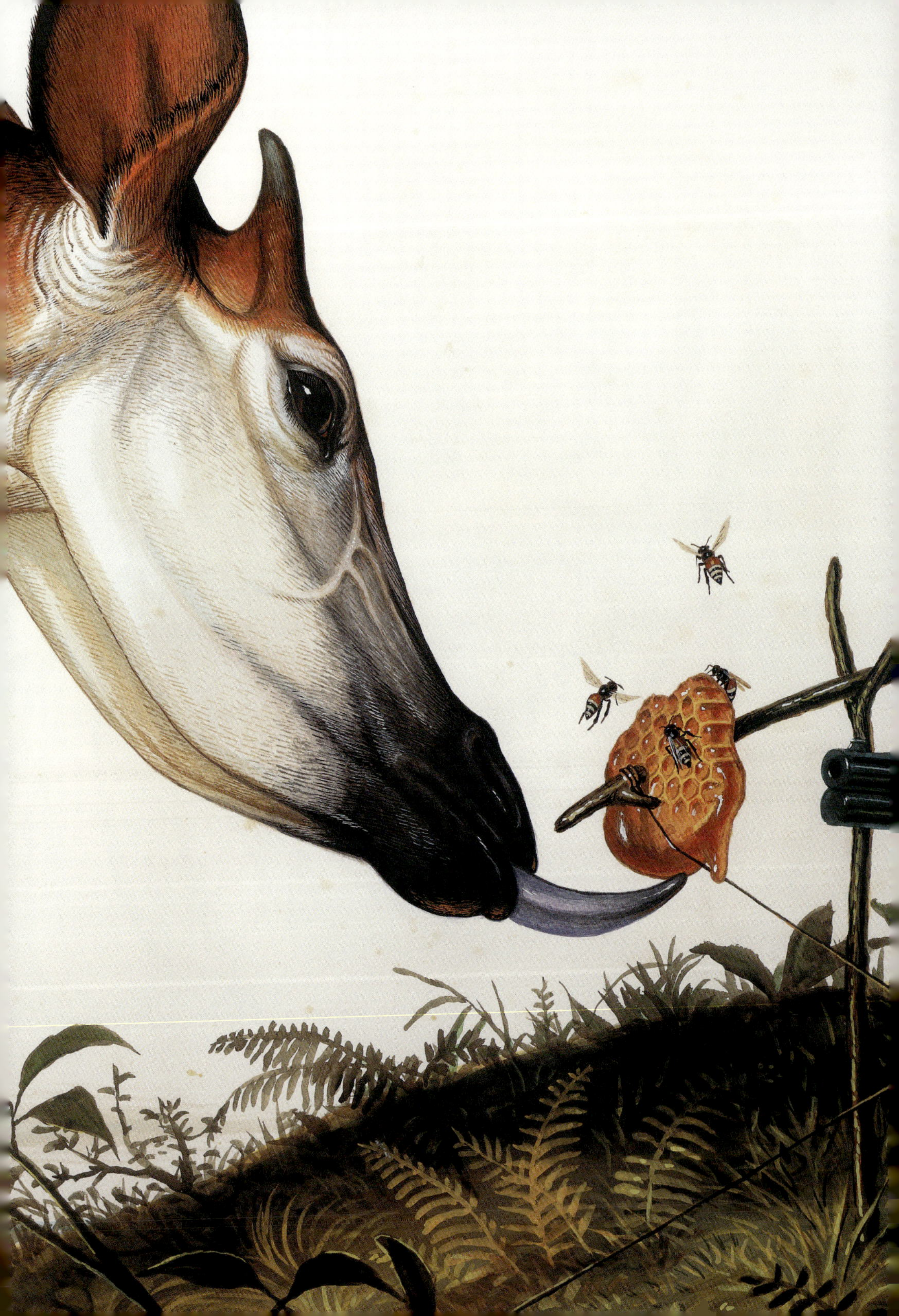

in Gefangenschaft, die auch einen 1934 verfassten Bericht über einen aus dem Züricher Zoo ausgebrochenen Panther enthält. Es gelang dem Raubtier in der verschneiten Bergwelt der benachbarten Gemeinden zu überleben. Der Panther wurde angeblich viel häufiger und an viel mehr Orten gesichtet, als im Bereich des Möglichen lag. Und mit jedem neuerlichen Auftauchen wurde aus dem Panther mehr als ein Panther: Er war nicht mehr eine Wildkatze, sondern ein Wolf, und nicht etwa ein gewöhnlicher Wolf, sondern ein Wildkatzen-Wolf, etwas bedrohlich Widersprüchliches, ein Dämon, ein Geist, jedenfalls etwas höchst Gefährliches. Nachdem ich begriffen hatte, wie das Bild konzipiert war (Ford bewegt den Betrachter stets dazu, sich in eine Welt außerhalb der Bilder zu begeben, um die Bilder besser verstehen zu können), ließ ich mich erneut auf die Darstellung ein und sah sie jetzt mit anderen Augen – der Surrealismus hatte nun nichts mehr mit dem Künstler zu tun, sondern mit der Geschichte. Die Furcht, die das Bild beschreibt, zog mich nun an: Die Furcht in einem frommen, stillen Dörfchen vor einem Wesen aus Afrika, das mitten in Europa frei herumlief. In dieser Furcht ist alles enthalten. Jeder, der einmal in der Wildnis eine Zuflucht gefunden hat, kennt sie und weiß um ihre Eigenschaften: Man kann sich diesem zutiefst irritierenden Gefühl nicht entziehen. Habe ich erst einmal damit begonnen, das Bild zu studieren, komme ich nicht mehr davon los – die angespannte Muskulatur der Katze, ihr heißer Atem, die Intensität ihres Blicks, ihre ungetrübte Selbstsicherheit halten mich in ihrem Bann. Die

Dorfbewohner spielen kaum eine Rolle, höchstens als eine dumpfe, von Brutalität und Ignoranz getriebene Horde. Im Mittelpunkt steht das Tier.

Orwell konnte sich davonstehlen und einen Elefanten zurücklassen, den er angeschossen, jedoch nicht getötet hatte. Für ihn existierte der Elefant im Zusammenhang mit der ihn umgebenden Szenerie, es war ein politisches Verhältnis. Ford, der Vormoderne, bietet uns den Elefanten, den Panther und einen Himmel voller Vögel mit all ihrer Energie, Gefährdung und Unberechenbarkeit. Manchmal ertappe ich mich dabei, wie ich mir vorstelle, was Walton Ford wohl als Nächstes darstellen wird und was seine nächsten Bilder uns lehren werden. Orwells Elefant zum Beispiel. Bei Orwell ist der Elefant eine beklemmende, lastende Wirklichkeit: Ein riesiger, blassrosa Rachen, in den der Autor immer wieder feuert, Blut wie tiefroter Samt, Burmesen, die mit ihren Körben herumstehen und darauf warten, das Fleisch wegtragen zu können. Doch was würde Ford aus diesem Elefanten machen? Eine Darstellung von Verschwendung und Schmerz und vertaner Verzückung, das Leben eines großen Tieres in all seiner Vitalität, Komplexität und überwältigenden Präsenz – beendet. Ich vermag mir kaum vorzustellen, dass es einen anderen lebenden Maler gibt, der so viel zu erzählen hat.

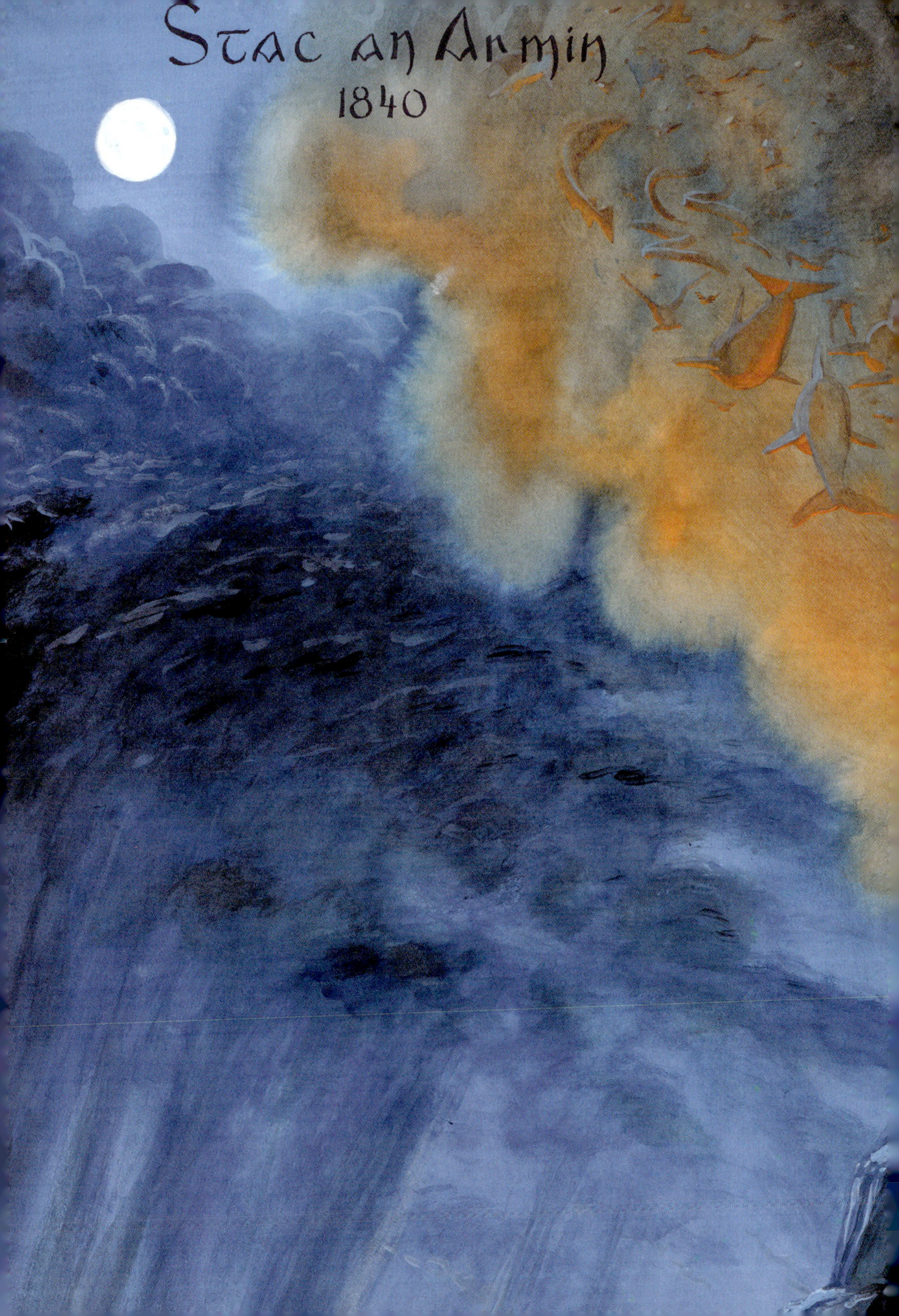
Stac an Armin
1840

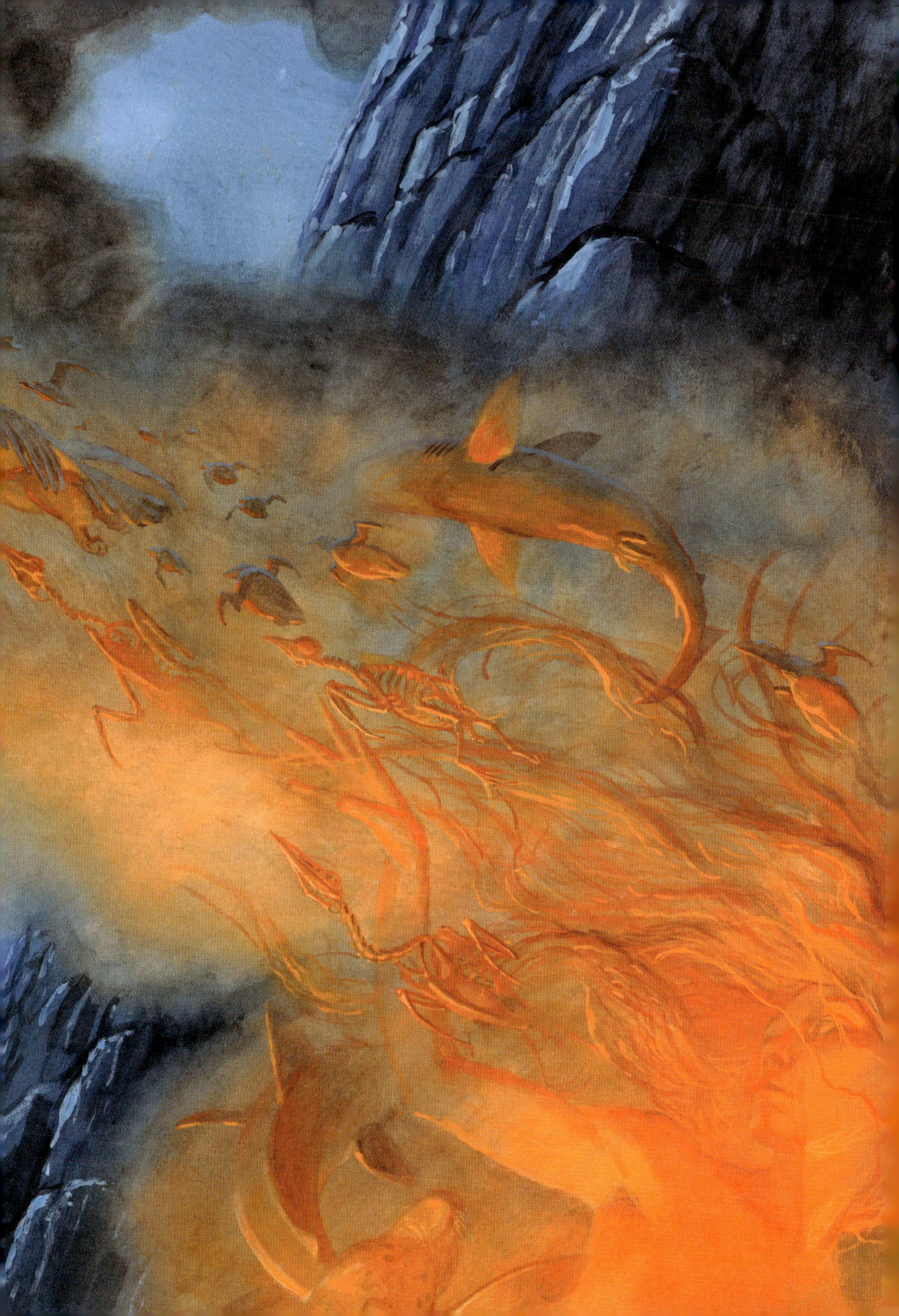

Études de terrain
Le bestiaire de Walton Ford

Par Bill Buford

*Quand j'ai appuyé sur la détente, je
n'ai pas entendu le coup de feu, ni
senti le recul de l'arme – c'est toujours
comme ça quand une balle atteint son
but – mais j'ai entendu un rugisse-
ment diabolique monter de la foule.
À cet instant, en un délai trop court,
aurait-on pu croire, pour que la balle
atteigne sa cible, un changement terrible
et mystérieux avait frappé l'éléphant.
Il n'avait pas vacillé, n'était pas tombé,
mais toutes les lignes de son corps
s'étaient altérées.*
— GEORGE ORWELL,
«COMMENT J'AI TUÉ UN ÉLÉPHANT»

L'anecdote est célèbre : George Orwell, alors
âgé de vingt-cinq ans et employé comme policier
colonial, a un jour tiré sur un éléphant, alors que
l'animal en rut venait de tuer un homme. Orwell
a tiré à cinq reprises en visant la région du cœur.
Il a ensuite envoyé chercher un autre fusil et
a tiré plusieurs autres coups de feu, jusqu'à ce
que, la bête n'étant toujours pas morte, son souffle
devenu court et sifflant, il décide de partir. Cela
se passait en 1927. La littérature de chasse au
gros gibier n'avait pas encore complètement viré
à l'autoparodie absurde du riche chasseur blanc.
Hemingway n'avait pas encore connu son premier

safari, et les récits sans talent de *bwana* (Maître)
à la première personne, émaillés de « j'ai vu »,
« j'ai tiré », « je suis rentré sain et sauf chez moi »
après avoir pisté et tiré un grand fauve, se bouscu-
laient aux étals des libraires. Ainsi des *Mémoires de
William Finaughty*, publiées à peu près à la même
époque, récit haut en couleur relatant les exploits
d'un trafiquant d'ivoire qui, piétiné par un éléphant, a survécu et est même sorti indemne de la
charge d'un troupeau de pachydermes. Finaughty
raconte même avoir été suivi par deux jeunes qui
croyaient que le chasseur, ayant tué leur mère,
avait en quelque sorte endossé son rôle maternel.
(À la différence d'Orwell, Finaughty savait que,
pour tuer un éléphant, il faut chercher la faille de
sa peau épaisse, c'est-à-dire non pas la région du
cœur mais l'orifice auriculaire). L'essai d'Orwell
a résisté au temps – plus encore que les histoires
africaines d'Hemingway – en partie parce que
c'est le texte le plus moderne, peut-être le premier récit moderne du meurtre d'un animal. Ce
qui importe n'est pas tant la mort, ni même l'animal, mais le regard anthropologique : le ressen-
timent des colonisés envers les Britanniques,
les prêtres bouddhistes railleurs, les prisons
impériales, les flagellations, la foule immense, les
deux mille « faces jaunes » devant le spectacle, le
travail bâclé.

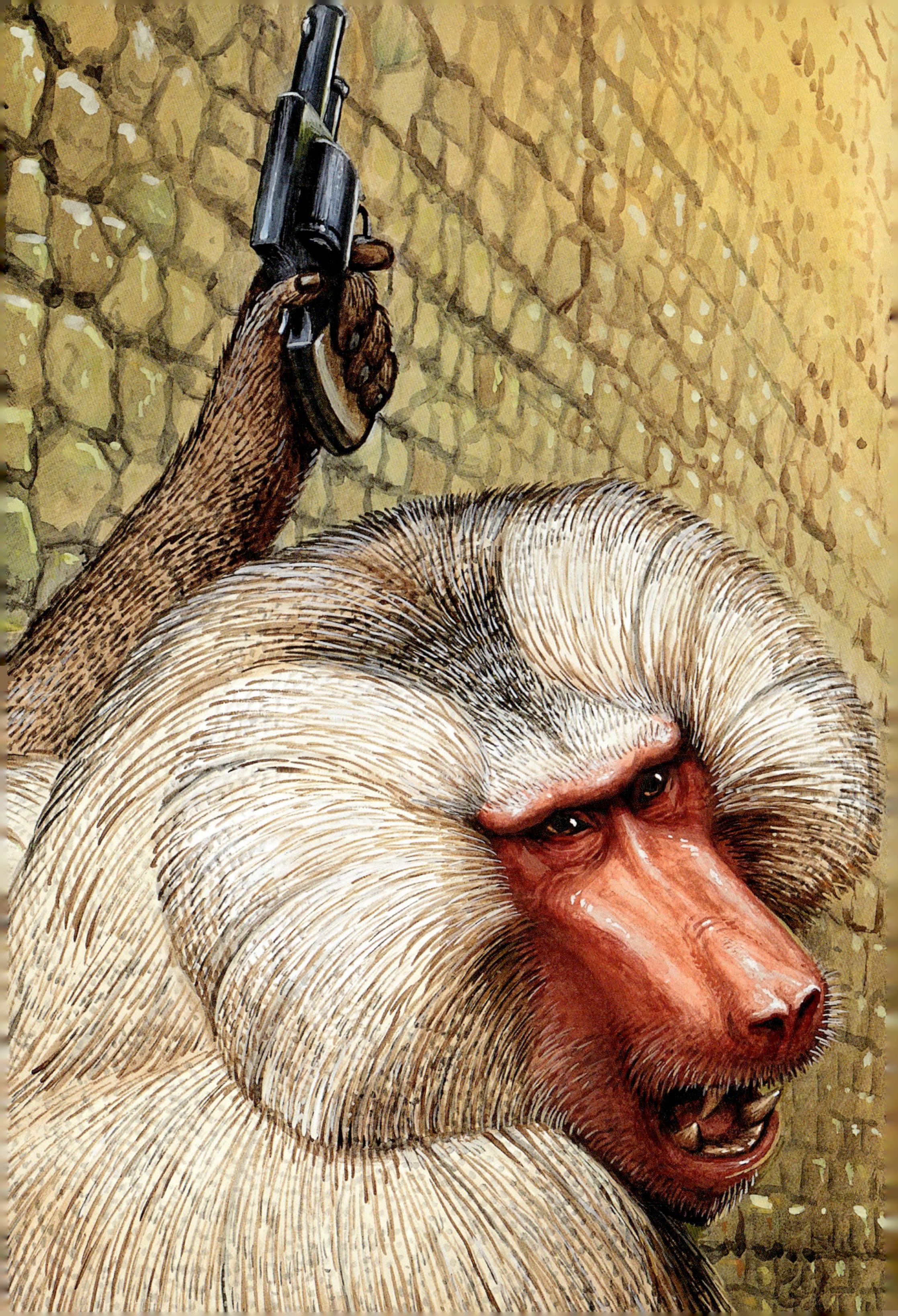

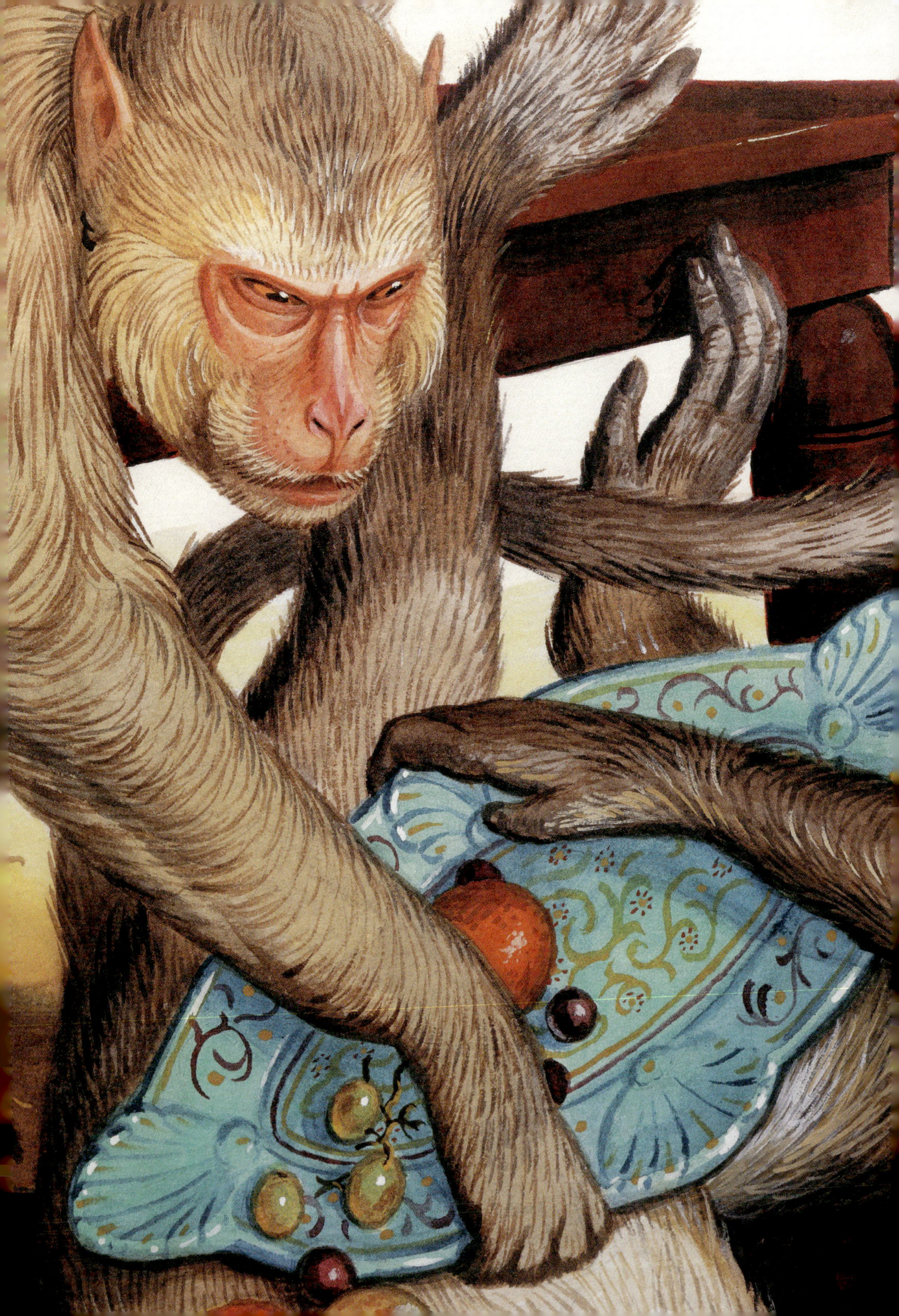

Nila de Walton Ford nous rappelle l'essai d'Orwell. À certains égards aussi, cette peinture apparaît comme l'étude anthropologique d'un animal. L'éléphant de W. Ford est aussi en rut, mais à la différence de celui d'Orwell, il n'est pas dangereux, au contraire : il est heureux et insouciant, il bave, la gueule ouverte, et arbore une longue érection rose, incurvée et anatomiquement exacte. Les pique-bœufs autochtones, qui se repaissent des parasites de sa peau épaisse, ont été remplacés dans la version de Ford par une véritable volière d'oiseaux occidentaux, tous chargés de connotations culturelles (des étourneaux, des rossignols, des chouettes blanches, un coq, des vautours et une pie-grièche, qui semble intimider le seul oiseau autochtone, un petit perroquet, juché à l'extrémité du pénis). Cette peinture semble vouloir nous encourager à considérer cet éléphant comme un symbole qui dépasse l'animal – peut-être représente-t-il l'Inde ou l'Orient, ou une nature encore non perturbée. Et ces oiseaux eux-mêmes, tous occidentaux, semblent les insidieux successeurs des responsables orwelliens de l'Empire – les touristes, les hippies sacs au dos, les représentants aux dents longues des grandes multinationales, hommes de terrain pleins de suffisance. Mais ici, l'enjeu est plus vaste encore.

Pour commencer, il y a la présence physique incontournable de la « chose ». La peinture est gigantesque, littéralement aussi grande qu'un éléphant. (Et c'est délibéré : les peintures de Ford semblent aspirer à la taille réelle des bêtes qu'elles représentent, comme si le peintre était animé par un mobile plus ambitieux, un impératif d'explorateur, peut-être, celui de capturer un animal dans son immédiateté avant qu'il retourne à la nature sauvage.) *Nila* était le clou de l'exposition « Les Tigres de la Colère », la rétrospective consacrée par le Brooklyn Museum à l'œuvre de Ford (octobre 2006-février 2007). *Nila* occupait un mur entier et était trop grand pour qu'on puisse le regarder avec un recul suffisant, faute de quoi l'on n'en percevait que des détails. Dans les faits, le visiteur n'avait pas le choix : le tableau était divisé en vingt-deux panneaux constituant autant de peintures distinctes, avec leur propre sens de la composition, contribuant à renforcer les proportions éléphantesques de l'ensemble et la sensation qu'une scène de cette taille (qu'il s'agisse d'un animal, d'un bâtiment, d'une vie) sera toujours comprise différemment selon les personnes et les angles de vue.

Et puis il y a la texture matérielle. Comme d'autres œuvres de Ford, *Nila* n'est pas une toile mais une aquarelle sur papier d'une évanescence perturbante, qui, chez moi tout au moins, a suscité l'impression que je pourrais arracher l'image du mur, la froisser en une boulette de papier géante et la jeter. Les aquarelles de Ford exigent qu'on les considère comme des notes de terrain – une expression anachronique – comme autant de rapports ou de croquis rapidement crayonnés, et qui rendent compte (encore un impératif d'explorateur) de quelque rare créature soudainement aperçue. J'ai observé attentivement les matériaux qu'utilise Ford : si faciles à transporter, mais si périssables. Tous les peintres ont dû trouver leur rapport à la photographie. Ford a découvert le sien en se projetant dans un monde où l'appareil photo n'existait pas encore.

Ensuite, il y a l'urgence bibliographique. On ne peut ignorer que ces peintures exigent d'être considérées dans le contexte d'une histoire spécifique, presque comme s'il s'agissait non de peintures mais de documents ou de textes littéraires. (*Nila* est, à cet égard, exceptionnelle, parce que le commentaire y est très réduit : beaucoup de peintures de Ford comportent un texte écrit copié autour des marges, souvent à moitié effacé, un extrait de journal ou un passage littéraire que le peintre apprécie particulièrement, quelque chose d'essentiel à la naissance de la composition, peut-être griffonné pour l'aider à rester concentré.) Presque toutes ces peintures doivent leur conception à un texte. Les journaux de Richard Burton, l'explorateur britannique du XIXe siècle, qui était convaincu qu'il parviendrait à communiquer avec les singes dans leur propre langage, ont inspiré le *Sensorium*. La scabreuse histoire du duc de Rochester, grand seigneur voyou et prodigue du XVIIe siècle, sous-tend la *Dette au plaisir* (*The Debt to Pleasure*). Un guide du piégeage des oiseaux datant du XIXe siècle, l'autobiographie de Benvenuto Cellini (où est évoquée la crémation dans l'âtre familial d'une salamandre, créature magique censée survivre au feu), le journal d'un explorateur hollandais du XVIe siècle (une scène où un ours polaire tue deux marins), une lettre d'un émissaire britannique à Naples, personnage dégénéré, sur un singe apprivoisé amateur de lavements…

J'en arrive à me dire que Ford doit être l'un des premiers artistes depuis l'invention du pinceau à trouver ses images non dans le monde, avec tout son chaos de formes et de couleurs, mais dans les livres. La formule est sans doute abusive, mais elle rend compte, me semble-t-il, de la façon non visuelle dont cet esprit extrêmement « visualisateur » semble travailler. Les peintures elles-mêmes, d'un foisonnement baroque et d'une précision extravagante, pourraient suggérer des rapprochements avec les œuvres naturalistes de John James Audubon. Cependant, leurs sources littéraires (j'imagine Ford découvrant ces textes dans des ouvrages reliés en peau craquelés ou sur l'étagère d'une obscure bibliothèque de quelque château campagnard aux murs recouverts de trophées de chasse) révèlent une autre force au travail, une imagination d'écrivain. Bruegel mâtiné de Borges. Bien sûr une peinture d'éléphant par Ford ne peut que renvoyer à un essai d'Orwell — une imagination littéraire suscite des associations littéraires —, même si l'essai en question n'a probablement pas été à l'origine de la peinture. En l'occurrence d'ailleurs, et c'est très caractéristique de Ford, la peinture s'inspire d'un texte beaucoup plus obscur. Il s'agit d'un vieux manuel de dressage d'éléphants, traduit du sanskrit en 1985, qui comprend notamment une explication de l'origine du rut. Selon son auteur anonyme, le rut a été inventé au commencement du monde et réparti entre toutes les créatures de Brahma, la moitié allant à chaque créature vivante de la planète, à l'exception de l'éléphant, qui reçut l'autre moitié à lui tout seul.

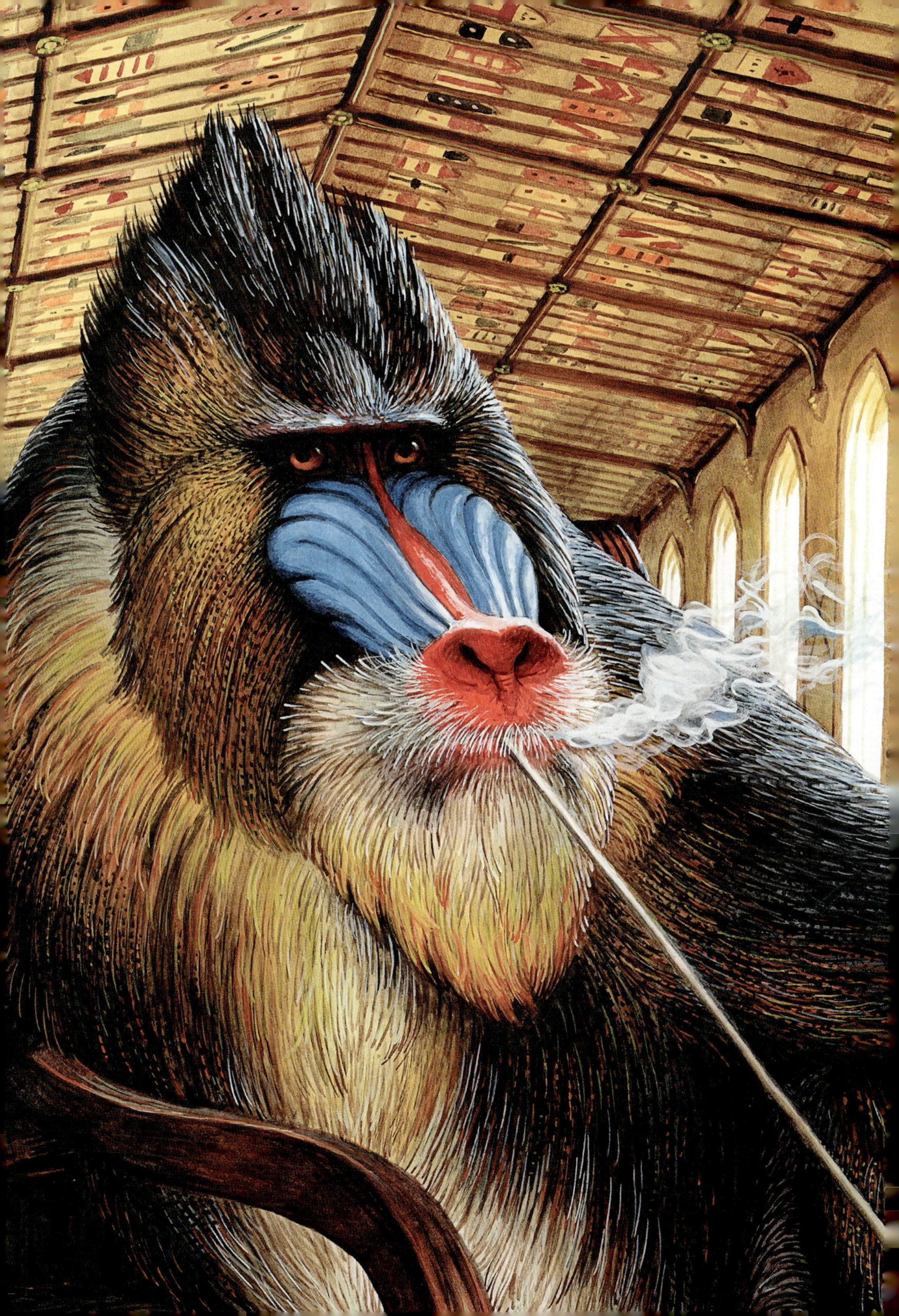

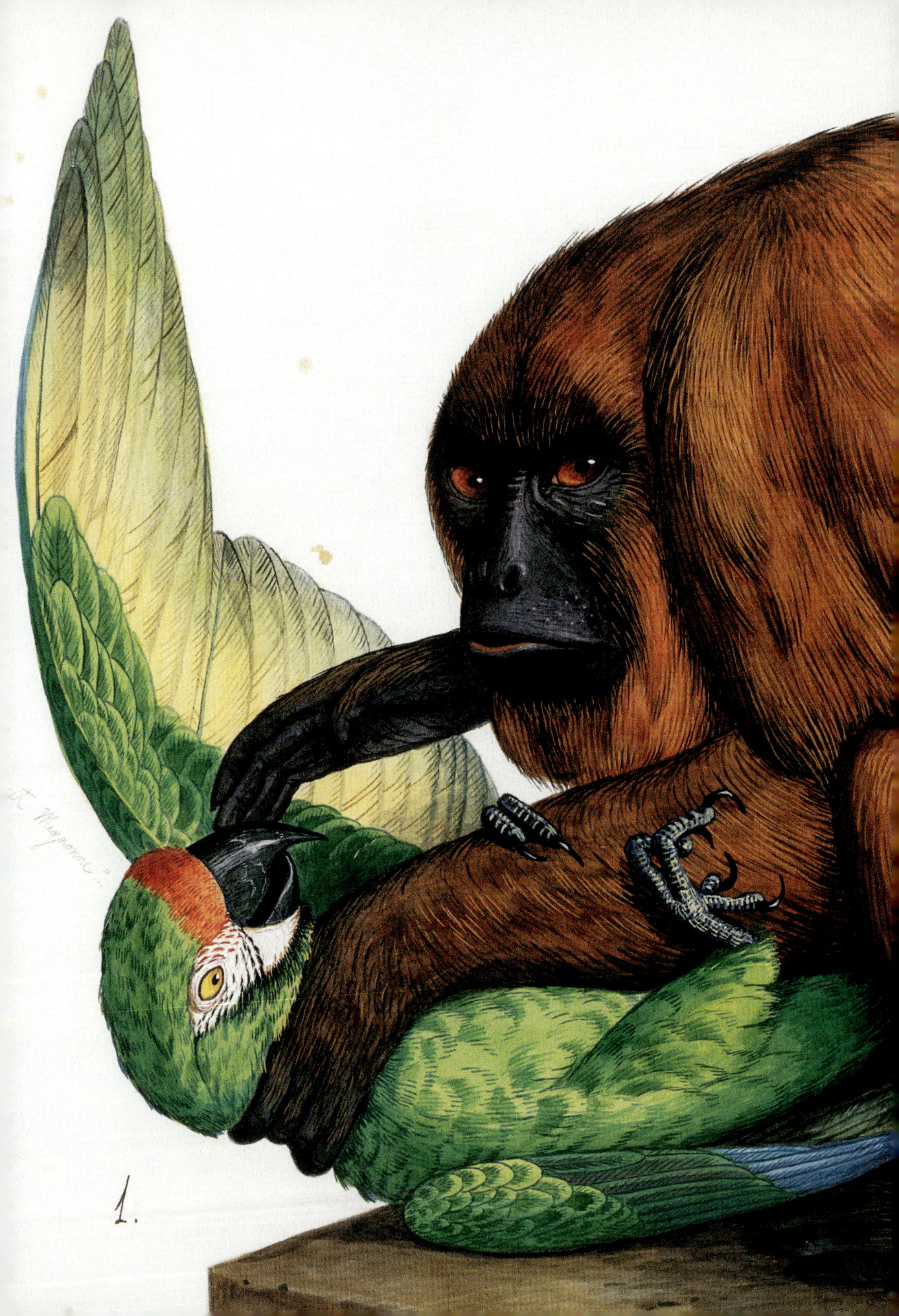

1.

Et c'est cela que l'on voit dans *Nila*, une furie animale unique, l'énergie d'une excitation sauvage, sans but, ivre d'excès, capturée au vol avant de disparaître.

Walton Ford, semble-t-il parfois, est l'un des moins modernes des peintres modernes, un prémoderniste s'efforçant de nous reconnecter à une terre rustique, rude, qui comptait beaucoup plus d'animaux – et d'animaux connus par les hommes qui les côtoyaient – que les cités et banlieues désertes où vivent la plupart d'entre nous. Audubon et d'autres ont pu se sentir comme chez eux dans cette terre rustique, ils se la sont peut-être même appropriée, mais ils ne la comprenaient ou ne la voyaient pas avec la dureté fascinante de Ford. Cela est évident jusque dans les détails les plus élémentaires : comme Audubon, Ford peint des oiseaux ; les oiseaux ont des becs ; comme Audubon, Ford peint des becs. Mais personne n'a peint des becs dotés de relents si violents. Conventionnellement, un bec définit comment un oiseau trouve de la nourriture. Ainsi, la façon dont, aux Galápagos, un bec de pinson diffère selon les îles, son environnement immédiat et la nourriture disponible nous ramènent au cœur des théories darwiniennes sur la sélection naturelle. Dans les mains de Ford, un bec devient un cauchemar darwinien. À tel flamant rose, le bec ne sert plus qu'à clamer une souffrance au terme d'une existence qui lui est arrachée. Dans la lutte acharnée pour un petit morceau de viande entre une cigogne et un vautour égyptien (oiseau de vie, oiseau de mort), le bec devient un étau, un tenace instrument de

possession. Entre un guêpier et un calao gris (*Last Freedom Fighter*, « Dernier combat pour la liberté »), le bec est un instrument létal, qui permet de percer l'œuf de l'oiseau ennemi et de le vider de sa substance nourricière (une naissance annulée, une vie prolongée). Avec son bec, l'épervier indien déchiquette un perroquet qui continue à parler (*Sights*, « Vues »). Au moyen de son bec, une cigogne est sur le point de saccager le nid d'oiseaux plus petits (*Chalo, Chalo, Chalo !*). De son bec encore, un perroquet gris mord l'hameçon qui va le piéger et le tuer (*Au Revoir Zaire*). Grâce à leur bec, les oiseaux picorent, mangent, construisent des nids et blessent. Oui, le bec, entre les mains de Ford, définit la capacité d'un oiseau à trouver de la nourriture mais il l'aide aussi à détruire.

La peinture qui continue à me hanter le plus : *Der Pantherausbruch* (« La panthère évadée »). La peinture représente une panthère noire (grandeur nature, bien sûr) dans les Alpes, pourchassée par des villageois munis de torches, une image qui semble surréelle, grotesque, jusqu'à ce qu'on ait rassemblé les nécessaires indices qui parsèment la composition. Ford s'est encore une fois inspiré d'un texte, un livre obscur sur les animaux en captivité dans lequel on trouve un récit de 1934 concernant une panthère africaine échappée du zoo de Zurich. Ce fauve est parvenu à survivre dans la zone montagneuse et enneigée toute proche, dévorant du bétail, repéré ici et là, dans beaucoup trop d'endroits pour une seule panthère… Et chaque fois qu'on prétendait l'avoir repérée, la panthère se transformait en autre chose qu'elle-même : elle n'était plus un félin mais un loup et pas un simple loup mais un loup-garou, une contradiction menaçante, un démon, un spectre, bref une créature extrêmement dangereuse. M'étant donc informé de la genèse de l'œuvre (Ford exige souvent ce genre de détour par un monde situé en deçà de ses peintures pour comprendre celles-ci), je suis retourné vers l'image et l'ai observée de différentes manières – le surréalisme n'était pas dans l'artiste mais dans l'histoire –, attiré maintenant par la terreur qu'elle décrit : celle qu'inspire un animal inconnu et inconnaissable dans la solennité d'un village de braves gens pieux, un morceau d'Afrique grandeur nature au centre même de l'Europe. Et cette terreur résume tout. Quiconque a pu trouver un refuge, même occasionnel, dans la nature sauvage, connaît et reconnaît ses qualités : irrésistible et suprêmement repoussant. Dès que je commence à examiner cette peinture, je ne peux plus m'en détacher – les muscles tendus du félin, sa respiration, l'intensité de son regard, sa lucidité complète, totale. Les villageois sont des figurants qui ne sont là que pour incarner la force aveugle de la brutalité et de l'ignorance. Le véritable sujet c'est l'animal.

Orwell pouvait tirer sur un éléphant, ne pas le tuer, et s'éloigner comme si de rien n'était. L'éléphant pour lui n'existait que dans sa relation à tout ce qui l'entourait : une relation politique. Ford le prémoderne n'est pas politique. Il nous offre l'éléphant, pas les foules ; la panthère, pas les villageois ; un ciel d'oiseaux, avec leur énergie, leur danger, leur imprévisibilité. Parfois, je me surprends à me demander ce que Walton Ford aurait fait de l'éléphant d'Orwell. Chez Orwell, l'éléphant est une donnée pesante, oppressante : la gorge énorme, rose pâle dans laquelle l'auteur s'acharne à tirer, le velours rouge sang, les Birmans qui attendent avec leurs paniers pour découper la viande et l'emporter. Mais chez Ford que deviendrait cet éléphant ? Une représentation de ravages, de souffrance et de joie gâchée, la vie d'un grand animal – dans sa vitalité, sa complexité, sa présence si imposante – anéantie. Il me paraît difficile de croire qu'il existe un autre peintre vivant qui ait autant à nous dire.

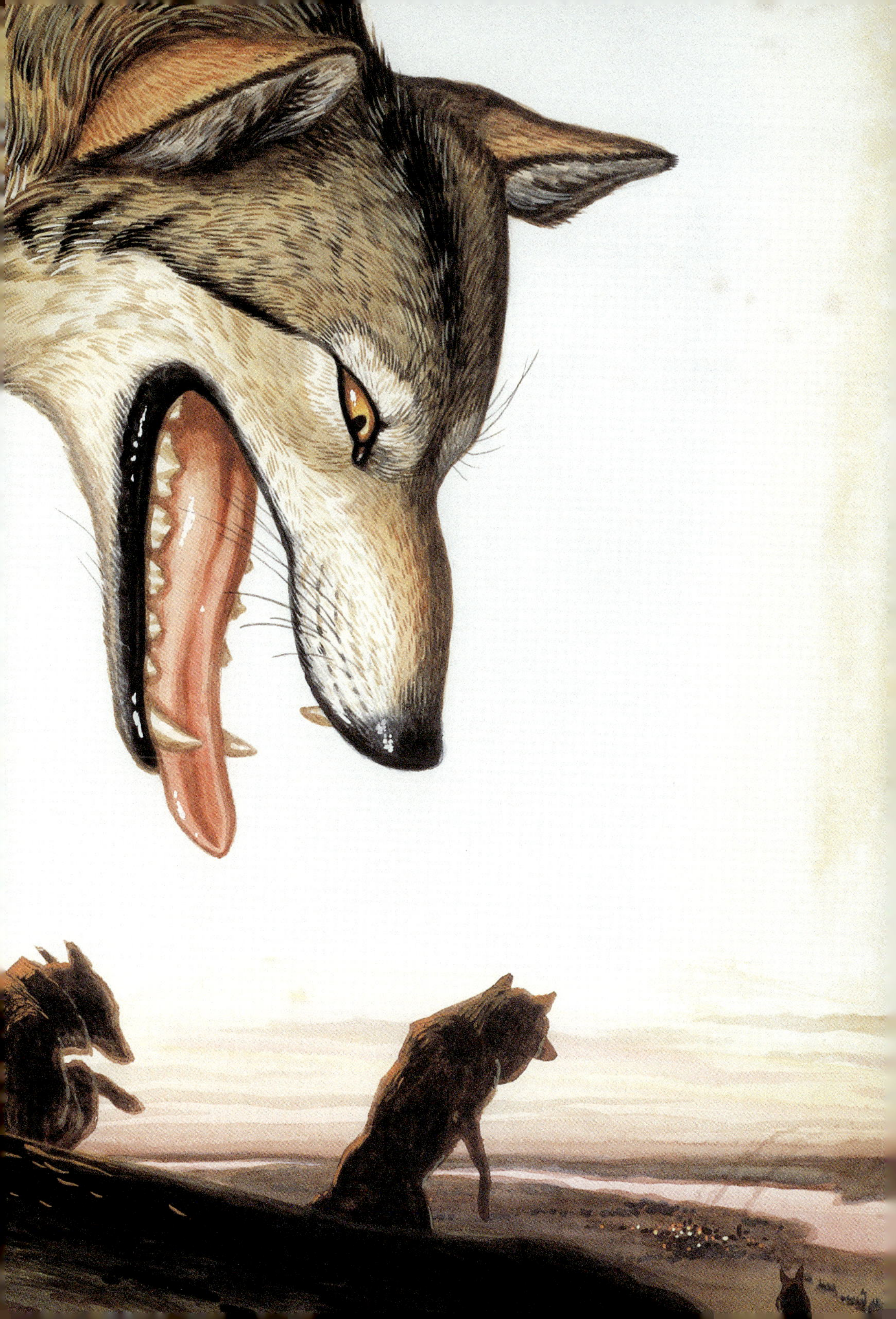

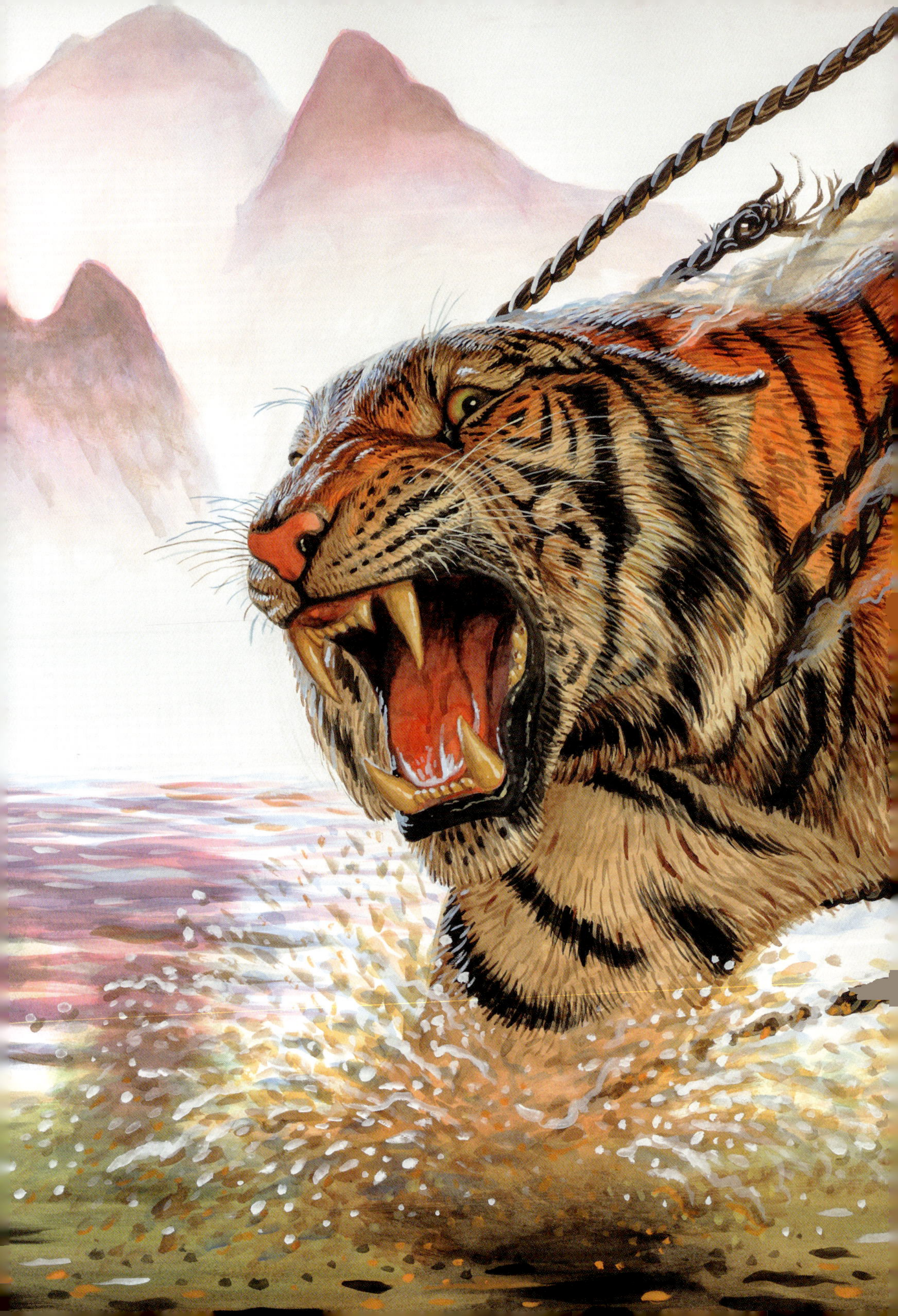

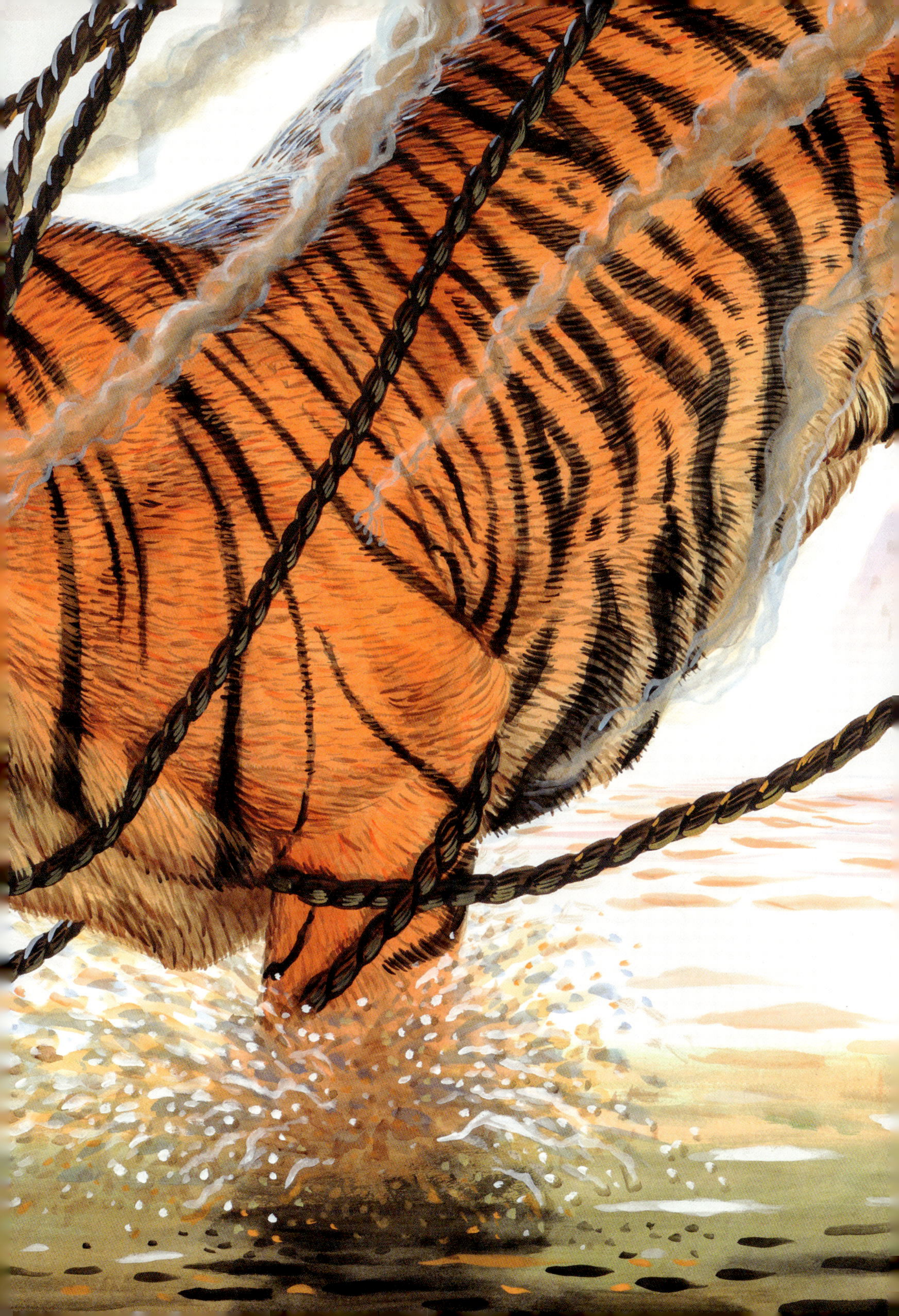

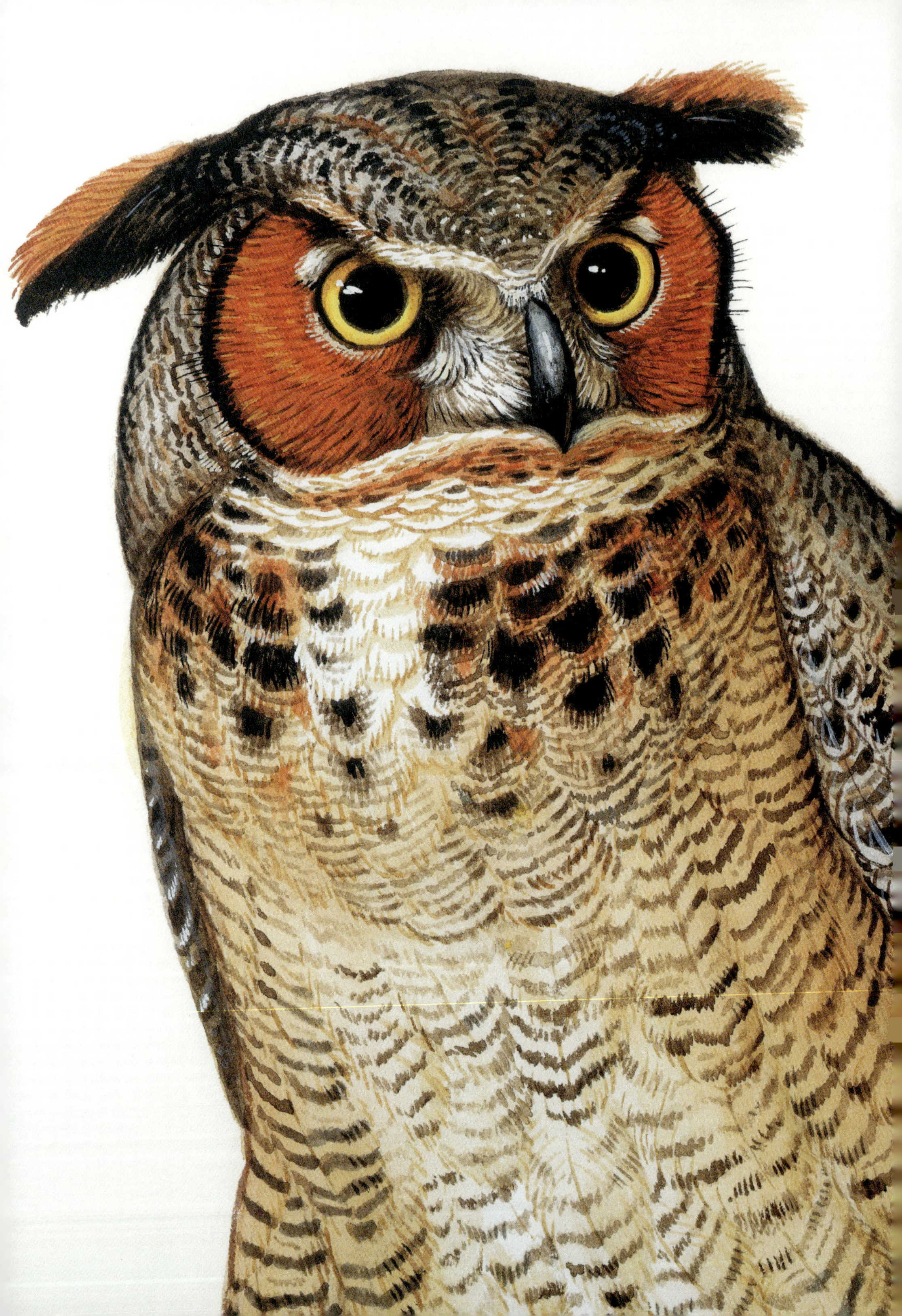

OUT OF PRINT

Past the creak of the heavy, paint-chipped door, there is the familiar smell, an olfactory blend of dry, attic-baked paper mingled with mildewed, basement-cured cardboard. This is the used-bookstore smell, the books filling the shop with the fragrance of their latest dark banishment. I plunge directly into the slot canyon toward the back labeled "Nature" or "Natural History," which is sometimes subdivided into vertical strata with handwritten cards: "Birds," "Fish," "Pets," "Animals."

Hundreds of the books in my studio were found in these sheltering shops. Camp Life in the Woods and the Tricks of Trapping and Trap Making, In Brightest Africa, Wild Cargo, Aelian on the Nature of Animals, The Making of *King Kong*, The Criminal Prosecution and Capital Punishment of Animals, Dangerous to Man, *and* Wild Animals in Captivity. *Although my research also takes me to museums of natural history and zoos, the images I paint are most often triggered by something I read in these books. I am interested in the attitudes, prejudices, and moments of rage we bring to our interactions with animals. I search for stories of how animals live, not only how animals live in nature, but also how they live in the human imagination. I try to distill what I've learned into images—to paint very large paintings of beasts, beasts carrying these literary burdens.*

—Walton Ford, 2015

VERGRIFFEN

*Hinter dem Knarren der schweren Tür mit ihrer abgeplatzten Farbe hängt dieser
vertraute Geruch in der Luft, eine olfaktorische Mischung von Ausdünstungen trockenen,
auf Dachböden ausgedörrten Papiers, vermengt mit dem Geruch von moderigem, in Kellern
gehärtetem Karton. Es ist der gewohnte Muff von Antiquariaten, von Läden, die vom
Duft jener Orte erfüllt sind, an denen die Bücher zuletzt, im Dämmer verbannt, lagerten.
Ich stürze mich geradewegs in die Schlucht zwischen den Regalen, hin zu sich
auftürmenden Wänden, die mit „Natur" oder „Naturgeschichte" bezeichnet und manchmal
noch in senkrecht verlaufende Schichten mit handgeschriebenen Karten unterteilt sind:
„Vögel", „Fische", „Haustiere", „Tiere".*
Hunderte der Bücher in meinem Atelier habe ich in solchen Läden des Asyls gefunden.
Camp Life in the Woods and the Tricks of Trapping and Trap Making, In Brightest
Africa, Wild Cargo, Aelian on the Nature of Animals, The Making of *King Kong*,
The Criminal Prosecution and Capital Punishment of Animals, Dangerous to Man
und Wild Animals in Captivity. *Obgleich mich meine Recherchen auch in Natur-
kundemuseen und Zoos führen, sind die Bilder, die ich male, in den meisten Fällen von
etwas inspiriert, das ich in diesen Büchern lese. Was mich interessiert, sind unsere
Einstellungen, Vorurteile und Momente der Raserei, die unsere Interaktionen mit Tieren
kennzeichnen. Ich suche nach Geschichten über die Lebensbedingungen von Tieren, nicht
nur darüber, wie sie in der Natur, sondern auch in der Phantasie der Menschen leben.
Dann versuche ich das, was ich gelernt habe, zu Bildern zu verdichten, sehr große
Gemälde von wilden Tieren zu schaffen, von Kreaturen, die diese dichterischen Bürden
zu tragen haben.*

—Walton Ford, 2015

"

LIVRES ÉPUISÉS

Passé le grincement de la lourde porte à la peinture écaillée, il y a l'odeur familière, un mélange olfactif de papier sec qui a cuit dans un grenier et de carton longuement moisi en cave. C'est l'odeur des librairies d'occasion – les livres emplissent la boutique de la fragrance de leur dernier bannissement dans l'obscurité. Je plonge directement dans l'étroite crevasse qui mène vers le fond intitulé « Nature » ou « Histoire Naturelle », lequel est parfois subdivisé en strates verticales portant des étiquettes manuscrites : « Oiseaux », « Poissons », « Animaux Domestiques », « Animaux ». Des centaines de livres de mon atelier ont été trouvés dans ces boutiques refuges.
Camp Life in the Woods and the Tricks of Trapping and Trap Making, In Brightest Africa, Wild Cargo, Aelian on the Nature of Animals, The Making of *King Kong*, The Criminal Prosecution and Capital Punishment of Animals, Dangerous to Man *et* Wild Animals in Captivity. *Bien que mes recherches m'entraînent aussi dans les musées d'histoire naturelle et les zoos, les images que je peins sont le plus souvent déclenchées par quelque chose que j'ai lu dans ces livres. Je m'intéresse aux attitudes, aux préjugés et aux moments de rage qui marquent nos interactions avec les animaux. Je cherche des histoires sur la vie des animaux, comment les animaux vivent dans la nature mais aussi comment ils vivent dans l'imagination humaine. Puis j'essaie de transfuser ce que j'ai appris dans des images, de peindre de très grands tableaux de bêtes, des bêtes qui portent ces lourds fardeaux littéraires.*

—Walton Ford, 2015

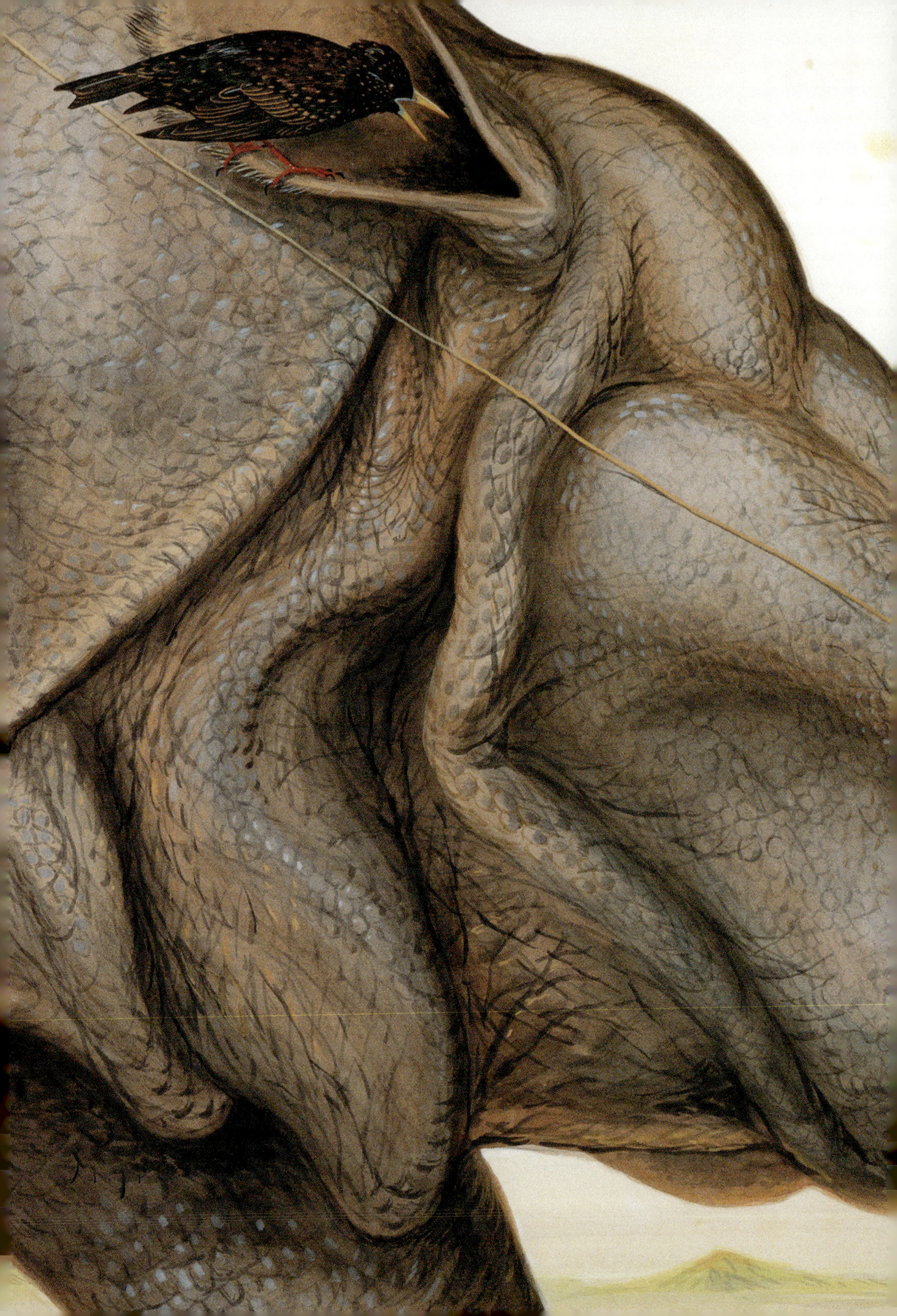

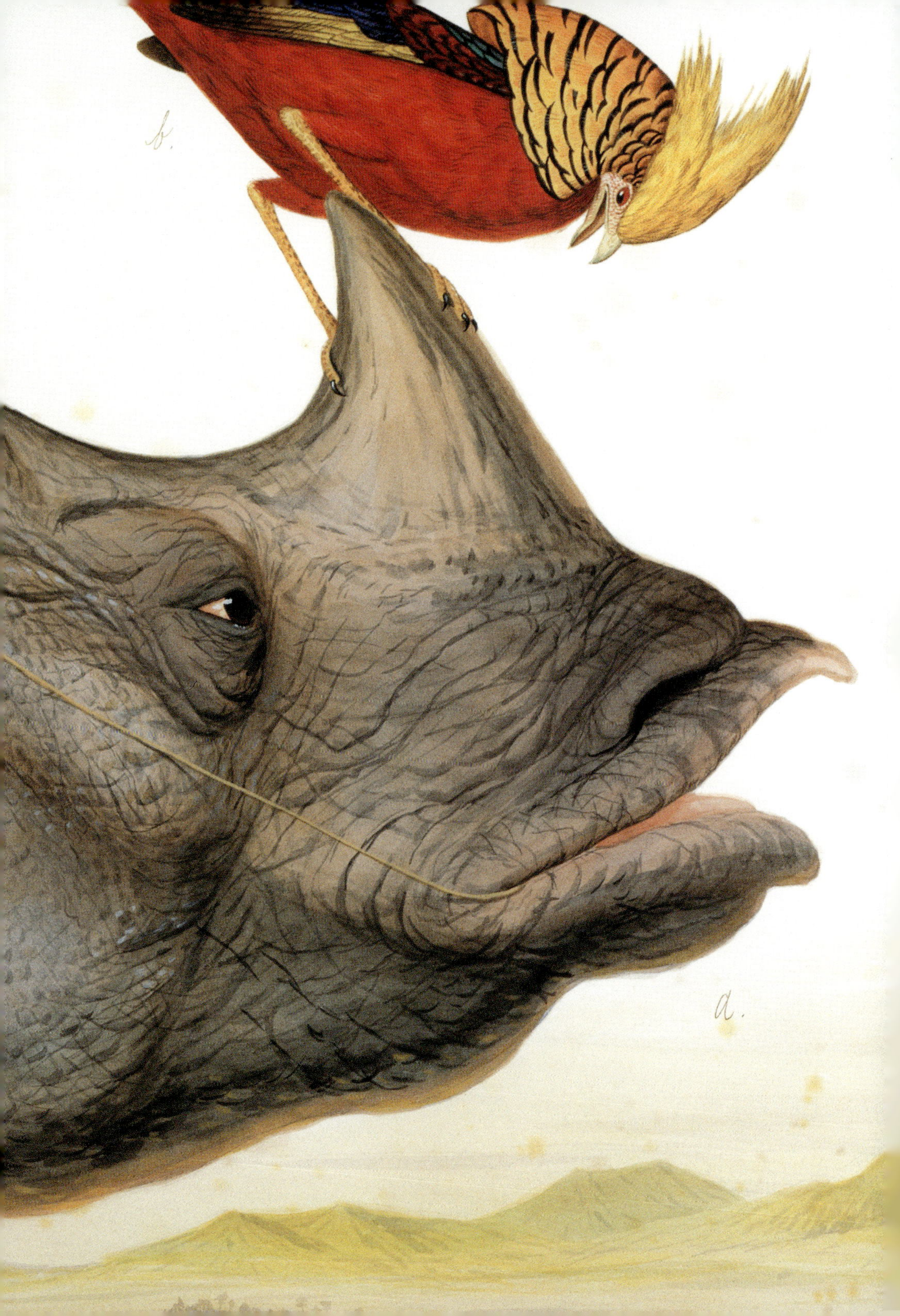
b.
a.

American Flamingo
Watercolor on paper
134 x 99.1 cm (52¾ x 39 in.), 1992

Avatars—The Birds of India, No. 2
Watercolor, gouache, and pencil on paper
151.8 x 101.6 cm (59¾ x 40 in.), 1996

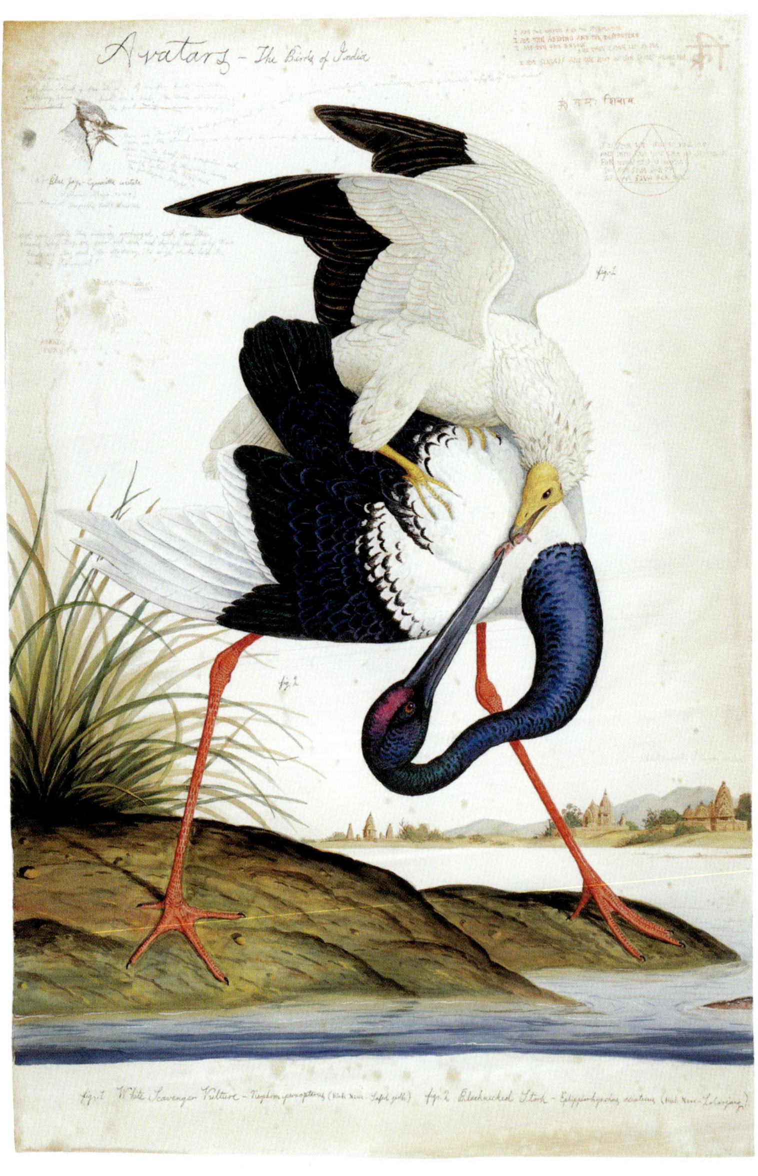

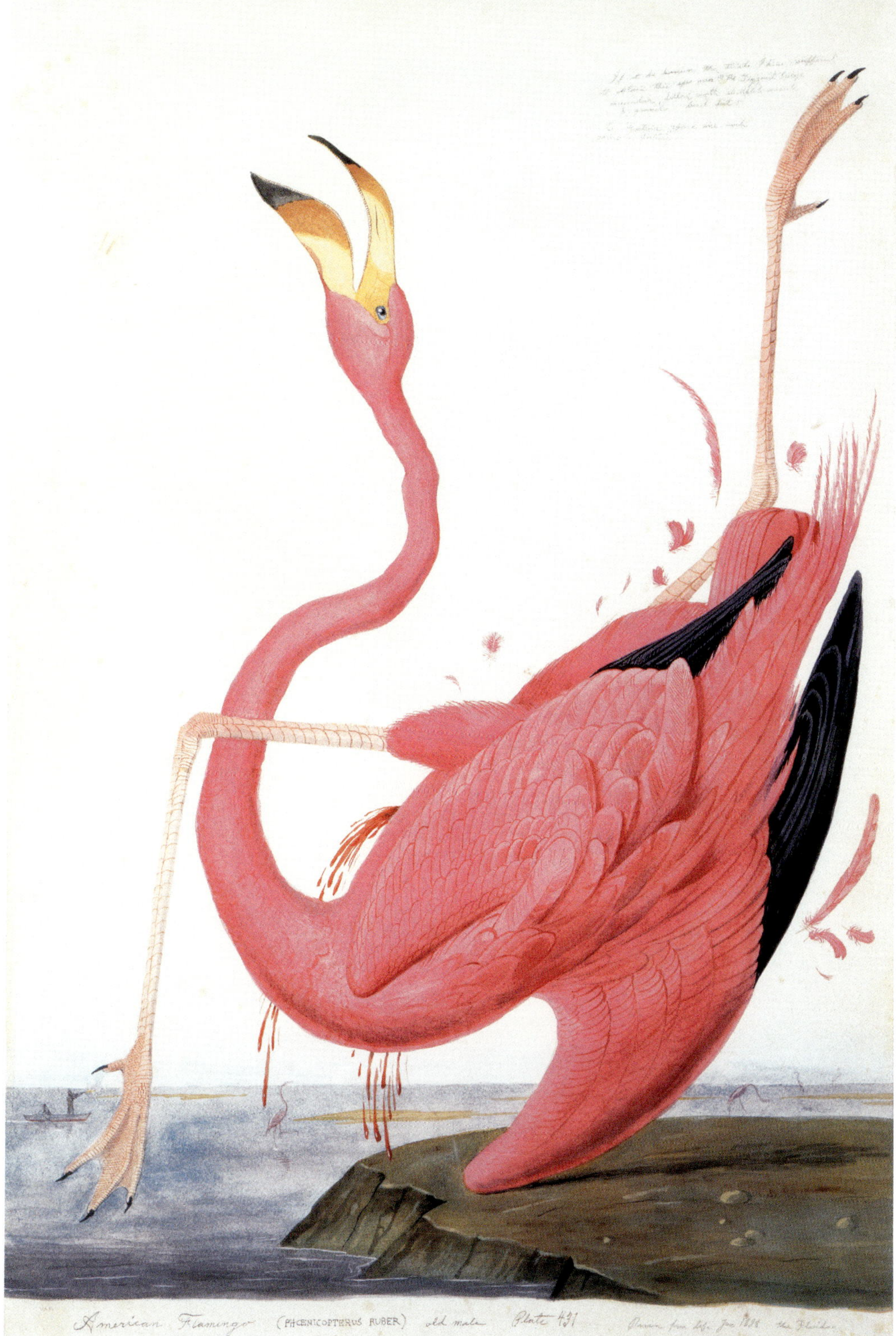

American Flamingo (PHŒNICOPTERUS RUBER) old male Plate 431

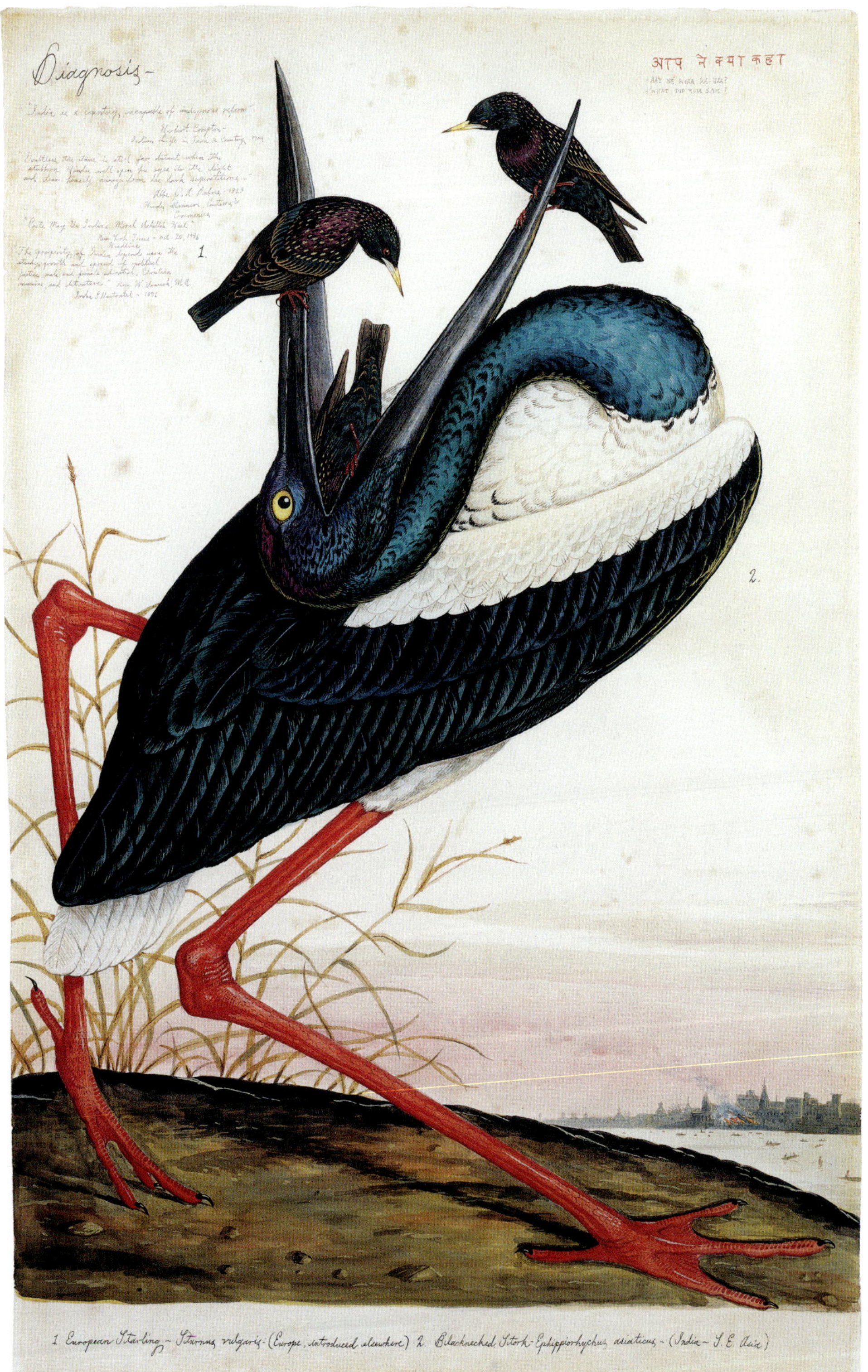

1. European Starling – Sturnus vulgaris – (Europe, introduced elsewhere) 2. Blacknecked Stork – Ephippiorhynchus asiaticus – (India – S.E. Asia)

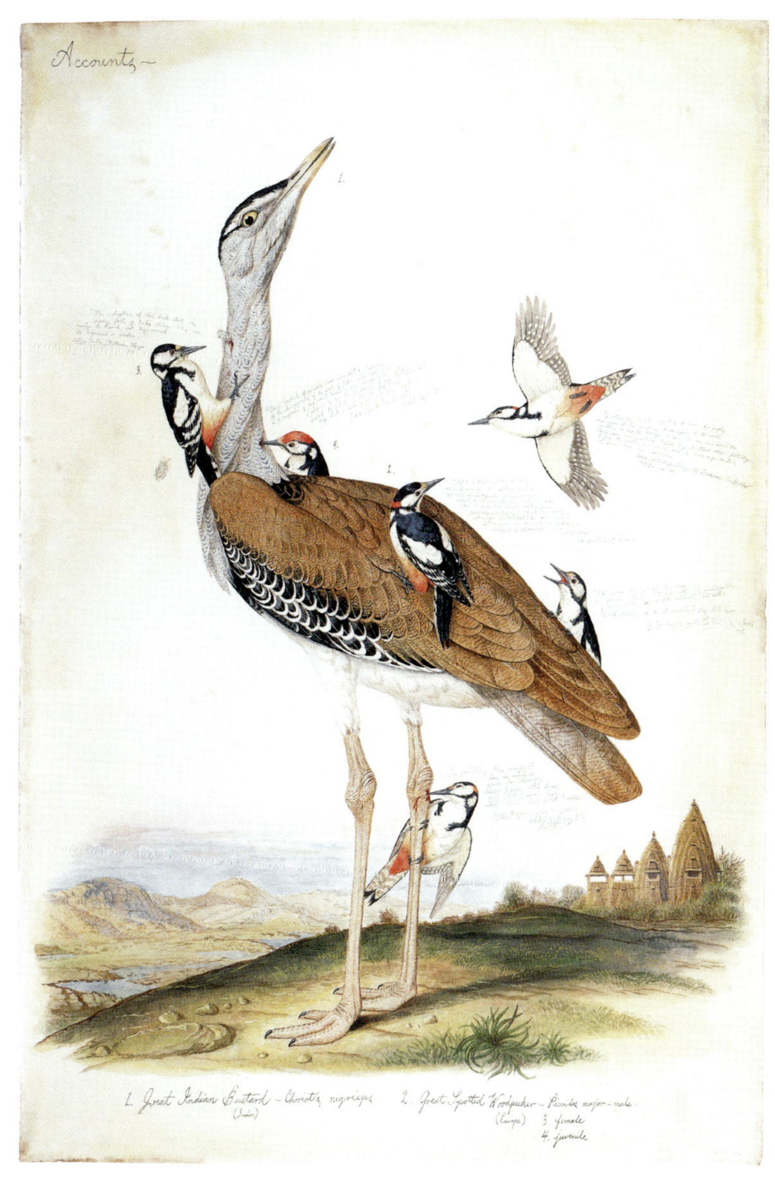

Accounts
Watercolor, gouache, pencil, and ink on paper
151.8 x 102.2 cm (59¾ x 40¼ in.), 1996

Diagnosis
Watercolor, gouache, pencil, and ink on paper
102.9 x 66 cm (40½ x 26 in.), 1996

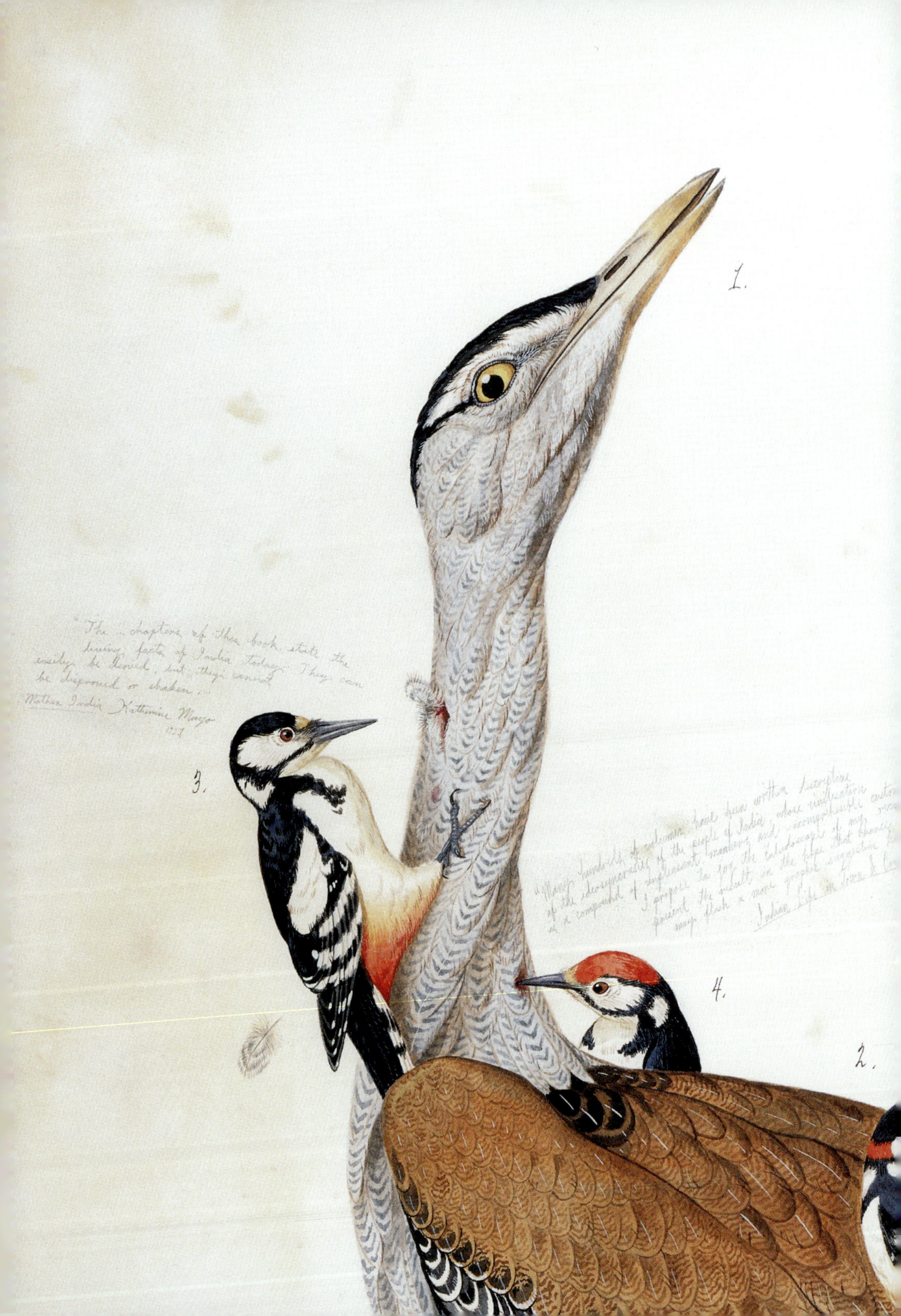

" The ... chapters of this book state the
living facts of India today. They can
easily be denied, but ... they cannot
be disproved or shaken ..."
Mother India   Katherine Mayo
1927

1.
2.
3.
4.

" Many hundreds of volumes have been written descriptive
of the idiosyncrasies of the people of India, whose civilisation
is a compound of unpleasant, ... and ... incomprehensible custom...
I propose to ... the kaleidoscope of my ...
present the result in the ... that ...
may flesh & more graphic suggestion ...
Indian life ..."

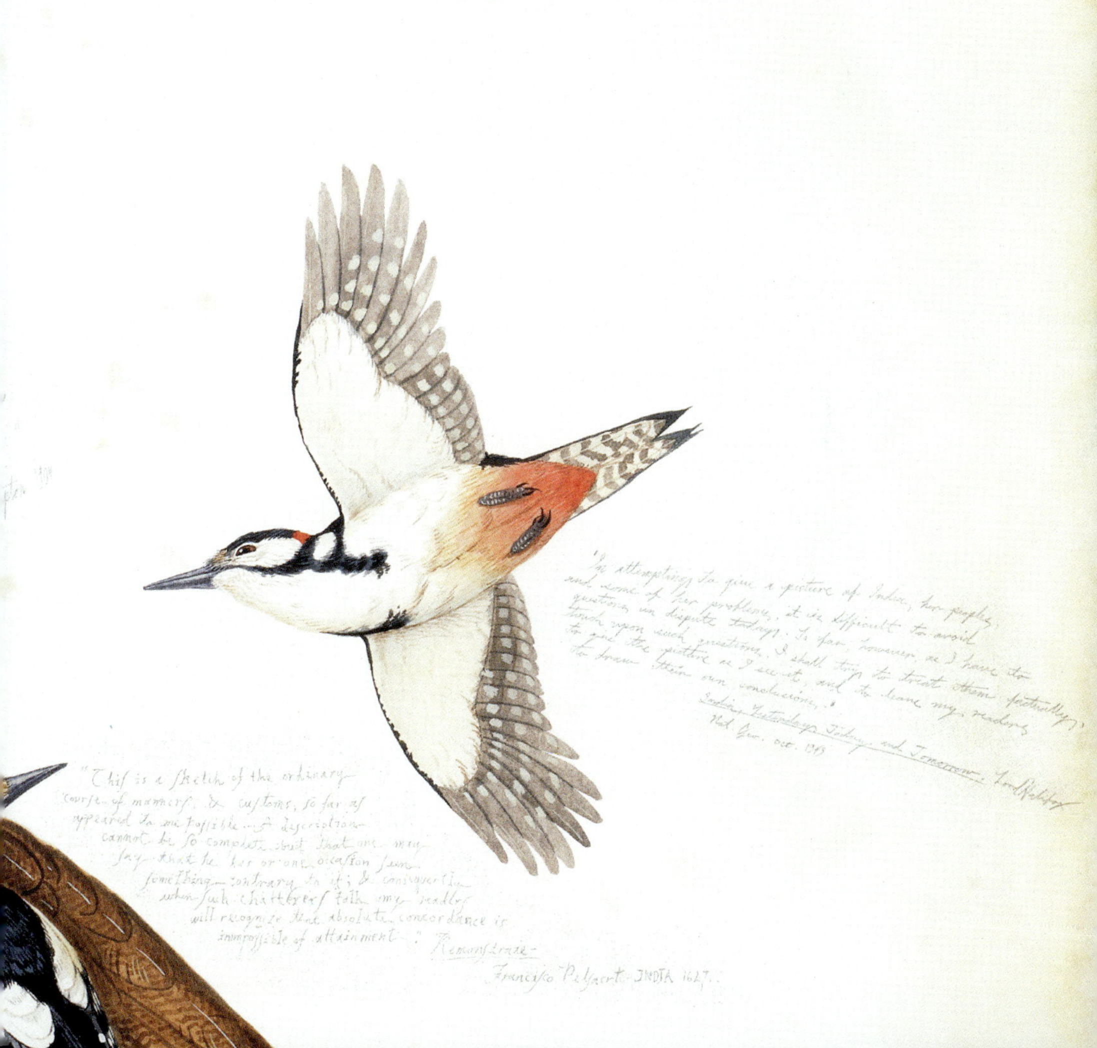

"In attempting to give a picture of India, her peoples, and some of her problems, it is difficult to avoid questions in dispute today. So far, however, as I have to touch upon such questions, I shall try to treat them factually, to give the picture as I see it, and to leave my readers to draw their own conclusions."
India Yesterday Today and Tomorrow - Woodpecker
Nat. Geo. oct. 1913
"This is a sketch of the ordinary course of manners, & customs, so far as appeared to me possible - a description cannot be so complete but that one may say that he has or one occasion seen something contrary to it; & consequently when such chatterers talk my readers will recognize that absolute concordance is impossible of attainment." Remonstrae
Francisco Pelsaert. INDIA 1627.

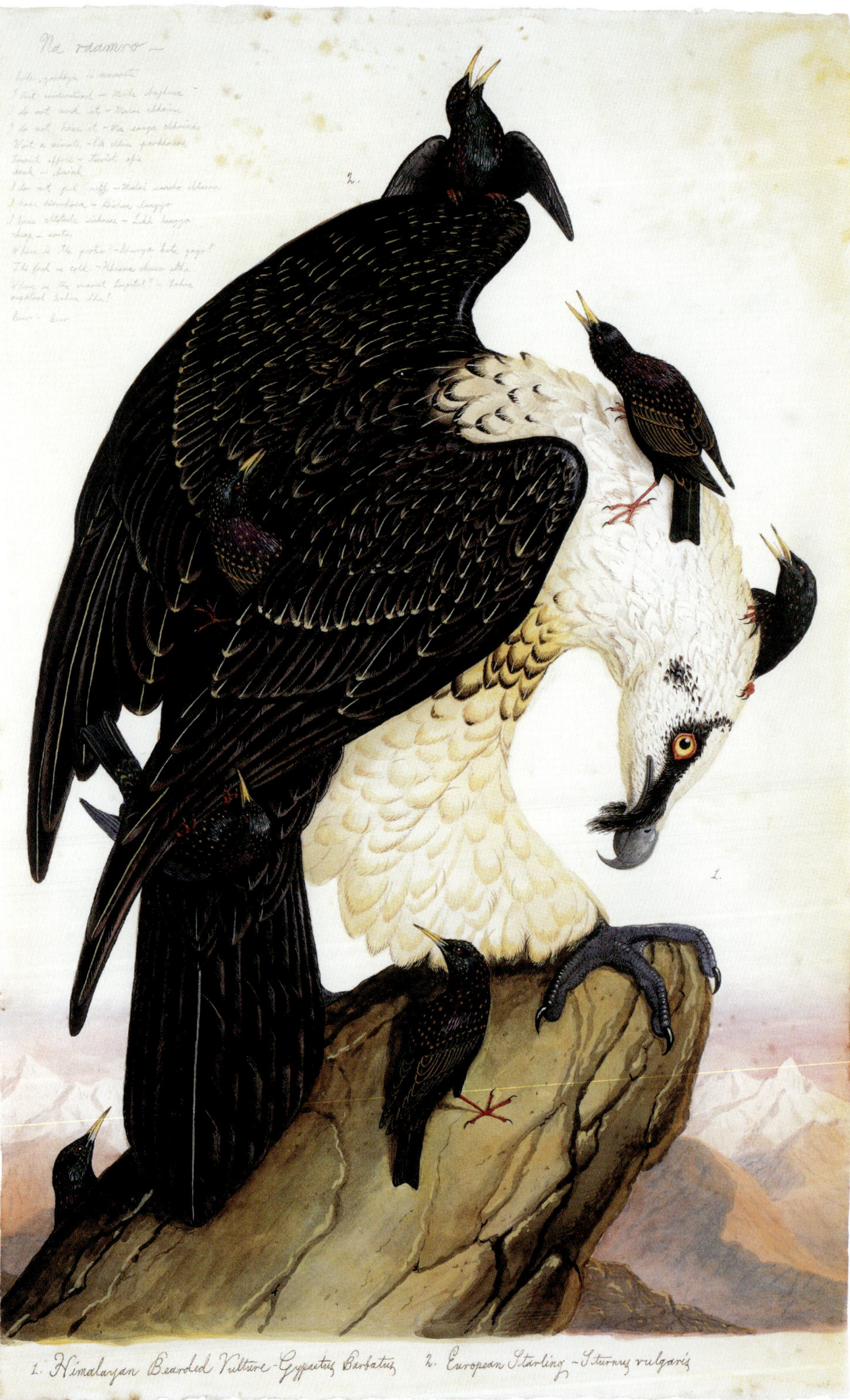

1. Himalayan Bearded Vulture - Gypaetus Barbatus   2. European Starling - Sturnus vulgaris

Na raamro
Watercolor, gouache, and pencil on paper
104.1 x 66 cm (41 x 26 in.), 1996

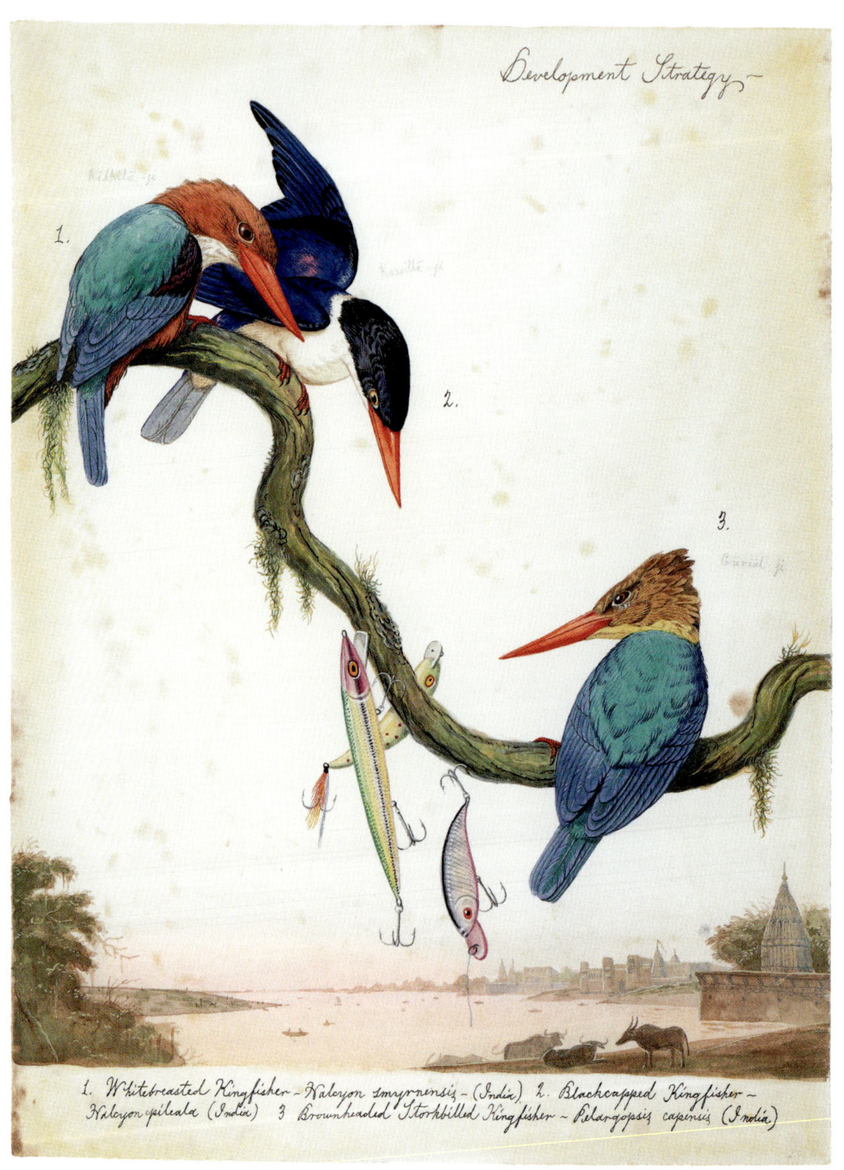

Development Strategy
Watercolor, gouache, pencil, and ink on paper
73.3 x 56.5 cm (28⅞ x 22¼ in.), 1996

Baba—B.G.
Watercolor, gouache, pencil, and ink on paper
105.1 x 74 cm (41⅜ x 29⅛ in.), 1997

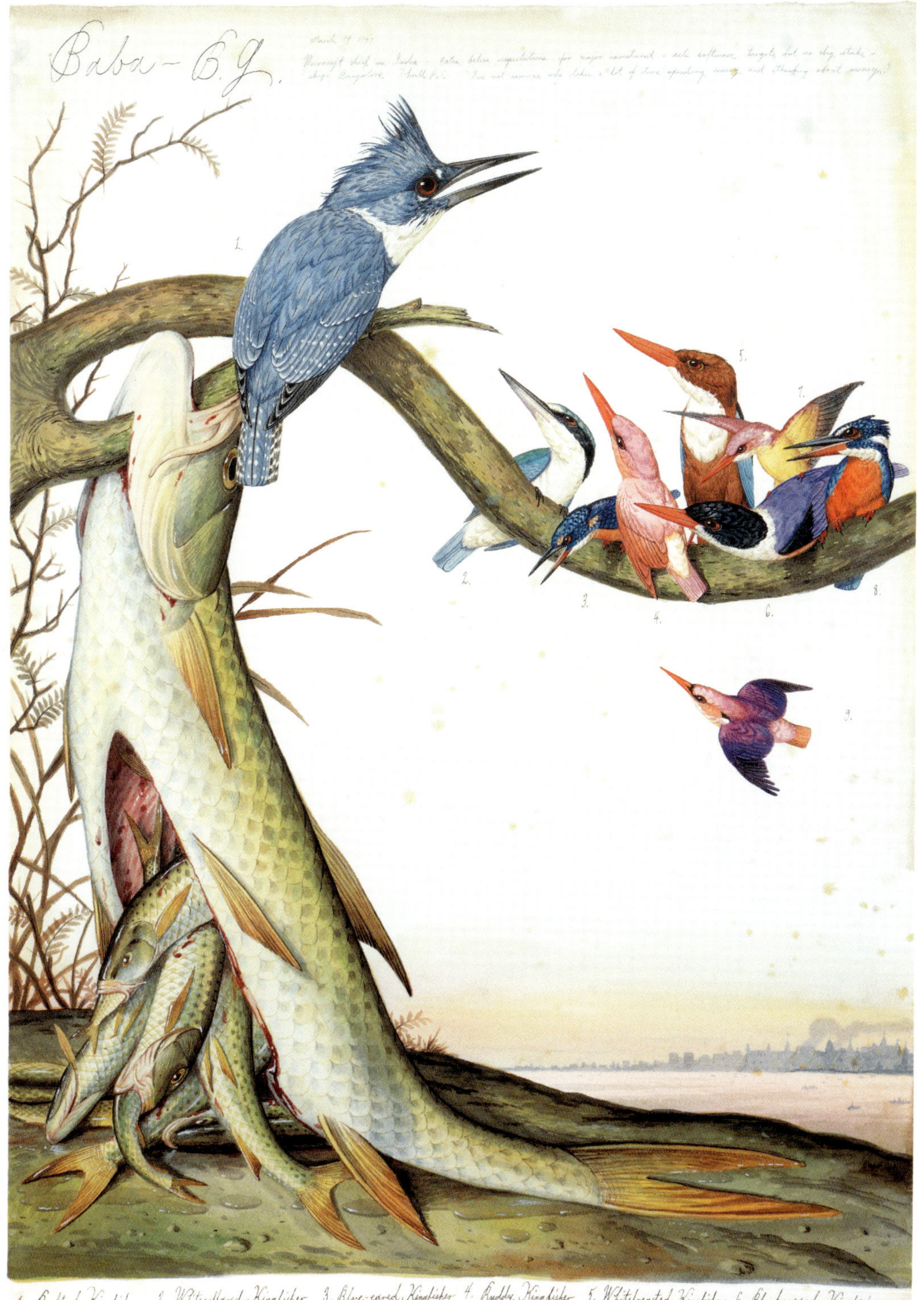

Baba – C.G.
1. Belled Kingfisher   2. Whitecollared Kingfisher   3. Blue-eared Kingfisher   4. Ruddy Kingfisher   5. Whitebreasted Kingfisher   6. Blackcapped Kingfisher
7. Rufous-backed Kingfisher   8. Blyth's Kingfisher   9. Threetoed Kingfisher

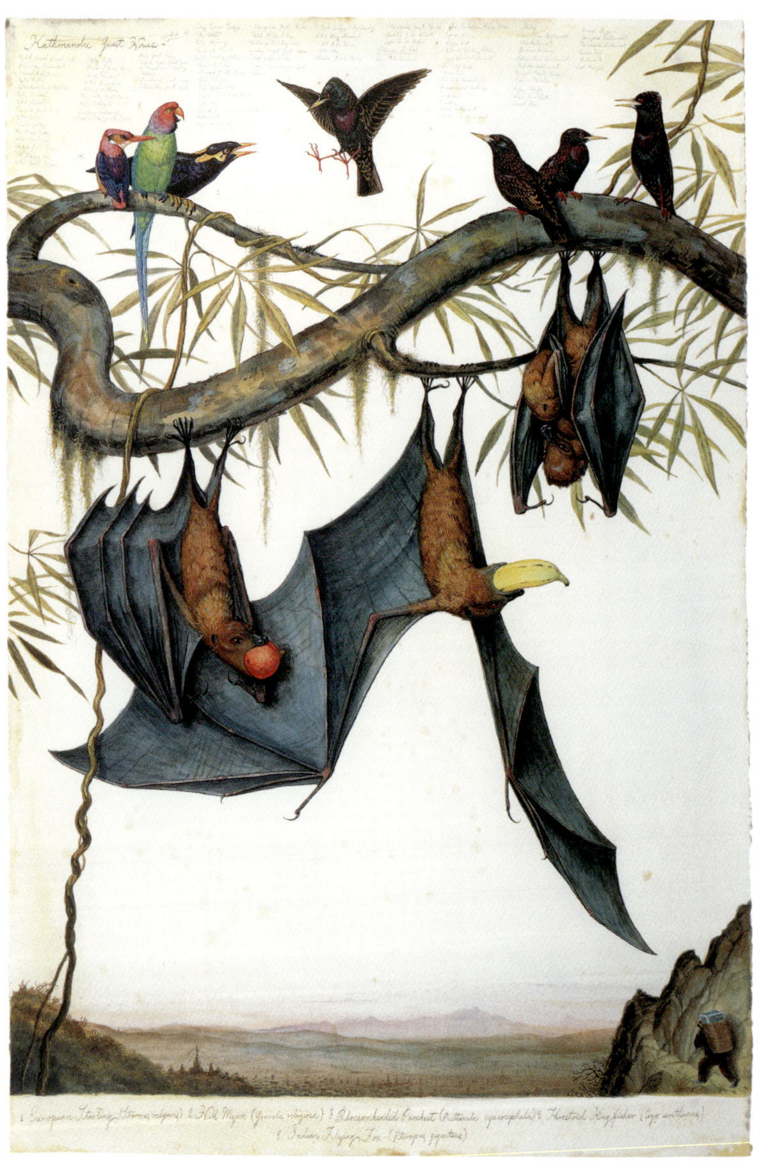

Kathmandu Guest House
Watercolor, gouache, pencil, and ink on paper
152.4 x 101.6 cm (60 x 40 in.), 1997

Sights
Watercolor, gouache, pencil, and ink on paper
76.2 x 56.5 cm (30 x 22¼ in.), 1997

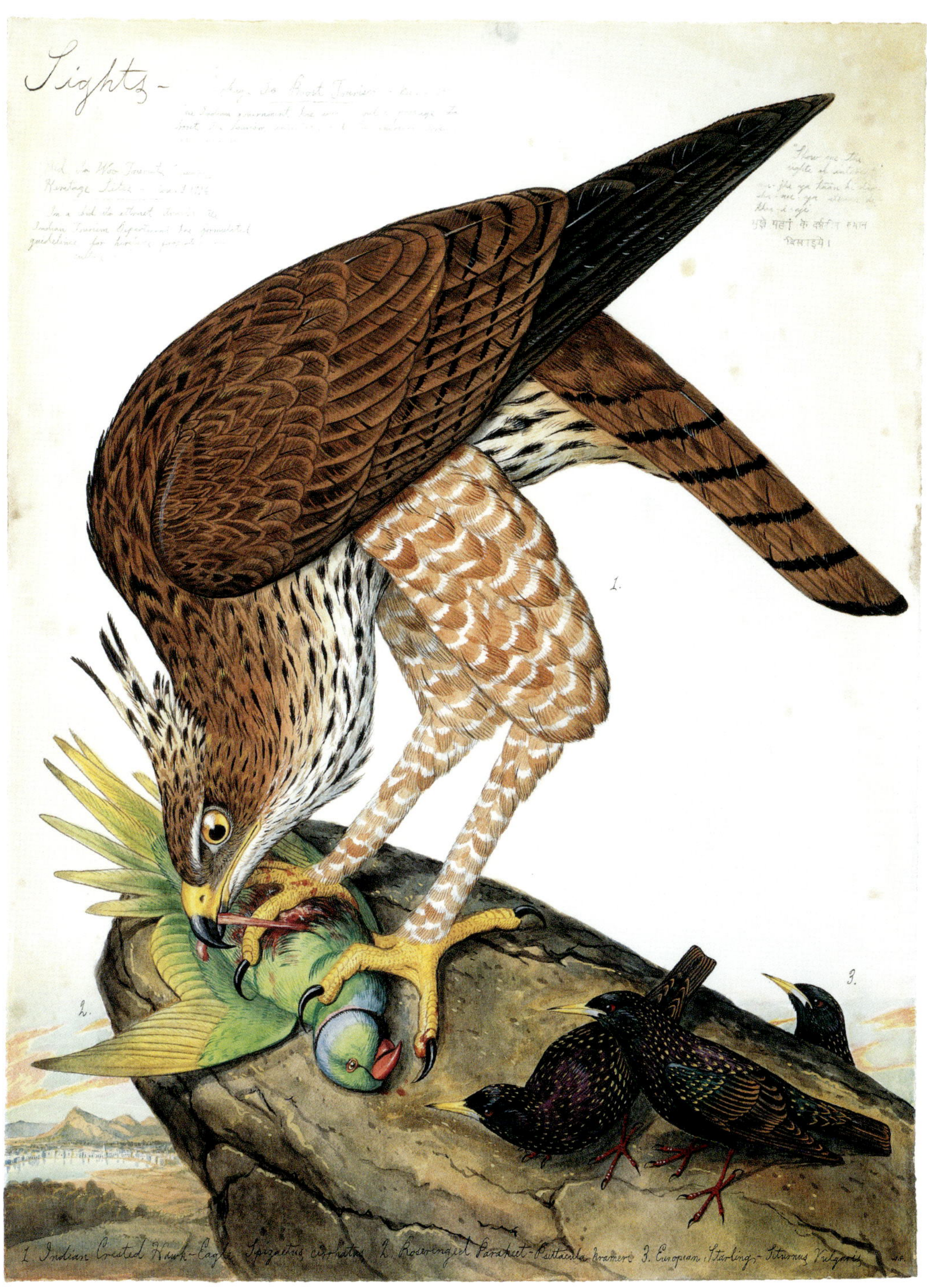
1. Indian Crested Hawk-Eagle - Spizaetus cirrhatus 2. Rosering'ed Parakeet - Psittacula krameri 3. European Starling - Sturnus Vulgaris

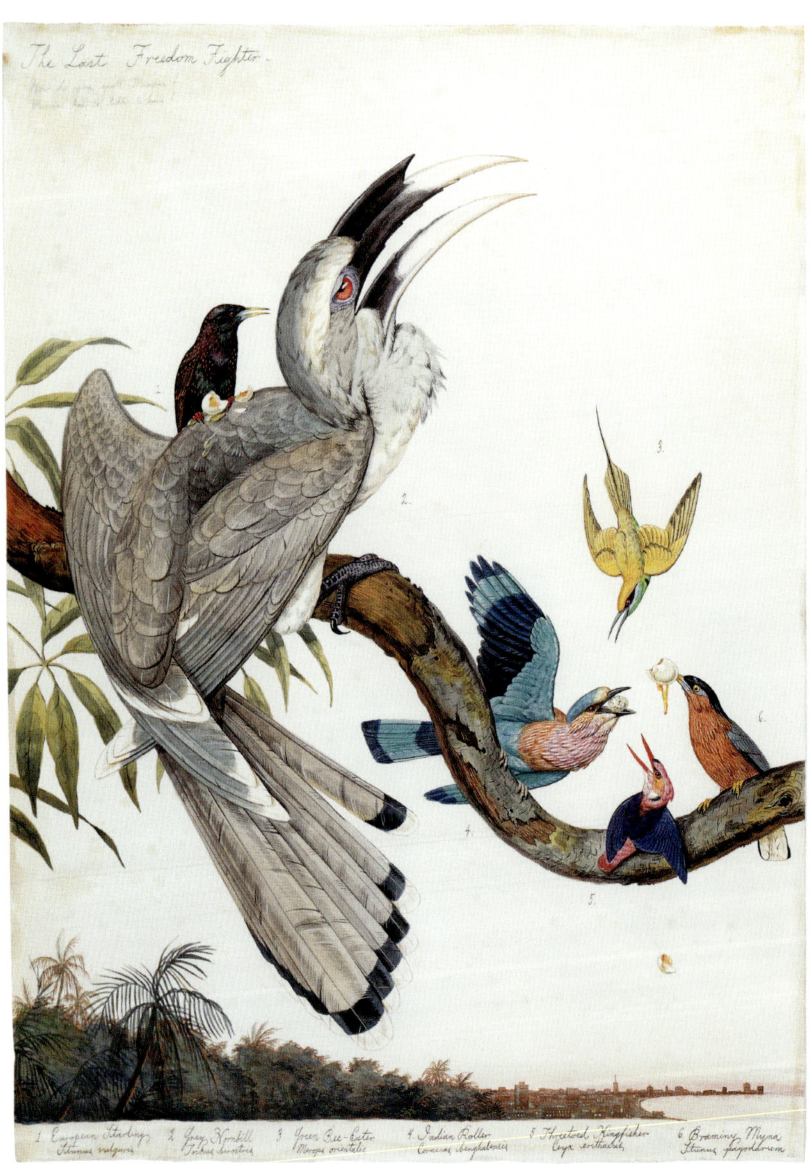

The Last Freedom Fighter

Watercolor, gouache, pencil, and ink on paper
105 x 75.9 cm (41½ x 29⅞ in.), 1997

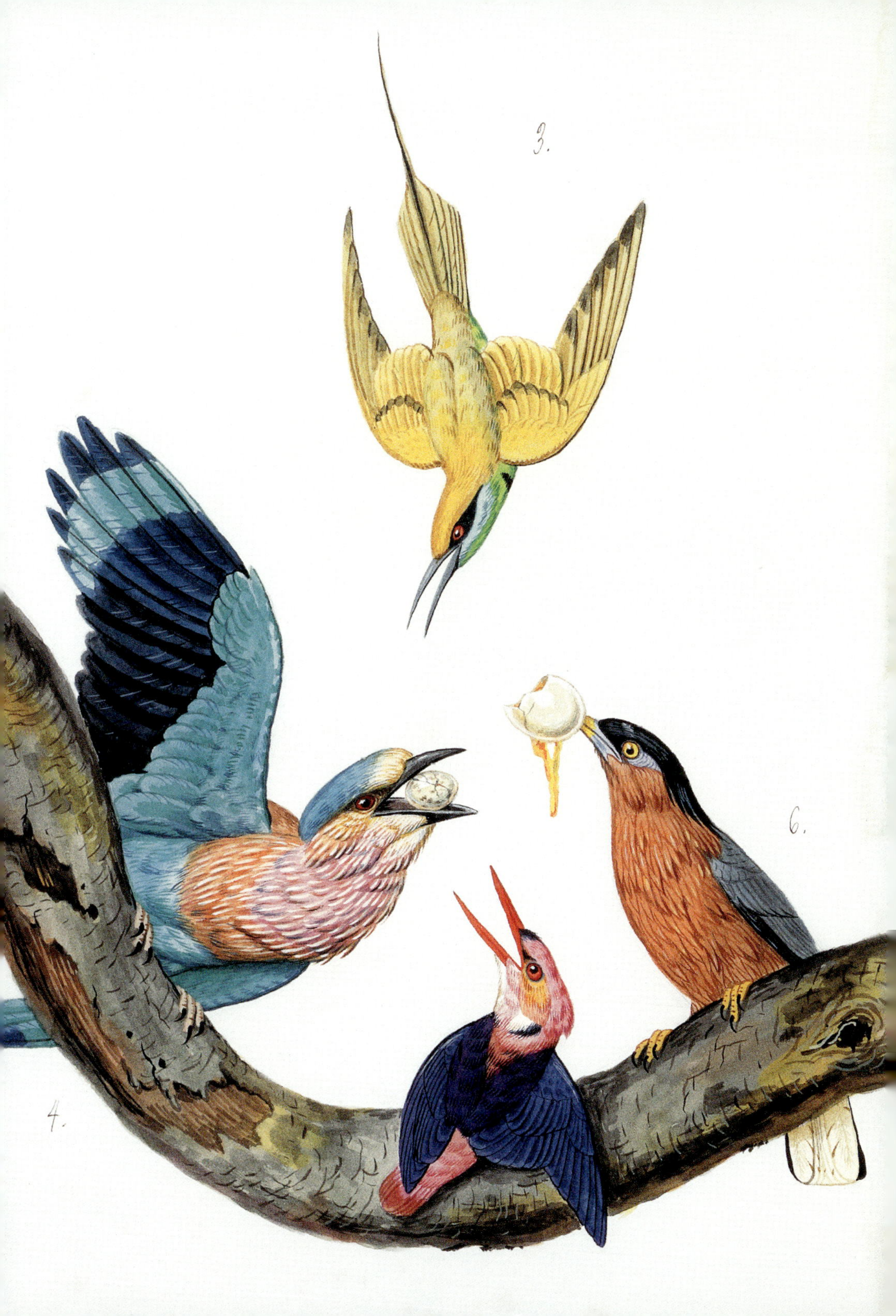
3.
4.
6.

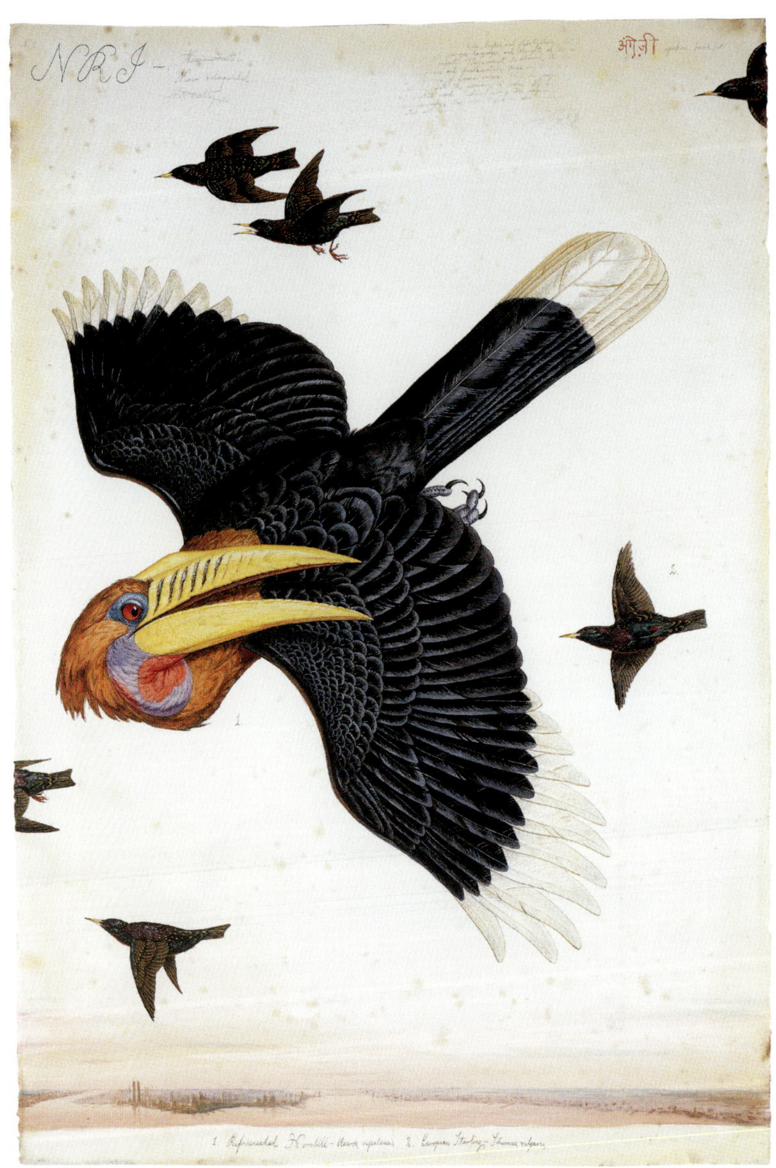

NRI No. 1
Watercolor, gouache, pencil, and ink on paper
152.4 x 102.9 cm (60 x 40½ in.), 1997

NRI No. 3
Watercolor, gouache, pencil, and ink on paper
151.8 x 102.9 cm (59¾ x 40½ in.), 1997

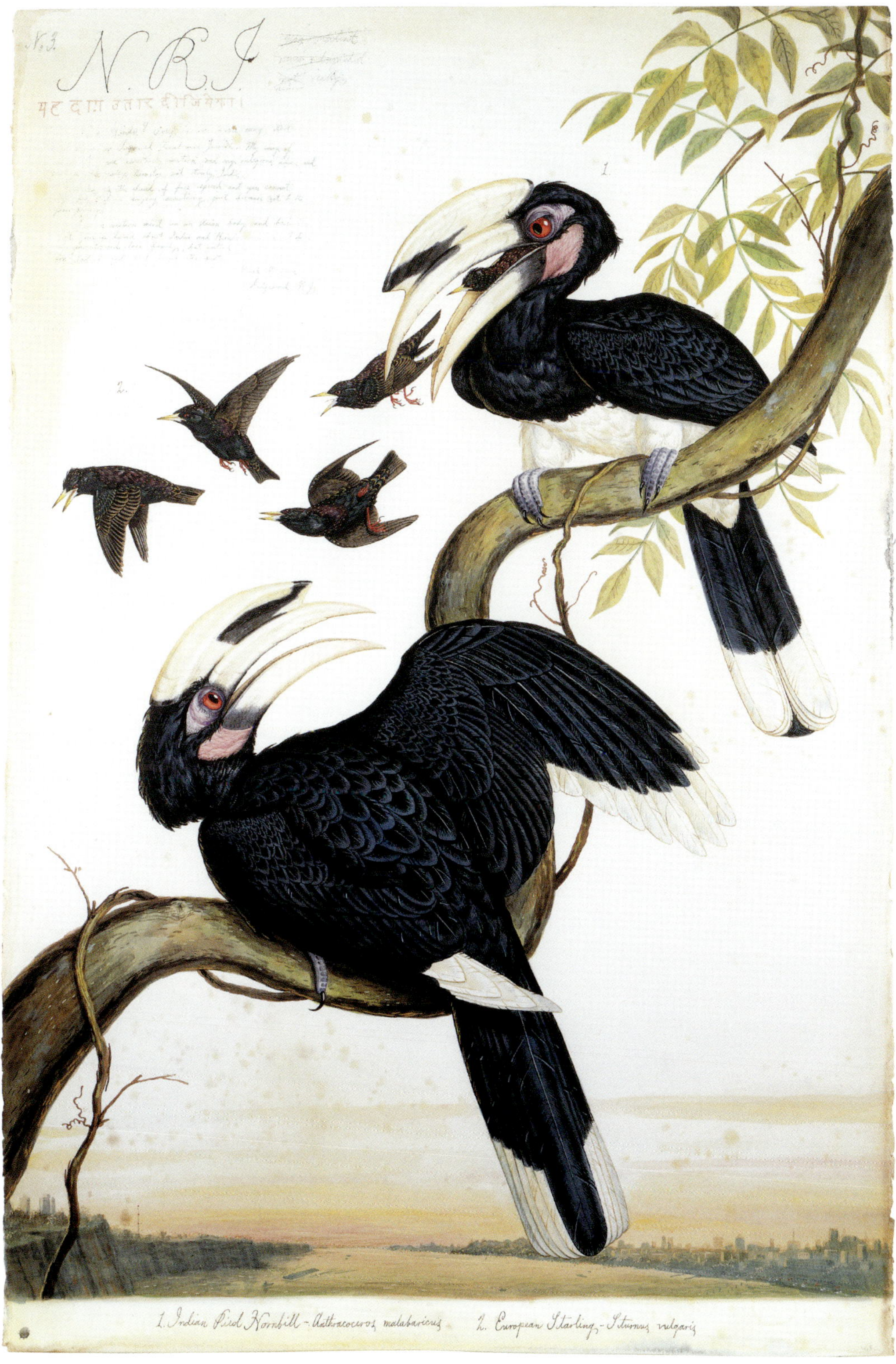

1. Indian Pied Hornbill - Anthracoceros malabaricus   2. European Starling - Sturnus vulgaris

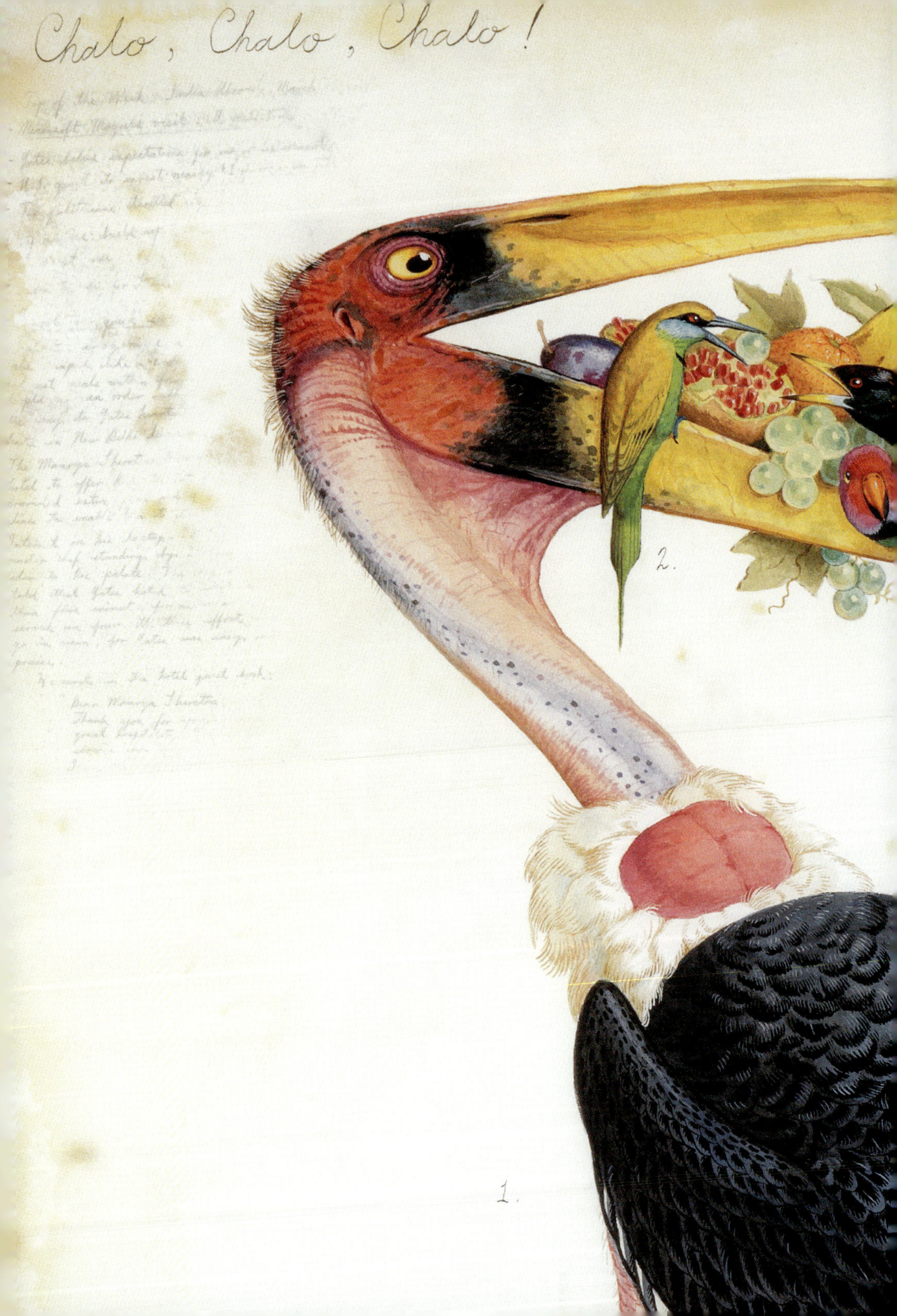

Chalo, Chalo, Chalo!

2.

1.

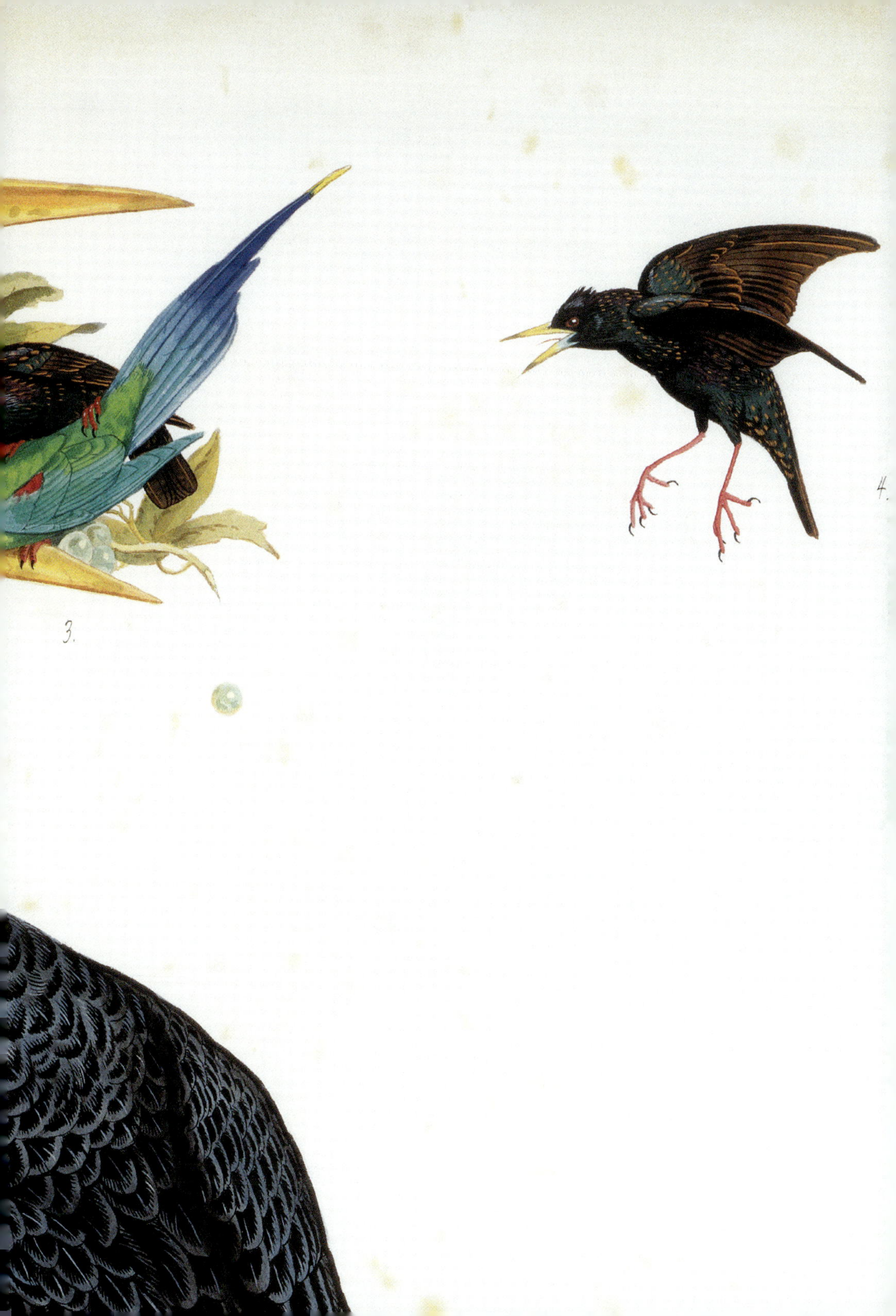
3.
4.

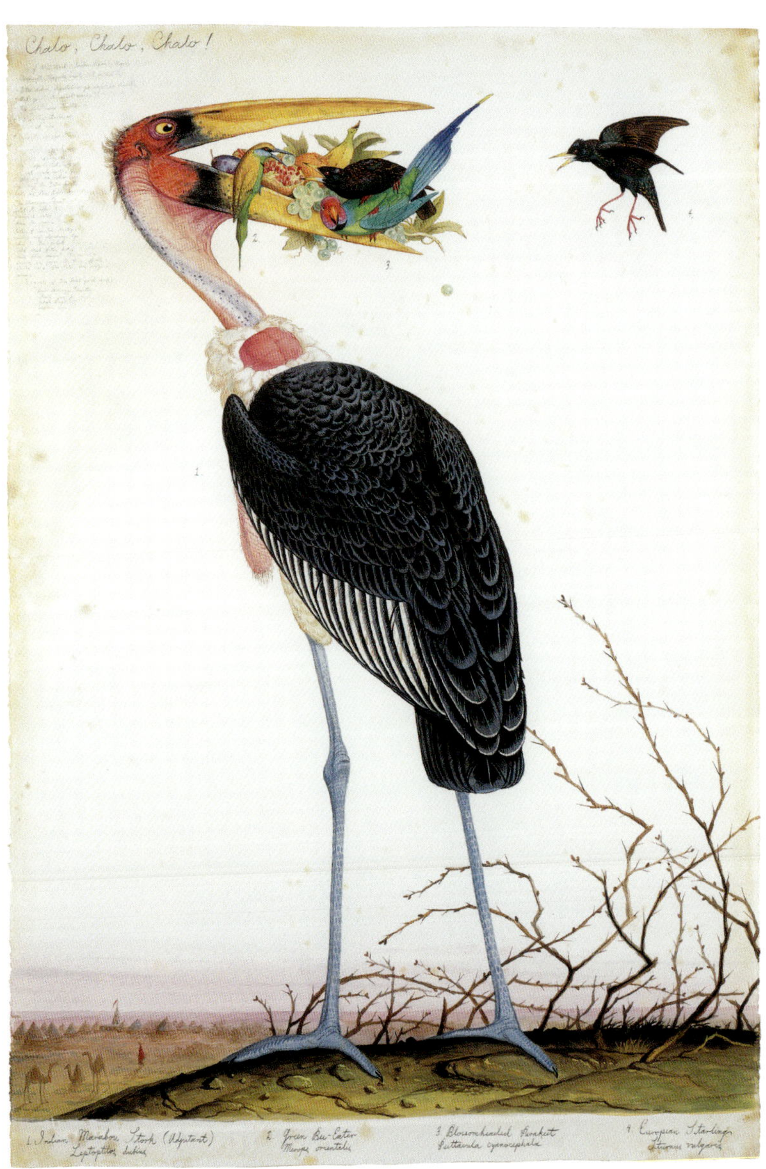

Chalo, Chalo, Chalo!
Watercolor, gouache, pencil, and ink on paper
151.1 x 102.2 cm (59½ x 40½ in.), 1997

N.G.O. Wallahs
Watercolor, gouache, pencil, and ink on paper
105.1 x 75.6 cm (41⅜ x 29¾ in.), 1997

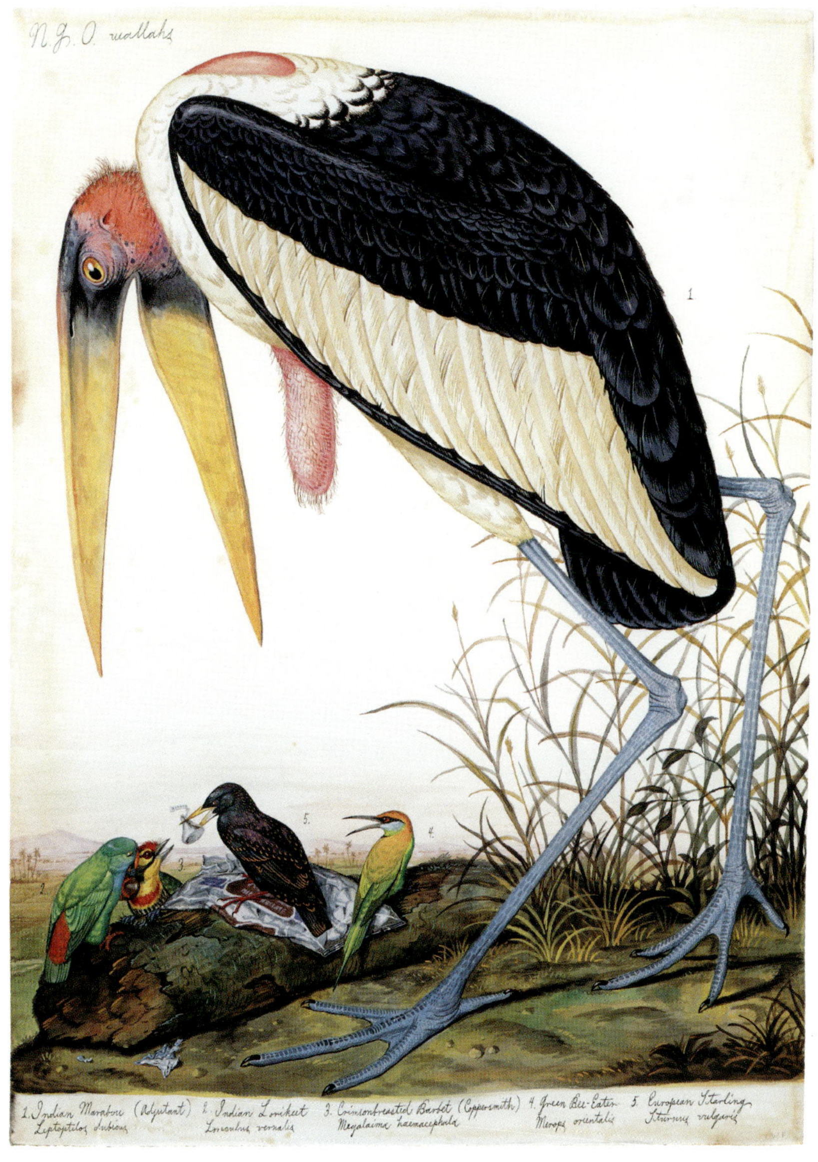

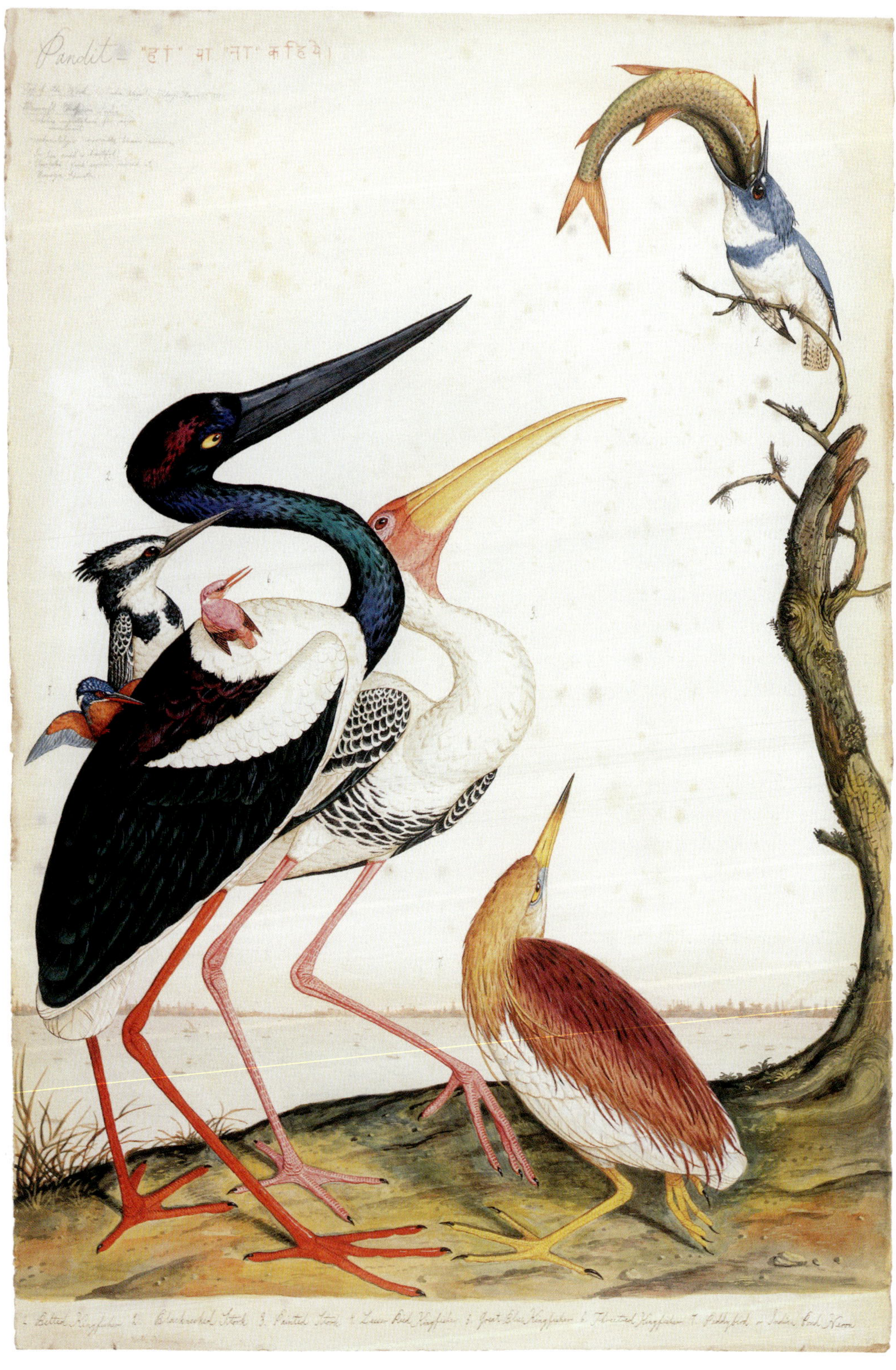

Pandit - "हा" म "ना" कहिये।
1. Belted Kingfisher 2. Black-necked Stork 3. Painted Stork 4. Lesser Pied Kingfisher 5. Great Blue Kingfisher 6. Three-toed Kingfisher 7. Paddy bird, or Indian Pond Heron

Pandit
Watercolor, gouache, pencil, and ink on paper
151.1 x 102.9 cm (59½ x 40½ in.), 1997

Pages 70–71 **THANH HOANG**/ ——— Long, long ago, the tiger was a very beautiful creature indeed, famous for his immaculate and sleek yellow coat and his matching amber-colored eyes. Truly, the tiger was the most elegant creature in the whole forest!

One day, such a tiger was observing a nearby field from a grove at the edge of a mountain. In the field a farmer was ploughing with his buffalo. The toiling beast had become so exhausted that his mouth was dripping froth and his tongue hung out as he panted for breath….

Seeing this mistreatment of a fellow animal, the tiger became furious. Cannily, he waited until the farmer had stopped for lunch and gone away to get refreshment. Then, approaching the buffalo, the tiger scolded him for his stupid endurance…. "You have a huge body and two sharp horns to defend yourself with. Why then do you take such abuse? Why don't you stand up to this puny little fellow who takes such advantage of you?"

"It's quite true that the man is physically smaller than I am," replied the buffalo. "But he has a keen intelligence with which he can control all things in nature, even strong beasts like you and me."

Now the tiger had never heard of a weapon called a keen intelligence, and he was extremely interested to know what it looked like….

"Say there, you, man," he cried when the farmer came back. "Your buffalo tells me that you have a keen intelligence. Please let me see what it is. Where do you keep it?"

"I don't happen to have it with me," said the farmer. "I usually keep it at home."

"Do go home and get it," urged the tiger. "Fetch it here so that I can see it!"

"I would do that," replied the farmer. "But I'm afraid that if I do, you will kill and eat my buffalo while I am gone. If you'll agree to let me bind you to the trunk of that tree over there, I'll go on home and get my intelligence and bring it back to show you; then I'll unfasten you."

So the tiger, being a credulous creature, permitted the man to fasten him securely to the tree with some wide, strong ropes.

But once he had immobilized the animal, the farmer began to gather straw and twigs, instead of starting home. He piled the straw and twigs around the tiger and set them afire, exclaiming: "Here is my intelligence! Do you understand it now?"

The poor tiger, straining with all his might and main, burst his bonds and fled away into the forest, but not before the part of his fur between the ropes had been burned black. Ever since then he has worn black and yellow stripes, and has had a pretty good idea of man's intelligence!/ ——— *The Vietnamese story of how the tiger got its stripes, published in* THE ASIAN ANIMAL ZODIAC, *collected by Ruth Q. Sun, Tuttle, 1974.*

THANH HOANG/——— „Vor langer, langer Zeit war der Tiger berühmt für sein makelloses, gelb glänzendes Fell und seine funkelnden, bernsteinfarbenen Augen. Wahrhaftig, der Tiger war das eleganteste Geschöpf des Waldes! Eines Tages lauerte ein solcher Tiger in einem Wäldchen und beobachtete ein nahegelegenes Feld, das ein Bauer mit seinem Büffel pflügte. Das rackernde Vieh war schon so erschöpft, dass Schaum aus seinem Maul tropfte und seine Zunge heraushing, wenn es nach Luft rang. (…)

Als der Tiger sah, wie ein anderes Tier misshandelt wurde, geriet er in Wut. Listig wartete er, bis der Bauer seine Arbeit für eine Mahlzeit unterbrach und sich aufmachte, sich zu stärken. Dann schlich sich der Tiger an den Büffel heran und schimpfte ihn aus, dass er sich das gefallen lasse. ,Du bist viel größer und kräftiger als ein Mensch', erklärte der Tiger. (…) ,Warum wehrst du dich nicht gegen dieses mickrige, kleine Kerlchen, das dich so ausnutzt?'

,Es ist wohl wahr, dieser Mensch ist mir körperlich unterlegen', entgegnete der Büffel. ,Aber er hat einen scharfen Verstand, mit dem er alle Erscheinungen der Natur kontrollieren kann.'

Von einer Waffe namens scharfer Verstand hatte der Tiger noch nie gehört, so war er sehr begierig zu erfahren, wie sie aussähe. (…)

,Du da, du Mensch', rief er, als der Bauer nahte, ,dein Büffel erzählte mir, du habest einen scharfen Verstand. (…) Wo bewahrst du ihn auf?'

,Ich hab' ihn gerade nicht dabei', sagte der Bauer. ,Gewöhnlich lasse ich ihn zu Hause.'

,Dann geh' nach Hause und hol' ihn', drängte der Tiger. ,Bring ihn her, damit ich ihn mir anschauen kann.'

,Das würde ich gerne tun', entgegnete der Bauer, ,aber ich fürchte, dass du dann, wenn ich weg bin, meinen Büffel tötest und frisst. Wenn du damit einverstanden bist, binde ich dich an den Baumstamm dort drüben an. Dann gehe ich nach Hause und hole meinen Verstand, um ihn dir zu zeigen. Danach binde ich dich wieder los.'

Also ließ sich der Tiger, da er ein gutgläubiges Wesen war, von dem Menschen mit langen, dicken Stricken am Baumstamm festbinden. Doch kaum hatte er das Tier wehrlos gemacht, begann der Bauer, statt nach Hause zu eilen, Reisig und Zweige zu sammeln. Dann häufte er beides um den Tiger herum auf, setzte es in Brand und rief: ,Da hast du meinen Verstand! Begreifst du jetzt?'

Der arme Tiger zerrte aus Leibeskräften an seinen Fesseln. Schließlich gelang es ihm, sich zu befreien und in den Wald zu flüchten. Doch einige Streifen seines Fells zwischen den Stricken waren bereits verkohlt. Seither sind Tiger schwarz und gelb gestreift. Und wissen ganz genau, was sie vom Verstand des Menschen zu halten haben!"/ ——— *Diese vietnamesische Version der Geschichte, wie die Tiger zu ihren Streifen kamen, wurde in* THE ASIAN ANIMAL ZODIAC, *zusammengestellt von Ruth Q. Sun, Tuttle (1974), veröffentlicht.*

Il y a longtemps, bien longtemps, le tigre était une très belle créature, célèbre pour sa robe jaune immaculée et lustrée, et ses yeux assortis, couleur ambre. Le tigre était vraiment la plus élégante créature de toute la forêt ! Or un jour, un tigre observait un champ tout proche depuis un petit bois au pied d'une montagne. Dans le champ, un paysan retournait la terre avec son buffle. La bête, pantelante, était si épuisée que sa gueule écumait et que sa langue pendait comme si elle ne parvenait plus à reprendre son souffle…

Voir un frère animal victime d'aussi mauvais traitements mit le tigre en fureur. Rusé, il attendit que le paysan s'arrête pour déjeuner et parte chercher à boire. Puis, s'approchant du buffle, le tigre le tança sur son attitude. « Tu es beaucoup plus gros et fort que cet homme, lui lança le tigre. Tu as un corps énorme et deux cornes aiguisées pour te défendre. Pourquoi te laisser ainsi malmener ? Pourquoi ne te révoltes-tu pas contre ce petit homme chétif qui abuse ainsi de toi ?

— Cet homme est physiquement plus petit que moi, c'est tout à fait vrai, répliqua le buffle. Mais il possède une intelligence aiguë qui lui permet de contrôler toutes les choses de la nature, même des bêtes aussi puissantes que toi ou moi.

Le tigre n'avait jamais entendu parler d'une arme appelée « intelligence aiguë », et il était très curieux de savoir à quoi elle pouvait bien ressembler…

« Ho hé, là-bas, l'homme, cria-t-il quand le paysan revint. Ton buffle me dit que tu possèdes une intelligence aiguë. Tu peux me la montrer, s'il te plaît ? Où la ranges-tu ?

— Je ne l'ai pas avec moi, répondit le paysan, je la laisse en général à la maison.

— Retourne chez toi la chercher, somma le tigre. Apporte-la-moi afin que je puisse la voir !

— Ma foi, je n'ai rien contre, répliqua le paysan. Mais je crains que, si je t'obéis, tu ne tues et dévores mon buffle pendant mon absence. Si tu es d'accord, je vais t'attacher à cet arbre qui est là, je retournerai chez moi chercher mon intelligence et je te l'apporterai pour te la montrer. Ensuite, je te détacherai. »

Et le tigre, créature crédule, laissa l'homme l'attacher solidement à l'arbre avec d'épaisses cordes résistantes. Mais une fois qu'il eut immobilisé l'animal, le paysan, au lieu de rentrer chez lui, se mit à rassembler des branches et des brindilles. Il les empila autour du tigre et y mit le feu en s'exclamant : « La voilà mon intelligence ! »

Le pauvre tigre, luttant de toutes ses forces, finit par rompre ses liens et s'enfuit dans la forêt, mais pas avant que les flammes, entre les cordes, aient noirci ses flancs. Depuis lors le tigre porte des rayures jaunes et noires et il sait à quoi s'en tenir sur l'intelligence de l'homme !/ ———
L'histoire vietnamienne sur l'origine des rayures du tigre a paru dans THE ASIAN ANIMAL ZODIAC *(« Les animaux vietnamiens du zodiac ») ; elle a été recueillie par Ruth Q. Sun, éd. Tuttle, en 1974.*

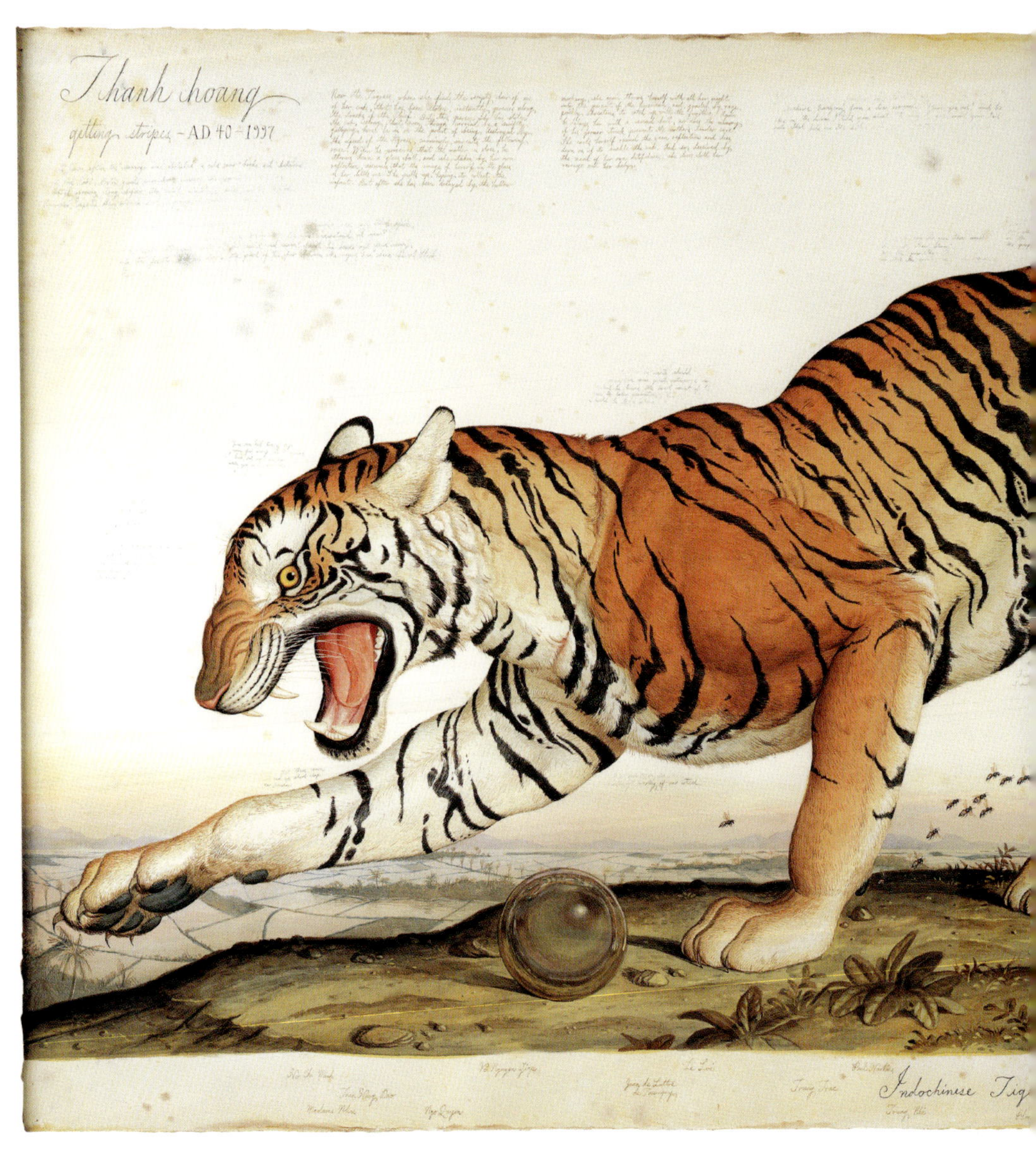

Thanh Hoang

Watercolor, gouache, pencil, and ink on paper
153.7 x 303.5 cm (60½ x 119½ in.), 1997

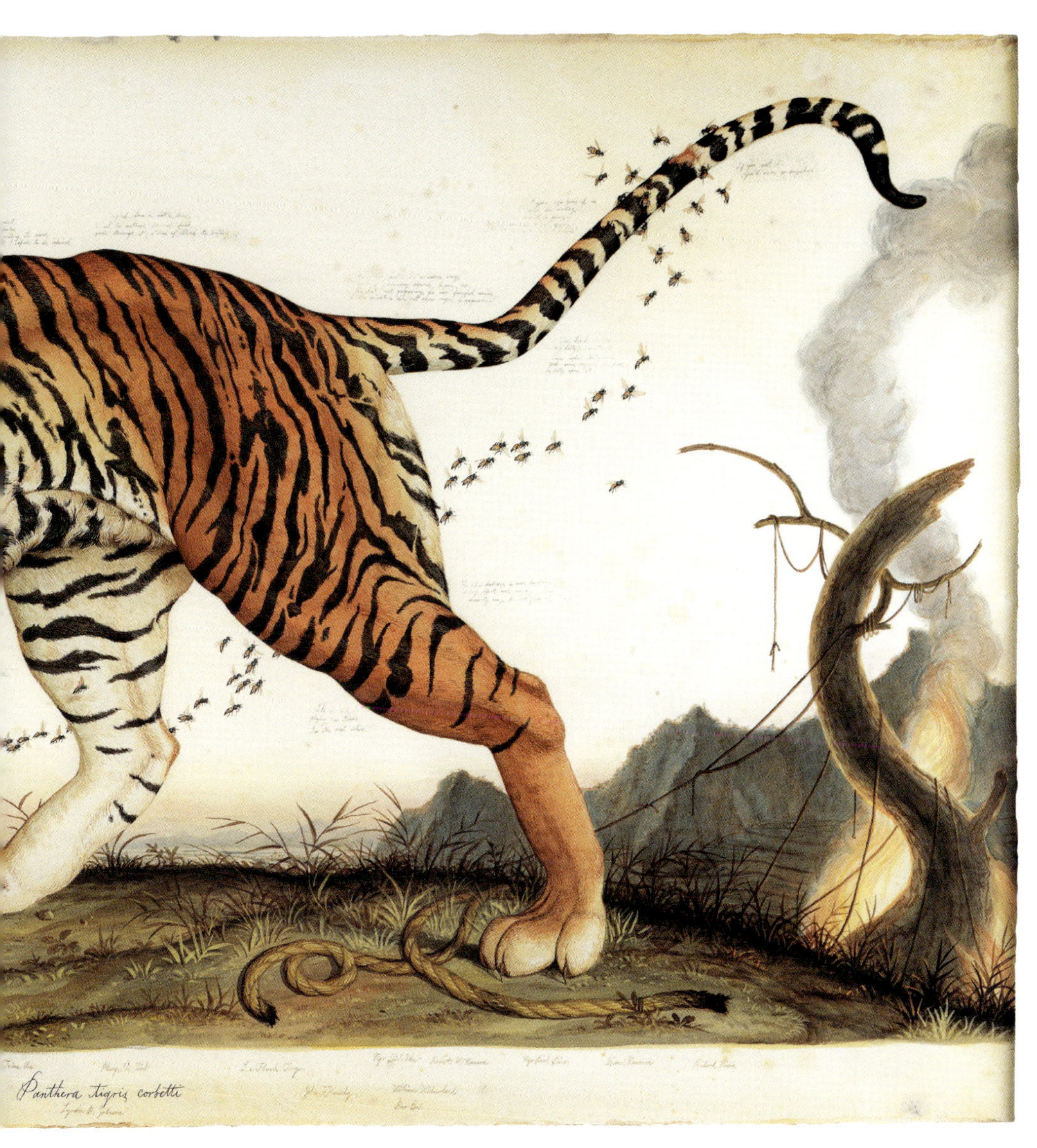

Next spread **BULA MATARI**/ ——— Soon after reaching the Uganda Protectorate at the end of 1899, I came in contact with a large party of dwarfs who had been kidnapped by a too enterprising German impresario, who had decided to show them at the Paris Exhibition. As the Belgians objected to this procedure, I released the dwarfs from their kidnapper, and retained them with me for some months in Uganda, until I was able personally to escort them back to their homes in the Congo Forest. I had other reasons connected with my Government business for visiting the north-western part of the Congo Free State. As soon as I could make the dwarfs understand me by the means of an interpreter, I questioned them regarding the existence of this horse-like creature in their forests. They at once understood what I meant; and pointing to a zebra-skin and a live mule, they informed me that the creature in question, which was called OKAPI, was like a mule with zebra stripes on it./ ——— *British explorer Sir Harry Johnston (1858–1927) in* THE STANDARD LIBRARY OF NATURAL HISTORY: EMBRACING THE LIVING ANIMALS OF THE WORLD AND LIVING RACES OF MANKIND, *edited by C. J. Cornish, et al., University Society, Inc., 1908. Johnston was credited with introducing the okapi to the Western world.*

„Bald nachdem ich Ende 1899 im Protektorat von Uganda eingetroffen war, kam ich in Kontakt mit einer größeren Gruppe Zwergwüchsiger, die von einem allzu eifrigen deutschen Impresario, der sie auf der Weltausstellung in Paris vorführen wollte, gekidnappt worden waren. Da die Belgier diese Vorgehensweise missbilligten, befreite ich die Zwergwüchsigen von ihrem Kidnapper und behielt sie ein paar Monate lang in Uganda bei mir, bis ich persönlich die Möglichkeit hatte, sie in ihre Heimat im Dschungel des Kongo zu eskortieren. Ich hatte noch andere Gründe, die mit meinem Regierungsauftrag zusammenhingen, den Nordwesten des Freistaats Kongo zu besuchen. Sobald ich mich den Zwergwüchsigen mit Unterstützung eines Dolmetschers verständlich machen konnte, befragte ich sie nach der Existenz jenes pferdeähnlichen Wesens, das in ihren Wäldern leben sollte. Sie verstanden sofort, was ich meinte, zeigten auf eine Zebrahaut und ein herumstehendes Maultier und erklärten mir, dass das fragliche Geschöpf OKAPI genannt werde und wie ein Maultier mit Zebrastreifen aussähe."/ ——— *Der britische Entdeckungsreisende Sir Harry Johnston (1858–1927) in* THE STANDARD LIBRARY OF NATURAL HISTORY: EMBRACING THE LIVING ANIMALS OF THE WORLD AND LIVING RACES OF MANKIND, *herausgegeben von C. J. Cornish et al., University Society Inc. (1908). Johnston wird zugeschrieben, der westlichen Welt das Okapi vorgestellt zu haben.*

Peu après avoir atteint le protectorat ougandais
à la fin de 1899, j'ai fait la rencontre d'un groupe
de nains, qui avaient été kidnappés par un impresario allemand un peu trop entreprenant, lequel
avait décidé de les exhiber à l'Exposition universelle de Paris. Comme les Belges protestaient
contre ces agissements, je les ai fait libérer et
je les ai retenus quelques mois avec moi en
Ouganda, jusqu'à ce que je sois en mesure de les
escorter personnellement vers leur terre natale
dans la forêt congolaise. J'avais d'autres raisons,
en rapport avec la mission confiée par mon gouvernement, pour explorer la zone nord-ouest de
l'État indépendant du Congo. Dès que j'ai pu me
faire comprendre par l'intermédiaire d'un interprète, je leur ai posé des questions concernant
l'existence de cette créature chevaline dans leur
forêt. Ils ont tout de suite saisi ma question et,
désignant une peau de zèbre puis un âne vivant,
ils m'ont dit que la créature en question, appelée OKAPI, était très semblable à un âne strié de
rayures de zèbre./ ——— *L'explorateur britannique Sir Harry Johnston (1858–1927), extrait
de* THE STANDARD LIBRARY OF NATURAL HISTORY: EMBRACING THE LIVING
ANIMALS OF THE WORLD AND LIVING
RACES OF MANKIND *(« Bibliothèque d'histoire
naturelle : tour du monde des animaux et des races
humaines »), sous la direction de C. J. Cornish et
al., University Society, Inc., 1908. C'est Johnston
qui a fait découvrir l'okapi aux Occidentaux.*

Bula Matari

Watercolor, gouache, pencil, and ink on paper
153.7 x 304.5 cm (60½ x 119⅞ in.), 1998

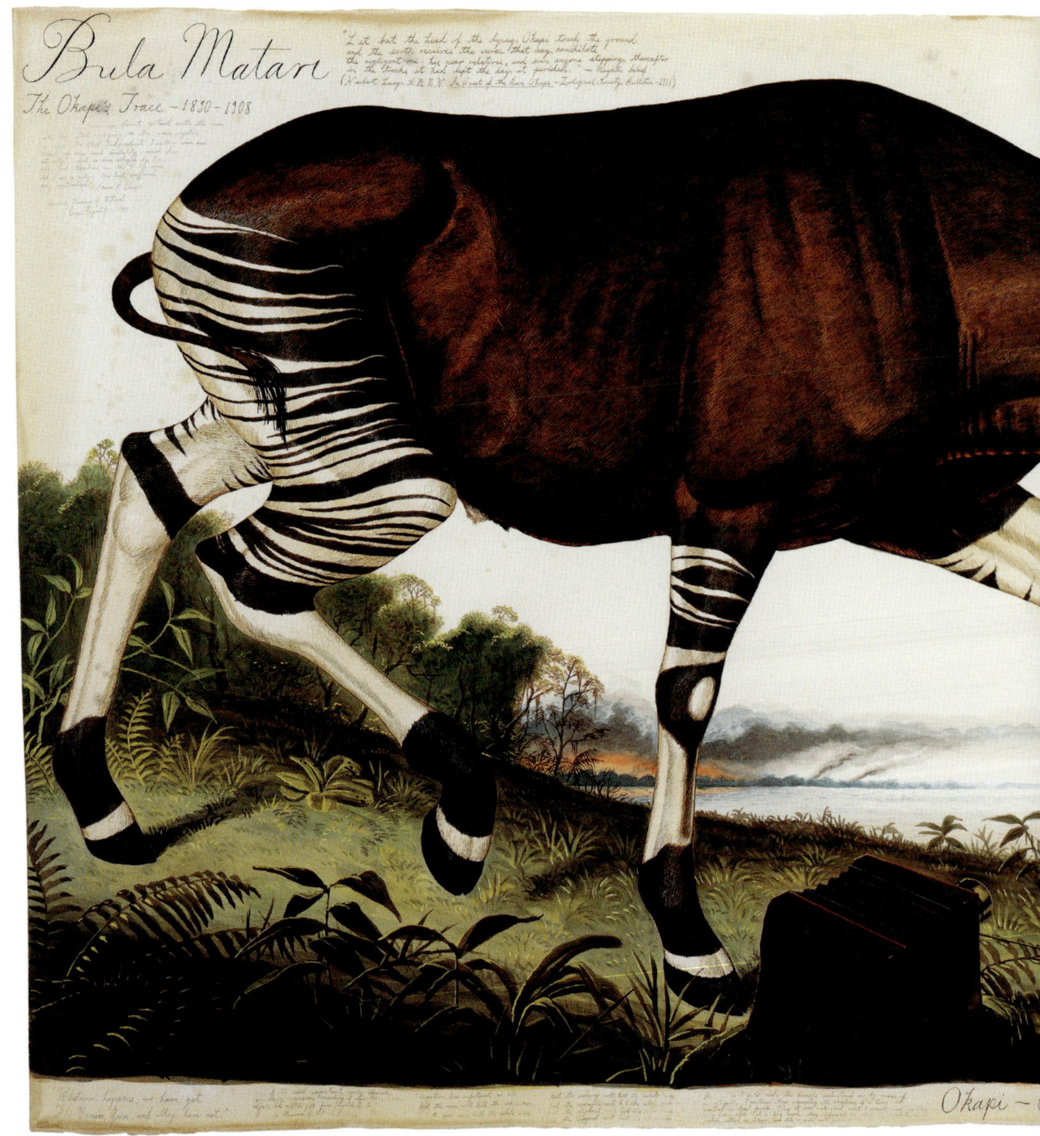

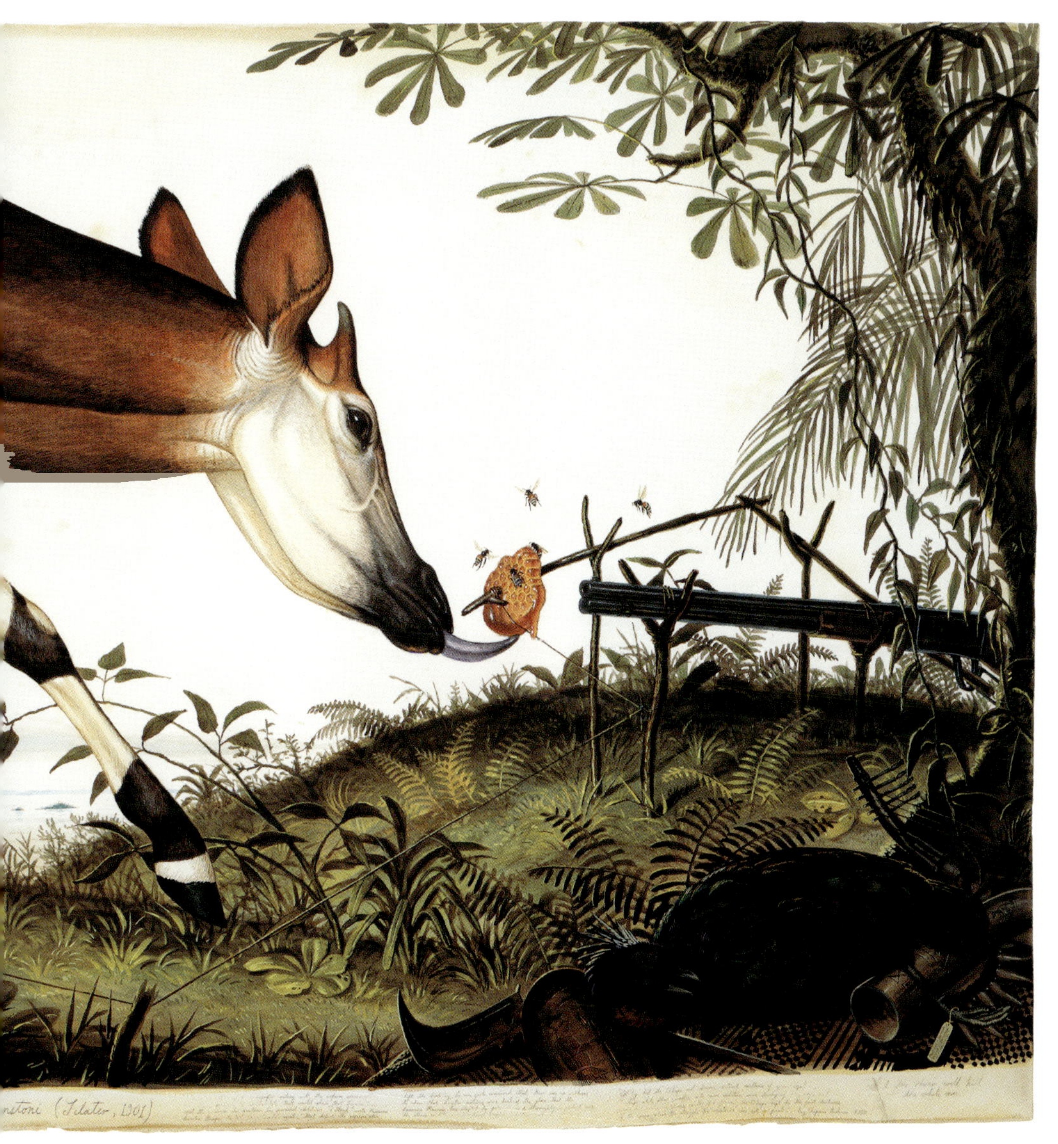
...stoni (Sclater, 1901)

Buddha Purnima

Watercolor, gouache, pencil, and ink on paper
152.4 x 302.9 cm (60 x 119¼ in.), 1998

BUDDHA PURNIMA/ ——— On the banks of the Ganges, a monkey lived in a rose-apple tree. The rose-apples were delicious and plentiful. While he was eating them with obvious relish one day, a crocodile came out of the river, and the monkey threw down a few rose-apples and said, "These are the best rose-apples in the world. They taste like nectar." The crocodile chomped on them and found them truly wonderful. The monkey and crocodile became friends, and the crocodile took to visiting the monkey every day to eat the fruit of that wonderful tree and to talk in its shade.

One day the crocodile went home and took some of the fruit to his wife. "These are wonderful. They taste like nectar. Where did you get them?" asked the wife.

He said, "From a tree on the banks of the Ganges."

"But you can't climb the tree. Did you pick them up from the sands?"

"No, I've a new friend who lives in the tree, a monkey. He throws them down for me and we talk."

"Oh, that's why you've been coming home late! A monkey that lives on such fruit must have sweet flesh. His heart must taste like heaven. I'd love to eat it," said the crocodile wife.

The crocodile didn't like the turn the conversation was taking. "How can you talk like that? He's my friend! He's like a brother-in-law to you."

But the wife sulked and said, "I want his heart. Why are you so taken with this monkey? Is it a he or a she? Bring me his heart, or hers, which is even better. Or else I'll starve myself to death."

The crocodile tried his best to talk her out of her jealousy and ill-will, but he couldn't. He agreed to bring the monkey home on his back for a meal, as it were./ ——— *Indian poet, playwright, and folklorist A. K. Ramanujan (1929–1993) collected the story of "The Monkey and the Crocodile" along with dozens of others in his* FOLKTALES FROM INDIA, A SELECTION OF ORAL TALES FROM TWENTY-TWO LANGUAGES, *Pantheon Books, 1991.*

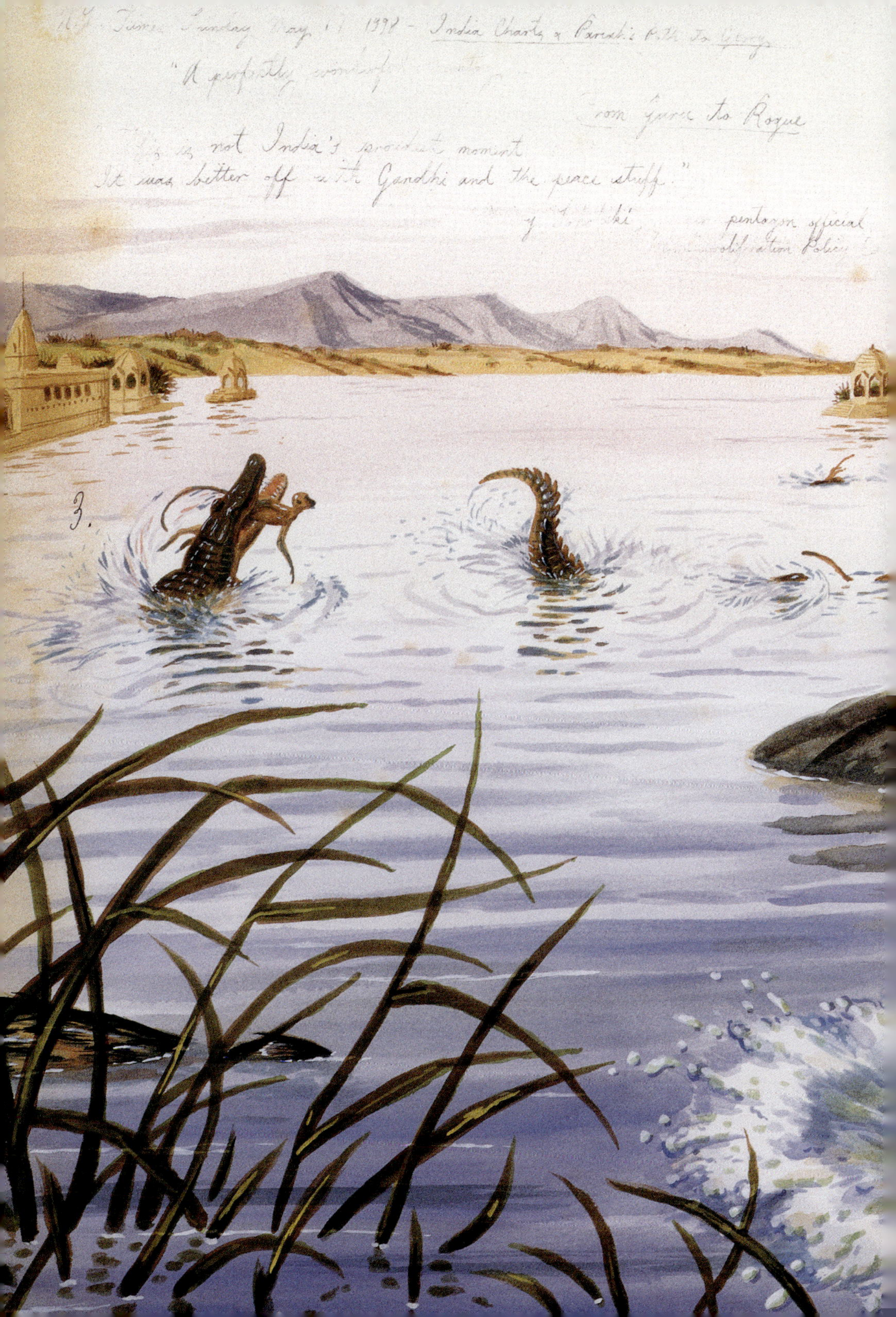

N.Y. Times Sunday May 17 1998 — India Charts a Perilous Path to Glory

"A perfectly wonderful

from Guru to Rogue

...is not India's proudest moment
It was better off with Gandhi and the peace stuff."

y. ...ski   a pentagon official
...lification Policy

3.

BUDDHA PURNIMA/ ——— „An den Ufern des Ganges lebte ein Affe auf einem Rosenapfelbaum. Die Rosenäpfel schmeckten köstlich und gediehen prächtig. Als der Affe eines Tages wieder einmal einige der Früchte mit sichtlichem Vergnügen verspeiste, kroch ein Krokodil aus dem Fluss. Der Affe warf ein paar Rosenäpfel zu Boden und sagte: ‚Das sind die besten Rosenäpfel der Welt. Sie schmecken wie Nektar.‘ Das Krokodil fraß sie auf und fand sie wirklich wunderbar. Der Affe und das Krokodil wurden Freunde, und das Krokodil nahm sich vor, den Affen täglich zu besuchen, um ein paar Früchte von jenem wundersamen Baum zu kosten und zu plaudern.

Eines Tages nahm das Krokodil auf dem Nachhauseweg auch Früchte für sein Weibchen mit. ‚Sie sind wundervoll. Sie schmecken wie Nektar. Wo hast du sie her?‘, fragte das Weibchen.

Das Krokodil antwortete: ‚Von einem Baum an den Ufern des Ganges.‘

‚Aber auf einen Baum kannst du doch gar nicht klettern. Hast du sie am Ufer aufgelesen?‘

‚Nein, ich habe einen neuen Freund, der auf dem Baum lebt. Es ist ein Affe. Er wirft sie mir hinunter und dann plaudern wir.‘

‚Oh, deshalb kommst du immer so spät nach Hause! Das Fleisch eines Affen, der auf einem Baum mit solchen Früchten lebt, muss süß sein. Sein Herz muss himmlisch schmecken. Ich würde es so gerne fressen‘, meinte das Krokodil-Weibchen.

Dem Krokodil gefiel die Wendung, die das Gespräch nahm, ganz und gar nicht. ‚Wie kannst du nur so daherreden? Der Affe ist mein Freund.‘

Doch das Weibchen tat beleidigt und sagte: ‚Ich will sein Herz. Was findest du nur an diesem Affen? Ist es ein Männchen oder ein Weibchen? Bring mir sein Herz oder eben ihres, das wäre sogar noch köstlicher. Wenn nicht, hungere ich mich zu Tode.‘

Das Krokodil bemühte sich redlich, seinem Weibchen Eifersucht und Groll auszureden, aber vergeblich. Schließlich erklärte es sich damit einverstanden, den Affen auf seinem Rücken nach Hause zu schaffen, und so geschah es dann auch."/ ——— *Der indische Dichter, Dramatiker und Volkskundler A. K. Ramanujan (1929–1993) hat die Geschichte „Der Affe und das Krokodil“ zusammen mit Dutzenden anderer Volksmärchen in seinem Buch* FOLKTALES FROM INDIA, A SELECTION OF ORAL TALES FROM TWENTY-TWO LANGUAGES, *Pantheon Books (1991) veröffentlicht.*

Sur les rives du Gange, un singe vivait dans un pommier rose. Les fruits y étaient délicieux et nombreux. Pendant qu'il mangeait avec un ravissement évident, un crocodile sortit de la rivière. Le singe jeta quelques pommes roses et lui lança : « Ce sont les meilleures pommes roses au monde. Elles ont un goût de nectar. » Le crocodile les mangea toutes et les trouva exquises. Le singe et le crocodile devinrent amis, et le crocodile prit l'habitude de rendre visite chaque jour au singe et de déguster les fruits de cet arbre merveilleux tout en bavardant à l'ombre de celui-ci.

Un jour, le crocodile rentra chez lui en rapportant quelques-uns de ces fruits à sa femme : « Ils sont merveilleux. Ils ont un goût de nectar. Où les as-tu trouvés ? » lui demanda sa femme.

Il lui répondit : « Dans un arbre, le long d'une rive du Gange.

— Mais tu ne peux pas grimper aux arbres. Tu les as ramassés par terre ?

— Non, j'ai un nouvel ami qui habite cet arbre, un singe. Il me les jette et nous parlons.

— Ah, c'est pour ça que tu rentres si tard ! Un singe qui vit sur un tel arbre doit avoir une chair succulente. Son cœur doit être exquis au goût. J'adorerais en manger », fit la femme crocodile.

Le crocodile n'aimait pas la tournure que prenait la conversation.

« Comment peux-tu en parler de cette façon ? C'est mon ami ! Il est comme un beau-frère pour toi. »

Mais la femme se renfrogna et répartit : « Je veux son cœur. Pourquoi es-tu si épris de ce singe ? Est-ce un mâle ou une femelle ? Apporte-moi son cœur, à lui — ou à elle, il n'en sera que meilleur. Sinon je me laisse mourir de faim. »

Le crocodile fit de son mieux pour la convaincre d'oublier sa jalousie et sa méchanceté, mais sans succès. Il finit par accepter d'amener le singe sur son dos pour un repas, pour ainsi dire./ ——— *Poète, auteur dramatique et folkloriste indien, A. K. Ramanujan (1929–1993) a recueilli le conte « Le Singe et le Crocodile » parmi beaucoup d'autres dans son ouvrage FOLKTALES FROM INDIA, A SELECTION OF ORAL TALES FROM TWENTY-TWO LANGUAGES (« Contes folkloriques indiens, contes oraux des vingt-deux langues »), Pantheon Books, 1991.*

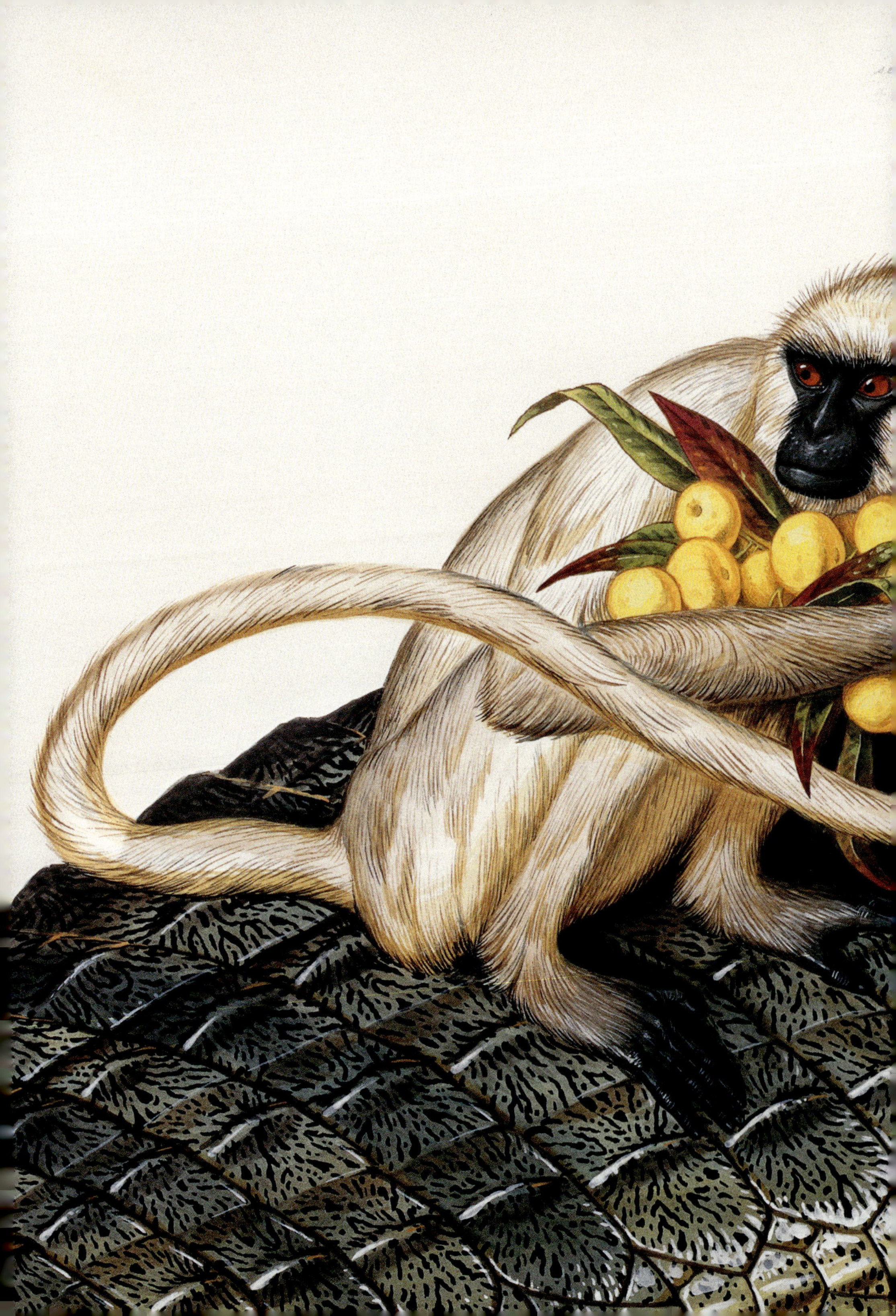

*...are milder than among others... ...
aggressive dominance displays; the relations between individuals
being neither ... ...*

"He insulted me, he struck me,
He defeated me, he robbed me!"
Those who harbour such thoughts
Are never appeased in their ...

Victory breeds hatred
For the defeated ...
Above victory ... serene ...
The calm man ...

1.

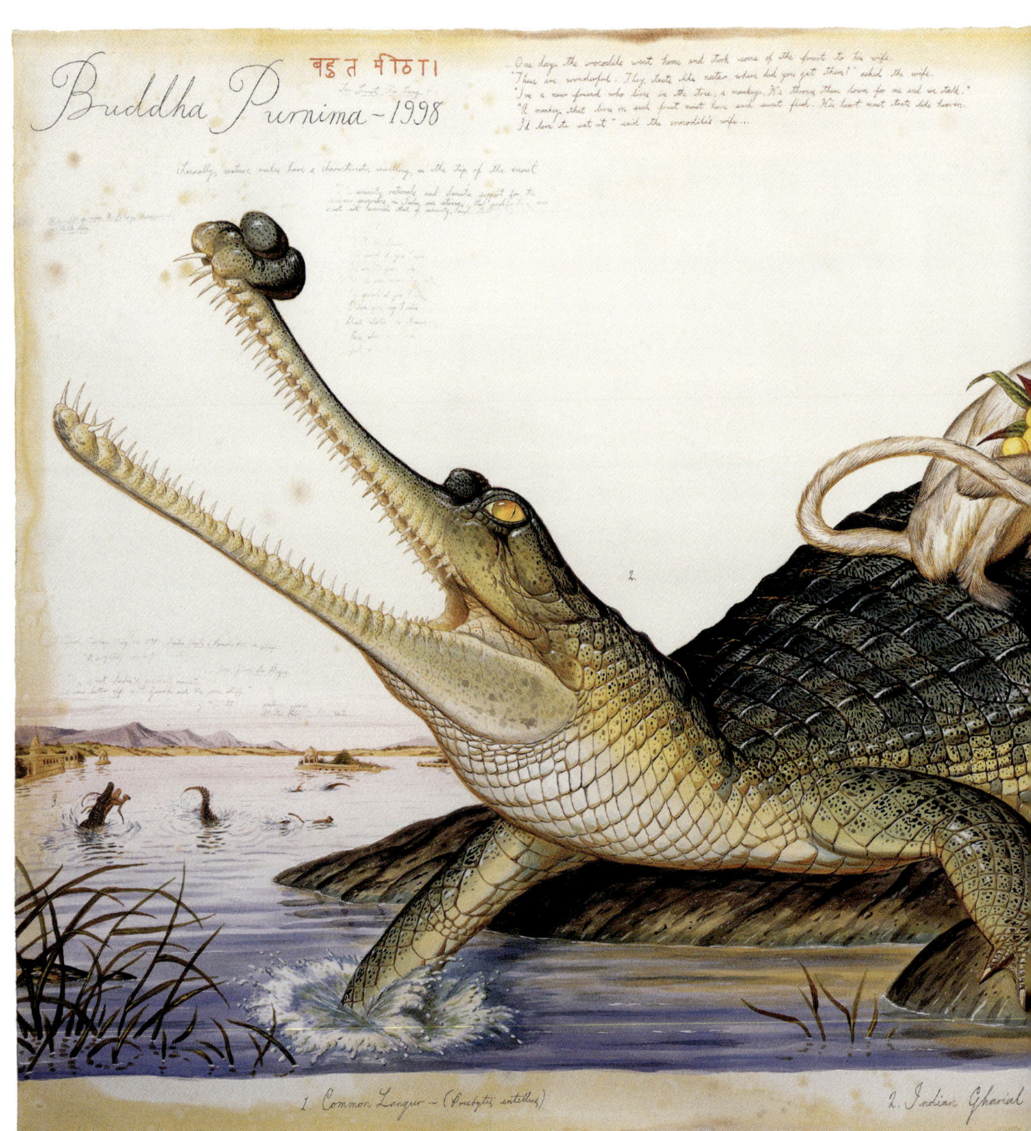
बहुत मीठा।
So Sweet, So Long!
Buddha Purnima – 1998
One day the crocodile went home and took some of the fruit to his wife.
"These are wonderful. They taste like nectar where did you get them?" asked the wife.
"I've a new friend who lives in the tree, a monkey. He throws them down for me and we talk."
"A monkey that lives on such fruit must have such sweet flesh. His heart must taste like heaven.
I'd love to eat it" said the crocodile's wife...
Generally, mature males have a characteristic swelling on the tip of the snout
1 Common Langur – (Presbytis entellus)
2. Indian Gharial

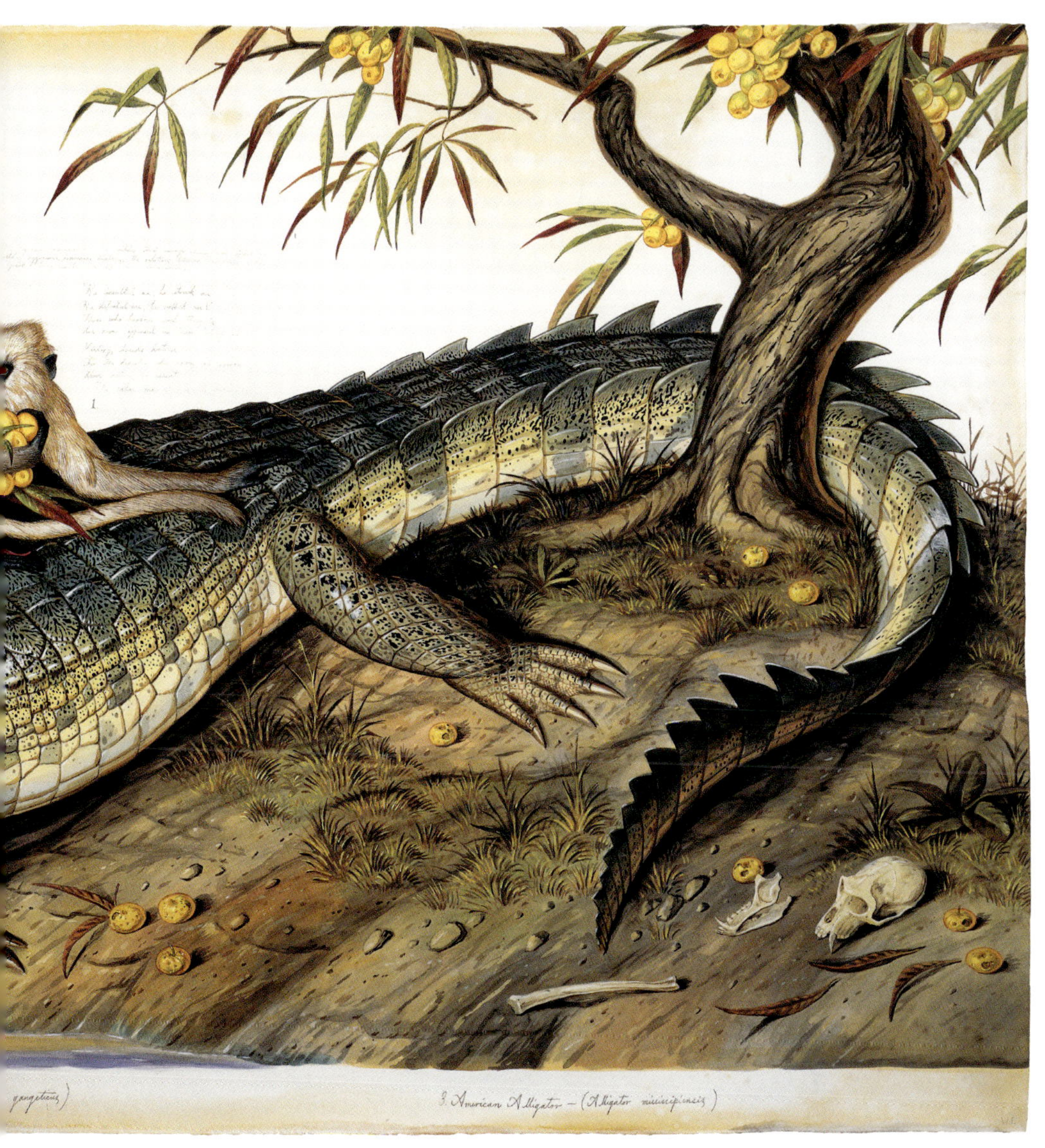

3. American Alligator – (Alligator mississippiensis)

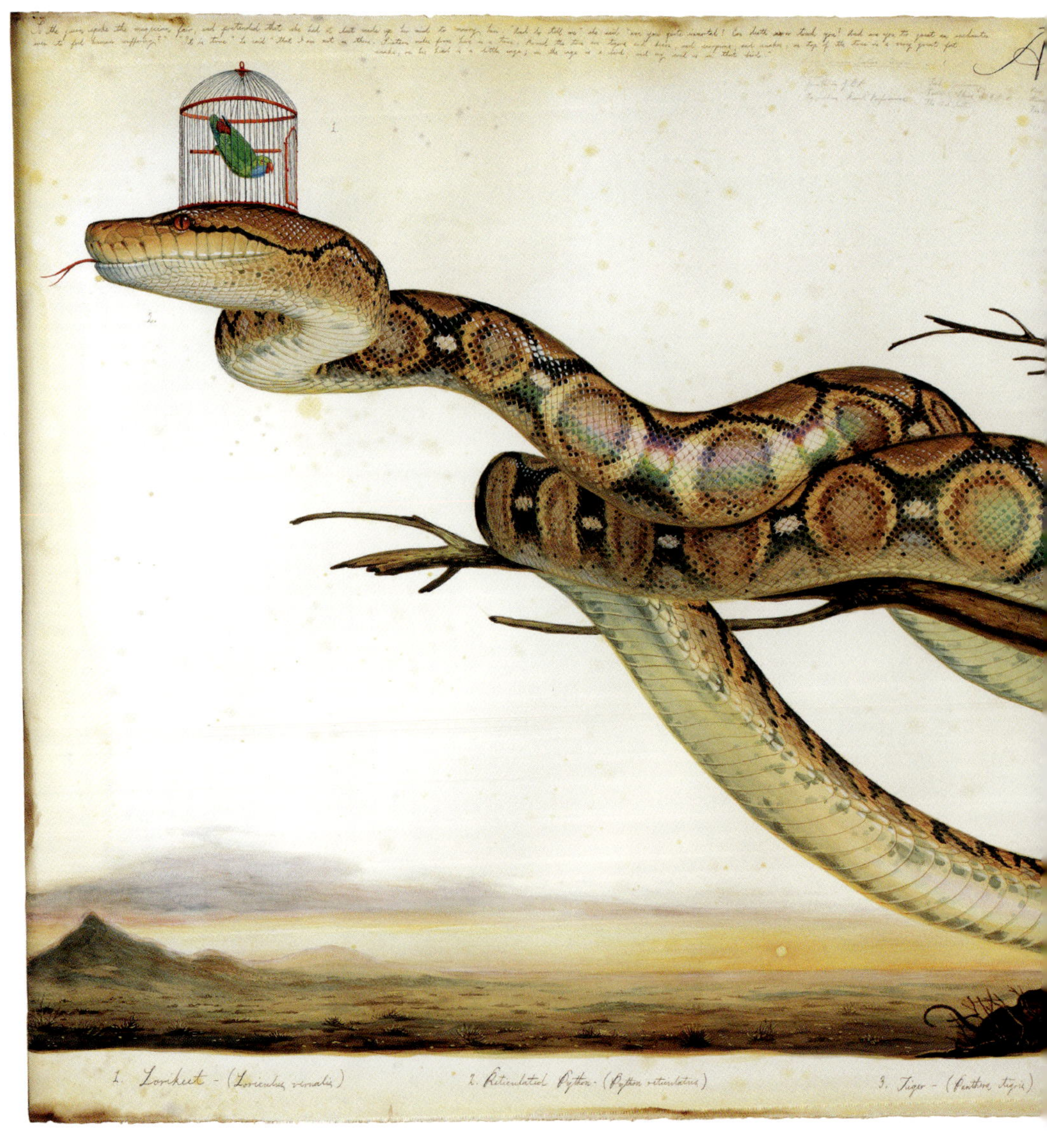

Atma
Watercolor, gouache, pencil, and ink on paper
153 x 304.2 cm (60¼ x 119¾ in.), 1998

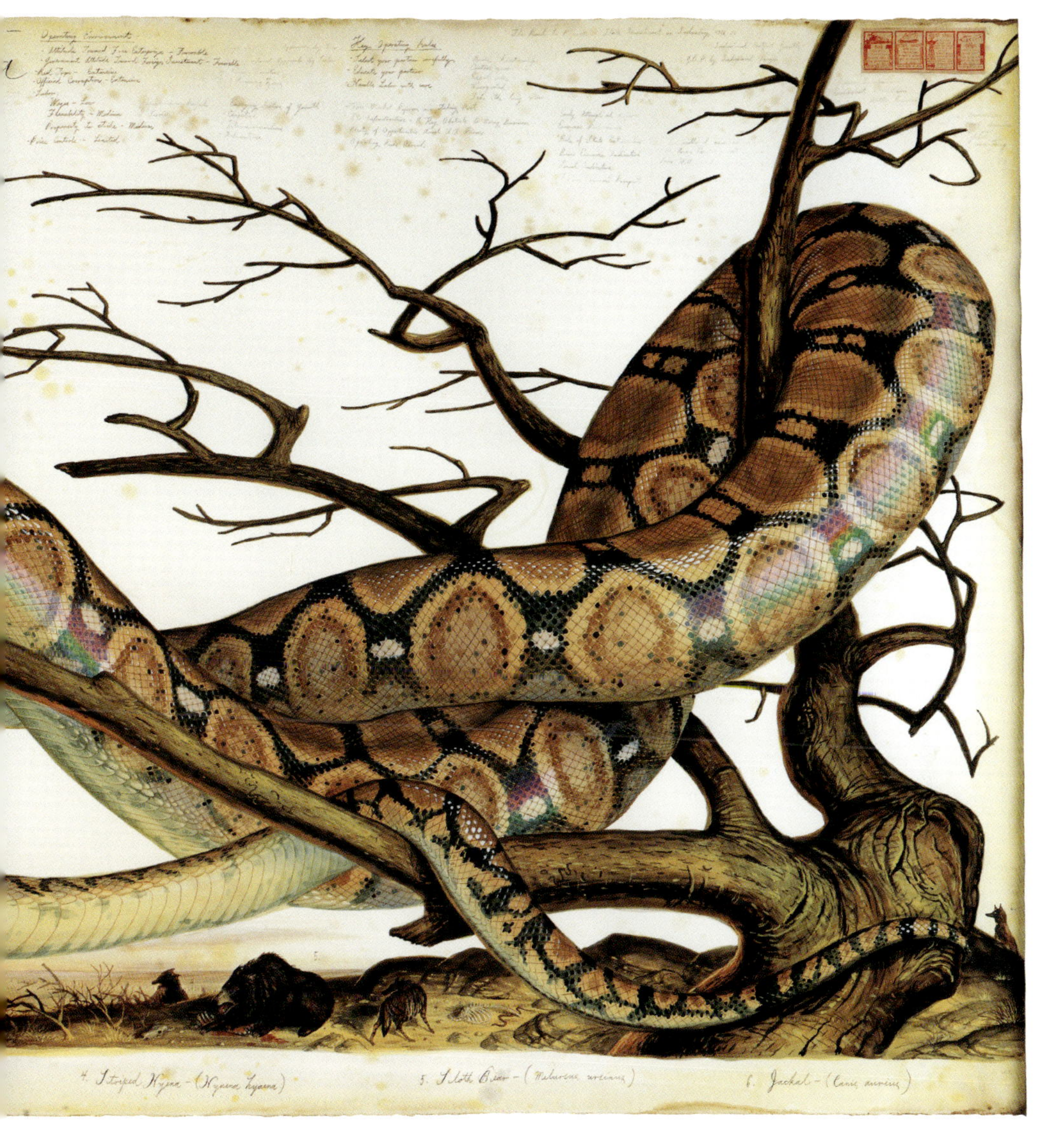

4. Striped Hyena – (*Hyaena hyaena*) 5. Sloth Bear – (*Melursus ursinus*) 6. Jackal – (*Canis aureus*)

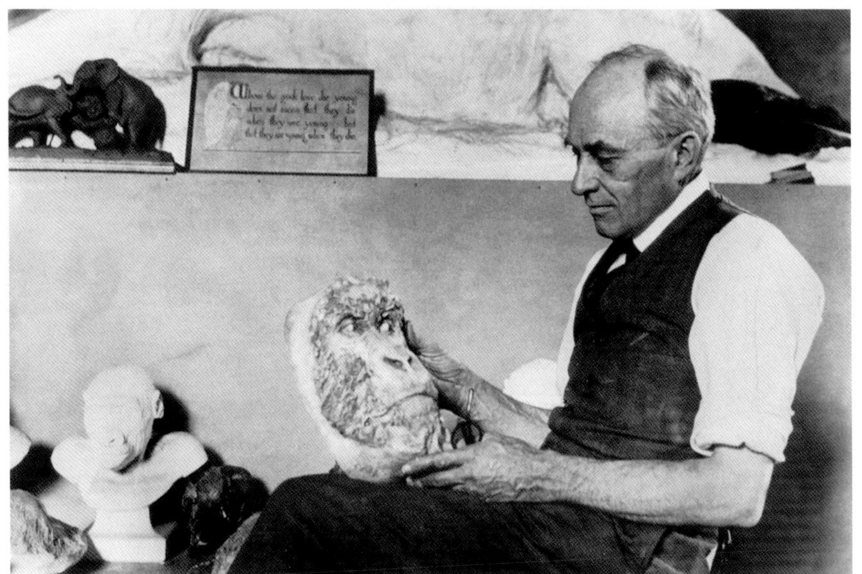

Previous spread **ATMA/** ——— In the first place, the story of the external soul is told, in various forms, by all Aryan peoples from Hindoostan to the Hebrides…. In another Hindoo tale an ogre is asked by his daughter, "Papa, where do you keep your soul?" "Sixteen miles away from this place," he said, "is a tree. Round the tree are tigers, and bears, and scorpions, and snakes; on the top of the tree is a very great fat snake; on his head is a little cage; in the cage is a bird; and my soul is in that bird." … As the bird's wings and legs are torn off, the ogre's arms and legs drop off; and when its neck is wrung he falls down dead./ ——— *Sir James George Frazer (1854–1941), "The External Soul in Folk Tales" from* THE GOLDEN BOUGH: A STUDY IN MAGIC AND RELIGION, *MacMillan, 1890. The Scottish author's work is widely considered to be the first major anthropological study of the world's ancient religions.*

„Die Geschichte der Seele, die außerhalb des Körpers existiert, wird in verschiedenen Variationen bei allen indogermanischen Völkern von Hindustan bis zu den Hebriden erzählt. (…) In einem anderen Hindu-Märchen fragte die Tochter eines Menschenfressers ihren Vater: ‚Papa, wo bewahrst du deine Seele auf?' – ‚Sechzehn Meilen von hier entfernt', sagte er, ‚steht ein Baum. Um diesen Baum herum streifen Tiger und Bären, krabbeln Skorpione und winden sich Schlangen. Im Wipfel des Baumes lebt eine dicke, fette Schlange. Auf ihrem Kopf steht ein kleiner Käfig. In dem Käfig hockt ein Vogel. Und meine Seele ist in diesem Vogel.' (…) Als dem Vogel Flügel und Beinchen abgerissen wurden, fielen dem Menschenfresser Arme und Beine ab. Und als dem Vogel der Hals umgedreht wurde, kippte der Menschenfresser tot um."/ ——— *Sir James George Frazer (1854–1941), „The External Soul in Folk Tales", aus* THE GOLDEN BOUGH:

A STUDY IN MAGIC AND RELIGION,
*MacMillan (1890). Die Schriften des schottischen
Autors werden allgemein als die ersten bedeutenden
anthropologischen Studien über die alten Religionen
der Welt angesehen.*

***

Au début, l'histoire de l'âme extérieure au corps
est présentée sous différentes formes par tous les
peuples aryens de l'Hindoustan aux Hébrides…
Dans un autre conte hindou, sa fille demande
à un ogre : « Papa, où ranges-tu ton âme ?

— À vingt-cinq lieues d'ici, répondit-il, il y a
un arbre. Autour de cet arbre, rôdent des tigres,
des ours, des scorpions et des serpents ; en haut
de l'arbre gîte un serpent très grand et gras. Sur
sa tête est posée une petite cage. Dans la cage il
y a un oiseau ; et mon âme est dans cet oiseau. »
… Au moment où les ailes et les pattes de l'oiseau sont arrachées, les bras et les jambes de
l'ogre se détachent de son corps ; et quand son
cou est tordu, il tombe raide mort./ ——— *Sir
James George Frazer (1854–1941)*, « *L'Âme
extérieure dans les contes populaires* », *extrait du*
RAMEAU D'OR, *Bouquins, Robert Laffont, 1998.
L'œuvre de cet auteur écossais est en général consi-
dérée comme la première étude anthropologique des
religions anciennes.*

Sanctuary

Watercolor, gouache, pencil, and ink on paper
153.7 x 304.2 cm (60½ x 119¾ in.), 1998

*Martin Johnson's photograph of a young
gorilla in captivity, Africa. Early-20th-century
explorers, photographers, and naturalists
Martin (1884–1937) and Osa (1894–1953)
Johnson popularized the idea of picture safaris
and travel to Africa and the South Seas through
their films, photographs, and books, including*
CONGORILLA: THE FAMOUS
EXPLORERS' ADVENTURES WITH
THE PYGMIES AND GORILLAS IN
AFRICA, *Brewer, Warren & Putnam, 1931.*

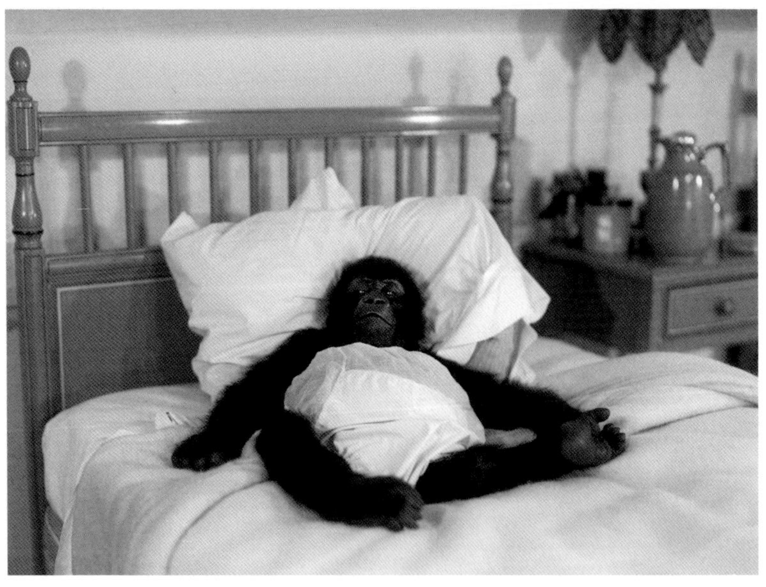

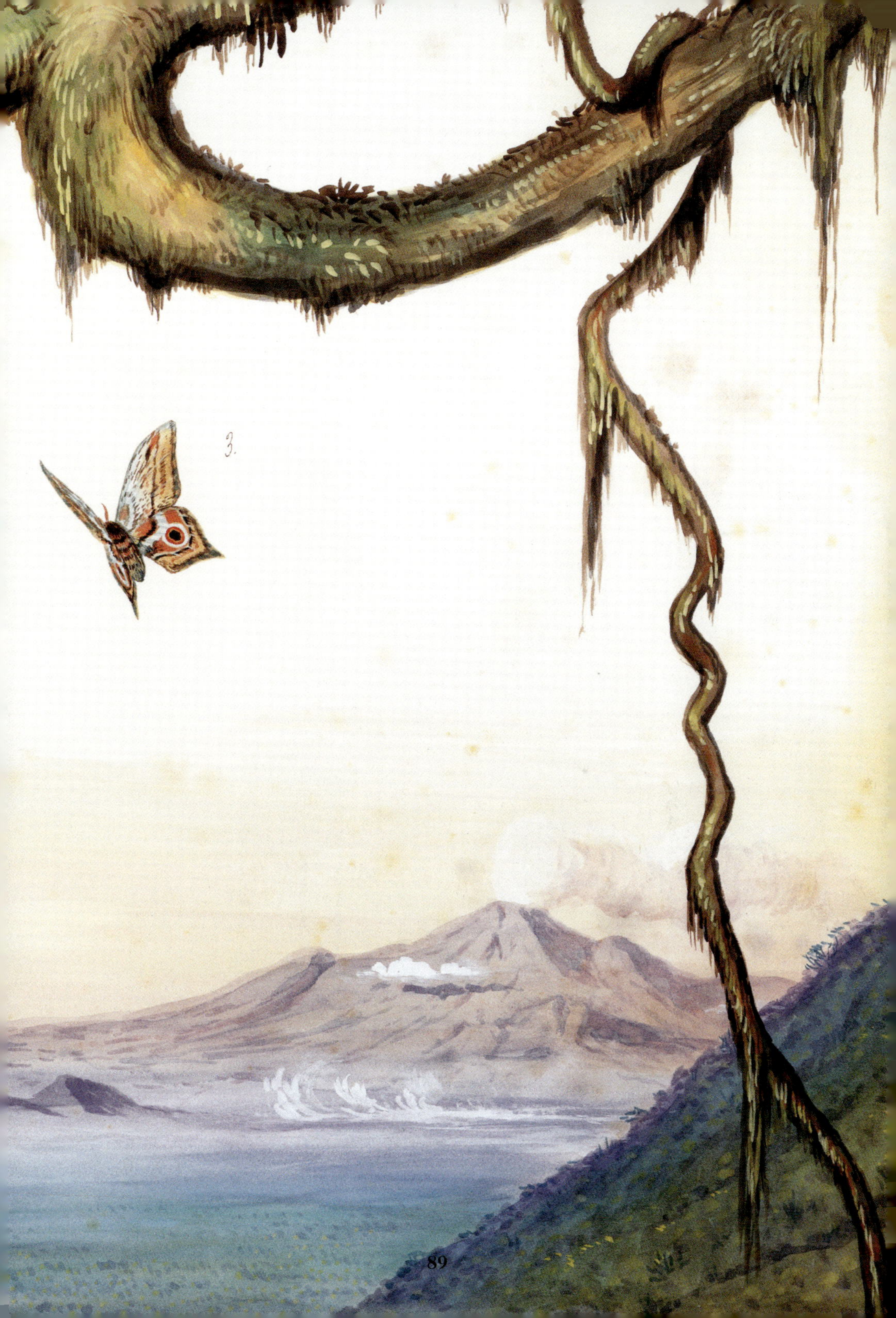

3.

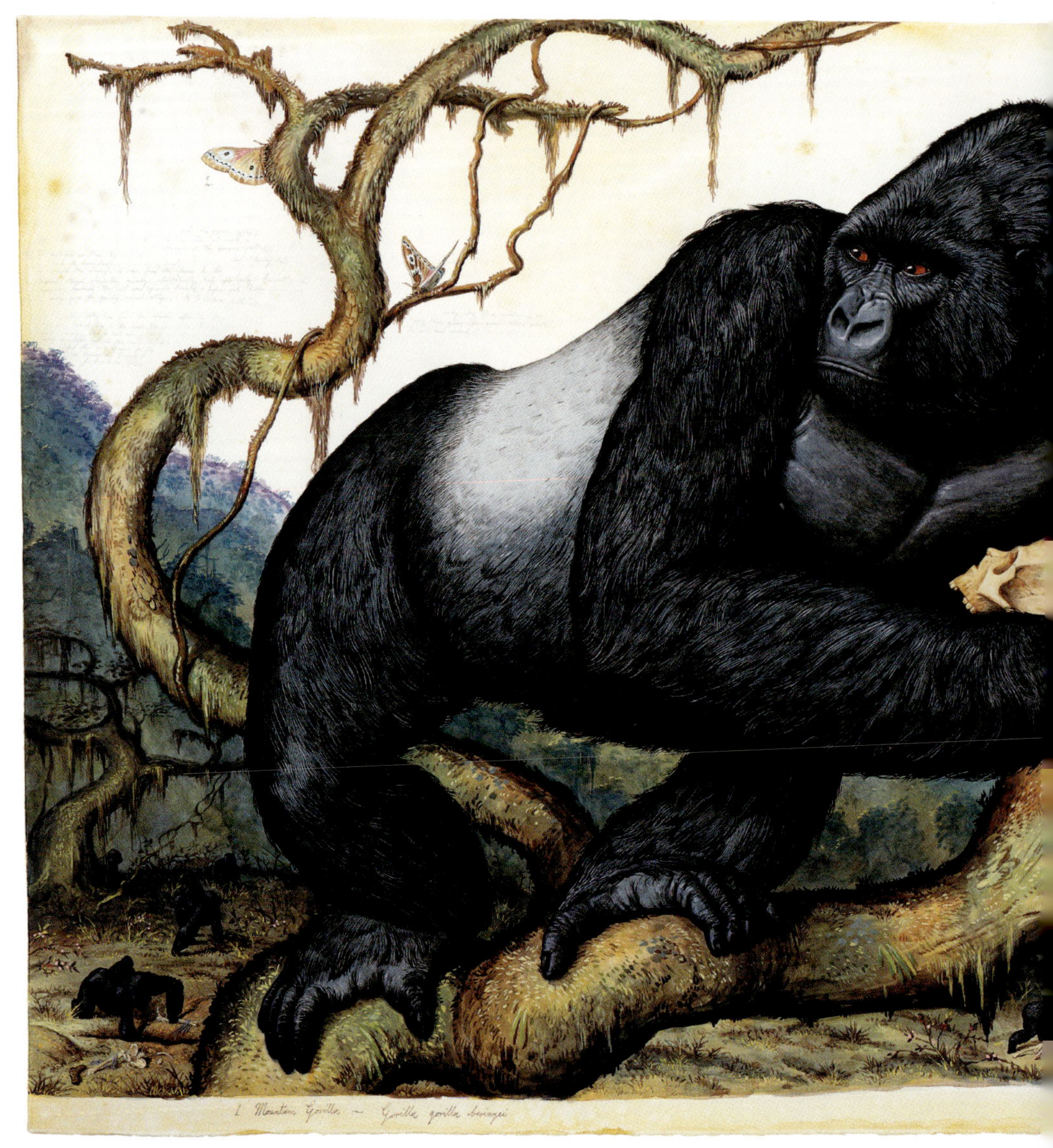

1 Mountain Gorilla — *Gorilla gorilla beringei*

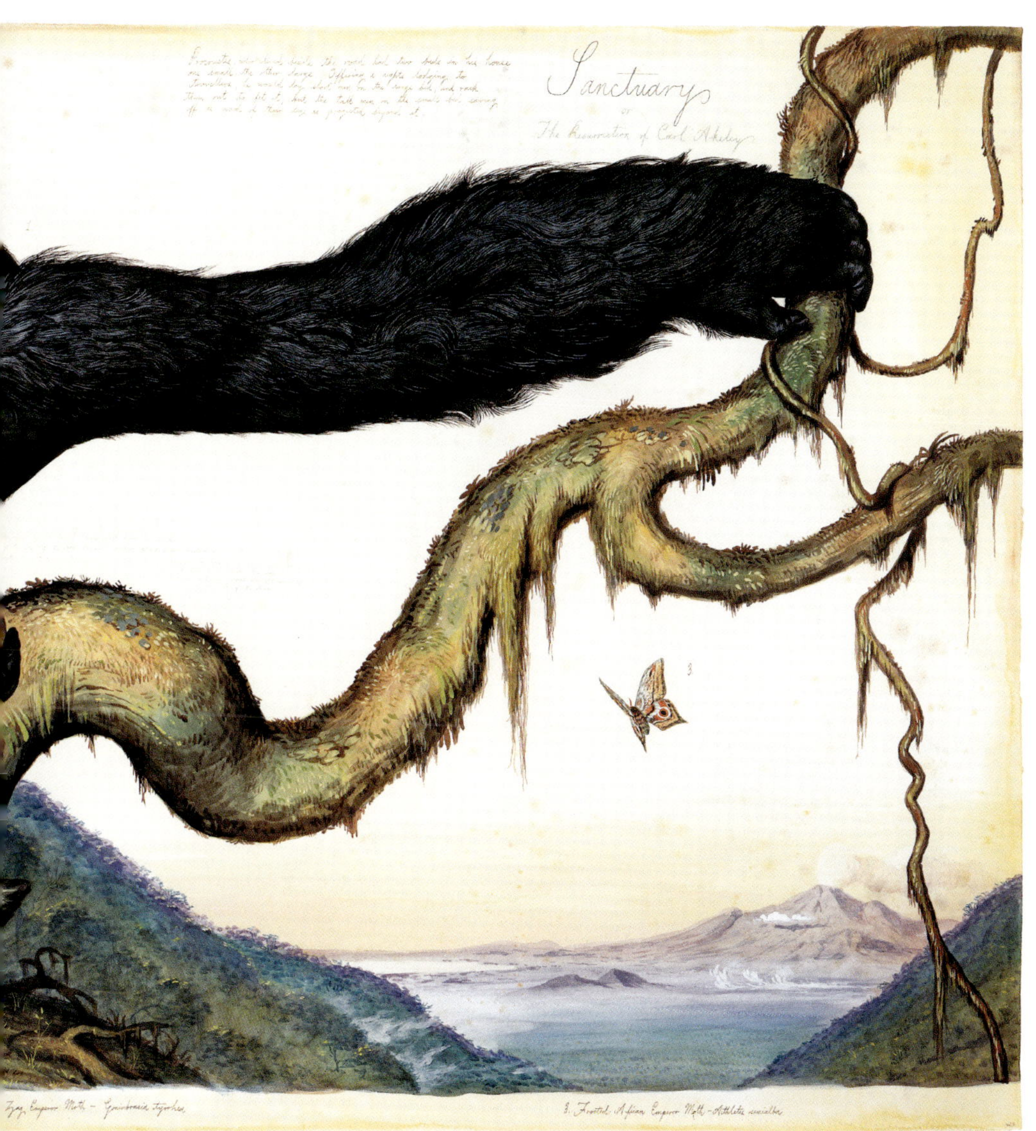

Zigzag Emperor Moth – Gynanisa tyrrhea.

3. Frosted African Emperor Moth – Athletes semialba

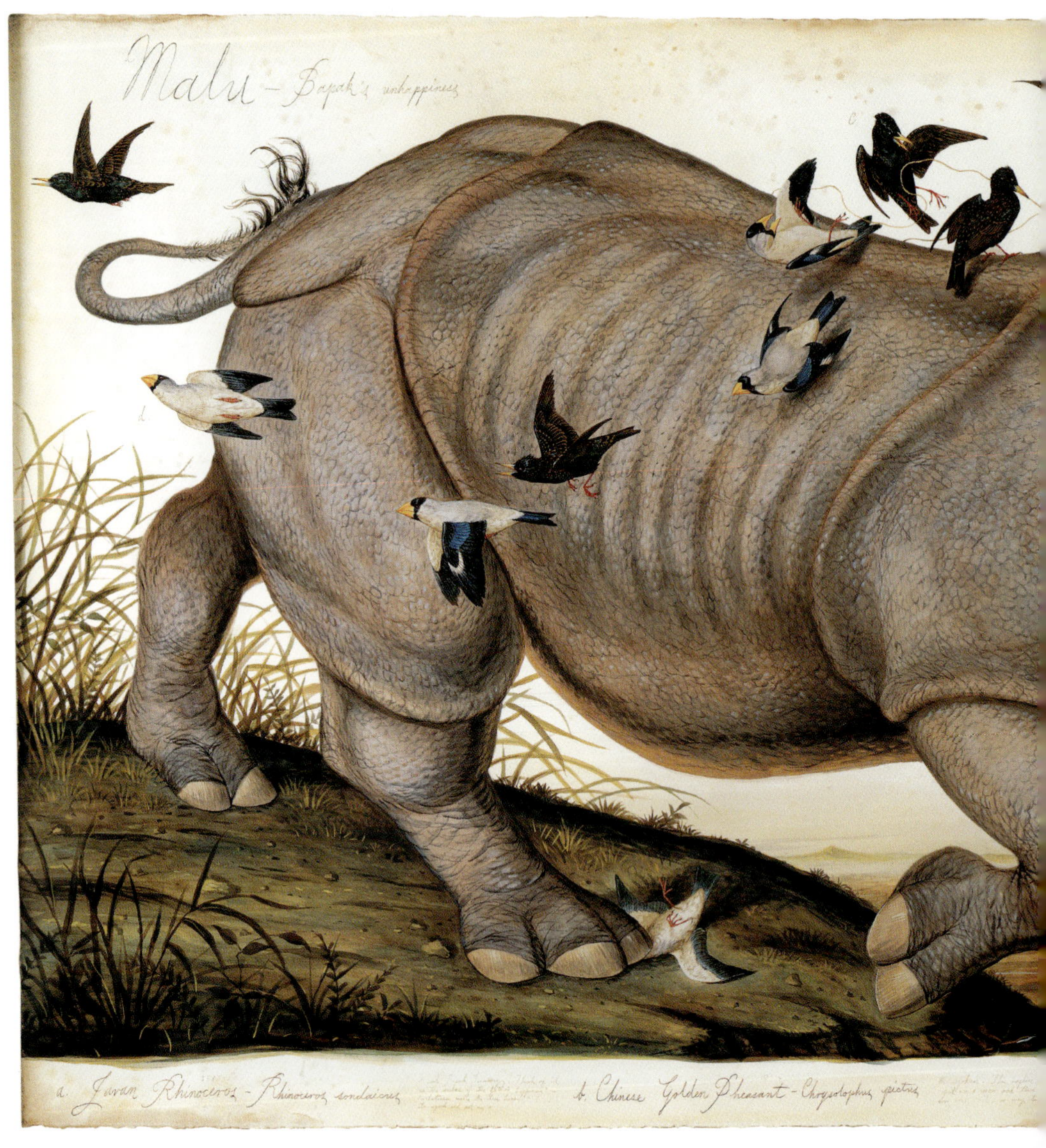

Malu
Watercolor, gouache, pencil, and ink on paper
153.7 x 303.2 cm (60½ x 119⅜ in.), 1998

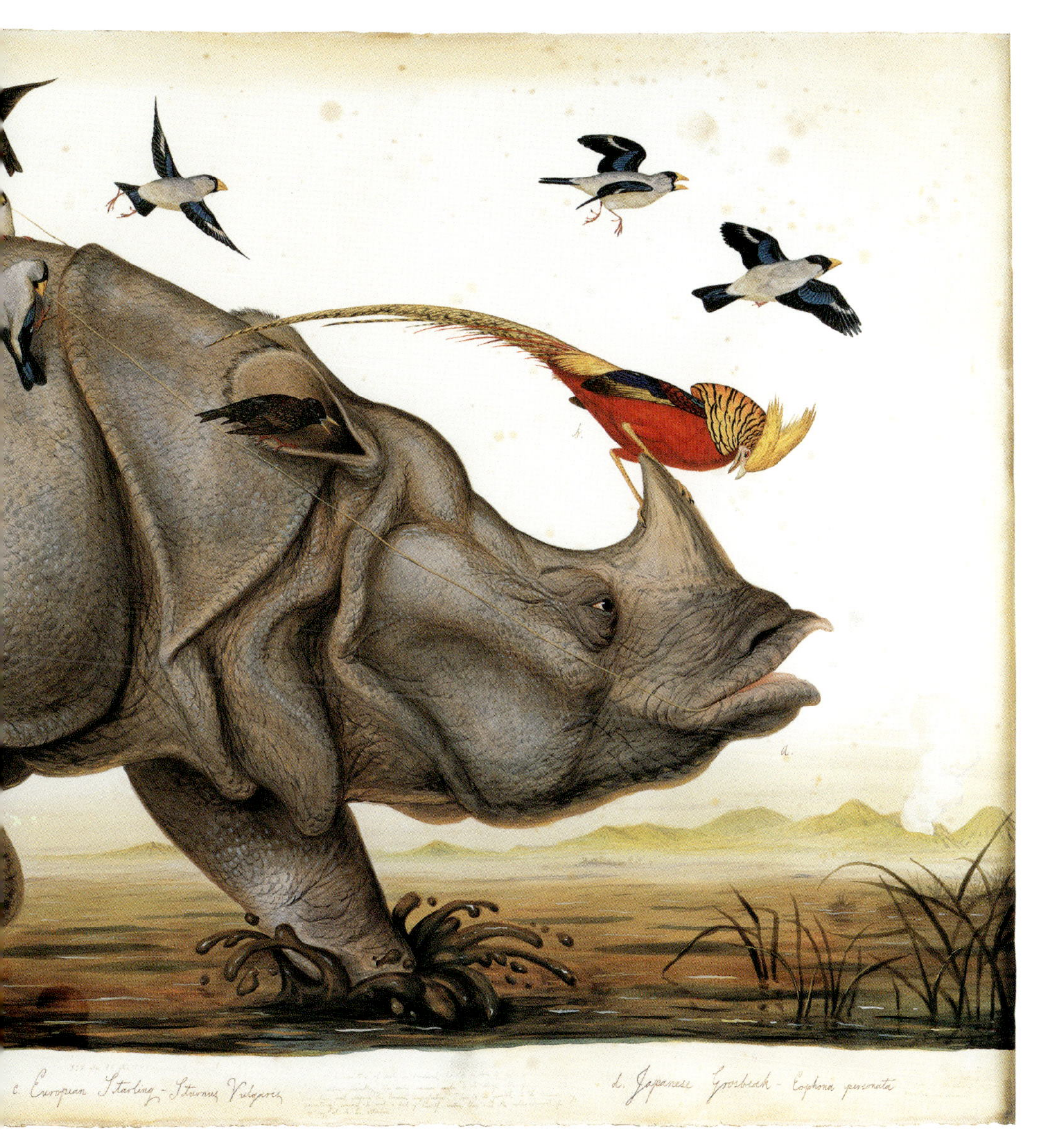

c. European Starling - Sturnus Vulgaris
d. Japanese Grosbeak - Eophona personata

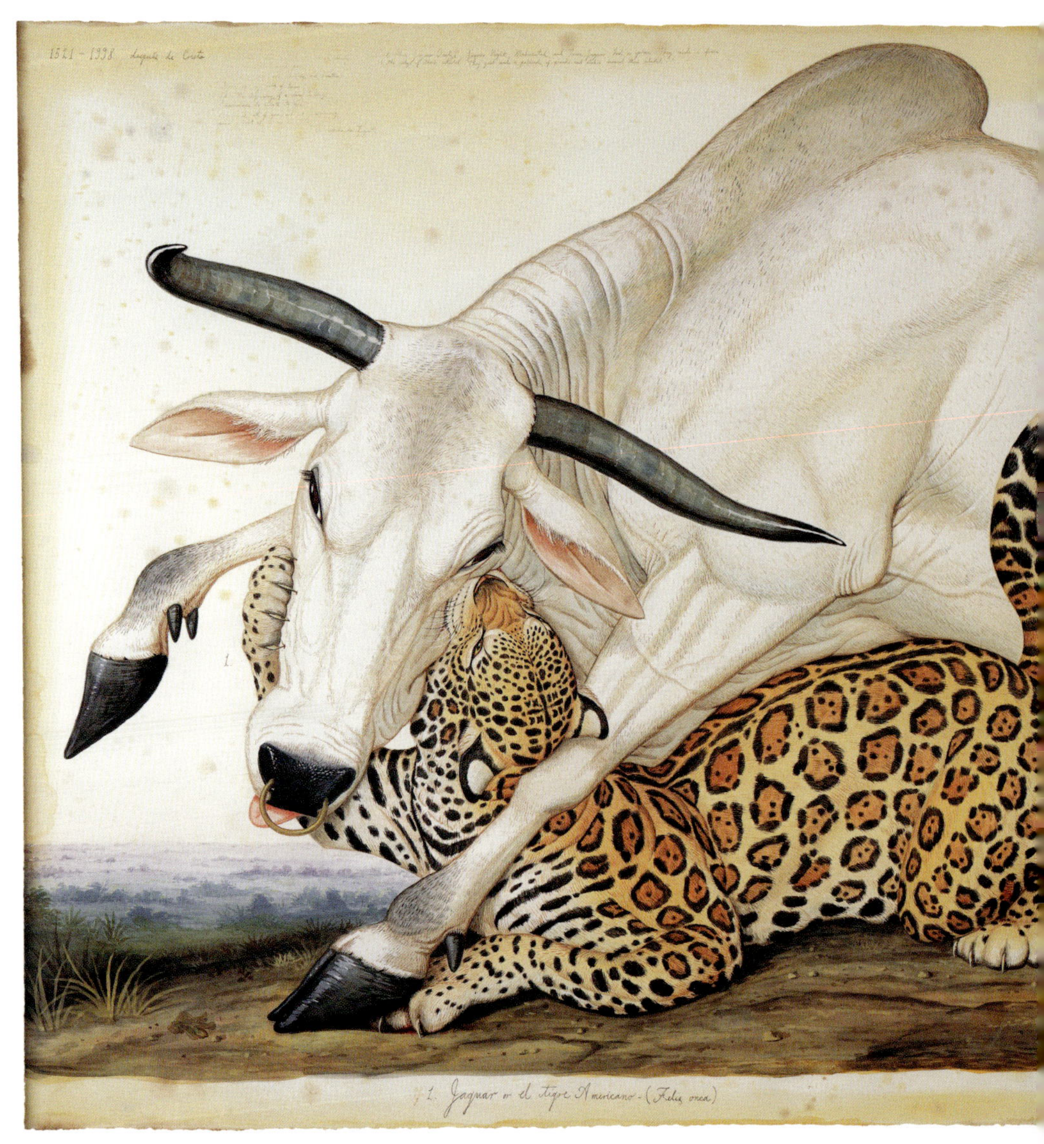

Chingado

Watercolor, gouache, pencil, and ink on paper
152.4 x 302.3 cm (60 x 119 in.), 1998

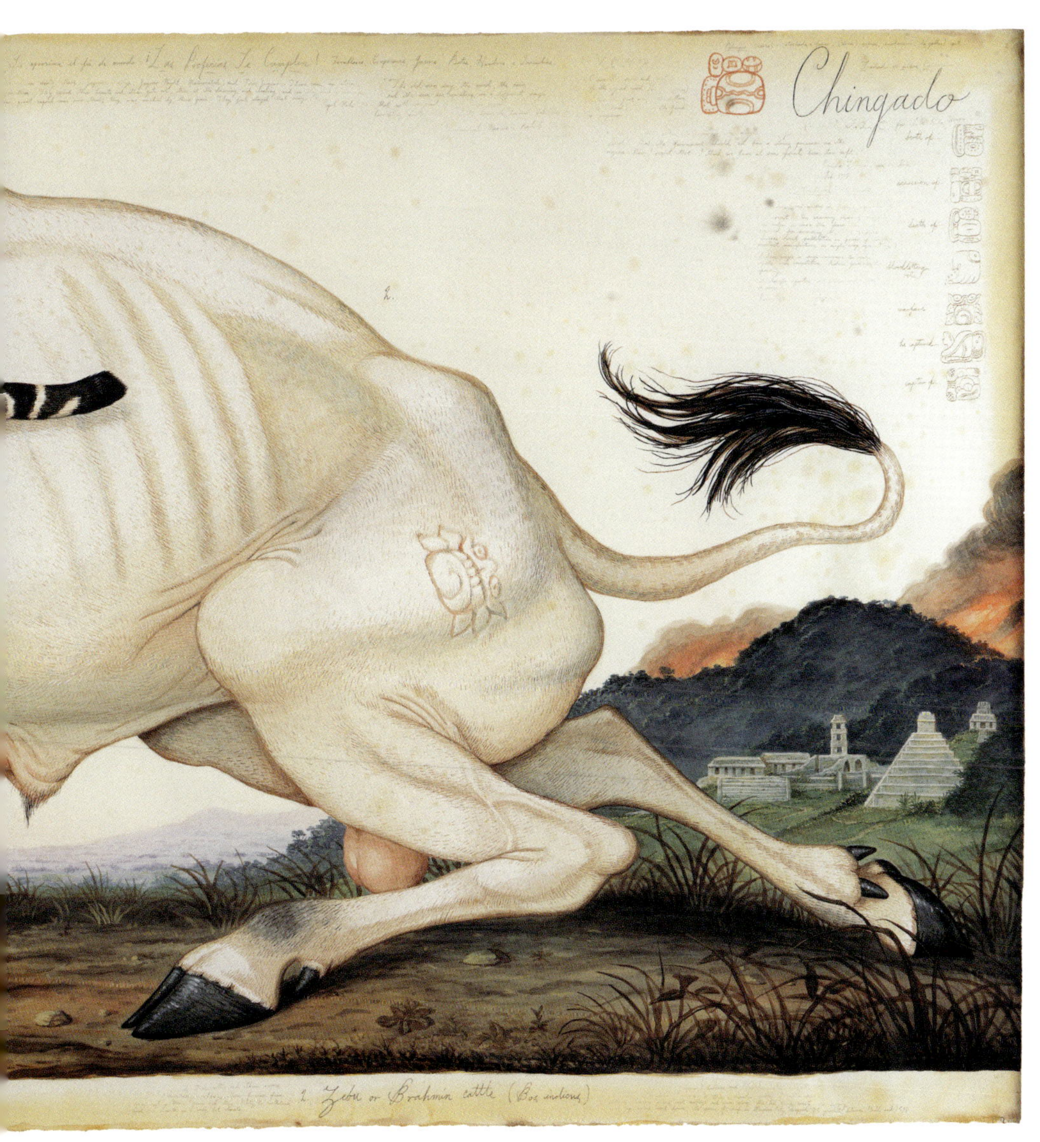
Chingado

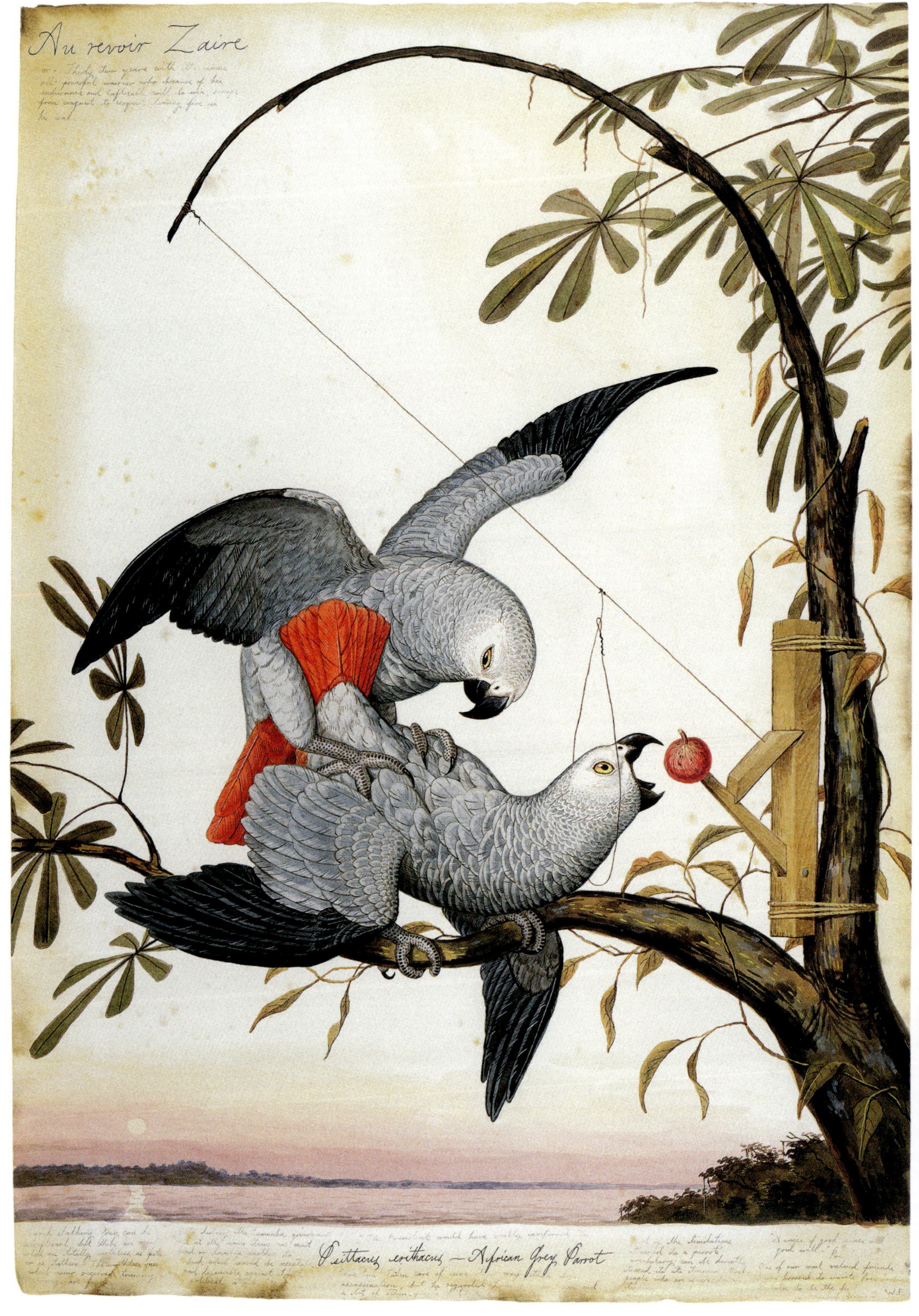

Au revoir Zaire
Psittacus erithacus — African Grey Parrot

Au Revoir Zaire
Watercolor, gouache, pencil, and ink on paper
104.8 x 74.3 cm (41¼ x 29¼ in.), 1998

La Historia Me Absolvera
Six-color hard-ground and soft-ground etching,
aquatint, spit-bite aquatint, and drypoint on paper
111.8 x 76.2 cm (44 x 30 in.), 1999

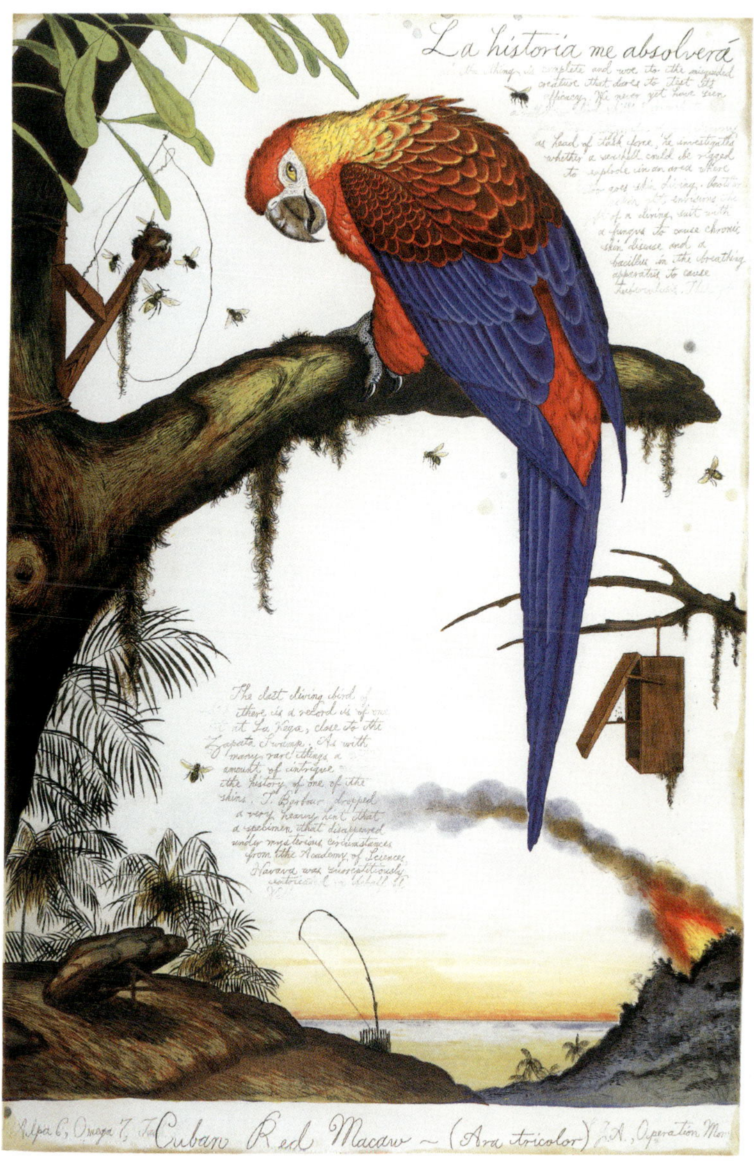

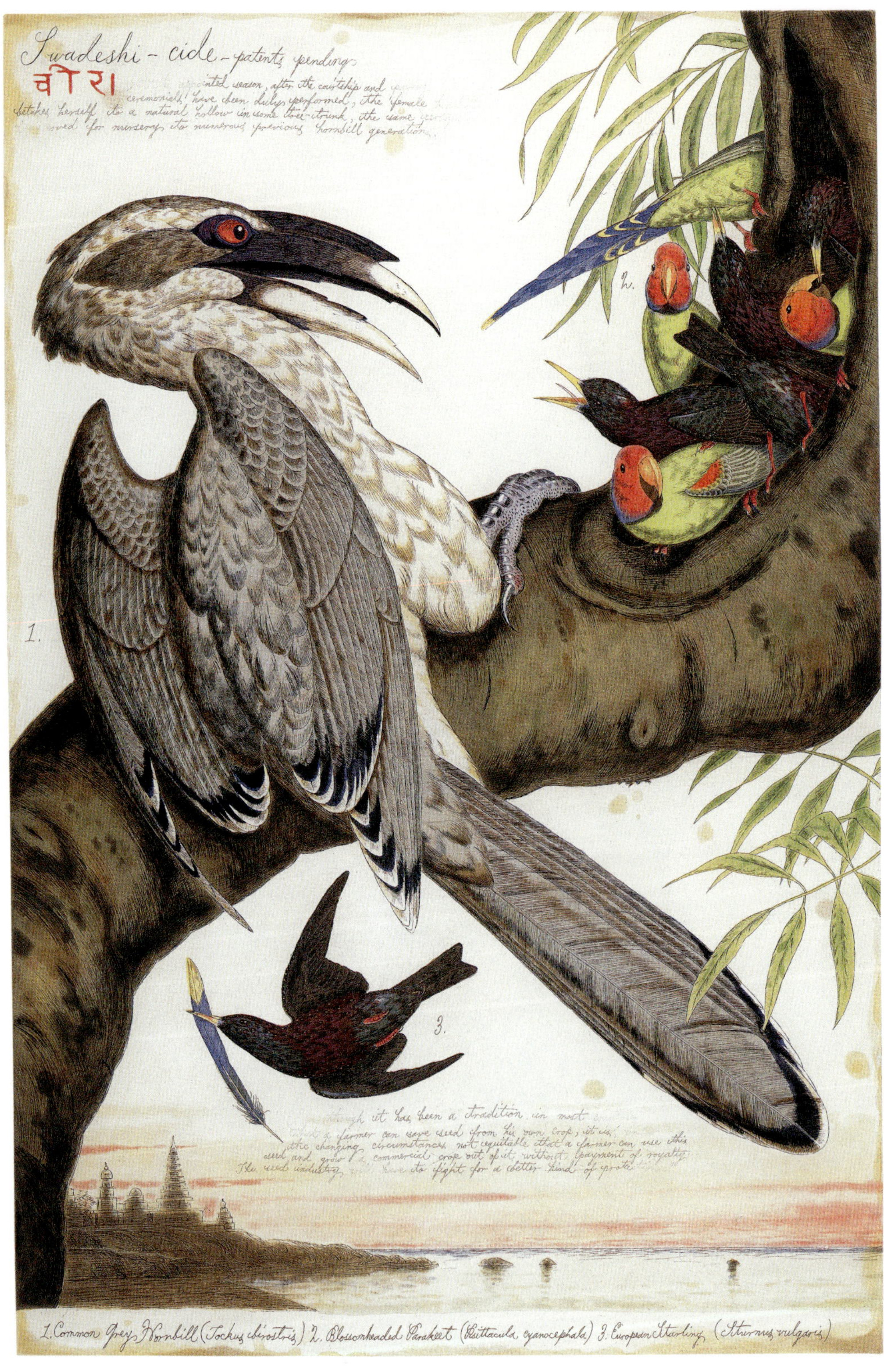
Swadeshi - cide - patents pending
चोरा
1. Common Grey Hornbill (Tockus birostris) 2. Blossomheaded Parakeet (Psittacula cyanocephala) 3. European Starling (Sturnus vulgaris)

Swadeshi-cide

Six-color hard-ground and soft-ground etching,
aquatint, spit-bite aquatint, and drypoint on paper
111.8 x 76.2 cm (44 x 30 in.), 1998

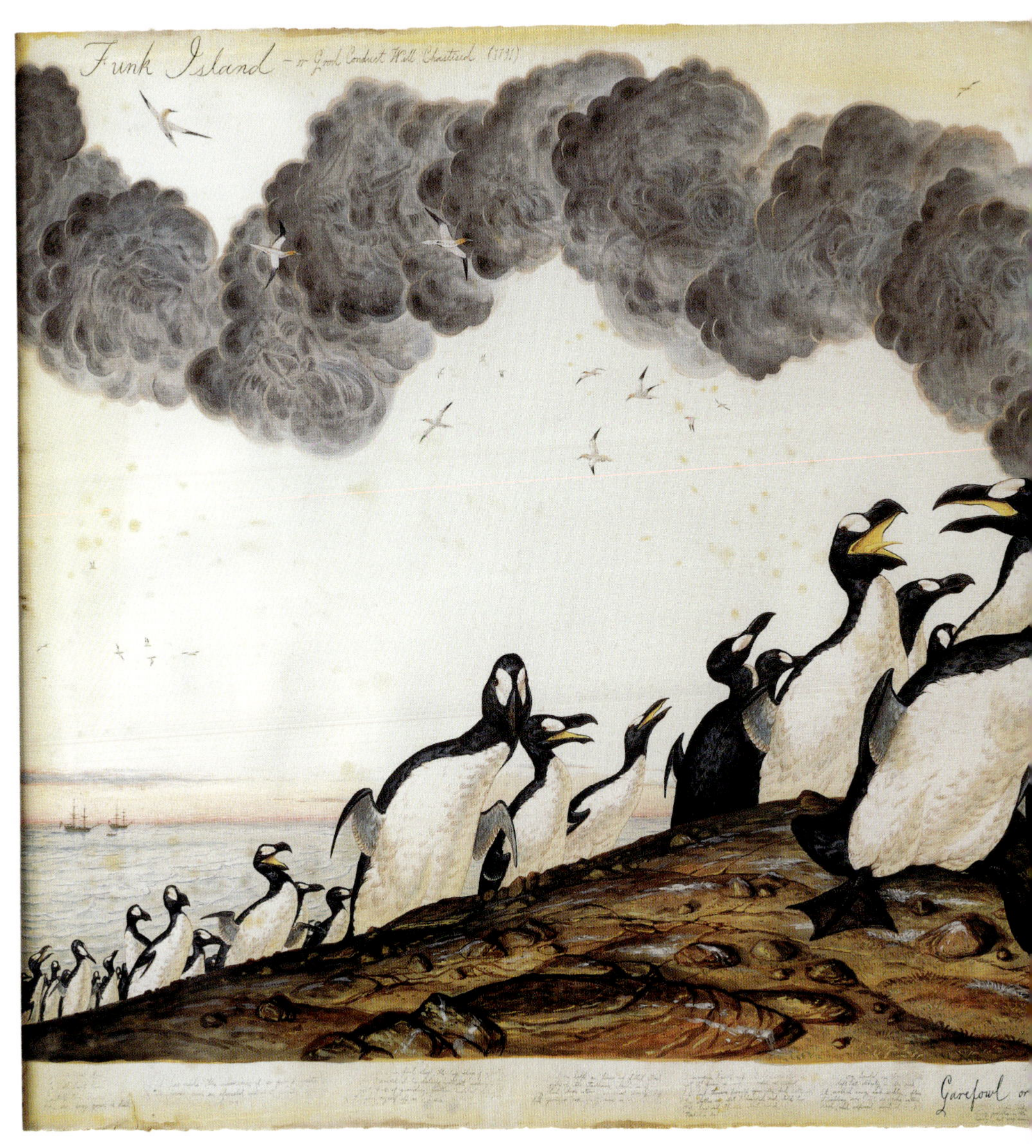

Funk Island
Watercolor, gouache, pencil, and ink on paper
151.8 x 303.5 cm (59¾ x 119½ in.), 1998

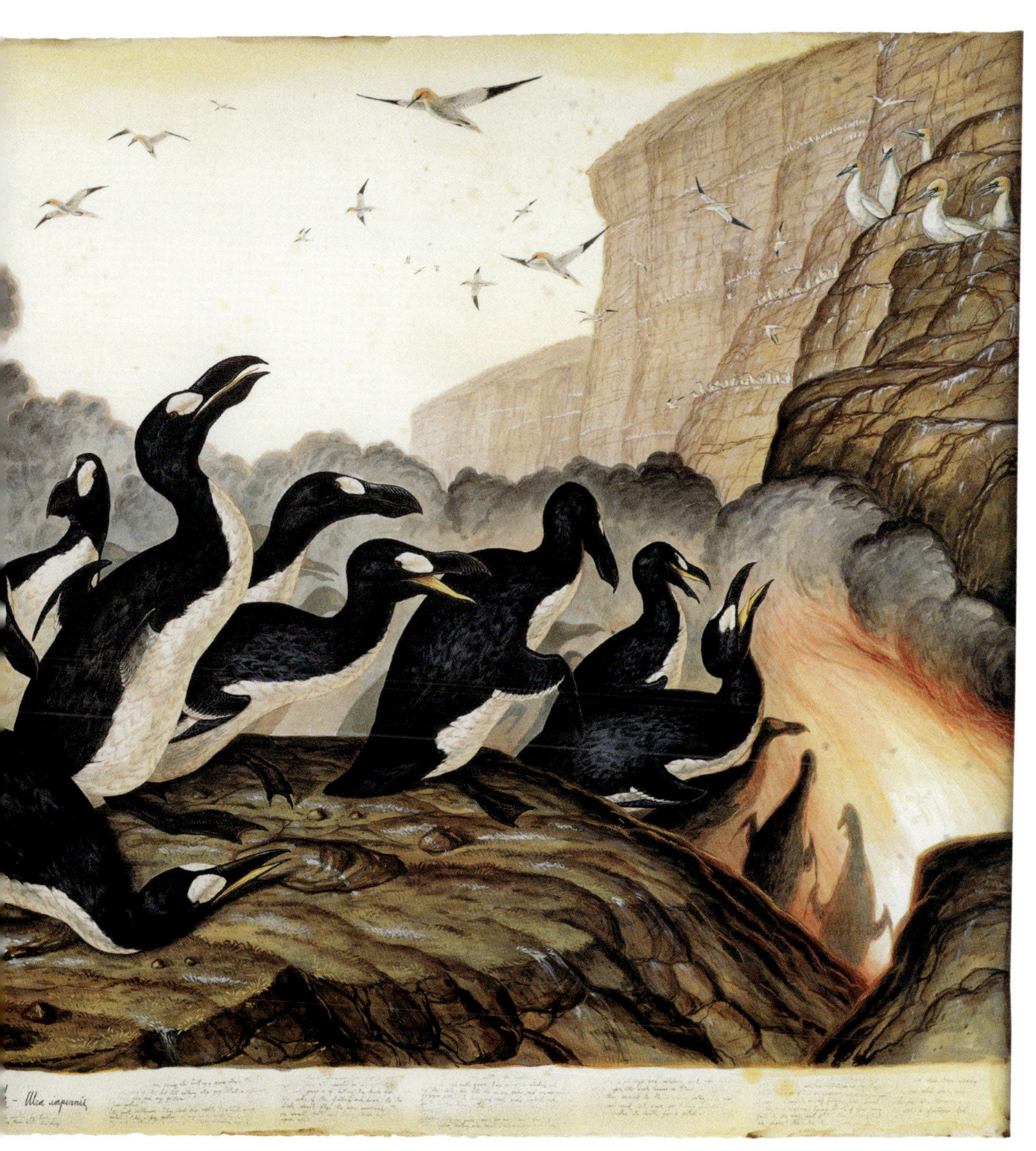

101

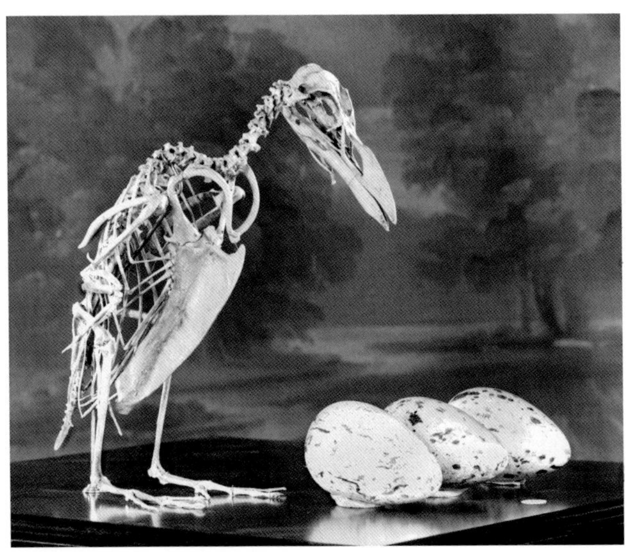

——— *From Errol Fuller,* EXTINCT BIRDS, *Facts on File Publications, 1987.*

***

„Er war relativ groß, passte noch gut in die Pfanne und war zu bestimmten Jahreszeiten so jämmerlich unbeweglich, dass man ihn gut fangen konnte, alles Gründe, warum der Riesenalk eine lohnenswerte Jagdbeute war. Für jene, die sich in der Welt des hohen Nordens mit seinen kargen Inseln und Schären nur schlecht und recht durchschlagen konnten, für Seeleute und Fischer, die bedacht sein mussten, ihre Vorräte aufzufüllen, bevor sie sich in die eisigen Wasser der Arktis wagen konnten, war ein solcher Vogel unwiderstehlich. Zeitweilig wurden ganze Kolonien dieser Vögel zur Gewinnung von Daunen abgeschlachtet. Auf Funk Island wurden die bedauernswerten Geschöpfe eingepfercht, totgeschlagen oder bis zur Wehrlosigkeit niedergeknüppelt und in Bottiche mit kochendem Wasser geworfen, denn dadurch löste sich ihr Federkleid. Die Feuer unter den Kesseln wurden mit dem Fett oder Öl jener Riesenalks genährt, die zuvor schon das gleiche Schicksal erleiden mussten.

Gegen Ende des 18. Jahrhunderts war der Riesenalk bereits so gut wie ausgerottet. Die spärlichen Aufzeichnungen aus der Folgezeit über Begegnungen mit dieser Spezies sind ein beschämendes Zeugnis menschlicher Ignoranz und Grausamkeit."/ ——— *Aus Errol Fuller*, EXTINCT BIRDS, *Facts on File Publications (1987).*

***

Une grande taille, une chair appréciée et une incapacité pathétique, à certaines saisons, à échapper aux chasseurs : ces éléments combinés ont fait du Grand Pingouin une proie très recherchée. Pour ceux qui subvenaient péniblement à leurs besoins sur les îles et les îlots du Grand Nord, pour les marins et les pêcheurs impatients de se

réapprovisionner avant de s'aventurer sur les eaux glacées de l'Arctique, un tel oiseau était irrésistible. Pendant une courte période, ces pingouins furent massacrés en masse pour leurs plumes. Sur l'île de Funk, ces infortunées créatures étaient dirigées vers des fosses, tuées à coups de bâton ou simplement assommées et jetées dans des cuves d'eau bouillante, ce qui avait pour effet d'assouplir leur plumage. Les feux, sous ces cuves, étaient alimentés par la graisse et l'huile des précédents pingouins qu'on avait recueillies après les avoir soumis au même traitement.

À la fin du XVIIIe siècle, le Grand Pingouin avait presque complètement disparu. Les rares témoignages de rencontre avec des spécimens de cette espèce après ce moment composent un sordide palmarès, celui de l'ignorance et de la cruauté humaine./ ——— *Extrait de* EXTINCT BIRDS *(« Oiseaux disparus »), Erroll Fuller, Facts on File Publications, 1987.*

Depurado

Watercolor, gouache, pencil, ink,
and laser-print transfer on paper
153.7 x 304.2 cm (60½ x 119¾ in.), 1999

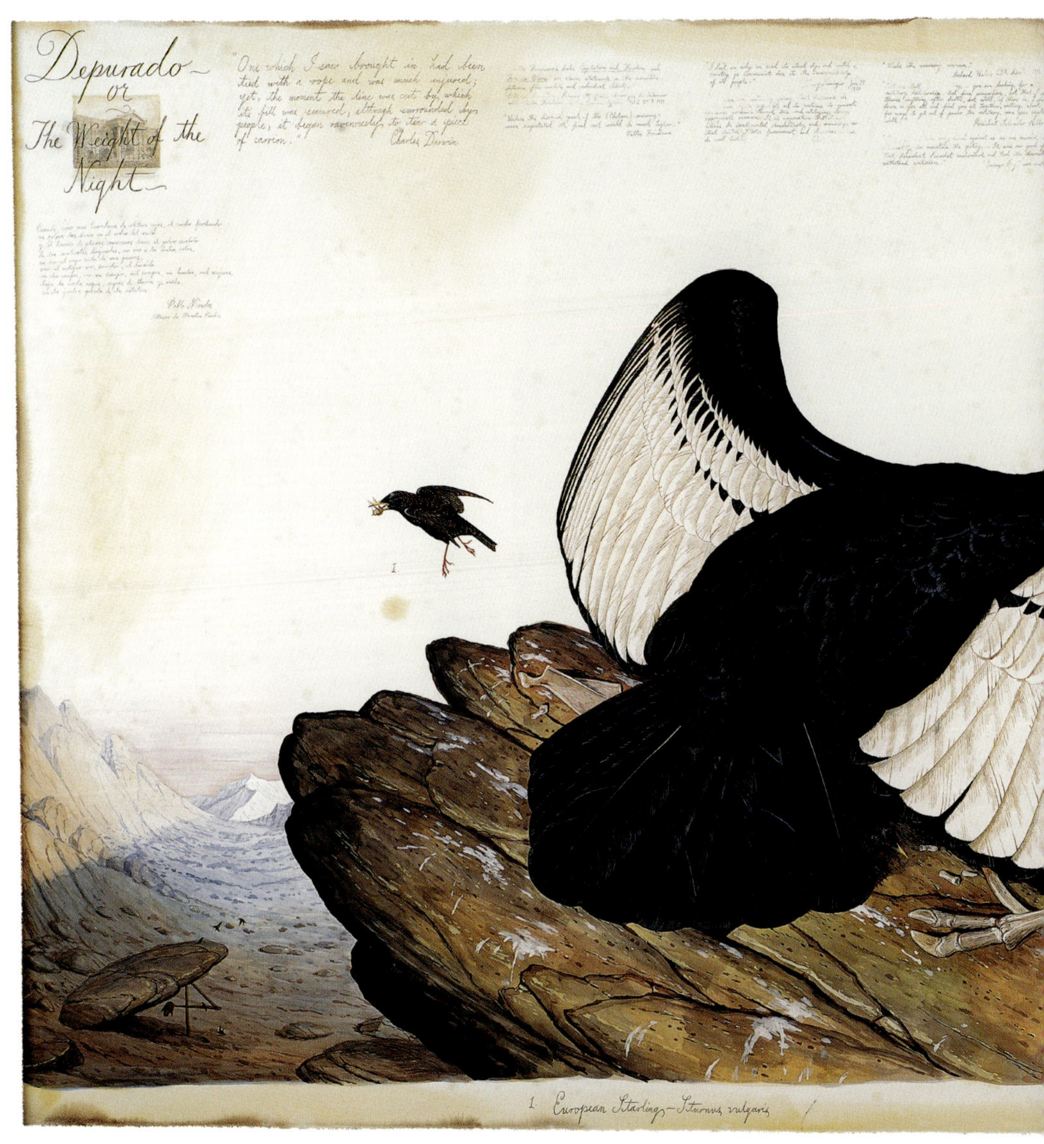

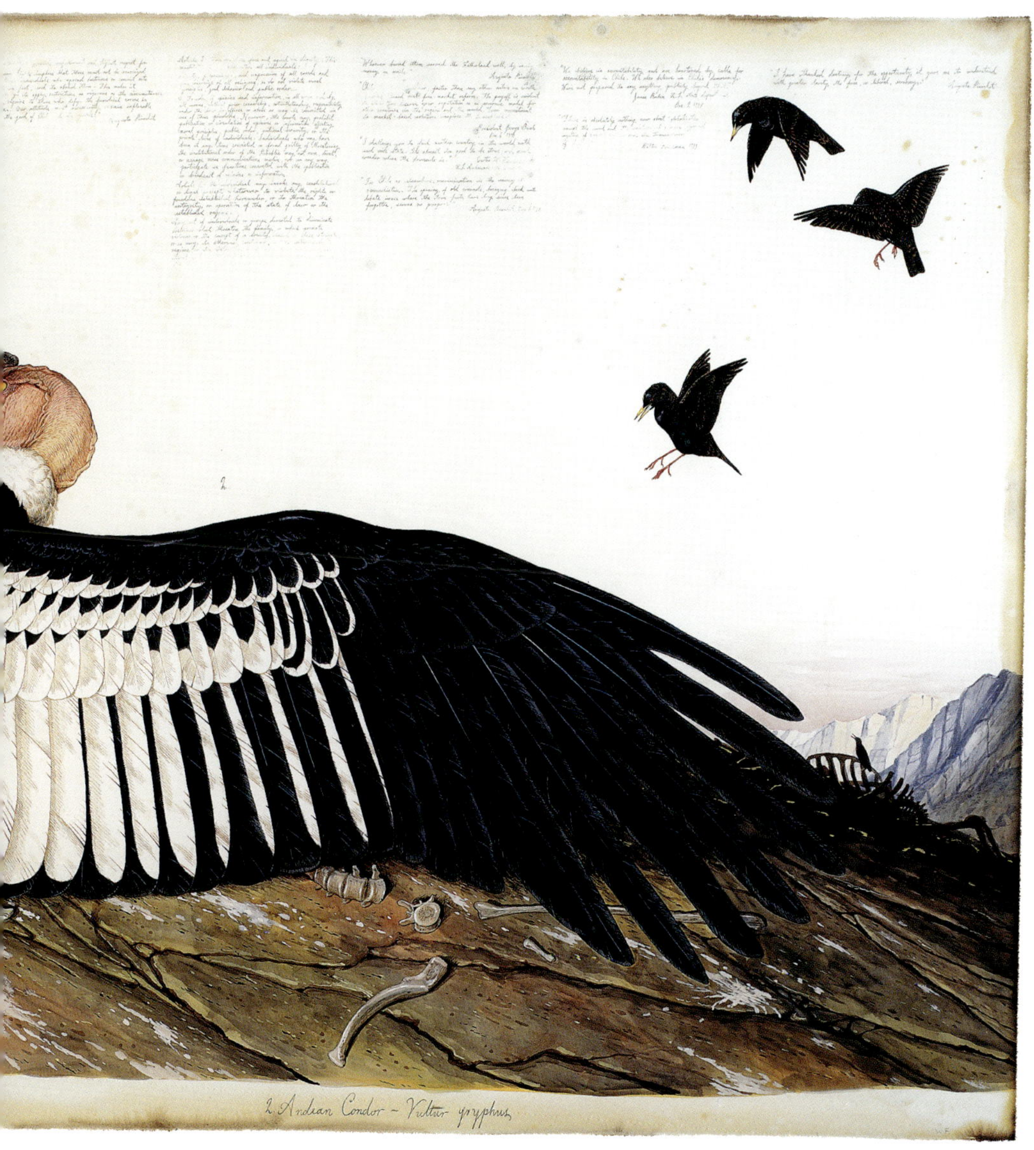

2. Andean Condor – Vultur gryphus

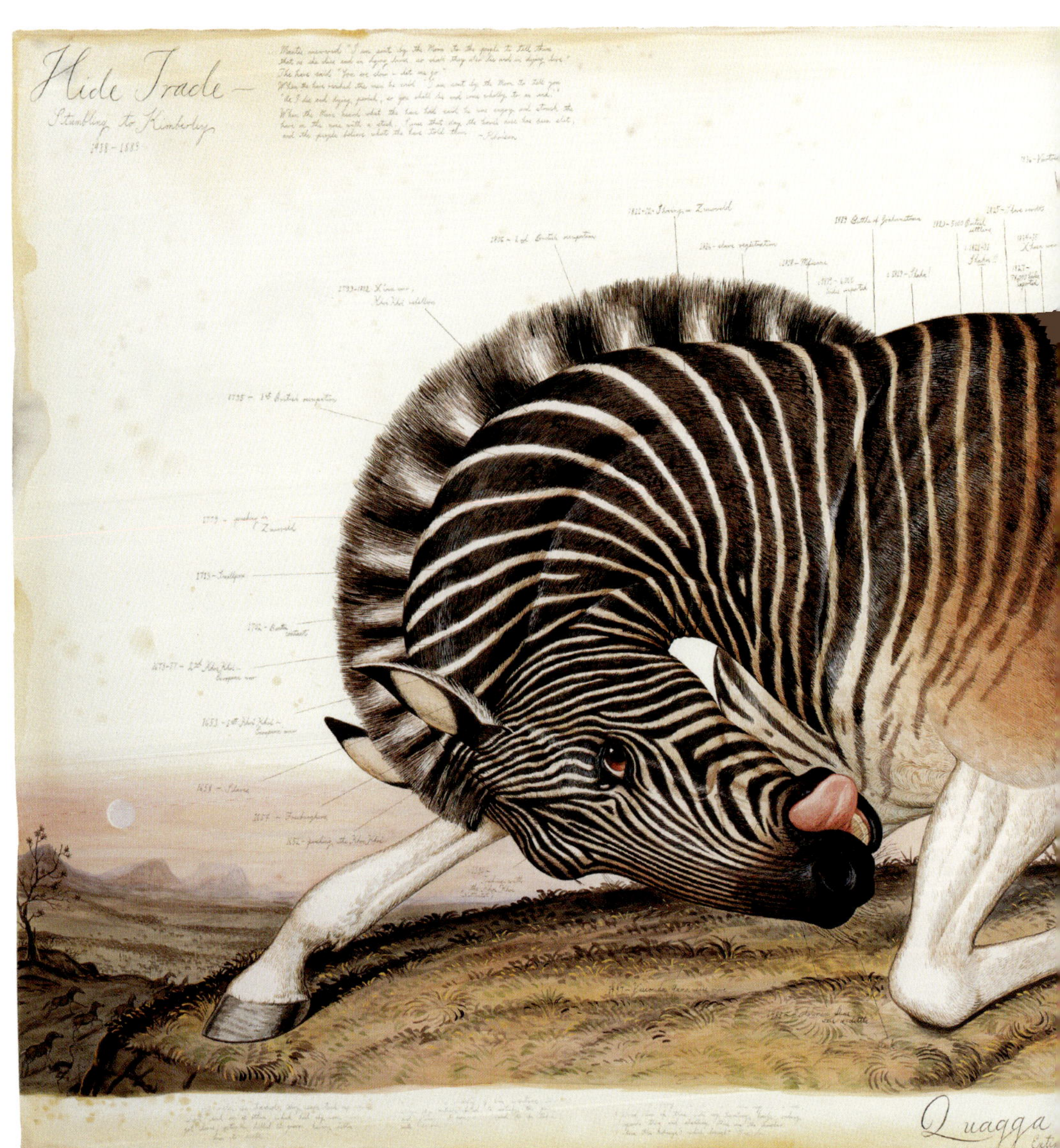

Hide Trade —
Stumbling to Kimberley
1858-1883
Quagga

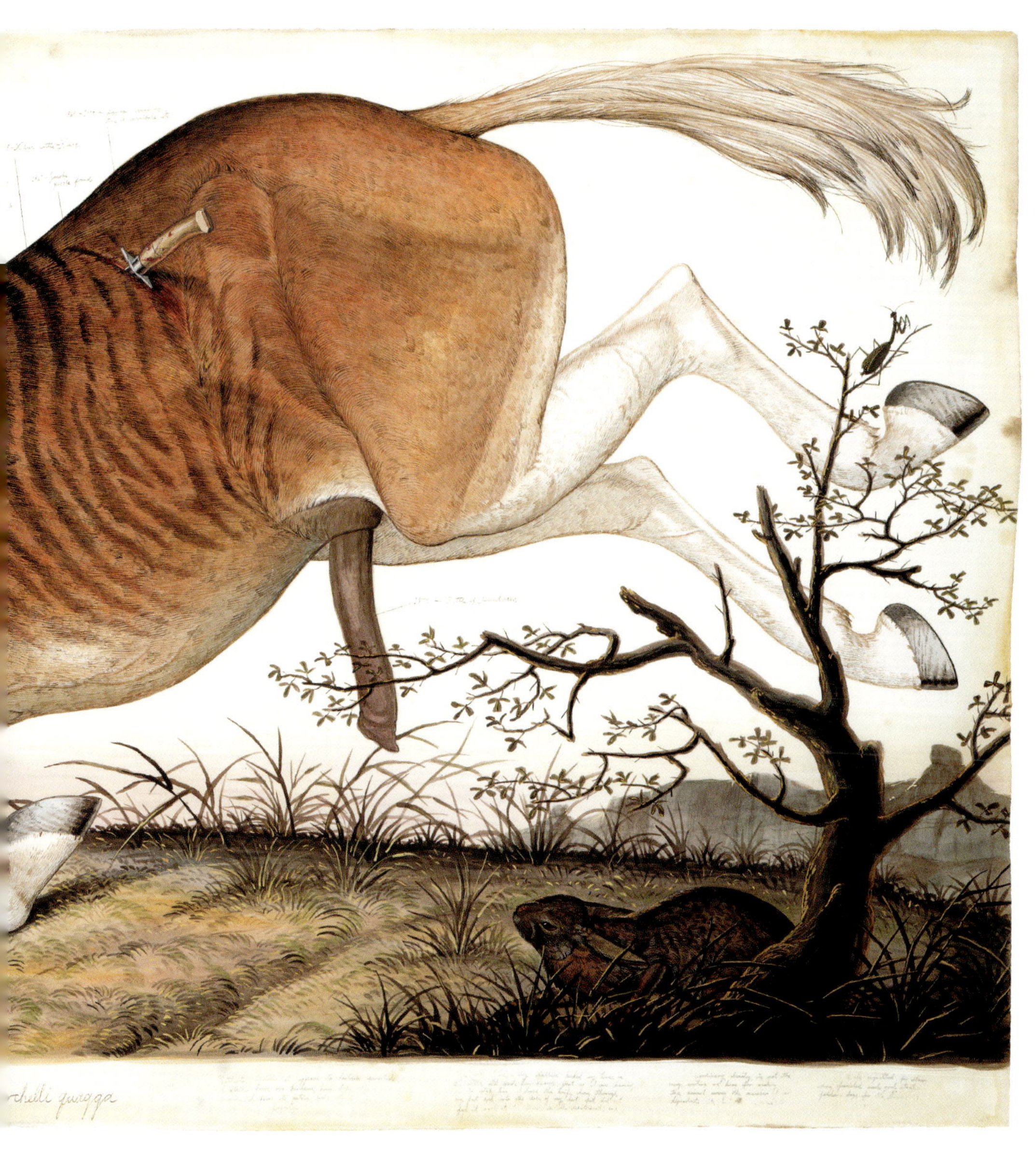

Hide Trade
Watercolor, gouache, pencil, and ink on paper
153.7 x 304.2 cm (60½ x 119¾ in.), 1998

verheilt."/ ——— *Bericht des holländisch-süd-afrikanischen Farmers und Minenbesitzers Hendrik Wilhelm Struben (1840–1915) über eine Jagd nach den heute ausgerotteten Quaggas in Südafrika. Aus* LIVES, LETTERS AND DIARIES, WITH INTRODUCTIONS AND ANNOTATIONS, *erschienen bei A. C. Partridge, Purnell & Sons (1971).*

***

Je montais un grand cheval gris en excellente condition physique. Dans la vallée à l'ouest de Daspoort (où se dresse maintenant la cimenterie), j'ai aperçu un troupeau de couaggas en train de paître l'herbe courte de la prairie et j'ai décidé de les rapporter à Pretoria en rentrant. Dans l'après-midi, sur le chemin du retour, je les ai trouvés au même endroit dans la vallée et je me suis lancé à leur poursuite. Ils étaient très gras, si bien que je les ai vite rattrapés, mais ils ne voulaient pas traverser le *nek* aux alentours du village, et j'en ai donc tué deux avec mon couteau de chasse en les poignardant dans la région lombaire (au-dessus des reins), ce qui les a terrassés. Cependant le second, un grand étalon a lancé une ruade qui a atteint mon cheval à la gueule, lui faisant faire un écart, juste au moment où je me penchais pour le poignarder. J'ai enfoncé le poignard tout net dans mon pied, traversant la semelle de ma botte, mais dans l'excitation je n'ai pas senti grand-chose sur le moment et j'ai tué le couagga. Je les ai ensuite recouverts tous les deux pour empêcher qu'ils ne soient dévorés par les *Aasvogels* (les vautours) et je suis rentré en ville, puis j'ai

envoyé Hendrick Vermeulen les chercher avec sa camionnette, parce que je voulais récupérer la viande pour mes garçons. Mon pied avait tellement enflé qu'il a fallu couper en deux ma botte de cheval, mais je m'en suis vite remis./ ——— *Hendrik Wilhelm Struben (1840–1915), agriculteur sud-africain d'origine hollandaise et propriétaire de mines, sur la chasse au zèbre couagga vers 1850, une espèce maintenant éteinte. Extrait des* LIVES, LETTERS AND DIARIES, WITH INTRODUCTIONS AND ANNOTATIONS *(« Vécu, lettres et journaux avec introductions et annotations ») édité par A. C. Partridge, Purnell & Sons, 1971.*

109

Sensations of an Infant Heart
Watercolor, gouache, pencil, and ink on paper
151.1 x 102.9 cm (59½ x 40½ in.), 1999

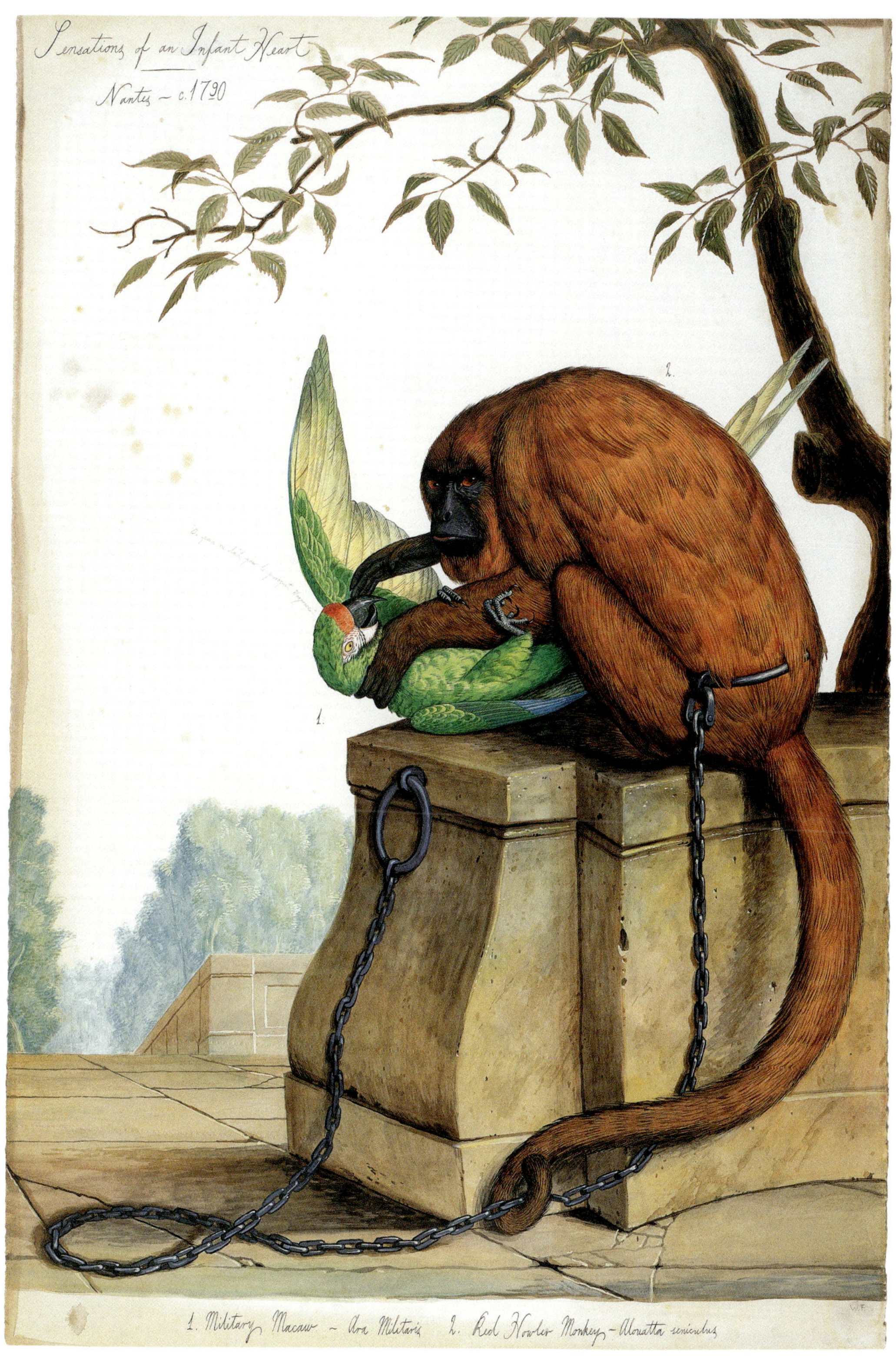

Sensations of an Infant Heart
Nantes — c. 1790
1.
2.
1. Military Macaw — Ara Militaris   2. Red Howler Monkey — Alouatta seniculus

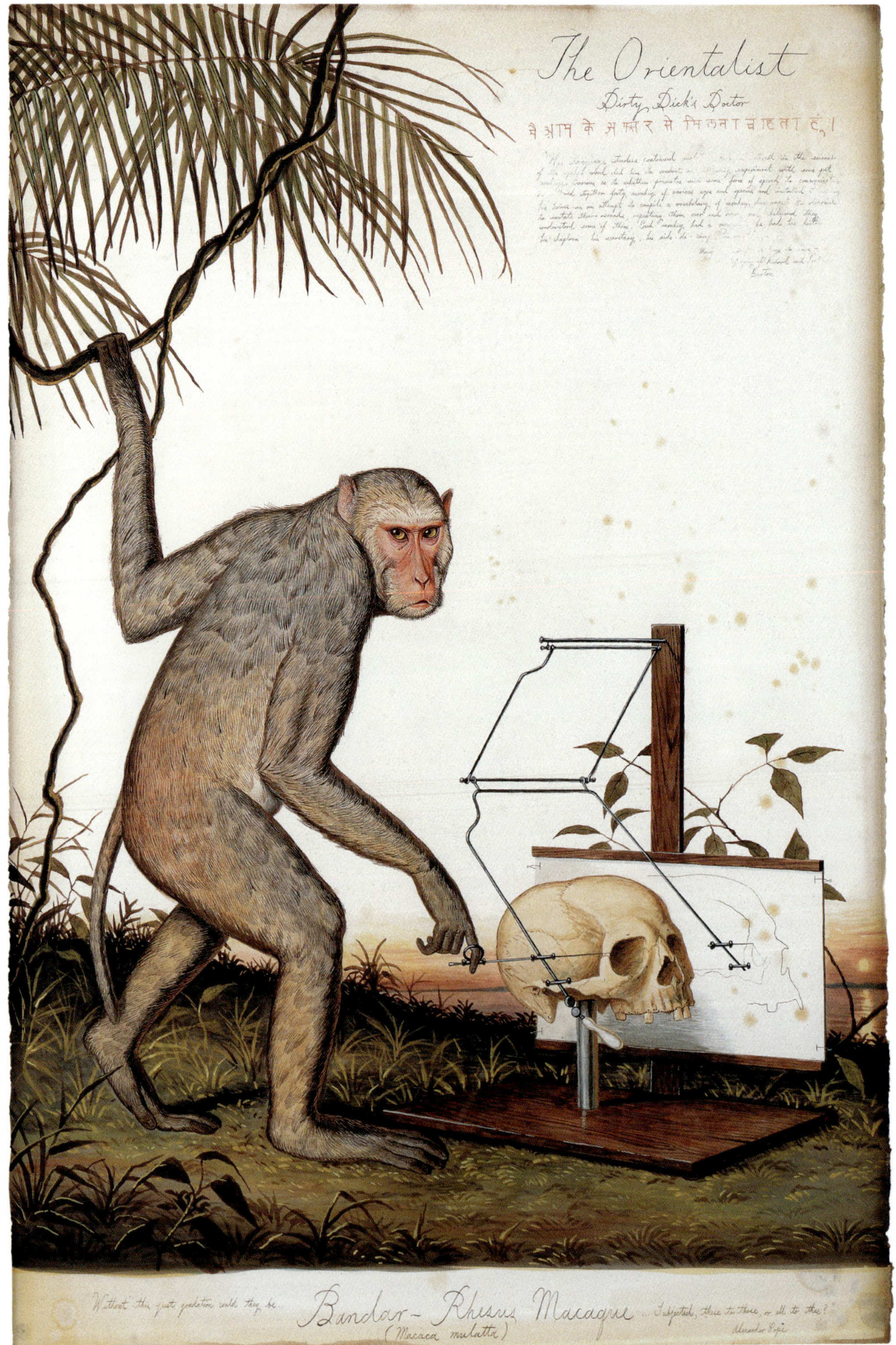

The Orientalist
Dirty Dick's Doctor
मै आम के अक्षर से मिलना चाहता हूं।
Bandar — Rhesus Macaque
(Macaca mulatta)
Without this just gradation could they be...
...Subjected, three to three, or all to these?
Alexander Pope

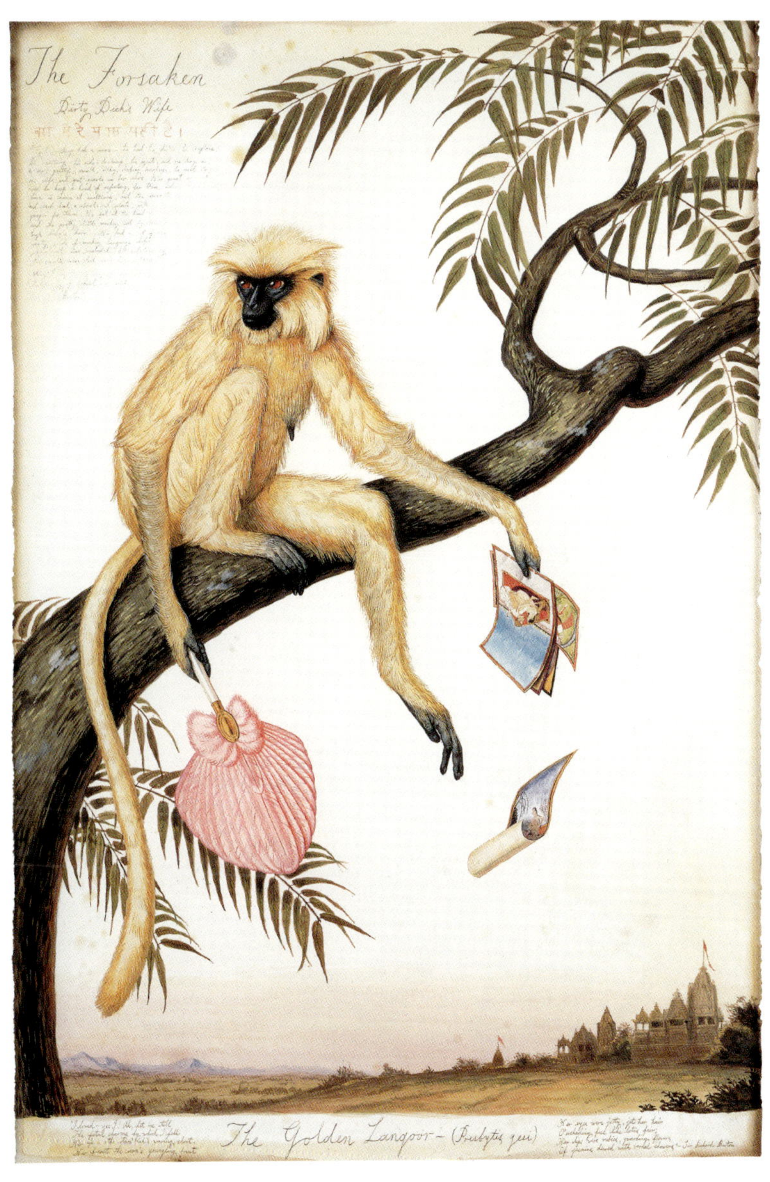

The Forsaken
Watercolor, gouache, pencil, and ink on paper
152.4 x 101.6 cm (60 x 40 in.), 1999

The Orientalist
Watercolor, gouache, pencil, and ink on paper
152.4 x 101.6 cm (60 x 40 in.), 1999

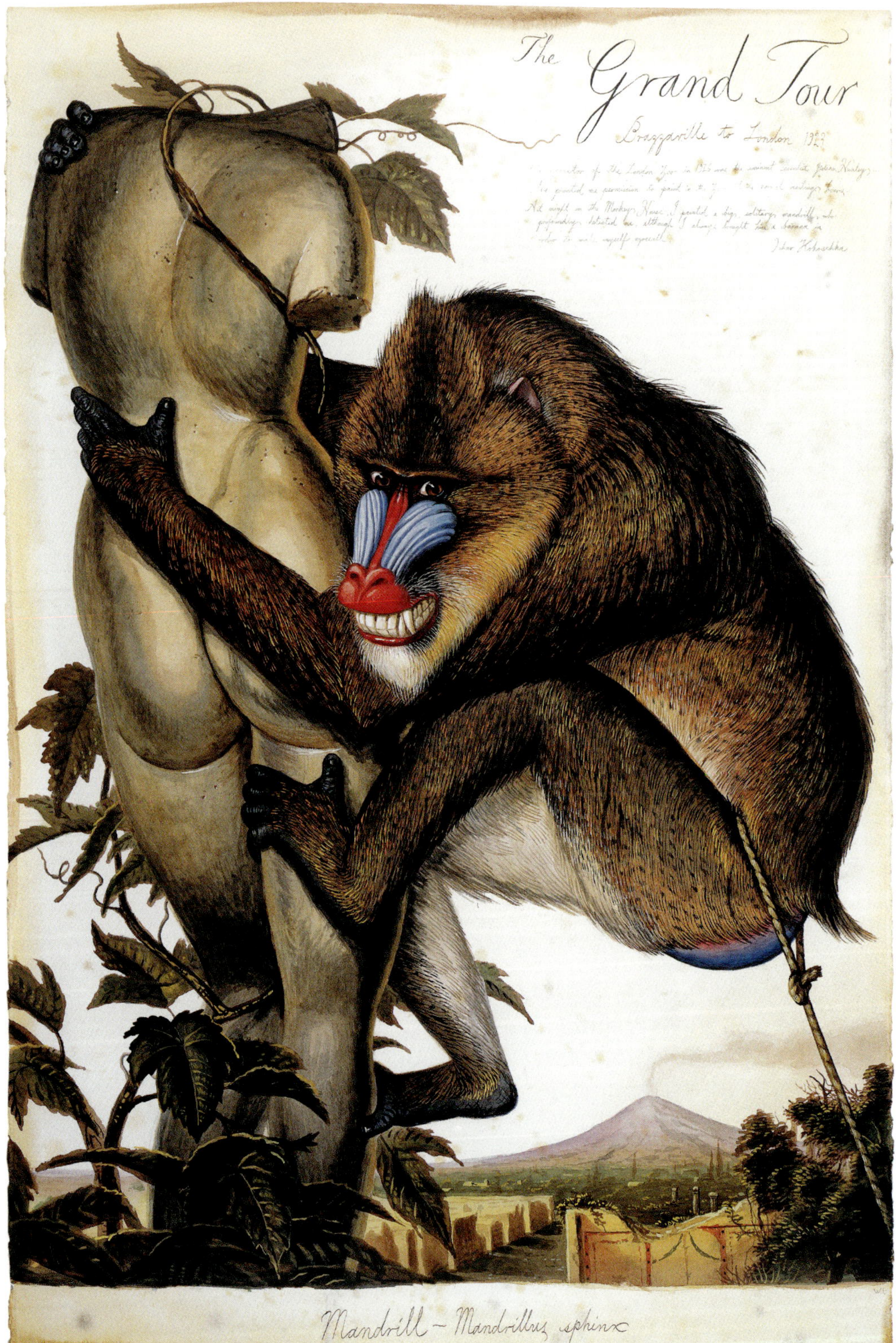

The Grand Tour
Brazzaville to London 1929
Mandrill – Mandrillus sphinx

The Grand Tour
Watercolor, gouache, pencil, and ink on paper
160 x 111.1 cm (63 x 43¾ in.), 2000

THE GRAND TOUR/ ——— The director of the London Zoo was the eminent scientist Julian Huxley…. He granted me permission to paint in the Zoo outside normal visiting hours. At night in the monkey house I painted a big, solitary mandrill, who profoundly detested me, although I always brought him a banana, in order to make myself agreeable./ ——— *Austrian Expressionist Painter Oskar Kokoschka (1886–1980) on painting a mandrill, 1926. From Kenneth Clark's* ANIMALS AND MEN: THEIR RELATIONSHIP AS REFLECTED IN WESTERN ART FROM PREHISTORY TO THE PRESENT DAY, *William Morrow and Company, 1977.*

***

„Direktor des Londoner Zoos war der angesehene Wissenschaftler Julian Huxley (…) Er gestattete mir, außerhalb der offiziellen Öffnungszeiten im Zoo zu malen. Im Affenhaus malte ich nachts einen stattlichen, einzelgängerischen Mandrill, der mich, obwohl ich ihm stets eine Banane mitbrachte, um mich einzuschmeicheln, zutiefst verachtete." / ——— *Der österreichische expressionistische Maler Oskar Kokoschka (1886–1980) über seine Arbeit am Bild eines Mandrills, 1926. Aus Kenneth Clarks* ANIMALS AND MEN: THEIR RELATIONSHIP AS REFLECTED IN WESTERN ART FROM PREHISTORY TO THE PRESENT DAY, *William Morrow and Company (1977).*

Le directeur du zoo de Londres était l'éminent savant Julian Huxley. … Il m'autorisa à peindre dans le zoo en dehors des heures normales d'ouverture. La nuit, dans le bâtiment réservé aux singes, je peignais un grand mandrill solitaire qui me détestait cordialement, bien que je lui apportasse toujours une banane pour m'attirer ses bonnes grâces./ ——— *Oskar Kokoschka (1886–1980), le peintre expressionniste autrichien, à propos de ses essais de peinture d'un mandrill, 1926. Extrait de* ANIMALS AND MEN: THEIR RELATIONSHIP AS REFLECTED IN WESTERN ART FROM PREHISTORY TO THE PRESENT DAY, *Kenneth Clark, William Morrow and Company, 1977 (« Les Animaux et les Hommes, leurs relations à travers l'art occidental de la préhistoire à nos jours », éd. Taillandier, 1977).*

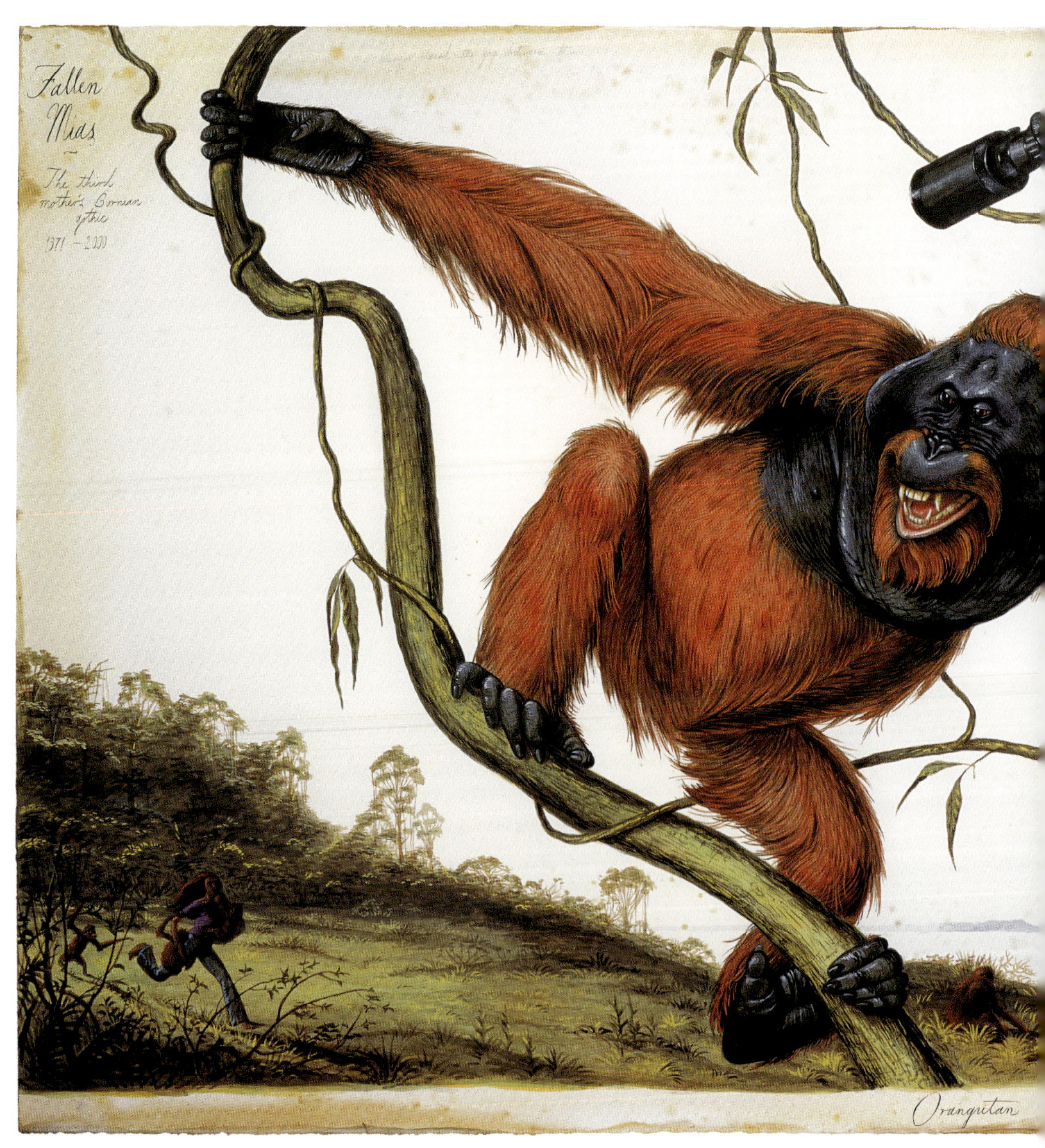

Fallen Mias

Watercolor, gouache, pencil, and ink on paper
153.7 x 304.5 cm (60½ x 119¾ in.), 2000

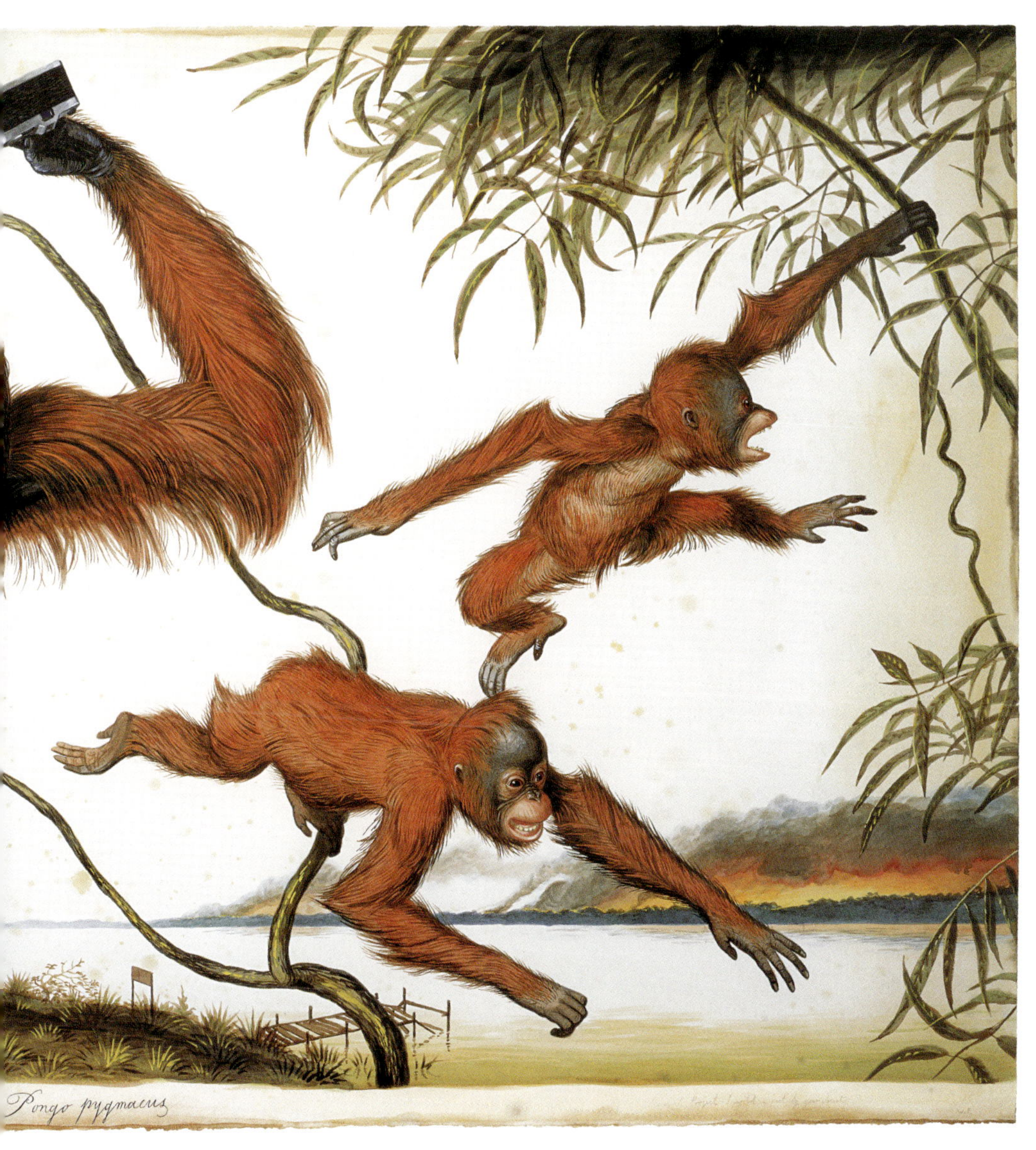

Pongo pygmaeus

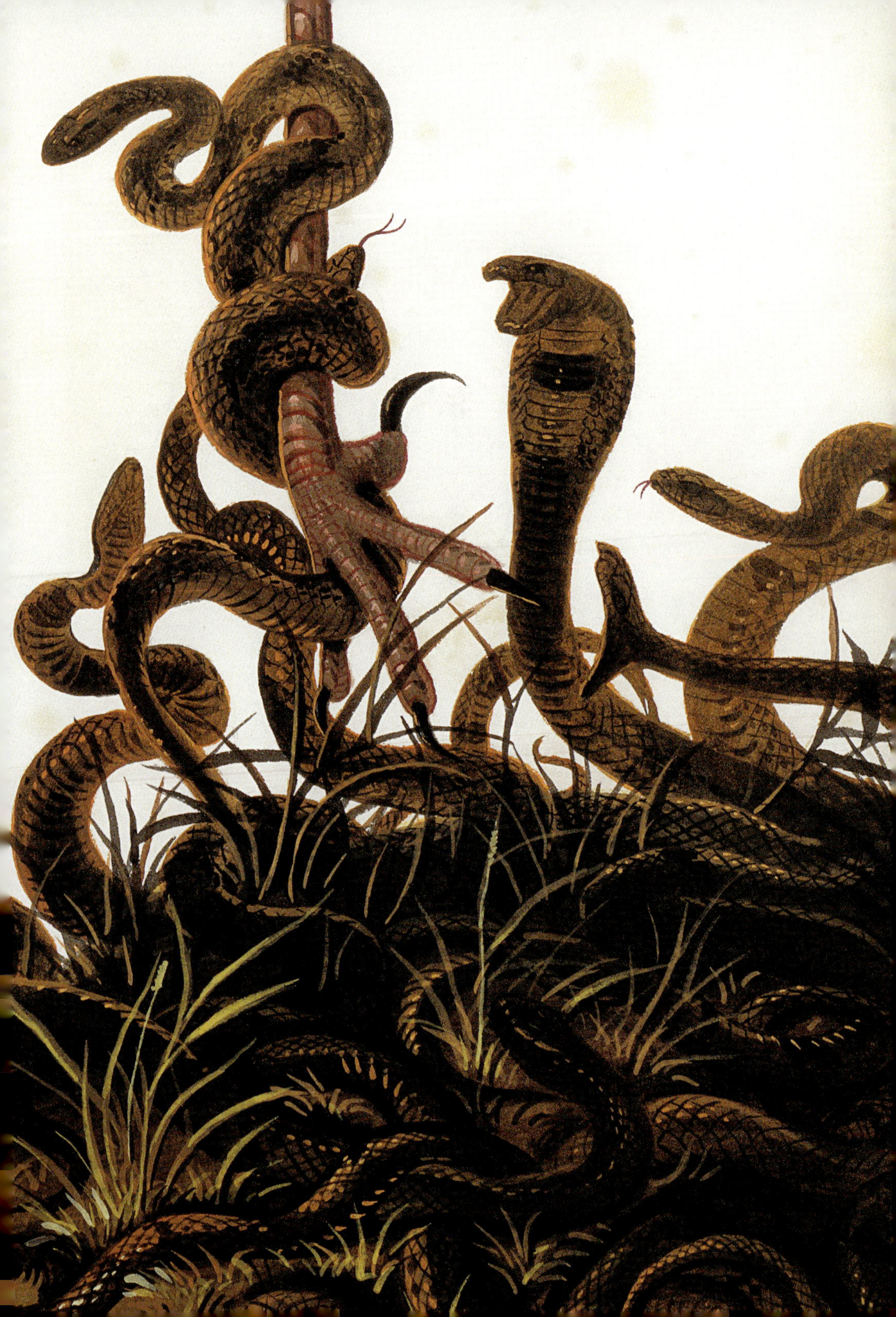

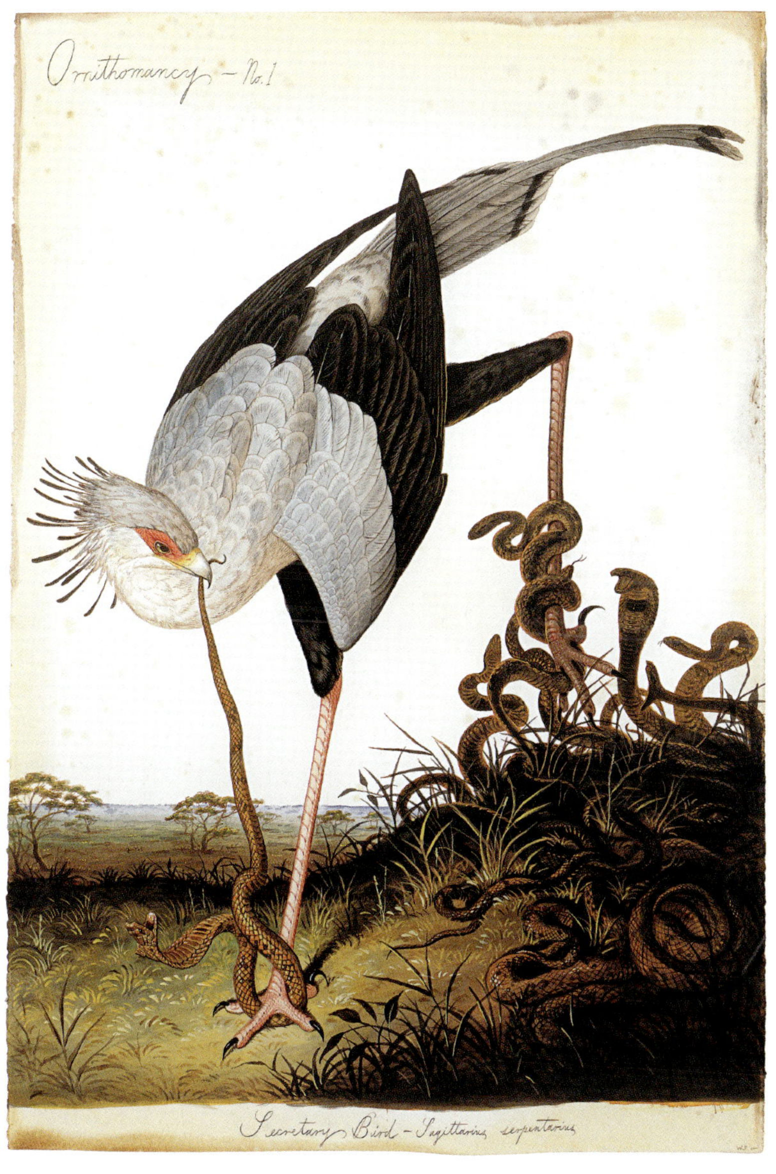

Ornithomancy — No.1
Secretary Bird – Sagittarius serpentarius

Benjamin's Emblem

Six-color hard-ground and soft-ground etching,
aquatint, spit-bite aquatint, and drypoint on paper
111.8 x 78.7 cm (44 x 31 in.), 2000

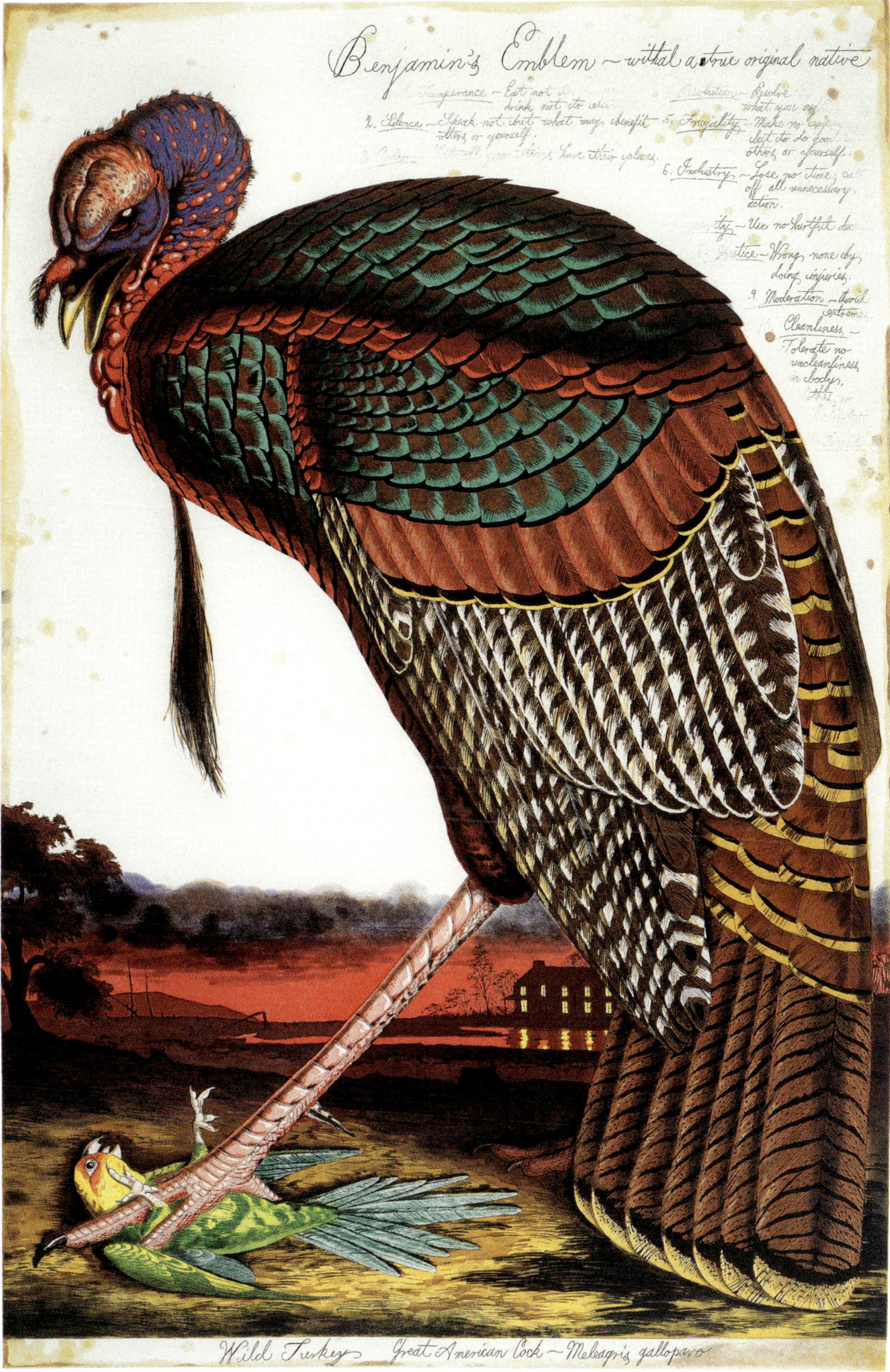
Benjamin's Emblem ~ withal a true original native
Wild Turkey   Great American Cock ~ Meleagris gallopavo

Previous spread **BENJAMIN'S EMBLEM/** ——— For my own part I wish the Bald Eagle had not been chosen as the Representative of our Country. He is a Bird of bad moral Character. He does not get his Living honestly. You may have seen him perch'd on some dead Tree near the River, where, too lazy to fish for himself, he watches the Labour of the Fishing Hawk; and when that diligent Bird has at length taken a Fish, and is bearing it to his Nest for the Support of his Mate and young Ones, the Bald Eagle pursues him and takes it from him. With all this Injustice, he is never in good Case but like those among Men who live by Sharping and Robbing he is generally poor and often very lousy. Besides he is a rank Coward: The little King Bird not bigger than a Sparrow attacks him boldly and drives him out of the District. He is therefore by no means a proper Emblem for the brave and honest Cincinnati of America who have driven all the King birds from our Country, tho' exactly fit for that Order of Knights which the French call Chevaliers d'Industrie. I am on this account not displeas'd that the Figure is not known as a Bald Eagle, but looks more like a Turkey. For in Truth the Turkey is in Comparison a much more respectable Bird, and withal a true original Native of America. Eagles have been found in all Countries, but the Turkey was peculiar to ours, the first of the Species seen in Europe being brought to France by the Jesuits from Canada, and serv'd up at the Wedding Table of Charles the ninth. He is besides, tho' a little vain and silly, a Bird of Courage, and would not hesitate to attack a Grenadier of the British Guards who should presume to invade his Farm Yard with a red Coat on./ ——— *Benjamin Franklin maintained an affectionate correspondence with his wife and children during his later years of foreign service. This excerpt derives from a letter to his daughter Sarah Bache (unpublished), January 26, 1784.*

***

„Was mich betrifft, so wäre es mir lieber gewesen, man hätte den Weißkopfseeadler nicht als Wappentier unseres Landes erwählt. Es ist ein Vogel mit einem moralisch verwerflichen Charakter. Seinen Lebensunterhalt verdient er auf unredliche Weise. Du hast vielleicht schon einmal gesehen, wie er auf einem Baumstumpf nahe am Fluss hockt und, weil er zu faul ist, selbst Fische zu fangen, den Fischadler dabei beobachtet, wie er sich abmüht. Wenn dieser eifrige Vogel dann endlich einen Fisch gefangen hat und ihn für seinen Partner und die Jungen in sein Nest schaffen will, verfolgt ihn der Weißkopfseeadler und schnappt ihm die Beute weg. Angesichts dieser Ungerechtigkeit taugt er nicht gerade als Vorbild, sondern verhält sich eher wie jene Menschen, die sich mit Betrügereien und Raub durchschlagen, ist also ein ziemlich schäbiges und miserables Tier. Darüber hinaus ist er ein ausgesprochener Feigling: Der kleine Königsvogel (Gabelschnäpper), nicht größer als ein Spatz, greift ihn mutig an und vertreibt ihn aus seinem Revier. Aus diesen Gründen ist er alles andere als ein passendes Wappentier für die tapferen und rechtschaffenen republikanischen Bürger von Amerika, die alle Königsvögel aus unserem Lande vertrieben haben, eigentlich also jenes Ritterordens würdig wären, den die Franzosen ‚Chevaliers d'Industrie‘ nennen. Deshalb stört es mich gar nicht, dass die Wappenfigur nicht als Weißkopfseeadler erkannt wird, sondern eher wie ein Truthahn aussieht Vergleichsweise ist der Truthahn tatsächlich ein sehr viel respektablerer Vogel und darüber hinaus auch noch ein echter Amerikaner. Adler wurden schon in allen möglichen Ländern gesichtet, der Truthahn jedoch ist typisch für unser Land. … Und auch wenn der Truthahn ein wenig eitel und dumm ist, so ist er doch ein mutiger Vogel und würde nicht zögern, einen Grenadier der britischen Garde zu attackieren, sollte dieser es in seinem roten Uniformrock wagen in das Gehege des Tieres einzudringen."/ ——— *Benjamin Franklin führte während seiner späten Jahre im diplomatischen Dienst eine liebevolle Korrespondenz mit seiner Frau und seinen Kindern. Dieser Auszug stammt aus einem am 26. Januar 1784 verfassten (unveröffentlichten) Brief an seine Tochter Sarah Bache.*

***

Pour ma part, j'aurais préféré que le Pygargue n'ait pas été choisi comme représentant de notre pays. Il ne gagne pas sa vie honnêtement. Vous l'avez peut-être vu, perché sur un arbre mort à proximité de la rivière, où, trop paresseux pour pêcher pour lui-même, il regarde opérer le balbuzard pêcheur. Et quand cet oiseau diligent a fini par prendre un poisson, et le rapporte à son nid pour nourrir sa compagne et ses petits, le Pygargue le prend en chasse et lui arrache son butin. Malgré ses rapines permanentes, il n'a jamais très bon aspect, mais comme les êtres humains qui vivent de filouteries et de larcins, il est généralement pauvre et d'apparence minable. En outre, c'est un poltron fini. Le petit passereau Tyran, pas plus gros qu'un moineau, n'hésite pas à l'attaquer audacieusement et parvient à le chasser de son secteur. Il n'est donc en aucune façon un emblème approprié pour les braves et honnêtes Cincinnati d'Amérique qui ont chassé tous les passereaux de notre pays, mais conviendrait parfaitement, en revanche, pour ce genre de chevaliers que les Français appellent « Chevaliers d'Industrie ». À cet égard, je ne suis pas fâché que sa représentation ne ressemble guère à un Pygargue mais bien plus à une dinde. Car en vérité, la dinde est en comparaison un oiseau beaucoup plus respectable, et qui plus est un véritable autochtone, originaire d'Amérique. On trouve des aigles dans tous les pays, mais la dinde est spécifique au nôtre : la première de l'espèce connue en Europe a été rapportée du Canada en France par les jésuites pour être servie à la table de Charles IX, lors de son mariage. La dinde est par ailleurs, quoiqu'un peu vaniteuse et passablement sotte, un volatile plein de courage, qui n'hésiterait pas à attaquer un grenadier des Gardes britanniques, s'il venait à ce dernier la présomption d'envahir la ferme où il réside revêtu de son manteau rouge./ ——— *Benjamin Franklin entretenait une correspondance affectueuse avec son épouse et ses enfants à la fin de sa vie, durant les périodes où il se trouvait en mission à l'étranger. Ce passage est extrait d'une lettre inédite à sa fille Sarah Bache, du 26 janvier 1784.*

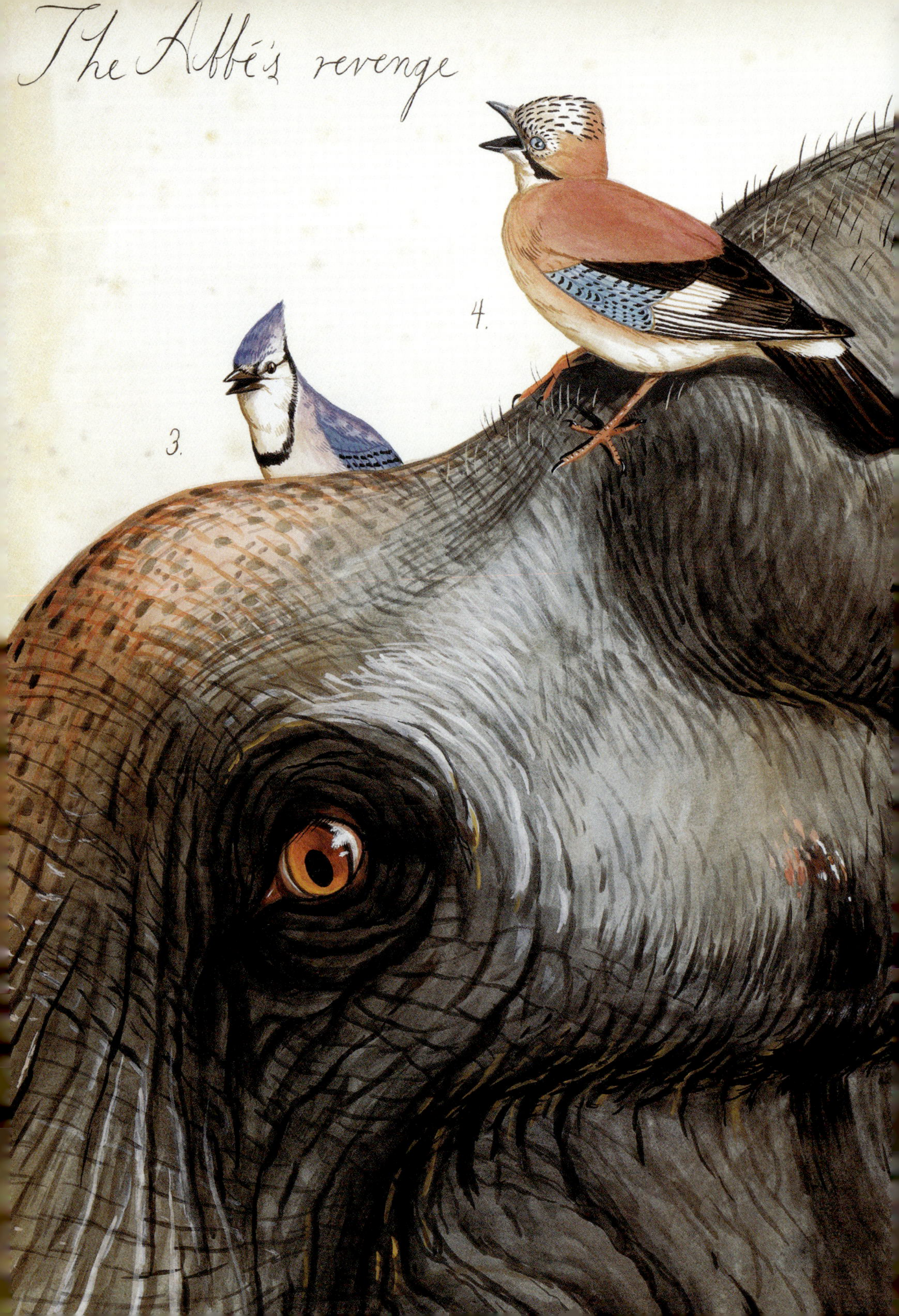

The Abbé's revenge

Nila

Watercolor, gouache, pencil, and ink on paper
365.8 x 548.6 cm (144 x 216 in.), 2000

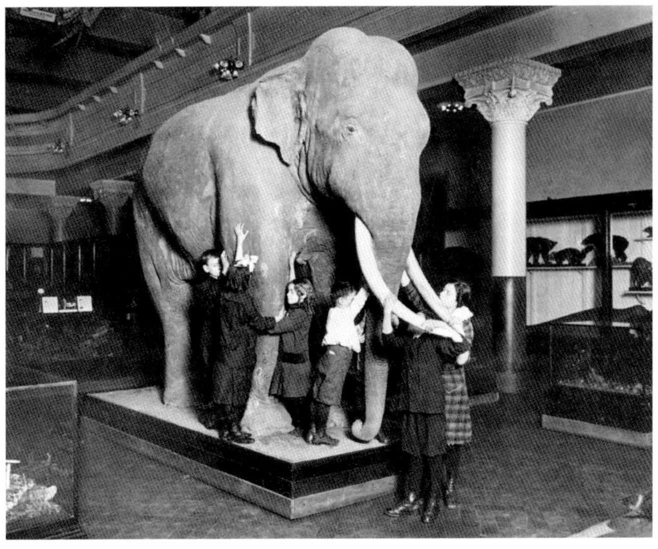

Blind students studying the elephant,
American Museum of Natural History, 1916.

NILA/ ——— Although the elephant does not approach the female after having been captured, it happens nevertheless that he becomes in season sometimes. One day when Shah Jahan was out hunting upon his elephant with one of his sons, who sat with him in order to fan him, the elephant became so much in heat that the driver, not being able to control it any longer, told the King that in order to arrest the rage of the elephant, which might crush them among the trees, it was necessary that one of the three who was on the elephant should offer himself up, and that with all his heart he sacrificed his life for the King and for his son, begging his majesty to take care of the three children whom he was leaving. Having said so, he threw himself under the elephant, and immediately the animal took him with his trunk, and having crushed him under his feet, became mild and tractable as before. The King, for this wonderful escape, gave 200,000 rupees to the poor, and promoted at court each of the sons of the man who had so generously given his life for the safety of his Prince. (1666)/ ——— *French voyager and trader Jean-Baptiste Tavernier (1605–89) toured much of Asia, amassing a significant fortune and chronicling his recollections in several volumes including* TRAVELS IN INDIA (1676), *translated into English by V. Ball, MacMillan, 1889.*

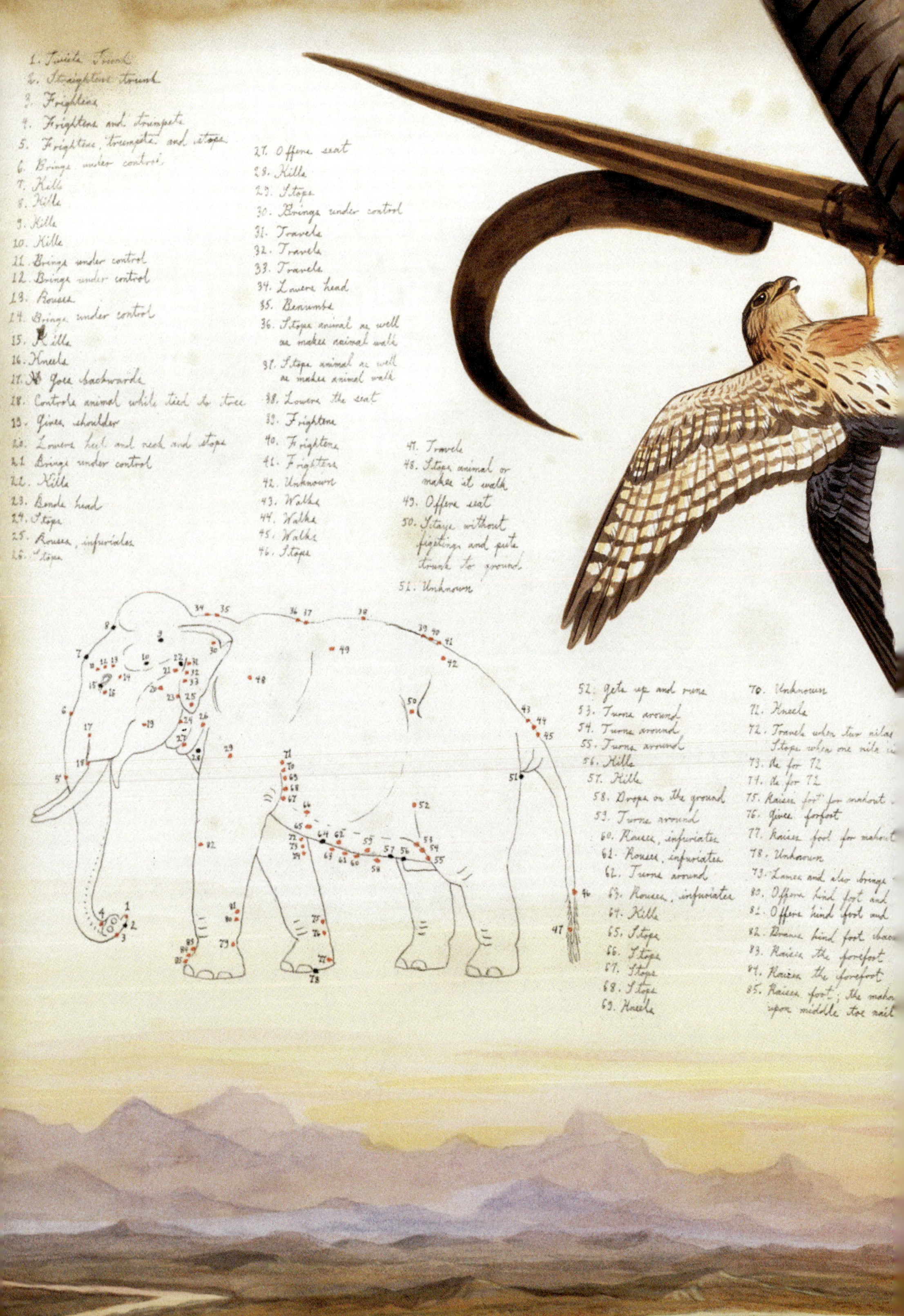

1. Twists Trunk
2. Straightens trunk
3. Frightens
4. Frightens and trumpets
5. Frightens, trumpets, and stops
6. Brings under control
7. Kills
8. Kills
9. Kills
10. Kills
11. Brings under control
12. Brings under control
13. Rouses
14. Brings under control
15. Kills
16. Kneels
17. Goes backwards
18. Controls animal while tied to tree
19. Gives shoulder
20. Lowers heel and neck and stops
21. Brings under control
22. Kills
23. Bends head
24. Stops
25. Rouses, infuriates
26. Stops
27. Offers seat
28. Kills
29. Stops
30. Brings under control
31. Travels
32. Travels
33. Travels
34. Lowers head
35. Benumbs
36. Stops animal as well as makes animal walk
37. Stops animal as well as makes animal walk
38. Lowers the seat
39. Frightens
40. Frightens
41. Frightens
42. Unknown
43. Walks
44. Walks
45. Walks
46. Stops
47. Travels
48. Stops animal or makes it walk
49. Offers seat
50. Stops without fighting and puts trunk to ground
51. Unknown
52. Gets up and runs
53. Turns around
54. Turns around
55. Turns around
56. Kills
57. Kills
58. Drops on the ground
59. Turns around
60. Rouses, infuriates
61. Rouses, infuriates
62. Turns around
63. Rouses, infuriates
64. Kills
65. Stops
66. Stops
67. Stops
68. Stops
69. Kneels
70. Unknown
71. Kneels
72. Travels when two miles. Stops when one mile in
73. As for 72
74. As for 72
75. Raises foot for mahout
76. Gives forefoot
77. Raises foot for mahout
78. Unknown
79. Lames and also brings
80. Offers hind foot and
81. Offers hind foot and
82. Draws hind foot back
83. Raises the forefoot
84. Raises the forefoot
85. Raises foot; the mahout upon middle toe nail

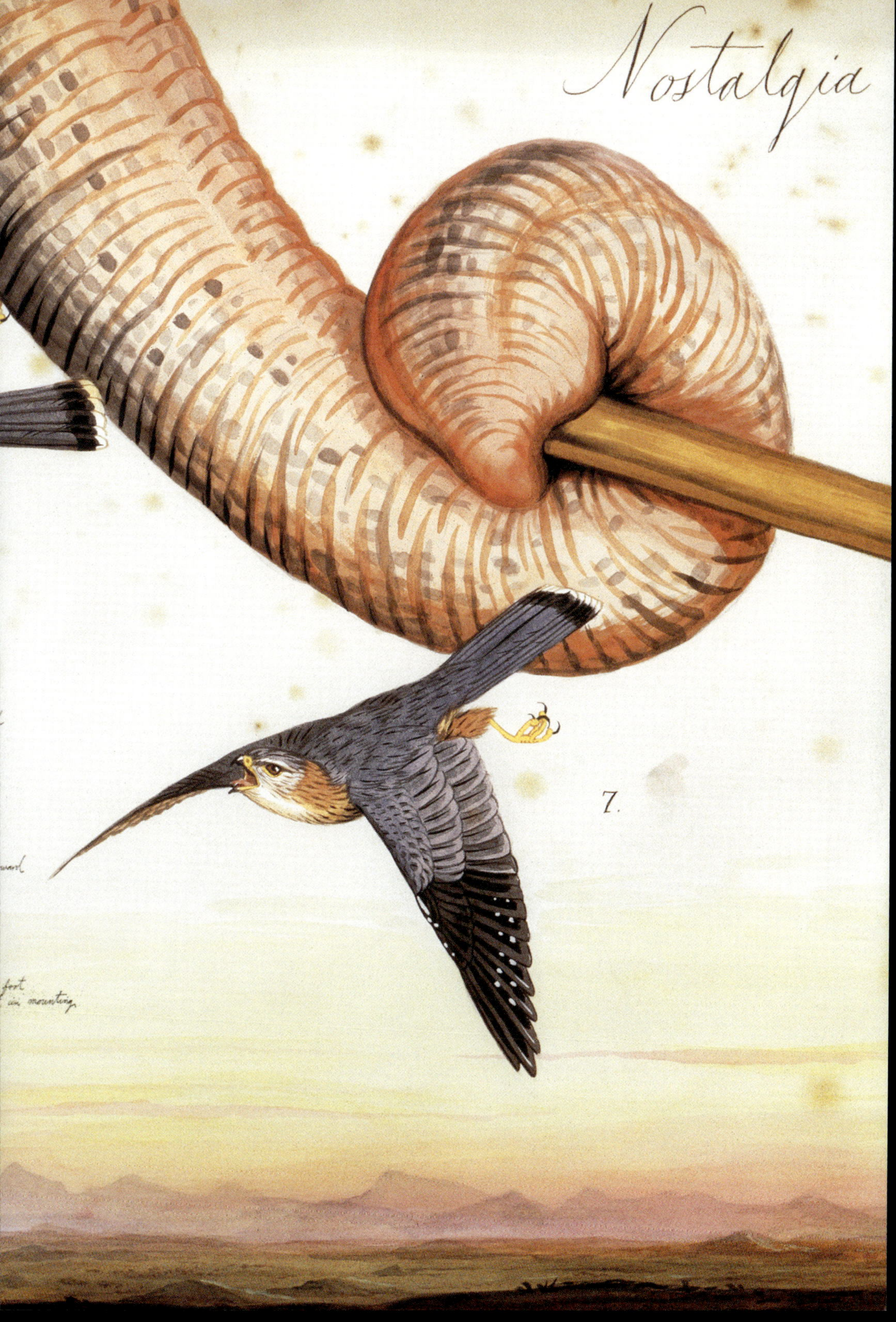

Nostalgia
7.

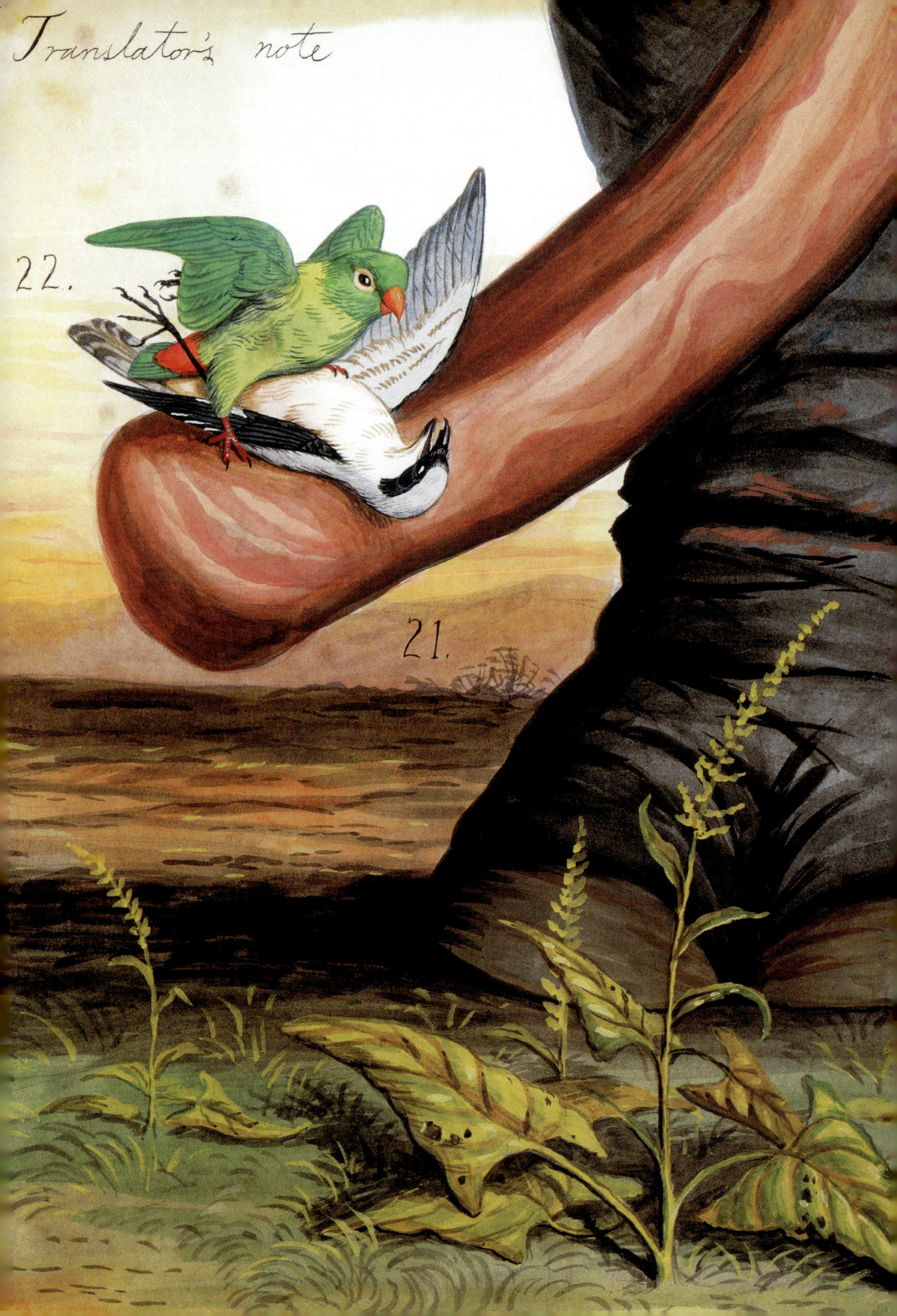
Translator's note
22.
21.

NILA/——— „Obwohl sich ein in Gefangenschaft lebender Elefant normalerweise keinem weiblichen Tier mehr nähert, kommt es doch gelegentlich vor, dass er brünstig wird. Eines Tages, als sich Shah Jahan gemeinsam mit einem seiner Söhne, der bei ihm saß, um ihm zuzufächern, auf seinem Elefanten zur Jagd aufmachte, geriet der Elefant so in Wallung, dass der Elefantenführer nicht mehr in der Lage war, das Tier unter Kontrolle zu halten. So sprach der gute Mann zu seinem König, es sei nötig, dass sich einer der Reiter opfere, um den Elefanten zu besänftigen, andernfalls würde das Tier sie alle drei zwischen den Bäumen zerquetschen. Er wolle sein Leben von ganzem Herzen seinem König und dessen Sohn opfern und bitte seine Majestät nur, für die drei Kinder zu sorgen, die er hinterlassen würde. Kaum hatte er dies ausgesprochen, warf er sich unter den Elefanten. Das Tier packte ihn sofort mit seinem Rüssel und wurde, nachdem es ihn unter seinen Füßen zertrampelt hatte, wieder so zutraulich und fügsam wie zuvor. Aus Dank für diese wundersame Rettung schenkte der König den Armen 200.000 Rupien und sorgte dafür, dass jeder der Söhne des Mannes, der sein Leben so großzügig für die Sicherheit seines Gebieters gegeben hatte, an seinem Hofe befördert wurde. (1666)"/ ——— *Der französische Reisende und Händler Jean-Baptiste Tavernier (1605–1689) besuchte weite Teile Asiens, brachte es dabei zu ansehnlichem Wohlstand und zeichnete seine Erinnerungen in mehreren Bänden auf, die 1676 erschienen. Der Doppelband* TRAVELS IN INDIA *wurde von V. Ball ins Englische übersetzt, MacMillan (1889).*

Bien que l'éléphant ne touche plus la femelle depuis qu'il est pris, il arrive néanmoins quelquefois qu'il entre comme en chaleur. Un jour que Cha-Gehan était à la chasse sur son éléphant avec un de ses fils qui était auprès de lui pour l'éventer, l'éléphant entra tellement en chaleur que celui qui le gouvernait n'en pouvant plus être maître déclara au Roy que pour arrêter la fureur de l'éléphant qui pourrait les aller briser entre les arbres, il fallait nécessairement que l'un des trois qui étaient sur l'éléphant y fût exposé et que de tout son cœur il sacrifierait sa vie pour le Roy et pour le Prince son fils, priant Sa Majesté d'avoir soin de trois enfants qu'il laissait. Ayant dit cela, il se jeta en bas de l'éléphant et aussitôt cet animal le prit par sa trompe, et l'ayant écrasé sous ses pieds il devint doux et traitable comme auparavant. Le Roy pour cette fameuse délivrance donna aux pauvres deux cent mille roupies et avança à la cour chacun des fils de celui qui avait si généreusement donné sa vie pour le salut de son Prince. (1666)/ ——— *Voyageur et commerçant, Jean-Baptiste Tavernier (1605–1689) a visité une grande partie de l'Asie, amassant une fortune considérable. Ses souvenirs sont rassemblés dans plusieurs ouvrages, notamment* LES SIX VOYAGES DE JEAN-BAPTISTE TAVERNIER, *Paris, Microéditions Hachette, 1976.*

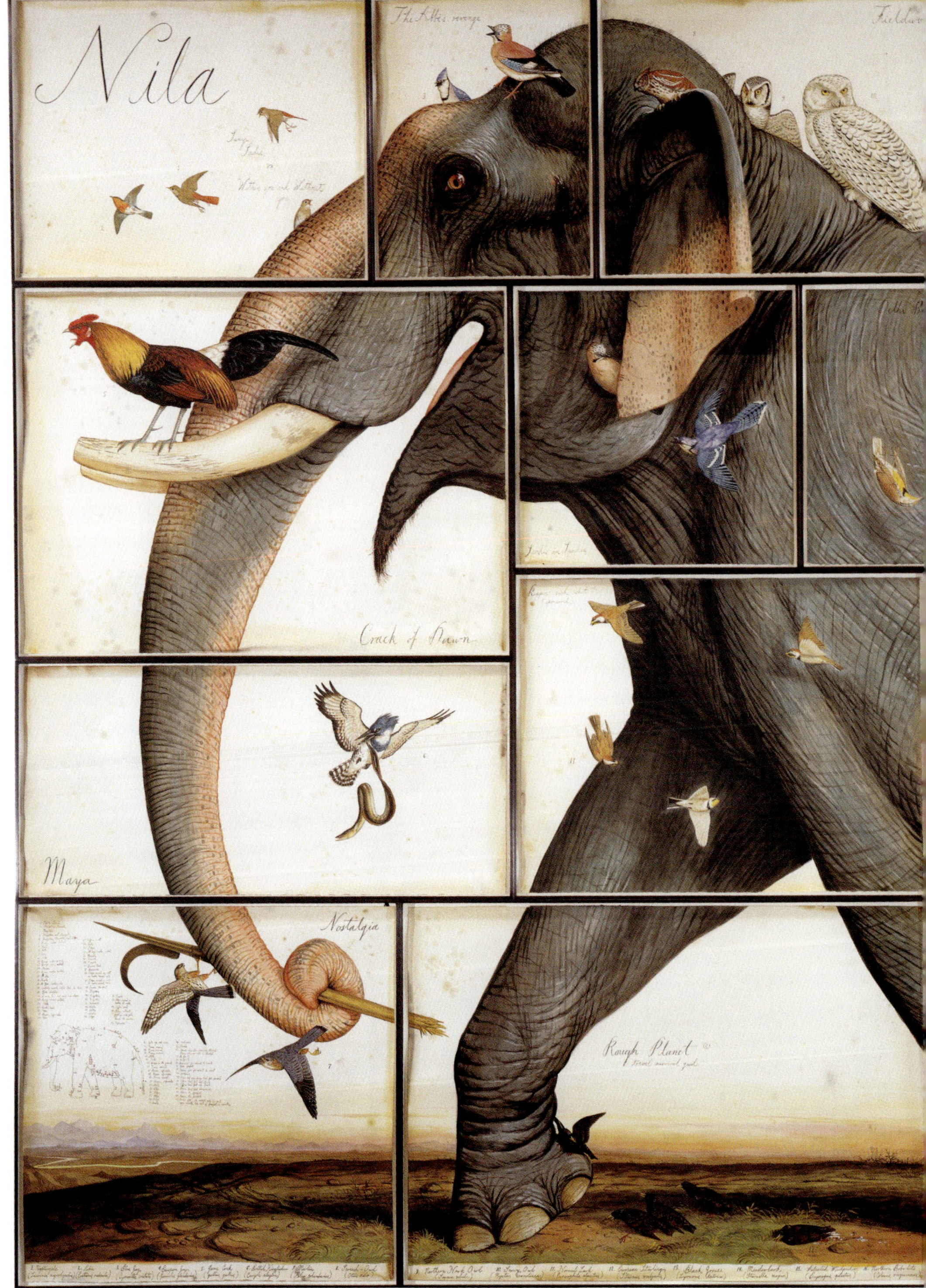

Nila

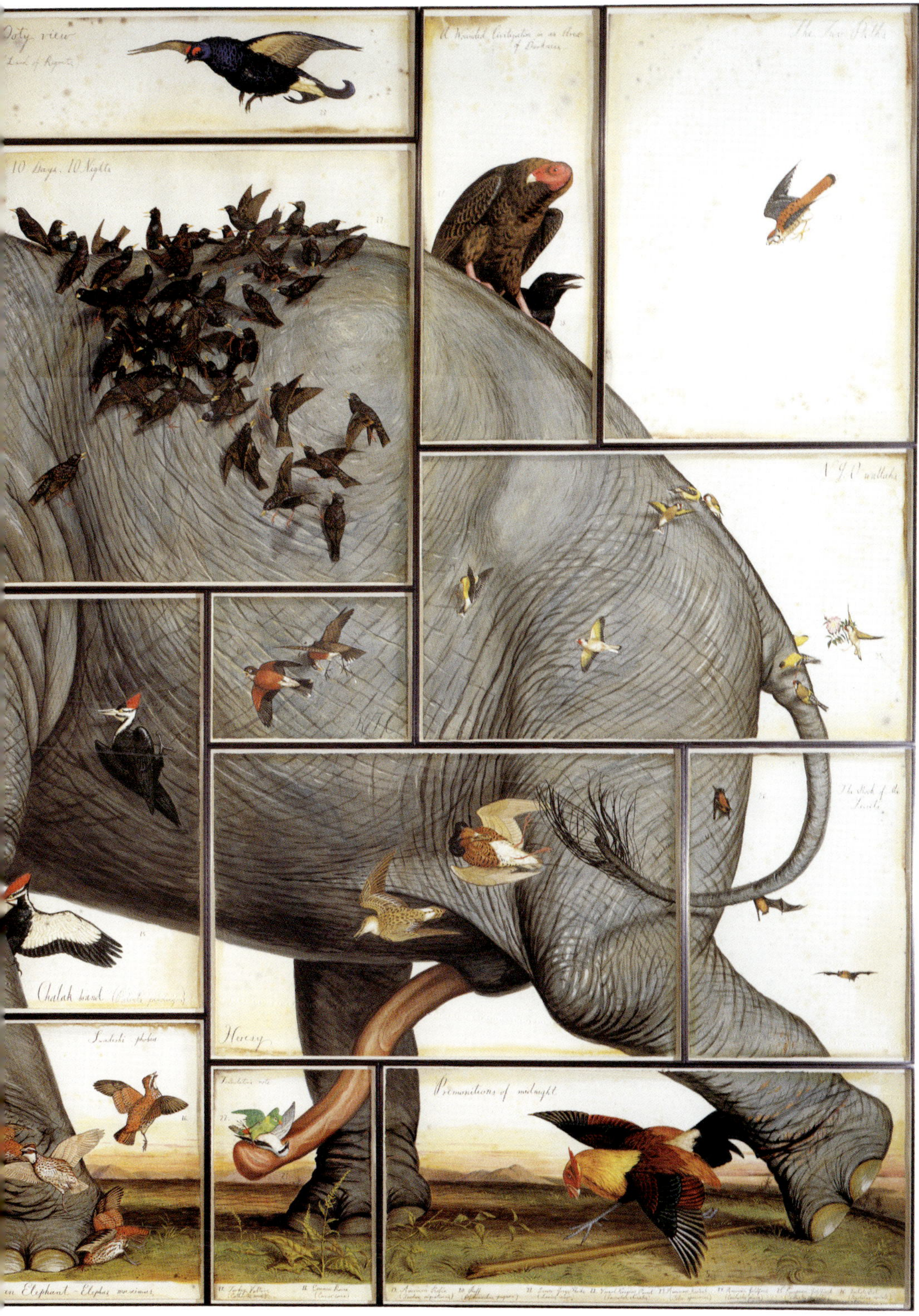

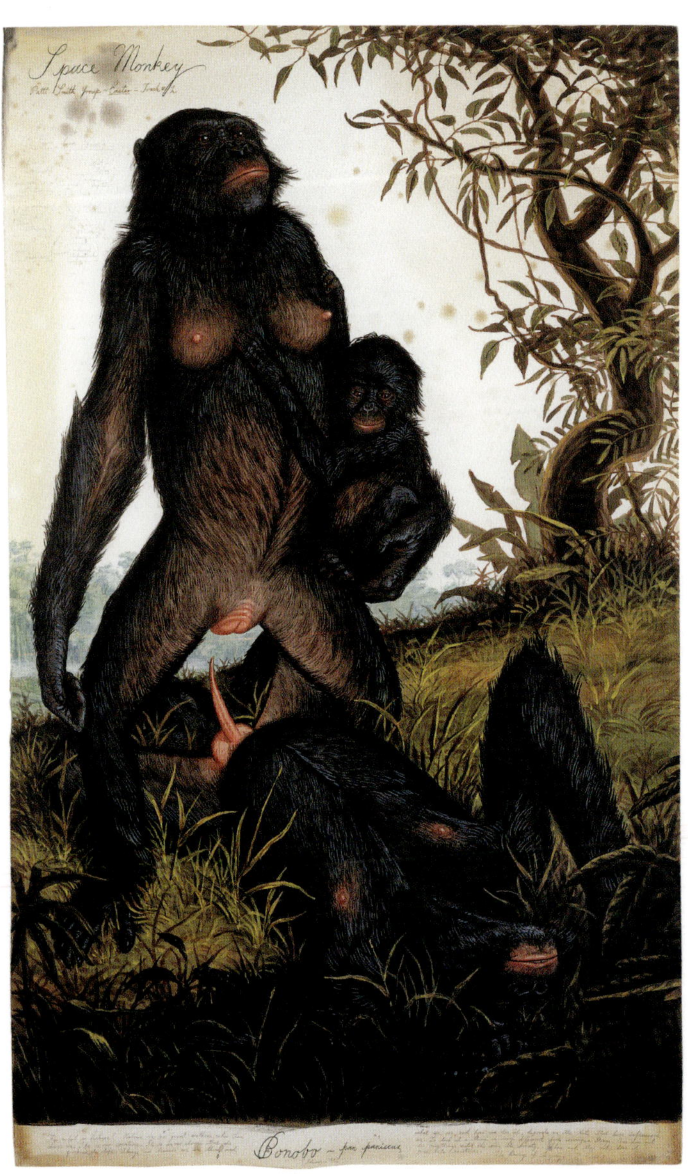

Space Monkey
Watercolor, gouache, pencil, and ink on paper
151.1 x 91.4 cm (59½ x 36 in.), 2001

Dirty Dick Burton's
Aide de Camp
Watercolor, gouache, pencil, and ink on paper
151.1 x 101.6 cm (59½ x 40 in.), 2002

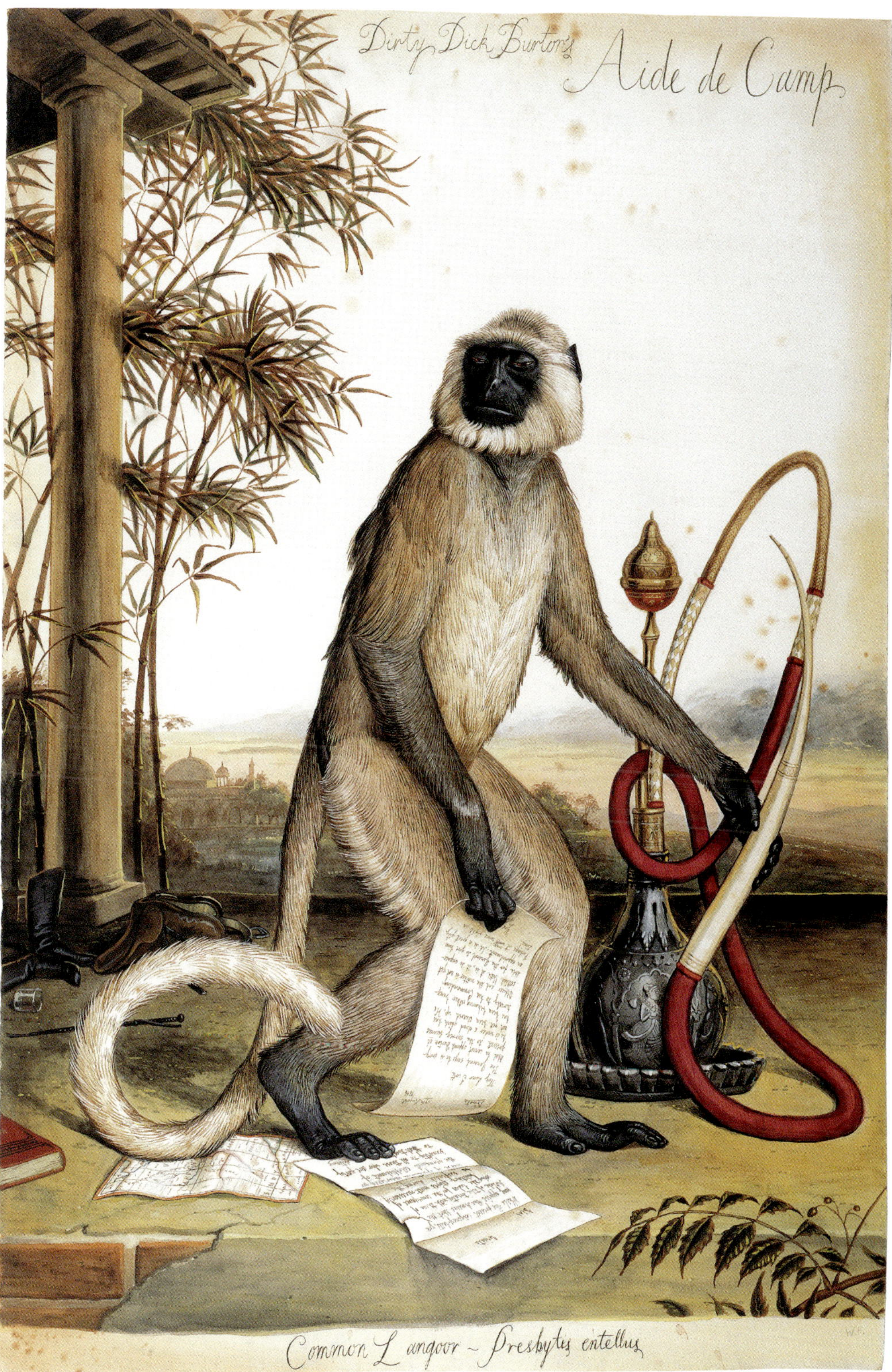

Dirty Dick Burton's Aide de Camp
Common Langoor – Presbytis entellus

Page 132 **SPACE MONKEY**/ ——— Bonobos are the most sexually active of apes. Their behavior may have been developed by females to protect their offspring from aggressive males. Bonobo females rejoin their groups right away after having given birth, and copulate within months. They have managed to make paternity so ambiguous that there is little to fear. Bonobo males have no way of knowing which offspring are theirs and which not. Moreover, since Bonobo females tend to be dominant, attacking them or their offspring is a risky business. Most likely, if a male were to make a suspicious move, females would band together in defense. We do not know this for certain, because infanticide has thus far never been documented in the species. Perhaps the female counterstrategy is so effective that not even attempts in this direction take place…. It is hard to overestimate the premium that evolution must have placed, at least for females, on calling a halt to infanticide./ ——— *Primatologist Frans de Waal (b. 1948), in* BONOBO: THE FORGOTTEN APE, *University of California Press, 1997.*

„Bonobos sind die sexuell aktivsten Affen. Vielleicht ist dieses Verhalten von Weibchen entwickelt worden, die auf diese Weise ihre Jungen vor aggressiven Männchen schützen wollten. Bonobo-Weibchen kehren unmittelbar nach einem Wurf wieder zu ihrer Gruppe zurück und lassen sich innerhalb weniger Monate wieder begatten. Sie haben es geschafft, Vaterschaften so zu verschleiern, dass sie kaum etwas zu befürchten haben. Bonobo-Männchen können nicht herausfinden, welche Jungen von ihnen sind und welche nicht. Da Bonobo-Weibchen zudem zu einem dominanten Verhalten neigen, kann es sehr gefährlich werden, sie oder ihre Jungen anzugreifen. Eher rotten sich Bonobo-Weibchen zu einer gemeinsamen Verteidigung zusammen, sollte ein Männchen verdächtige Bewegungen machen. Sicher wissen wir das allerdings nicht, denn bisher sind Fälle von Tötungen des Nachwuchses bei dieser Spezies noch nie dokumentiert worden. Möglicherweise ist die Abwehrstrategie der Weibchen so wirkungsvoll, dass es nicht einmal zu Versuchen in dieser Richtung kommt. (…) Dieses kostbare Gut, dass die Evolution zumindest bei den Weibchen so weit gediehen ist, dass sie dem Töten der Jungen Einhalt gebieten, kann nicht hoch genug bewertet werden."/ ——— *Aus* BONOBO: THE FORGOTTEN APE, *University of California Press (1997), eine Publikation des Primatenforschers Frans de Waal (geb. 1948).*

Les Bonobos sont les grands singes sexuellement les plus actifs. Leur comportement a peut-être été développé par les femelles pour protéger leurs rejetons contre les attaques des mâles agressifs. Les femelles Bonobos rejoignent leur groupe juste après avoir enfanté et recommencent à copuler quelques mois plus tard. Elles entretiennent une telle confusion sur la paternité de leurs rejetons qu'elles n'ont pas grand-chose à craindre : les mâles Bonobos n'ont aucun moyen de reconnaître parmi les petits Bonobos quels sont les leurs. En outre, comme les femelles Bonobos sont plutôt dominantes, les attaquer, elles ou leurs petits, est assez risqué. Si un mâle tentait une action de ce genre, un groupe de femelles se liguerait très probablement contre lui. On ne peut pas en être absolument certain parce que l'infanticide n'a jusqu'à maintenant jamais été observé dans cette espèce. Peut-être la contre-stratégie des femelles est-elle si efficace que même des tentatives de cet ordre ne sont jamais esquissées. On ne saurait surestimer l'importance de l'enjeu, dans l'évolution de l'espèce, au moins pour les femelles, de mettre un terme à cet infanticide./ ——— *Extrait de* BONOBO: THE FORGOTTEN APE *(« Bonobo : le grand singe oublié »), University of California Press, 1997, éd. par le spécialiste des primates Frans de Waal (né en 1948).*

Compromised
Six-color hard-ground and soft-ground etching,
aquatint, spit-bite aquatint, drypoint, and roulette
etching on paper
111.8 x 76.2 cm (44 x 30 in.), 2002

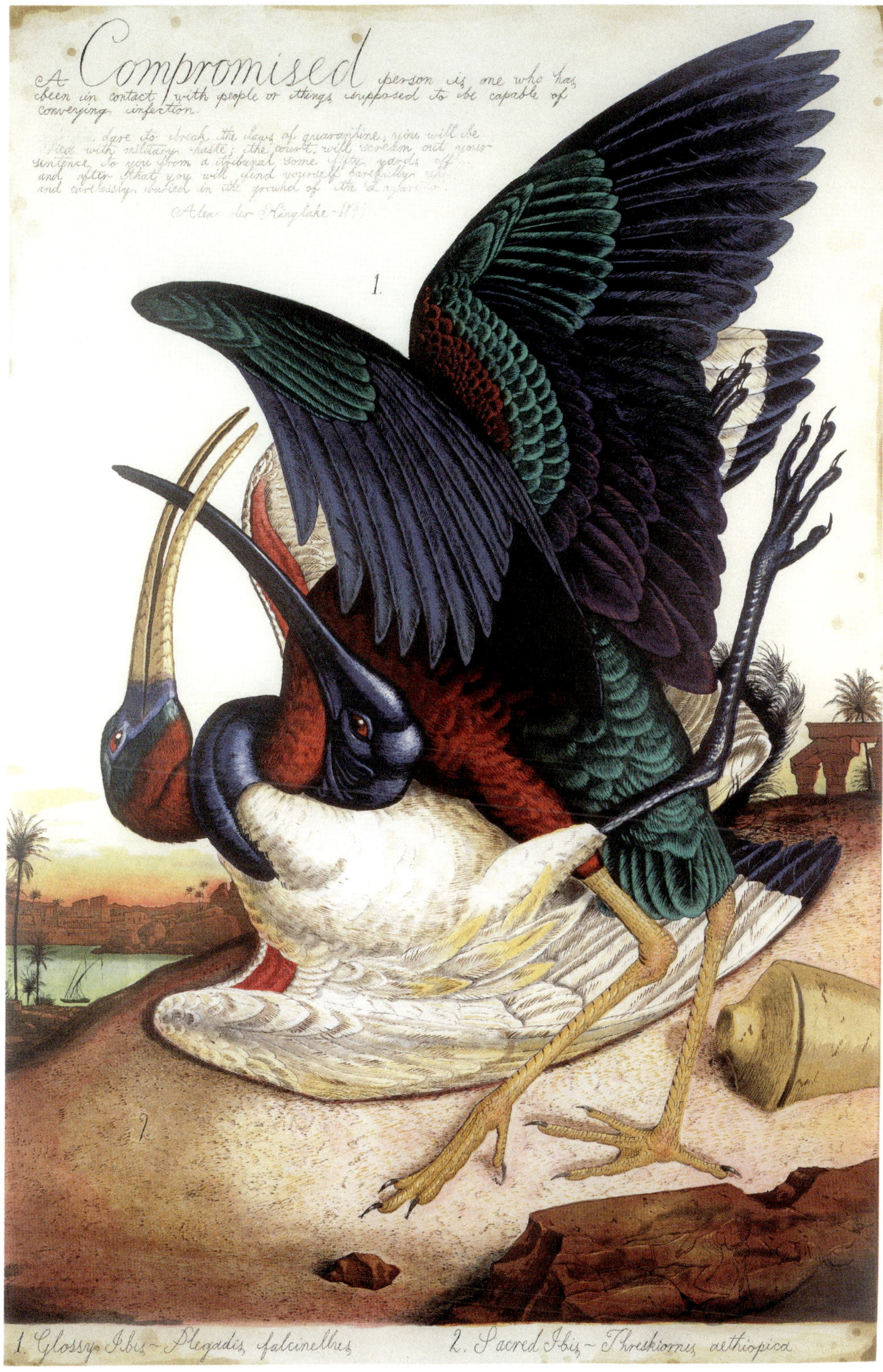

A Compromised person is one who has been in contact with people or things supposed to be capable of conveying infection.

If you dare to break the laws of quarantine, you will be tried with military haste; the court will scream out your sentence to you from a tribunal some fifty yards off ... and after that you will find yourself carefully and carelessly buried in the ground of the Lazaretto.

Alexander Kinglake – 1844

1.

1. Glossy Ibis – Plegadis falcinellus   2. Sacred Ibis – Threskiornis aethiopica

Der Pantherausbruch
Watercolor, gouache, pencil, and ink on paper
111.1 x 160 cm (43¾ x 63 in.), 2001

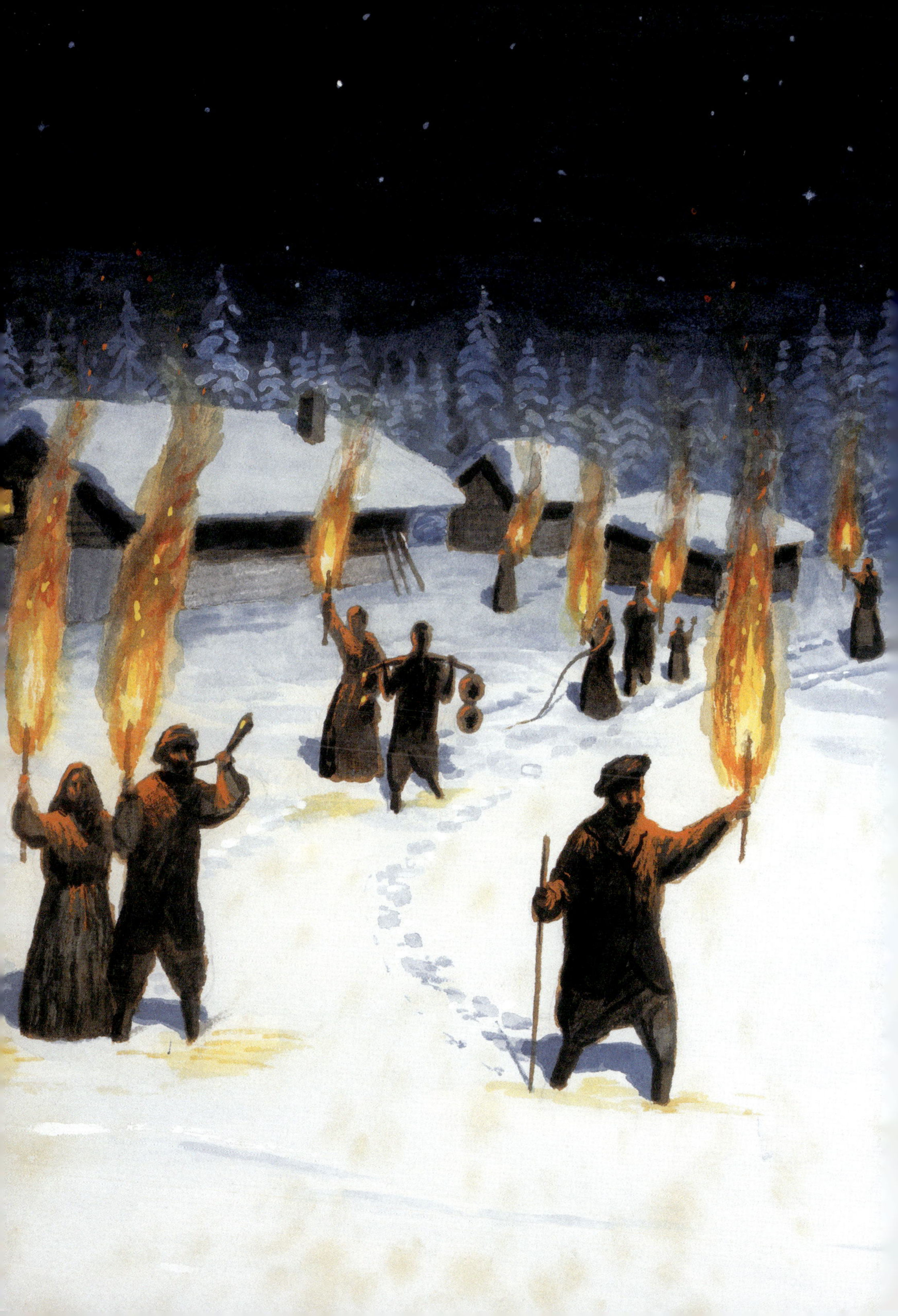

——— Nearly ten weeks after the escape, that is not until the middle of December, a casual labourer on the boundary between Zurich Oberland and St. Gallen discovered the panther under a barn, and killed it for food. Before that, the information was often received that the panther had been seen here, there and everywhere, yet the whereabouts of the great cat could never be pointed out with certainty, suspicious tracks always turning out to be those of dogs. The most incredible suggestions were made by the public to the zoo authorities; for example, the help of a clairvoyant should be sought to search for the escaped animal, or that it should be exorcized by the representative of a certain religious sect. In the Swiss press alone, about eight hundred articles on the "panther case" appeared. At all events, the Zürich Zoo, then in its early days, sprang to fame overnight thanks to this incident. The propaganda value of the escape was incalculable./ ——— *Zürich Zoo director Heini Hediger (1908–1992), on the 1934 escape of a female black panther, who survived two months of a Swiss winter, in* WILD ANIMALS IN CAPTIVITY, *Butterworths Scientific Publications Limited, 1950. The book was originally published in German under the title* WILDTIERE IN GEFANGENSCHAFT—EIN GRUNDRISS DER TIERGARTENBIOLOGIE, *Benno Schwabe and Company, Basel, Switzerland, 1942.*

„Mitte Dezember, beinahe zehn Wochen nach dem Ausbruch, entdeckte ein Tagelöhner im Grenzgebiet zwischen Zürcher Oberland und St. Gallen den Panther unter einem Heustadel, wo er das Tier erlegte, um es zu verspeisen. Vorher waren zahlreiche Meldungen eingetroffen, der Panther sei da und dort gesichtet worden, doch konnte die Raubkatze nie ausgemacht werden; verdächtige Spuren erwiesen sich ausnahmslos als von Hunden herrührend. Vonseiten des Publikums wurden der Zoo-Direktion die unglaublichsten Vorschläge gemacht, zum Beispiel das ausgebrochene Tier durch einen Hellseher suchen oder durch den Vertreter einer bestimmten Sekte beschwören zu lassen. Allein in der schweizerischen Presse erschienen über den Pantherzwischenfall an die 800 Artikel. Der damals noch junge Zürcher Zoo ist durch diesen Zwischenfall jedenfalls mit einem Schlage bekannt geworden. Der Ausbruch war wunderbar werbewirksam."/ ——— *Der damalige Direktor des Züricher Zoos Heini Hediger (1908–1992) schrieb in seinem Buch* WILDTIERE IN GEFANGENSCHAFT – EIN GRUNDRISS DER TIERGARTENBIOLOGIE, *Benno Schwabe & Co., Basel (1942), über den Ausbruch eines schwarzen Pantherweibchens im Jahr 1934.*

Près de dix semaines après son évasion, c'est-
à-dire vers la mi-décembre, un paysan aperçut
la panthère sous une grange à la limite entre
l'Oberland zurichois et Saint-Gallen, et il la tua
pour sa viande. Mais auparavant la panthère
avait été aperçue en divers endroits, un peu partout, sans qu'on soit pourtant parvenu à localiser
le félin précisément, les traces suspectes s'avérant
toujours être celles de chiens. Le public émit les
suggestions les plus incroyables à l'adresse des
responsables du zoo. Ainsi on proposait de
mettre à contribution un voyant pour retrouver
l'animal, ou de le faire exorciser par le représentant d'une certaine secte religieuse. Dans la seule
presse suisse parurent environ huit cents articles
sur l'« affaire de la panthère ». Et grâce à cet incident, le zoo de Zurich, alors ouvert depuis peu,
devint célèbre du jour au lendemain. La fuite
de la panthère lui apporta une publicité inesti-
mable./——— *Heini Hediger (1908–1992), directeur du zoo de Zurich, à propos de l'évasion en 1934
d'une panthère noire femelle qui survécut deux mois
à l'hiver suisse, extrait de* WILD ANIMALS IN
CAPTIVITY *(« Animaux sauvages en captivité »),
Buttersworth Scientific Publications Limited, 1950.
L'ouvrage parut tout d'abord en allemand sous le titre*
WILDTIERE IN GEFANGENSCHAFT – EIN
GRUNDRISS DER TIERGARTENBIOLOGIE,
Benno Schwabe & Company, Bâle, Suisse, 1942.

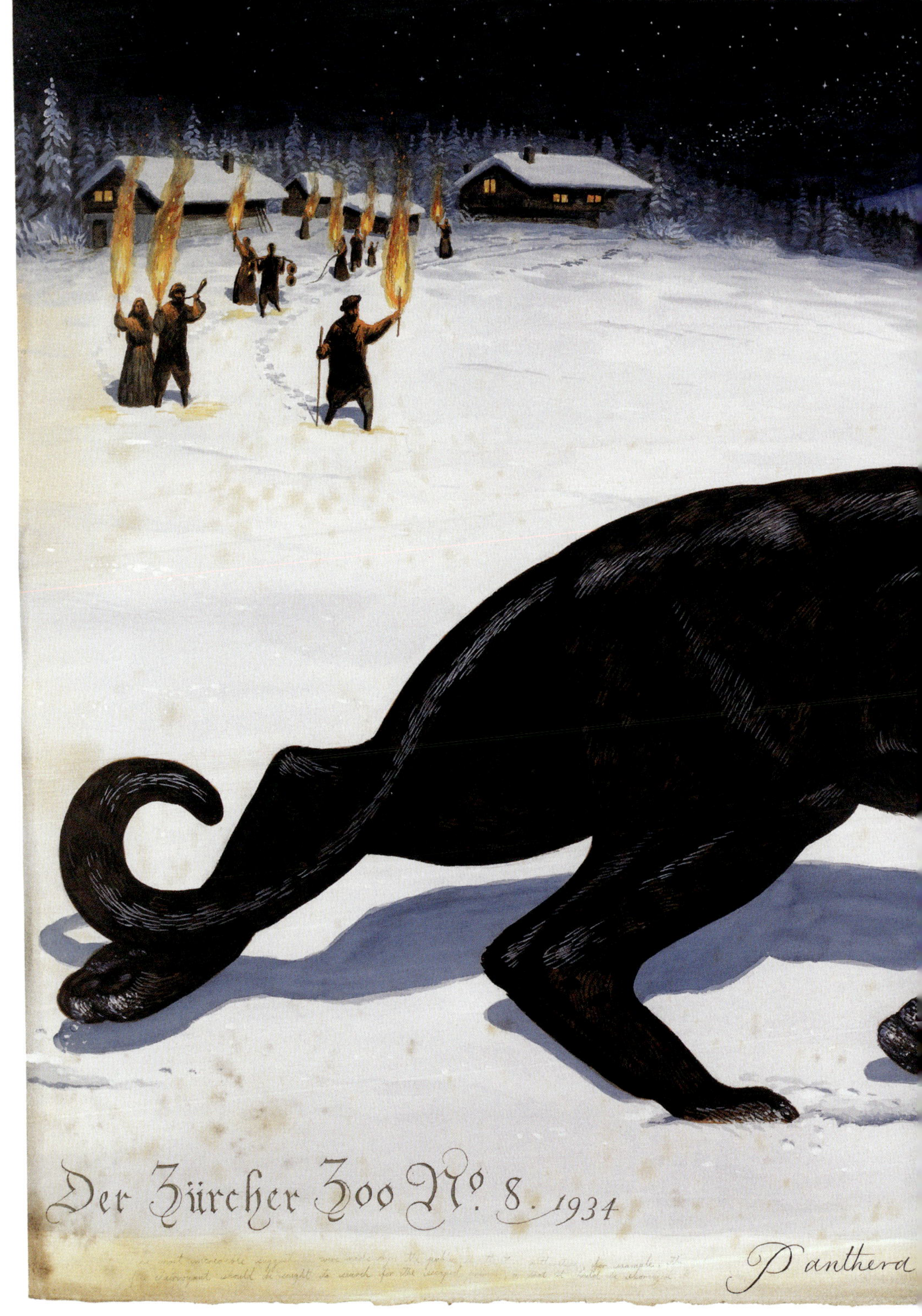
Der Zürcher Zoo No. 8. 1934
Panthera

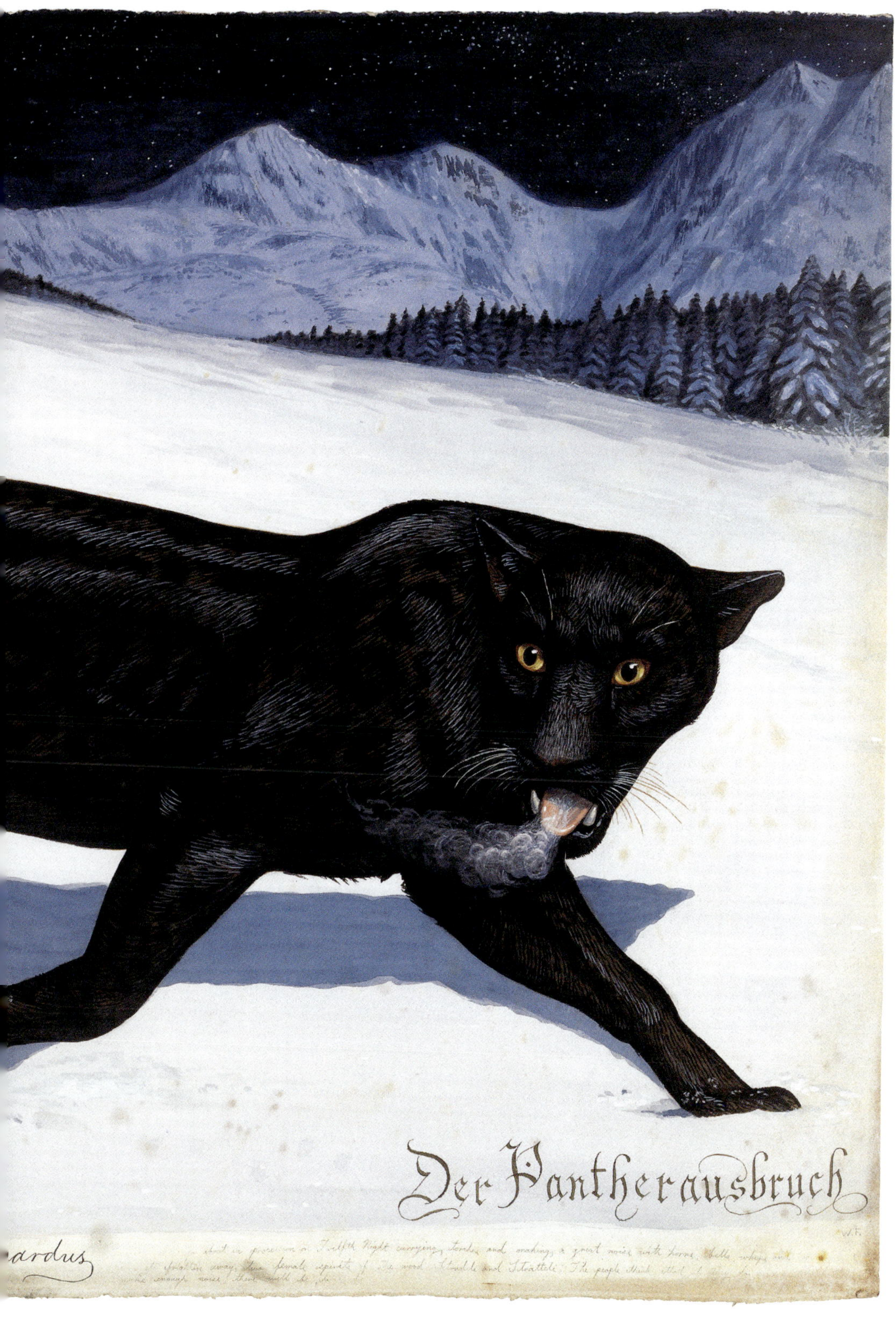
Der Pantherausbruch
...ardus
...about in procession on Twelfth Night carrying torches and making a great noise with horns, bells, whips...
...frighten away the female spirits of the wood Strudele and Strätteli. The people think that...
...enough noise there would be...

Infiltrators
Watercolor, gouache, pencil, and ink on paper
101.6 x 151.8 cm (40 x 59¾ in.), 2001

Next spread **INFILTRATORS/** ——— A frenzy of rumors has put the blame for the killings not on wolves but on werewolves, the half-man, half-wolf creatures that have stalked their way through folklore for about as long as human societies have existed.

Villagers have turned against strangers, and sometimes against one another, in lynchings that have killed at least 20 people and prompted the authorities to arrest 150.

"It came across the grass on all four paws, like this," said Sita Devi, the 10-year-old sister of the boy killed by a wolf in Banbirpur on Aug. 16, as she moved forward in a crouch from a cluster of villagers gathered by a well. She told her story with tears in her eyes, to anxious murmurs from the crowd.

"As it grabbed Anand, it rose onto two legs until it was tall as a man," she said. "Then it threw him over its shoulder. It was wearing a black coat, and a helmet and goggles."

The girl's grandfather Ram Lakhan Panday, who drove a truck in Calcutta for 50 years before retiring to his native village, said: "As long as officials pressure us to say it was a wolf, we'll say it was a wolf. But we have seen this thing with our own eyes. It is not a wolf; it is a human being." / ——— *John F. Burns, "In India, Attacks by Wolves Spark Old Fears and Hatreds,"* THE NEW YORK TIMES, *September 1, 1996, on the outbreak of man-eating wolves terrorizing the state of Uttar Pradesh, India.*

„Wilden Gerüchten zufolge stecken hinter den mörderischen Angriffen nicht Wölfe, sondern Werwölfe, jene Kreaturen – halb Mensch, halb Wolf –, die schon seit Menschengedenken durch volkstümliche Überlieferungen geistern.

Aufgebrachte Dorfbewohner haben Fremde attackiert und sind manchmal auch aufeinander losgegangen. Nach den Lynchmorden, denen bislang 20 Menschen zum Opfer fielen, haben die Behörden 150 Personen verhaftet.

‚So schlich das Untier auf allen Vieren über das Gras‘, berichtete Sita Devi, die zehnjährige Schwester des Jungen, der am 16. August in Banbirpur von einem Wolf getötet wurde, und kroch dabei aus einer Schar von Dorfbewohnern hervor, die sich an einem Brunnen versammelt hatte. Mit Tränen in den Augen erzählte sie der verschreckt raunenden Menge ihre Geschichte.

‚Als es dann Anand packte, erhob es sich auf zwei Beine, bis es groß war wie ein Mann‘, sagte sie. ‚Dann warf es ihn über seine Schulter. Es trug einen schwarzen Mantel und einen Helm und eine Schutzbrille.‘

Ram Lakhan Panday, der Großvater des Mädchens, der 50 Jahre lang in Kalkutta als Lastwagenfahrer gearbeitet hatte, bevor er in sein Heimatdorf zurückkehrte, um hier seinen Ruhestand zu verbringen, meinte: ‚Solange uns die Behörden bedrängen zu sagen, es sei ein Wolf gewesen, sagen wir, es war ein Wolf. Aber wir haben dieses Geschöpf mit unseren eigenen Augen gesehen. Es ist kein Wolf, es ist ein menschliches Wesen.‘ " / ——— *John F. Burns in der* NEW YORK TIMES *vom 1. September 1996 über die Umtriebe Menschen fressender Wölfe, die den indischen Bundesstaat Uttar Pradesh terrorisierten.*

***

Un torrent de rumeurs convergentes accusait de ces meurtres non pas des loups mais des loups-garous, ces créatures mi-hommes mi-bêtes qui hantent les cultures populaires depuis que les sociétés humaines existent.

Les villageois s'en sont pris aux étrangers et parfois les uns aux autres avec des lynchages qui ont fait au moins 20 victimes et décidé les autorités à arrêter 150 personnes.

« Il a traversé le champ à quatre pattes comme ça », raconte Sita Devi, la petite sœur de dix ans d'un garçon tué par un loup à Banbirpur le 16 août, en se détachant à quatre pattes d'un groupe de villageois attroupés autour d'un puits. Elle raconte son histoire les larmes aux yeux tandis que la foule pousse des murmures angoissés.

« Au moment où il a sauté sur Anand, il s'est dressé sur ses deux pattes arrière jusqu'à ce qu'il soit grand comme un homme. Puis il l'a jeté en travers de son épaule. Il portait un manteau noir, un casque et des lunettes noires. »

Le grand-père de la petite fille, Ram Lakhan Panday, qui a été chauffeur de camion à Calcutta pendant 50 ans avant de prendre sa retraite dans son village natal, ajoute : « Tant que les autorités feront pression sur nous pour dire que c'était un loup, nous dirons que c'était un loup. Mais nous avons vu cette chose de nos yeux. Ce n'est pas un loup, c'est un être humain. »/ ——— *John F.*

Burns, « En Inde, des attaques de loups réveillent des peurs et des haines anciennes », THE NEW YORK TIMES, *1ᵉʳ septembre 1996, à propos d'une série d'attaques de loups mangeurs d'hommes qui semèrent la terreur dans l'État de l'Uttar Pradesh en Inde.*

145

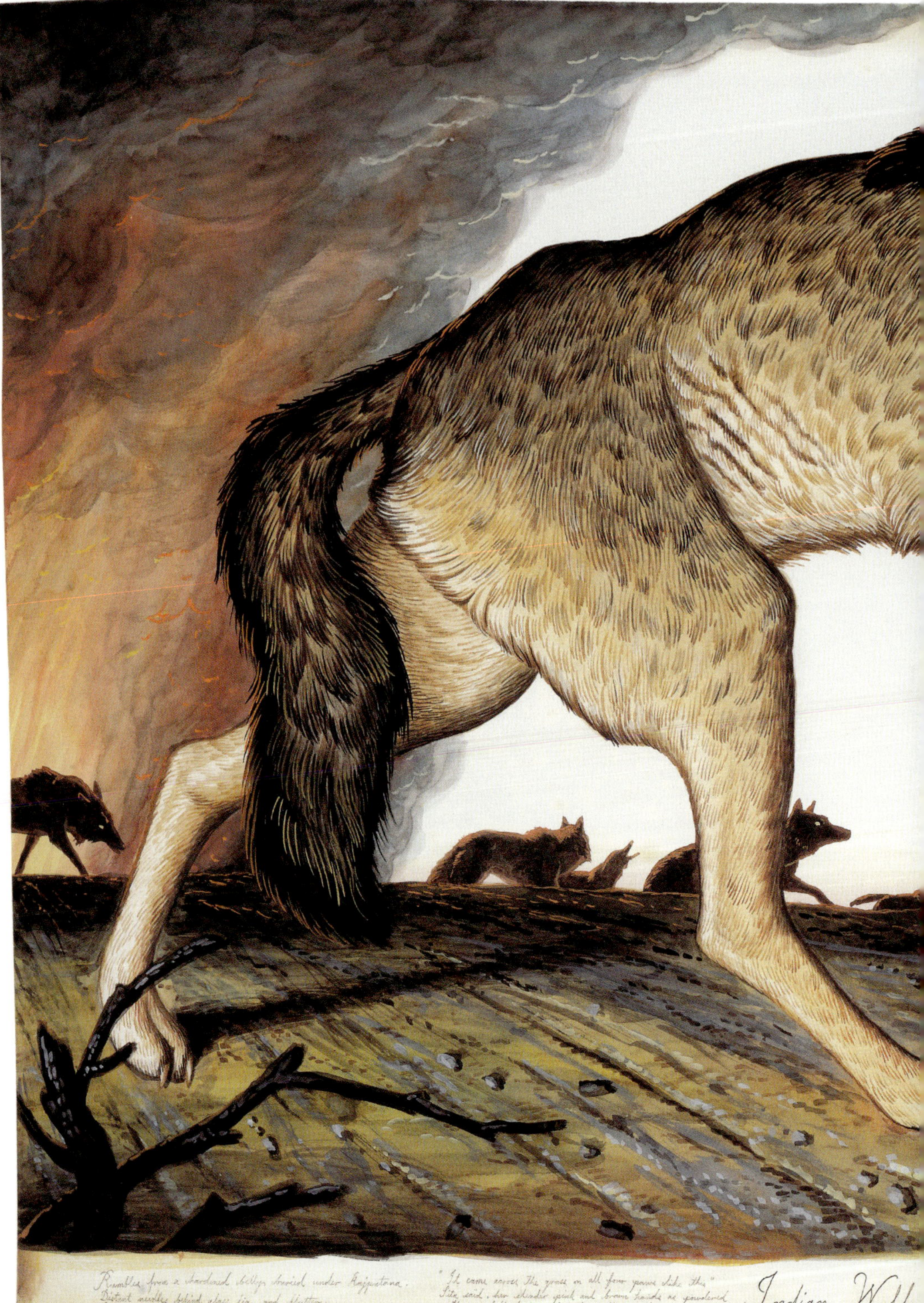

Rumbles from a hardened belly buried under Rajputana.
Distant needles behind glass jiggs and flutter.
Ink lines slash and slalom on Buddha Purnima.

"It came across the grass on all four paws like this,"
Sita said, her slender pink and brown hands as powdered
with cow dirt dust as her long, flat feet
she demonstrates...

Indian Wolf

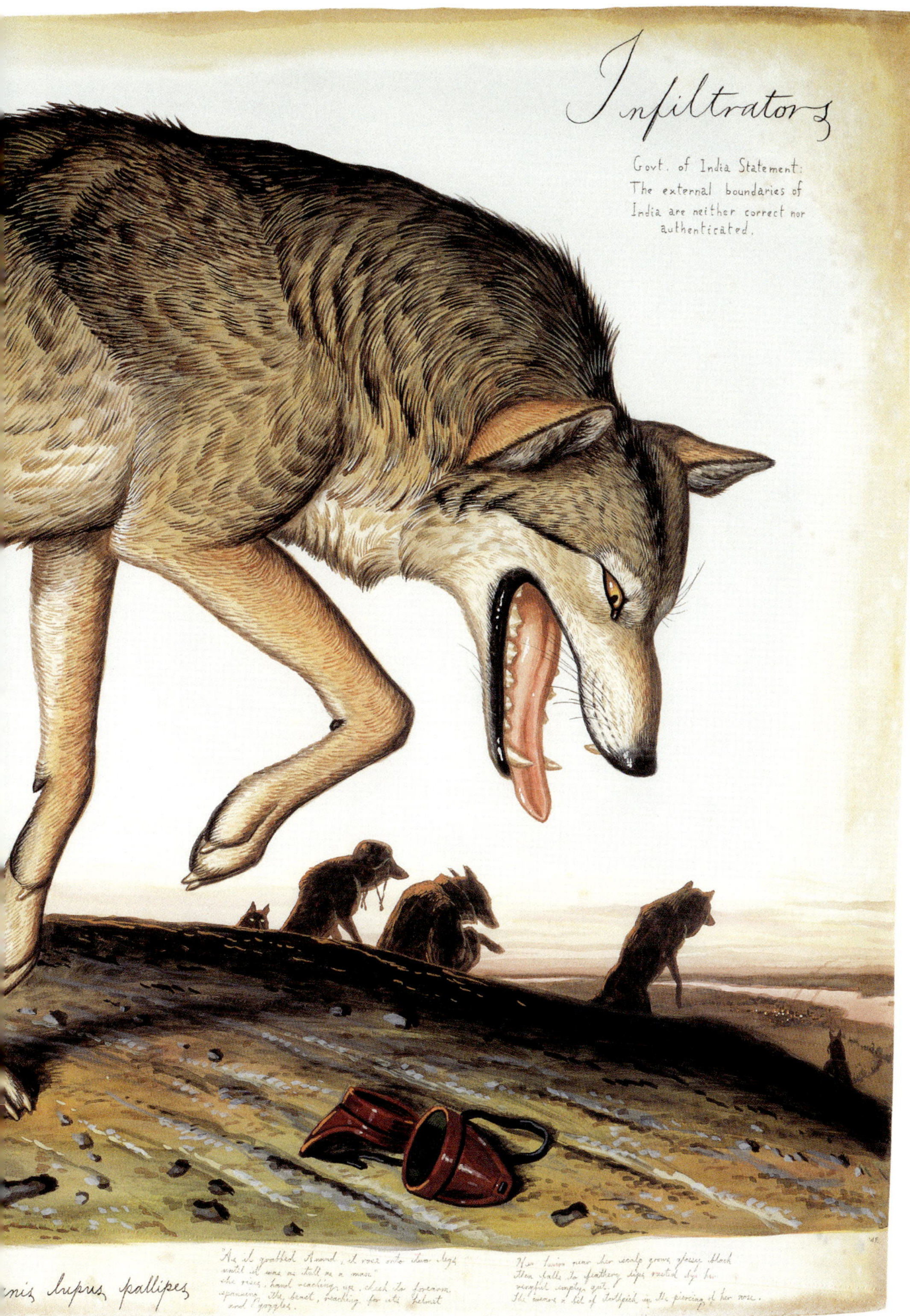
Infiltrators

Govt. of India Statement:
The external boundaries of
India are neither correct nor
authenticated.

Canis lupus pallipes

"As it grabbed Anand, it rose onto two legs
until it was as tall as a man."
She rises, hand reaching up, cheek to forearm
spanning the beast, reaching for its helmet
and goggles.

Her twins near her scalp grows glossy black
then falls in feathery tips rooted dye her
vengeful amply get.
She wears a bit of toothpick in the piercing of her nose.

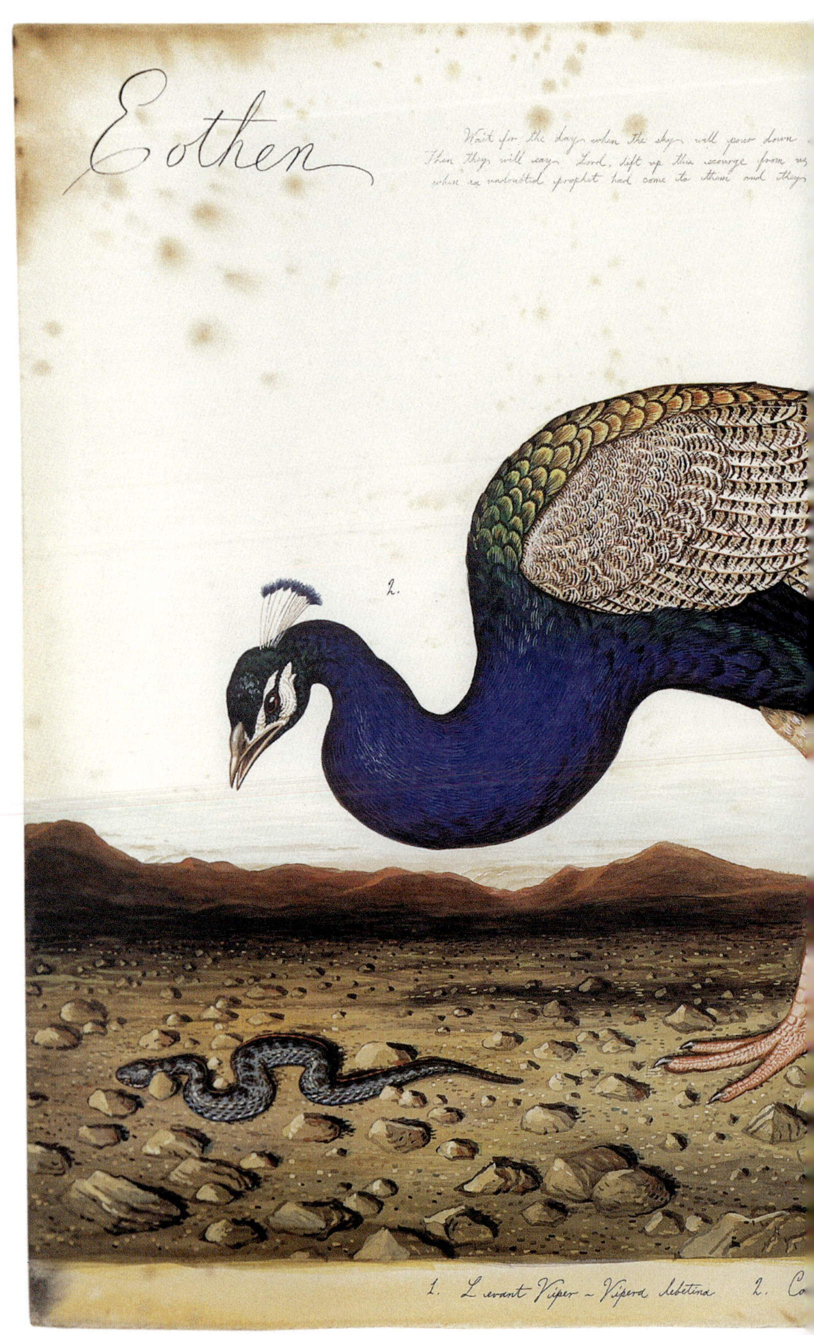

Eothen
Watercolor, gouache,
pencil, and ink on paper
101.6 x 152.4 cm
(40 x 60 in.), 2001

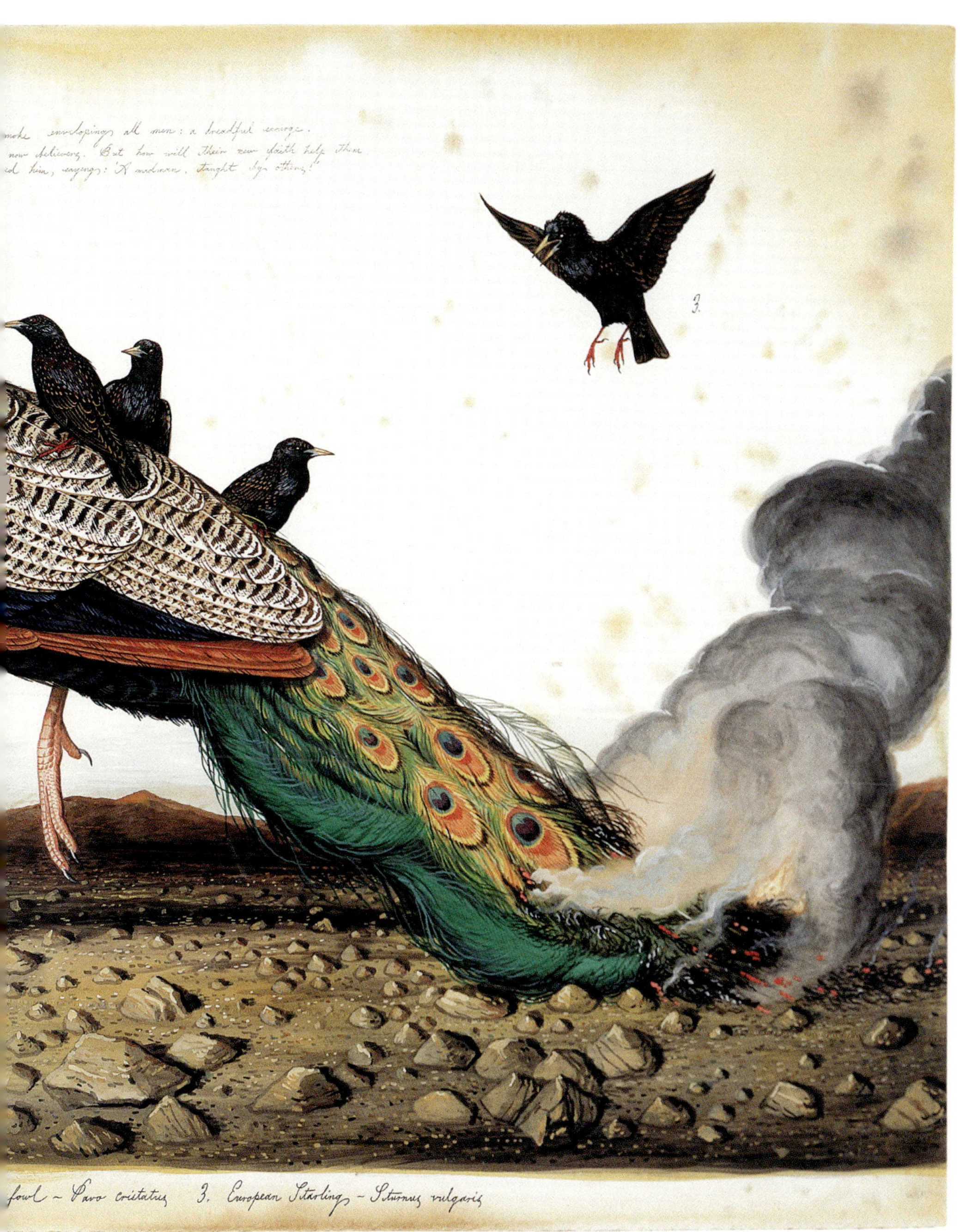

...moke enveloping all men: a dreadful scourge.
...now believers. But how will their new faith help them
...ed him, saying: "A madman, taught by others!"
3.
fowl – Pavo cristatus   3. European Starling – Sturnus vulgaris

Falling Bough

Watercolor, gouache, pencil, and ink on paper
153.7 x 303.5 cm (60½ x 119½ in.), 2002

FALLING BOUGH/ ——— In the autumn of 1813 … I observed the Pigeons flying from north-east to south-west, in greater numbers than I thought I had ever seen them before.… The air was literally filled with Pigeons; the light of noon-day was obscured as by an eclipse, the dung fell in spots, not unlike melting flakes of snow; and the continued buzz of wings had a tendency to lull my senses to repose.…

As the period of their arrival approached, their foes anxiously prepared to receive them. Some were furnished with iron-pots containing sulphur, others with torches of pine-knots, many with poles, and the rest with guns. The sun was lost to our view, yet not a Pigeon had arrived. Every thing was ready, and all eyes were gazing on the clear sky, which appeared in glimpses amidst the tall trees. Suddenly there burst forth a general cry of "Here they come!" The noise which they made, though yet distant, reminded me of a hard gale at sea, passing through the rigging of a close-reefed vessel. As the birds arrived and passed over me, I felt a current of air that surprised me. Thousands were soon knocked down by the pole-men. The birds continued to pour in. The fires were lighted, and a magnificent, as well as wonderful and almost terrifying, sight presented itself. The Pigeons, arriving by thousands, alighted everywhere, one above another, until solid masses were formed on the branches all round. Here and there the perches gave way under the weight with a crash, and, falling to the ground, destroyed hundreds of the birds beneath, forcing down the dense groups with which every stick was loaded. It was a scene of uproar and confusion. I found it quite useless to speak, or even to shout to those persons who were nearest to me. Even the reports of the guns were seldom heard, and I was made aware of the firing only by seeing the shooters reloading./ ——— *John James Audubon, from his* ORNITHOLOGICAL BIOGRAPHY *(E. L. Carey and A. Hart, 1832), the accompanying text to his opus, the four-volume* BIRDS OF AMERICA, *which contained life-size portraits of more than 1,000 birds.*

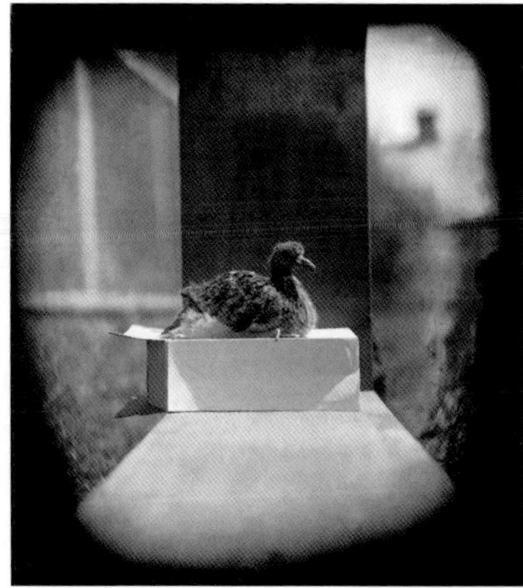

"Martha" was the last known individual of the passenger-pigeon species whose population numbered in the billions in the 17th century. Her corpse was donated to the Smithsonian Institution, where it was preserved and displayed in a case bearing the placard: MARTHA LAST OF HER SPECIES, DIED AT 1 P.M., 1 SEPTEMBER 1914, AGE 29, IN THE CINCINNATI ZOOLOGICAL GARDEN. EXTINCT.

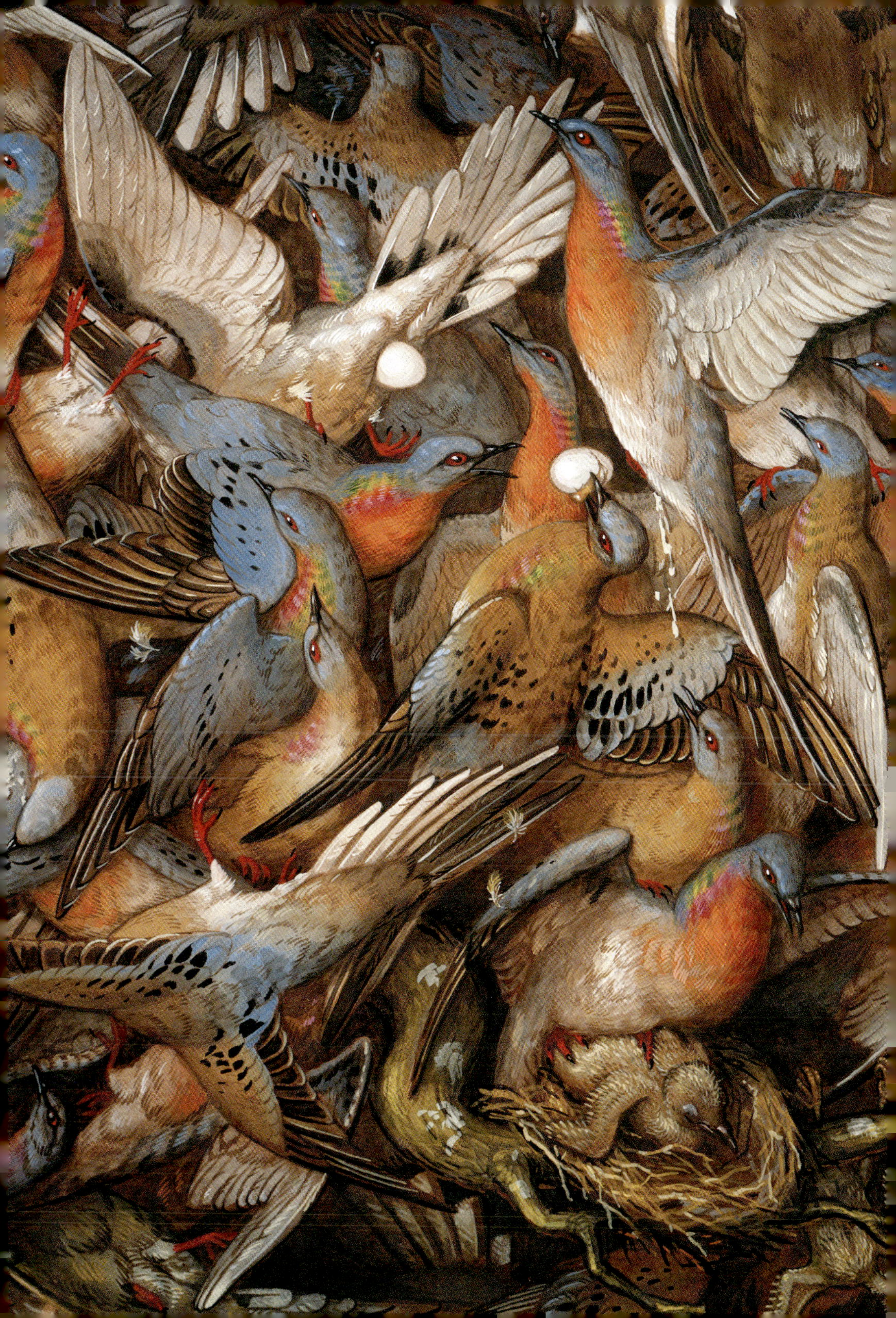

FALLING BOUGH/ ——— „Im Herbst 1813
verließ ich mein Haus in Henderson an den
Ufern des Ohio und machte mich auf nach
Louisville. Als ich ein paar Meilen hinter
Hardensburgh das Ödland durchquerte, konnte ich verfolgen, wie die Tauben in Massen, die
ich so noch nie zuvor gesehen hatte, von Nord-
osten nach Südwesten flogen. (…) Der Himmel war buchstäblich voller Tauben. Das Mit-
tagslicht verdunkelte sich wie bei einer Finsternis
und Kot tropfte wie schmelzende Schneeflocken
herab. Das unaufhörliche Surren der Flügel
wirkte auf meine Sinne regelrecht einschläfernd.
(…) Der Kot, der den Rastplatz in seiner gesamten Ausdehnung bedeckte, war schon auf einige
Zoll angewachsen. Ich sah, wie zahlreiche Bäume
von zwei Fuß Durchmesser knapp über dem Erdboden wegbrachen, sah, wie die Zweige vieler der
mächtigsten und größten Bäume nachgegeben
hatten, als sei ein Tornado durch den Wald gefegt.
Alles wies darauf hin, dass die Zahl der Vögel in
diesem Teil des Waldes jegliche Vorstellungskraft
weit überstieg. (…) Als der Zeitpunkt ihres Eintreffens nahte, hatten ihre Feinde den Empfang
schon unruhig vorbereitet. Einige schleppten
Eisentöpfe heran, die mit Schwefel gefüllt waren,
andere hatten sich mit Fackeln aus Kieferngeäst
bewaffnet, viele mit Stangen und der Rest mit
Gewehren. Die Sonne lag nicht mehr in unserem
Blickfeld, doch noch war keine Taube zu sehen.
Alles war bereit, und aller Augen waren auf den
klaren Himmel gerichtet, der zwischen den hohen
Bäumen aufblitzte. Plötzlich riefen alle erregt ‚Da
kommen sie!‘ Der Lärm, den sie verursachten,
obgleich sie noch entfernt waren, erinnerte mich
an einen heftigen Sturm auf See, der durch die
festgereffte Takelage eines Schiffes fährt. Als die
Vögel eintrafen und über mich flogen, verspürte
ich einen Windzug, der mich überraschte. Tau-
sende wurden sogleich von den Männern mit den
Stangen niedergeknüppelt. Immer mehr Vögel
schwärmten an. Die Feuer wurden entzündet, und
ein grandioser Anblick, wundervoll und erschre-
ckend zugleich, bot sich dar. Zu Tausenden
kamen die Tauben an, landeten überall, eine auf
der anderen, bis die Äste weit und breit schwer
beladen waren. Hier und da brachen sie krachend
unter dem Gewicht ein, rissen im Fall die dichten
Trauben von Vögeln, die auf jedem Zweig laste-
ten, zu Boden und begruben Hunderte der Tiere
unter sich. Die ganze Szenerie war von Tumult
und Durcheinander geprägt. Es war sinnlos, mit
jenen Personen, die sich in meiner Nähe aufhielten, zu sprechen oder ihnen etwas zuzurufen.
Selbst das Knallen der Gewehrschüsse war nur
vereinzelt zu hören. Nur weil ich die Schützen
immer wieder laden sah, wusste ich, dass sie auch
feuerten."/ ——— *Aus der* ORNITHOLOGICAL
BIOGRAPHY *(1831) von John James Audubon,
dem begleitenden Text zu seinem vierbändigen Opus*
BIRDS OF AMERICA *mit lebensgroßen Darstel-
lungen von mehr als tausend Vögeln.*

Un jour d'automne 1813, j'avais quitté ma maison de Henderson, sur les rives de l'Ohio, pour me rendre à Louisville. En traversant les Barrens, quelques kilomètres après Hardensburgh, je remarquai un vol sud-est/nord-ouest de Pigeons, en nombre plus important que je pensais en avoir jamais vu. … Le ciel était littéralement rempli de ces oiseaux ; la lumière de midi s'en trouvait obscurcie comme par une éclipse, leurs déjections tombaient par grosses gouttes, qui n'étaient pas sans rappeler des flocons de neige fondue ; et le bourdonnement continu de leurs battements d'ailes endormait mes sens comme une berceuse.

Le sol de leur reposoir était couvert d'une couche de fiente de plusieurs centimètres d'épaisseur. Je constatai que les troncs de plusieurs arbres, d'un diamètre de 60 centimètres, étaient cassés net à une distance relativement faible de leur base, et que les branches de nombreux autres, plus gros et plus hauts, étaient tombées à terre, comme si la forêt avait été balayée par une tornade. Tout était preuve de la quantité inimaginable d'oiseaux qui venaient séjourner dans ces parages. … Alors qu'approchait l'heure où ils allaient se poser, leurs ennemis se préparaient avec impatience à les recevoir. Certains hommes étaient équipés de seaux de fer emplis de soufre, d'autres de nœuds de pins transformés en torches, beaucoup étaient armés de perches, d'autres encore de fusils. Le soleil avait disparu de l'horizon mais aucun Pigeon ne s'était encore posé. Tout était prêt, tous les regards tournés vers le ciel sans nuage qu'on entrevoyait entre les branches des grands arbres. Soudain une clameur collective éclata : ils arrivent. Le bruit de leur vol, bien qu'encore distant, me rappela celui d'une forte tempête en mer, passant entre les gréements d'un vaisseau aux voiles affalées. Lorsque les oiseaux passèrent au-dessus de moi, je ressentis un souffle d'air qui me prit par surprise. Bientôt, des milliers d'oiseaux étaient abattus à la perche. Les Pigeons continuaient à affluer. Les feux qu'on alluma offrirent un magnifique spectacle, à la fois prodigieux et terrifiant. Les oiseaux arrivaient par milliers, se posaient partout, les uns sur les autres, et des masses compactes se formaient sur toutes les branches alentour. Ici et là, leurs perchoirs cédaient sous leur poids et s'écrasaient au sol, les entraînant dans leur chute et détruisant par centaines ceux qui s'y étaient accumulés. La confusion et le tumulte étaient tels qu'il me parut inutile de m'adresser, fût-ce en criant, aux hommes les plus proches de moi. On entendait à peine les détonations des fusils, et je n'en pris conscience qu'en voyant les tireurs recharger leur arme./
——— *John James Audubon, extrait de son* ORNITHOLOGICAL BIOGRAPHY *(E. L. Carey et A. Hart, 1832), texte accompagnant* BIRDS OF AMERICA *(« Les Oiseaux d'Amérique »), ouvrage en quatre volumes présentant les portraits grandeur nature de plus de 1 000 oiseaux.*

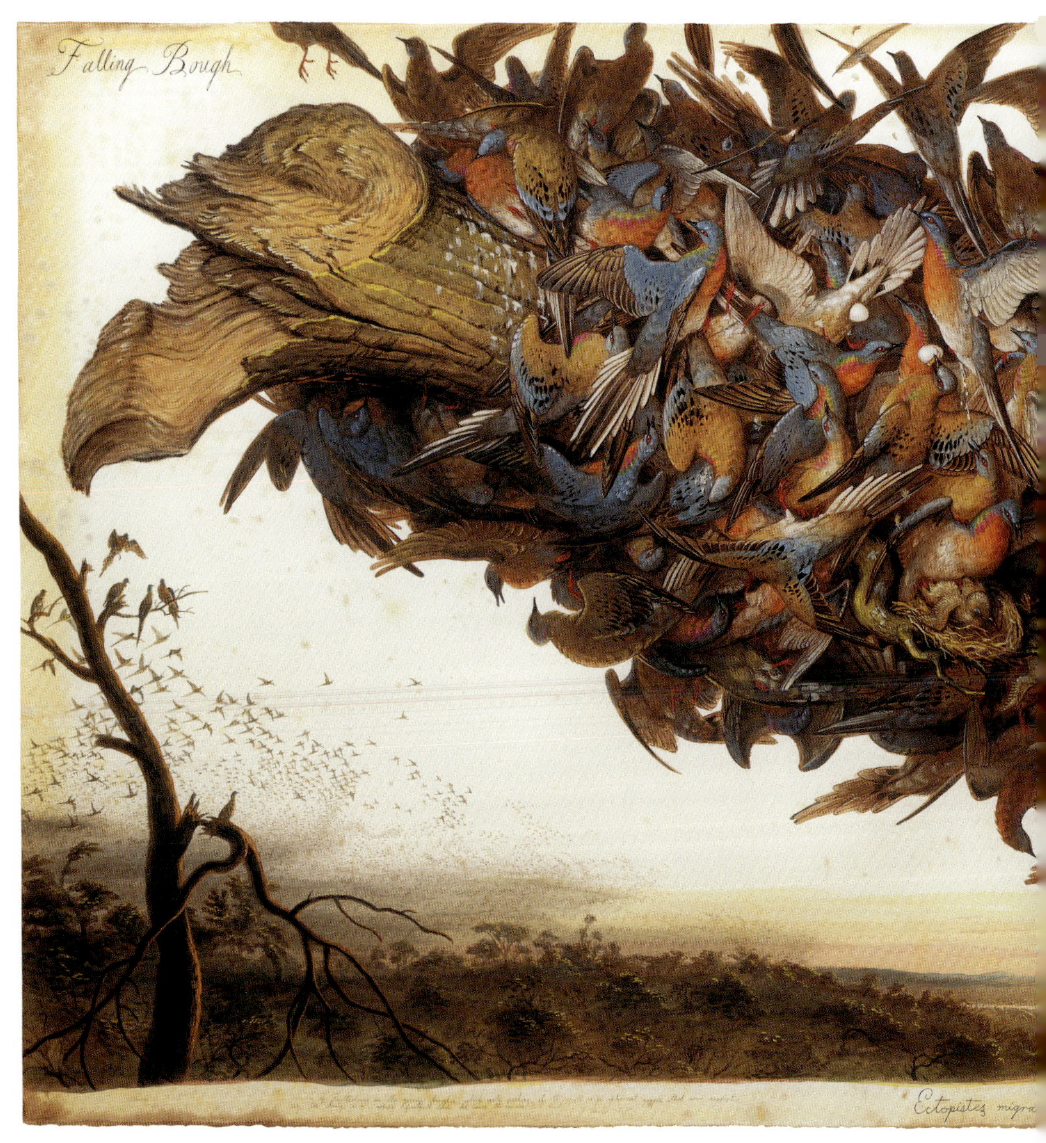

154

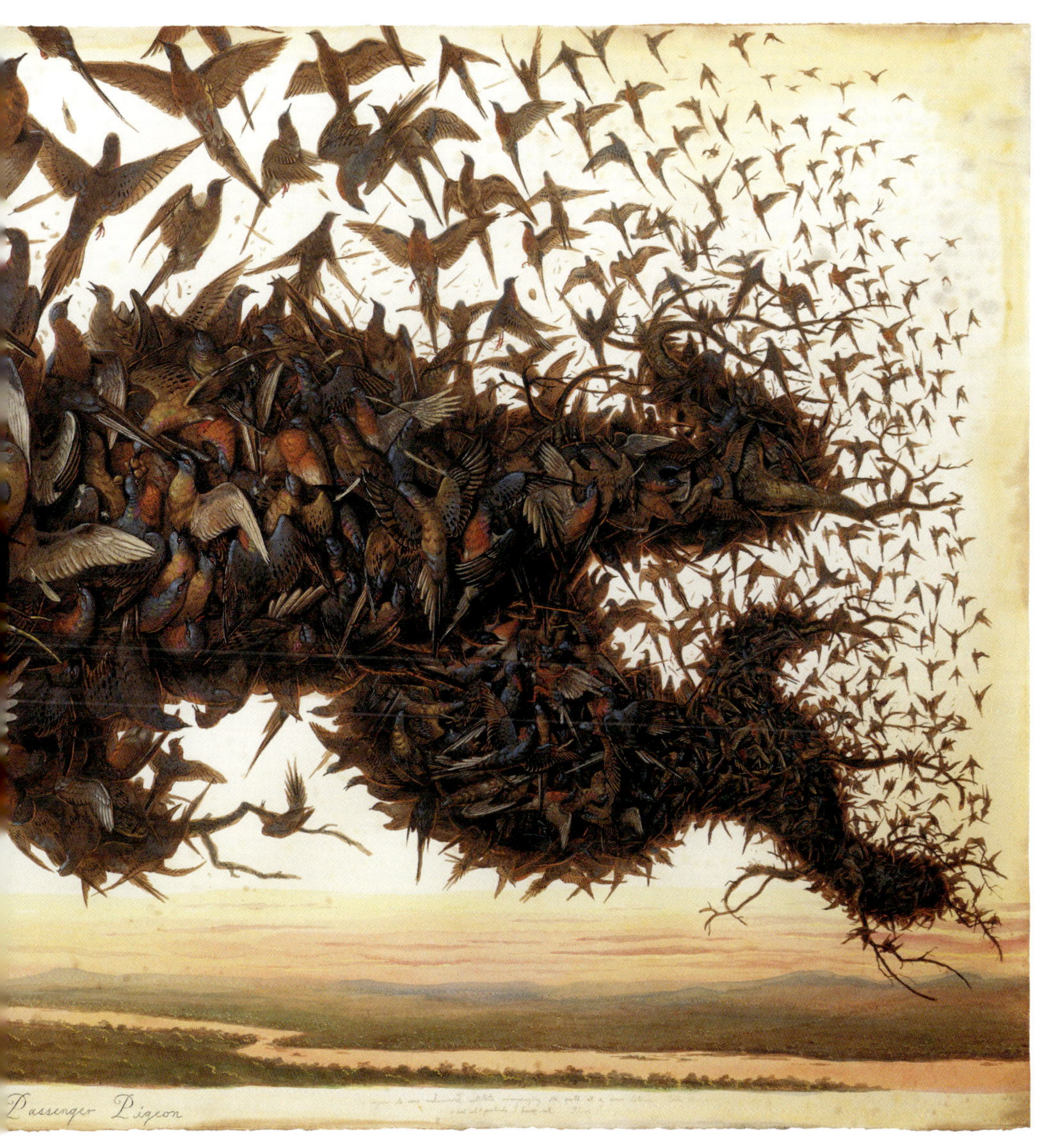

155

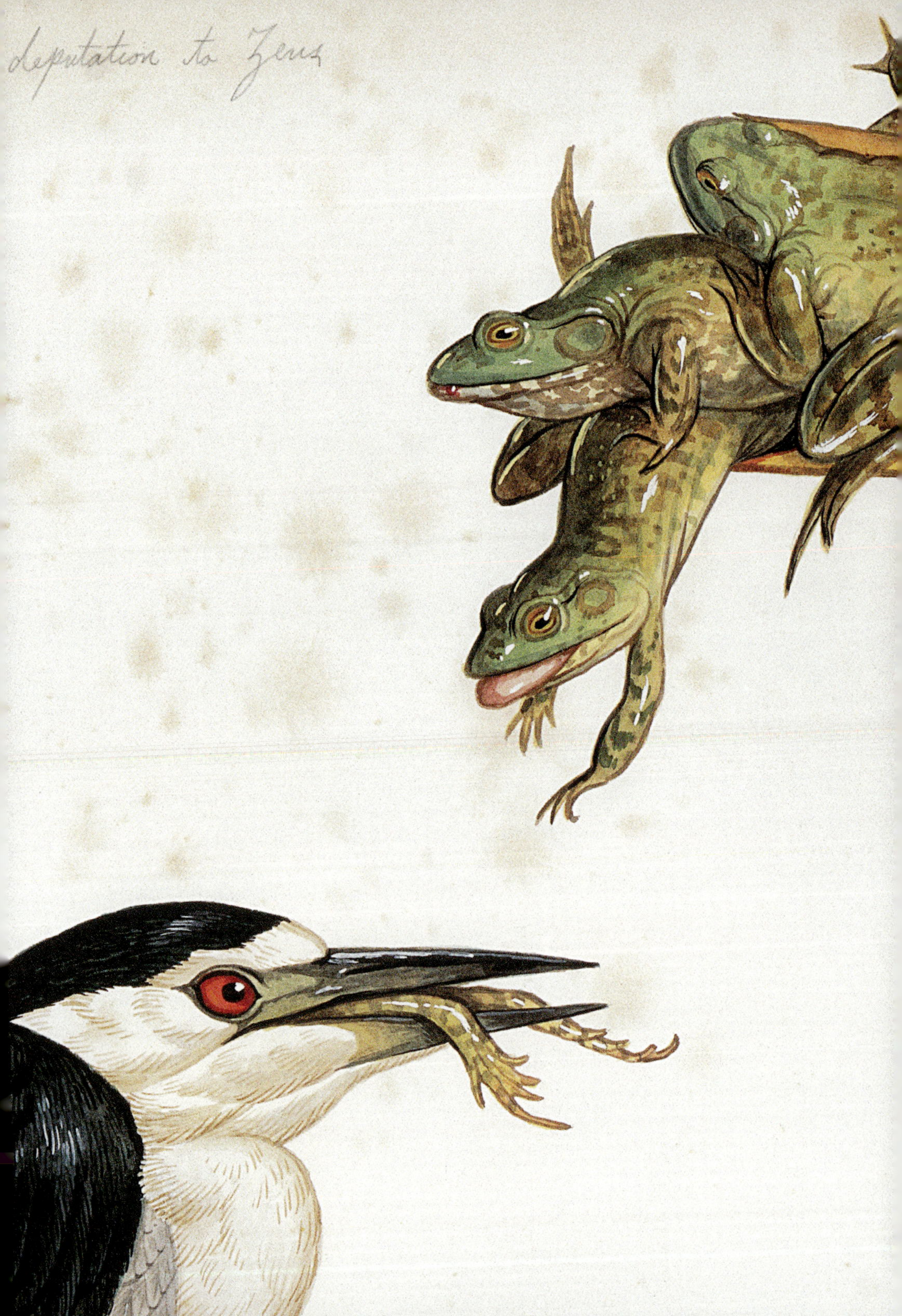
deputation to Zeus

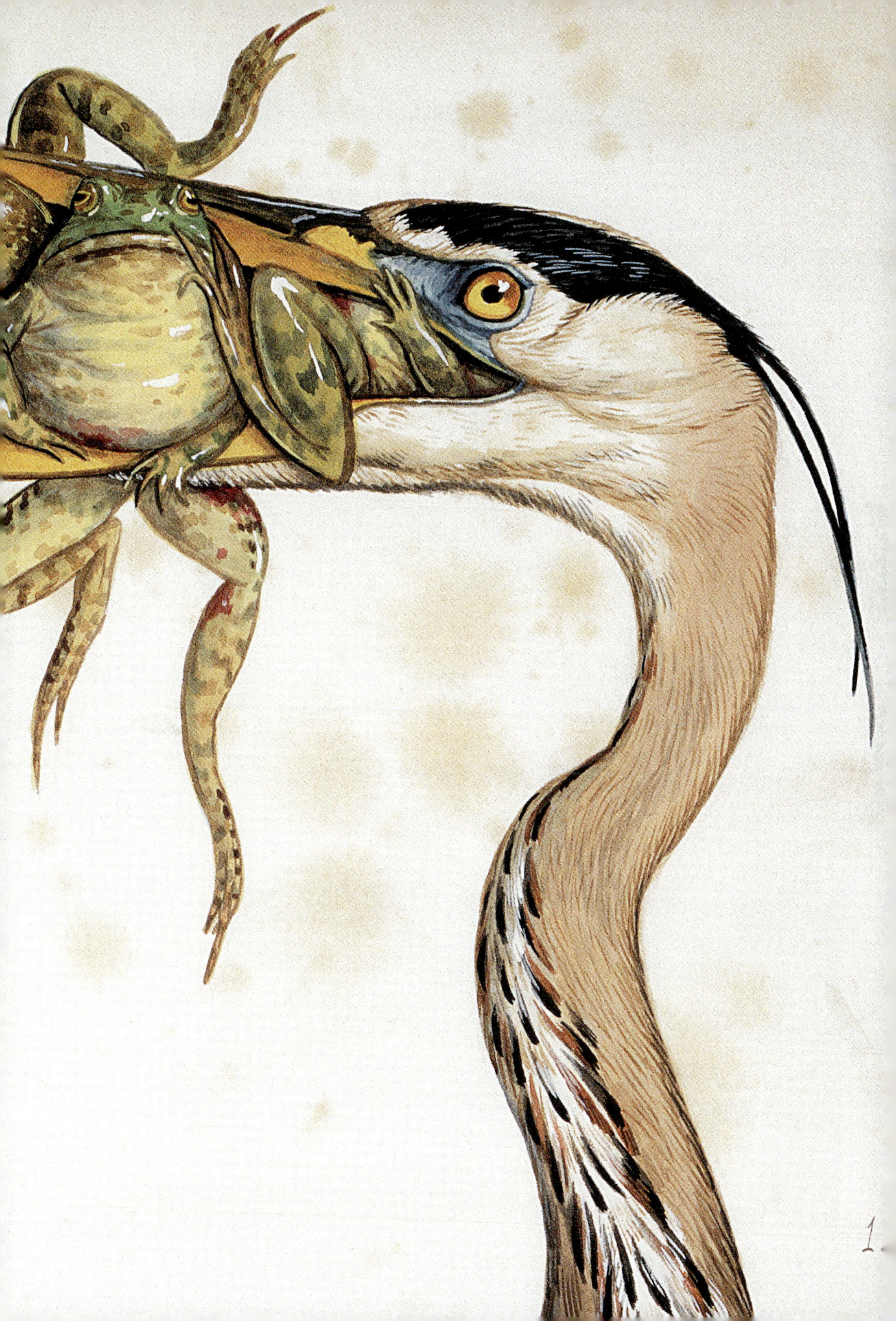
1.

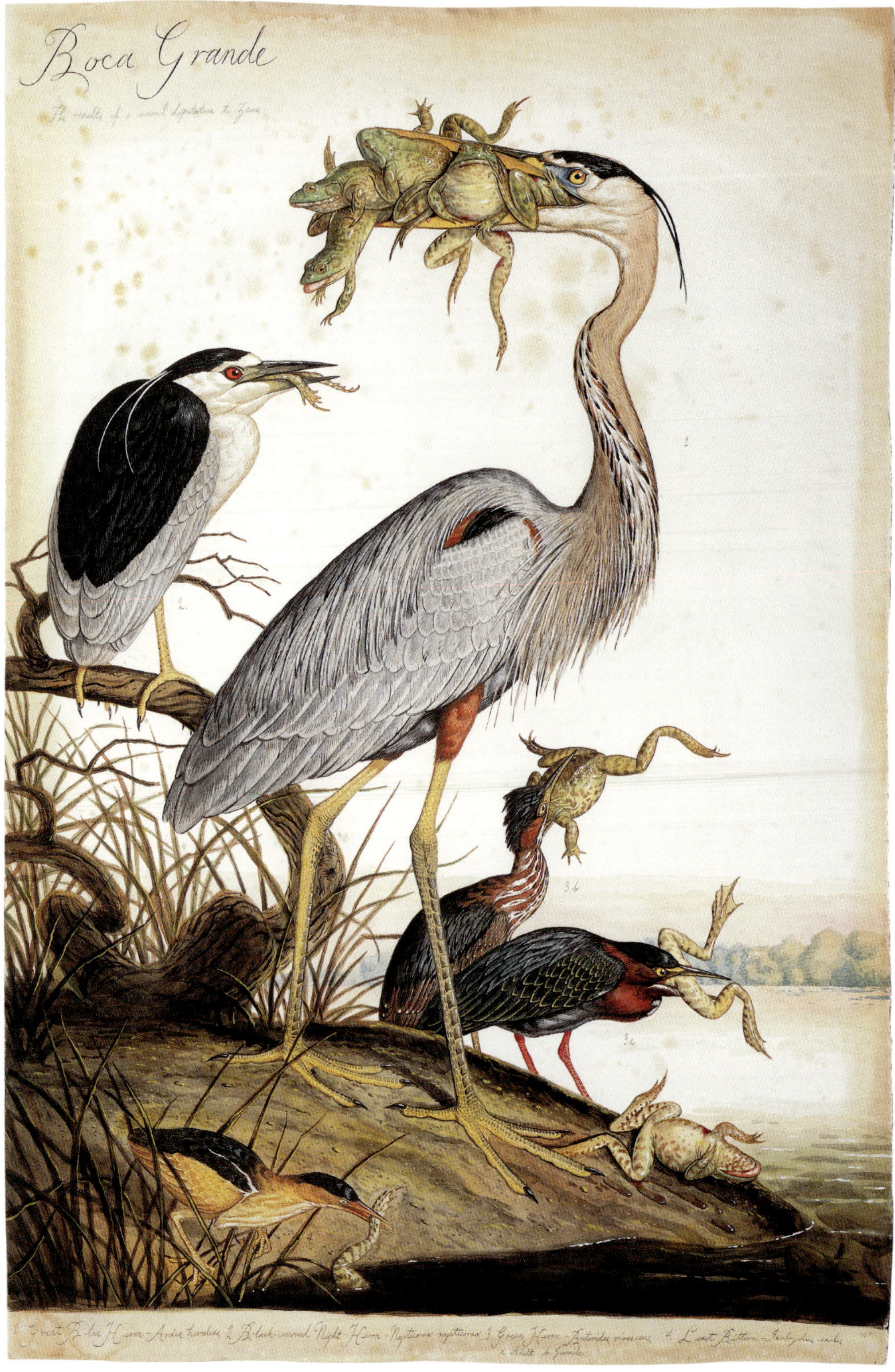

Boca Grande
The results of a recent deputation to Zeus
1. Great Blue Heron – Ardea herodias 2. Black-crowned Night-Heron – Nycticorax nycticorax 3. Green Heron – Butorides virescens 4. Least Bittern – Ixobrychus exilis
a. Adult b. Juvenile

Boca Grande

Watercolor, gouache, pencil, and ink on paper
151.4 x 101.6 cm (59⅝ x 40 in.), 2003

The Starling
1. Upupa epops   2. Pycnonotus atroflavus   3. Pycnonotus jocosus   4. Merops philippinus   5. Coracias benghalensis   6. Psychotypucus coronatus   7. Falco subbuteo   8. Chrysocolaptes lucidus

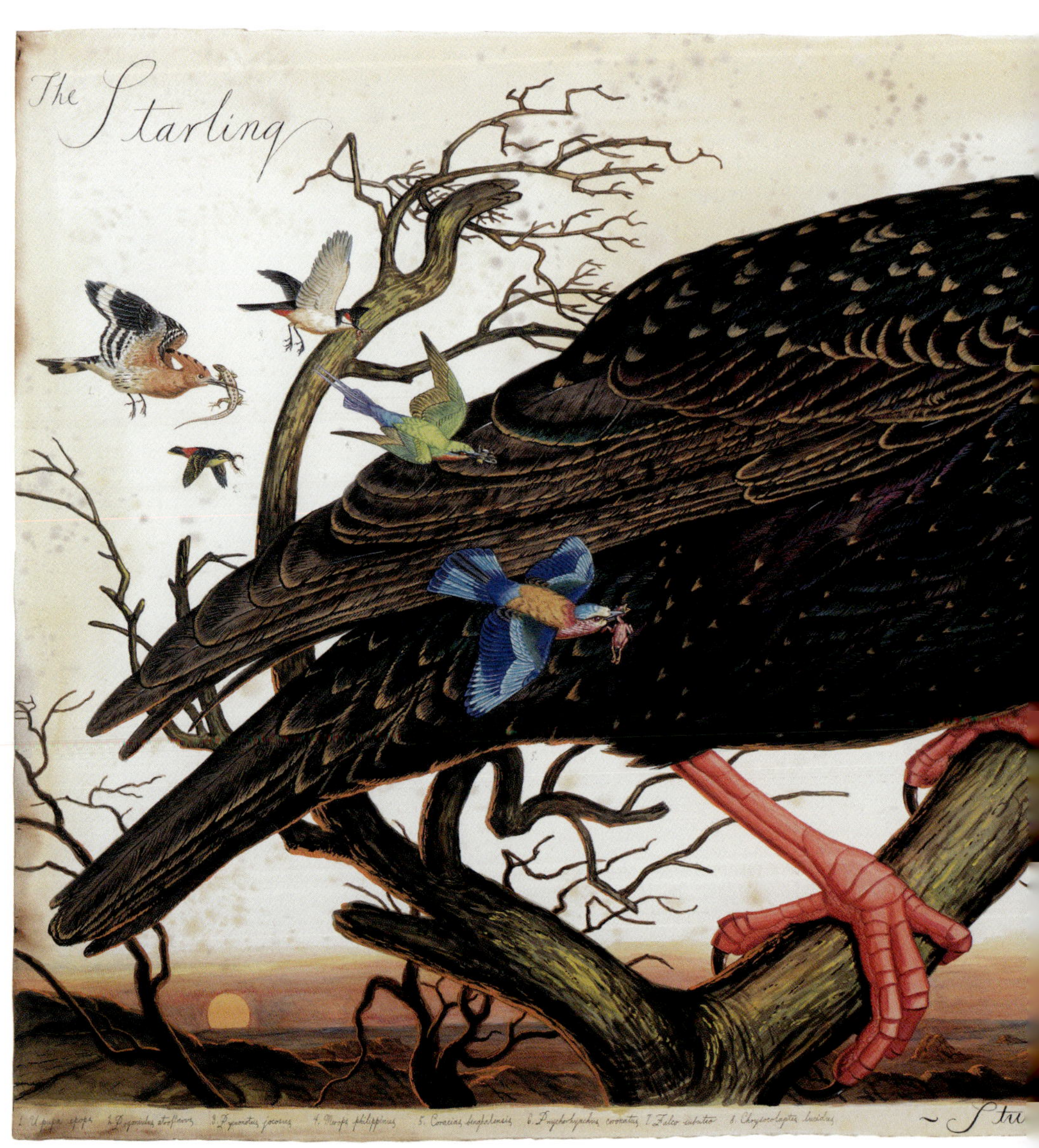

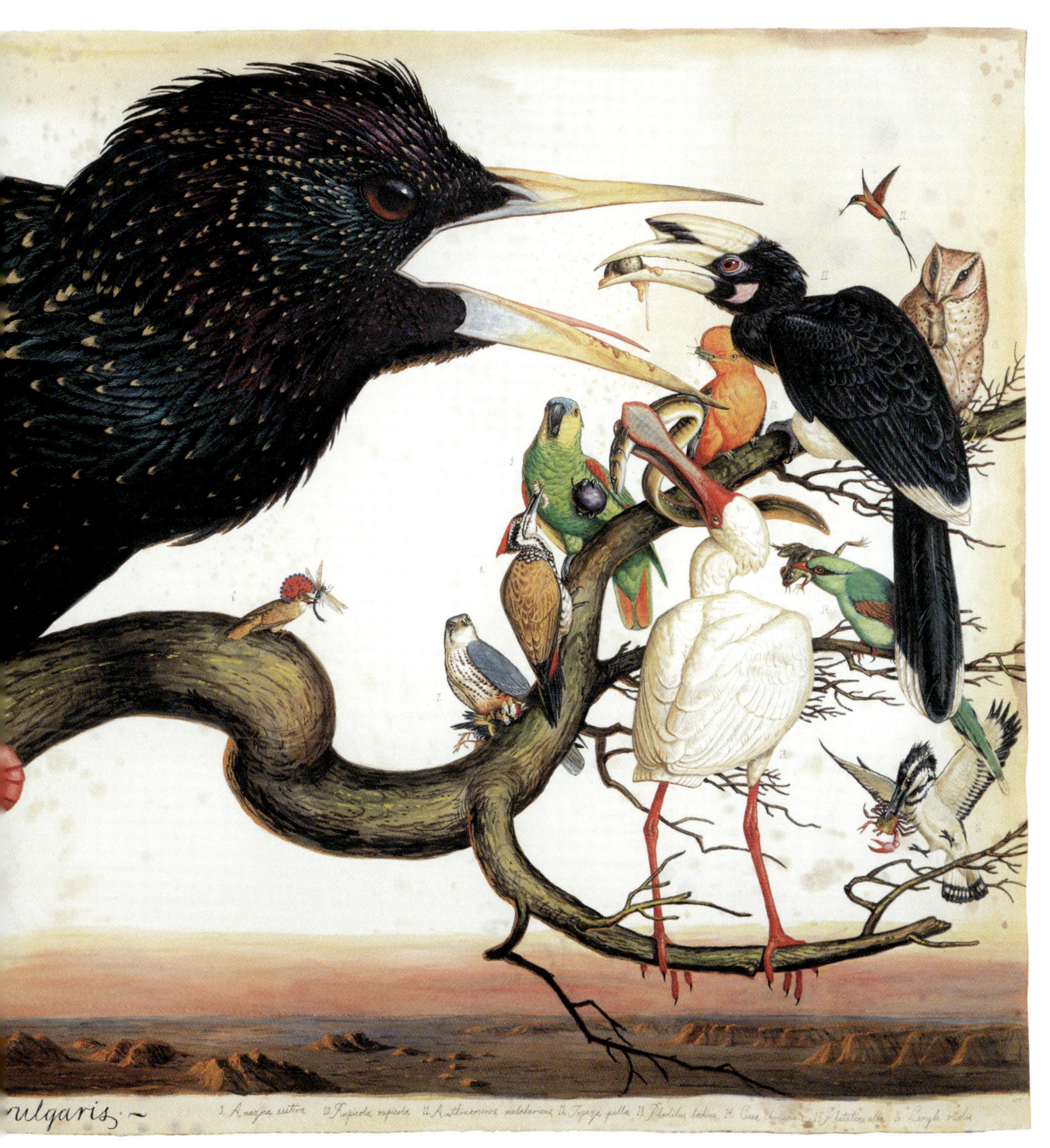

The Starling
Watercolor, gouache, pencil, and ink on paper
153.7 x 303.5 cm (60½ x 119½ in.), 2002

Previous spread **THE STARLING**/ ——— It is easy for people to hate starlings. We dislike their aggressive behavior toward birds of milder manner, their gluttonous consumption of farm and garden products intended for human nourishment, their habit of congregating in massive, noisy flocks to feed or roost; and even their swaggering walk. But, most of all, people despise starlings for their unbounded fecundity, because starlings do nothing in moderation…. The man who proved equal to the challenge of establishing the starling in this country, however, was Eugene Schieffelin, a New York drug manufacturer whose hobbies were the study of birds and the study of Shakespeare…. Being interested in both birds and Shakespeare as he was, he might be expected to notice the birds mentioned in Shakespeare's writings. It was even natural enough, perhaps, that he should make a list of them. But who would have guessed that his next project would be to import to America all the birds Shakespeare had mentioned?/ ——— *From George Laycock's* THE ALIEN ANIMALS, *The Natural History Press, 1966. Eugene Schieffelin (1827–1906) had introduced the house sparrow to North America some 30 years before releasing his first flock of starlings in New York's Central Park in 1890. The 19th century was an especially active period for the import of nonnative plant and animal species, popularized by societies like the Acclimation Society of North America, of which Schieffelin was a member.*

„Es ist einfach für unsereinen, Stare zu hassen. Ihr aggressives Gehabe gegenüber Vögeln mit zurückhaltenderen Verhaltensweisen, ihr gieriges Verschlingen von Saatgut und Gartenprodukten, die zur Ernährung des Menschen gedacht sind, ihre Gewohnheit, sich zum Fressen oder Verweilen stets in dichten, lärmenden Schwärmen zu sammeln, mögen wir gar nicht. Selbst ihr watschelnder Gang erscheint uns merkwürdig. Doch vor allem schauen die Leute verächtlich auf die ungehemmte Fruchtbarkeit der Stare herab, denn Stare sind in keiner Hinsicht bescheiden. (…) Der Mann, der sich der Herausforderung stellte, Stare in diesem Lande heimisch werden zu lassen, hieß Eugene Schieffelin, ein Arzneimittelhersteller aus New York, dessen Hobby das Studium von Vögeln und das Studium von Shakespeare war. (…) Da er sich nun einmal sowohl für Vögel als auch für Shakespeare interessierte, lag es nahe, dass er registrierte, welche Vögel in Shakespeares Werken vorkamen. Es mochte auch noch angehen, dass er eine Liste dieser Vögel anfertigte. Doch wer konnte ahnen, dass er als Nächstes sämtliche Vogelarten, die bei Shakespeare Erwähnung finden, nach Amerika importieren würde?"/ ——— *Aus George Laycocks Publikation* THE ALIEN ANIMALS, *The Natural History Press (1966). Eugene Schieffelin (1827–1906) hatte bereits 30 Jahre, bevor er 1890 seinen ersten Schwarm Stare im New Yorker Central Park in die Freiheit entließ, den Haussperling in Nordamerika eingeführt. Im 19. Jahrhundert war es gang und gäbe, Pflanzen und Tiere in neue Weltgegenden zu importieren. Gesellschaften wie die Acclimation*

Society of North America, deren Mitglied Schieffelin war, förderten diese Praxis.

et d'animaux non autochtones, une pratique popularisée par des sociétés comme l'Acclimatation Society of North America, dont Schieffelin était membre.

* * *

Les gens détestent spontanément les étourneaux. Nous n'aimons pas leur comportement envers les oiseaux aux manières plus douces, leur consommation gloutonne de produits du jardin et de la ferme destinés à nourrir les hommes, leur habitude de se regrouper en masse pour se nourrir ou se percher ; et même leur démarche assurée nous agace. Mais par-dessus tout, les gens méprisent les étourneaux à cause de leur fécondité démesurée, parce que les étourneaux ne font rien avec modération. … Quoi qu'il en soit, l'homme qui a relevé le défi d'établir les étourneaux dans ce pays fut Eugene Schieffelin, fabricant de médicaments new-yorkais qui avait deux passe-temps, l'étude des oiseaux et l'étude de Shakespeare. … Étant intéressé aussi bien par les oiseaux que par Shakespeare comme il l'était, on pouvait s'attendre à ce qu'il s'intéresse aux oiseaux que mentionne Shakespeare dans ses textes. Il aurait même été assez naturel qu'il en dresse une liste. Mais qui aurait deviné qu'il entreprendrait d'importer en Amérique tous les oiseaux que Shakespeare évoque ?/ ——— *Extrait de* THE ALIEN ANIMALS *de George Laycock, The Natural History Press, 1966. Schieffelin (1827–1906) a introduit le moineau domestique en Amérique du Nord trente ans avant de lâcher son premier vol d'étourneaux à New York, dans Central Park, en 1890. Le XIXe siècle fut une période particulièrement active pour l'importation d'espèces de plantes*

Serpent Eaters
Watercolor, gouache, pencil, and ink on paper
151.1 x 101.6 cm (59½ x 40 in.), 2002

SERPENT EATERS/ ——— There was a road, and everyone who traveled on it died. Some people said they were killed by a snake, others said by a scorpion, but somehow they all died.

Once a very old man was traveling along the road. When he got tired, he sat down on a stone, and suddenly he saw in front of him a huge scorpion. It was as big as a rooster and even as he was looking at it, it changed into a snake and glided away. Wonderstruck, he decided to follow it at a little distance and find out what it really was.

The snake glided here and there, day and night, and behind it followed the old man like a shadow. Once it went into an inn and killed several travelers; another time it slid into the palace and killed the king himself. It crept up the waterspout to the queen's quarters and killed her youngest daughter. So it passed on, and wherever it went there was soon the sound of weeping and wailing, and the old man followed it, silent as a shadow./ ——— *Legend from the Punjabi region, recounted in* FOLKTALES FROM INDIA: A SELECTION OF ORAL TALES FROM TWENTY-TWO LANGUAGES *by A. K. Ramanujan, Pantheon Books, 1991.*

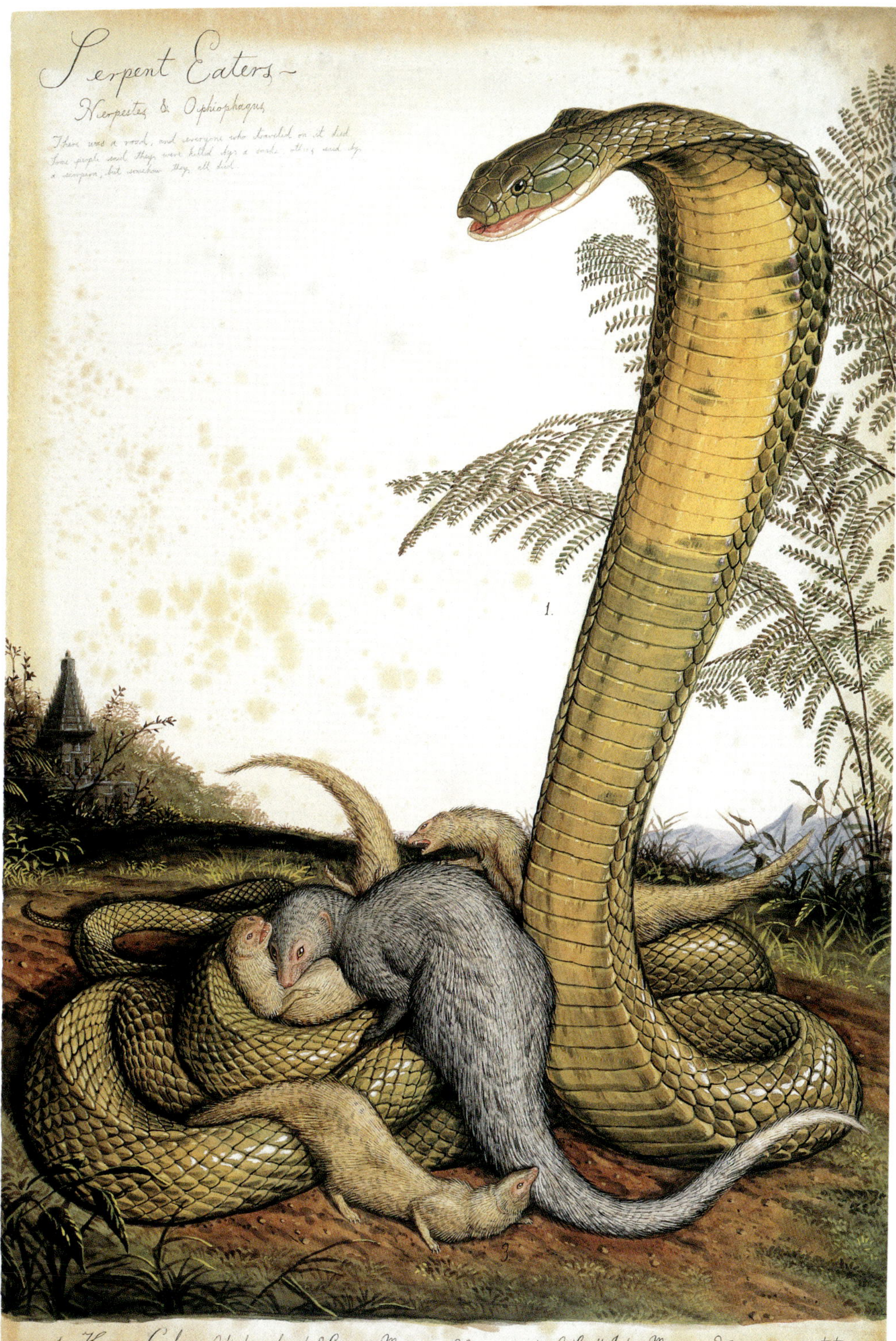

Serpent Eaters ~
Herpestes & Ophiophagus
There was a road, and everyone who travelled on it died.
Some people said they were killed by a snake, others said by
a scorpion, but somehow they all died.
1.
1. King Cobra ~ Ophiophagus hannah 2. Common Mongoose ~ Herpestes edwardsi 3. Small Indian Mongoose ~ Herpestes auropunctatus

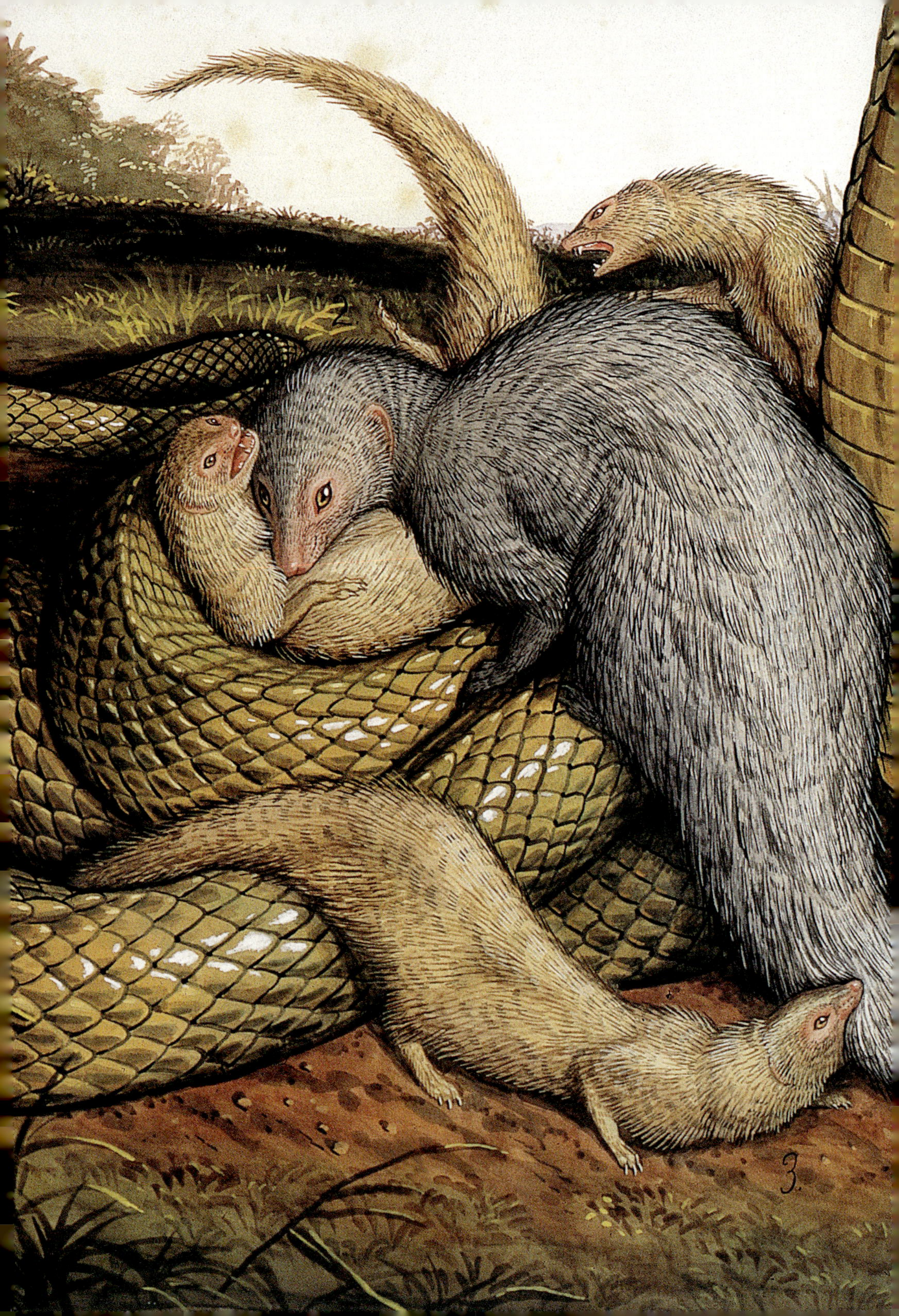
3.

SERPENT EATERS/ ——— „Es war einmal eine Straße, und jeder, der ihr folgte, starb. Manche sagten, die Opfer seien von einer Schlange getötet worden, andere meinten, es sei ein Skorpion gewesen. Wie dem auch sei, alle starben.

Eines Tages wanderte ein sehr alter Mann über diese Straße. Als er müde wurde und sich auf einem Stein niederließ, sah er vor sich plötzlich einen riesigen Skorpion. Der war groß wie ein Hahn, und als der Mann ihn betrachtete, verwandelte sich das Tier in eine Schlange und glitt davon. Der alte Mann war verblüfft und beschloss, dicht hinter ihr zu bleiben, um herauszufinden, was für ein Wesen es tatsächlich war.

Die Schlange glitt hier entlang und da entlang, Tag und Nacht, und der alte Mann folgte ihr wie ein Schatten. Einmal schlängelte sie sich in eine Herberge und tötete mehrere Reisende, ein andermal schlüpfte sie in den Palast und tötete den König persönlich. Sie kletterte an einem Wasserspeier hoch, um in die Gemächer der Königin zu gelangen, und tötete deren jüngste Tochter. So ging es immerzu weiter, und überall, wo sie auftauchte, erhob sich bald ein Weinen und Klagen, und der alte Mann folgte ihr, still wie ein Schatten."/ ——— *Legende aus der Region Punjab, nacherzählt in* FOLKTALES FROM INDIA: A SELECTION OF ORAL TALES FROM TWENTY-TWO LANGUAGES *von A. K. Ramanujan, Pantheon Books (1991).*

Il y avait une route, et tous ceux qui l'empruntaient mouraient. Certains disaient que les voyageurs avaient été tués par un serpent, pour d'autres c'était un scorpion, mais d'une manière ou d'une autre, tous mouraient.

Un jour, un très vieil homme marchait sur cette route. Quand la fatigue l'accabla, il s'assit sur une pierre et soudain il aperçut en face de lui un énorme scorpion. Ce dernier était aussi gros qu'un coq, et tandis qu'il le regardait, il se changea en serpent et s'éloigna en rampant sur le sol. Frappé de stupeur, le vieillard décida de le suivre à peu de distance pour découvrir à qui il avait exactement affaire. Le serpent continuait à sinuer sur le sol ici et là, avançant jour et nuit, et derrière le vieillard suivait, comme son ombre. Un jour, le serpent entra dans une auberge et tua plusieurs voyageurs. Une autre fois, il se glissa dans un palais et tua le roi lui-même. Puis il grimpa le long d'un tuyau jusque dans les appartements de la reine et tua sa plus jeune fille. C'est ainsi que partout où il passait on entendait bientôt lamentations et sanglots et le vieil homme le suivait toujours, silencieux comme une ombre./ ——— *Légende de la région du Punjab reprise dans* FOLKTALES FROM INDIA: A SELECTION OF ORAL TALES FROM TWENTY-TWO LANGUAGES, *par A. K. Ramanujan, Pantheon Books, 1991.*

Madagascar
Watercolor, gouache, pencil, and ink on paper
304.8 x 152.4 cm (120 x 60 in.), 2002

MADAGASCAR/ ——— It seems certain that several species of elephantbird survived until just a few thousand years ago but probably that by recent historical times the smaller ones had all disappeared leaving only that monstrous *Aepyornis maximus* extant. It can be guessed that these birds existed either by cropping the lower branches of trees and shrubs, or by grazing; maybe their livelihood depended on a combination of both feeding methods. As man's presence on the island made itself increasingly felt, the birds must have been pinned back into the loneliest and most inaccessible parts of Madagascar....

When the French claimed Madagascar as a possession in 1642, the Great Elephantbird probably still survived in isolated places. Under the heading of 'vouroupatra' the first French Governor of Madagascar, Étienne de Flacourt described in 1658 'a large bird which haunts the Ampatres and lays eggs like the ostriches; so that the people of these places may not take it, it seeks the most lonely places'. Whether de Flacourt actually saw the Aepyornis or whether he relied solely on the testimony of others is not clear. On his journey back to France he was killed by Algerian pirates without further elaborating on his fleeting account./ ——— *The governor of Madagascar in the mid-17th century, Étienne de Flacourt (1607–1660), wrote extensively about the former French colony and its inhabitants in his* HISTOIRE DE LA GRANDE ISLE DE MADA-GASCAR, 1658. *From Errol Fuller's* EXTINCT BIRDS, *Facts on File Publications, 1987.*

„Es scheint erwiesen, dass verschiedene Spezies des Riesenelefantenvogels bis vor ein paar tausend Jahren überlebt hatten, die kleineren Spezies jedoch im Verlaufe der jüngeren Geschichte vermutlich verschwunden sind. Einzig jener monströse, inzwischen ausgerottete *Aepyornis maximus* blieb. Wir vermuten, dass sich diese Vögel dadurch ernährten, dass sie die unteren Zweige von Bäumen und Sträuchern abfraßen oder auch grasten. Vielleicht hing ihre Lebensgrundlage auch von beiden Fressvarianten ab. Als der Mensch sich dann auf der gesamten Insel ausbreitete, müssen diese Vögel in die abgelegeneren und unzugänglicheren Gebiete Madagaskars zurückgedrängt worden sein. (…)

Als die Franzosen 1642 Madagaskar in Besitz nahmen, hatte der Riesenelefantenvogel vermutlich noch in isolierten Gegenden überlebt. Der erste französische Gouverneur von Madagaskar, Étienne de Flacourt, beschrieb unter der Bezeichnung *vouroupatra* ‚einen mächtigen Vogel, der in der Region der Ampatres lebt und Eier legt, so groß wie die eines Straußes. Und damit ihm niemand sein Gelege raubt, sucht sich das Tier die einsamsten Orte.' Es ist nicht bekannt, ob de Flacourt tatsächlich einen Aepyornis gesehen hat oder ob er ihn nur nach Zeugnissen anderer schilderte. Auf seiner Heimreise nach Frankreich wurde er von algerischen Piraten getötet, ohne zuvor seinen grob umrissenen Bericht weiter ausarbeiten zu können."/ ——— *Étienne de Flacourt (1607–1660), Mitte des 17. Jahrhunderts Gouverneur von Madagaskar, beschreibt die frühere französische Kolonie und ihre Bewohner*

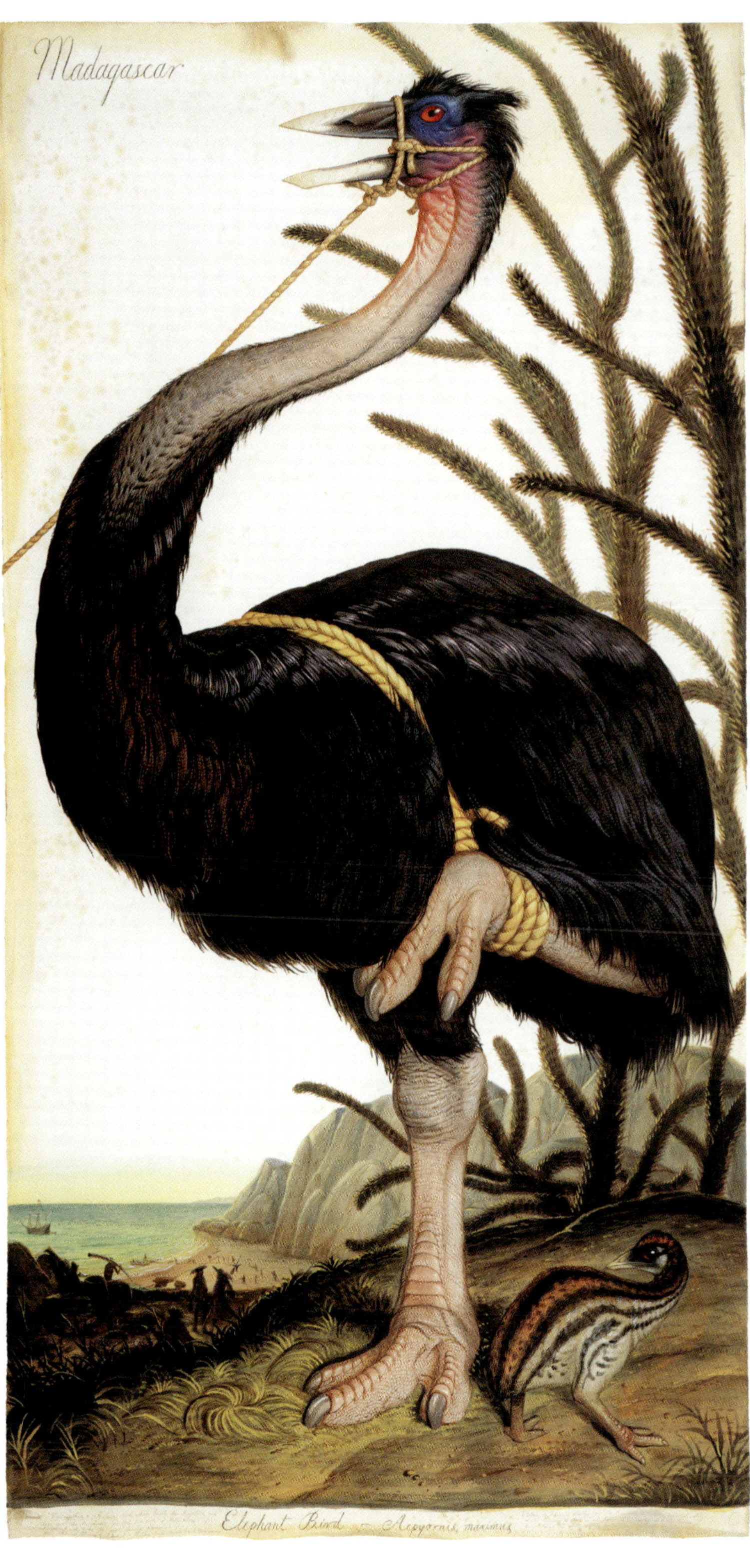
Madagascar
Elephant Bird — Aepyornis maximus

ausführlich in seiner HISTOIRE DE LA GRANDE ISLE DE MADAGASCAR *(1658). Aus Errol Fullers* EXTINCT BIRDS, *Facts on File Publications (1987).*

***

Il semble certain que plusieurs espèces d'Aepyornis ont survécu jusqu'à quelques millénaires d'aujourd'hui, mais il est probable que lors de l'ère historique récente, les plus petites avaient toutes disparu, à l'exception de la monstrueuse *Aepyornis maximus*. On peut imaginer que ces oiseaux subsistaient soit en se nourrissant des branches basses des arbustes et buissons ou en broutant. Peut-être leur subsistance dépendait-elle de la combinaison de ces deux méthodes. À mesure que la présence humaine sur l'île se faisait de plus en plus sentir, ces oiseaux ont dû se trouver relégués dans les régions les plus désertes et inaccessibles de Madagascar. …

Quand les Français ont revendiqué Madagascar comme territoire français en 1642, le Grand Aepyornis survivait sans doute encore dans quelques sites isolés. Sous l'appellation de « vouroupatra », le premier gouverneur français de Madagascar, Étienne de Flacourt, décrivait en 1658 « un grand oiseau » qui hante les Ampatres et dépose ses œufs à même le sol comme les autruches ; afin que les habitants de ces régions ne les prennent pas, « il cherche les endroits les plus solitaires ». On ne sait si de Flacourt a lui-même vu l'Aepyornis, ou s'il s'est seulement basé sur le témoignage de contemporains. Lors de son voyage de retour en France, il

a été tué par des pirates algériens sans pouvoir retravailler son récit qui reste assez lacunaire./
——— *Étienne de Flacourt (1607–1660), gouverneur de Madagascar au milieu du XVIIe siècle, a laissé un ouvrage sur l'ancienne colonie française et ses habitants,* HISTOIRE DE LA GRANDE ISLE DE MADAGASCAR, *1658. Extrait de* EXTINCT BIRDS *(« Oiseaux disparus »), Eroll Fuller, Facts on File Publication, 1987.*

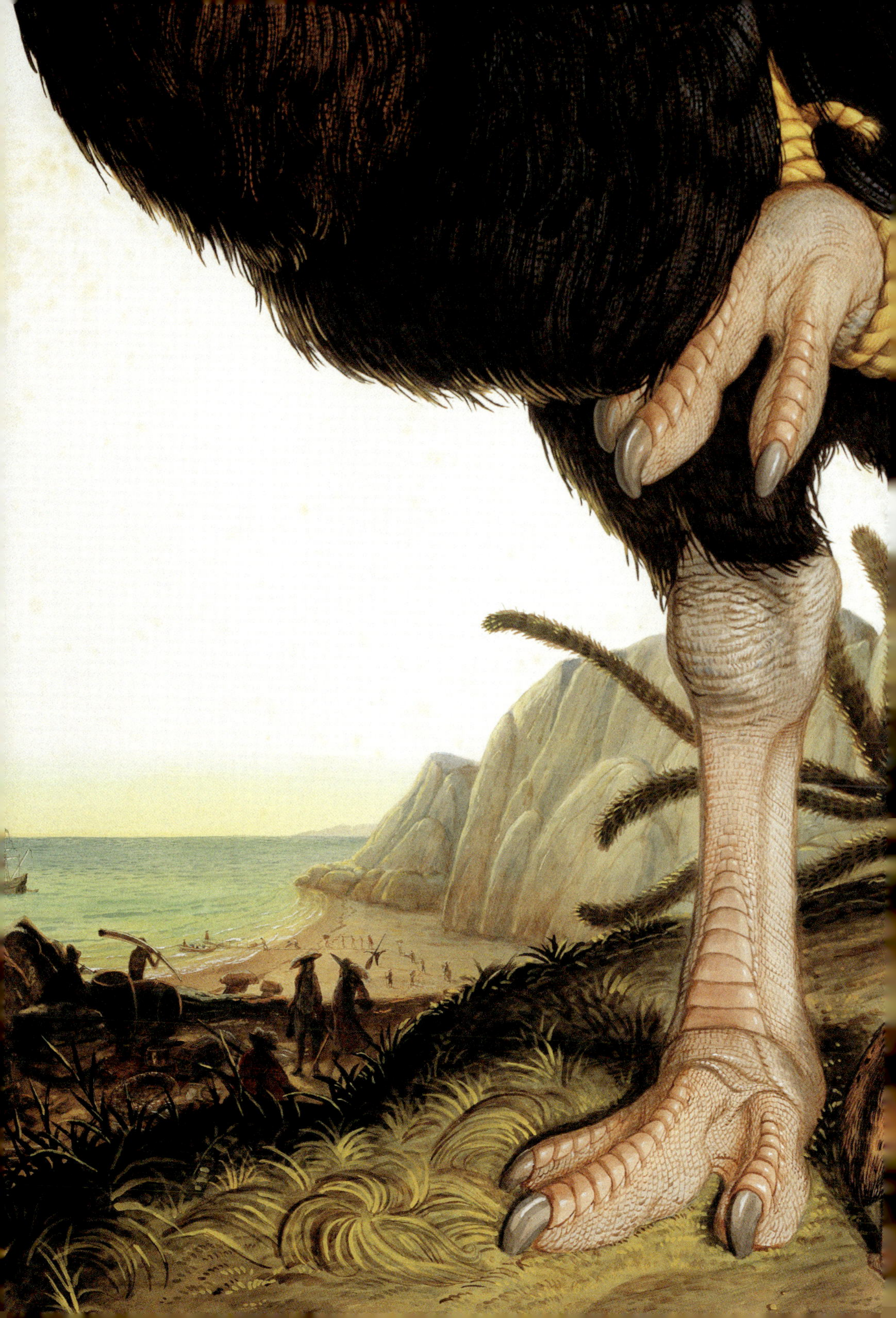

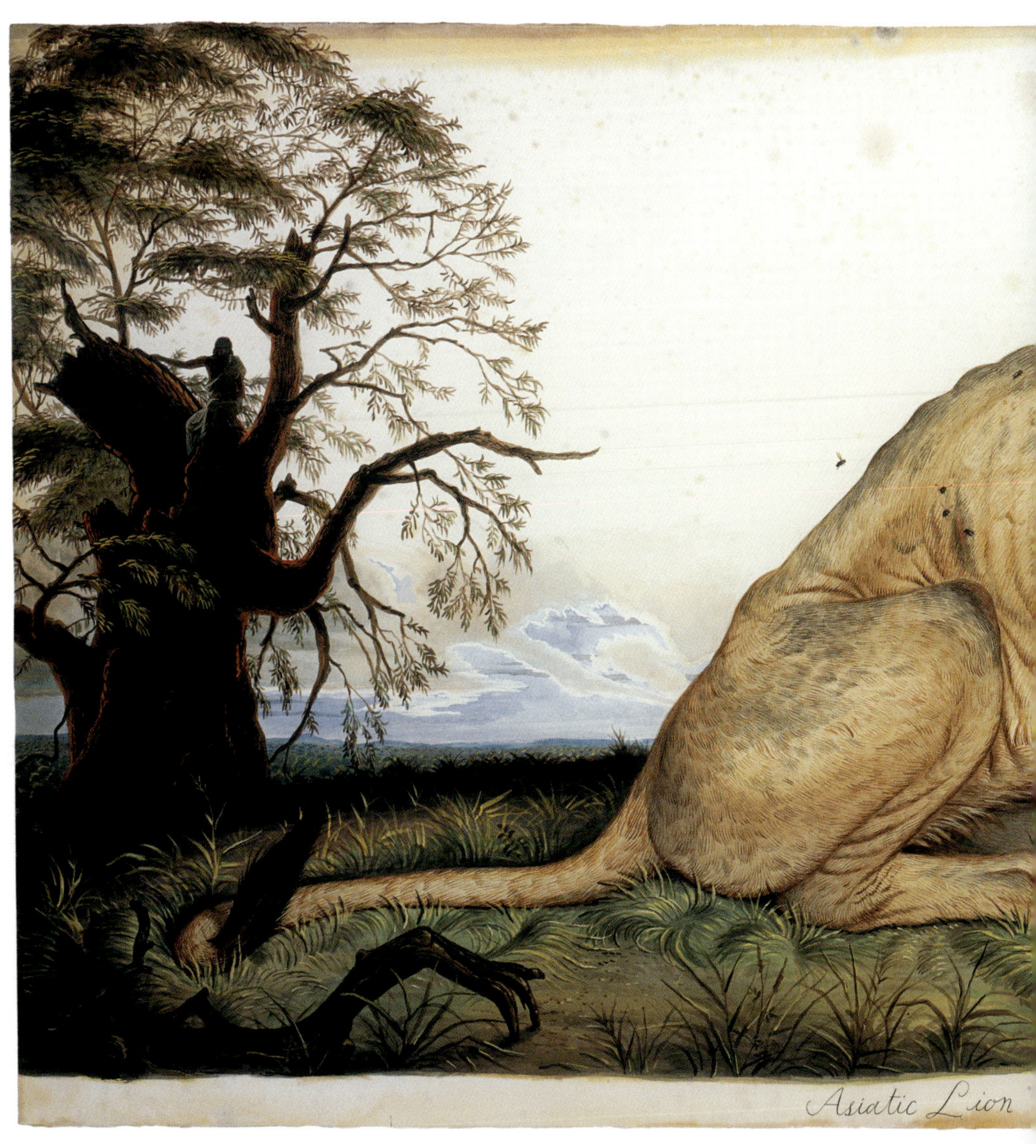

The Far Shores of Scholarship
Watercolor, gouache, pencil, and ink on paper
153.7 x 303.5 cm (60½ x 119½ in.), 2003

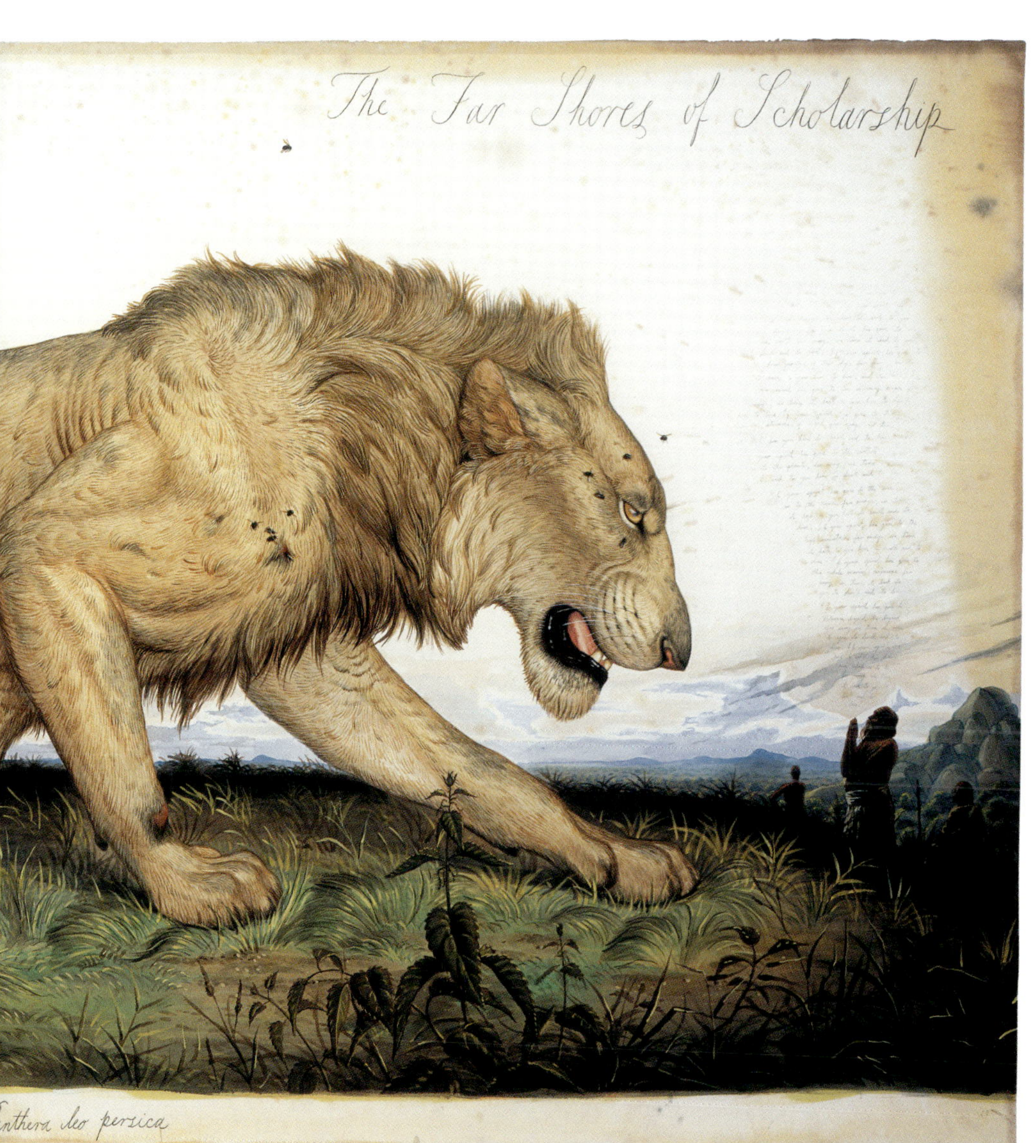
Panthera leo persica

His Chaplain
Watercolor, gouache, pencil, and ink on paper
141.3 x 101.9 cm (55⅝ x 40⅛ in.), 2003

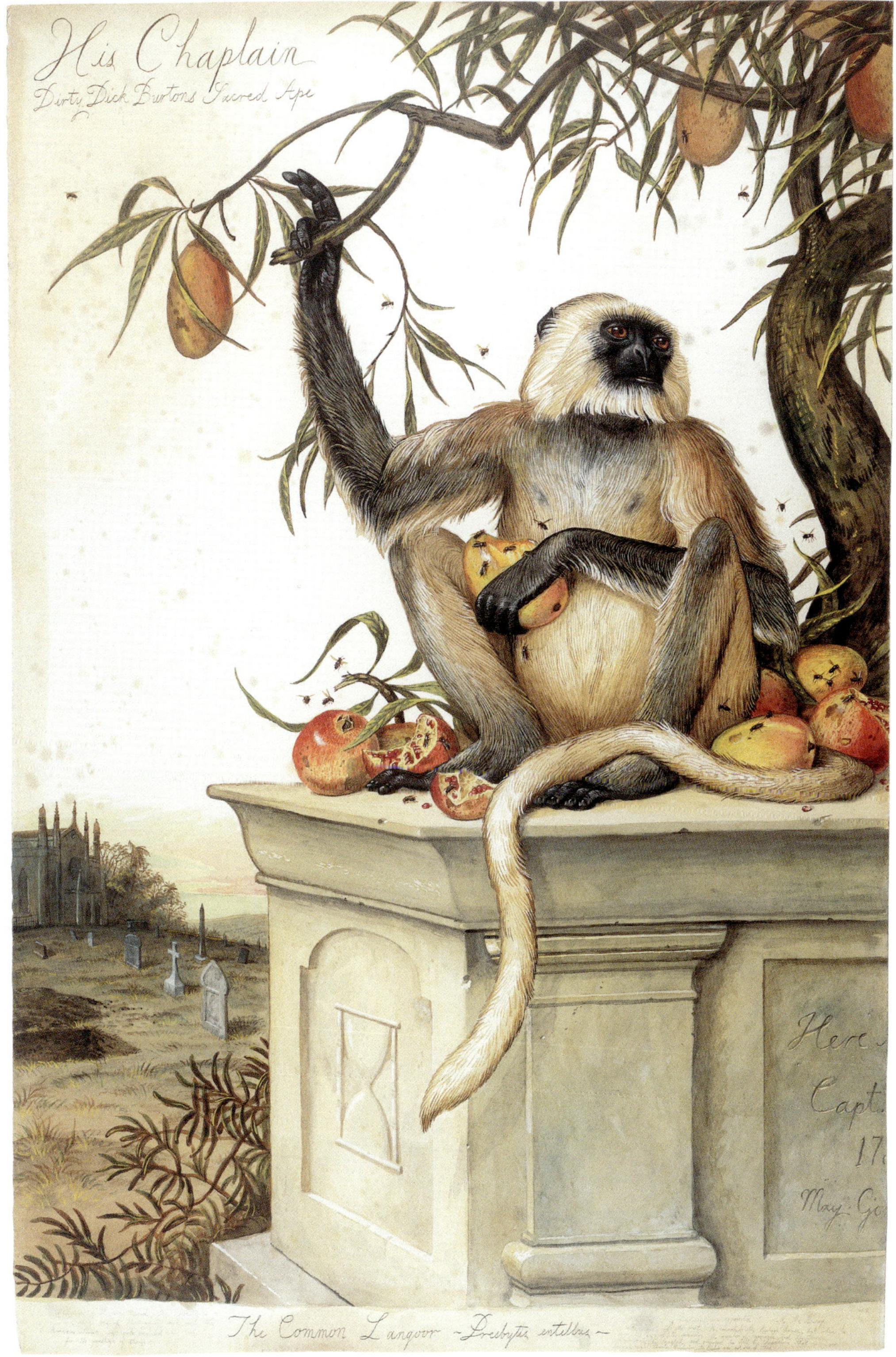
His Chaplain
Dirty Dick Burtons Sacred Ape
The Common Langoor ~ Presbytis entellus ~

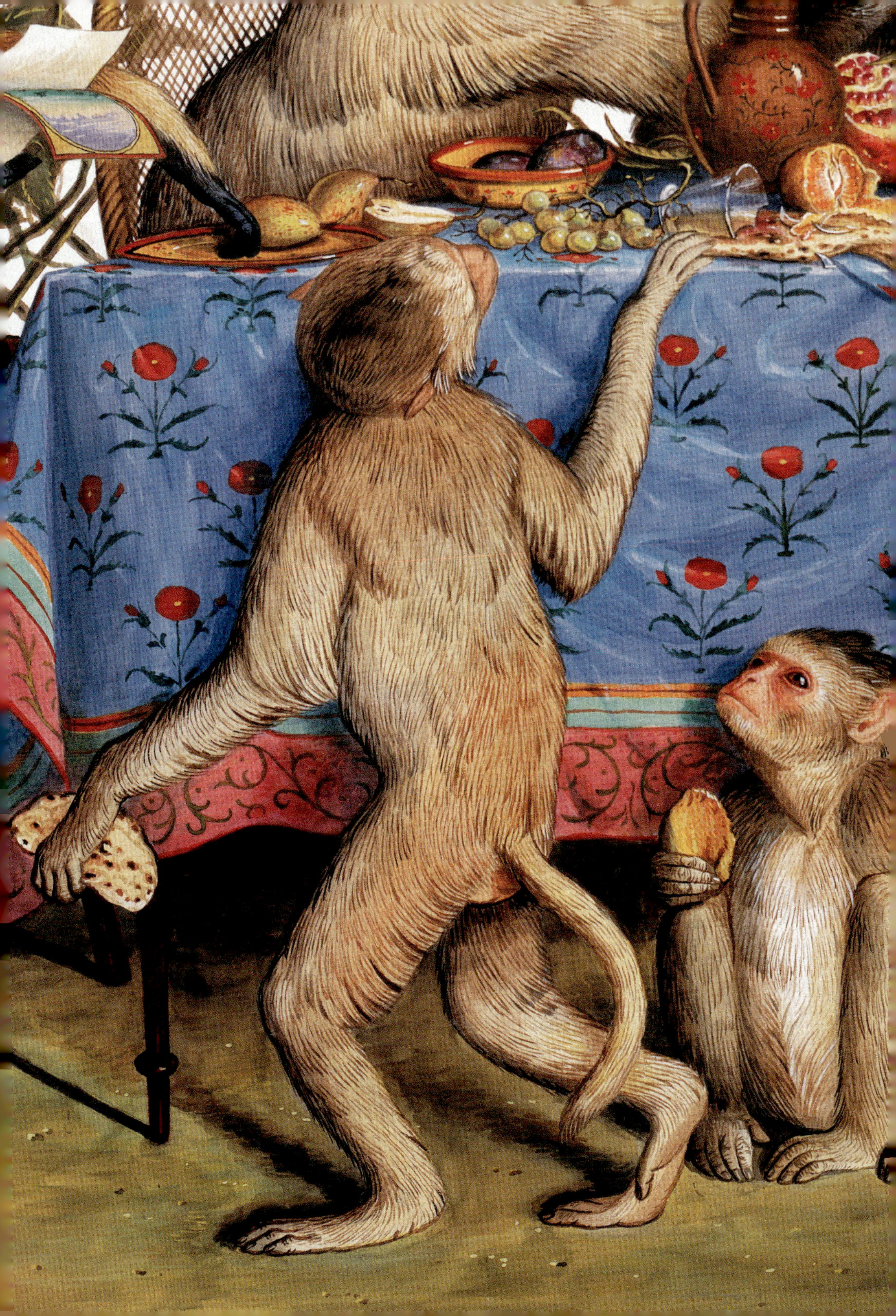

The Sensorium
Watercolor, gouache, pencil, and ink on paper
152.9 x 302.3 cm (60 x 119 in.), 2003

THE SENSORIUM/ ——— [Sir Richard Burton's] interest in the science of the spoken word led him to conduct an interesting experiment with some pet monkeys. Curious as to whether primates used some form of speech to communicate, he gathered together forty monkeys of various ages and species and installed them in his house in attempt to compile a vocabulary of 'monkey language'. He learned to imitate their sounds, repeating them over and over, and believed they understood some of them. Each monkey had a name, Isabel explained:

"… he had his doctor, his chaplain, his secretary, his aide-de-camp, his agent, and one tiny one, a very pretty, small, silky looking monkey, he used to call his wife and put pearls in her ears. His great amusement was to keep a kind of refectory for them, where they all sat down on chairs at mealtimes, and the servants waited on them and each had its bowl and plate, with the food and drink proper for them. He sat at the head of the table, and the pretty little monkey sat by him in a high baby's chair …"/ ——— *From* A RAGE TO LIVE: A BIOGRAPHY OF RICHARD AND ISABEL BURTON, *by Mary S. Lovell, W. W. Norton & Company, 1998. Sir Richard Francis Burton was a young officer in India at the time, well on his way to speaking 29 (human) languages and 12 dialects.*

THE SENSORIUM/ ——— „[Sir Richard Burtons] Interesse an der Erforschung des gesprochenen Worts veranlasste ihn zu einem spannenden Experiment mit einigen zahmen Affen. Er wollte untersuchen, ob Primaten zum Kommunizieren irgendeine Art von Sprache benutzen, und versammelte vierzig Affen verschiedenen Alters und unterschiedlicher Spezies, brachte sie in seinem Haus unter und machte sich daran, ein Vokabular der ‚Affensprache‘ zu erstellen. Er lernte, ihre Laute zu imitieren, wiederholte sie immer und immer wieder und glaubte, die Tiere würden einige davon verstehen. Jeder Affe hatte einen Namen. Isabel erklärte:

‚… der eine war sein Arzt, der andere sein Kaplan, sein Sekretär, sein Adjutant, sein Stellvertreter, und ein niedliches Äffchen, ein sehr hübsches, kleines, seidig aussehendes Affenmädchen, nannte er seine Frau und schmückte die Ohren des Tieres mit Perlen. Sein ganz besonderes Vergnügen war eine Art Refektorium, das er für die Affen eingerichtet hatte. Da hockten sie dann zum Essen alle auf Stühlen, Diener erwarteten sie, und jeder Affe hatte seine Schüssel und seinen Teller mit Speis und Trank. Richard ließ sich am Kopf der Tafel nieder, und das hübsche, kleine Affenmädchen saß neben ihm in einem Babyhochstuhl …‘ “/ ——— *Aus* A RAGE TO LIVE: A BIOGRAPHY OF RICHARD AND ISABEL BURTON *von Mary S. Lovell, W. W. Norton & Company (2000). Sir Richard Francis Burton hielt sich zu jener Zeit als junger Offizier in Indien auf und sollte später 29 (menschliche) Sprachen und zwölf Dialekte beherrschen.*

L'intérêt de Sir Richard Burton pour la science du langage parlé l'a amené à conduire une intéressante expérience avec des singes domestiques. Curieux de découvrir si ces primates utilisaient une quelconque forme de langage pour communiquer, il a rassemblé quarante singes de différentes espèces et de tous âges et les a installés dans sa maison pour tenter de compiler un lexique du « langage simiesque ». Il a appris à imiter leurs sons, les répétant à l'infini, et s'est convaincu qu'ils en comprenaient certains. Chaque singe avait un nom, comme l'expliquait Isabel Burton :

« Il avait son docteur, son chapelain, son secrétaire, son aide de camp, son agent, et un tout petit singe, un très joli petit singe, au pelage soyeux qu'il avait l'habitude d'appeler sa femme et dont il ornait les oreilles de perles. Son grand amusement consistait à les faire dîner dans un réfectoire aménagé pour eux, où tous venaient s'asseoir sur des sièges aux heures des repas, ils étaient servis par des domestiques, chacun avait son assiette et son bol, avec la nourriture et la boisson appropriée pour chacun. [Sir Richard Burton] prenait place à l'extrémité de la table et le joli petit singe était assis à côté de lui dans une chaise haute de bébé. »/ ——— *Extrait de* A RAGE TO LIVE: A BIOGRAPHY OF RICHARD AND ISABEL BURTON (« La rage de vivre : une biographie de Richard et Isabel Burton »), de Mary S. Lovell, W. W. Norton & Company, 1998. Sir Richard Francis Burton, jeune officier basé en Inde à cette époque avait entrepris d'apprendre 29 langues et 12 dialectes.*

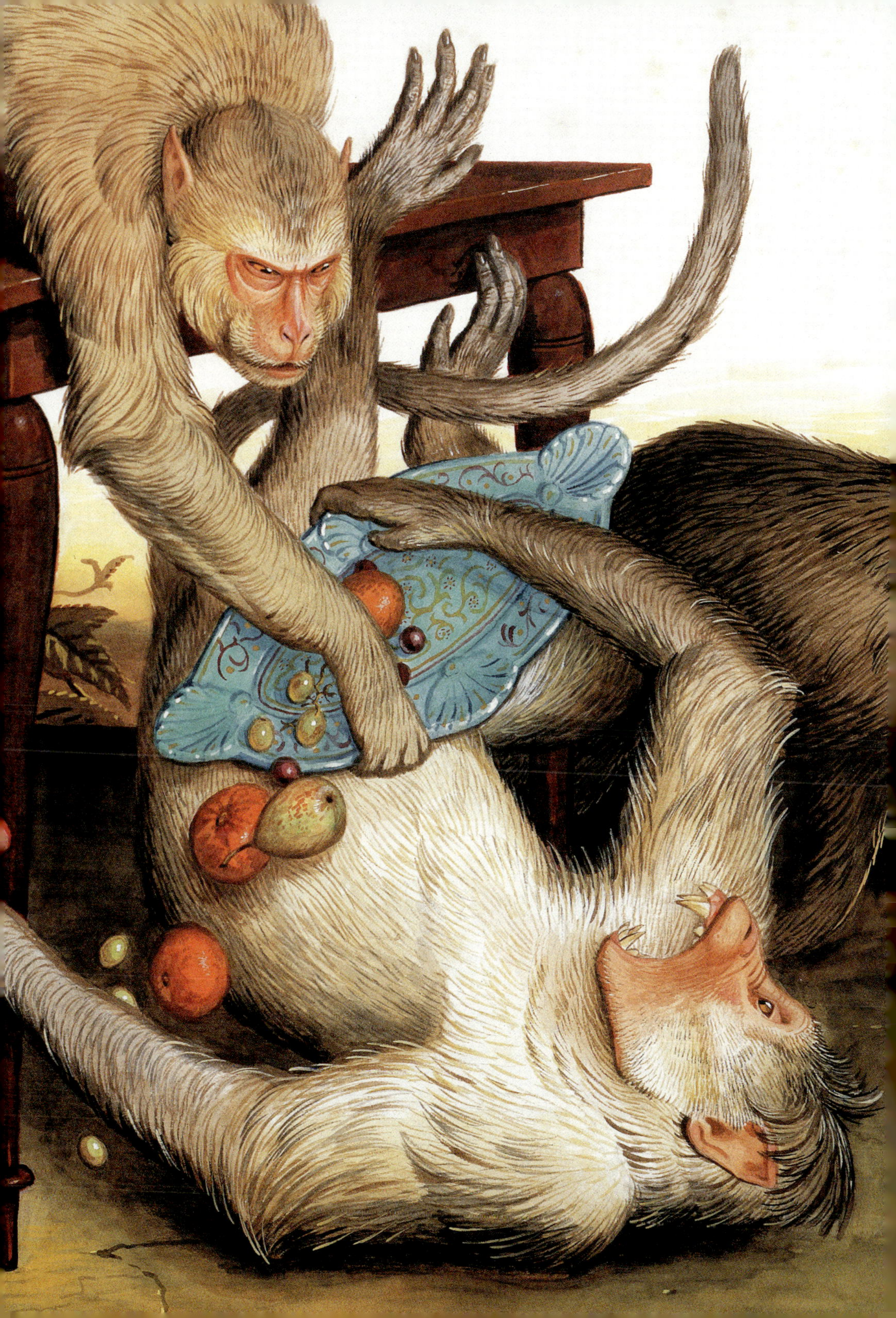

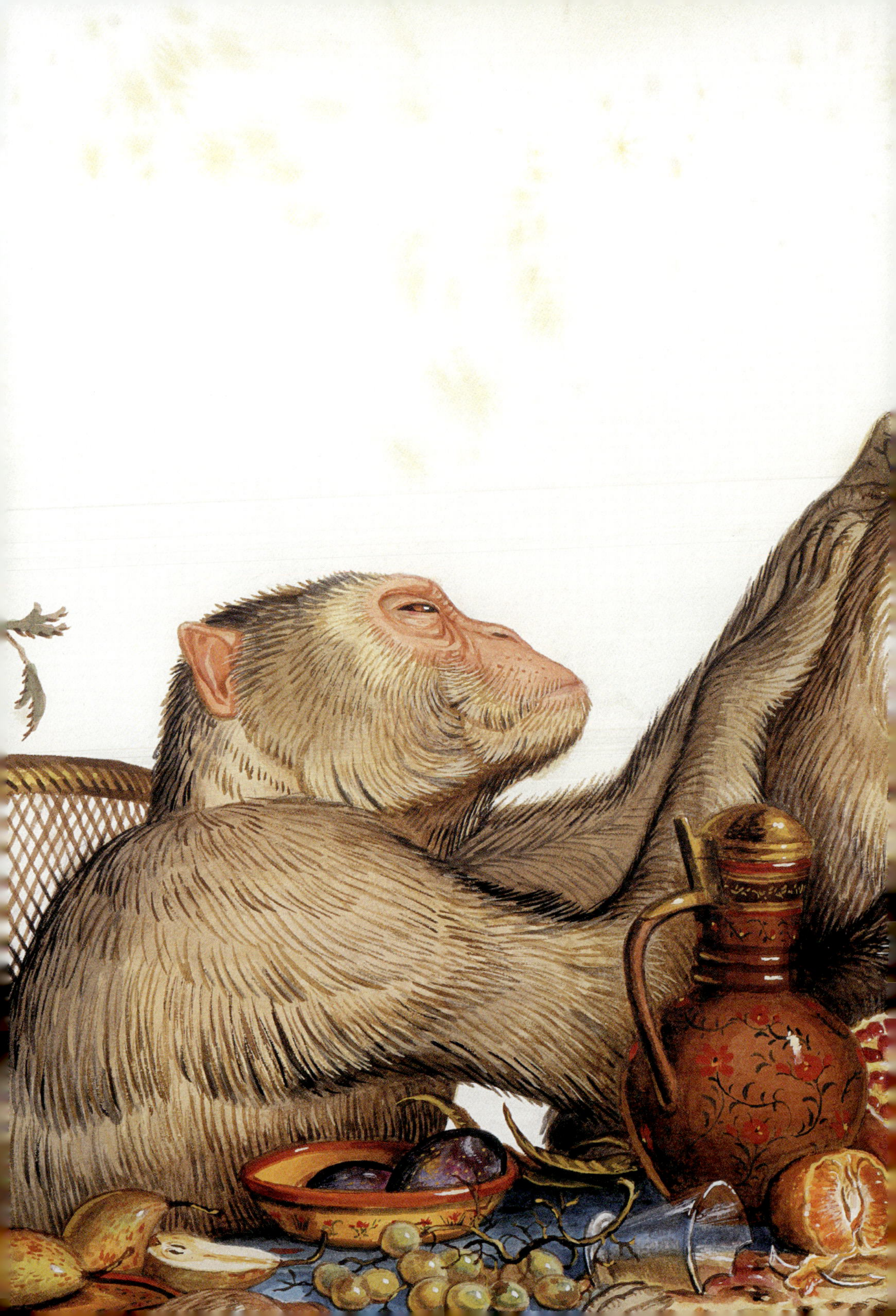

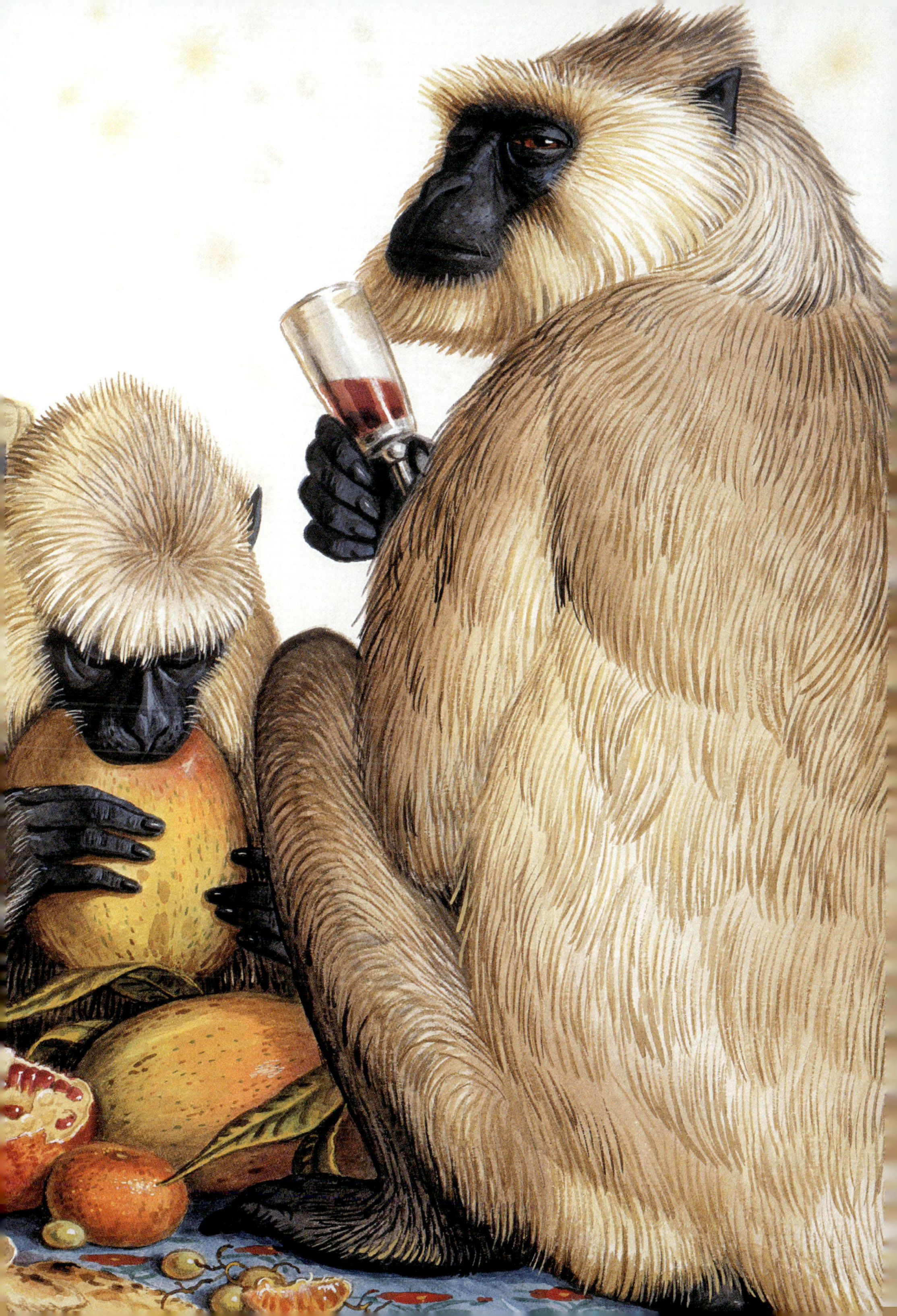

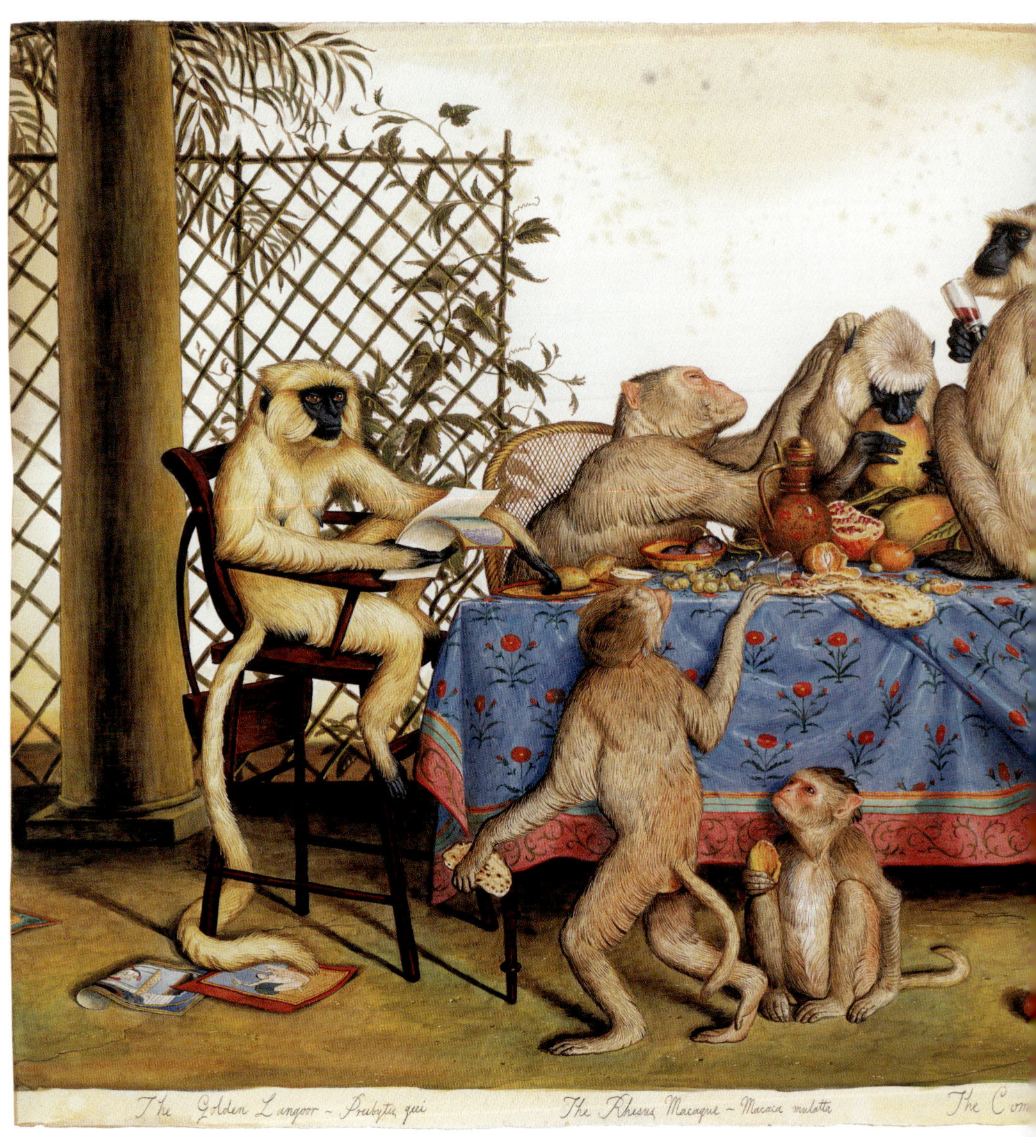

The Golden Langoor ~ Presbytis geei
The Rhesus Macaque ~ Macaca mulatta
The Com

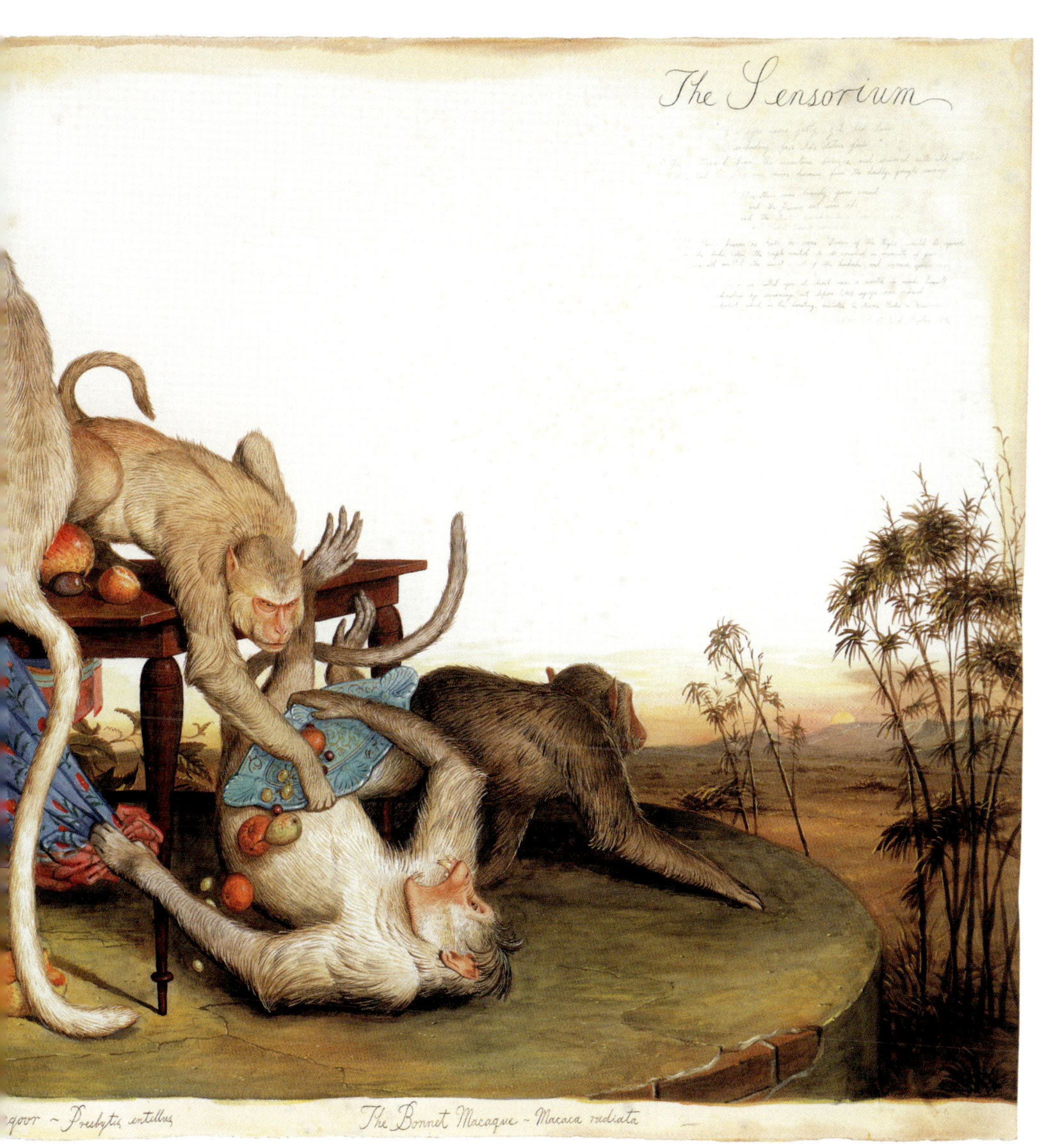

The Sensorium
goor ~ Presbytis entellus
The Bonnet Macaque ~ Macaca radiata

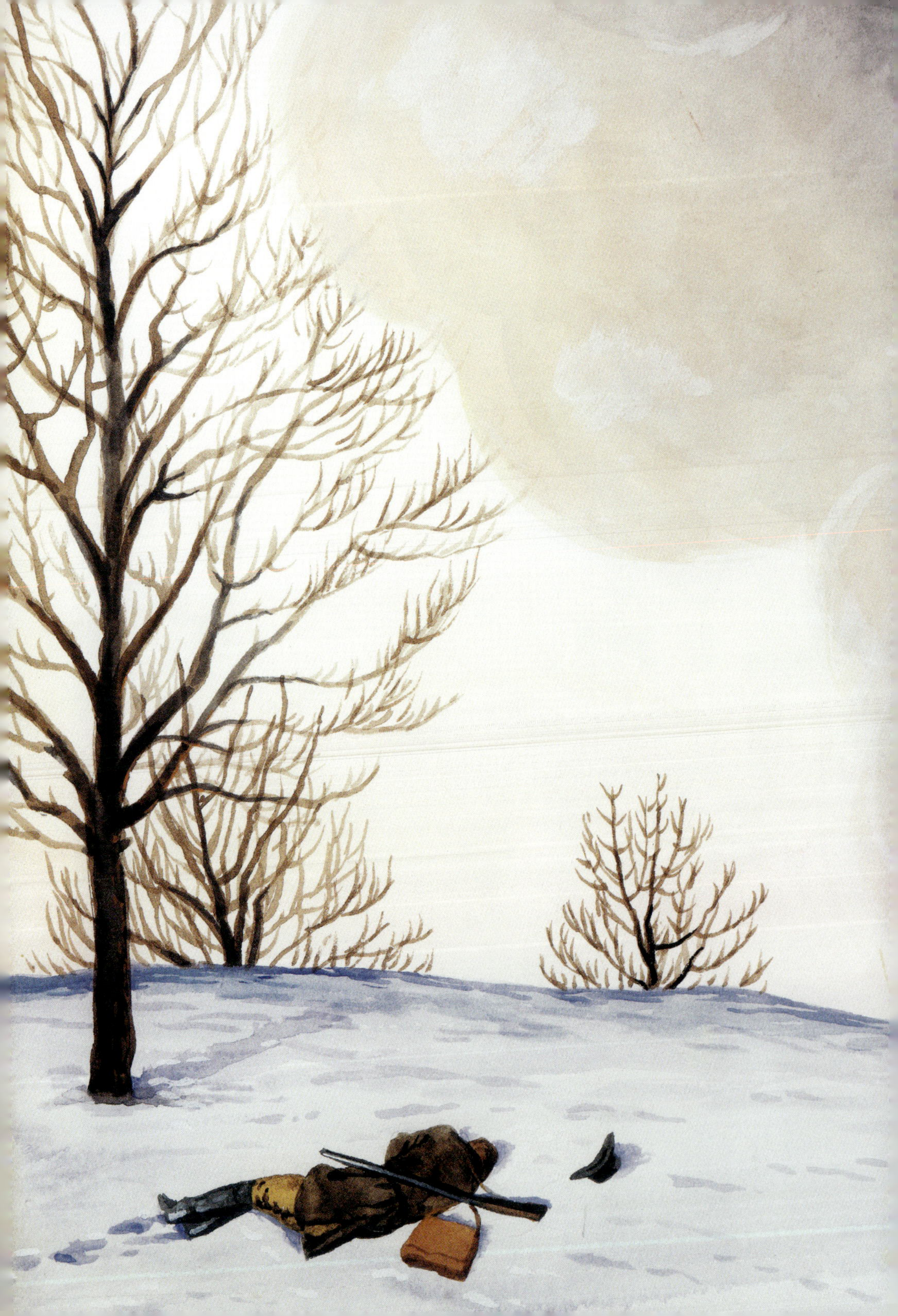

Delirium
Watercolor, gouache, pencil, and ink on paper
151.4 x 101.9 cm (59⅝ x 40⅛ in.), 2004

DELIRIUM/ ——— The Eagle was immediately conveyed to my place of residence, covered by a blanket, to save him, in his adversity, from the gaze of the people. I placed the cage so as to afford me a good view of the captive, and I must acknowledge as I watched his eye, and observed his looks of proud disdain, I felt towards him not so generously as I ought to have done. At times I was half inclined to restore to him his freedom, that he might return to his native mountains; nay, I several times thought how pleasing it would be to see him spread out his broad wings and sail away towards the rocks of his wild haunts; but then, reader, some one seemed to whisper that I ought to take the portrait of the magnificent bird, and I abandoned the more generous design of setting him at liberty, for the express purpose of showing you his semblance.

I occupied myself a whole day in watching his movements; on the next I came to a determination as to the position in which I might best represent him; and on the third thought of how I could take away his life with the least pain to him. I consulted several persons on the subject, and among other my most worthy and generous friend, George Parkman, Esq. M.D., who kindly visited my family every day. He spoke of suffocating him by means of burning charcoal, of killing him by electricity, &c. and we both concluded that the first method would probably be the easiest for ourselves, and the least painful to him. Accordingly the bird was removed in his prison into a very small room, and closely covered with blankets, into which was introduced a pan of lighted charcoal, when the windows and the door were fastened, and the blankets tucked in beneath the cage. I waited, expecting every moment to hear him fall down from his perch; but after listening for *hours*, I opened the door, raised the blankets, and peeped under them amidst a mass of suffocating fumes. There stood the Eagle on his perch, with his bright unflinching eye turned towards me, and as lively and vigorous as ever! Instantly re-closing every aperture, I resumed my station at the door, and towards midnight, not having heard the least noise, I again took a peep at my victim. He was still uninjured, although the air of the closet was insupportable to my son and myself, and that of the adjoining apartment began to feel unpleasant. I persevered, however, for ten hours in all, when finding that the charcoal fumes would not produce the desired effect, I retired to rest wearied and disappointed.

Early next morning I tried the charcoal anew, adding to it a quantity of sulphur, but we were nearly driven from our home in a few hours by the stifling vapors, while the noble bird continued to stand erect, and to look defiance at us whenever we approached his post of martyrdom. His fierce demeanour precluded all internal application, and at last I was compelled to resort to a method always used at the last expedient, and a most effectual one. I thrust a long pointed piece of steel through his heart, when my proud prisoner instantly fell dead, without even ruffling a feather.

I sat up nearly the whole of another night to outline him, and worked so constantly at the drawing, that it nearly cost me my life. I was

suddenly seized with a spasmodic affection, that much alarmed my family, and completely prostrated me for some days; but, thanks to my heavenly Preserver, and the friends Drs Parkman, Shattuck, and Warren, I was soon restored to health, and enabled to pursue my labours. The drawing of this eagle took me fourteen days, and I had never before laboured so incessantly excepting at that of the Wild Turkey. / ———
John James Audubon, ORNITHOLOGICAL BIOGRAPHY, *E. L. Carey and A. Hart, 1832.*

***

„Der Adler wurde, unter einer Decke verborgen, um ihn in seiner Not vor glotzenden Leuten zu schützen, sofort zu meinem Wohnsitz gebracht. Ich stellte den Käfig so auf, dass ich eine möglichst gute Sicht auf das gefangene Tier hatte. Ich muss gestehen, als ich seine Augen beobachtete und diese Blicke stolzer Verachtung sah, hegte ich ihm gegenüber nicht gerade jene großzügigen Gefühle, die ihm eigentlich gebührten. Es gab Momente, da war ich fast so weit, ihm wieder die Freiheit zu schenken, ihn in seine heimatlichen Berge zurückkehren zu lassen, manchmal dachte ich sogar, wie wunderbar es wäre, ihm dabei zuzuschauen, wie er seine mächtigen Schwingen ausbreiten und in Richtung der Felsen seiner wilden Gefilde segeln würde. Doch dann, verehrter Leser, schien mir irgendjemand einzuflüstern, ich solle diesen prachtvollen Vogel porträtieren, und so gab ich den freigebigeren Plan, ihn freizulassen, auf, einzig zu jenem Zweck, dem Publikum ein Abbild des Adlers bieten zu können.

Einen ganzen Tag lang war ich damit beschäftigt, seine Bewegungen zu beobachten, am nächsten Tag kam ich zu der Entscheidung, in welcher Haltung ich ihn am besten darstellen könnte, und am dritten Tag dachte ich darüber nach, wie ich ihn möglichst ohne Qualen ins Jenseits befördern könnte. Zu dieser Frage konsultierte ich verschiedene Personen, unter anderem meinen hoch geschätzten und großherzigen Freund Doktor George Parkman, der meine Familie täglich mit seinem Besuch beehrte. Er sprach davon, ihn mit Holzkohlenqualm zu ersticken oder ihn mit Elektrizität etc. zu töten, doch beide kamen wir zu dem Schluss, dass die erste Methode für uns die vermutlich einfachste und für ihn die am wenigsten qualvolle wäre. So wurde also der Vogel mitsamt seinem Gefängnis, vollständig zugedeckt, in einen sehr kleinen Raum verbracht, in den eine Pfanne mit glimmender Holzkohle gestellt wurde. Dann wurden Fenster und Tür geschlossen und die Decken unter dem Käfig festgesteckt. Ich wartete und glaubte, ihn jeden Moment von seiner Stange fallen zu hören. Doch nachdem ich *stundenlang* gelauscht hatte, öffnete ich die Tür, hob die Decken an und lugte darunter: In einem dichten, erstickenden Qualm hockte der Adler auf seiner Stange, sein leuchtendes, scharfes Auge auf mich gerichtet, so lebendig und kraftstrotzend wie eh und je! Sofort dichtete ich jede Öffnung ab, nahm erneut meinen Platz vor der Tür ein und gegen Mitternacht, als ich noch immer nicht das leiseste Geräusch gehört hatte, warf ich wieder einen Blick auf mein Opfer. Der Adler war noch immer munter, obgleich die Luft in der Kammer für meinen Sohn und mich unerträglich war und die des Wohnraums nebenan langsam auch nicht mehr angenehm roch. Ich setzte die Prozedur jedoch fort, insgesamt zehn Stunden lang, und als ich feststellte, dass der Holzkohlequalm nicht den gewünschten Effekt hatte, gab ich auf und zog mich müde und enttäuscht zurück. Am frühen Morgen des nächsten Tages versuchte ich es wieder mit Holzkohle, fügte allerdings eine gewisse Menge Schwefel hinzu. Nur wenige Stunden später waren wir selbst fast so weit, unser Haus zu verlassen, um die erstickenden Dämpfe zu fliehen, indes sich der edle Vogel weiter aufrecht hielt und uns trotzig anblickte, sobald wir uns dem Ort seines Martyriums näherten. Sein zähes Durchhaltevermögen schloss jeglichen Versuch aus, ihn ohne Anwendung äußerlicher Gewalt zur Strecke zu bringen, und so war ich gezwungen, auf eine Methode zurückzugreifen, die stets als letzte Möglichkeit gesehen wird, allerdings höchst wirkungsvoll ist. Ich stieß einen langen, spitzen Stahl in sein Herz, da kippte mein stolzer Gefangener sofort tot um, ohne dass dabei auch nur eine einzige seiner Federn durcheinander geriet.

Fast die gesamte nächste Nacht blieb ich wach, um seine Konturen zu umreißen und arbeitete so beständig an der Zeichnung, dass ich dabei selbst fast ums Leben kam. Mit einem Mal wurde ich von Krämpfen gepackt, die meine Familie sehr beunruhigten und mich für einige Tage völlig außer Gefecht setzten. Doch dank der Güte meines himmlischen Beschützers und der Hilfe der

Freunde, der Doktoren Parkman, Shattuck und Warren, war ich bald wieder gesund und in der Lage, meine Arbeit fortzusetzen. Vierzehn Tage brauchte ich für die Zeichnung dieses Adlers, und noch nie zuvor, mit Ausnahme des Bildnisses des wilden Truthahns, habe ich so unermüdlich an einem Werk gesessen."/ ——— *John James Audubon*, ORNITHOLOGICAL BIOGRAPHY, *E. L. Carey and A. Hart (1832).*

* * *

On transporta immédiatement l'Aigle à mon domicile, à l'abri sous une couverture afin de le soustraire, dans son malheur, aux regards des humains. J'installai la cage de façon à bénéficier d'une bonne vue de l'oiseau captif, et je dois reconnaître qu'en le regardant dans les yeux, sa beauté fière et dédaigneuse ne m'inspira pas les sentiments de générosité que j'aurais dû ressentir envers lui. Tenté par moments de lui rendre sa liberté pour qu'il puisse retourner dans ses montagnes natales, je songeai à plusieurs reprises au plaisir de le voir déployer ses larges ailes et s'envoler vers les rochers abritant son aire sauvage ; mais chaque fois, cher lecteur, il me semblait entendre une voix me murmurer que mon devoir était de réaliser le portrait de cet oiseau magnifique, et je renonçais au plus généreux dessein de libération, dans le but délibéré de vous dépeindre son apparence.

Je consacrai une journée entière à observer ses mouvements ; j'employai celle du lendemain à déterminer la position dans laquelle je pourrais le dépeindre au mieux ; et la suivante à réfléchir

187

au moyen de lui prendre la vie en lui occasionnant le moins de souffrances possible. Je consultai plusieurs personnes sur ce sujet, notamment M. le docteur George Parkman, mon très honorable et généreux ami, qui avait la bonté de rendre visite tous les jours à ma famille. Il évoqua la possibilité d'étouffer l'oiseau par la fumée d'un feu de charbon de bois, l'électrocution, etc., et nous finîmes par convenir que la première méthode serait probablement la plus aisée pour nous et la moins douloureuse pour lui. On le transporta donc, à l'intérieur de sa prison, jusqu'à une toute petite pièce de la maison, on enveloppa la cage de couvertures sous lesquelles on introduisit une poêle emplie de charbons ardents, on replia les couvertures sous la cage et on ferma la porte et les fenêtres du réduit. J'attendis, escomptant à tout moment l'entendre tomber de son perchoir ; mais après avoir prêté l'oreille pendant *plusieurs heures*, j'ouvris la porte, écartai les couvertures et glissai un regard à travers une fumée compacte et suffocante. Dressé sur son perchoir, tournant vers moi un regard brillant et inflexible, l'Aigle était aussi vivant et vigoureux que jamais ! Je refermai immédiatement toutes les ouvertures et repris mon poste derrière la porte. Vers minuit, n'ayant perçu le moindre bruit, je retournai jeter un coup d'œil à ma victime. Il était toujours indemne, malgré l'atmosphère que ni mon fils ni moi ne pûmes supporter, alors même que celle de la chambre attenante devenait désagréable. Je persévérai cependant, jusqu'à totaliser une veille de dix heures et, estimant que les émanations du charbon de bois ne produiraient pas l'effet désiré,

je me retirai pour prendre un peu de repos, en proie à la lassitude et à la déception.

Tôt le lendemain matin, je renouvelai l'opération, en ajoutant du soufre au charbon de bois ; au bout de quelques heures, les vapeurs étouffantes manquèrent nous chasser de notre maison, tandis que le noble oiseau se tenait toujours droit debout et nous jetait un regard de défi chaque fois que nous nous approchions du lieu de son martyre. Son comportement farouche écartait toute possibilité d'intervention par voie interne, et je me vis finalement contraint d'employer une méthode très efficace, que l'on utilise toujours en dernier recours. Je lui plongeai dans le cœur un long pic de métal et mon majestueux prisonnier s'écroula en un instant, sans même hérisser une plume.

Je passai la nuit entière à tracer les contours de l'oiseau et la constance avec laquelle je travaillai à ce dessin faillit me coûter la vie. Je fus soudain saisi d'une crise spasmodique, qui inquiéta beaucoup les miens et me plongea dans un profond accablement pendant quelques jours ; mais, grâce à mon Sauveur céleste et à mes amis, les Docteurs Parkman, Shattuck et Warren, je recouvrai bientôt la santé et pus reprendre ma tâche. Le portrait de cet aigle m'accapara pendant quinze jours ; jamais auparavant je n'avais ainsi peiné sans relâche, si ce n'est pour mon tableau représentant le Dindon sauvage./ ——— *John James Audubon*, ORNITHOLOGICAL BIOGRAPHY *(« Biographie ornithologique »), E. L. Carey and A. Hart, 1832.*

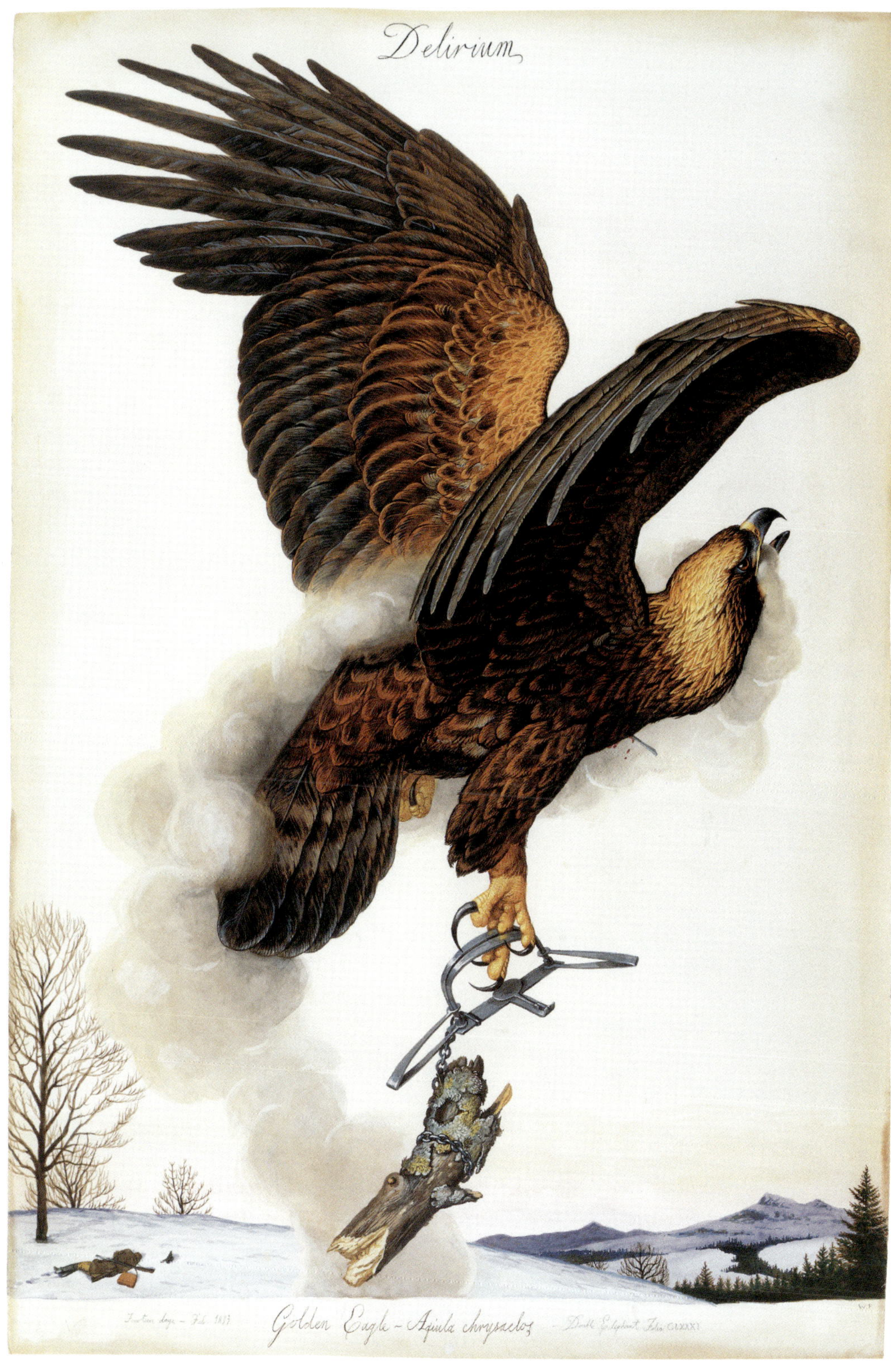

Delirium
Golden Eagle ~ Aquila chrysaëtos ~ Double Elephant Folio CLXXXI

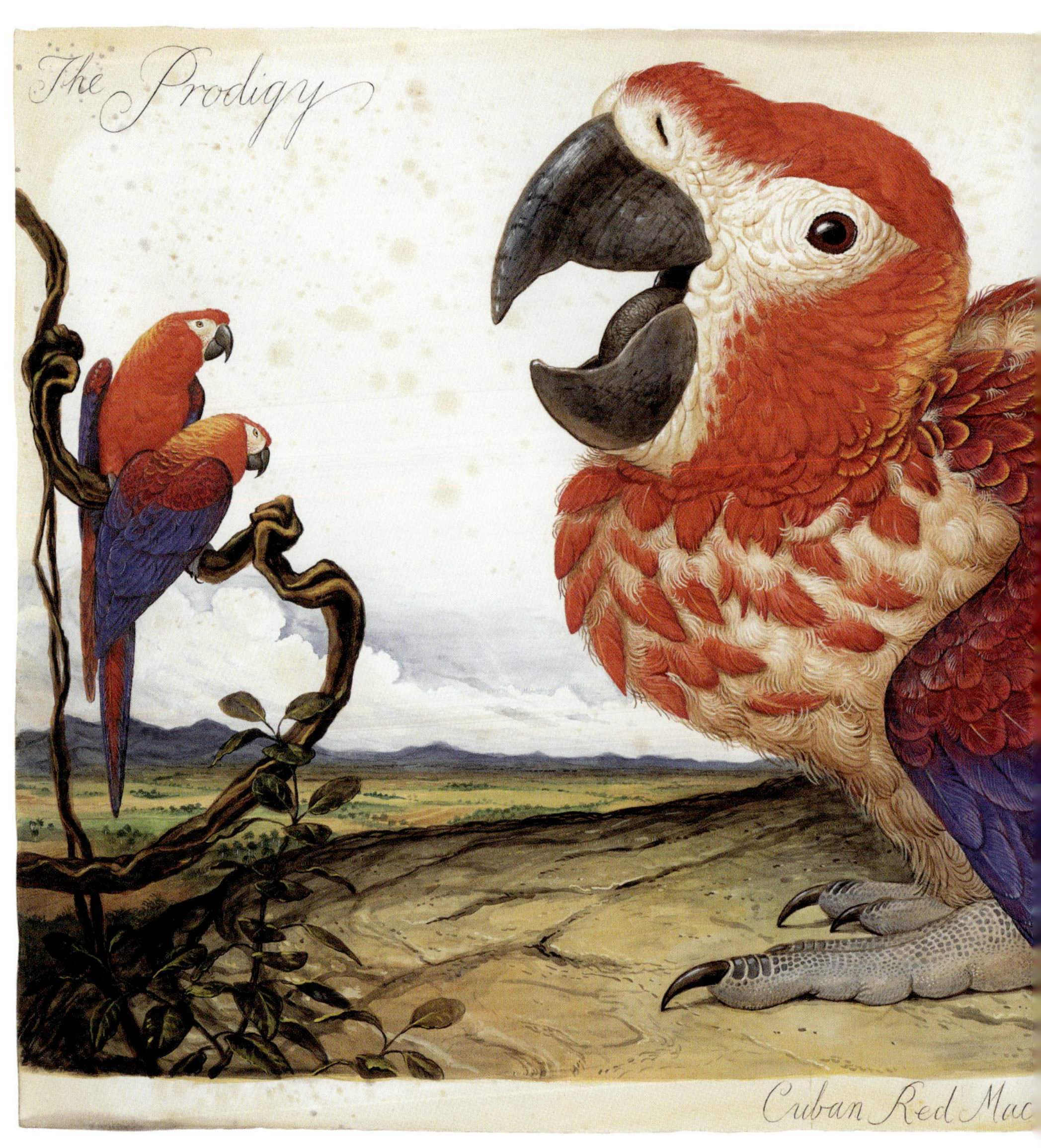

The Prodigy
Watercolor, gouache, pencil, and ink on paper
152.7 x 303.5 cm (60½ x 119½ in.), 2004

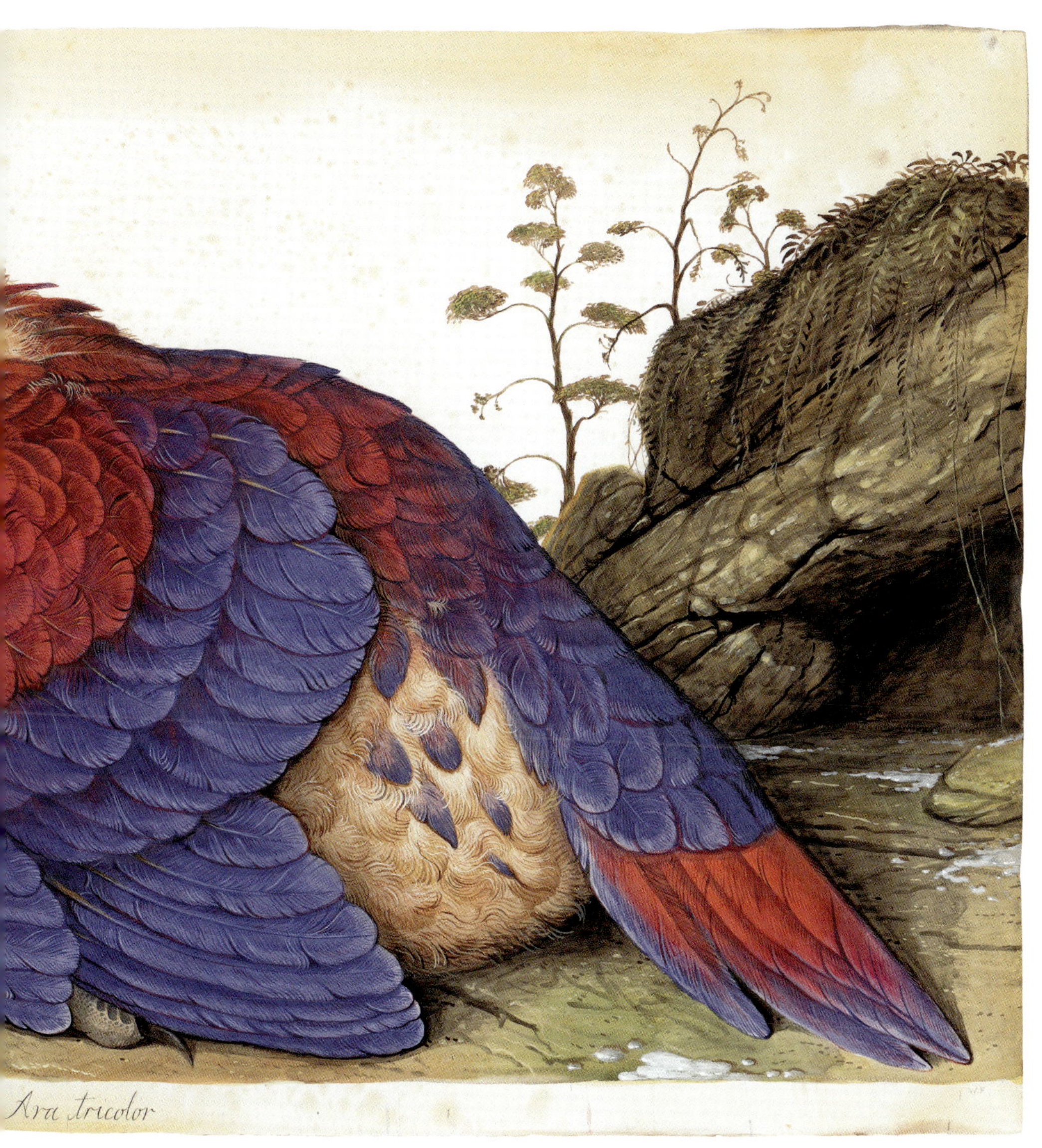

Ara tricolor

Rabiar
Watercolor, gouache, pencil, and ink on paper
151.1 x 101.6 cm (59½ x 40 in.), 2003

Rabiar

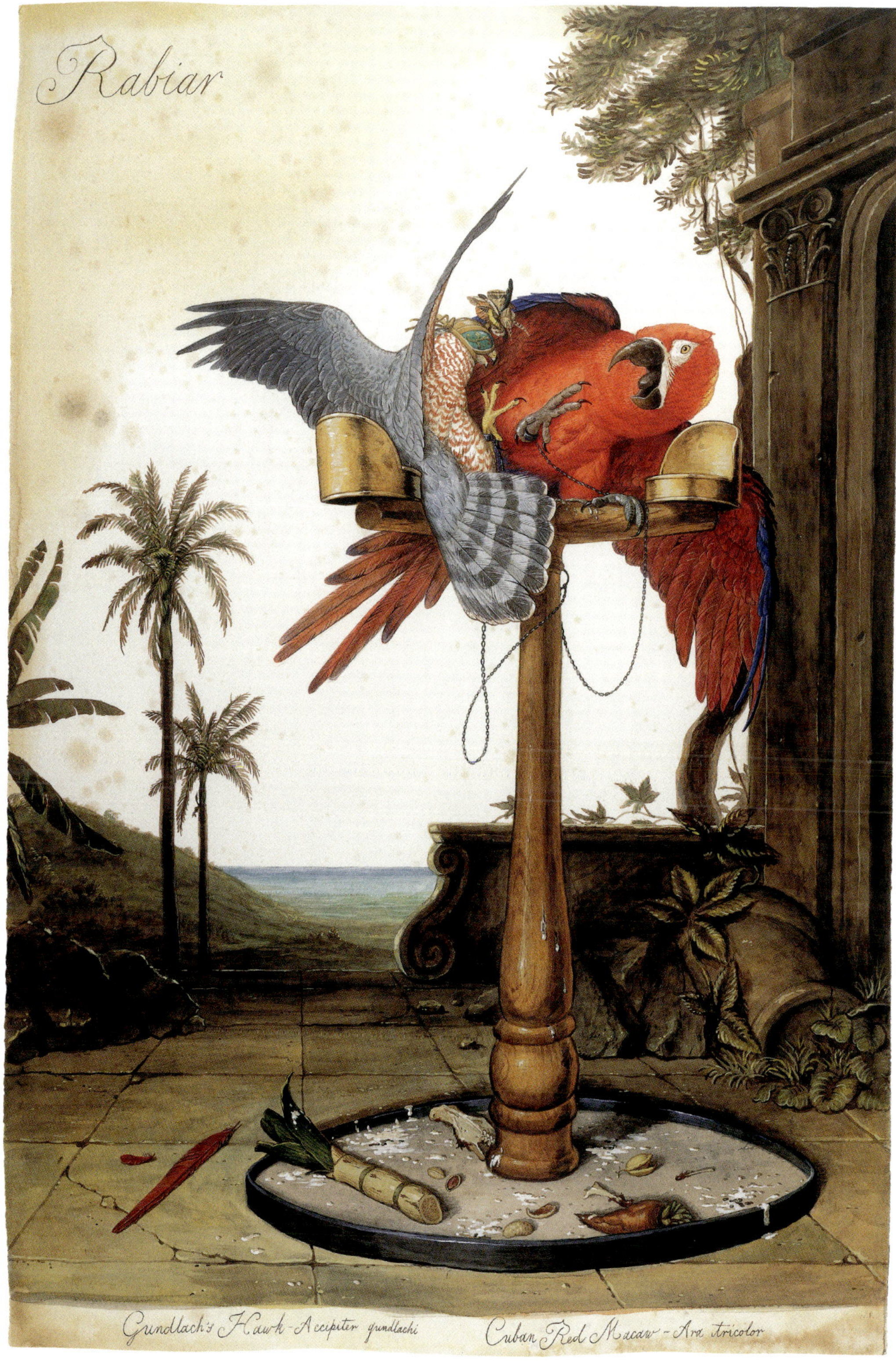

Gundlach's Hawk - Accipiter gundlachi   Cuban Red Macaw - Ara tricolor

La Habana Vieja

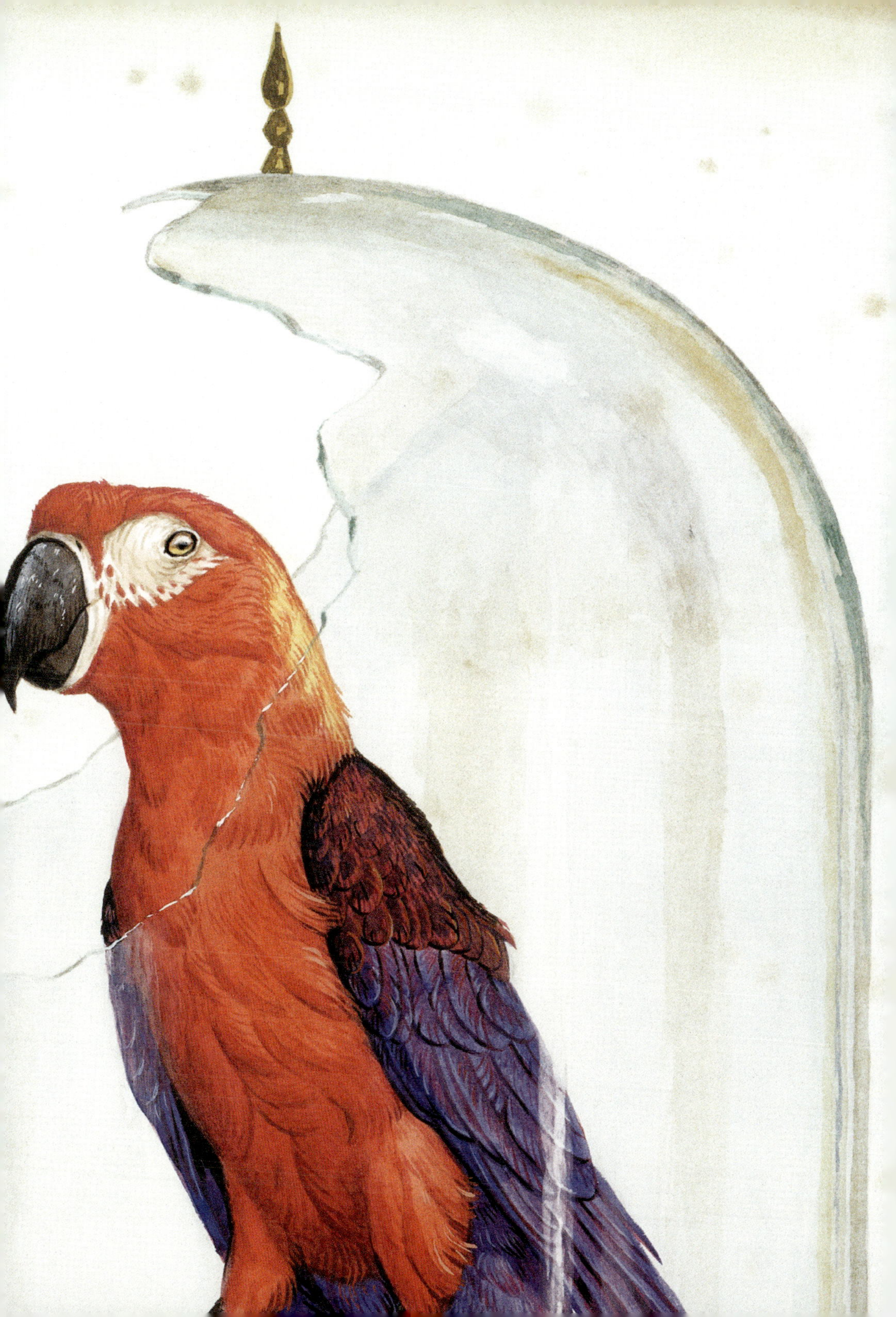

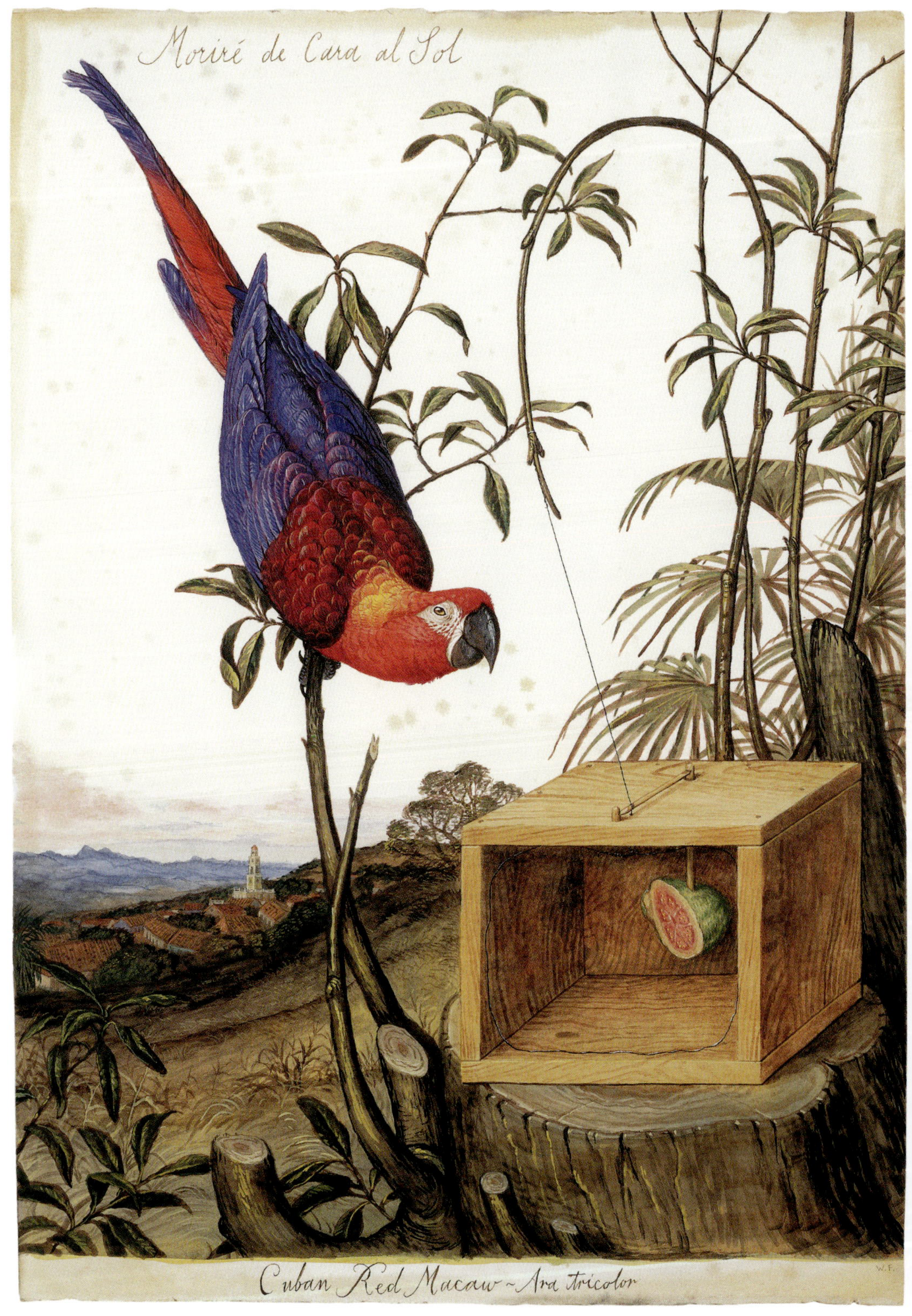

Cuban Red Macaw ~ Ara tricolor

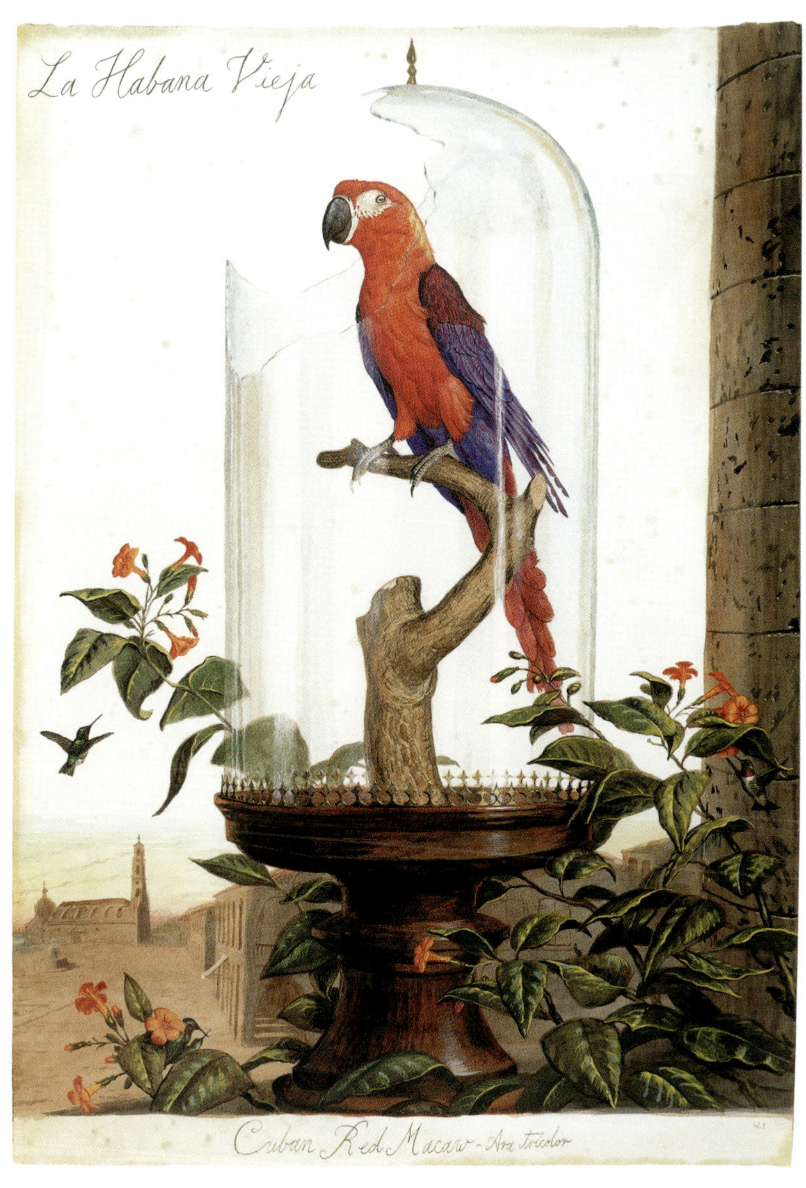

La Habana Vieja
Watercolor, gouache, pencil, and ink on paper
104.8 x 74.3 cm (41¼ x 29¼ in.), 2004

Morire de Cara al Sol
Watercolor, gouache, pencil, and ink on paper
105.4 x 73.7 cm (41½ x 29 in.), 2004

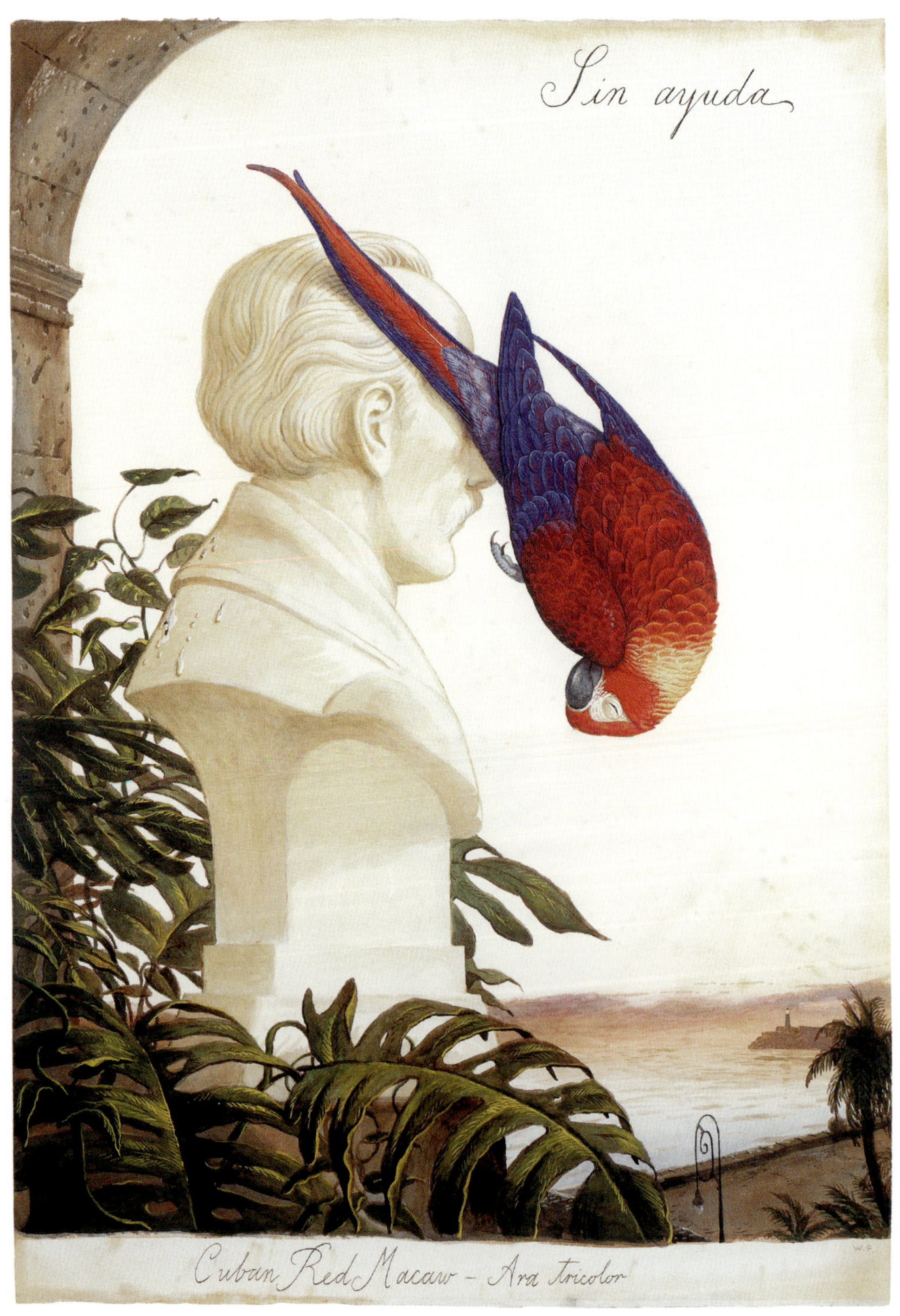

Cuban Red Macaw – Ara tricolor

La forja de un rebelde.

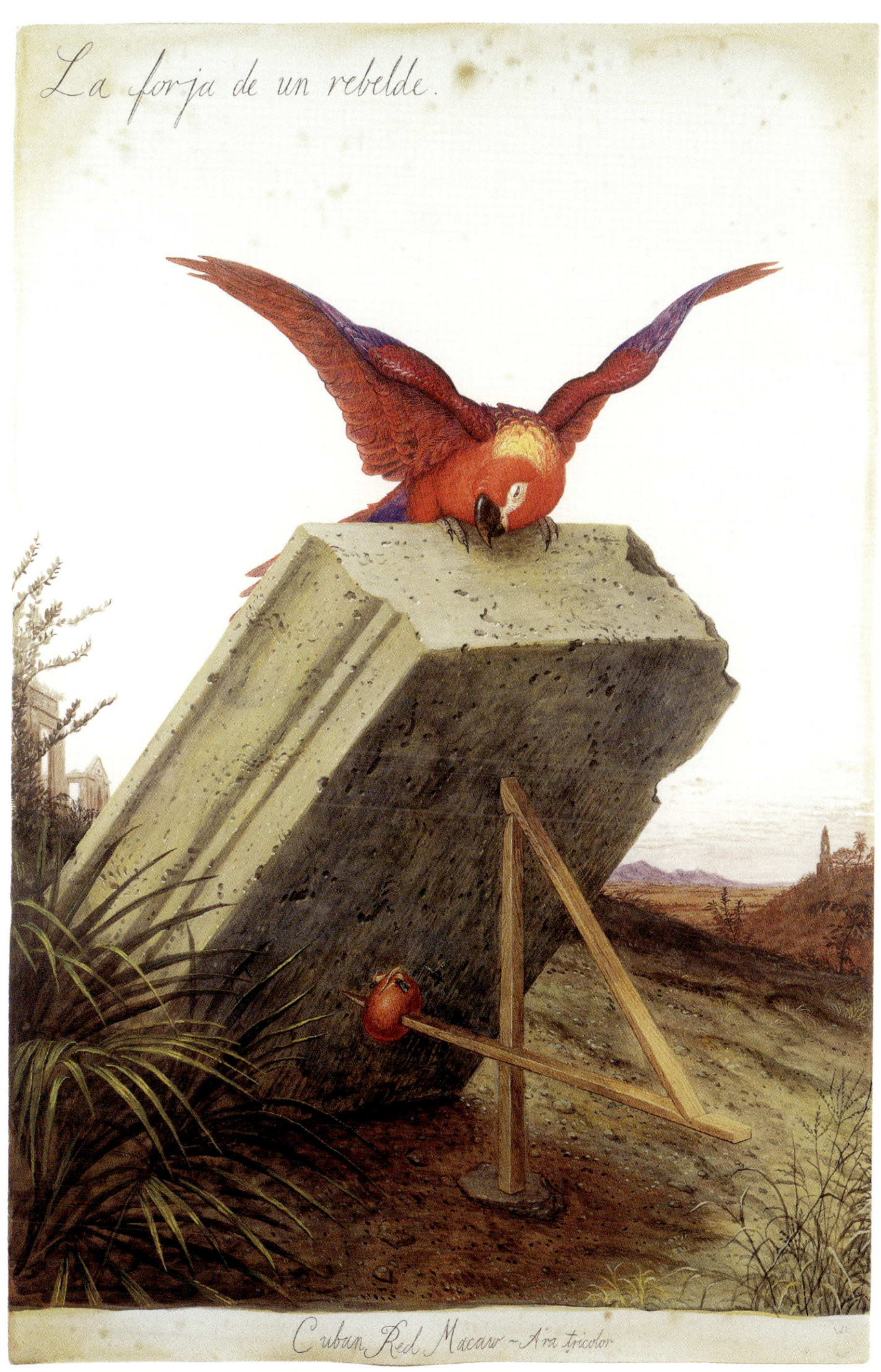

Cuban Red Macaw — Ara tricolor

El Poeta
Watercolor, gouache, pencil, and ink on paper
152.4 x 102.2 cm (60 x 40¼ in.), 2004

Previous spread
Previous spread
Sin ayuda
Watercolor, gouache, pencil, and ink on paper
105.4 x 73.7 cm (41½ x 29 in.), 2004

La forja de un rebelde
Watercolor, gouache, pencil, and ink on paper
152.4 x 101.6 cm (60 x 40 in.), 2004

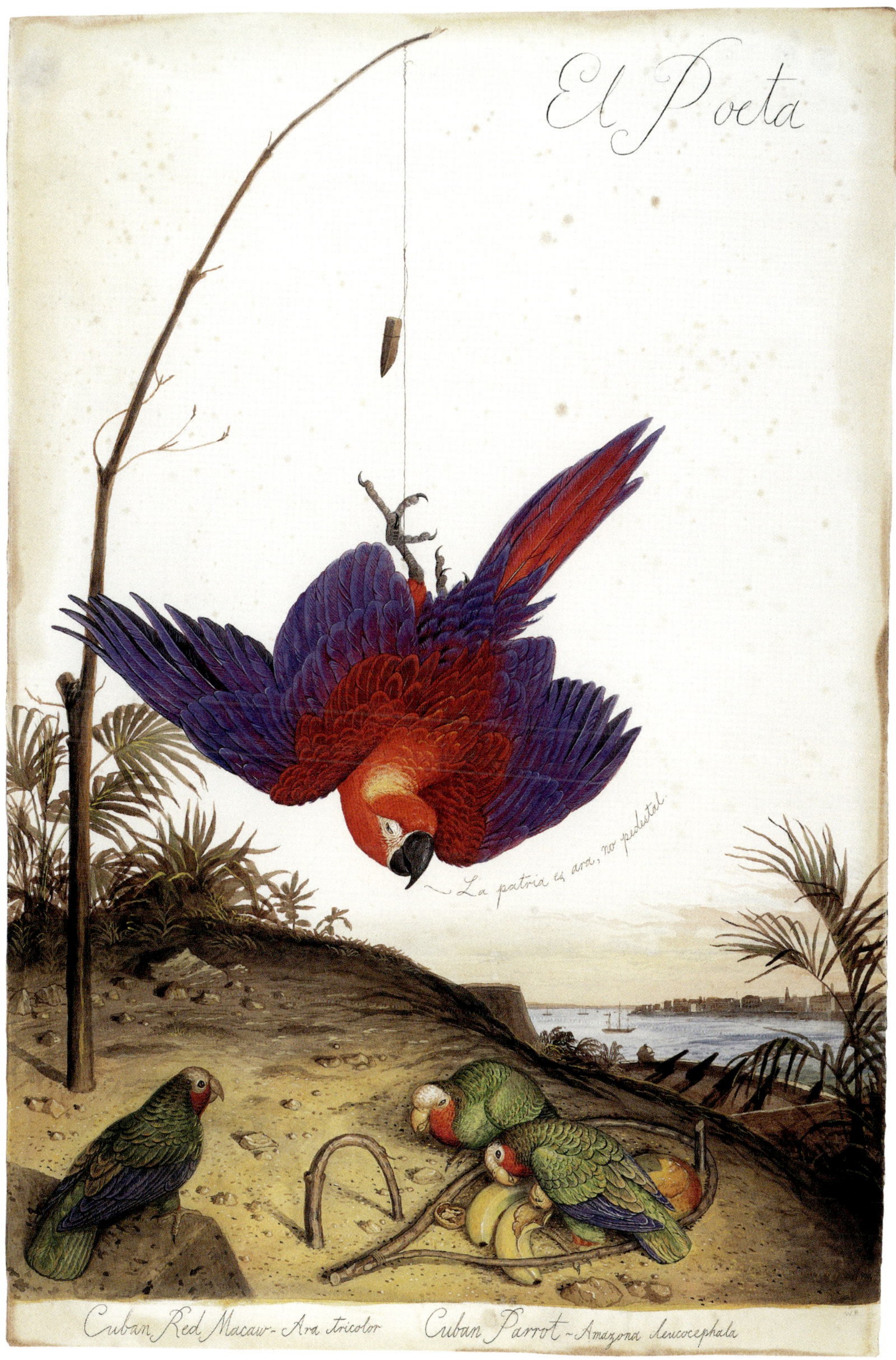

El Poeta
La patria es ara, no pedestal.
Cuban Red Macaw - Ara tricolor
Cuban Parrot - Amazona leucocephala

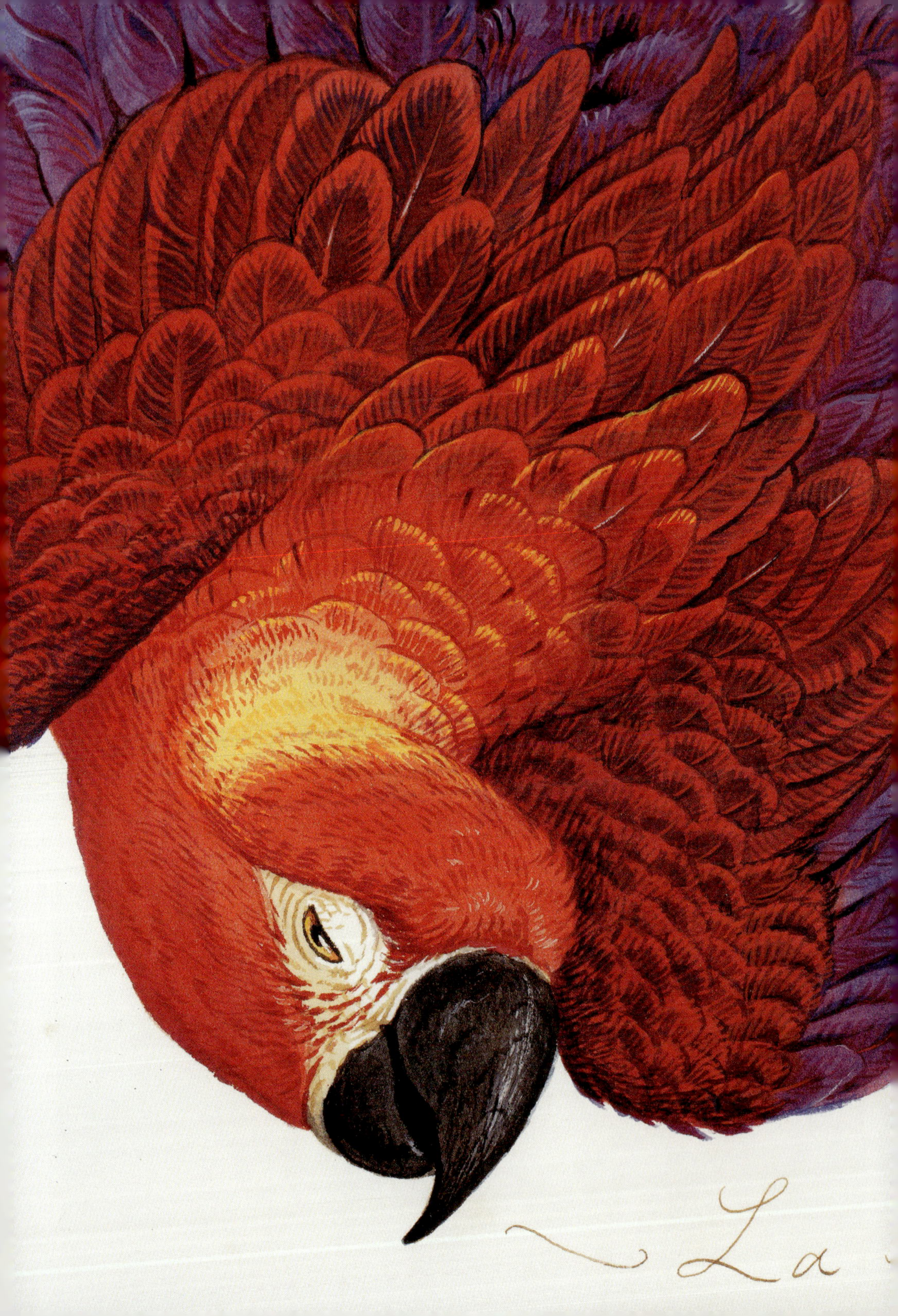
La

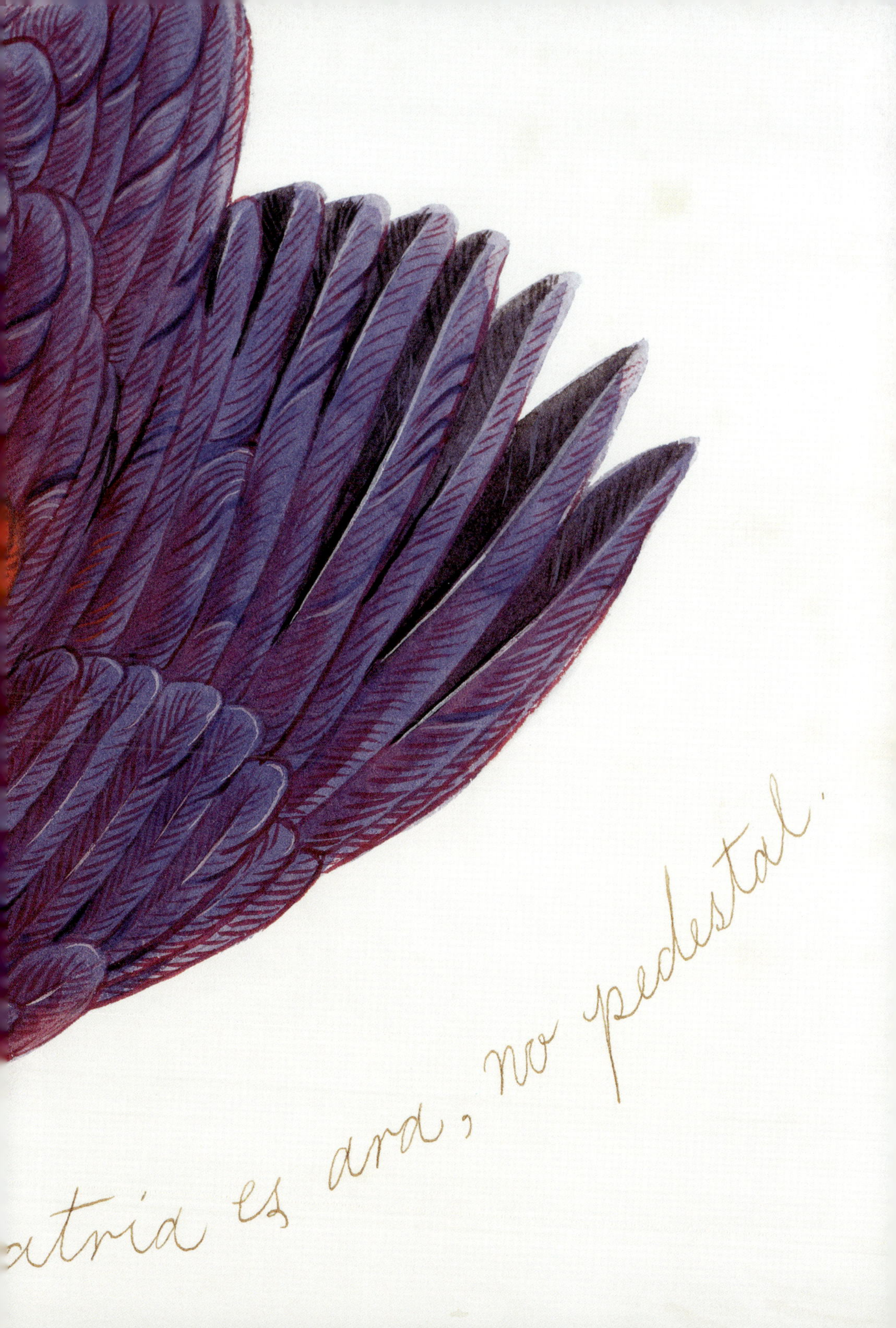
tria es ara, no pedestal.

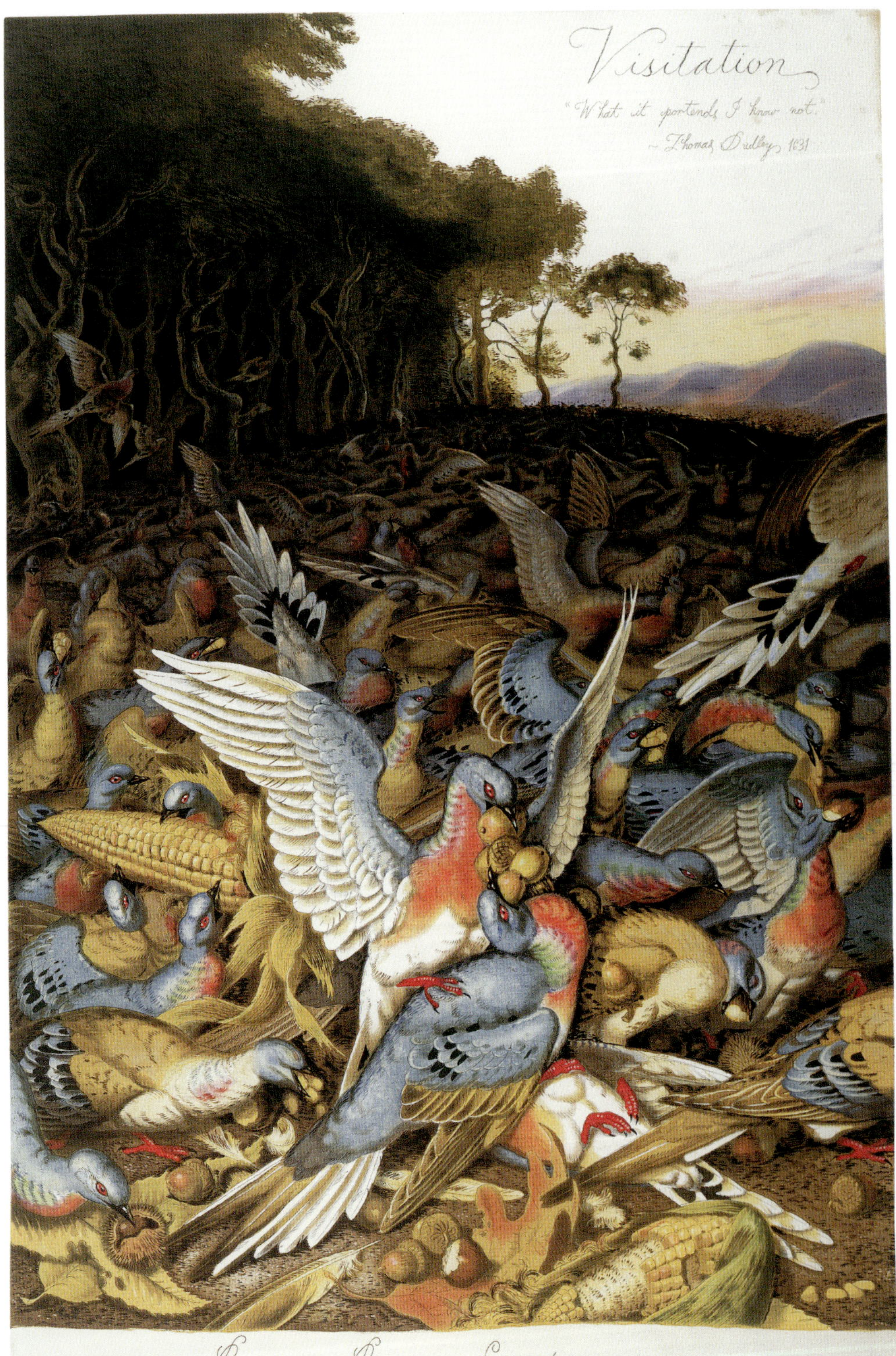

Visitation
"What it portends I know not."
~ Thomas Dudley 1631
Passenger Pigeon ~ Ecopistes migratorius

Visitation

Six-color hard-ground and soft-ground etching,
aquatint, spit-bite aquatint, and drypoint on paper
90.8 x 60.3 cm (35¾ x 23¾ in.), 2004

Page 208 **BIRD LIME**/ ——— An excellent bird-lime may be made also from plain linseed-oil, by boiling it down until it becomes thick and gummy. Thick varnish either plain or mixed with oil, but always free from alcohol, also answers the purpose very well. The limed twigs may be either set in trees or placed on poles and stuck in the ground.

If any of our readers chance to become possessed of an owl, they may look forward to grand success with their limed twigs. It is a well known fact in natural history that the owl is the universal enemy of nearly all our smaller birds. And when, as often happens, a swarm of various birds are seen flying frantically from limb to limb, seeming to centre on a particular tree, and filling the air with their loud chirping, it may be safely concluded that some sleepy owl has been surprised in his day-dozing, and is being severely pecked and punished for his nightly depredations.

Profiting from this fact, the bird catcher often utilizes the owl with great success. Fastening the bird in the crotch of some tree, he adjusts the limed twigs on all sides, even covering the neighboring branches with the gummy substance. No sooner is the owl spied by one bird than the cry is set up, and a score of foes are soon at hand, ready for battle. One by one they alight on the beguiling twigs, and one by one find themselves held fast. The more they flutter the more powerless they become, and the more securely are they held. In this way many valuable and rare birds are often captured./ ——— *William Hamilton Gibson (1850–1896), illustrator, painter, printmaker, naturalist, in the illustrated* CAMP LIFE IN THE WOODS AND THE TRICKS OF TRAPPING AND TRAP MAKING, *Harper and Brothers, 1881.*

***

„Auch aus reinem Leinöl lässt sich ein hervorragender Vogelleim gewinnen, indem man es zerkochen lässt, bis es dick und klebrig wird. Dicker Firnis, entweder rein oder mit Öl gemischt, jedoch stets ohne Alkohol, erfüllt den Zweck ebenso gut. Die mit Leim bestrichenen Zweige können entweder in Bäumen platziert, an Stangen befestigt oder in den Erdboden gesteckt werden.

Sollte einer unserer Leser zufällig einmal in den Besitz einer Eule kommen, dann wird er mit den leimbestrichenen Zweigen außergewöhnlichen Erfolg haben können. Es ist eine in der Naturgeschichte wohlbekannte Tatsache, dass die Eule der natürliche Feind fast all unserer kleineren Vögel ist. Und wenn man, was häufig vorkommt, einen Schwarm unterschiedlicher Vögel aufgeregt von Ast zu Ast flattern sieht, als ob sie sich um einen bestimmten Baum versammeln wollten und dabei die Luft mit ihrem lauten Gezwitscher erfüllen, kann man fast mit Sicherheit darauf schließen, dass sie eine schläfrige Eule in ihrem Dösen am helllichten Tag entdeckt haben, die sie nun für ihre nächtlichen Verwüstungen sticheln und bestrafen.

Dies macht sich der Vogelfänger zunutze und setzt die Eule oft mit großem Erfolg ein. Er bindet das Tier an irgendeiner Astgabel fest, arrangiert rundherum die leimbestrichenen Zweige und bepinselt sogar die benachbarten Äste mit der klebrigen Substanz. Kaum hat nur ein Vogel die Eule ausgemacht, macht er auch schon Alarm und sofort ist ein Dutzend von Kampfgefährten zur Stelle. Einer nach dem anderen landen sie auf den verlockenden Ästen und bleiben daran kleben. Je mehr sie flattern, desto schwächer werden sie und desto fester haften sie. Oft werden auf diese Weise viele wertvolle und seltene Vögel gefangen." / ——— *Auszug aus dem illustrierten Buch* CAMP LIFE IN THE WOODS AND THE TRICKS OF TRAPPING AND TRAP MAKING, *Harper and Brothers (1881) von William Hamilton Gibson (1850–1896), Illustrator, Maler, Grafiker und Naturforscher.*

***

Pour attraper les oiseaux, on peut aussi fabriquer une excellente glu à partir d'huile de lin, qu'on fait bouillir et réduire jusqu'à obtention d'une pâte collante. Un vernis épais, utilisé seul ou mélangé à de l'huile, mais jamais d'alcool, constitue aussi un excellent piège. On pourra placer des brindilles enduites de glu dans les arbres ou les fixer à des pieux que l'on plante dans le sol.

Ceux de nos lecteurs qui ont la chance de posséder une chouette ou un hibou peuvent espérer un grand succès avec ce procédé. C'est un fait bien connu en histoire naturelle que ces prédateurs nocturnes sont les ennemis universels de la quasi-totalité de nos oiseaux de plus petite taille. Et lorsque, comme il arrive souvent, on observe une nuée d'oiseaux variés voler frénétiquement de branche en branche, paraissant se concentrer sur un arbre particulier, et emplissant l'air du bruit de leurs pépiements, on peut sans risque en déduire qu'ils ont dérangé un de ces rapaces dans son sommeil diurne et qu'ils le punissent avec force coups de bec de ses ravages nocturnes.

Profitant de cette occasion, l'attrapeur d'oiseaux peut alors réussir une capture fructueuse. Il suffit d'attacher la chouette ou le hibou sur une fourche de l'arbre, de l'entourer de brindilles engluées, et même de badigeonner de glu les branches environnantes. À peine un seul oiseau a-t-il repéré le rapace endormi, qu'il se met à crier, attirant bientôt une foule d'ennemis prêts à livrer bataille. L'un après l'autre, les oiseaux se posent sur les rameaux piégés, dont ils deviennent l'un après l'autre prisonniers. Plus ils battent des ailes, plus ils sont impuissants à s'envoler, plus le piège se resserre. On peut souvent attraper par ce procédé grand nombre d'oiseaux rares et précieux./ ——— *William Hamilton Gibson (1850–1896), peintre, illustrateur, graveur et naturaliste, extrait de* CAMP LIFE IN THE WOODS AND THE TRICKS OF TRAPPING AND TRAP MAKING *(« Camper dans les bois, procédés et fabrication de pièges »), Harper and Brothers, 1881.*

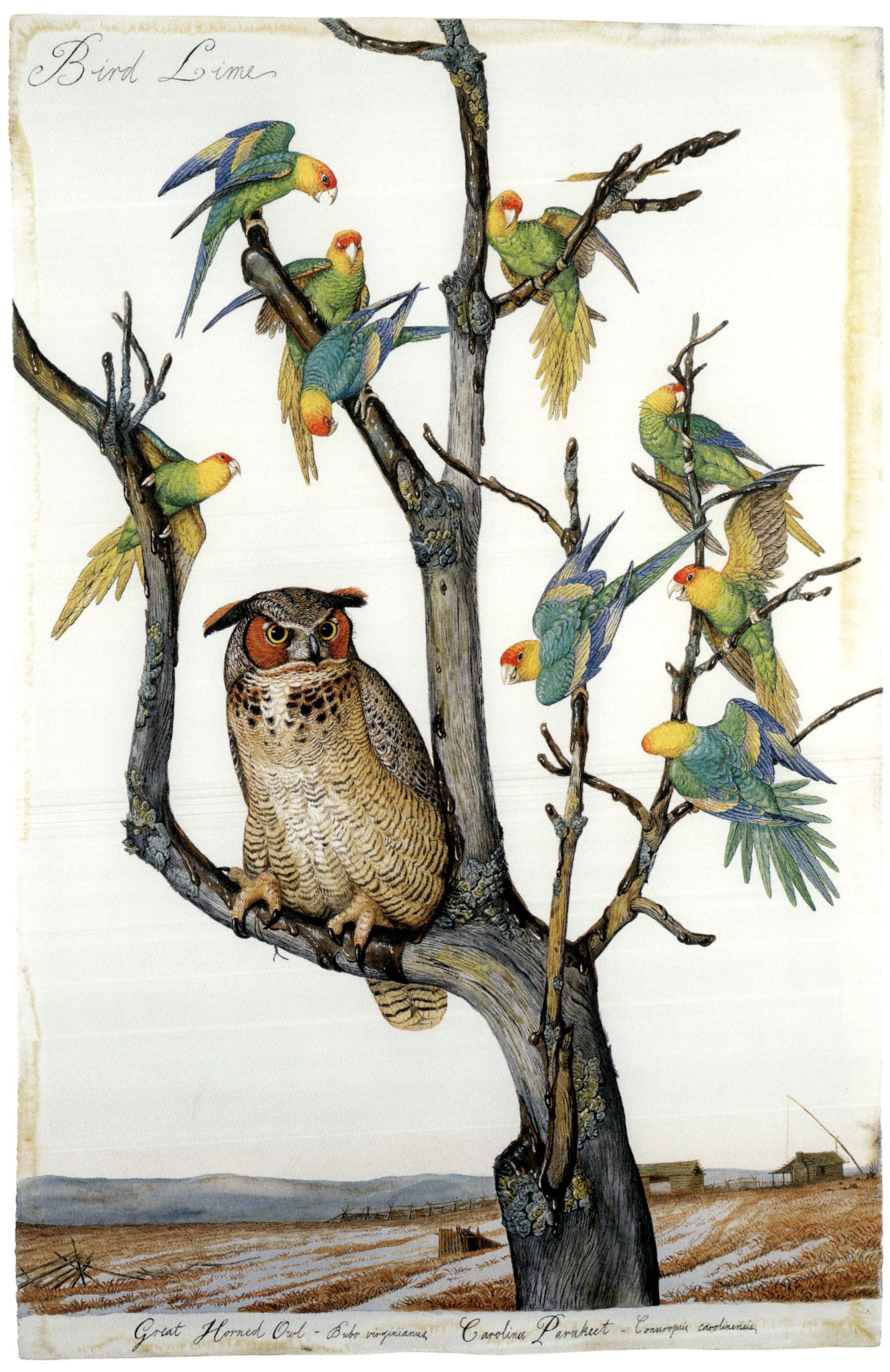
Bird Lime
Great Horned Owl - Bubo virginianus   Carolina Parakeet - Conuropsis carolinensis

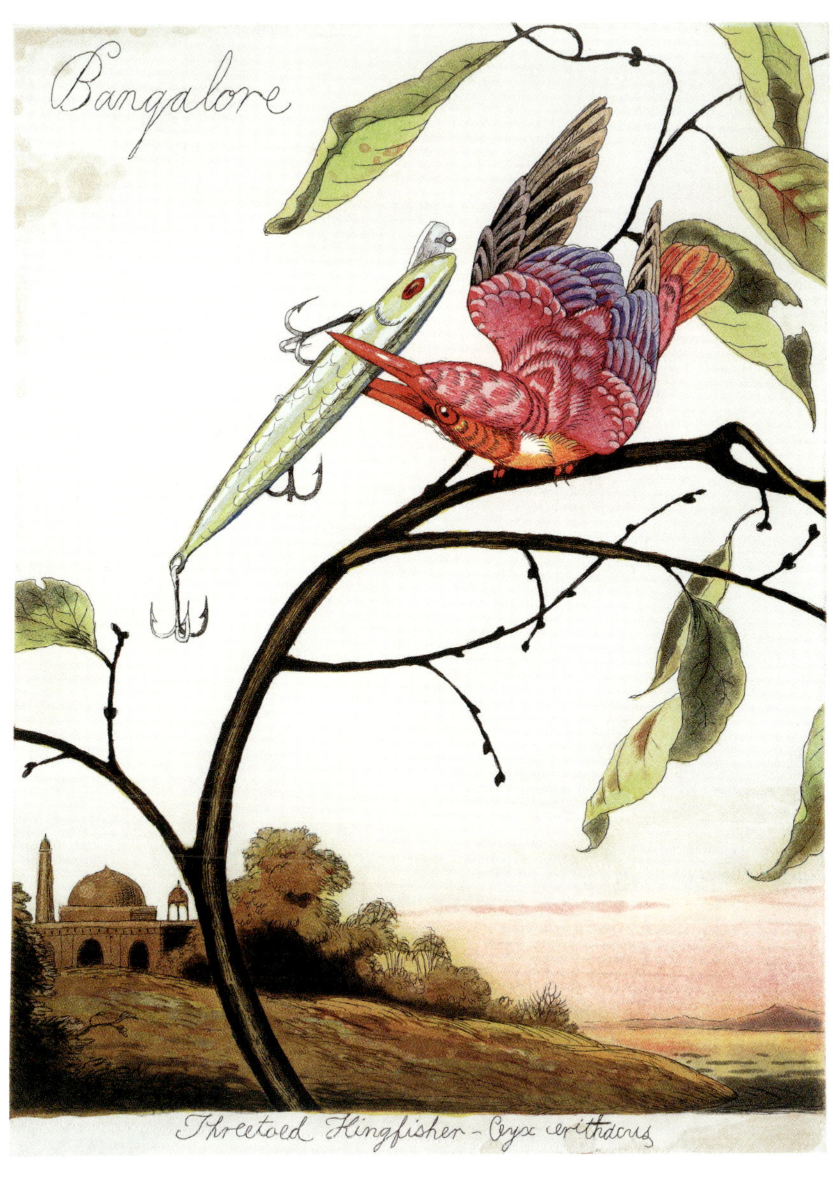

Bangalore
Five-plate hard-ground etching, aquatint,
spit-bite aquatint, and drypoint on paper
30.5 x 22.9 cm (12 x 9 in.), 2004

Bird Lime
Watercolor, gouache, pencil, and ink on paper
151.1 x 101.6 cm (59½ x 40 in.), 2005

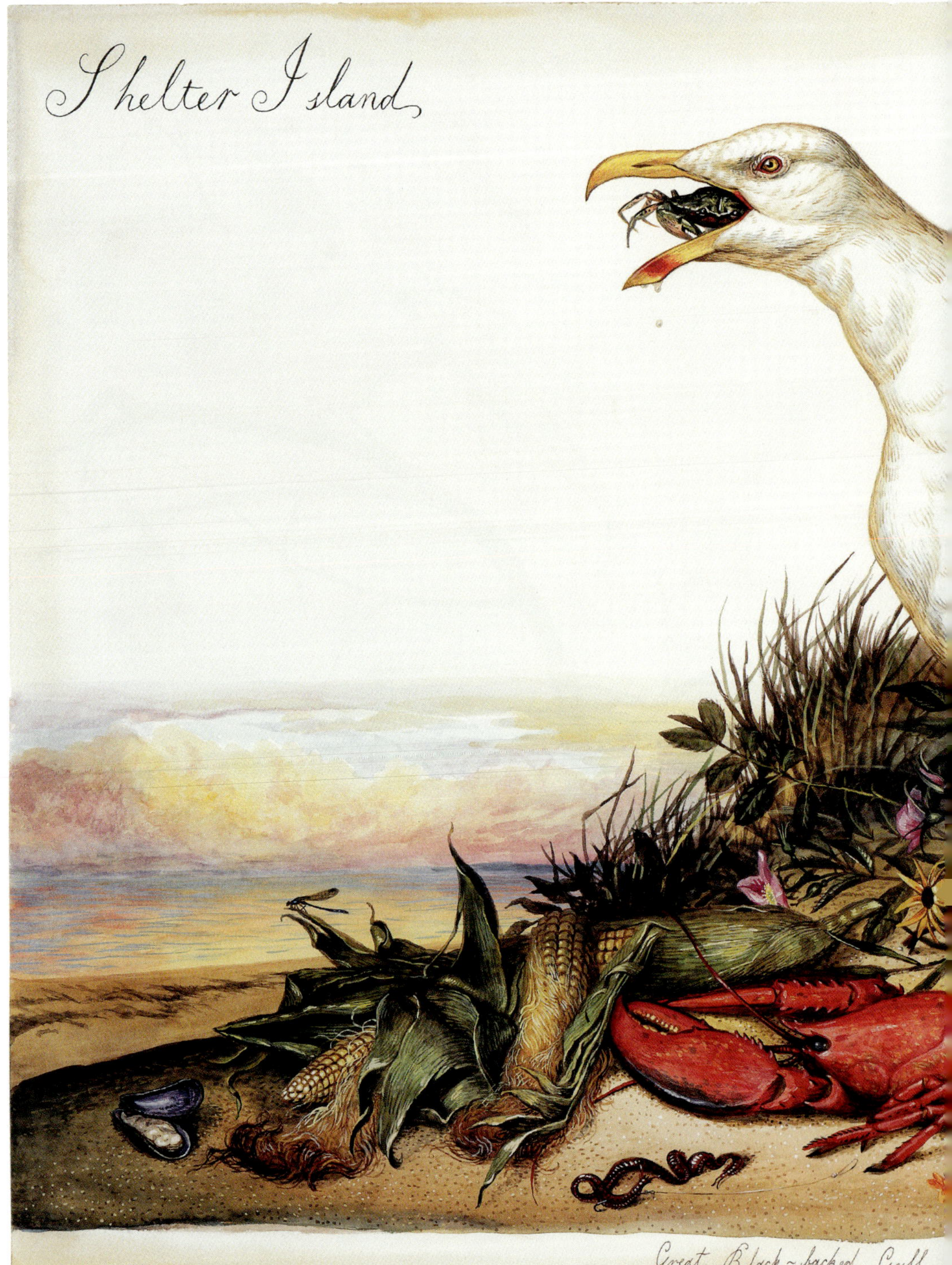

Shelter Island
Great Black~backed Gull

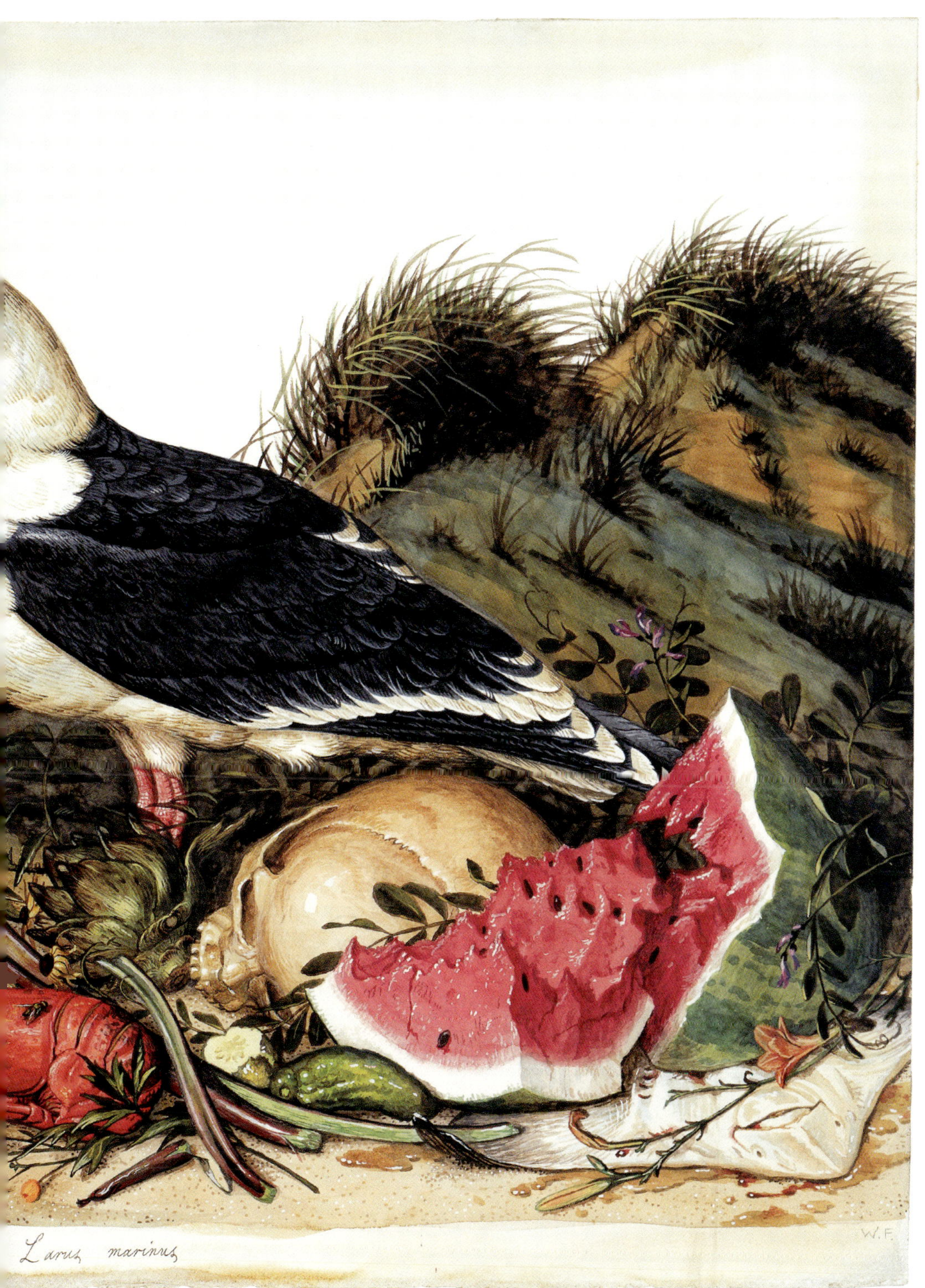

Larus marinus
W. F

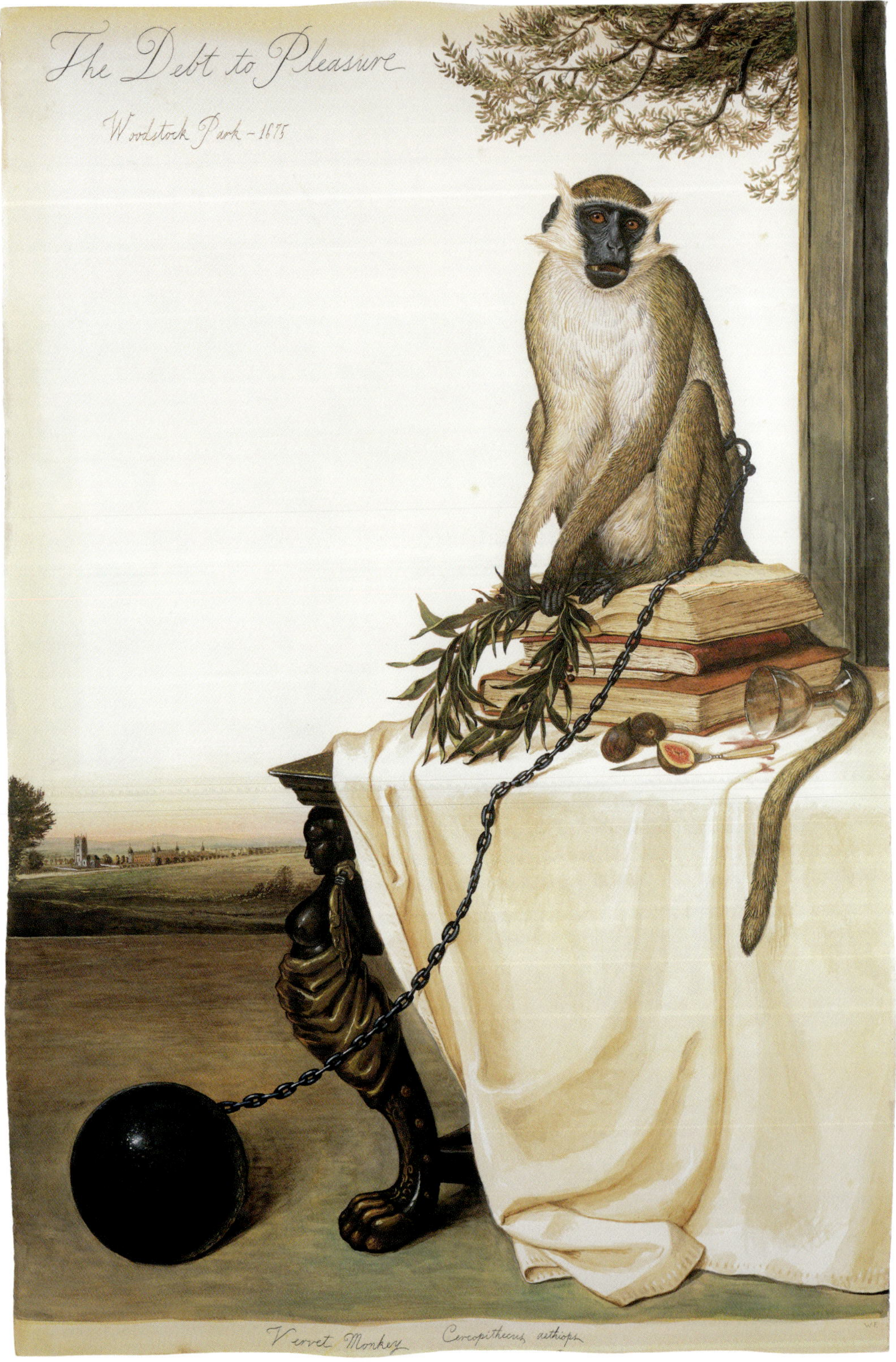
The Debt to Pleasure
Woodstock Park - 1675
Vervet Monkey   Cercopithecus aethiops

Shelter Island
Watercolor, gouache, pencil, and ink on paper
82.6 x 127 cm (32½ x 50 in.), 2006

The Debt to Pleasure
Watercolor, gouache, pencil, and ink on paper
151.1 x 101.6 cm (59½ x 40 in.), 2006

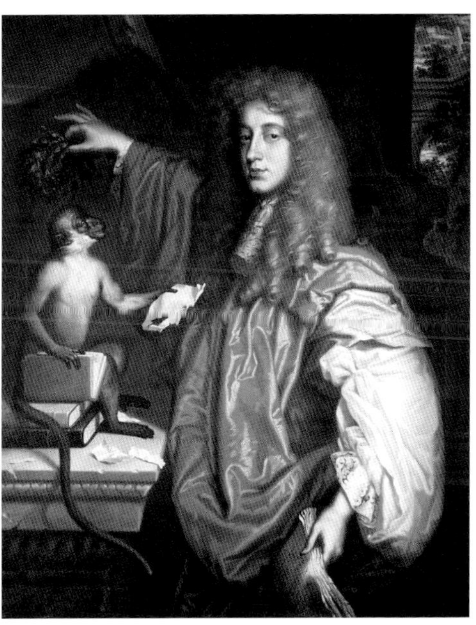

JOHN WILMOT, SECOND EARL OF ROCHESTER *by Jacob Huysmans, ca. 1675. British satirical poet and courtier John Wilmot (1647–1680) was one of the Restoration Era's most notorious libertines. In addition to his frequent forays with liquor and women, he famously had a trained pet monkey.*

Jack on His Deathbed
Watercolor, gouache, pencil, and ink on paper
101.3 x 151.1 cm (39⅞ x 59½ in.), 2005

Next spread **JACK ON HIS DEATHBED/** ——— Jack is greatly improved, but bites now & then as Yr Lp may remember he could when you was here. The battles between him & my Boy Gaetano (whom you may remember to have a St Januarius, a I.C., & a Pulinchinello tattooed on his arm) when he is naked & going into the Sea with me in the morning are really curious. He never bites him but plays him all sorts of tricks, his favourite one is to pull him by his ——— & then he always smells his fingers; the other day he pull'd rather hard & the boy clapped his two hands upon it whenever the monkey approached. Jack made use of a most excellent expedient to put the Boy off his guard. He passed by him & kept his hind parts close to the Boy who was setting at the head of the boat, & who no longer fearing him removed his hands; Jack who was squinting back immediately seized his prey with one of his feet, which you know are equally handy, & held him fast to the great entertainment of the Watermen & myself./ ——— *British Envoy to Naples at the end of the 18th century, volcanologist and antiquities expert Sir William Hamilton (1730–1803), wrote of his mischievous and excitable pet monkey Jack in 1779. Excerpted from* FIELDS OF FIRE: A LIFE OF SIR WILLIAM HAMILTON *by David Constantine, Weidenfeld and Nicholson, 2001.*

„Jack hat großartige Fortschritte gemacht, doch ab & an beißt er, Eure Lordschaft erinnern sich vielleicht, dass er das manchmal tat, als Ihr hier wart. Die Keilereien zwischen ihm & meinem Burschen Gaetano (an den Ihr Euch sicher erinnert, er hat einen St. Januarius, ein I.C. & einen Pulinchinello auf seinem Arm tätowiert), wenn er morgens mit mir nackt im Meer baden geht, sind wirklich amüsant. Er beißt ihn nie, aber er führt ihn ganz schön an der Nase herum, am allerliebsten zieht er ihn an seinem ——— & schnuppert anschließend an seinen Fingern. Einmal zog er ziemlich fest & sobald sich der Affe näherte, legte der Bursche beide Hände schützend darüber. Jack machte uns höchst geschickt vor, wie er den Burschen zur Unaufmerksamkeit verleitete. Er schlüpfte an ihm vorbei & hielt dabei sein Hinterteil nah an dem Burschen, der sich am Bug des Bootes niederließ & nun, da er meinte, nichts mehr befürchten zu müssen, seine Hände wegnahm. Jack blinzelte nach hinten, packte seine Beute sofort mit einem seiner Füße, die ja, wie Ihr wisst, wie Hände funktionieren & hielt ihn, zur großen Belustigung der Fährleute & meiner Person, ordentlich fest."/ ——— *Sir William Hamilton (1730–1803), Vulkanologe und Altertumsexperte, Ende des 18. Jahrhunderts britischer Gesandter in Neapel, schrieb 1779 über seinen schelmischen und erregbaren zahmen Affen Jack. Auszug aus* FIELDS OF FIRE: A LIFE OF SIR WILLIAM HAMILTON *von David Constantine, George Weidenfeld & Nicholson (2001).*

Jack a fait de gros progrès, mais il mord encore de temps à autre comme, Votre Seigneurie s'en souvient peut-être, il lui arrivait de le faire lors de votre séjour ici. De curieuses batailles l'opposent à mon Boy Gaetano (qui porte au bras, vous vous le rappelez peut-être, un saint Janvier, un Jésus-Christ et un Polichinelle tatoués), lorsqu'il est nu pour sortir en mer avec moi le matin. Le singe ne le mord jamais, mais lui joue toutes sortes de tours, son favori consistant à le tirer par la ———— et à se sentir ensuite les doigts ; il a tiré un peu fort l'autre jour, si bien que le Boy se plaquait les mains sur l'entrejambe chaque fois que le singe approchait de lui. Jack nous a montré un excellent moyen de tromper la vigilance de sa victime. Il passait en lui tournant le dos près du Boy posté à l'avant du bateau qui, rassuré, enlevait ses mains ; l'œil en coin, Jack saisissait immédiatement sa proie avec un de ses pieds, dont vous savez qu'ils sont aussi adroits, et la maintenait prisonnière, au grand amusement des bateliers comme de moi-même./ ——— *Émissaire britannique à Naples à la fin du XVIIIe siècle, Sir William Hamilton (1730–1803), volcanologue et expert en antiquités, décrivit en 1779 les espiègleries de Jack, son singe apprivoisé. Extrait de* FIELDS OF FIRE: A LIFE OF SIR WILLIAM HAMILTON *(« Champs de feu, une vie de Sir William Hamilton »), de David Constantine, Weidenfeld and Nicholson, 2001.*

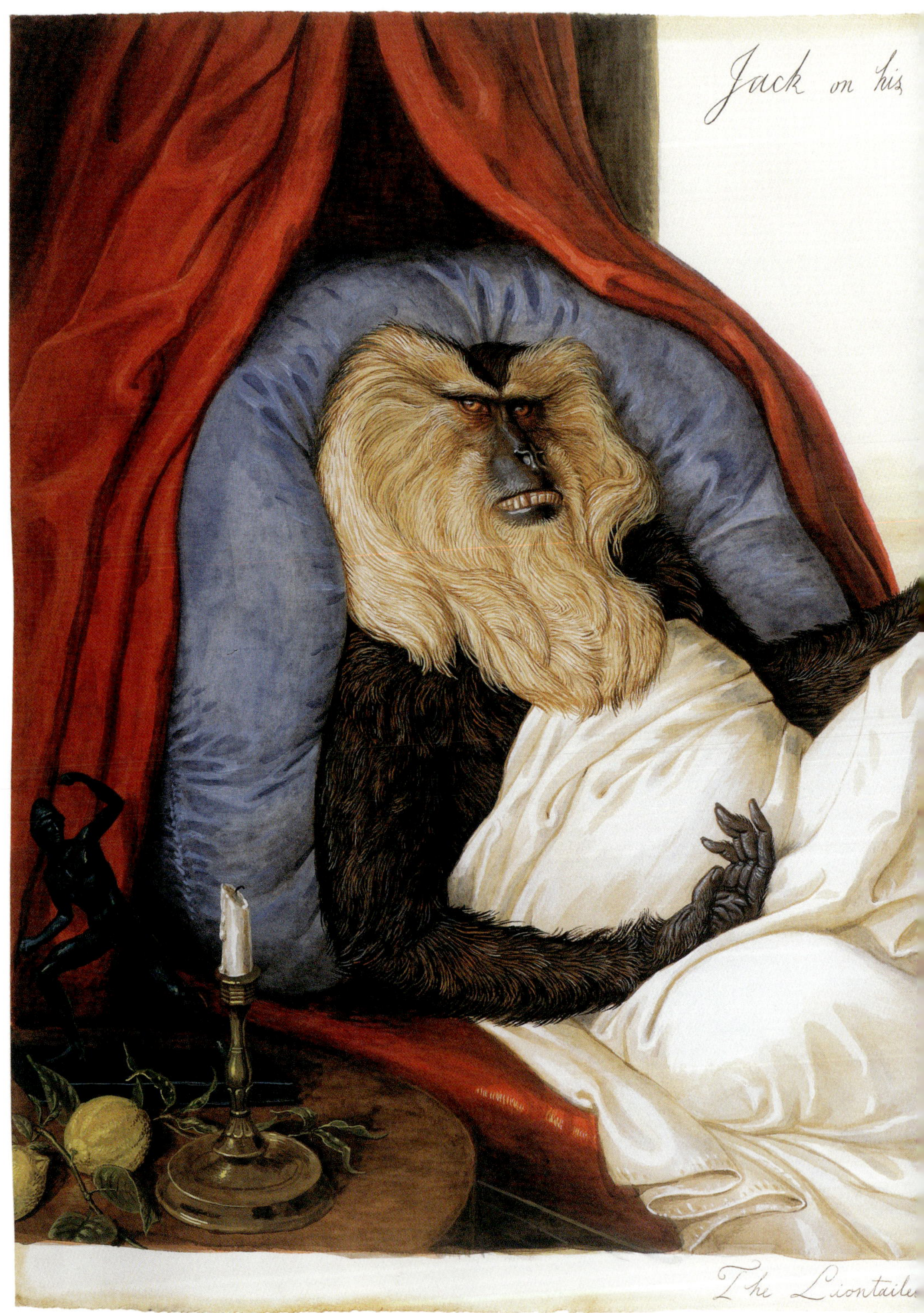
Jack on his
The Liontaile

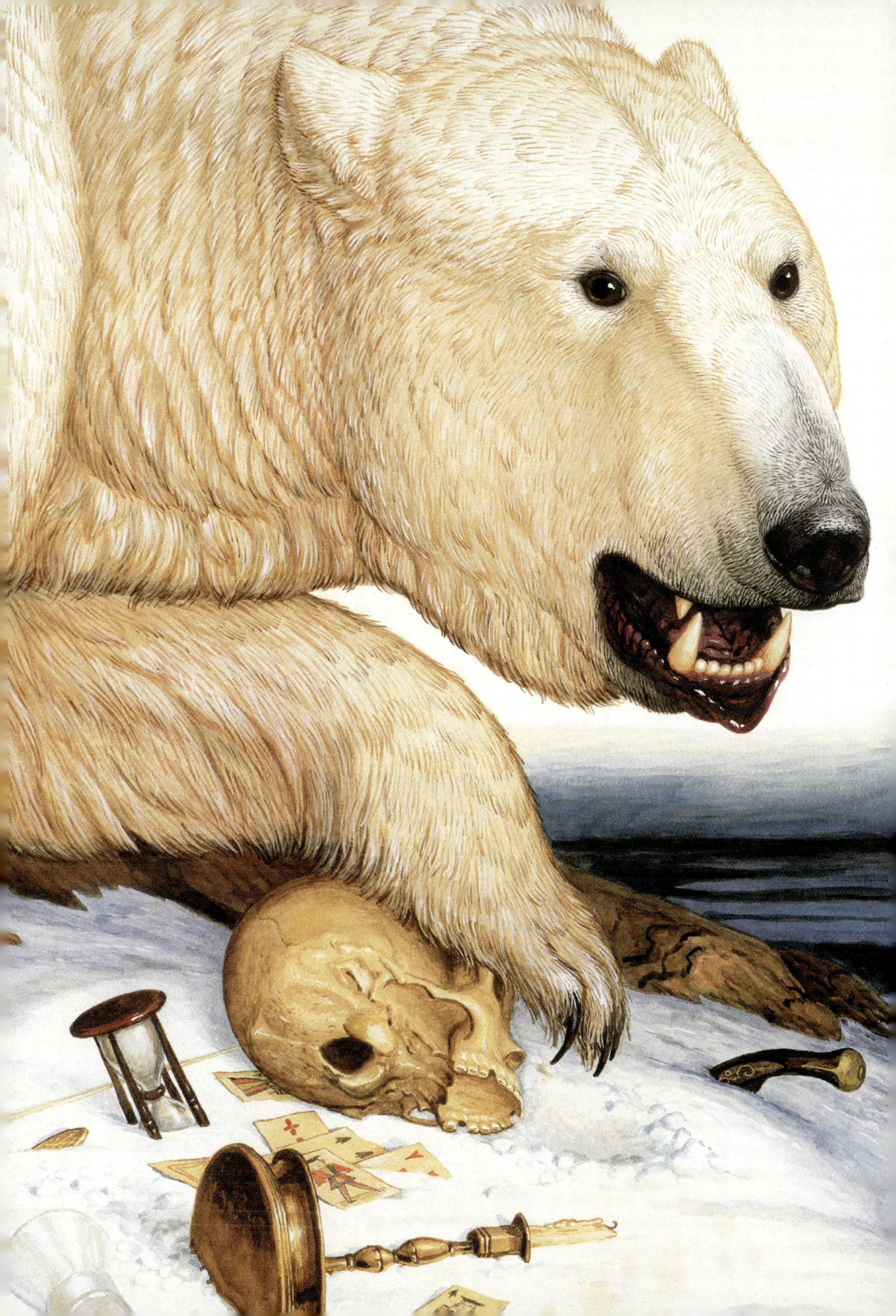

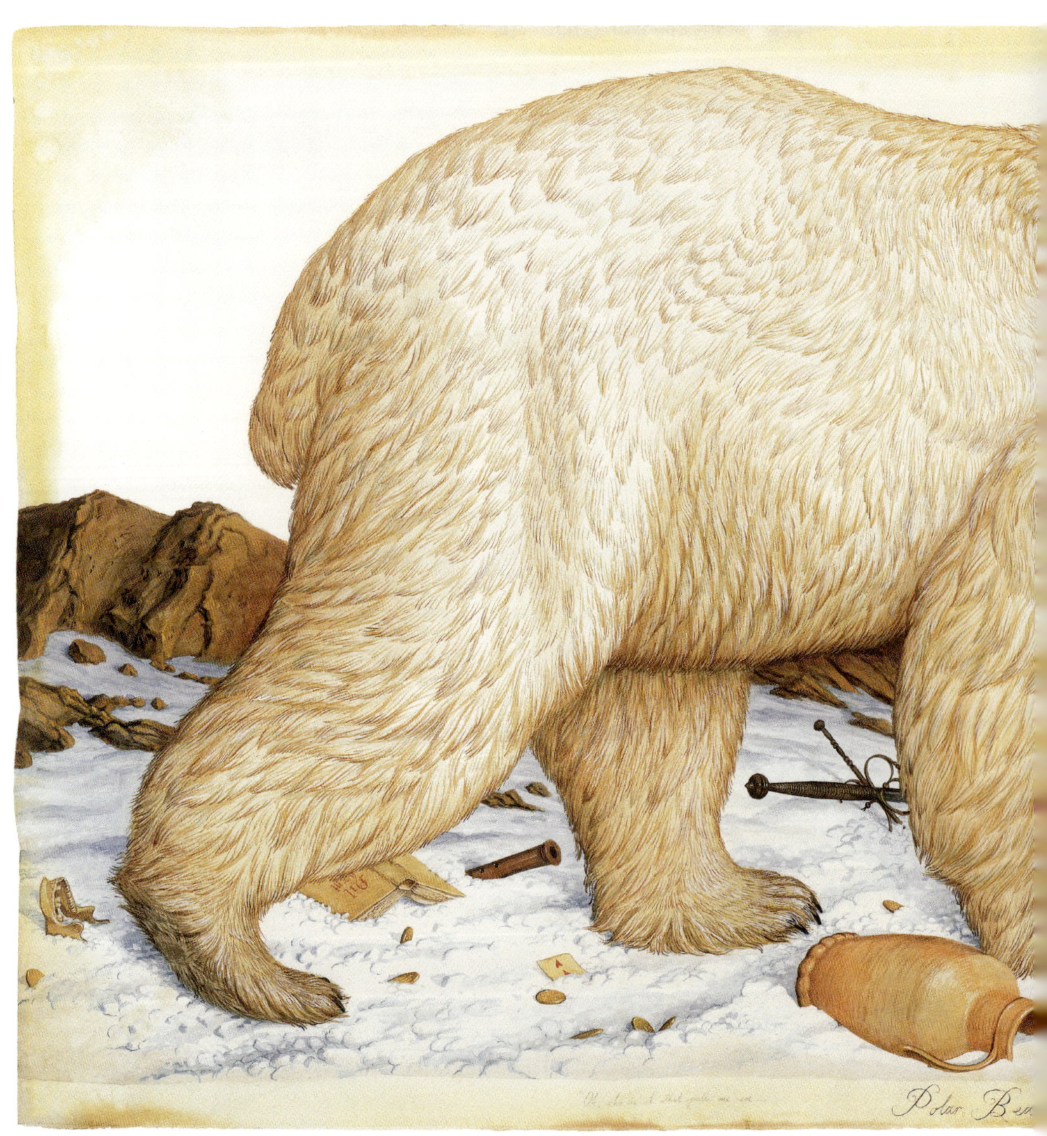

Polar Bea

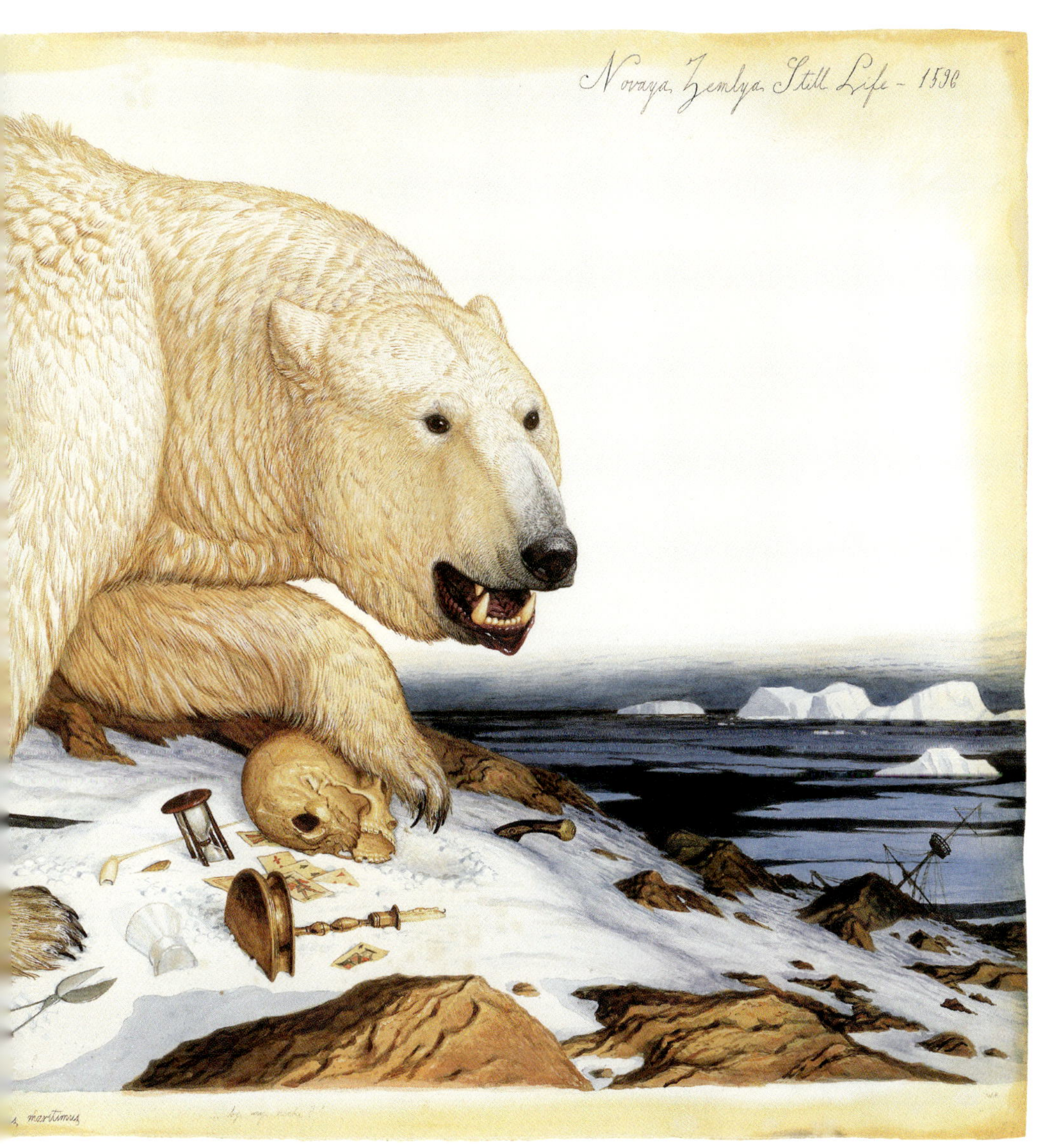

Novaya Zemlya Still Life - 1596

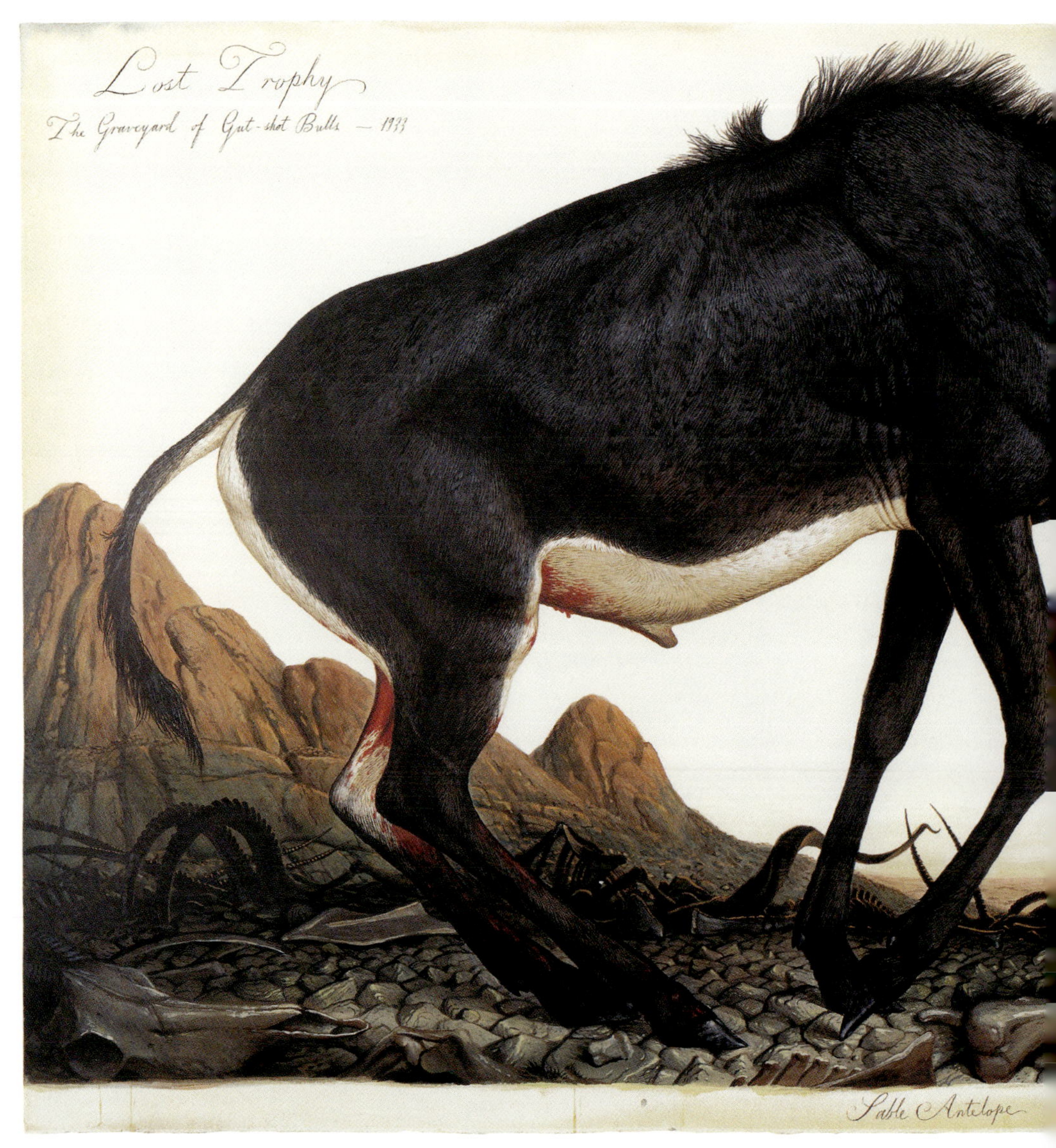

Lost Trophy

Watercolor, gouache, pencil, and ink on paper
154.3 x 303.5 cm (60¾ x 119½ in.), 2005

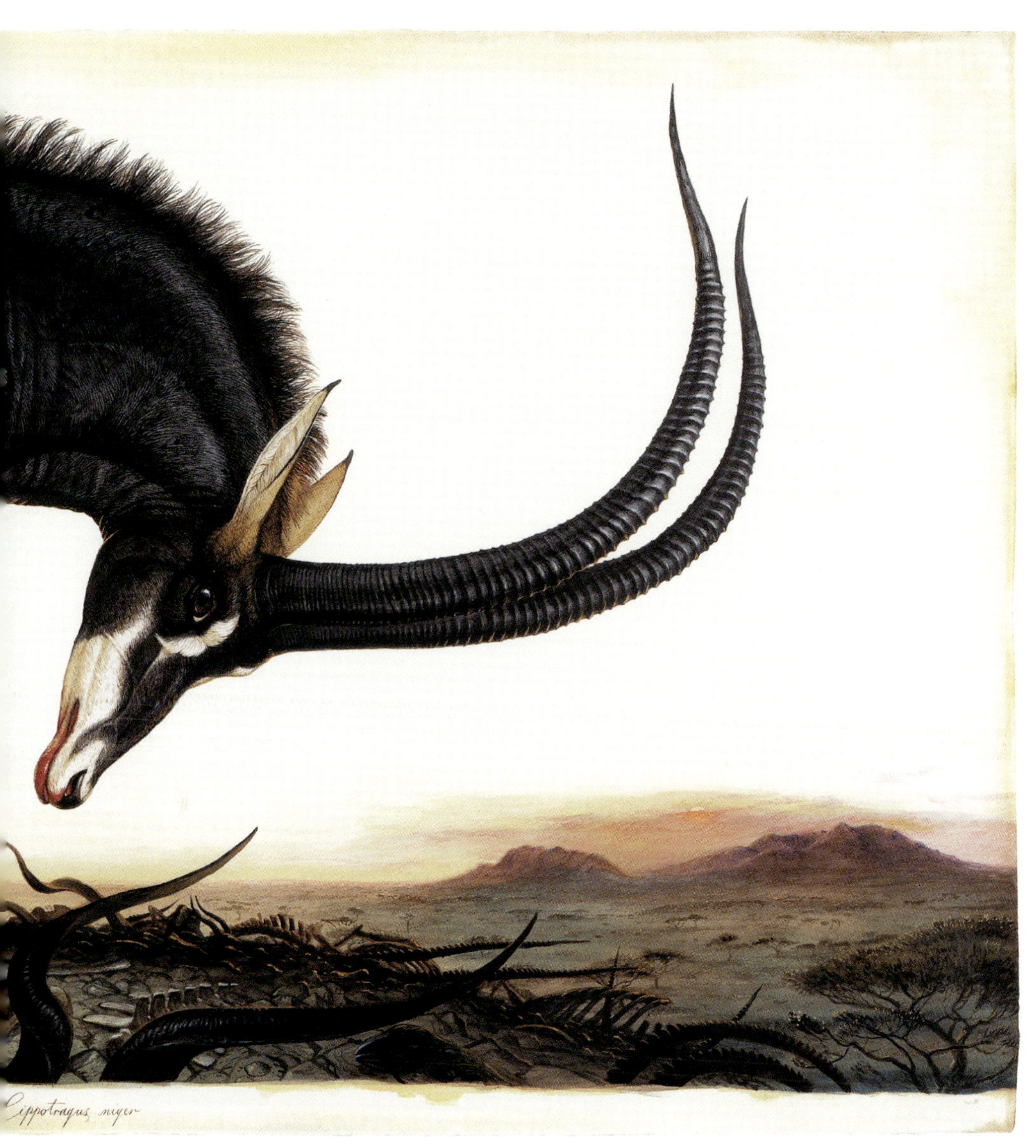
Hippotragus niger

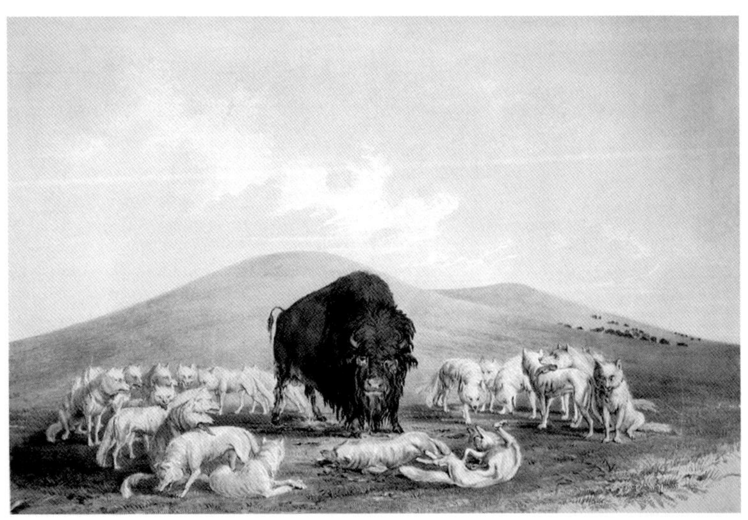

LE JARDIN/ ——— We discovered at a distance, a huge bull, encircled with a gang of white wolves; we rode up as near as we could without driving them away, and being within pistol shot, we had a remarkably good view, where I sat for a few moments and made a sketch in my note-book; after which, we rode up and gave the signal for them to disperse, which they instantly did, withdrawing themselves to the distance of fifty or sixty rods, when we found to our great surprise, that the animal had made desperate resistance, until his eyes were entirely eaten out of his head—the grizzle of his nose was mostly gone—his tongue was half eaten off, and the skin and flesh of his legs torn almost literally into strings. In this tattered and torn condition, the poor old veteran stood bracing up in the midst of his devourers, who had ceased hostilities for a few minutes, to enjoy a sort of parley, recovering strength and preparing to resume the attack in a few moments again. In this group, some were reclining, to gain breath, whilst others were sneaking about and licking their chaps in anxiety for a renewal of the attack; and others, less lucky, had been crushed to death by the feet or the horns of the bull. I rode nearer to the pitiable object as he stood bleeding and trembling before me, and said to him, "Now is your time, old fellow, and you had better be off." Though blind and nearly destroyed, there seemed evidently to be a recognition of a friend in me, as he straightened up, and, trembling with excitement, dashed off at full speed upon the prairie, in a straight line. We turned our horses and resumed our march, and when we had advanced a mile or more, we looked back, and on our left, where we saw again the ill-fated animal surrounded by his tormentors, to whose insatiable voracity he unquestionably soon fell a victim./ ——— *George Catlin, writing in Upper Missouri, at the mouth of the Teton River, in* LETTERS AND NOTES ON THE MANNERS, CUSTOMS, AND CONDITIONS OF THE NORTH AMERICAN INDIANS, *Tosswill and Myers, 1841.*

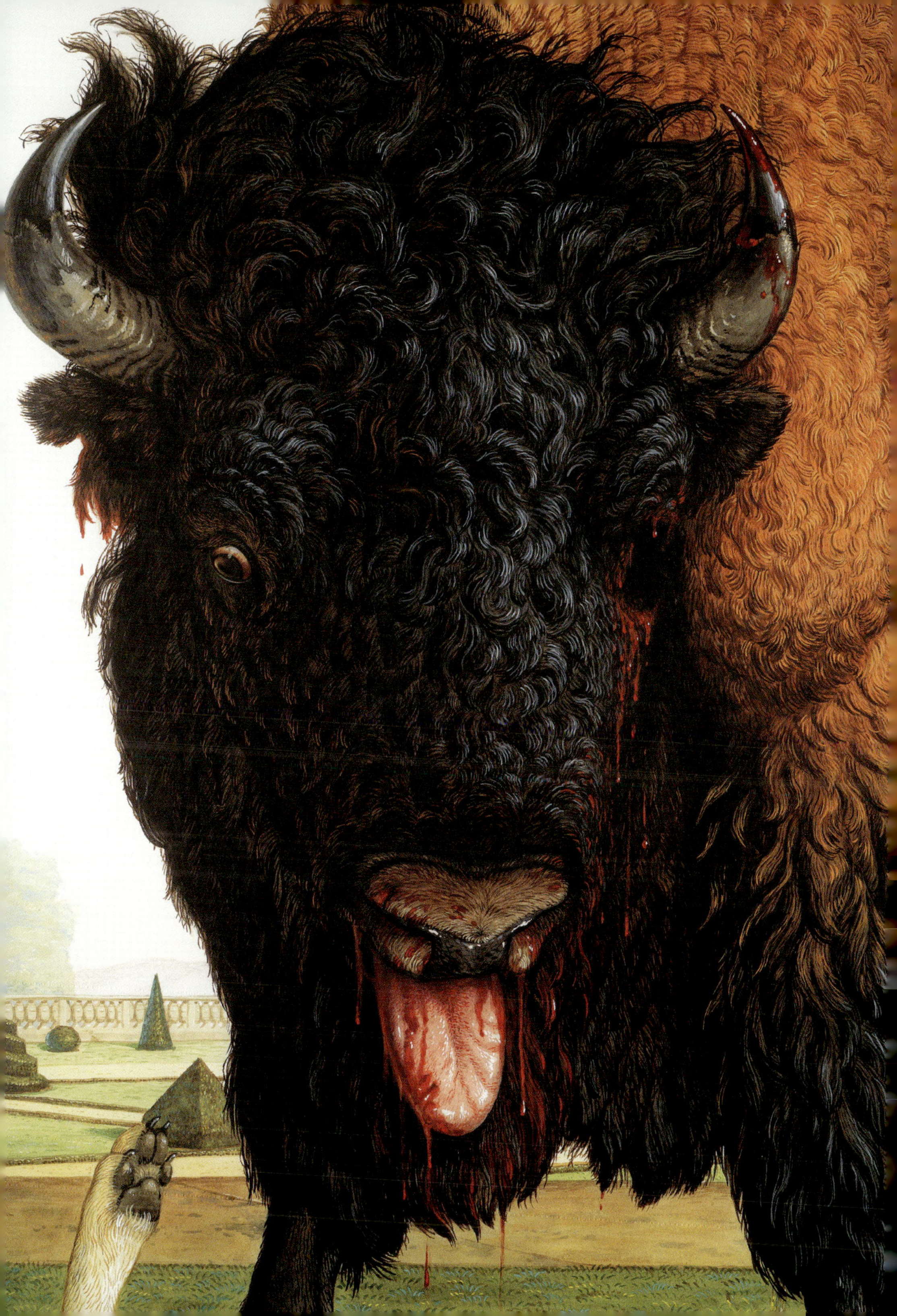

LE JARDIN/ ——— „In einiger Entfernung bemerkten wir einen großen Stier, der von einem Rudel Wölfe umgeben war. Wir näherten uns, so weit wir konnten, ohne sie zu verscheuchen, und als wir bis auf Pistolenschussweite herangekommen waren, hatten wir einen guten Überblick über die Tiere, und ich setzte mich für einen Moment, um eine Skizze anzufertigen. Dann verjagten wir die Wölfe, die sich ein wenig zurückzogen. Überrascht stellten wir fest, dass der alte Stier verzweifelten Widerstand geleistet hatte, bis ihm die Augen ausgerissen worden waren. Die Nasenspitze war fast gänzlich und die Zunge zur Hälfte abgebissen, und von den Schenkeln hingen Haut und Fleisch buchstäblich in Fetzen herab. In diesem traurigen Zustand stand der alte Veteran mitten unter seinen Verfolgern, die für einige Minuten den Angriff eingestellt hatten, um ihn mit neuen Kräften in wenigen Augenblicken wieder zu beginnen. Einige hatten sich ausgestreckt, um wieder zu Atem zu kommen, andere schlichen umher und leckten ihre Kameraden in Erwartung einer Fortsetzung des Angriffs, andere waren durch die Füße oder Hörner des Stiers zerquetscht worden. Ich ritt näher zu dem bedauernswerten Geschöpf, das blutend und zitternd vor mir stand, und sagte zu ihm: ‚Nun ist es Zeit, alter Bursche, mach, dass du wegkommst!' Und als ob er, wenngleich blind und halbtot, einen Freund in mir erkannt hätte, richtete er sich auf und lief, zitternd vor Erregung, im vollen Galopp in gerader Richtung über die Prärie davon. Wir wendeten unsere Pferde und setzten unseren Weg fort, als wir aber nach einiger Zeit zurückblickten, sahen wir zu unserer Linken, dass er aufs Neue von seinen Peinigern umringt war, deren unersättlicher Gefräßigkeit er ohne Zweifel zum Opfer fiel."/

——— *George Catlin in einer an der Mündung des Teton-Flusses im nördlichen Missouri verfassten Aufzeichnung aus seinem 1844 veröffentlichten Buch* DIE INDIANER NORDAMERIKAS UND DIE WÄHREND EINES ACHTJÄHRIGEN AUFENTHALTS UNTER DEN WILDESTEN STÄMMEN ERLEBTEN ABENTEUER UND SCHICKSALE *(ins Deutsche übertragen von Heinrich Berghaus), Gustav Kiepenheuer Verlag, Leipzig und Weimar (1979).*

Nous découvrîmes à quelque distance un buffle énorme, encerclé par une meute de loups blancs, et nous avançâmes vers eux le plus près possible sans toutefois les chasser ; à portée de pistolet, nous jouissions d'une vue remarquable, qui me permit d'en faire un croquis sur mon carnet ; après quoi, nous nous rapprochâmes pour les disperser, ce qu'ils firent immédiatement, se retirant à une distance de cinquante à soixante perches ; nous découvrîmes alors, à notre grand étonnement, que le taureau leur avait opposé une résistance acharnée ; ils lui avaient entièrement dévoré les yeux, arraché presque tous les poils du museau, mangé la moitié de la langue, tandis que la peau et la chair de ses pattes étaient presque littéralement déchirées en lambeaux. Ainsi lacéré et déchiqueté, le pauvre vieux combattant rassemblait ses forces, entouré de ses tourmenteurs, qui avaient interrompu les hostilités pendant quelques minutes comme pour se concerter, reprenant des forces et se préparant à reprendre l'assaut après quelques instants. Au sein de la meute, certains s'étaient couchés pour reprendre leur souffle, tandis que d'autres allaient et venaient à pas furtifs en léchant leurs gerçures, se préparant impatiemment à la reprise de l'attaque ; d'autres encore, moins chanceux, étaient morts sous les coups de sabots ou de cornes du buffle. Je me rapprochai du pitoyable animal, planté devant moi, tremblant et ensanglanté, et lui dis : « Ton heure est venue, mon vieux, et tu ferais mieux de décamper. » Il me parut évident que, bien qu'aveugle et presque anéanti, il avait reconnu en moi un ami lorsque je le vis se redresser et, tremblant d'excitation, filer à vive allure en ligne droite à travers la prairie. Nous fîmes demi-tour pour reprendre notre course et, nous retournant après quelque deux kilomètres, nous aperçûmes sur notre gauche le malheureux animal, à nouveau entouré de ses bourreaux, et qui sans aucun doute, ne tarderait pas à succomber à leur voracité insatiable./ ———
George Catlin, écrivant dans le haut Missouri, à l'embouchure de la Teton River, extrait de LETTERS AND NOTES ON THE MANNERS, CUSTOMS, AND CONDITIONS OF THE NORTH AMERICAN INDIANS (*« Les Indiens d'Amérique du Nord », Albin Michel, 1992).*

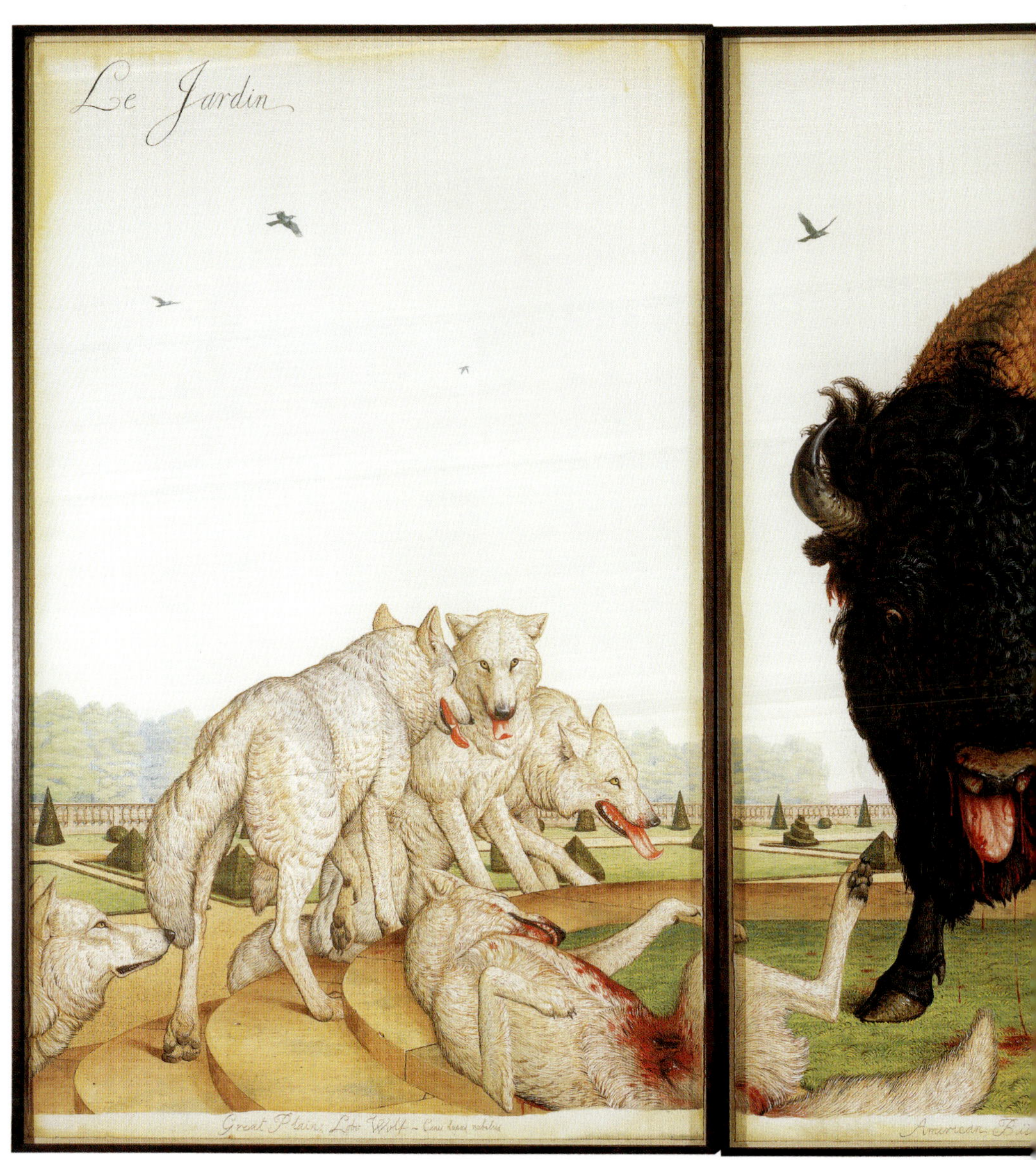
Le Jardin
Great Plains Lobo Wolf — Canis lupus nubilus
American Bi

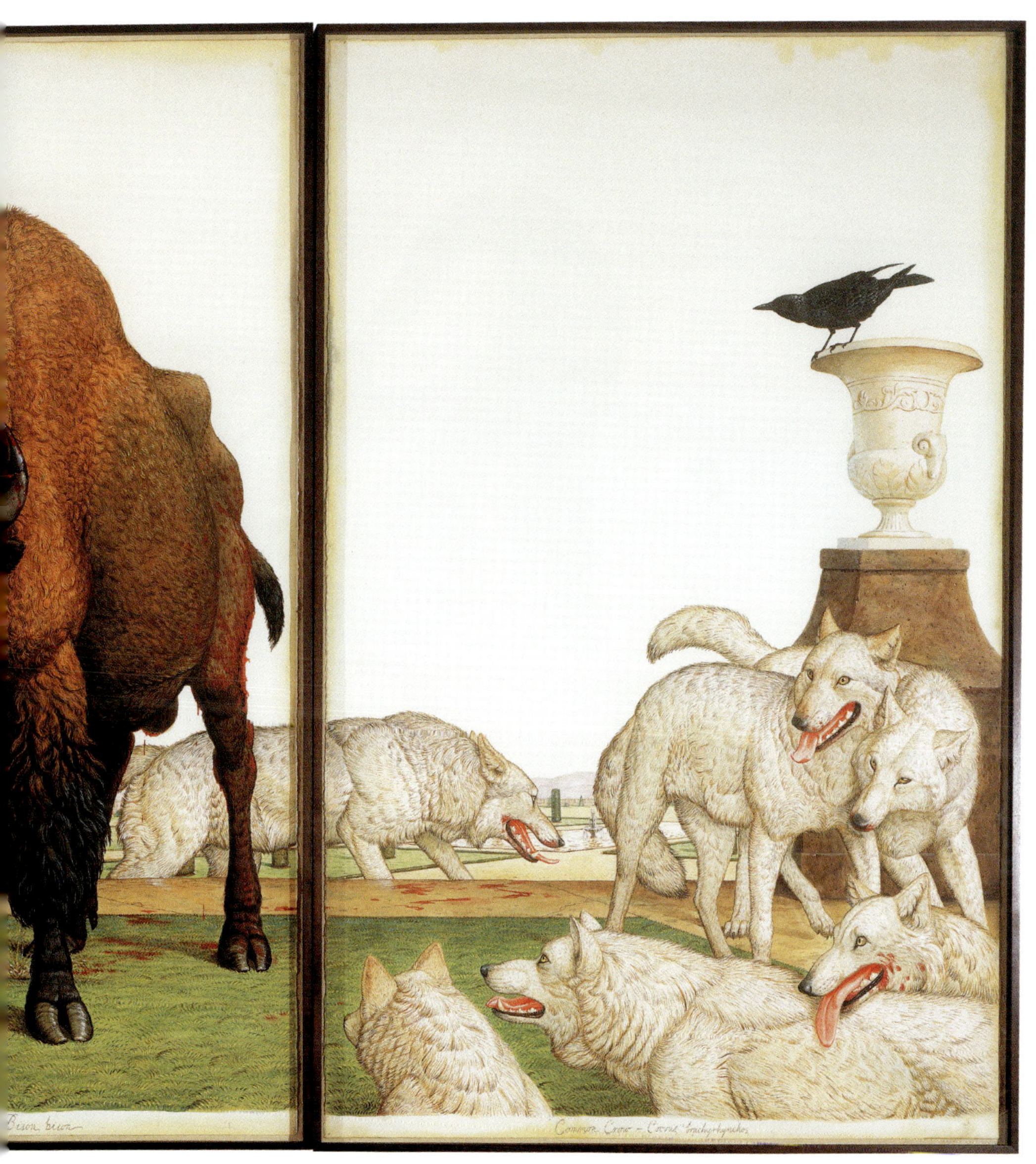
Bison bison
Common Crow - Corvus brachyrhynchos

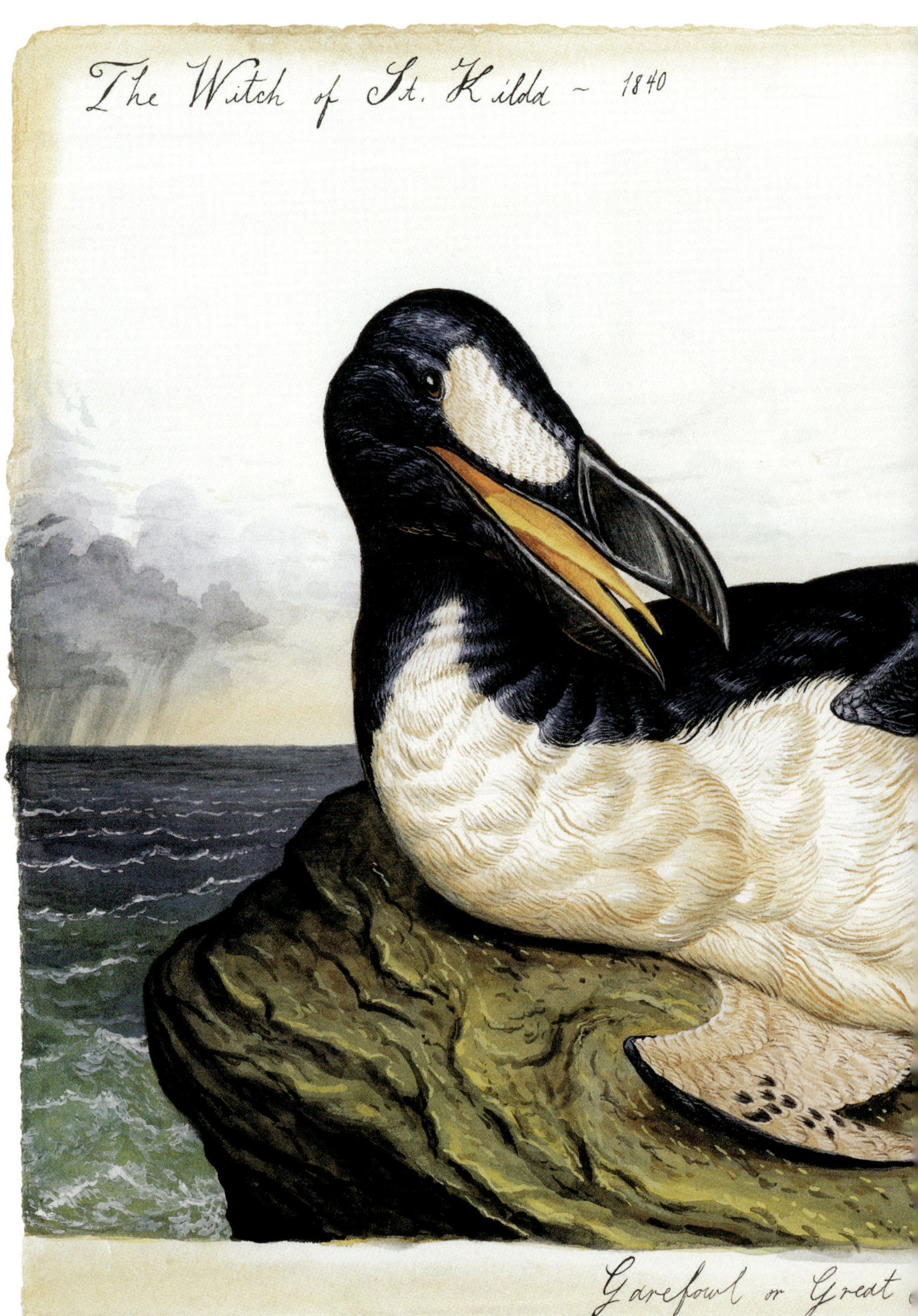

The Witch of St. Kilda ~ 1840
Garefowl or Great

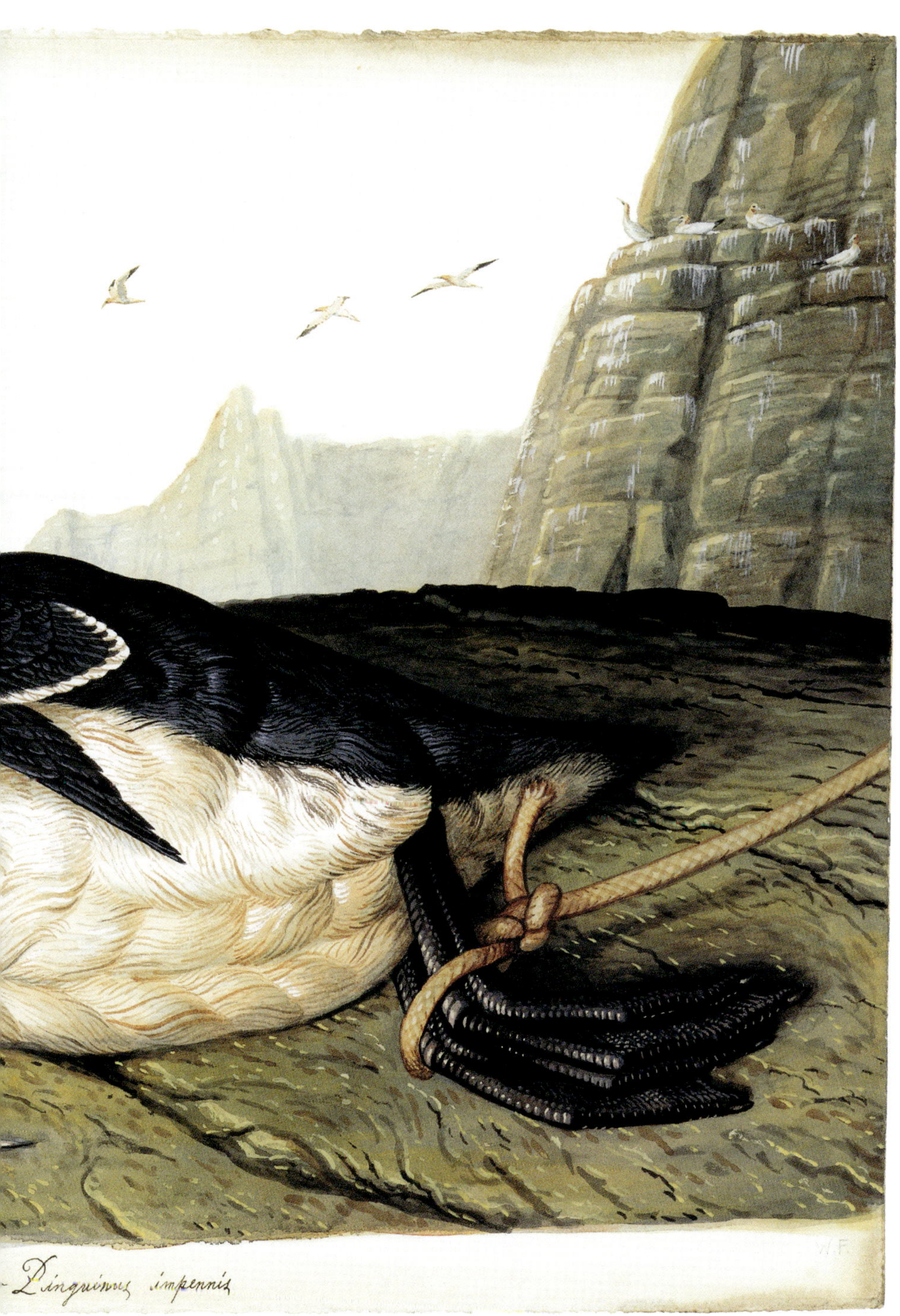

Pinguinus impennis

Previous spread **THE WITCH OF ST. KILDA/** ——— The tale that comes down to us of the capture of a Garefowl in or about the year 1840 is a strange and dark one…. Five men, wandering on the great rock of an island known as Stac-an-Armin, caught a large and plump bird asleep on a ledge. Nearly 50 years afterwards Harvey-Brown [*sic*] and Buckley (1889) described the event:

"It used to make a great noise…. It opened its mouth when anyone came near it [and] nearly cut the rope with its bill. A storm arose, and that, together with the size of the bird and the noise it made, caused them to think it was a witch. It was killed on the third day after it was caught, and McKinnon declares they were beating it for an hour with two large stones before it was dead; he was the most frightened of all the men, and advised the killing of it." After its death the men flung the bird's body behind their bothy./ ——— *From* THE GREAT AUK *by Errol Fuller, Harry N. Abrams, 1999. The natural historian quotes the ornithologists J. A. Harvie-Brown and T. E. Buckley, who specialized in the birds of the British Isles.*

„Die Geschichte, die uns über den 1840 oder um jenes Jahr erfolgten Fang eines Geyrfugls (Riesenalks) berichtet wird, ist seltsam und unheimlich. (…) Fünf Mann, die über den mächtigen Fels einer Insel kletterten, die als ‚Stac-an-Armin' bekannt ist, fingen einen großen und fülligen Vogel ein, der auf einem Felsvorsprung schlummerte. Fast 50 Jahre später beschrieben Harvey-Brown und Buckley (1889) das Ereignis: ‚Zu den Männern gehörten Lauchlán McKinnon, ungefähr 30 Jahre alt, sein Schwiegervater und der ältere Donald McQueen, beide inzwischen tot. (…) Nachdem sie den Vogel auf der Klippe eingefangen hatten, brachten die Männer ihn in ihre Schutzhütte und sperrten ihn drei Tage lang ein. (…) Meist machte er einen höllischen Lärm. Kam ihm irgendjemand zu nahe, riss er seinen Schnabel auf [und] fast hätte er damit auch den Strick zerbissen. Ein Sturm kam auf, und dies zusammen mit der Größe des Vogels und dem Lärm, den er machte, ließ die Männer glauben, er sei eine Hexe. Drei Tage nachdem sie den Vogel gefangen hatten, töteten sie ihn, und McKinnon behauptet, sie hätten eine Stunde lang mit zwei dicken Steinen auf ihn eingeschlagen, bis er endlich tot war. Er war der ängstlichste der Männer und hatte empfohlen, das Tier zu töten. Dann warfen sie den Kadaver des Vogels hinter ihre Hütte.'"/ ——— *Aus* THE GREAT AUK *von Errol Fuller, Harry N. Abrams (1999). Der Naturhistoriker zitiert die Ornithologen J. A. Harvie-Brown und T. E. Buckley, die sich auf die Vogelarten der britischen Inseln spezialisiert hatten.*

Une histoire étrange et sombre nous a été contée, narrant la capture d'un Aponars en 1840 ou aux alentours de cette année-là. … Cinq hommes, qui parcouraient la haute falaise d'une île appelée Stac an Armin, capturèrent un grand oiseau charnu qui dormait sur une saillie du rocher. En 1889, près de cinquante ans plus tard, Harvey (sic)-Brown et Buckley décrivaient l'événement :

« Parmi ces hommes figuraient Lauchlán McKinnon, âgé d'une trentaine d'années – et actuellement, ou jusqu'à peu, toujours en vie – son beau-père, et Donald McQueen, le plus âgé des trois – tous deux morts à ce jour. S'étant emparés de l'oiseau, ils l'emportèrent dans leur refuge, où ils le gardèrent enfermé pendant trois jours. L'oiseau faisait grand bruit, il criait dès que quelqu'un s'approchait [et] faillit même couper la corde de son bec. Une tempête se leva, ce qui, ajouté à la taille de l'oiseau et au bruit qu'il faisait, poussa les hommes à penser que c'était un sorcier. On tua le pingouin le troisième jour après sa capture, et McKinnon affirme qu'ils durent le battre pendant une heure avec deux grosses pierres avant qu'il ne meure ; il était tant le plus effrayé des trois, c'est lui qui avait conseillé qu'on le tue. » Après sa mort, les hommes jetèrent le corps de l'oiseau derrière leur refuge./
——— *Extrait de* THE GREAT AUK *(« Le Grand Pingouin »), de Errol Fuller, Harry N. Abrams, 1999. Le naturaliste cite les ornithologues J. A. Harvie-Brown et T. E. Buckley, spécialistes des oiseaux des îles britanniques.*

Next spread
Ricordazione
Watercolor, gouache, pencil, and ink on paper
101.6 x 151.8 cm (40 x 59¾ in.), 2005

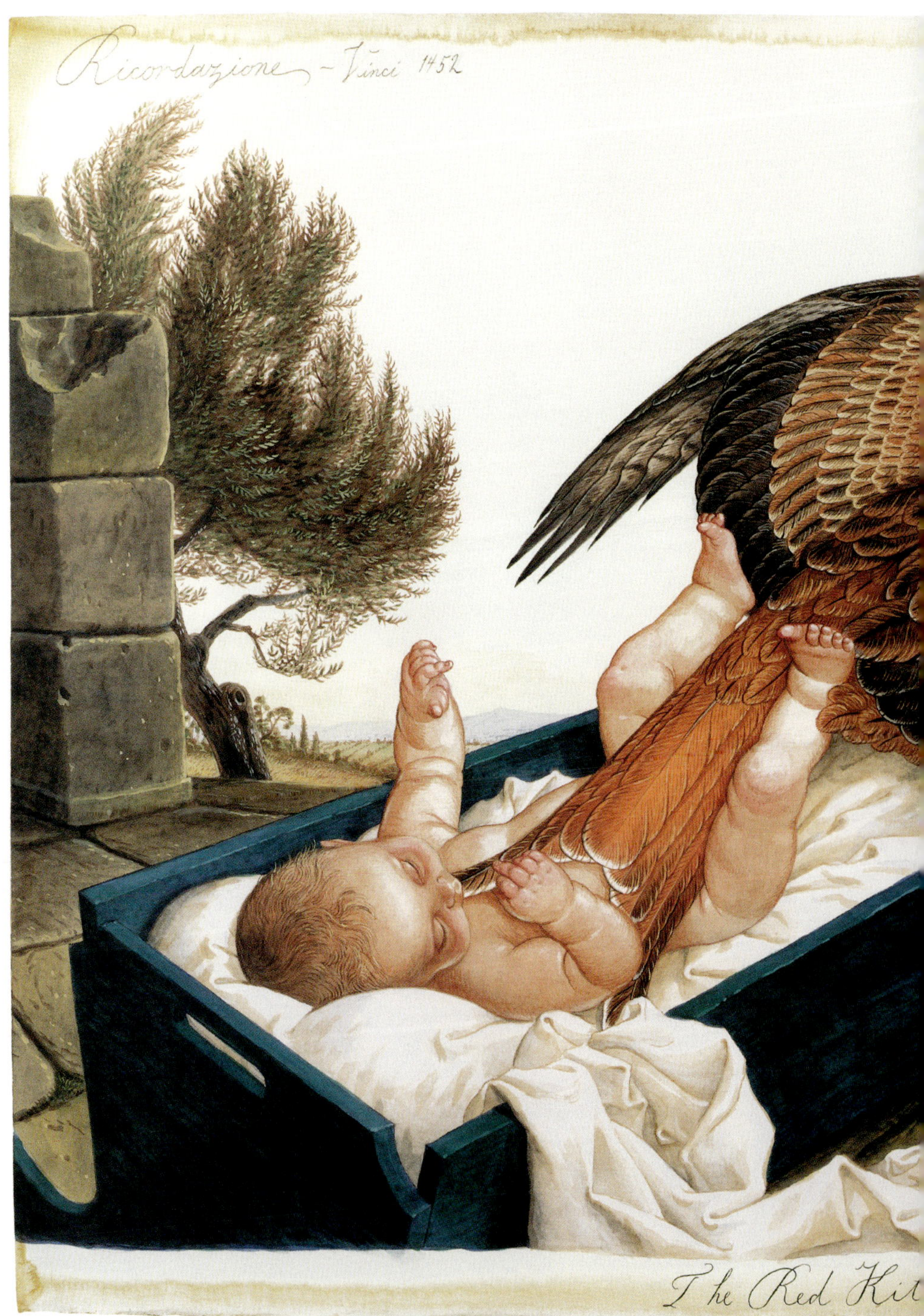

Ricordazione — Vinci 1452
The Red Kit

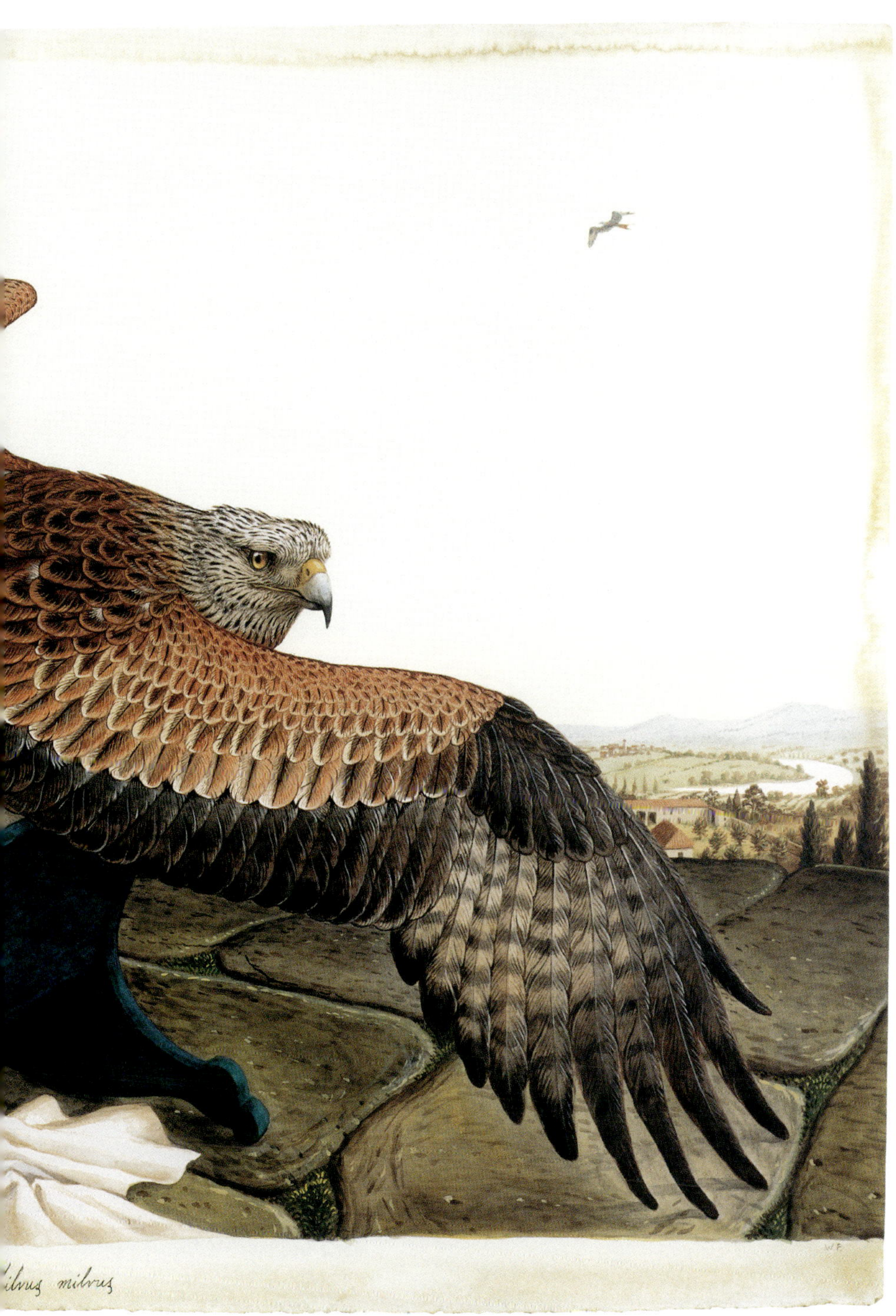

Milvus milvus

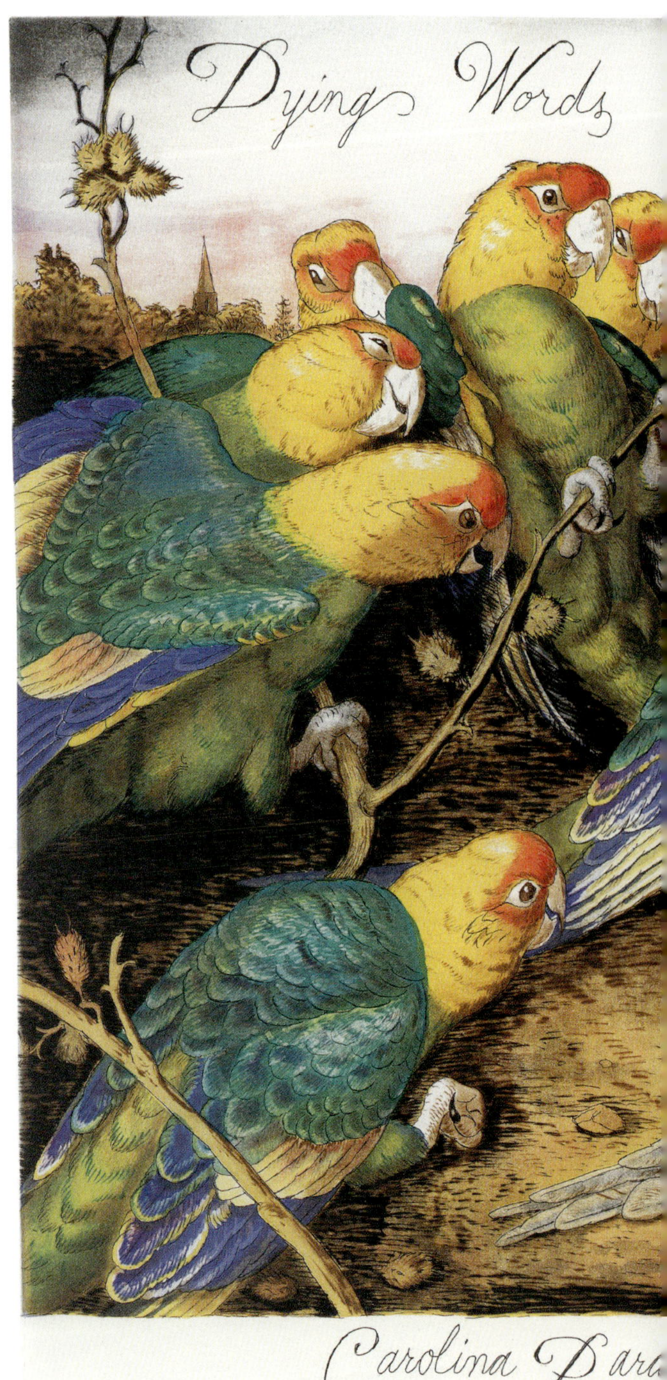

Dying Words

Six-plate hard-ground etching, aquatint,
spit-bite aquatint, drypoint, scraping
and burnishing on paper
57.2 x 76.2 cm (22½ x 30 in.), 2005

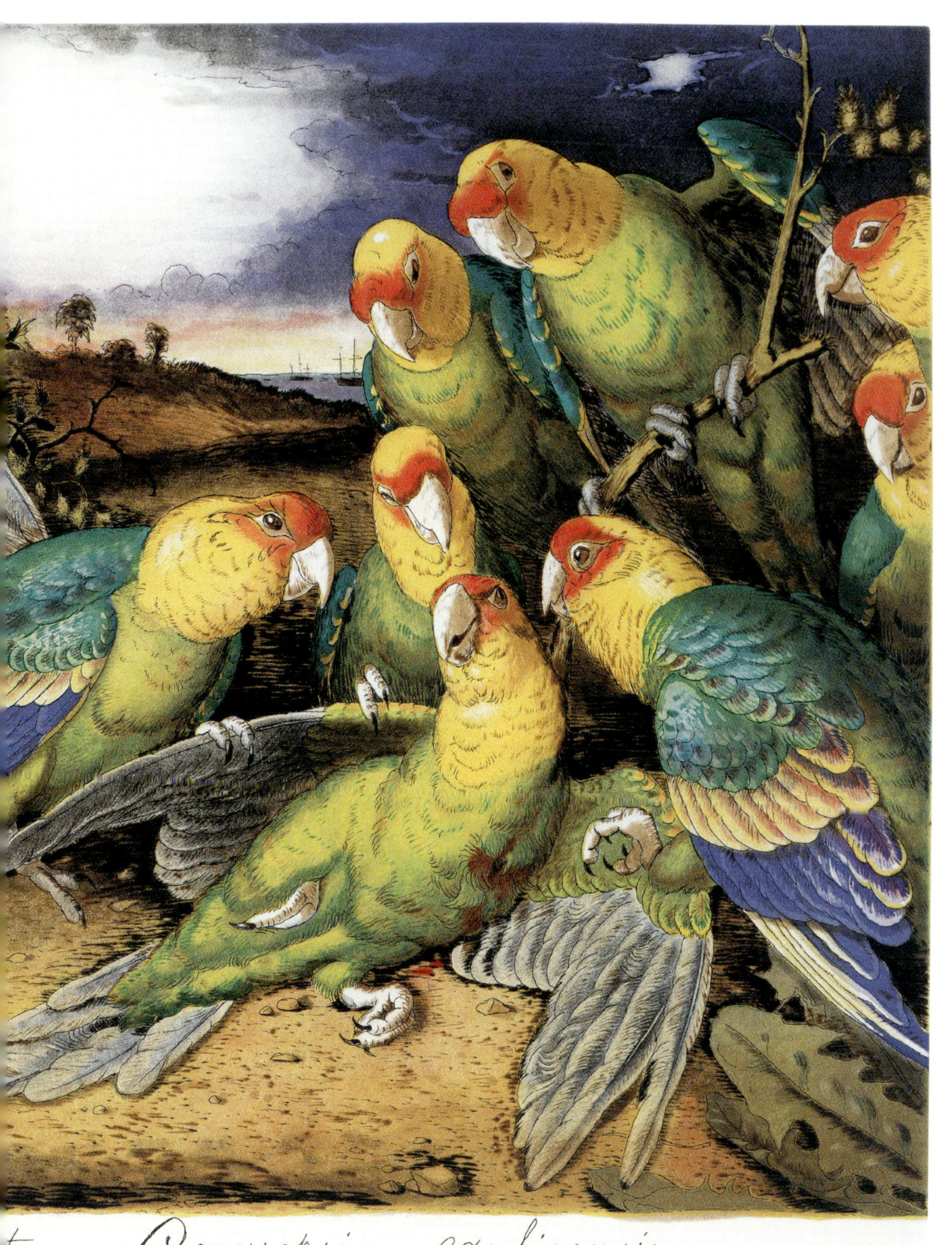

~ Conuropsis carolinensis

Scipio and the Bear
Watercolor, gouache, and ink on paper
151.1 x 303.5 cm (59½ x 119½ in.), 2007

SCIPIO AND THE BEAR/ ——— Being one night sleeping in the house of a friend, I was awakened by a [request] … to assist in killing some Bears at that moment engaged in destroying his [neighbor's] corn….

A plan of attack was formed: the bars at the usual gap of the fence were to be put down without noise; the men and dogs were to divide, and afterwards proceed so as to surround the Bears, when, at the sounding of our horns, every one was to charge towards the centre of the field, and shout as loudly as possible, which it was judged would so intimidate the animals as to induce them to seek refuge upon the dead trees with which the field was still partially covered.

The plan succeeded. The horns sounded, the horses galloped forward, the men shouted, the dogs barked and howled. The shrieks of the negroes were enough to frighten a legion of Bears, and those in the field took to flight, so that by the time we reached the centre they were heard hurrying towards the tops of the trees. Fires were immediately lighted by the negroes. The drizzling rain had ceased, the sky cleared, and the glare of the crackling fires proved of great assistance to us. The Bears had been so terrified that we now saw several of them crouched at the junction of the larger boughs with the trunks….

A cur had daringly ventured to seize [a] Bear by the snout, and was seen hanging to it, covered with blood, and then the infuriated animal was seen to cast a revengeful glance at some of the party, and we had already determined to dispatch it, when, to our astonishment, it suddenly shook off all the dogs, and, before we could fire, charged upon one of the negroes, who was mounted on a pied horse. The Bear seized the steed with teeth and claws, and clung to its breast. The terrified horse snorted and plunged. The rider, an athletic young man, and a capital horseman, kept his seat, although only saddled on a sheep's-skin tightly girthed, and requested his master not to fire at the Bear. Notwithstanding his coolness and courage, our anxiety for his safety was raised to the highest pitch, especially when in a moment we saw rider and horse come to the ground together; but we were instantly relieved on witnessing the masterly manner in which Scipio despatched his adversary, by laying open his skull with a single well-directed blow of his axe, when a deep growl announced the death of the Bear, and the valorous negro sprung to his feet unhurt. / ——— *From* AUDUBON AND HIS JOURNALS, *volume 2, edited by Maria R. Audubon, with zoölogical and other notes by Elliot Coues, Scribner's Sons, 1897. Calling the slave "Scipio," after the Roman general famous for fighting in Africa, was an ironic way to refer to a slave at the time, especially one who exhibited bravery of the caliber described in this story.*

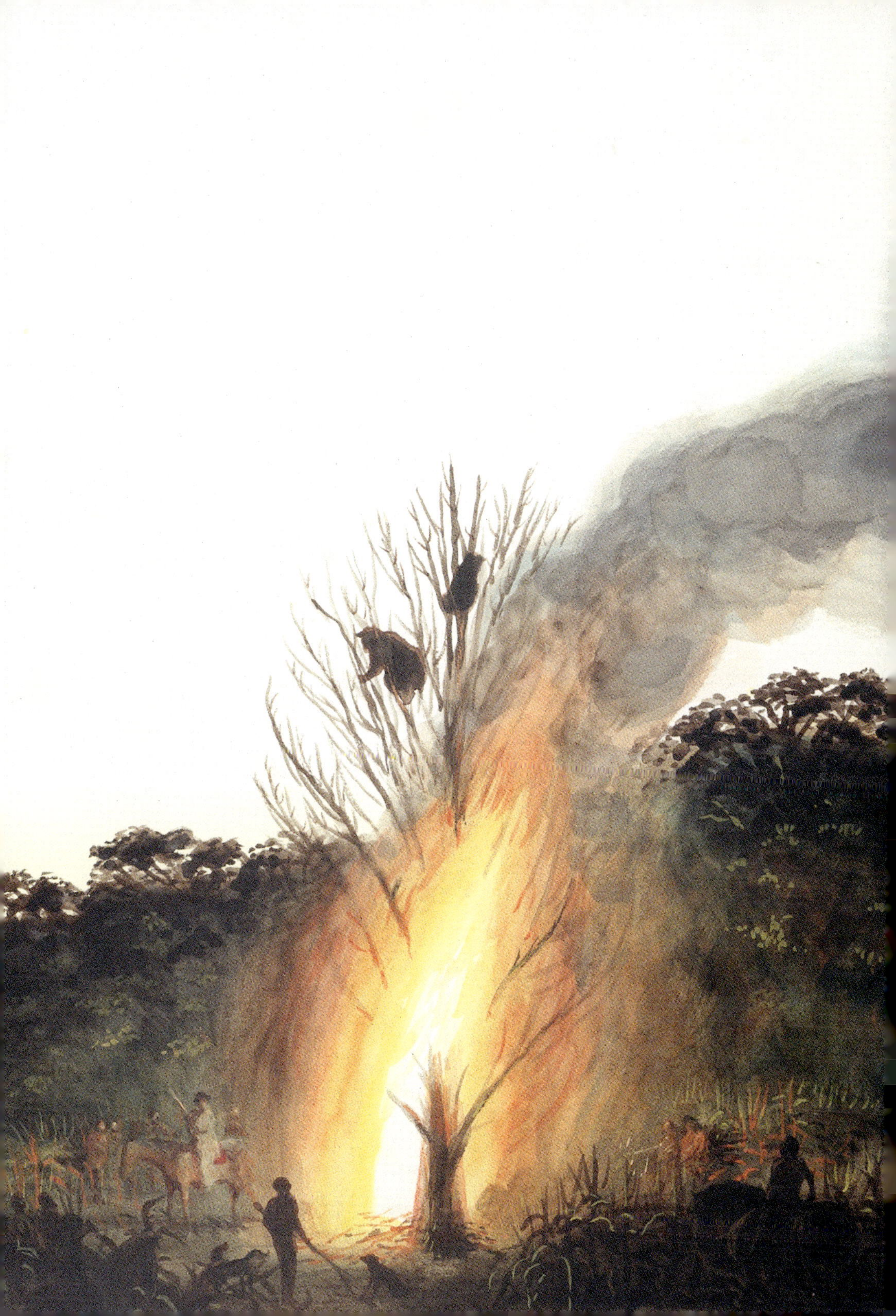

SCIPIO AND THE BEAR/ ——— „Als ich eines Nachts im Hause eines Freundes schlief, wurde ich [mit der Bitte] geweckt, mehrere Bären zu töten, die gerade das Getreidefeld [eines Nachbarn] verwüsteten. (…) Wir schmiedeten einen Plan für unseren Angriff: Die Stangen, die den Durchgang zwischen den Zäunen versperrten, sollten möglichst geräuschlos auf den Boden gelegt werden, die Männer und ihre Hunde sollten sich aufteilen und nach und nach die Bären umzingeln. Dann sollten sich alle unter dem Schmettern unserer Hörner auf die Mitte des Feldes zu bewegen und dabei so laut wie möglich rufen. Damit, meinte man, würden die Tiere so eingeschüchtert, dass sie auf den abgestorbenen Bäumen, die auf Teilen des Feldes noch immer emporragten, Zuflucht suchen würden.

Der Plan ging auf. (…) Jene Bären, die sich auf dem Feld aufhielten, setzten zur Flucht an, sodass wir, als wir die Mitte des Areals erreicht hatten, hören konnten, wie sie eilends die Baumstämme hinaufkletterten. Sofort entzündeten die Neger Feuer. (…) Die Bären waren so eingeschüchtert, dass wir nun sehen konnten, wie einige von ihnen auf den Gabelungen zwischen den dickeren Ästen und den Stämmen kauerten. (…) Einer der Köter hatte es gewagt, sich an der Schnauze des Bären festzubeißen, nun hing er blutüberströmt herunter. Wir sahen, wie die wutschnaubende Bärin einen rachedurstigen Blick in Richtung einiger unserer Männer warf, und hatten eigentlich schon beschlossen, sie

zu erlegen, als sie zu unserer Verwunderung mit einem Mal alle Hunde abschüttelte und auf einen der Neger lospreschte, der auf einem gescheckten Pferd saß. Die Bärin packte das Ross mit Zähnen und Klauen und klammerte sich an dessen Brust. Das verzweifelte Pferd schnaubte auf und knickte ein. Der Neger, ein athletischer junger Mann und hervorragender Reiter, hielt sich auf dem Rücken des Pferdes, obwohl der Sattel nur ein festgeschnürtes Schaffell war, und bat seinen Herrn, nicht auf den Bären zu schießen. Trotz Kaltblütigkeit und Mut des Reiters machten wir uns um seine Unversehrtheit größte Sorgen, vor allem, als wir einen Moment lang mit ansehen mussten, wie Reiter und Pferd zusammen zu Boden gingen. Doch sogleich waren wir erleichtert, als wir Zeuge wurden, wie meisterlich Scipio seinen Gegner erlegte. Mit einem einzigen gezielten Hieb seiner Axt spaltete er den Schädel des Bären, dann kündete ein tiefes Grummeln vom Tod des Tieres und der wagemutige Neger sprang unverletzt auf." / ——— *Aus* AUDUBON AND HIS JOURNALS, *Band 2, herausgegeben von Maria R. Audubon, mit zoologischen und anderen Anmerkungen von Elliot Coues, Scribner's Sons (1897). Den Sklaven „Scipio" zu nennen, nach dem berühmten römischen Feldherrn, der Schlachten in Afrika gefochten hatte, war eine damals übliche ironische Art, über einen Sklaven zu reden, zumal wenn er sich, wie der in dieser Geschichte beschriebene, durch außerordentliche Tapferkeit auszeichnete.*

Alors que je séjournais chez un ami, je fus réveillé la nuit par un esclave nègre… pour l'aider à tuer des Ours actuellement occupés à détruire le maïs de son maître.

On élabora un plan d'attaque : il fallait enlever sans bruit les barreaux qui fermaient la brèche de la clôture ; répartir les hommes et les chiens en plusieurs groupes, pour qu'ils avancent en cercle vers les Ours ; au son de nos cornes, tous devaient alors charger vers le centre du champ, en hurlant de toutes leurs forces, ce qui, pensions-nous, effraierait les animaux et les pousserait à chercher refuge dans les arbres morts dont le champ était encore en partie planté.

Ce fut un succès. Les cornes retentirent, les chevaux galopèrent en direction des bêtes, les hommes s'égosillèrent, les chiens aboyèrent et hurlèrent. Les cris perçants des nègres auraient suffi à effrayer une légion d'Ours, et ceux qui étaient présents prirent la fuite, si bien qu'en arrivant au milieu du champ, nous les entendions qui se précipitaient vers le sommet des arbres. Les nègres allumèrent aussitôt des feux. La bruine avait cessé, le ciel était dégagé, et la lumière projetée par les foyers crépitants nous fut d'un grand secours. Les Ours étaient tellement terrifiés que nous en distinguâmes plusieurs, tapis aux creux des fourches que formaient les grosses branches avec les troncs d'arbres. … Un cabot audacieux qui s'était hasardé à lui mordre le museau restait suspendu à sa proie, couvert de sang ; soudain, la bête furieuse jeta vers certains d'entre nous un regard vengeur et nous nous préparions déjà à l'abattre quand, à notre grand étonnement, elle se libéra en une secousse de tous les chiens qui l'attaquaient et, avant que nous ayons pu tirer, fonça sur l'un des nègres, monté sur un cheval pie. L'Ours bondit sur le coursier toutes dents et griffes dehors et s'accrocha à sa poitrine. Le cheval poussa un hennissement épouvanté et plongea vers l'avant. Le jeune homme athlétique qui le montait, excellent cavalier, réussit à se maintenir en selle, laquelle se réduisait pourtant à une peau de mouton fermement sanglée, et pria son maître de ne pas tirer sur l'Ours. En dépit de son sang-froid et son courage, nos craintes pour sa sécurité étaient à leur comble, particulièrement lorsque, l'instant d'après, nous vîmes cheval et cavalier tomber à terre ensemble — mais nous fûmes immédiatement soulagés par la maîtrise dont Scipion fit preuve en fendant en deux le crâne de l'Ours d'un seul coup de hache bien dirigé ; un grognement guttural annonça la mort de la bête, et le valeureux nègre se releva d'un bond, indemne./ ——— *Extrait de* AUDUBON AND HIS JOURNALS *(« Audubon et ses Mémoires »), édité par Maria R. Audubon, Scribner's Sons, 1897. Il était à l'époque ironique de donner à un esclave le nom de Scipion, général romain qui s'était illustré par ses combats en Afrique, a fortiori pour un acte de bravoure de la dimension que décrit cette histoire.*

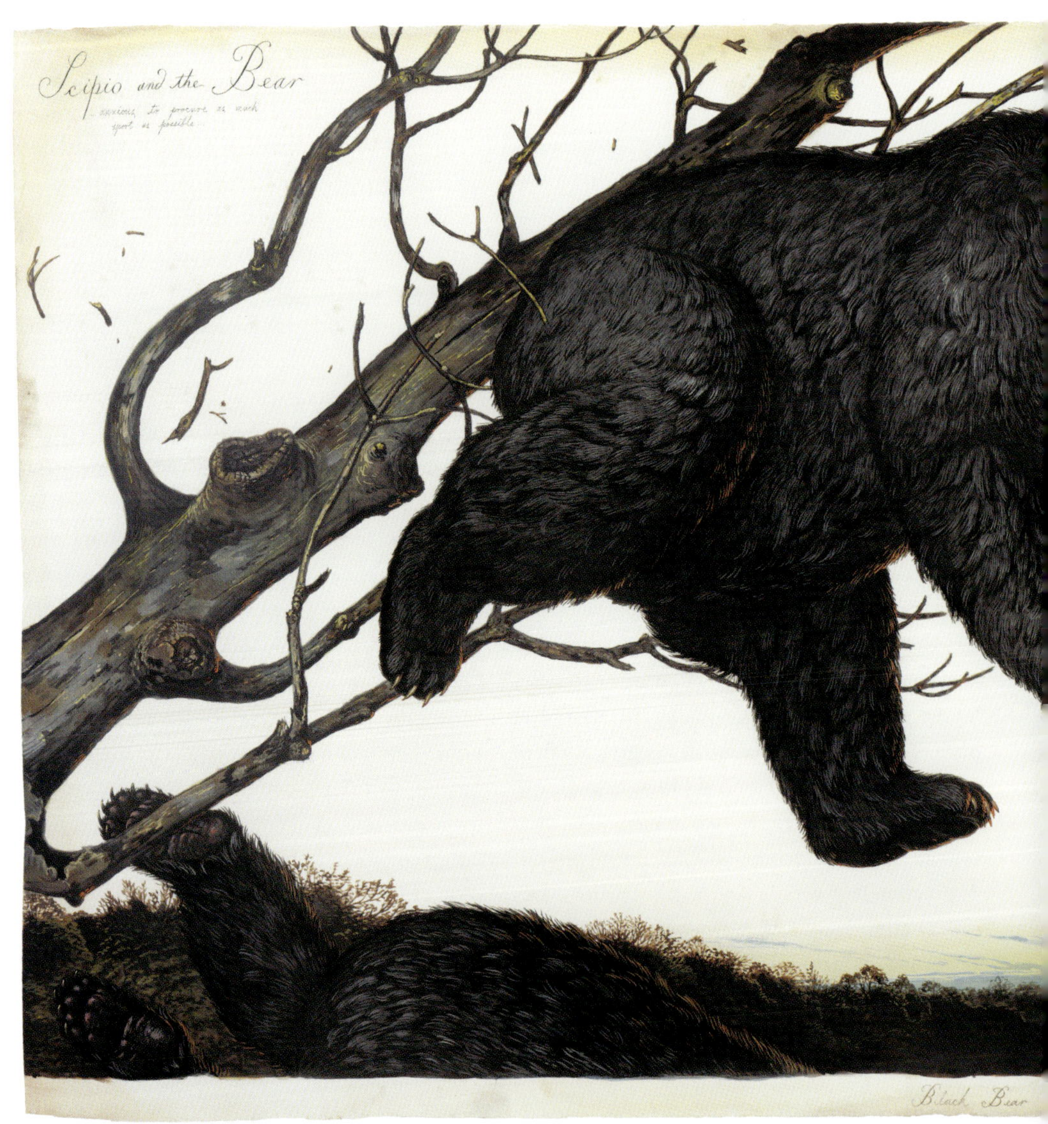

Scipio and the Bear
anxious to procure as much
sport as possible
Black Bear

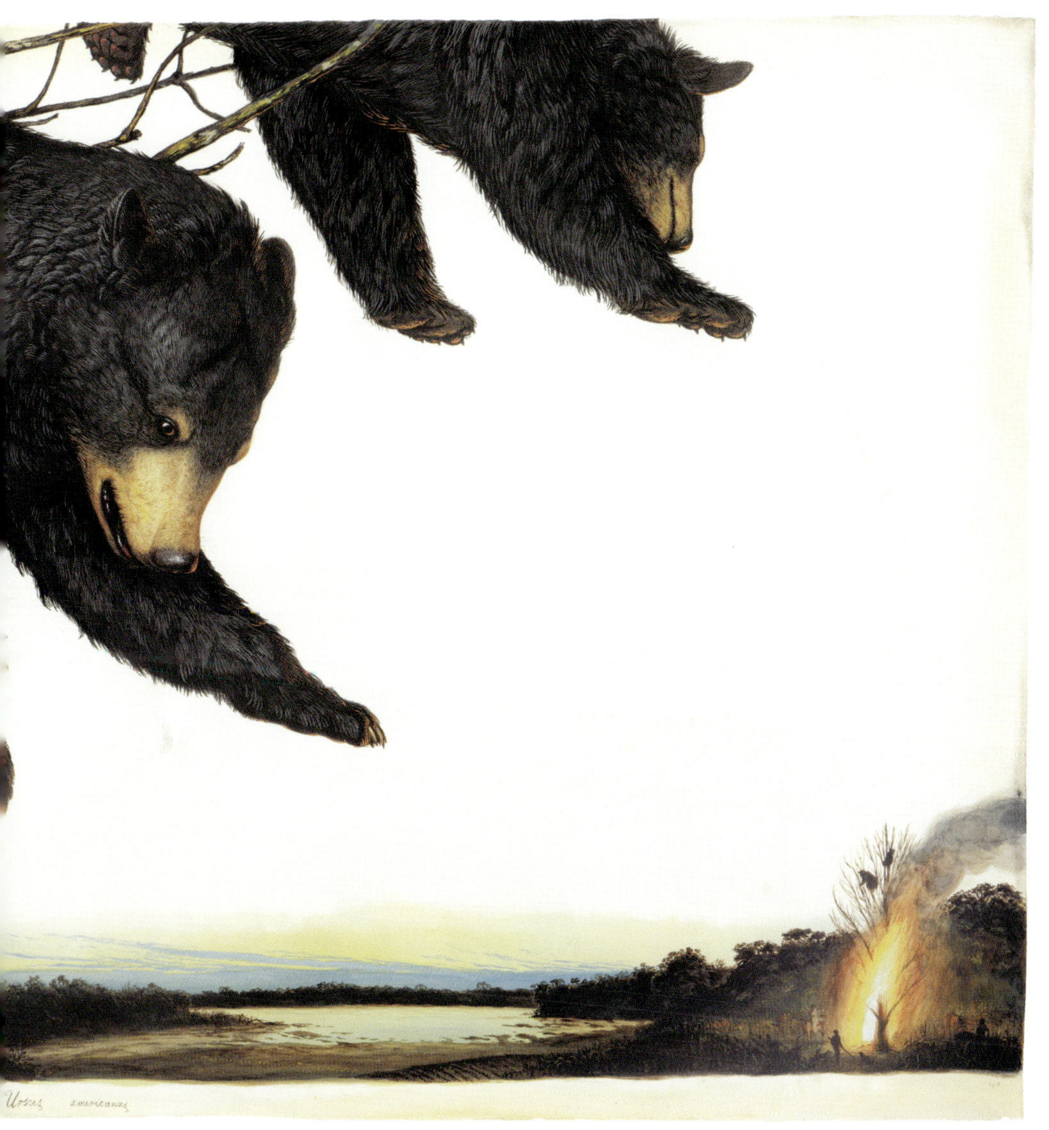

Ursus americanus

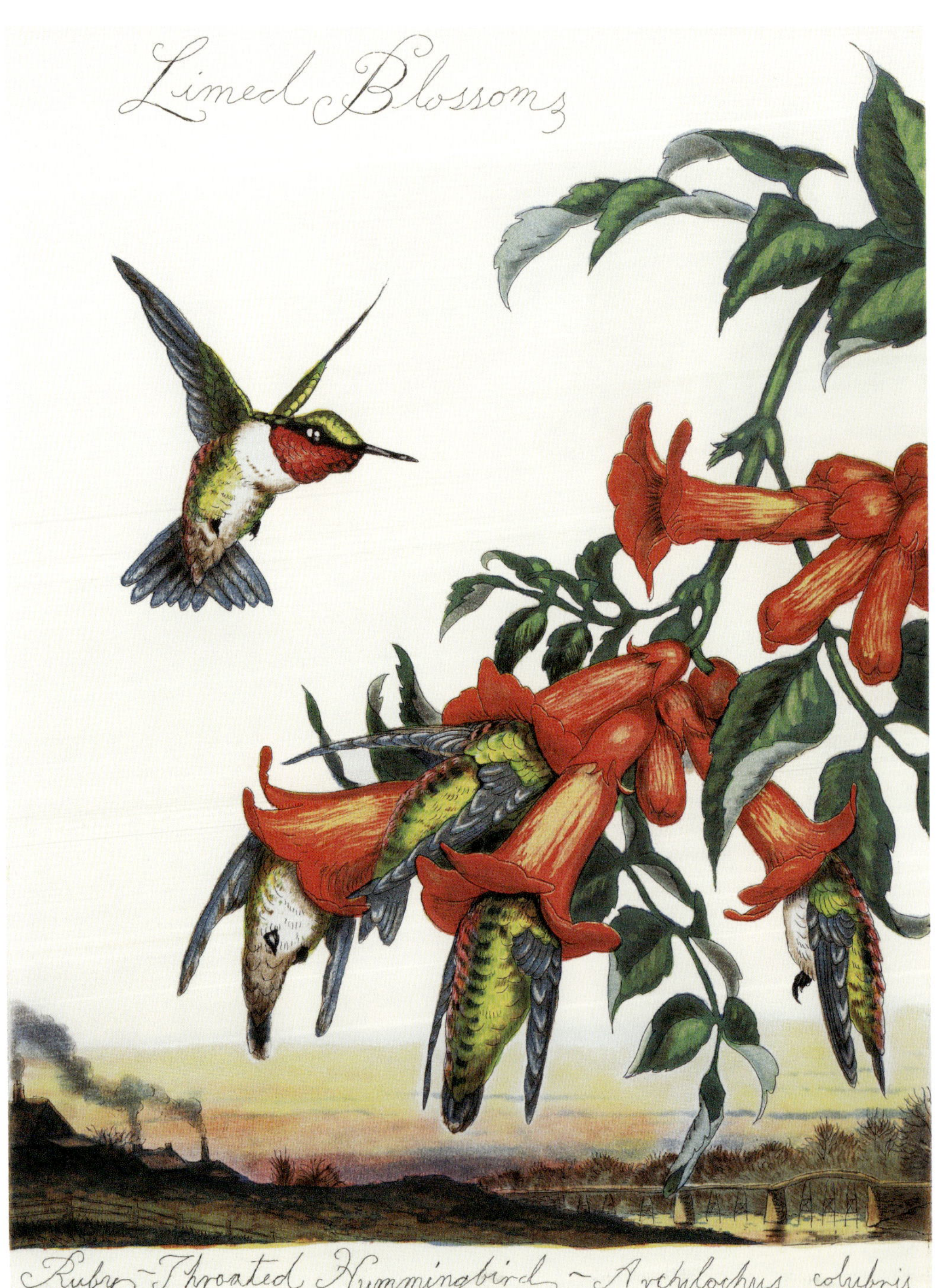

Limned Blossoms

Ruby-Throated Hummingbird ~ Archilochus colubris

246

Limed Blossoms
Six-plate hard-ground etching, aquatint, spit-bite aquatint,
drypoint, scraping, and burnishing on paper
30.5 x 22.9 cm (12 x 9 in.), 2007

Page 246 **LIMED BLOSSOMS/** ——— One of the most ingenious uses to which bird lime is said to have been applied with success, is in the capture of humming-birds. The lime in this instance is made simply by chewing a few grains of wheat in the mouth until a gum is formed. It is said that by spreading this on the inside opening of the long white lily or trumpet-creeper blossom, the capture of a humming-bird is almost certain, and he will never be able to leave the flower after once fairly having entered the opening. There can be no doubt but that this is perfectly practicable, and we recommend it to our readers.

The object in making the bird-lime from wheat consists in the fact that this is more easily removed from the feathers than other kinds.

We would not wish our readers to infer from this that a humming-bird might be captured or kept alive, for of all birds, they are the most fragile and delicate, and would die of *fright*, if from nothing else. They are chiefly used for ornamental purposes, and may be caught in a variety of ways. A few silk nooses hung about the flowers where the birds are seen to frequent, will sometimes succeed in ensnaring their tiny forms./ ——— *Description of "The Humming Bird Trap" from* CAMP LIFE IN THE WOODS AND THE TRICKS OF TRAPPING AND TRAP MAKING *by William Hamilton Gibson, Harper and Brothers, 1881.*

„Als besonders raffinierte Variante des Einsatzes von Vogelleim gilt, wie es heißt, seine erfolgreiche Verwendung beim Fang von Kolibris. In diesem Fall wird der Leim schlicht durch Kauen einiger Weizenkörner produziert, die man so lange im Munde bewegt, bis sich eine klebrige Masse gebildet hat. Verteilt man diese Masse im Blütenkelch einer langen, weißen Lilie oder im Kelch einer Blüte des Trompetenbaums, gelingt der Fang eines Kolibris so gut wie sicher. Ist der Vogel erst einmal tief genug in die Blütenöffnung hineingekrochen, wird er nie wieder in der Lage sein, sich herauszuziehen. An dieser perfekten Methode, die wir unseren Lesern empfehlen, gibt es nicht den geringsten Zweifel.

Weizen bietet sich unter anderem deshalb als Vogelleim an, weil er sich einfacher als andere Klebemassen von den Federn lösen lässt.

Unsere Leser sollten daraus allerdings nicht schließen, man könne Kolibris lebendig fangen oder am Leben erhalten, denn sie sind von allen Vögeln die schwächsten und empfindsamsten, und wenn sie nicht anders zu Tode kommen, sterben sie vor Schreck. Sie werden vor allem zu Schmuckzwecken genutzt und können auch auf vielerlei andere Weise gefangen werden. Manchmal genügt es, ein paar Schlingen aus Seide um jene Blüten zu hängen, die die Vögel häufig anfliegen, um ihre winzigen Leiber zu erhaschen."/ ——— *Beschreibung der „Kolibrifalle" aus* CAMP LIFE IN THE WOODS AND THE TRICKS OF TRAPPING AND TRAP MAKING *von William Hamilton Gibson, Harper and Brothers (1881).*

On dit que l'une des utilisations les plus ingénieuses et les plus efficaces de la glu consiste à capturer des oiseaux-mouches, colibris et autres trochilidés. Il s'agit dans ce cas d'une glu qu'on fabrique en mâchant tout simplement quelques grains de blé, jusqu'à ce qu'ils forment une sorte de gomme. En étalant cette pâte dans les ouvertures en trompette du grand lys blanc ou de la bignone, on est, paraît-il, pratiquement certain d'attraper un de ces oiseaux, et il ne réussira jamais à sortir de la fleur s'il y est vraiment entré. Il s'agit certes d'une technique fort pratique, que nous recommandons à nos lecteurs.

L'intérêt de cette glu à base de blé réside dans le fait qu'il est plus facile de la détacher des plumes de l'oiseau que les autres préparations.

Nous souhaiterions que nos lecteurs ne déduisent pas de ces conseils qu'ils pourront garder vivants les oiseaux ainsi capturés, parce qu'ils sont extrêmement délicats et fragiles et qu'ils mourraient – en tout cas – de peur. On les utilise essentiellement à des fins décoratives. Quelques nœuds coulants, pratiqués dans des fils de soie suspendus aux fleurs où ces oiseaux aiment à se poser, réussiront souvent à capturer leurs corps minuscules./ ————– *Description de « The Humming Bird Trap » (« Le piège à oiseaux-mouches »), extrait de* CAMP LIFE IN THE WOODS AND THE TRICKS OF TRAPPING AND TRAP MAKING, *(« Camper dans les bois, procédés et fabrication de pièges »), William Hamilton Gibson, Harper and Brothers, 1881.*

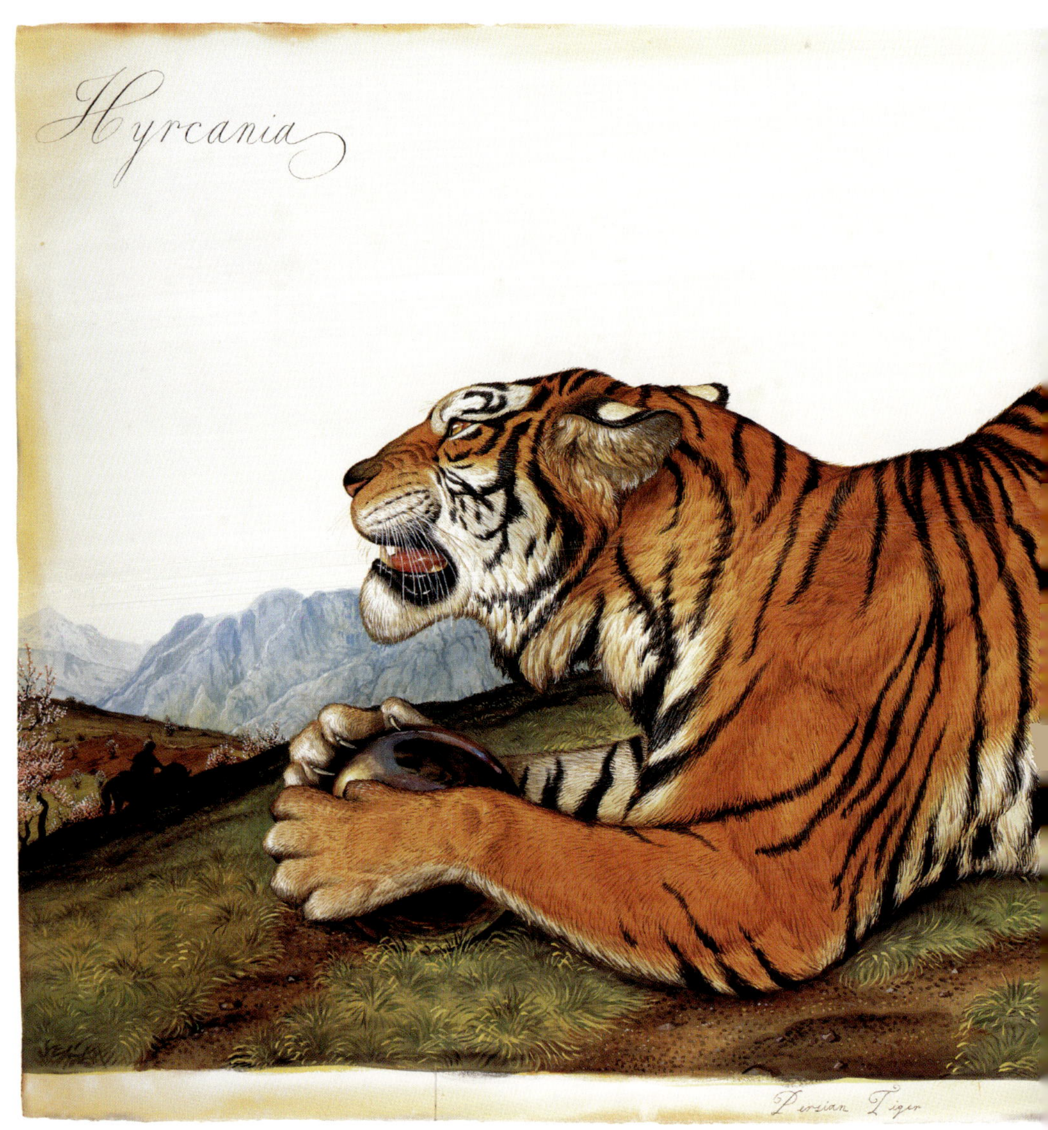
Hyrcania
Persian Tiger

Hyrcania
Watercolor, gouache, pencil, and ink on paper
152.4 x 303.5 cm (60 x 119½ in.), 2007

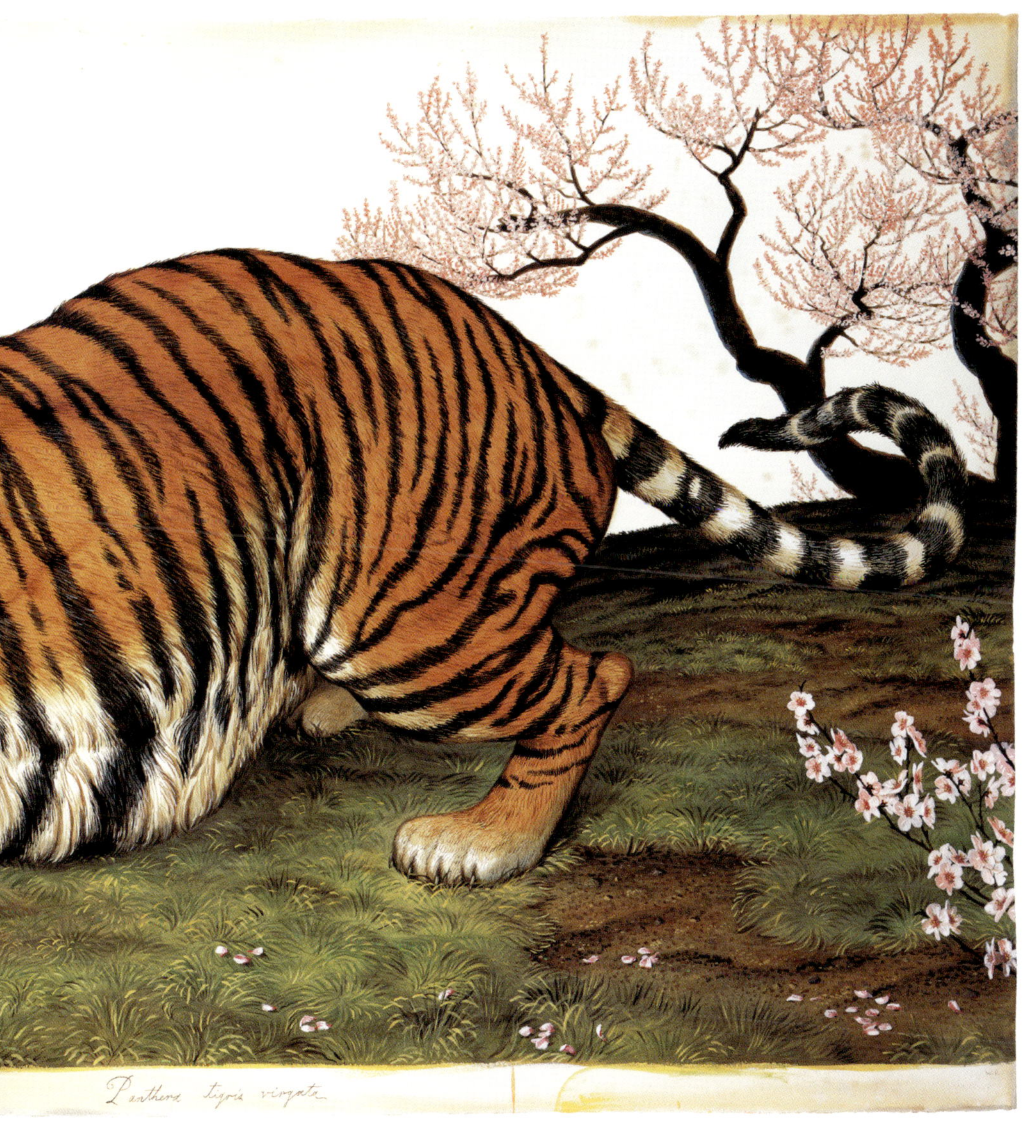

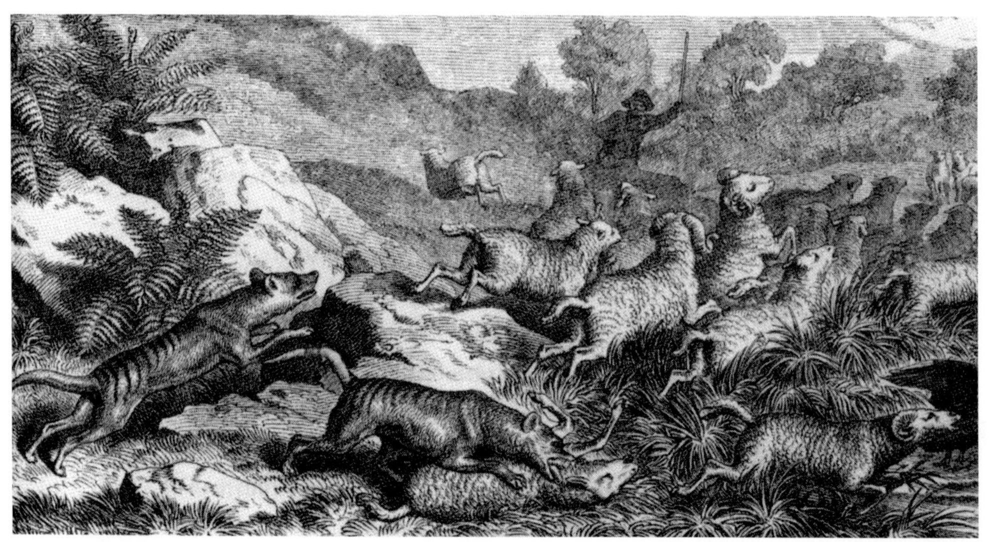

*German engraving, mid-19th century. Viewed by European settlers in Australia
as a threat to livestock, the now-extinct thylacine, or Tasmanian tiger,
became the object of a brutal campaign by the government to eradicate the species.*

The Island
Watercolor, gouache, pencil, and ink on paper
242.6 x 345.4 cm (95½ x 136 in.), 2009

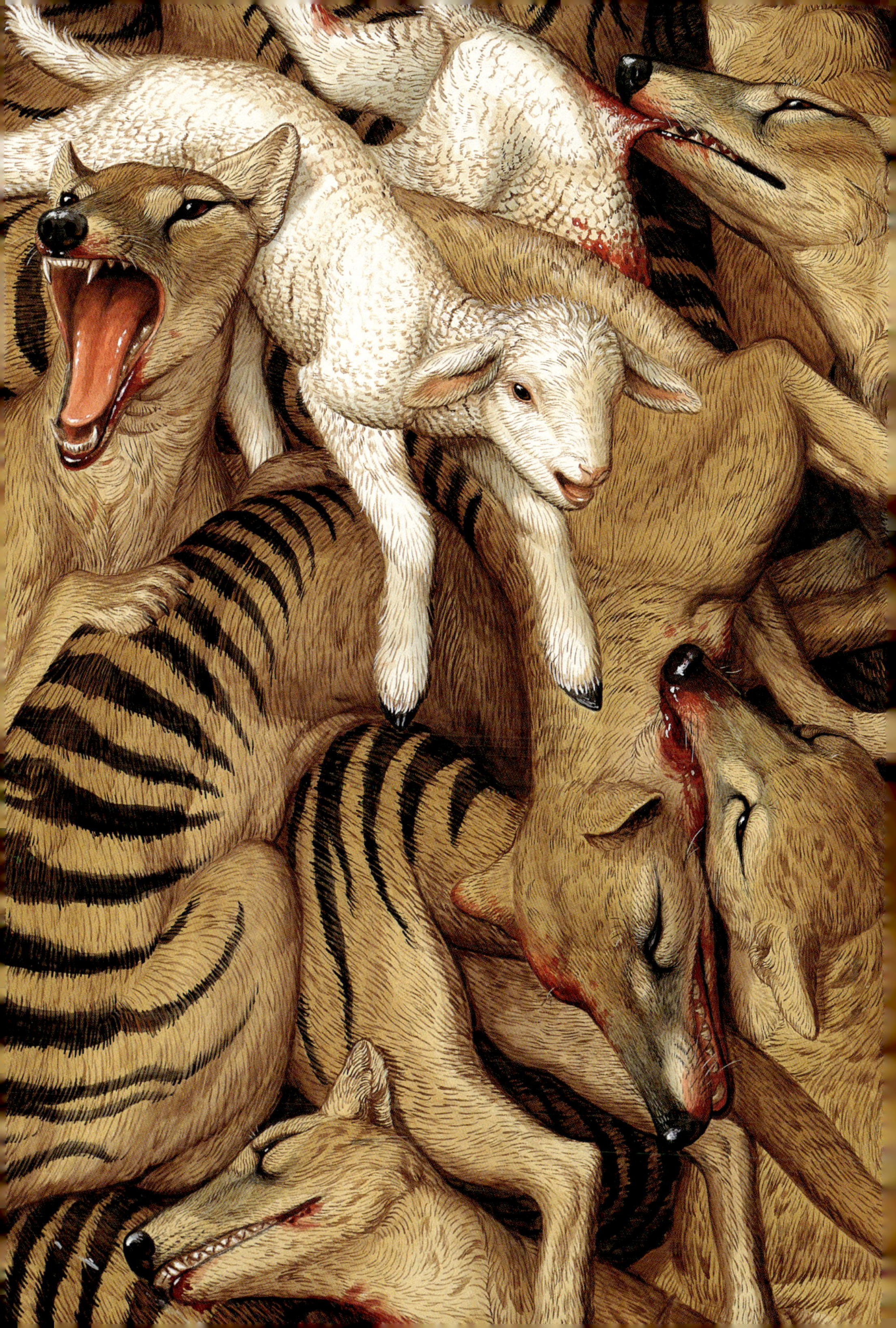

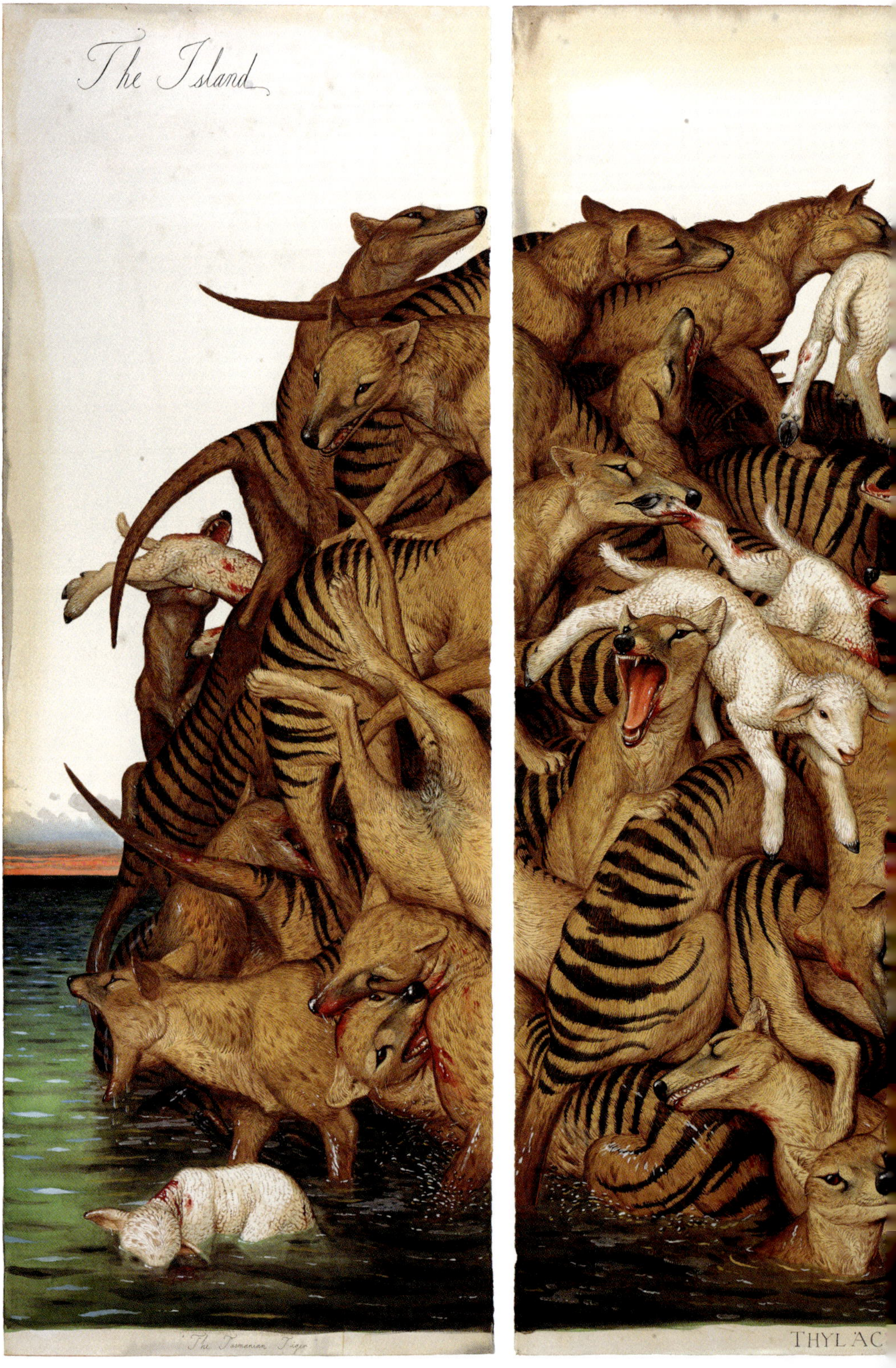

The Island
'The Tasmanian Tiger
THYLAC

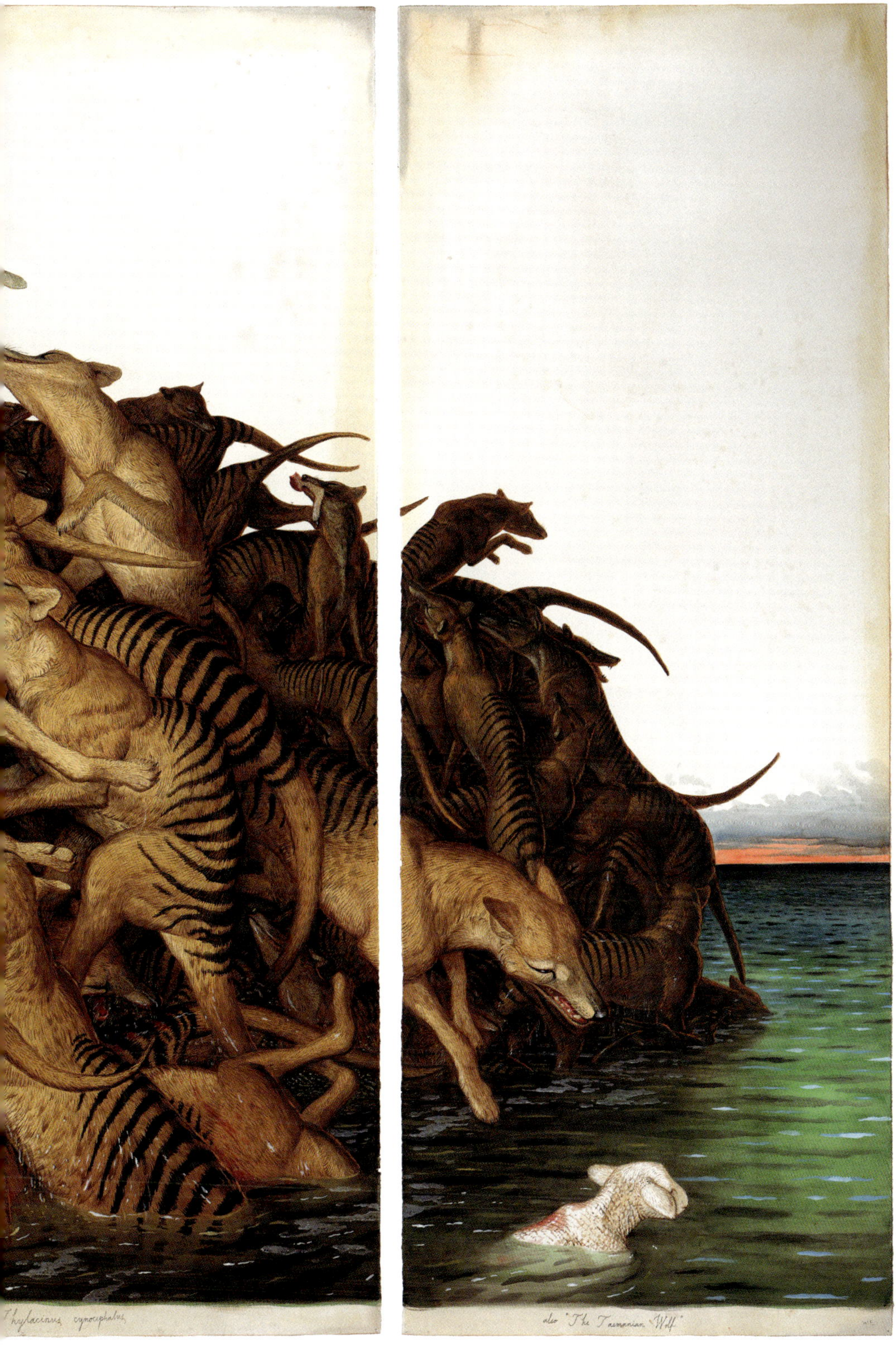

Thylacinus cynocephalus
also "The Tasmanian Wolf"

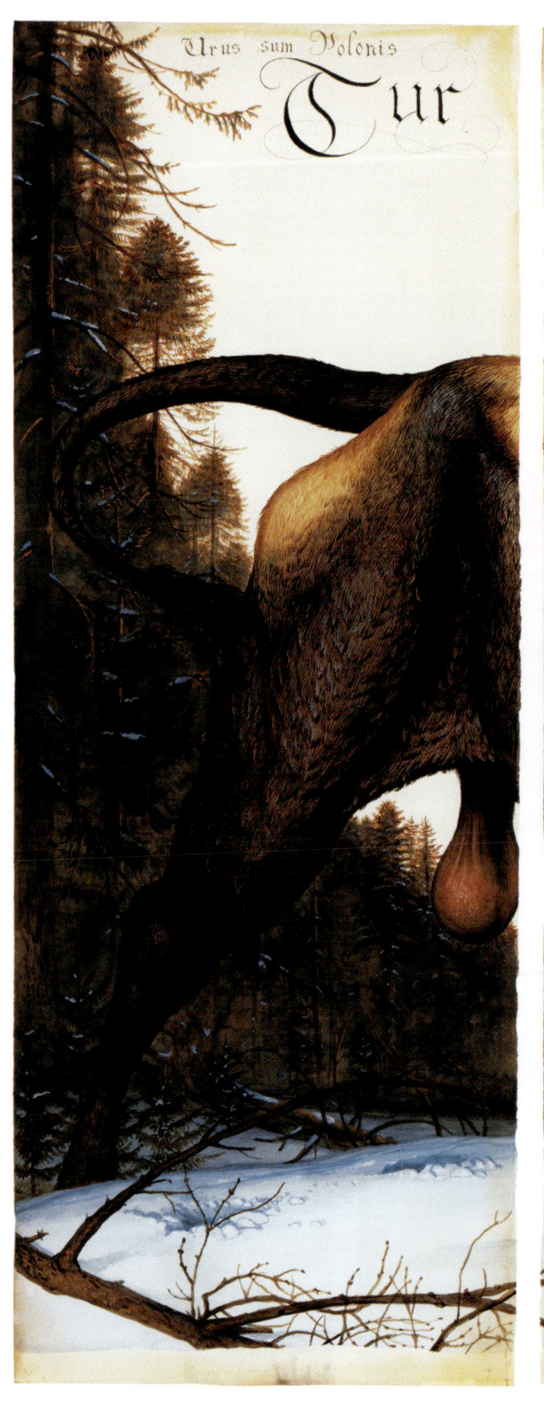

Tur
Watercolor, gouache,
pencil, and ink on paper
241.3 x 345.4 cm
(95½ x 136 in.), 2007

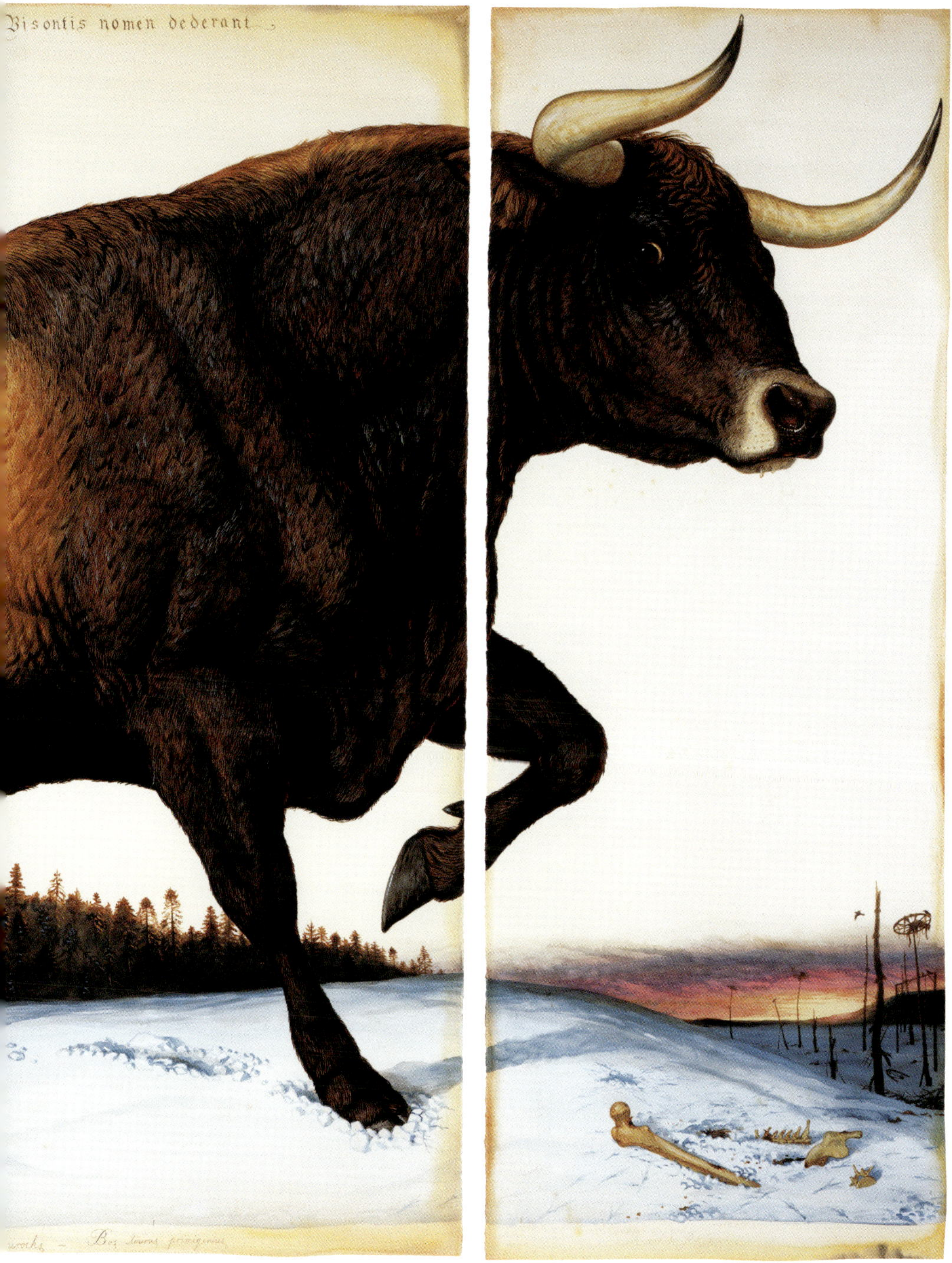

Bisontis nomen dederant.
Bos taurus primigenius

A Monster from Guiny
Watercolor, gouache, pencil, and ink on paper
151.8 x 104.1 cm (59¾ x 41 in.), 2007

Next spread **LOSS OF THE LISBON RHINOC-
EROS**/ ——— We are extremely sorry about the
total loss of the vessel we sent to Rome, which was
carrying on board an Indian rhinoceros as well as
other gifts for our Holy Father, and which has
caused us great displeasure. You are to tell His
Holiness that it was only a few days ago that we
received this news, and of the great unhappiness
which we feel, because the animal at the time it
was brought to us was so novel, never before seen
in these parts, and hardly to be found in books,
and because of the manner in which it was sent to
us, we appraised it, and the estimated value was
more than one hundred thousand doubloons …
/ ——— *In 1516 an Indian rhinoceros was sent by
sea to Pope Leo X from King Manuel I of Portugal.
The rhinoceros along with the other treasures sank
to the bottom of the Mediterranean. News of the loss
was sent by the king to his ambassador at Rome,
Dom Miguel da Silva on August 11, 1516. From
THE POPE'S ELEPHANT by Silvio A. Bedini,
Penguin Books, 2000.*

***

„Wir sind höchst bekümmert ob des Totalver-
lusts des Schiffs, welches wir nach Rom geschickt
haben und das ein indisches Rhinozeros sowie
andere Geschenke für unseren Heiligen Vater
transportierte. Sie müssen Seiner Heiligkeit
berichten, dass (…) wir eine tiefe Traurigkeit
empfinden, da dieses Tier, als es uns gebracht
wurde, etwas so Neuartiges, in unseren Weltgegenden nie Gesehenes und auch in Büchern kaum
zu Findendes war, und aufgrund der Art, in der

es uns geschickt wurde, taxierten wir es, und der
geschätzte Wert belief sich auf mehr als einhun-
derttausend Dublonen …"/ ——— *1516 schickte König Manuel I. von Portugal Papst Leo X.
ein indisches Rhinozeros auf dem Seeweg. Das Rhinozeros sank, zusammen mit den anderen Schätzen,
auf den Grund des Mittelmeers. Am 11. August
1516 schickte der König die Nachricht dieses Ver-
lusts an Dom Miguel da Silva, seinen Botschaf-
ter in Rom. Aus* THE POPE'S ELEPHANT, *von
Silvio A. Bedini, Penguin Books (2000).*

***

Nous sommes extrêmement désolé pour la perte
totale du navire que nous avons envoyé à Rome,
qui transportait à son bord un rhinocéros indien
ainsi que d'autres cadeaux pour Notre Saint-
Père. Vous ferez savoir à Sa Sainteté qu'il y a seulement quelques jours que nous avons reçu cette
nouvelle, et le grand malheur que nous avons
éprouvé, parce que l'animal au moment où il nous
a été amené était si nouveau, inconnu dans nos
régions, très rarement mentionné dans les livres,
et du fait de la manière dont il nous a été envoyé,
nous l'avons évalué, et sa valeur était estimée
à plus de cent mille doublons…/ ——— *En 1516
le roi Manuel Ier du Portugal envoyait par bateau
un rhinocéros indien au pape Léon X. Le rhinocéros
ainsi que les autres trésors que renfermait ce navire
ont coulé au fond de la Méditerranée. La nouvelle de
ce naufrage est envoyée par le roi à son ambassadeur
à Rome, Dom Miguel da Silva le 11 août 1516.
Tiré de* THE POPE'S ELEPHANT *de Silvio
A. Bedini, Penguin Books, 2000.*

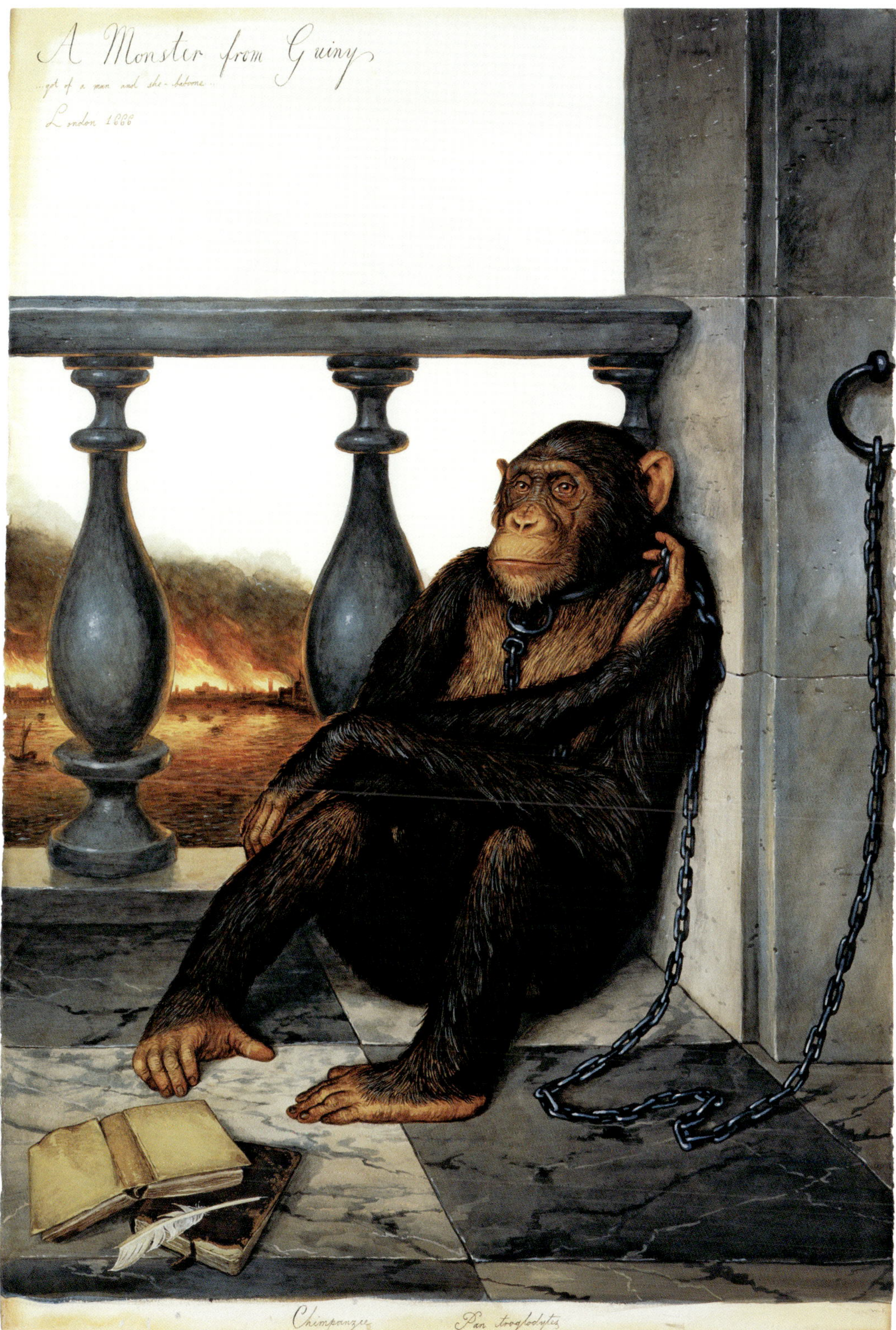

A Monster from Guiny
...got of a man and she-baboone...
London 1666
Chimpanzee
Pan troglodytes

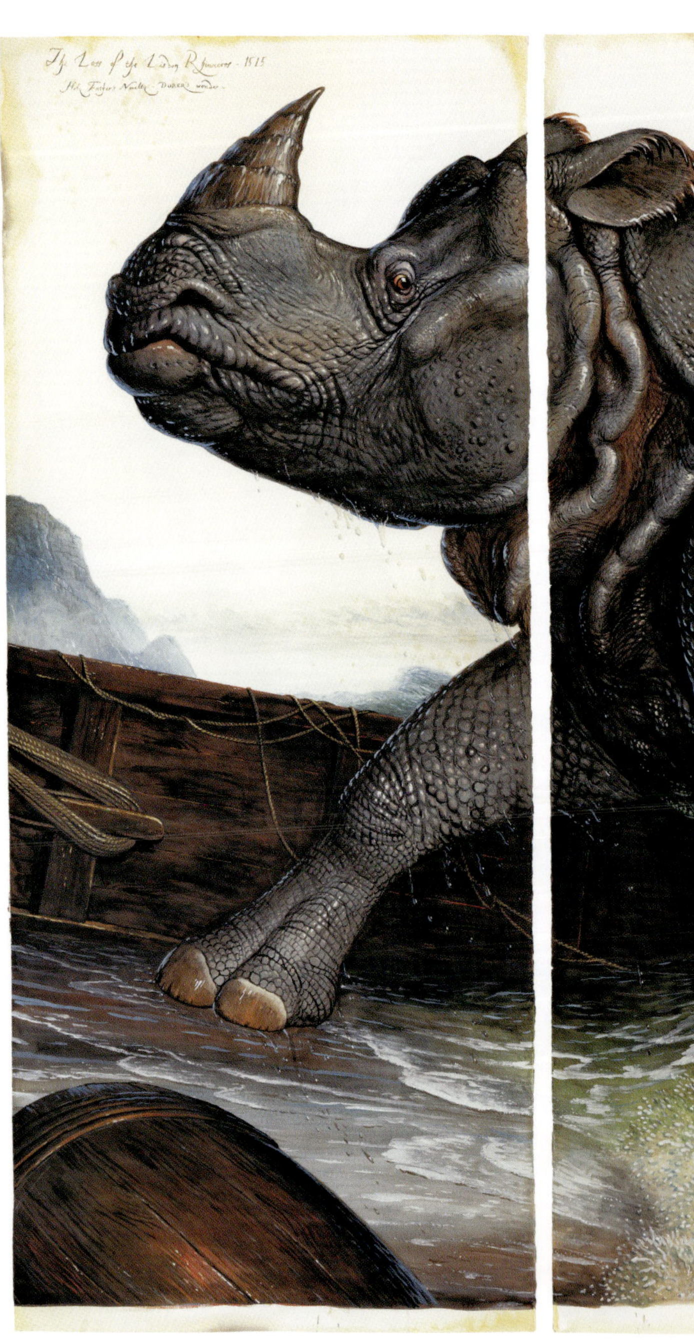

Loss of the
Lisbon Rhinoceros
Watercolor, gouache,
pencil, and ink on paper
242.6 x 364.5 cm
(95½ x 143¼ in.), 2008

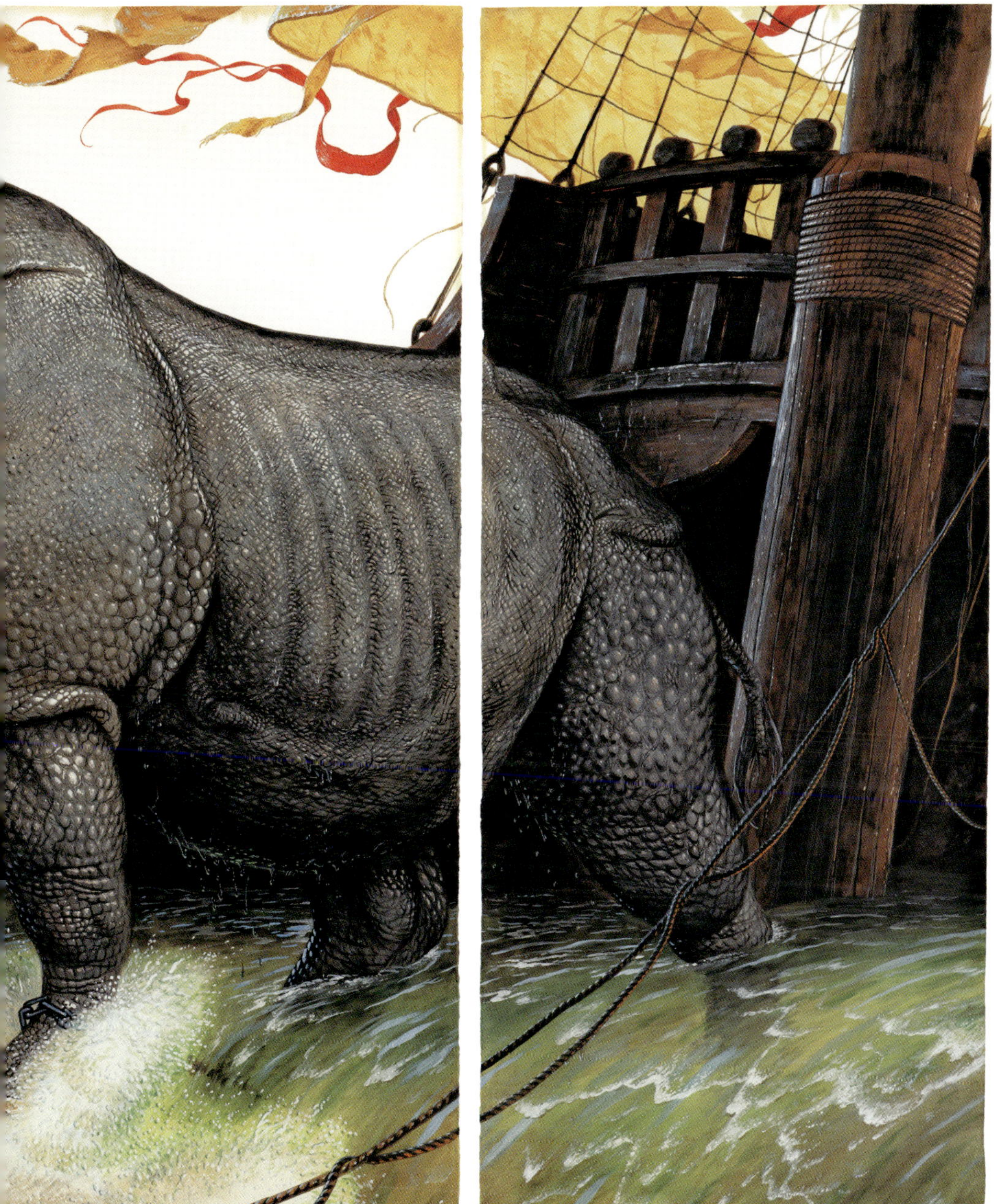
Rhinoceros - Rhinoceros unicornis

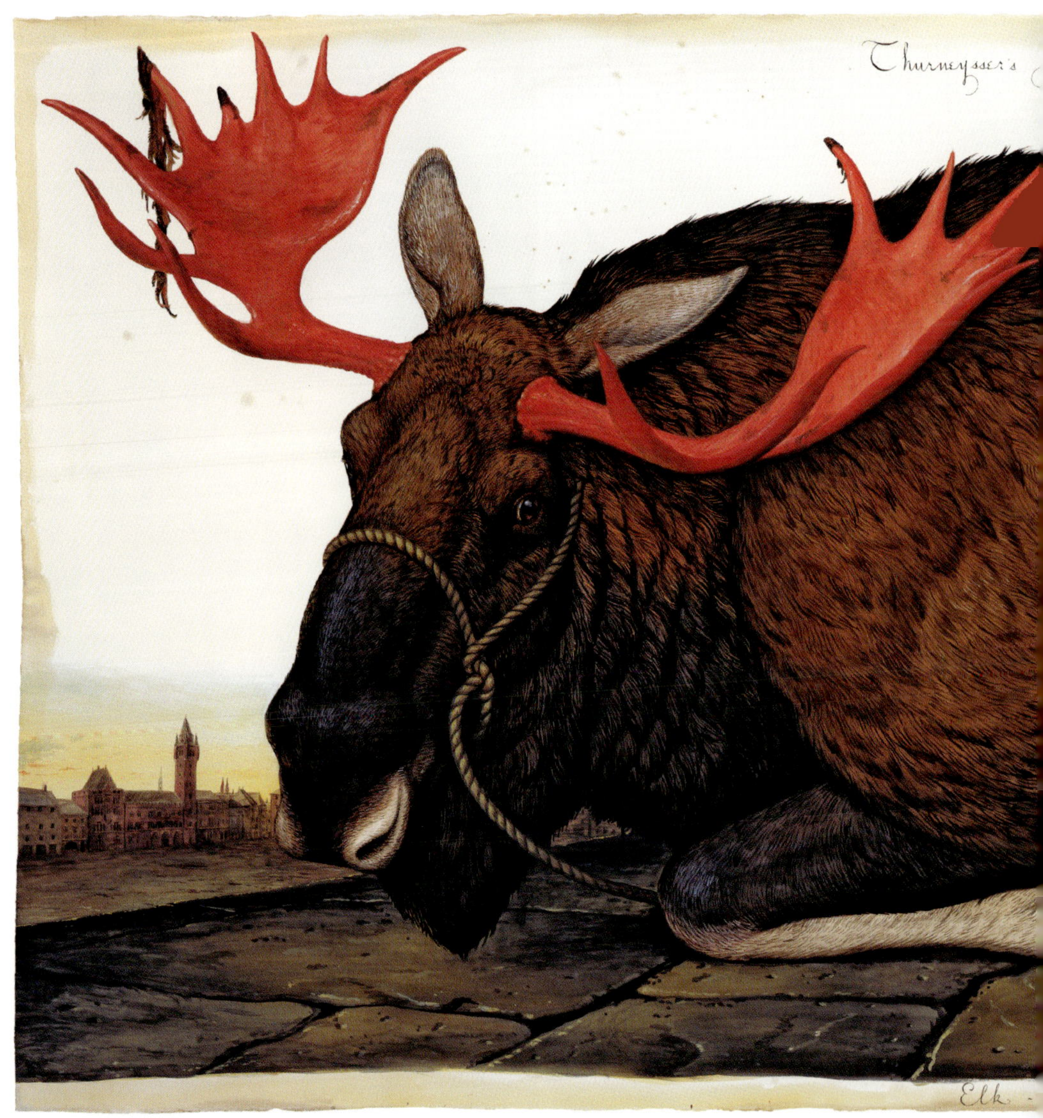

Thurneysser's
Elk.

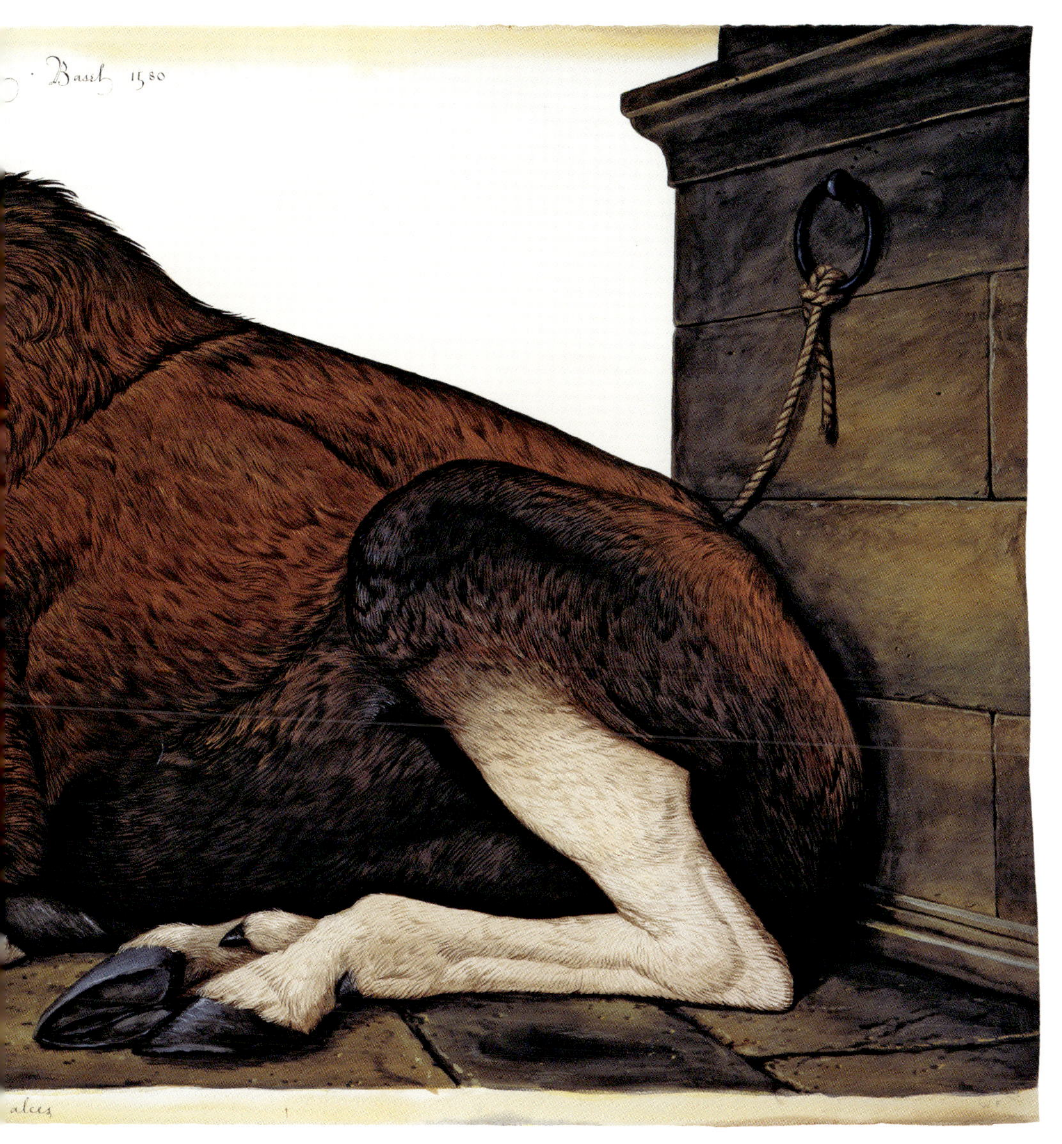

Thurneysser's Demon
Watercolor, gouache, pencil, and ink on paper
152.4 x 304.8 cm (60 x 120 in.), 2008

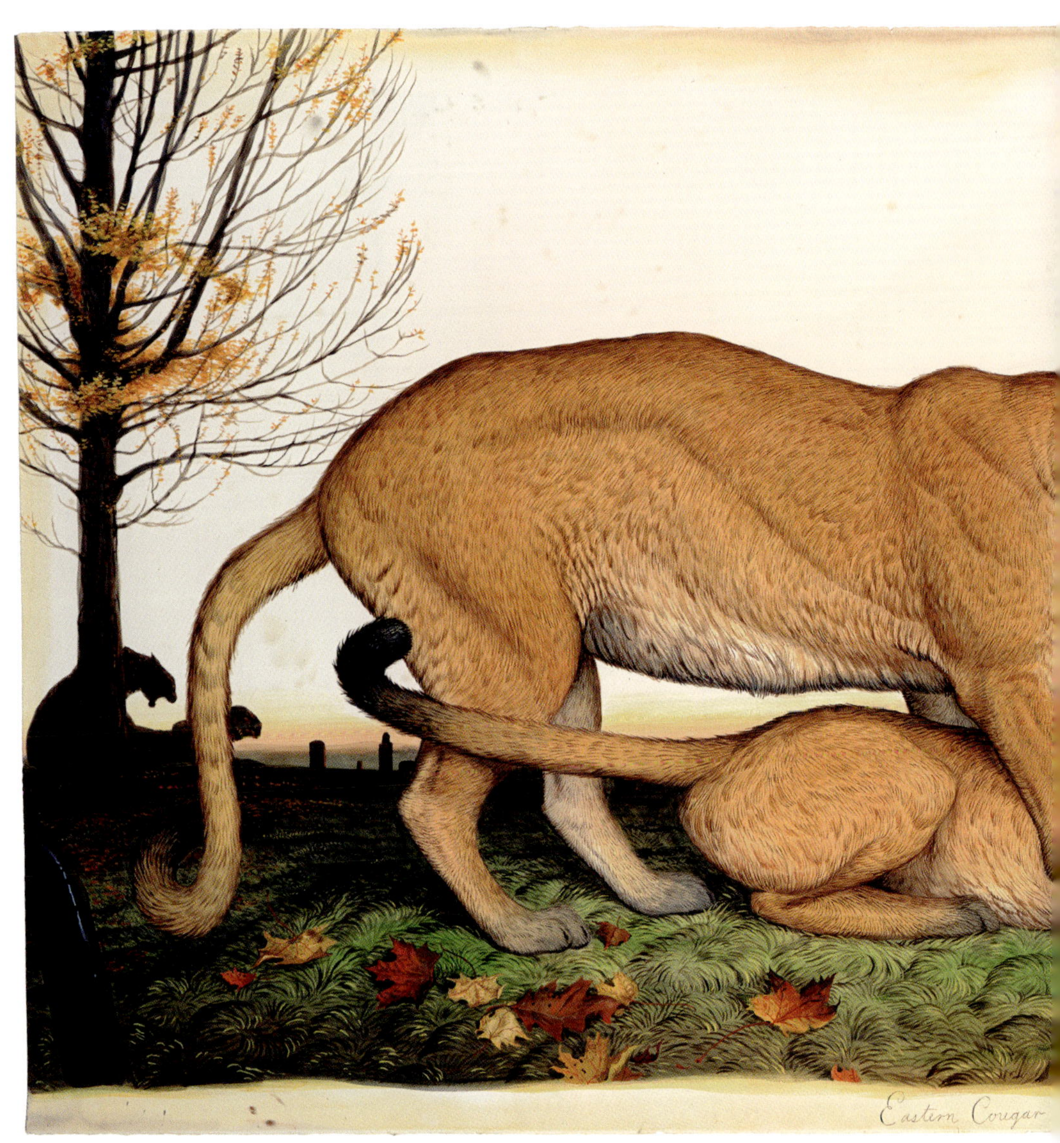

Housatonic Ghost Cats

Watercolor, gouache, pencil, and ink on paper
152.4 x 302.3 cm (60 x 119 in.), 2008

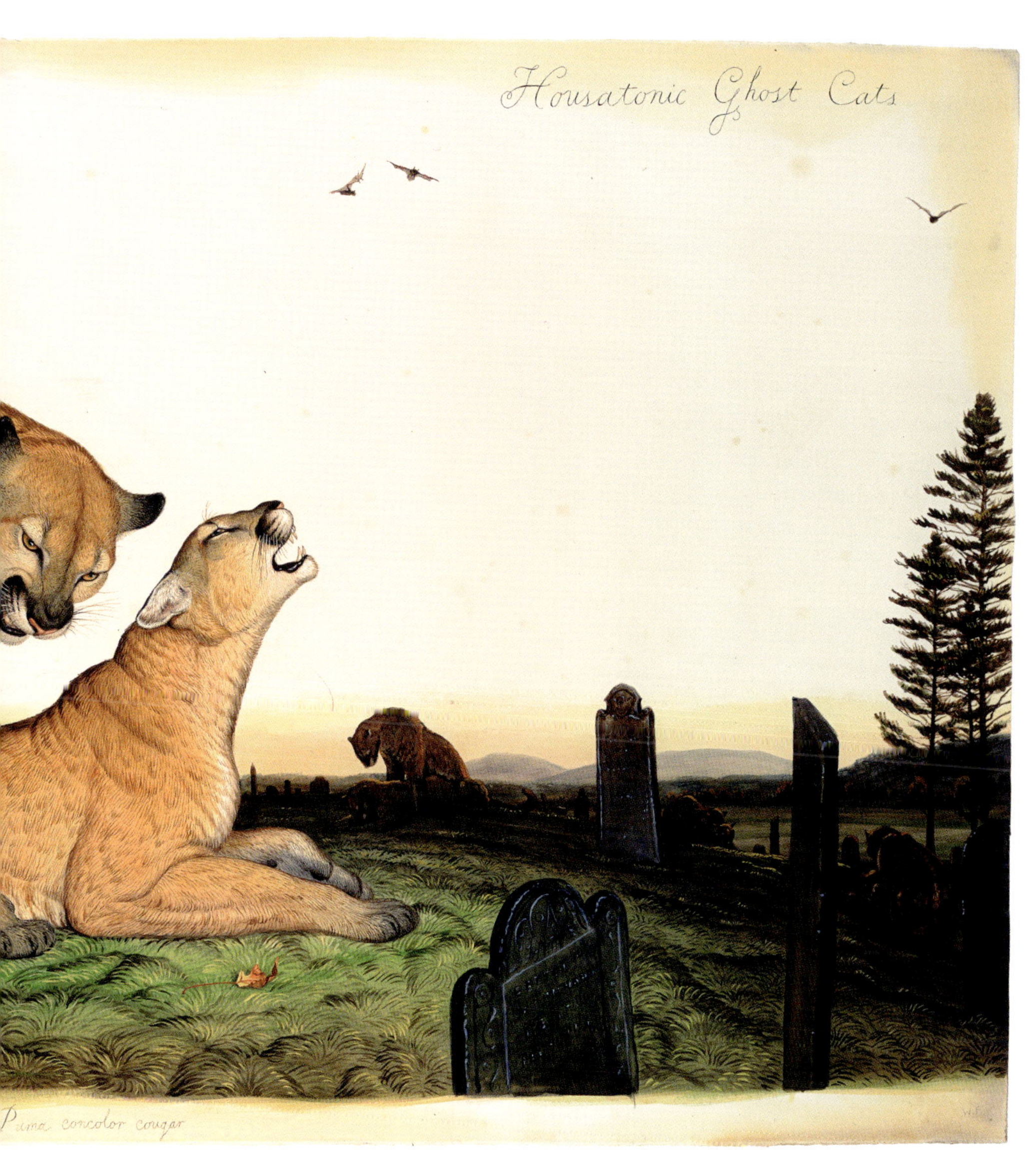

Housatonic Ghost Cats
Puma concolor cougar

Borodino
Watercolor, gouache, pencil, and ink on paper
152.4 x 303.5 cm (60 x 119½ in.), 2009

BORODINO/ ——— Everywhere the earth was littered with battered helmets and breastplates, broken drums, fragments of weapons, shreds of uniforms, and bloodstained flags. Lying amid this desolation were thirty thousand half-devoured corpses. The scene was dominated by a number of skeletons lying on the crumbled slope of one of the hills; death seemed to have established its throne up there. This was the terrible redoubt which had been the victory and the grave of Caulaincourt. Along our lines ran the sad murmur, "The field of the Great Battle!"/ ——— *French General and member of Napoleon's staff, Philippe-Paul de Ségur (1780–1873), on the gruesome sprawl of war in his famous critique of Bonaparte,* DEFEAT: NAPOLEON'S RUSSIAN CAMPAIGN *(1824), translated into English by David Townsend, Houghton Mifflin, 1958.*

***

„Überall war der Boden von verbeulten Helmen und Brustpanzern, zerbrochenen Trommeln, Bruchstücken von Waffen, Uniformfetzen und blutbefleckten Fahnen übersät. Inmitten dieser Verwüstung lagen dreißigtausend halb zerfressene Leiber. Dominiert wurde die Szenerie von einer Anzahl von Gerippen, die den zerfallenen Abhang eines der Hügel bedeckten; dort oben schien der Tod seinen Thron aufgestellt zu haben. Dies war jene fürchterliche Schanze, die für Caulaincourt Sieg und Grab zugleich bedeutet hatte. Ein trauriges Raunen ging durch unsere Reihen: „Das Feld der Großen Schlacht!"/ ——— *Philippe-Paul de Ségur (1780–1873),*

französischer General und Mitglied in Napoleons Stab, über die grausigen Auswirkungen des Krieges, zitiert aus seiner berühmten Kritik an Bonaparte, DEFEAT: NAPOLEON'S RUSSIAN CAMPAIGN *(1824), ins Englische übersetzt von David Townsend, Houghton Mifflin (1958).*

***

Sur ce sol désolé gisaient trente milliers de cadavres à demi dévorés. Quelques squelettes, restés sur l'éboulement de l'une de ces collines, dominaient tout. Il semblait que la mort eût établi là son empire : c'était cette terrible redoute, conquête et tombeau de Caulaincourt. Alors le cri « C'est le champ de la grande bataille ! » forma un long et triste murmure. L'empereur passa vite. Personne ne s'arrêta. Le froid, la faim et l'ennemi pressaient ; seulement on détournait la tête en marchant, pour jeter un triste et dernier regard sur ce vaste tombeau de tant de compagnons d'armes, sacrifiés inutilement, et qu'il fallait abandonner./ ——— *Philippe-Paul de Ségur (1780–1873), général et aide de camp de Napoléon, a décrit la cruauté de la campagne de Russie dans un ouvrage critique envers l'empereur :* HISTOIRE DE NAPOLÉON ET DE LA GRANDE ARMÉE, PENDANT L'ANNÉE 1812. *Paris : Baudouin frères, 1824. 2 vol. in-8°.*

266

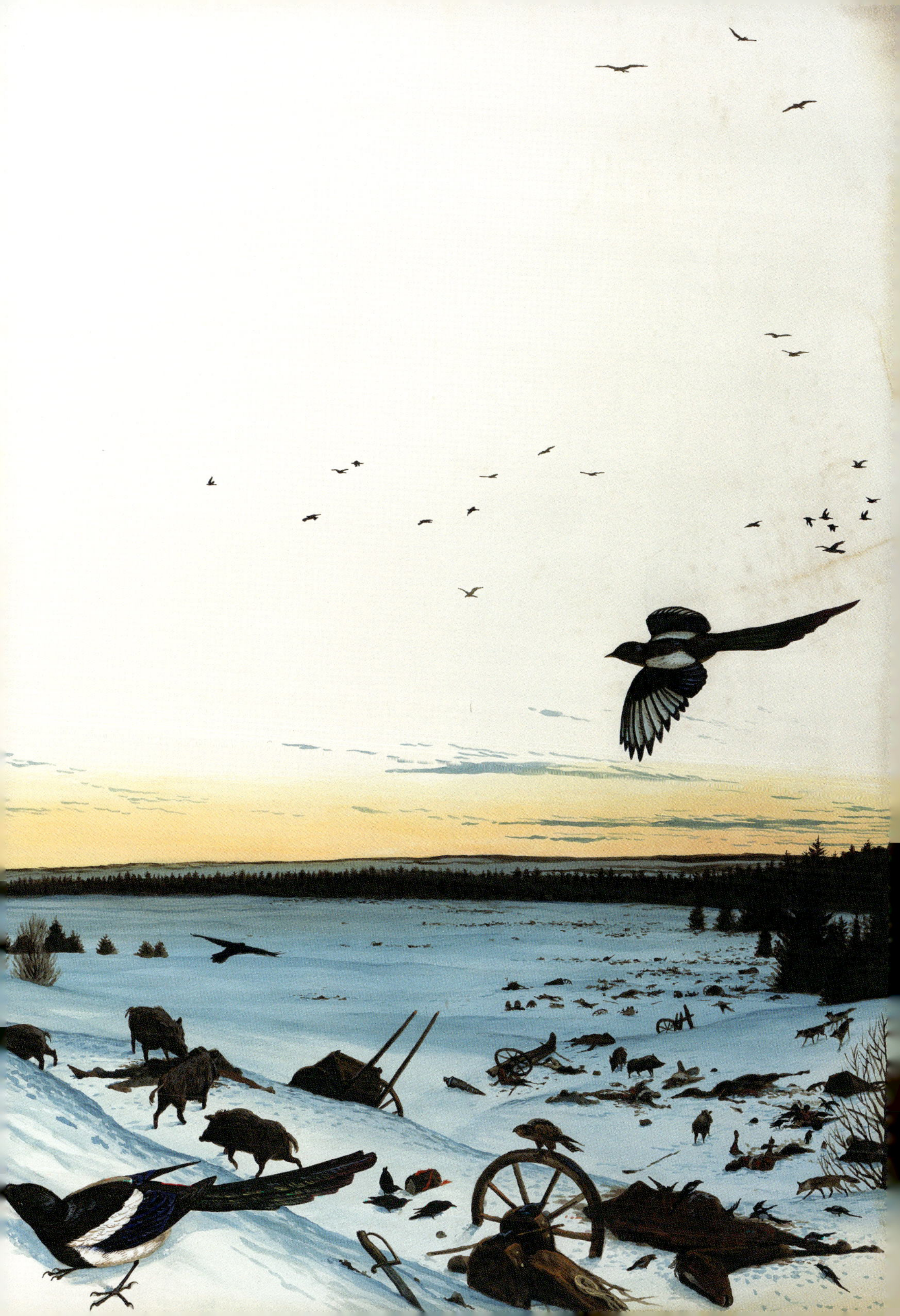

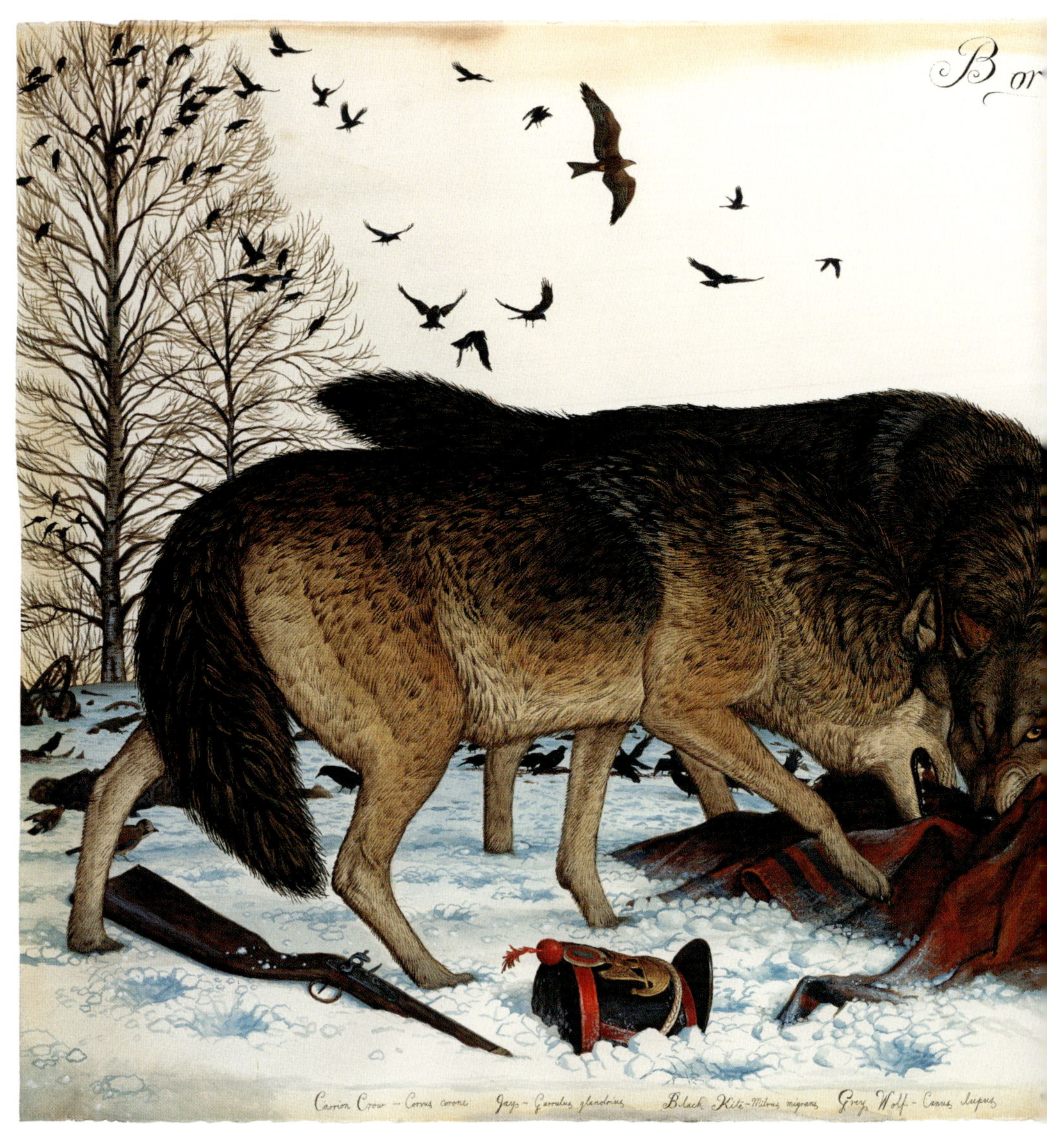
B or
Carrion Crow – Corvus corone   Jays – Garrulus glandarius   Black Kite – Milvus migrans   Grey Wolf – Canis lupus

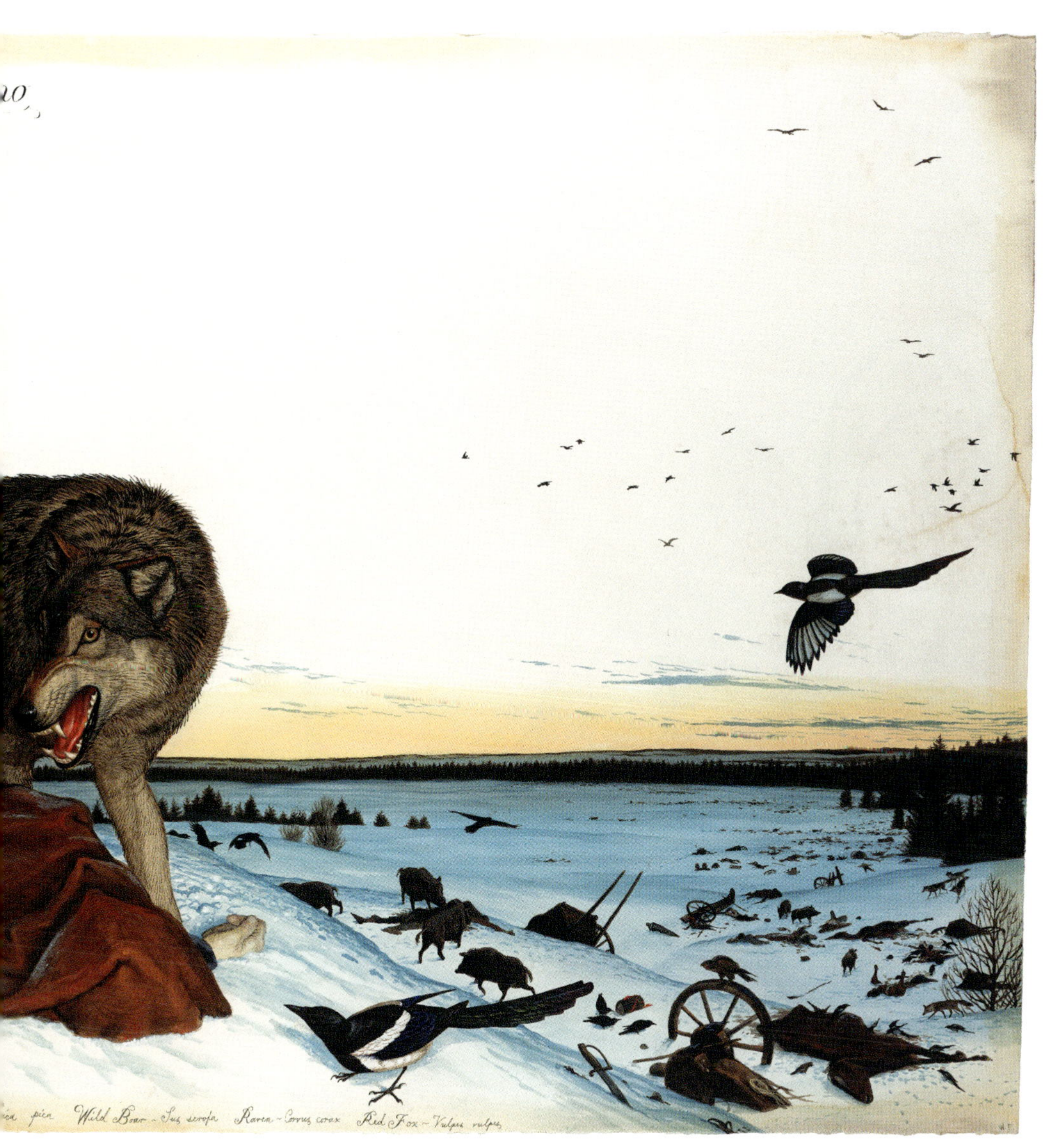

Wild Boar – Sus scrofa   Raven – Corvus corax   Red Fox – Vulpes vulpes

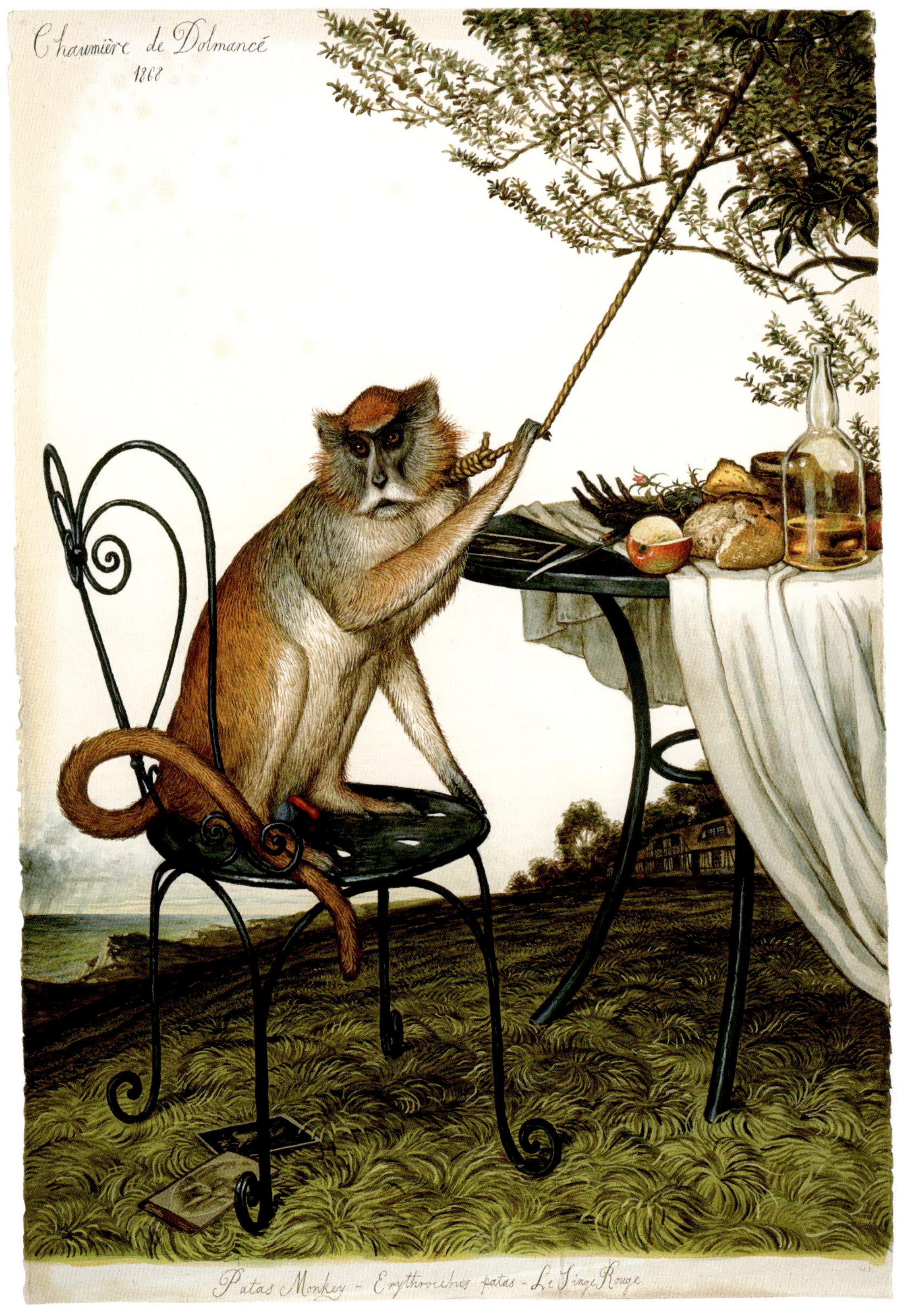

Patas Monkey – Erythrocebus patas – Le Singe Rouge

Chaumière de Dolmancé
Watercolor, gouache, pencil, and ink on paper
151.8 x 105.1 cm (59¾ x 41⅜ in.), 2009

Next spread
An Encounter with Du Chaillu
Watercolor, gouache, pencil, and ink on paper
242.6 x 152.4 cm (95½ x 60 in.), 2009

La Reata
Watercolor, gouache, pencil, and ink on paper
304.8 x 152.4 cm (120 x 60 in.), 2010

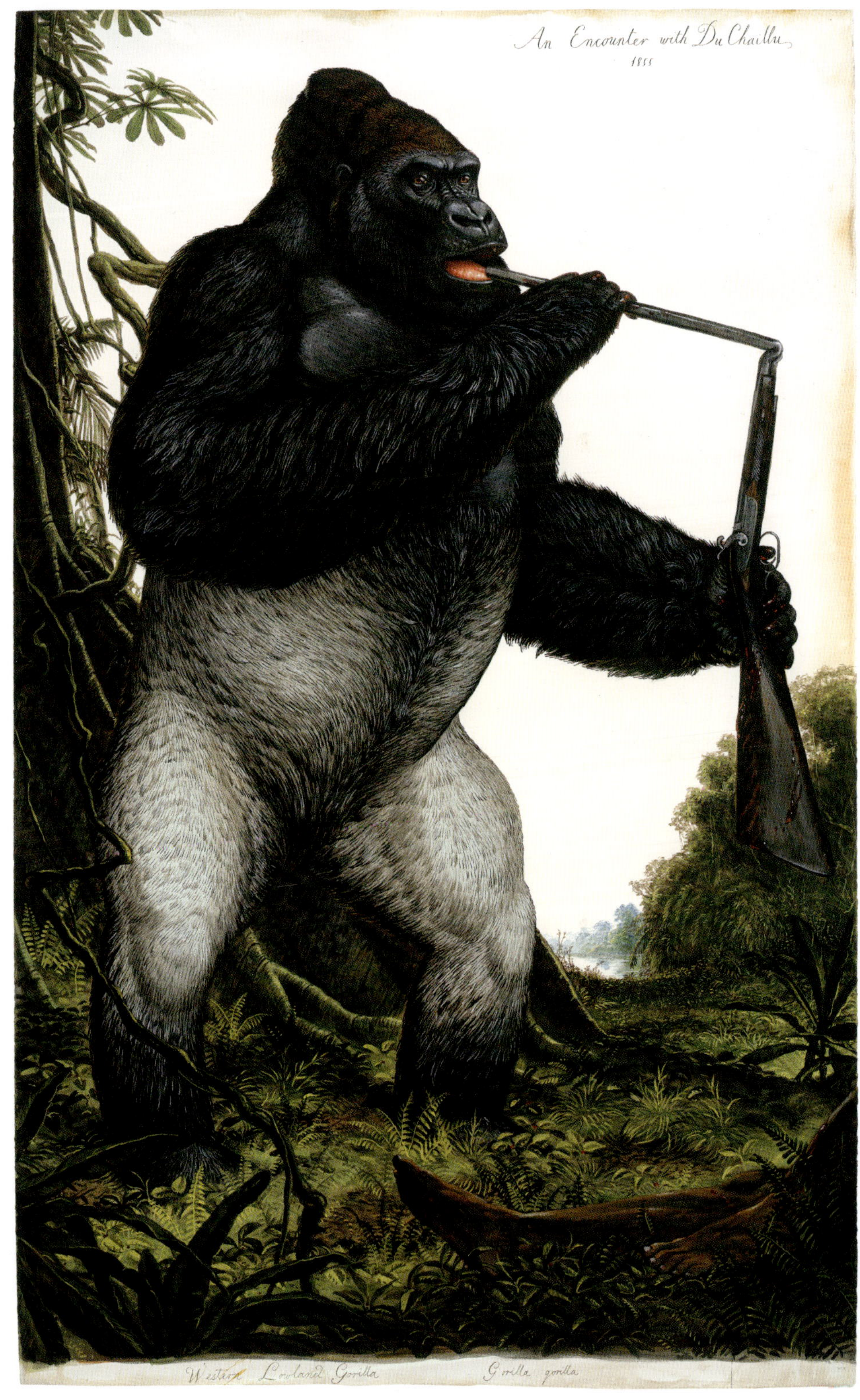

Western Lowland Gorilla   Gorilla gorilla

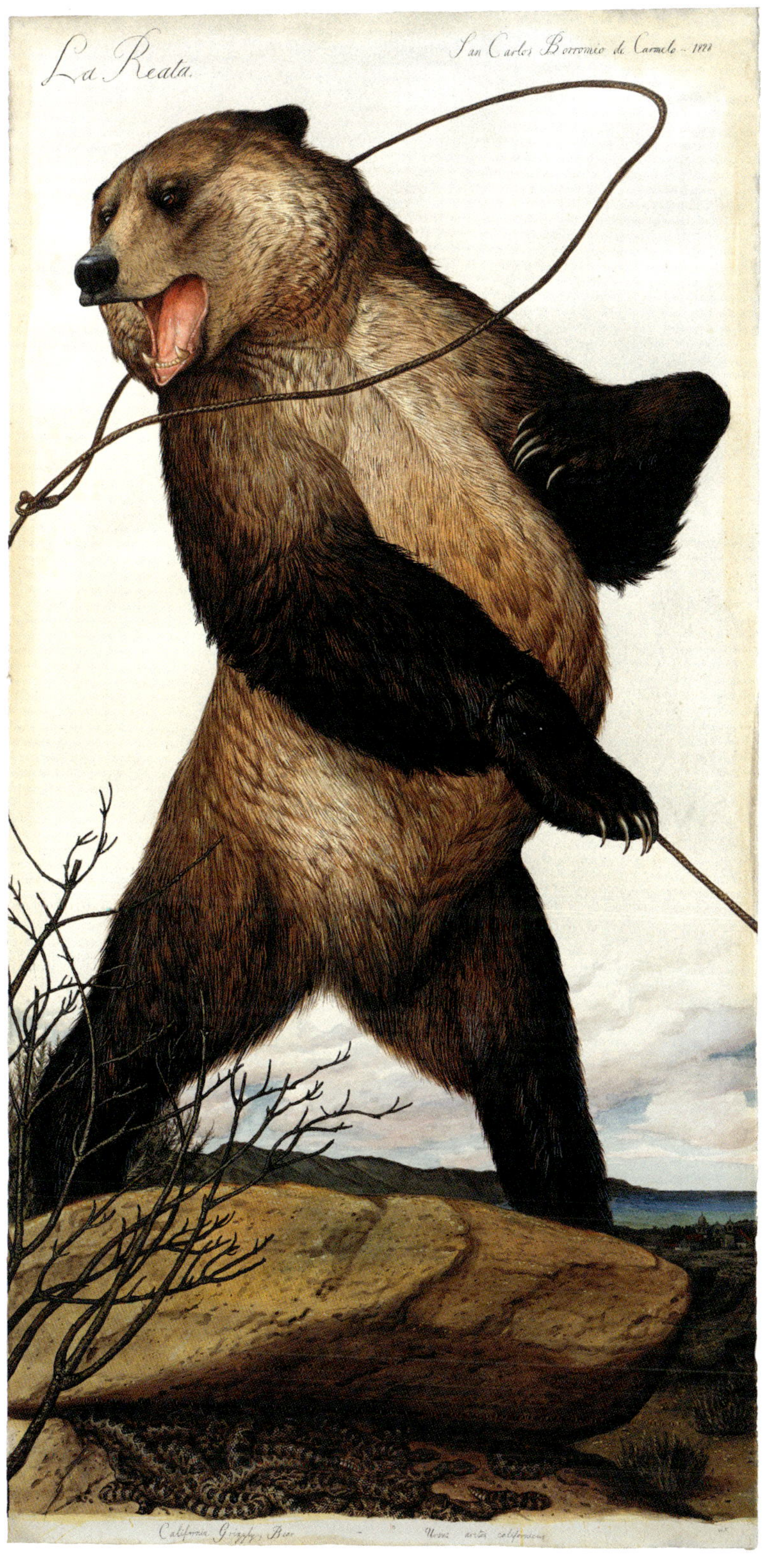

La Reata.
San Carlos Borromeo de Carmelo - 1888
California Grizzly Bear
Ursus arctos californicus

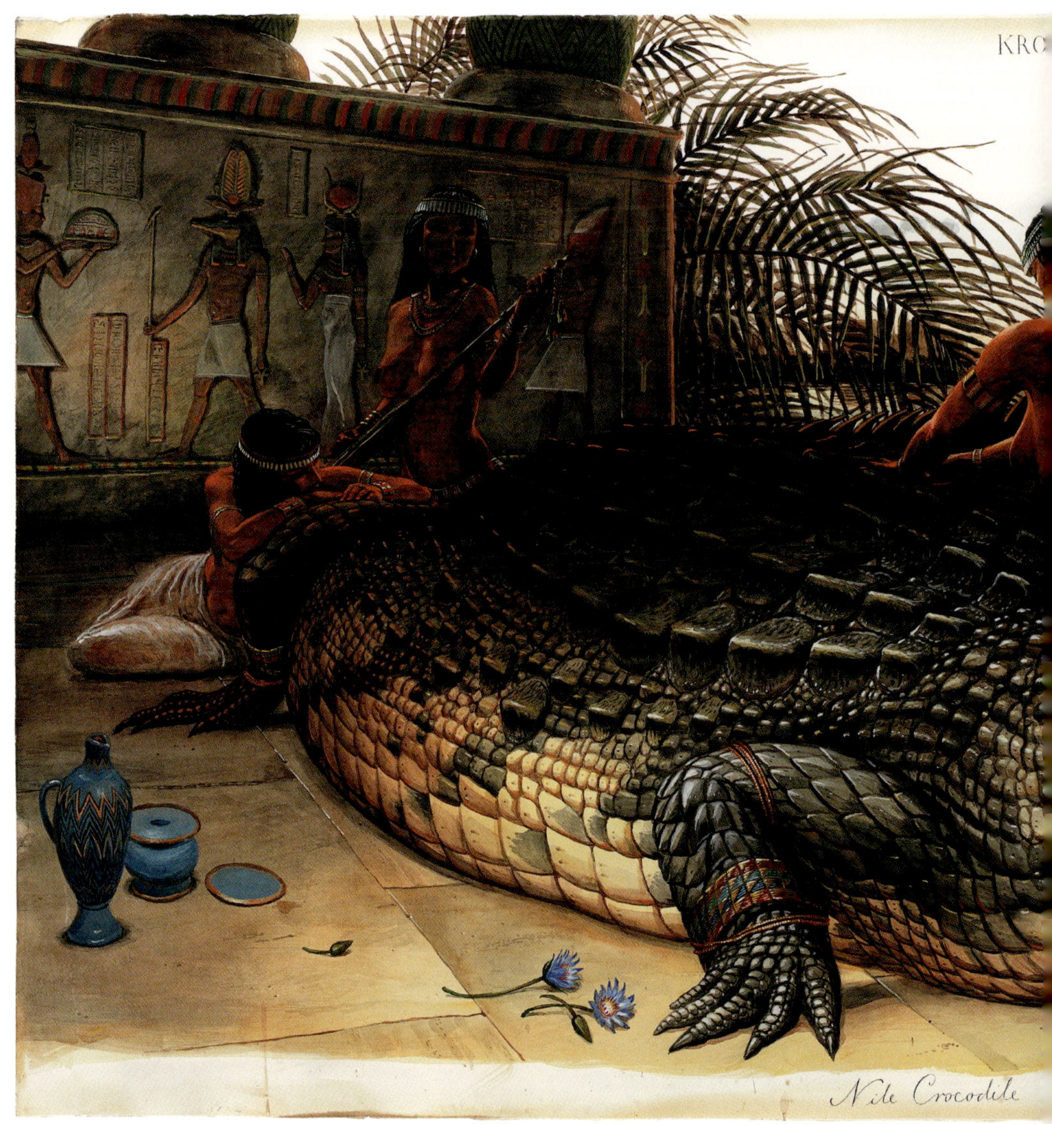
Nile Crocodile

Krokodilopolis
Watercolor, gouache, pencil, and ink on paper
152.4 x 302.9 cm (60 x 119¼ in.), 2010

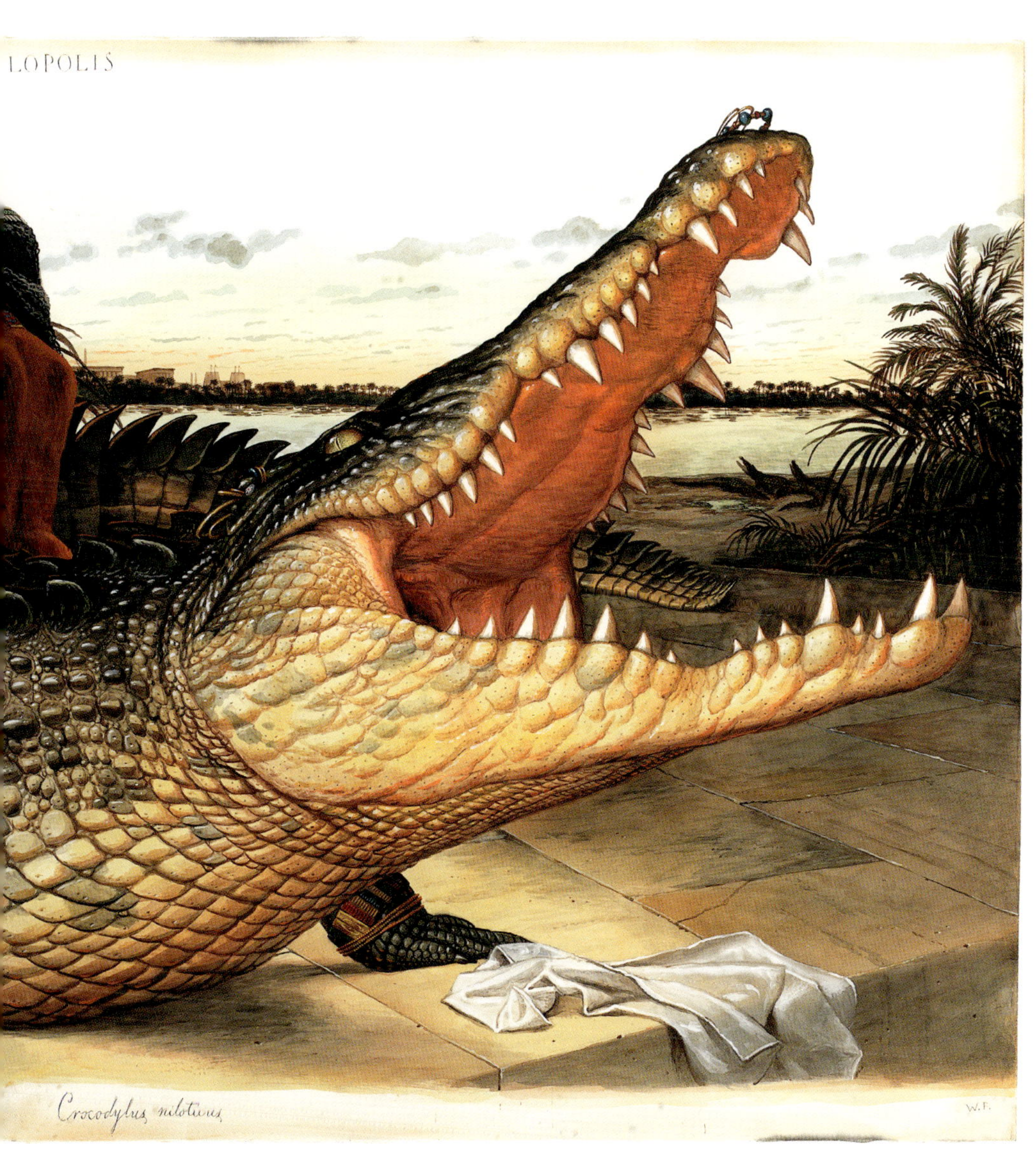

Next pages
Perfect in My Memory:
The Man of the Woods
Watercolor, gouache, pencil, and ink on paper
151.4 x 103.5 cm (59⅝ x 40¾ in.), 2011

Perfect in My Memory:
The Scale of Nature
Watercolor, gouache, pencil, and ink on paper
151.4 x 103.5 cm (59⅝ x 40¾ in.), 2011

Perfect in My Memory:
His Supremacy
Watercolor, gouache, pencil, and ink on paper
151.4 x 103.5 cm (59⅝ x 40¾ in.), 2011

Perfect in My Memory:
Du Pain au Lait
pour le Perroquet Mignonne
Watercolor, gouache, pencil, and ink on paper
151.4 x 103.5 cm (59⅝ x 40¾ in.), 2011

Perfect in My Memory:
Unnatural Composure
Watercolor, gouache, pencil, and ink on paper
151.4 x 103.5 cm (59⅝ x 40¾ in.), 2011

Perfect in My Memory:
… Forever Afterward Chained
Watercolor, gouache, pencil, and ink on paper
151.4 x 103.5 cm (59⅝ x 40¾ in.), 2011

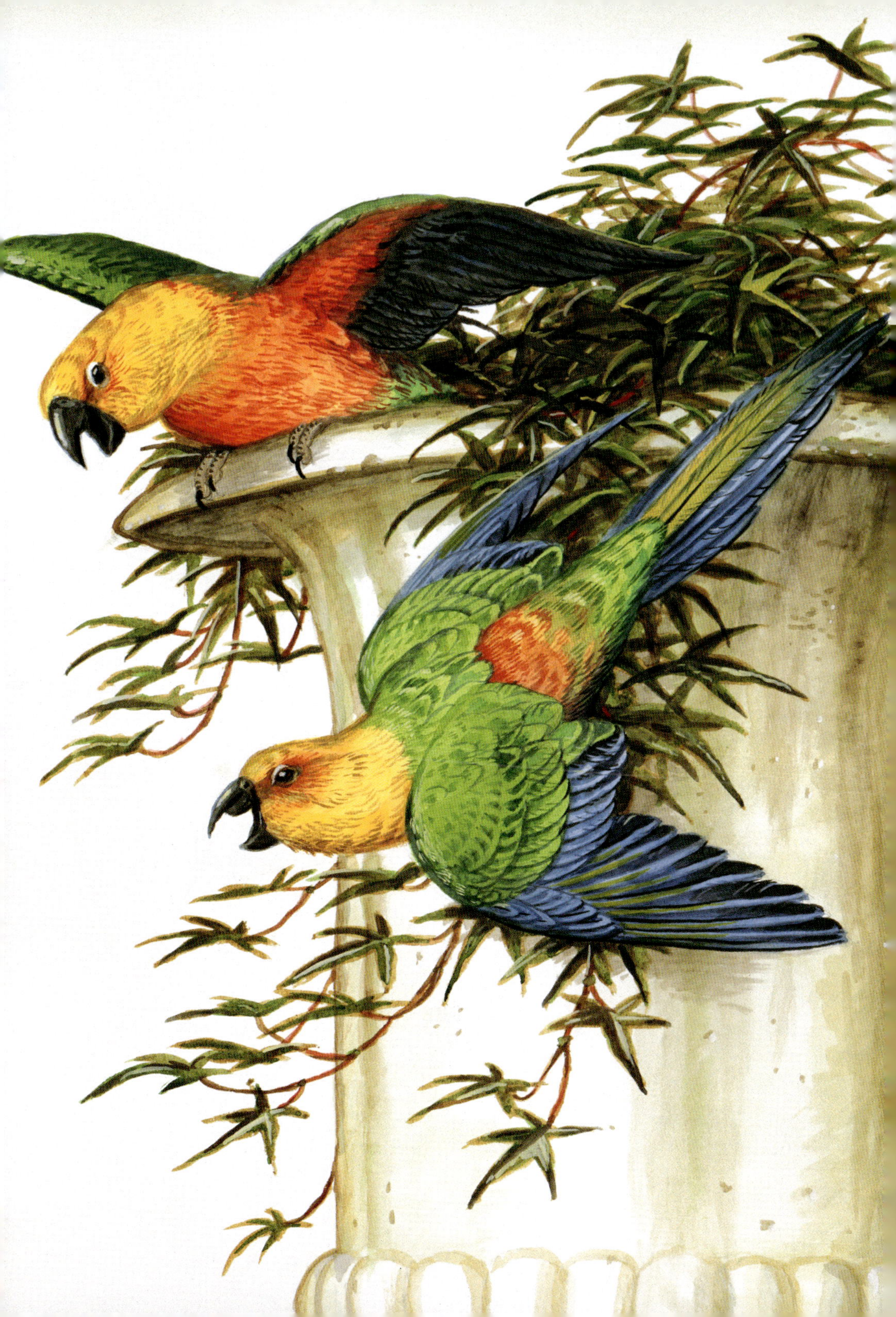

PERFECT IN MY MEMORY/ ——— One incident which is as perfect in my memory as if it had occurred this very day, I have thought of thousands of times since, and will now put on paper as one of the curious things which perhaps did lead me in after times to love birds, and to finally study them with pleasure infinite. My mother had several beautiful parrots and some monkeys; one of the latter was a full-grown male of a very large species. One morning, while the servants were engaged in arranging the room I was in, "Pretty Polly" asking for her breakfast as usual, *"Du pain au lait pour le perroquet Mignonne,"* the man of the woods probably thought the bird presuming upon his rights in the scale of nature; be this as it may, he certainly showed his supremacy in strength over the denizen of the air, for, walking deliberately and uprightly toward the poor bird, he at once killed it, with unnatural composure. The sensations of my infant heart at this cruel sight were agony to me. I prayed the servant to beat the monkey, but he, who for some reason preferred the monkey to the parrot, refused. I uttered long and piercing cries, my mother rushed into the room, I was tranquillized, the monkey was forever afterward chained, and Mignonne buried with all the pomp of a cherished lost one.

This made, as I have said, a very deep impression on my youthful mind./ ——— *From* AUDUBON'S STORY OF HIS YOUTH, *by John James Audubon (1785–1851), whose attraction to birds began early. The writings were discovered in an old calfskin-bound volume, and published over 40 years after his death by his granddaughter Maria R. Audubon in* SCRIBNER'S MAGAZINE, *vol. 13, no. 3, March, 1893.*

***

„Ein Ereignis ist mir noch so frisch im Gedächtnis, als hätte es sich erst heute abgespielt. (…) Meine Mutter hielt einige hübsche Papageien und ein paar Affen. Einer der Affen war ein ausgewachsenes Männchen einer ziemlich großen Spezies. Eines Morgens, ich war in dem Zimmer, das die Diener gerade herrichteten, forderte die ‚Hübsche Polly' wie üblich ihr Frühstück: ‚*Du pain au lait pour le perroquet Mignonne*' (‚*Brot in Milchtunke für den Papagei Mignonne*'). Das Männchen aus den Wäldern dachte vermutlich, der Vogel wolle ihm seinen natürlichen Rang streitig machen. Wie dem auch sei, er bewies dem Wesen der Lüfte die Kraft seiner Überlegenheit ziemlich deutlich, denn er lief gezielt und schnurstracks auf den armen Vogel zu und tötete ihn in geradezu unnatürlich gelassener Manier auf der Stelle. Dieser grausame Anblick verursachte in meinem kindlichen Herzen einen unerträglichen Schmerz. Ich flehte einen Diener an, den Affen zu schlagen, doch da er den Affen aus irgendwelchen Gründen dem Papagei vorzog, weigerte er sich. Ich heulte auf und stieß schrille Schreie aus, meine Mutter kam ins Zimmer geeilt und beruhigte mich. Der Affe wurde fortan für alle Zeiten angekettet und Mignonne mit allen Ehren eines geliebten, verlorenen Wesens bestattet.

Dieses Ereignis hat (…) in meinem jugendlichen Gemüte einen sehr tiefen Eindruck

278

hinterlassen."/ ——— *Aus* AUDUBON'S STORY OF HIS YOUTH *von John James Audubon (1785–1851), der sich schon in jungen Jahren zu Vögeln hingezogen fühlte. Die autobiografischen Schriften wurden in einem alten, in Kalbsleder gebundenen Band entdeckt und mehr als 40 Jahre nach seinem Tod von seiner Enkeltochter Maria R. Audubon in* SCRIBNER'S MAGAZINE, *Band 13, Nr. 3 vom März 1893 veröffentlicht.*

***

Un incident est resté intact dans ma mémoire comme s'il venait de se produire aujourd'hui. J'y ai repensé des milliers de fois depuis, et je vais à présent le jeter sur le papier comme l'un de ces événements curieux qui ont peut-être décidé bien plus tard de mon amour pour les oiseaux et conduit à finalement les étudier avec un plaisir infini. Ma mère possédait quelques beaux perroquets et quelques singes. L'un de ceux-ci était un mâle adulte d'une très grande espèce. Un matin, pendant que les domestiques faisaient le ménage dans la pièce où je me trouvais, Pretty Polly demanda son petit déjeuner comme d'habitude, « Du pain au lait pour le perroquet Mignonne ». L'anthropoïde estima sans doute que l'oiseau présumait de sa position dans l'échelle des espèces. Quoi qu'il en soit, il montra assurément sa supériorité sur l'habitant des airs, car, fondant d'un pas décidé droit sur le pauvre oiseau, il le tua d'un coup, dans une posture inhabituelle. Ce qu'éprouva mon cœur d'enfant devant ce cruel spectacle fut un complet désespoir. Je suppliais le domestique de battre le singe, mais ce dernier qui, pour je ne sais quelle raison, préférait le singe au perroquet, refusa. Je poussai des cris longs et déchirants, ma mère se précipita dans la pièce, on m'apaisa, le singe fut dès lors enchaîné en permanence et Mignonne fut enterrée avec toute la pompe due à un être cher qu'on a perdu. Cela fit, comme je l'ai dit, une très profonde impression sur mon esprit juvénile./ ——— *Extrait de* AUDUBON'S STORY OF HIS YOUTH *(« Histoires de jeunesse d'Audubon »), par John James Audubon (1785–1851), dont l'attirance pour les oiseaux se déclara très tôt. Ces textes furent découverts dans un vieux volume relié en veau et publié plus de quarante ans après sa mort par sa petite-fille Maria R. Audubon dans* SCRIBNER'S MAGAZINE, *vol. 13, n°3 de mars 1893.*

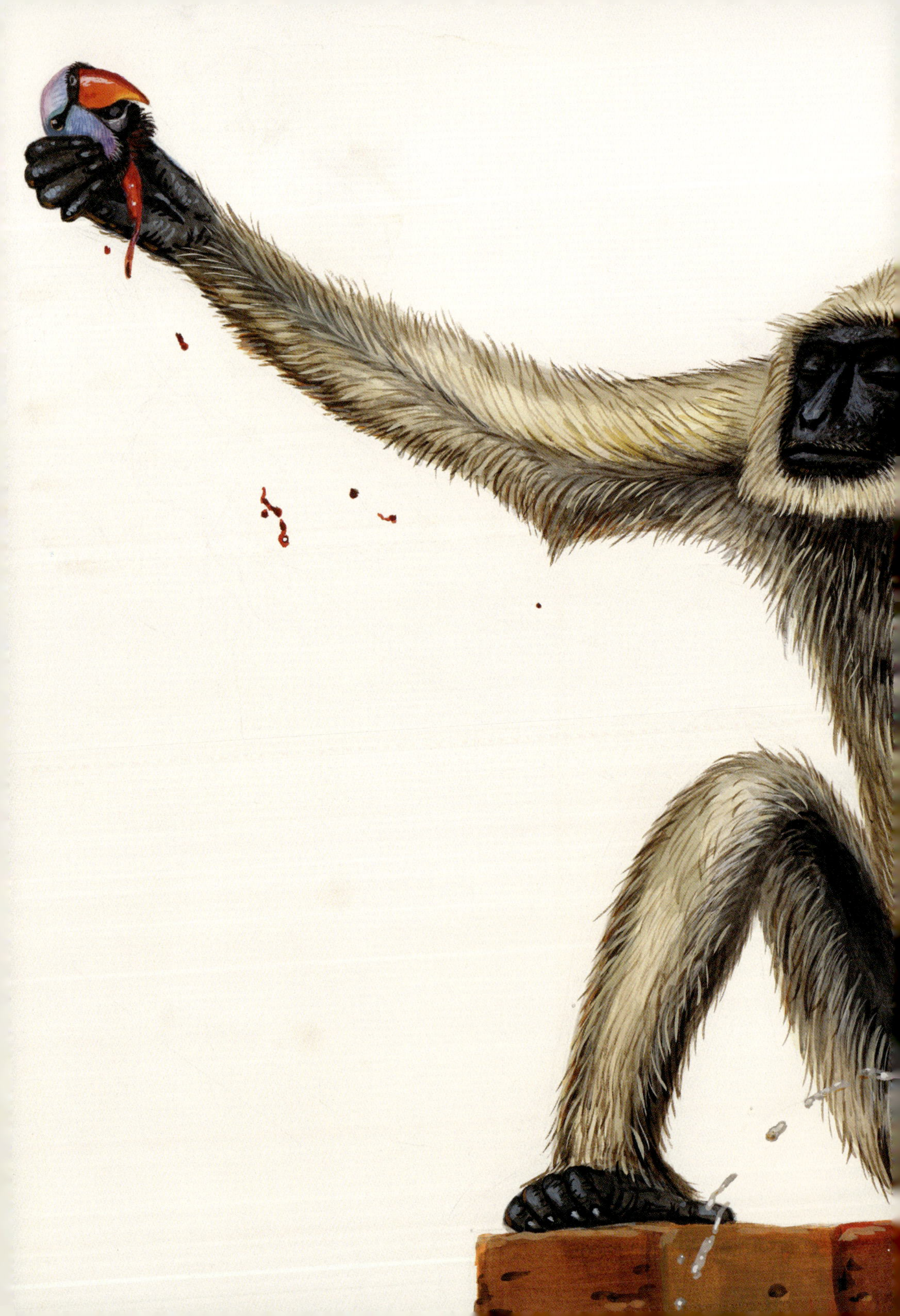

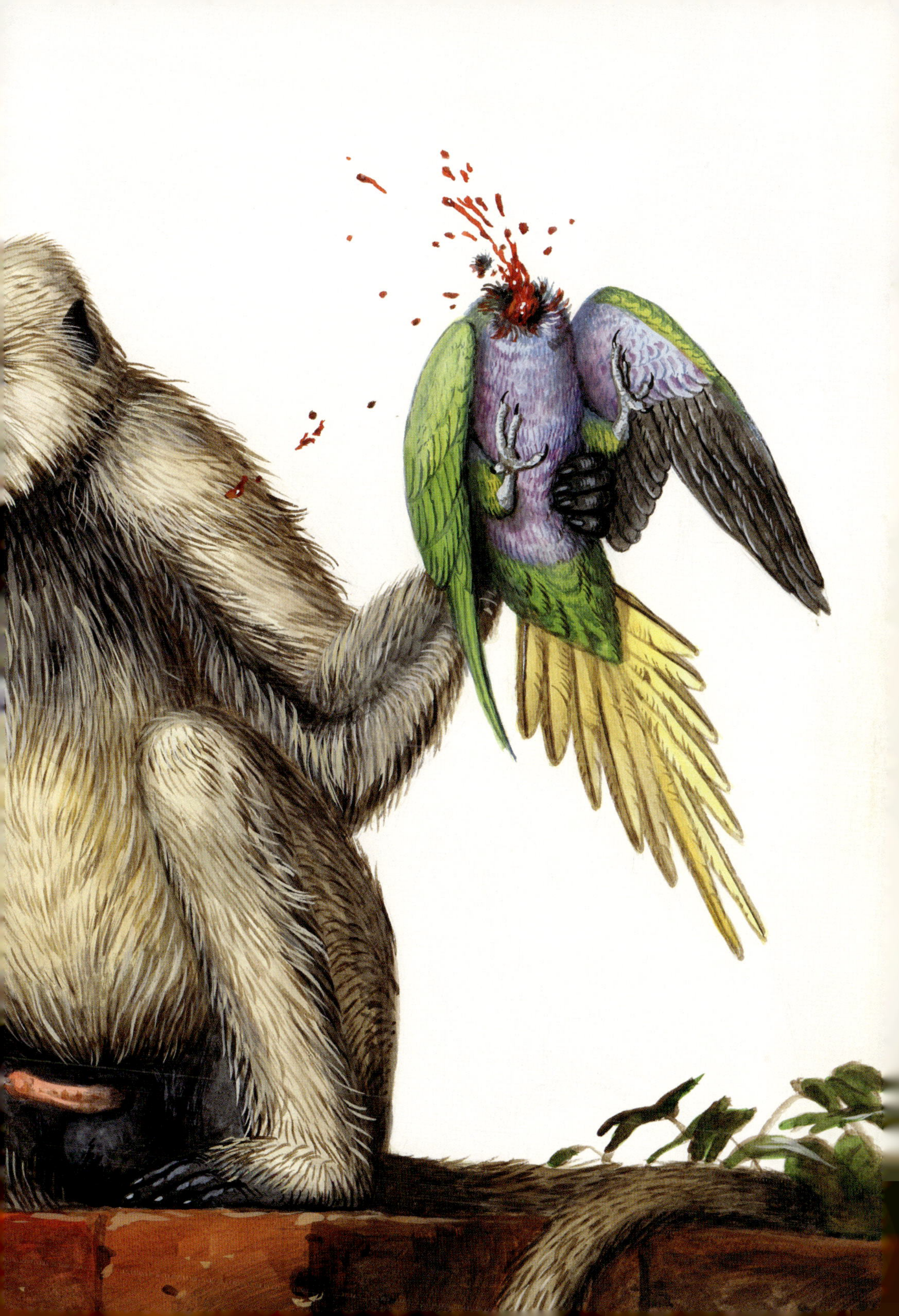

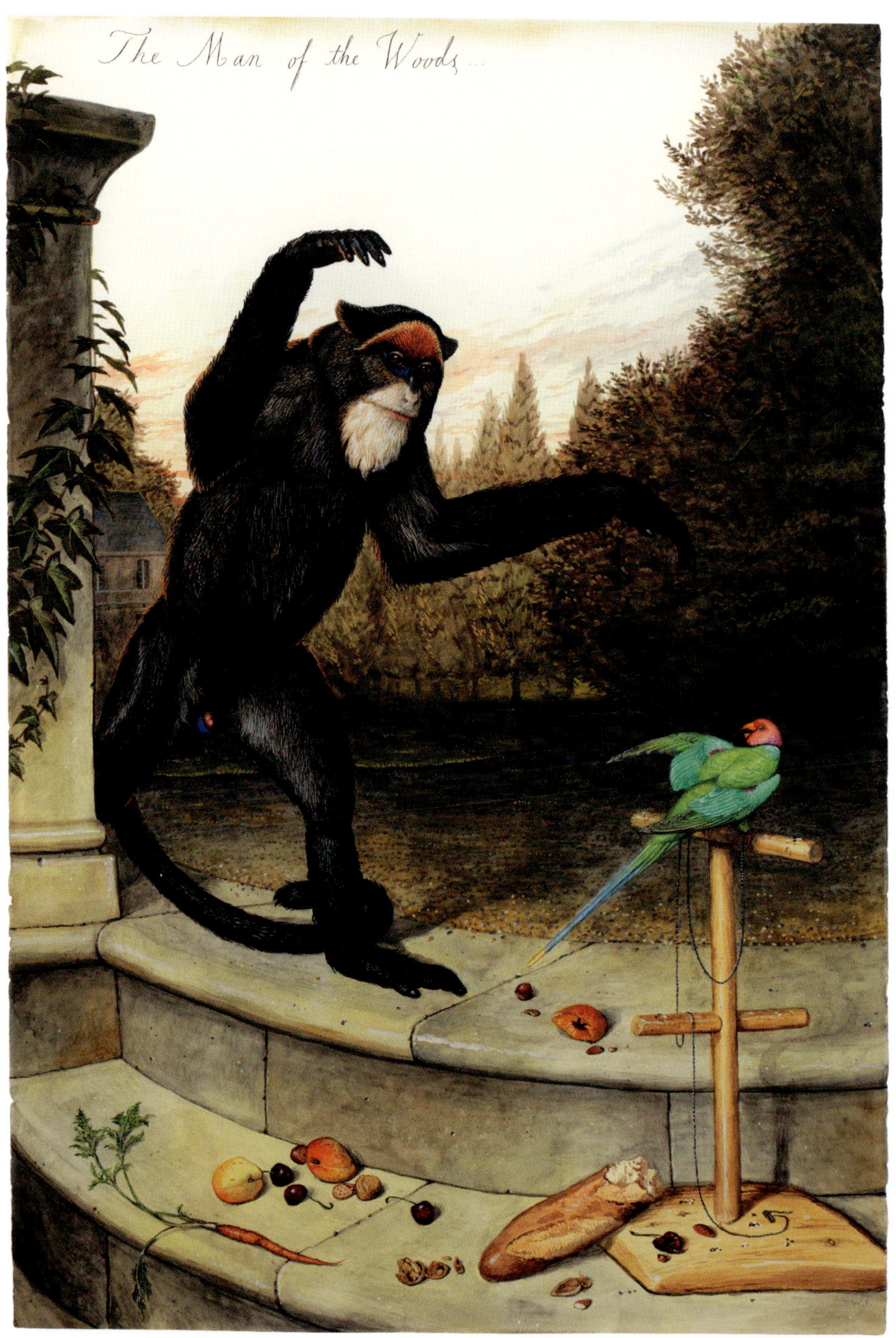

The Man of the Woods...

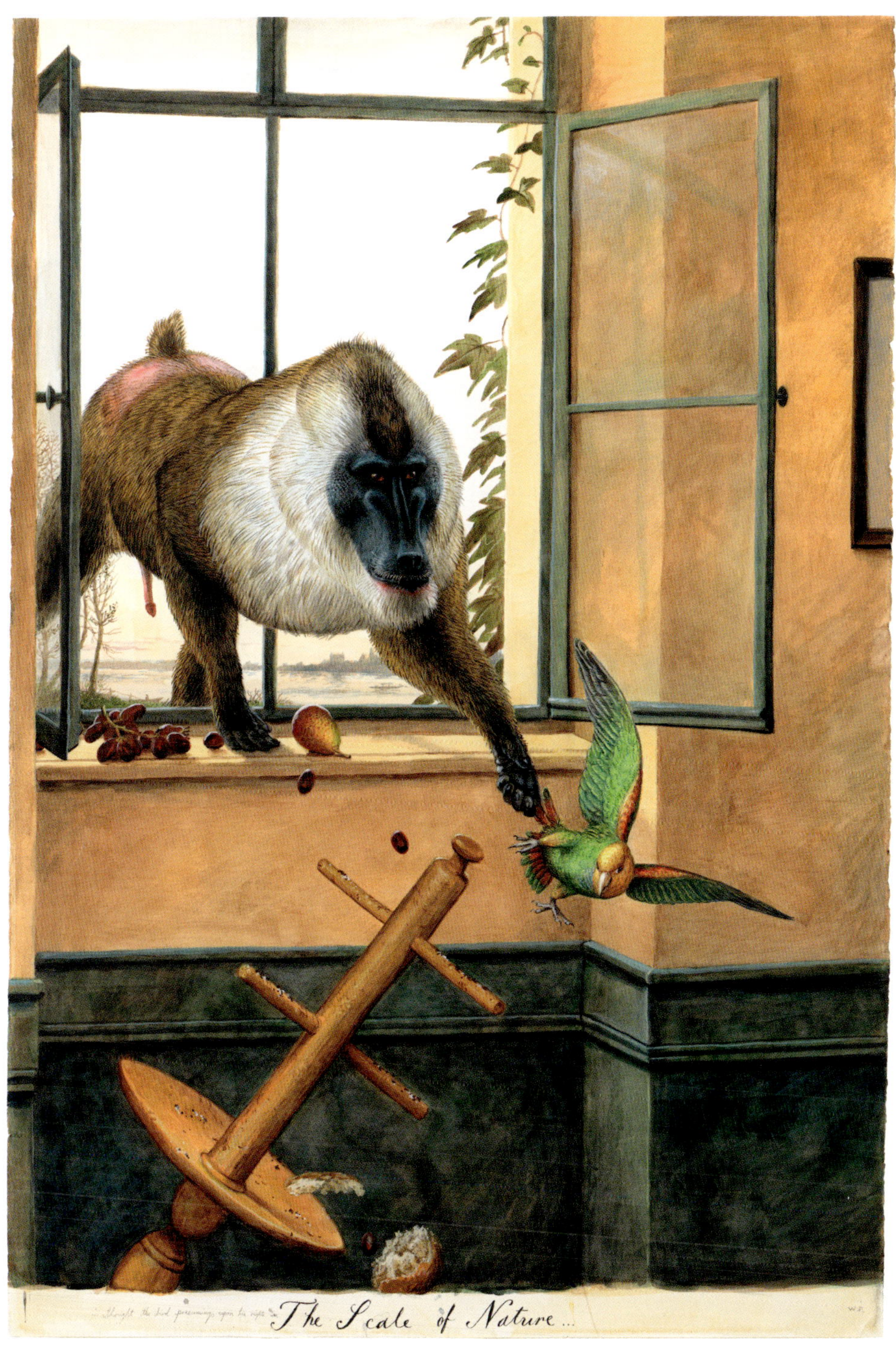

The Scale of Nature...

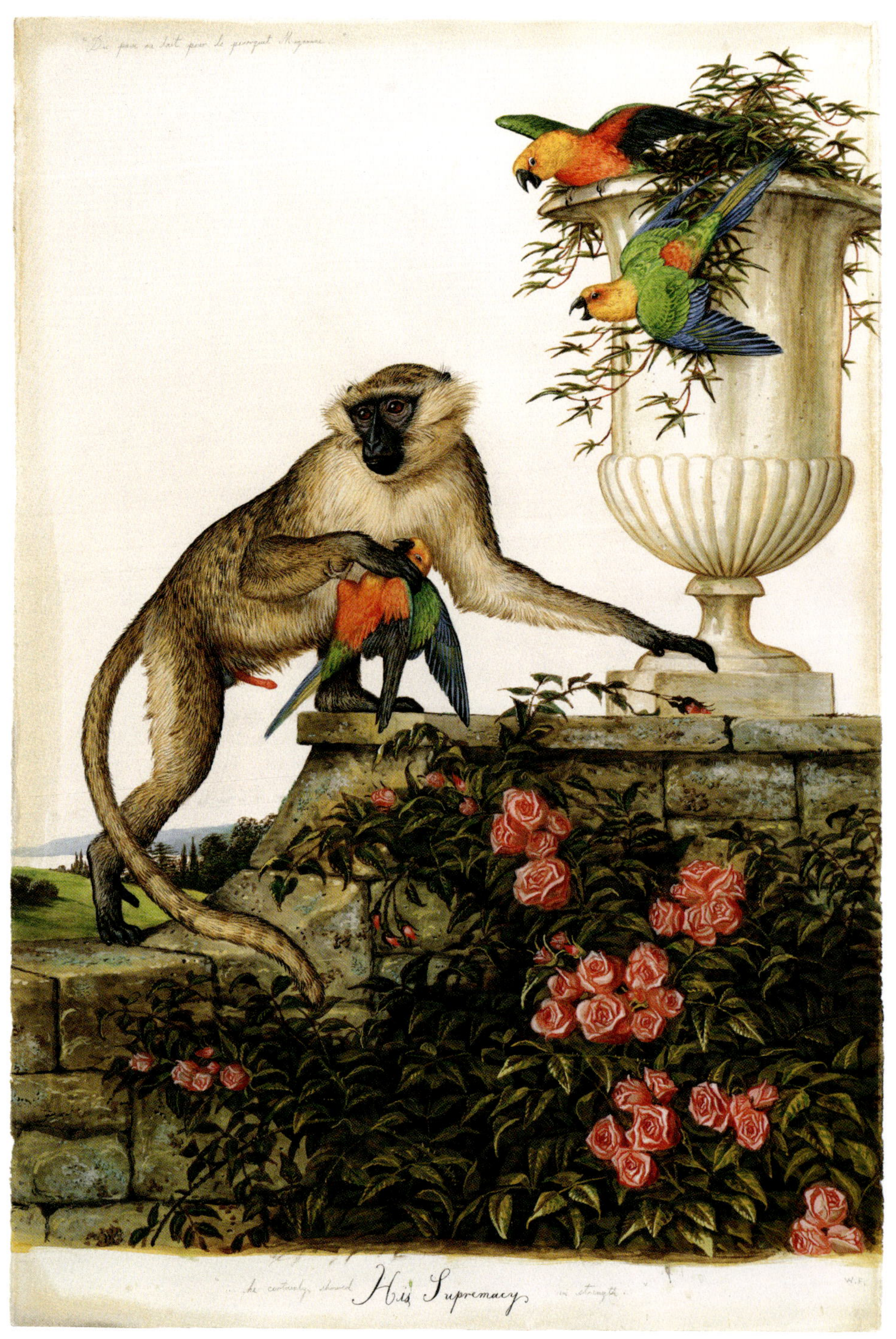
"Du pain ou du lait pour le perroquet M...."
...he certainly showed His Supremacy in strength.."
W.F.

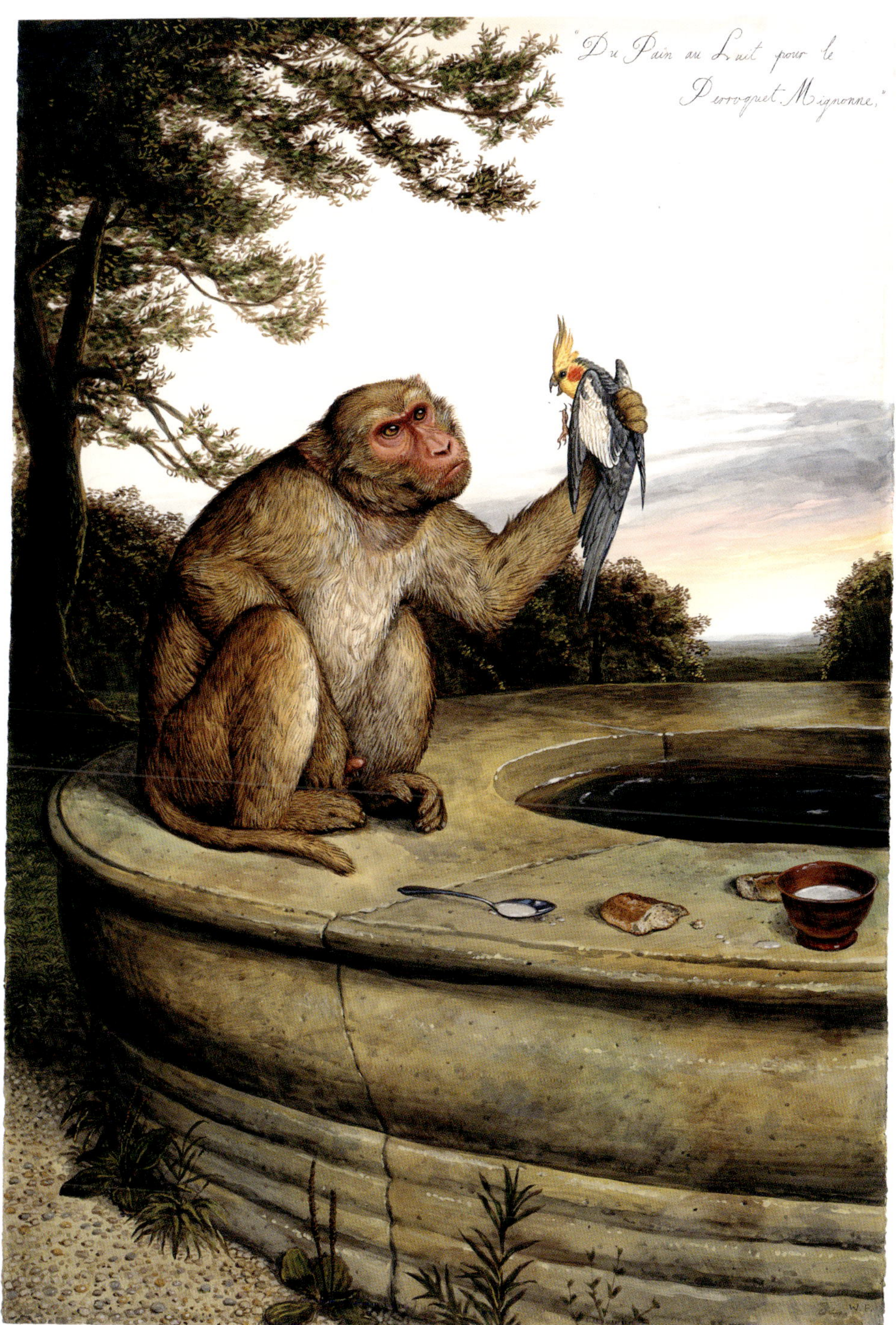

"Du Pain au Lait pour le
Perroquet. Mignonne."

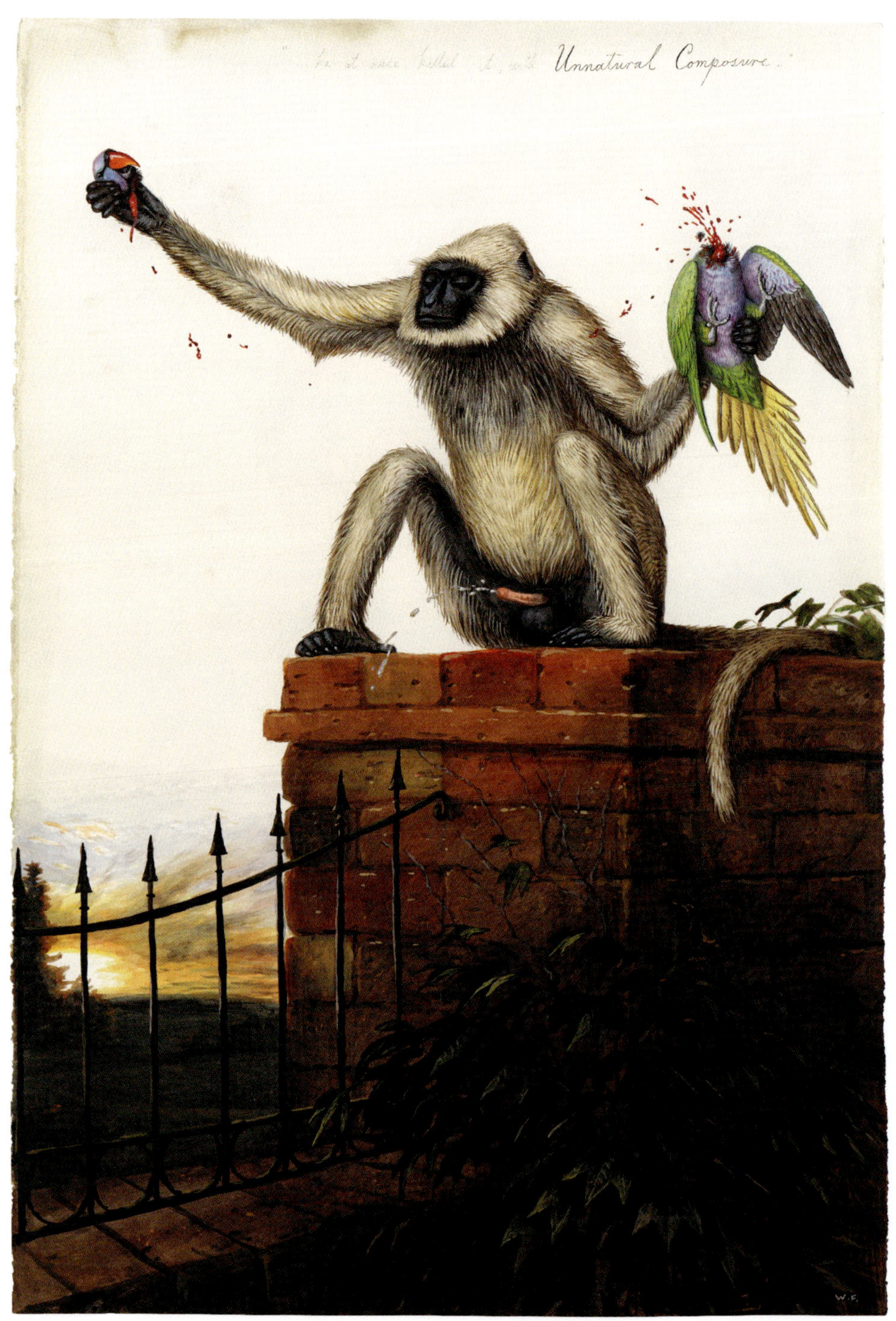

"...he at once killed it with Unnatural Composure."

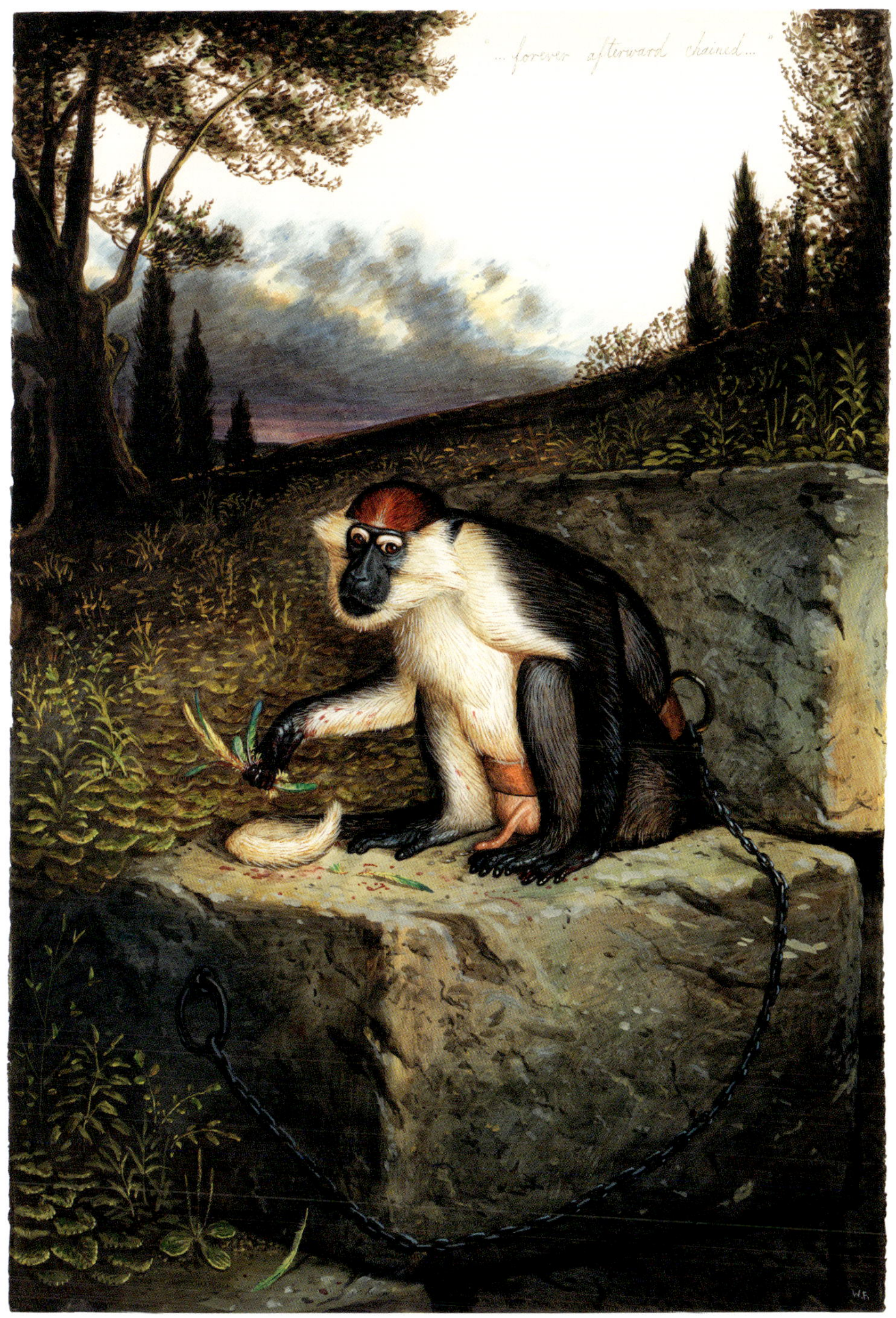
"...forever afterward chained..."

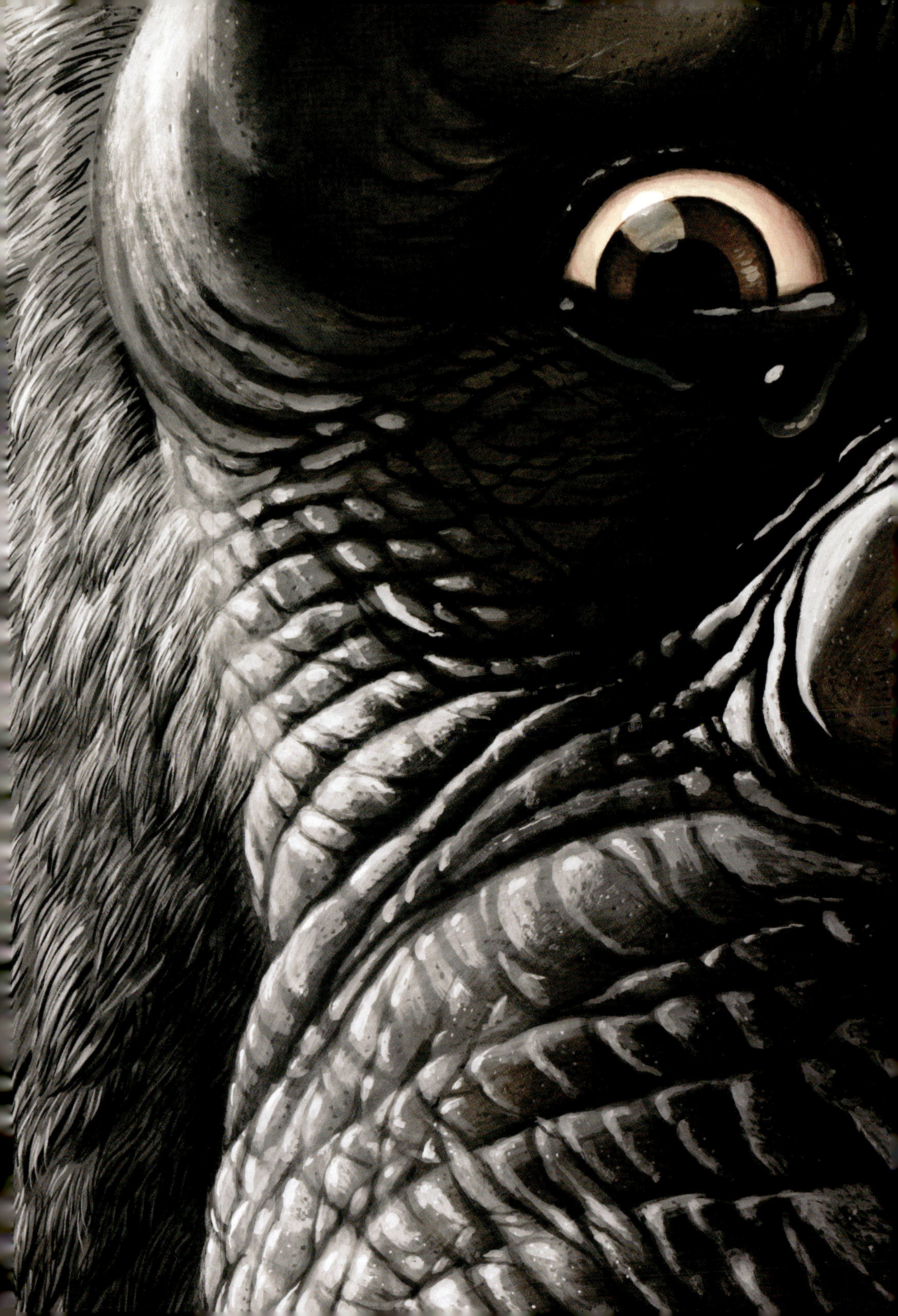

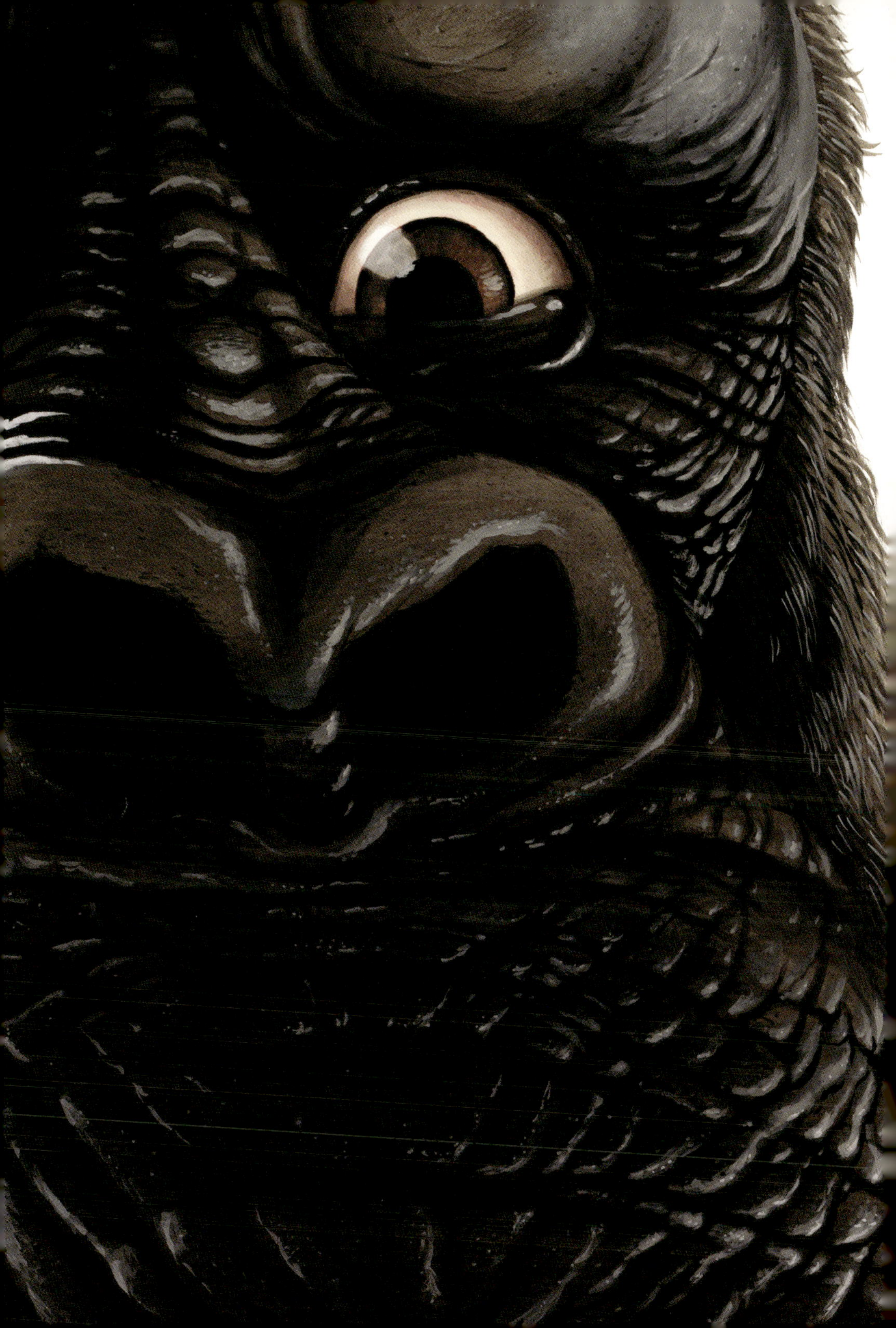

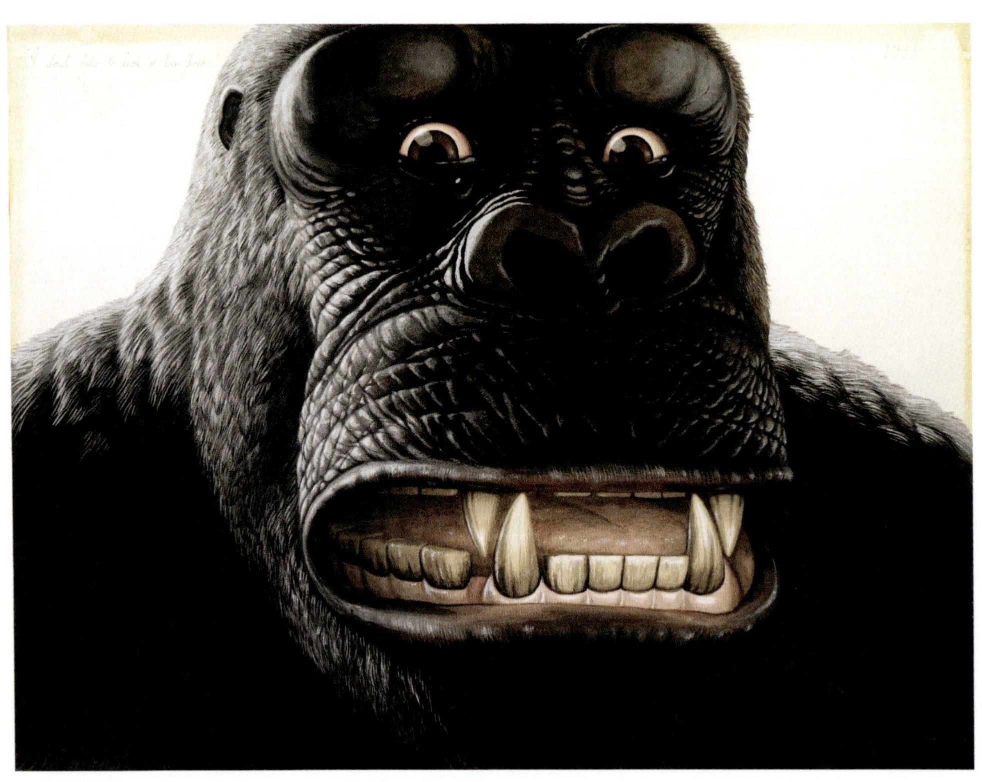

I don't like to look at him, Jack …
Watercolor, gouache, ink, pencil on paper
mounted on aluminum panel
274.3 x 365.8 cm (108 x 144 in.), 2011

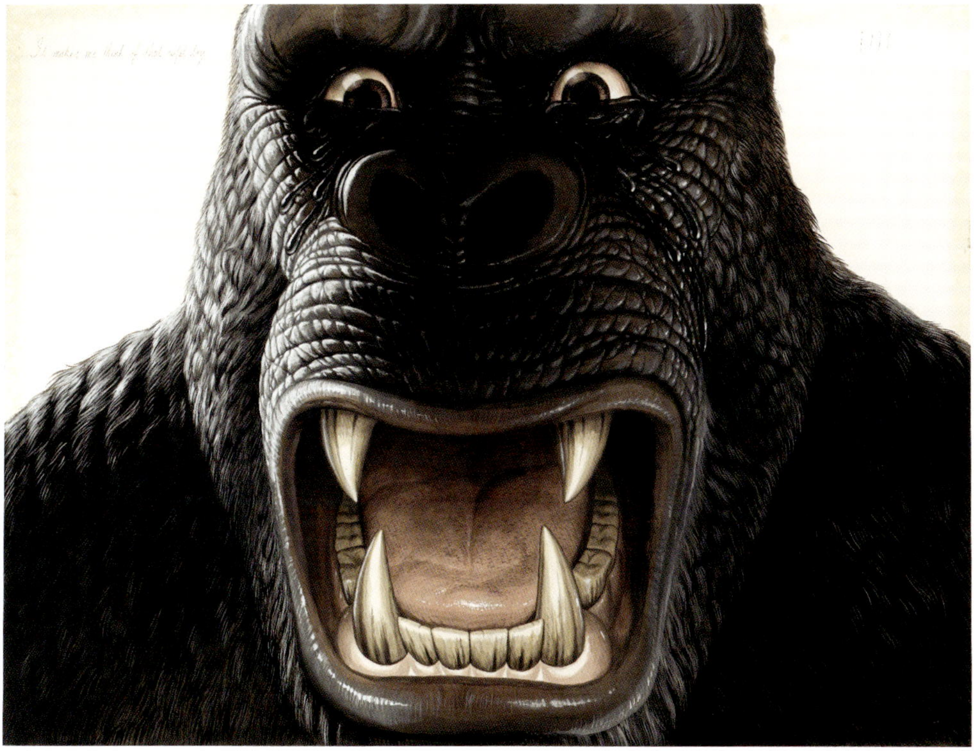

It makes me think of that awful day …
Watercolor, gouache, ink, pencil on paper
mounted on aluminum panel
274.3 x 365.8 cm (108 x 144 in.), 2011

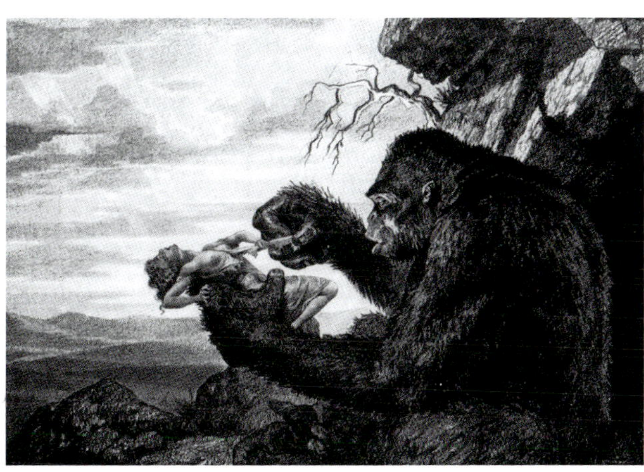

A 1933 production sketch by Byron Crabbe portrays King Kong holding the helpless figure of Ann Darrow. The classic 1933 horror/adventure film KING KONG *begins with an old Arabian proverb: "And the Prophet said, 'And lo, the beast looked upon the face of beauty. And it stayed its hand from killing. And from that day, it was as one dead.'"*

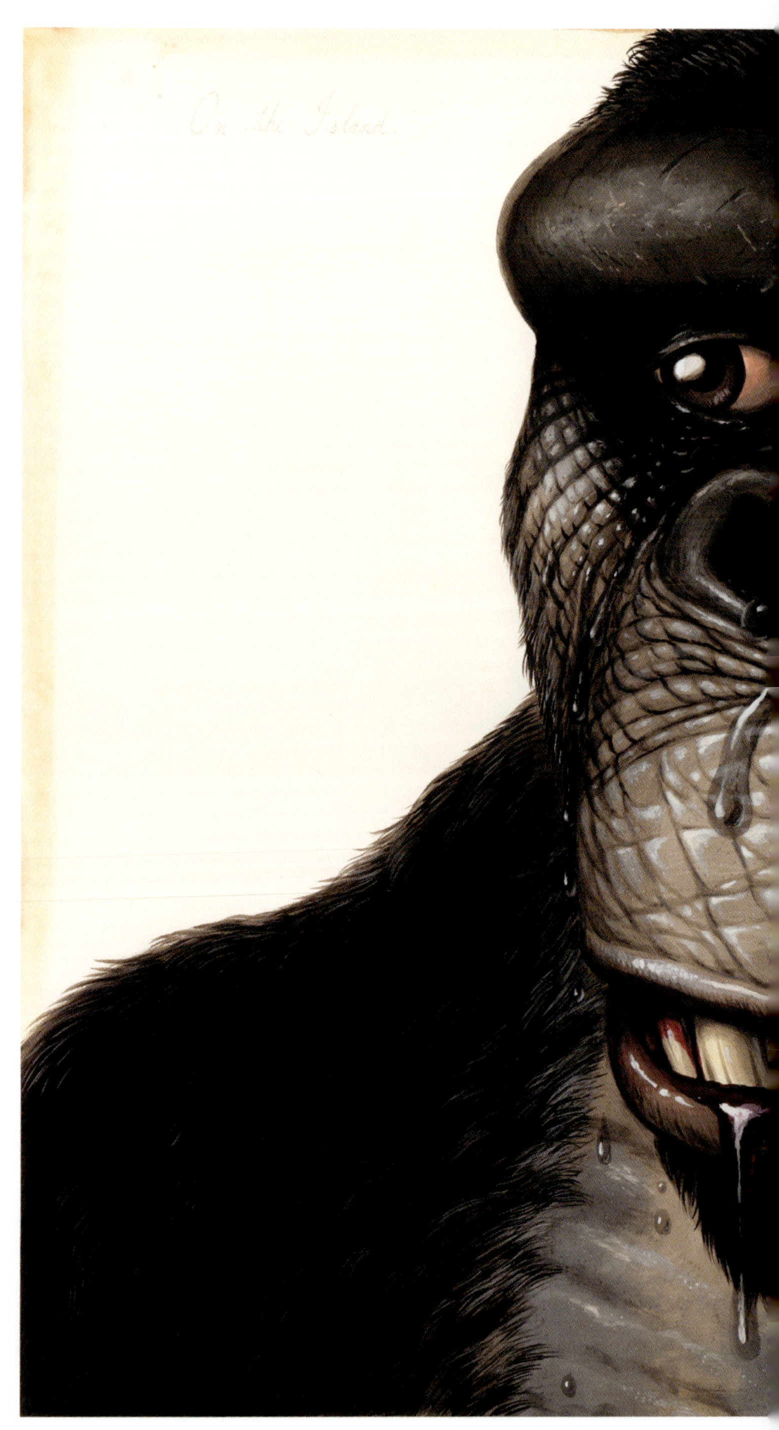

On the Island

Watercolor, gouache, ink,
pencil on paper mounted
on aluminum panel
274.3 x 365.8 cm
(108 x 144 in.), 2011

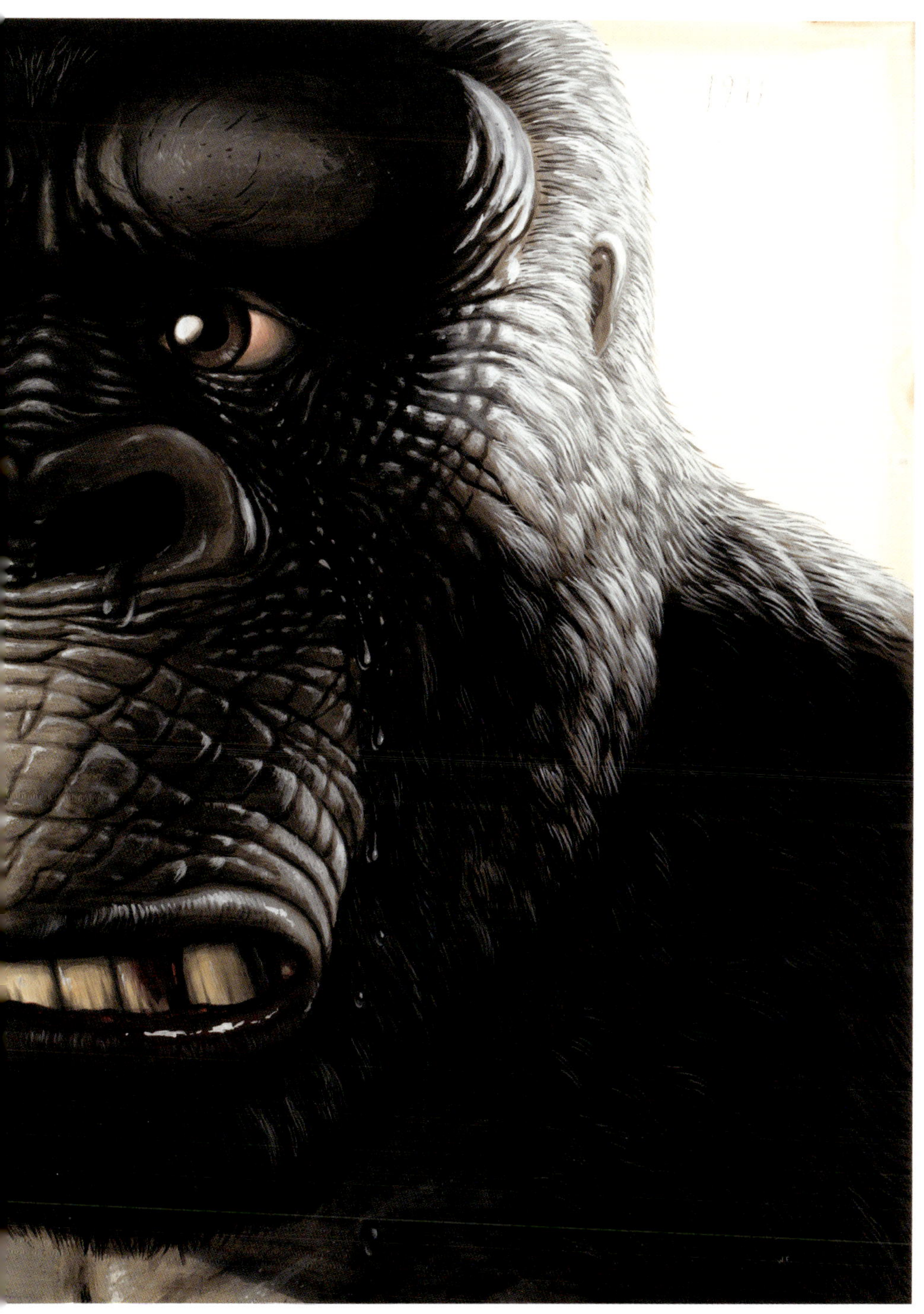

Gleipnir

Watercolor, gouache, and ink on paper
175.3 x 302.3 cm (69 x 120 in.), 2012

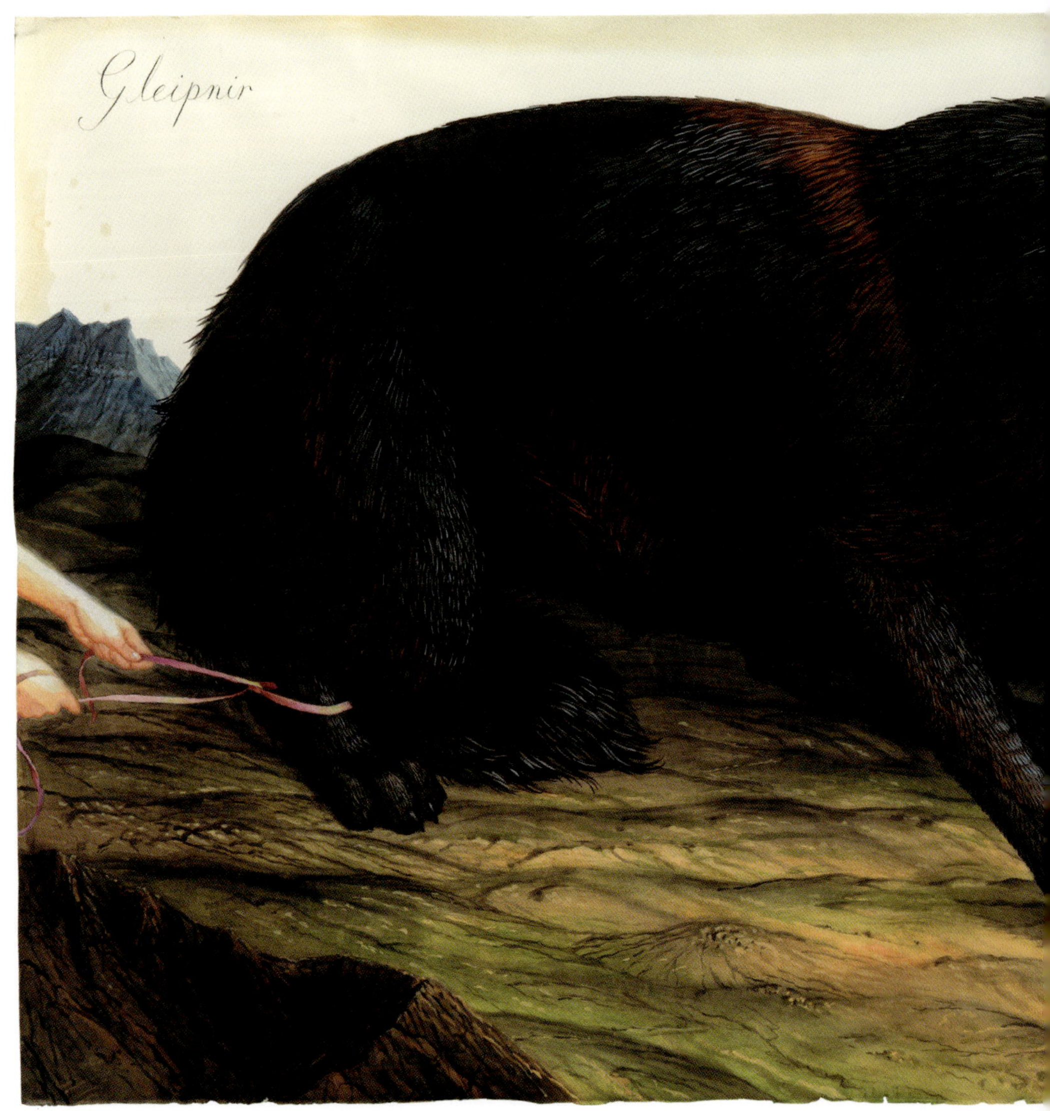

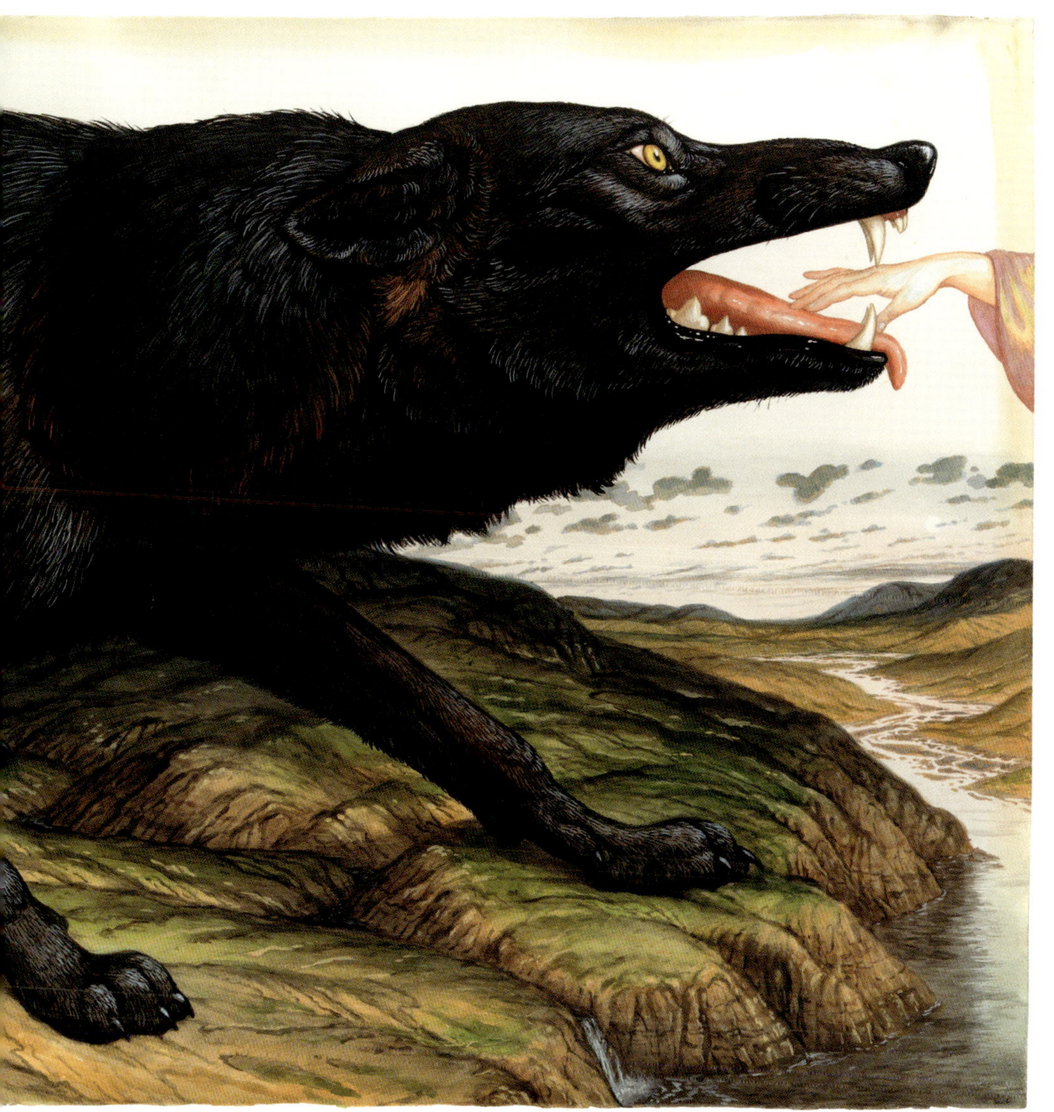

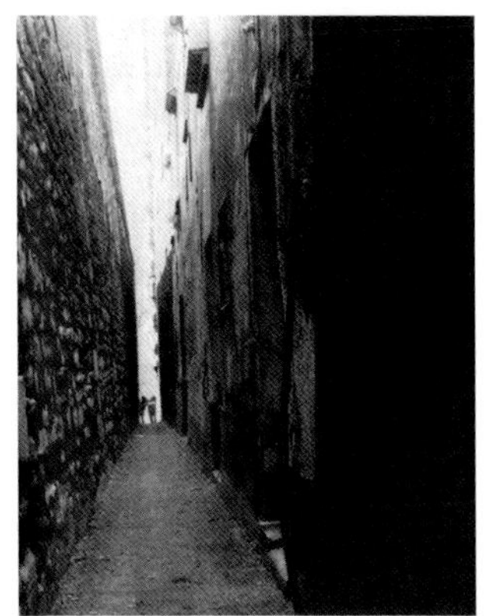

The view down the alleyway from Alfred Jarry's "Calvary," a room off the boulevard de Port-Royal where his owls roamed free, early 1890s.

Calvaire
Watercolor, gouache, and ink on paper
151.8 x 105.4 cm (59¾ x 41½ in.), 2012

CALVAIRE/ ——— In October Henri Morin moved to Paris to attend the École Polytechnique. He visited Jarry at the Calvary, where he could see no sign of any literary activity. "He did not receive many visitors…. The only inhabitants were 2 or 3 pairs of owls dozing on the furniture, which was liberally covered with their droppings, a fact that seemed not to concern him." Not only droppings: others recalled chunks of raw meat dropped from a beak and falling to the floor with a dull thud, there to remain indefinitely stuck./ ——— *An acquaintance of the French symbolist Alfred Jarry describes an encounter with the writer in* ALFRED JARRY: A PATAPHYSICAL LIFE *by Alastair Brotchie, The MIT Press, 2011.*

***

„Im Oktober zog Henri Morin nach Paris (…). Er besuchte Jarry in dessen Calvaire, konnte jedoch keinerlei Anzeichen für eine literarische Tätigkeit entdecken. ‚Viele Besucher empfing er nicht. (…) Die einzigen Mitbewohner waren zwei oder drei Paar Eulen, die die Einrichtung mit ihrem Kot bedeckten, ein Umstand, der ihn nicht zu bekümmern schien.' (…) Andere Besucher erinnerten sich an Brocken rohen Fleisches, die aus einem Schnabel fielen und mit einem dumpfen Geräusch auf den Boden klatschten, um dort auf unbestimmte Zeit kleben zu bleiben."/ ——— *Ein Bekannter des französischen Symbolisten Alfred Jarry beschreibt eine Begegnung mit dem Schriftsteller, in:* ALFRED JARRY: A PATAPHYSICAL LIFE, *von Alastair Brotchie, The MIT Press (2011).*

***

En octobre, Henri Morin s'installa à Paris … Il rendit visite à Jarry au Calvaire, où il ne perçut aucun signe d'activité littéraire. « Il n'avait pas beaucoup de visiteurs … Les seuls habitants étaient deux ou trois couples de hiboux somnolant sur les meubles qui étaient libéralement couverts de leurs excréments, un fait qui ne semblait pas le préoccuper. » Il n'y a pas que ces déjections : d'autres mentionneront des morceaux de viande crue chutant d'un bec et tombant par terre au sol avec un bruit sourd, pour y rester collés indéfiniment./ ——— *Une connaissance du symboliste français Alfred Jarry décrit sa rencontre avec l'écrivain dans* ALFRED JARRY: A PATAPHYSICAL LIFE, *Alastair Brotchie, The MIT Press, 2011.*

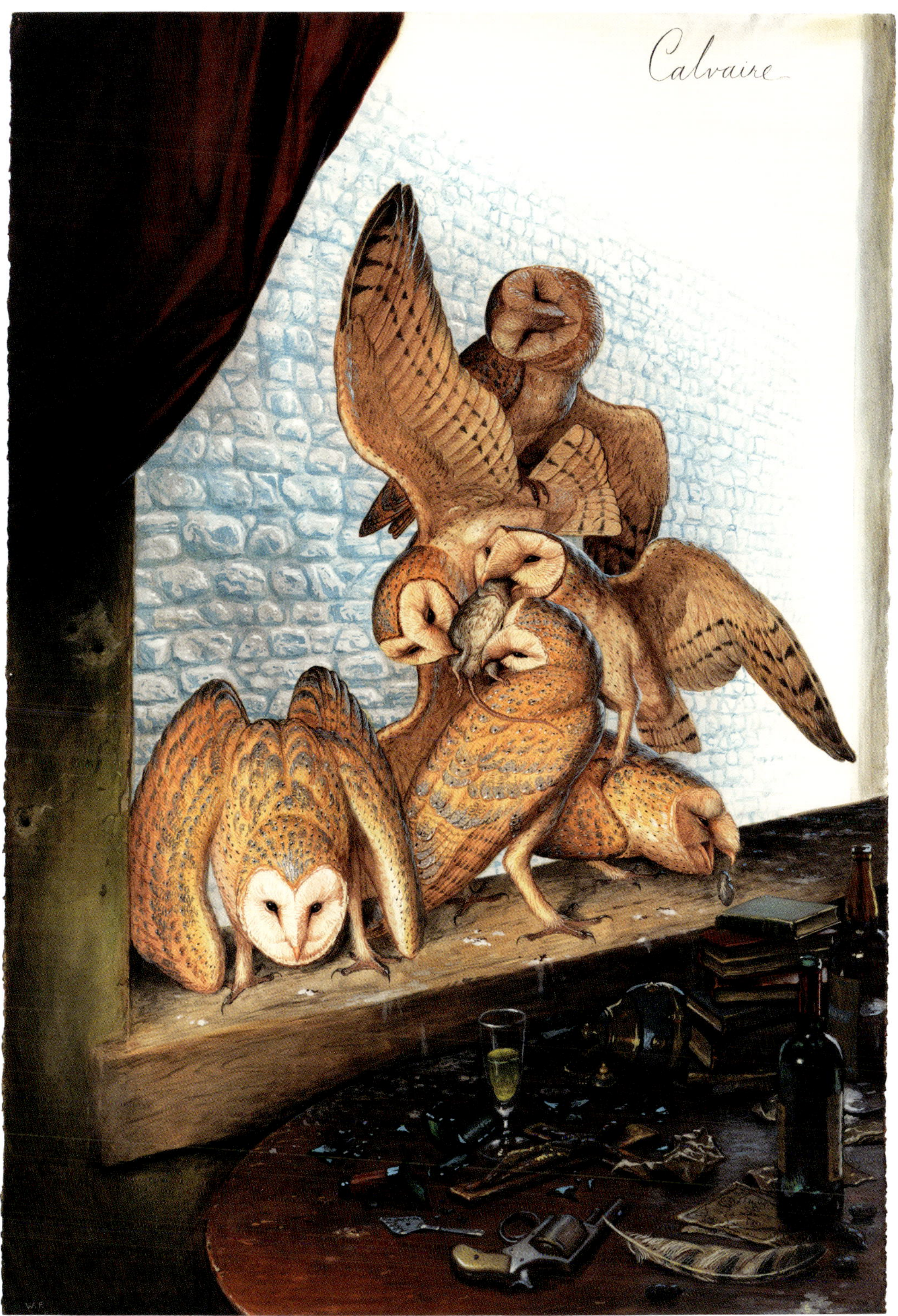
Calvaire

CATENA

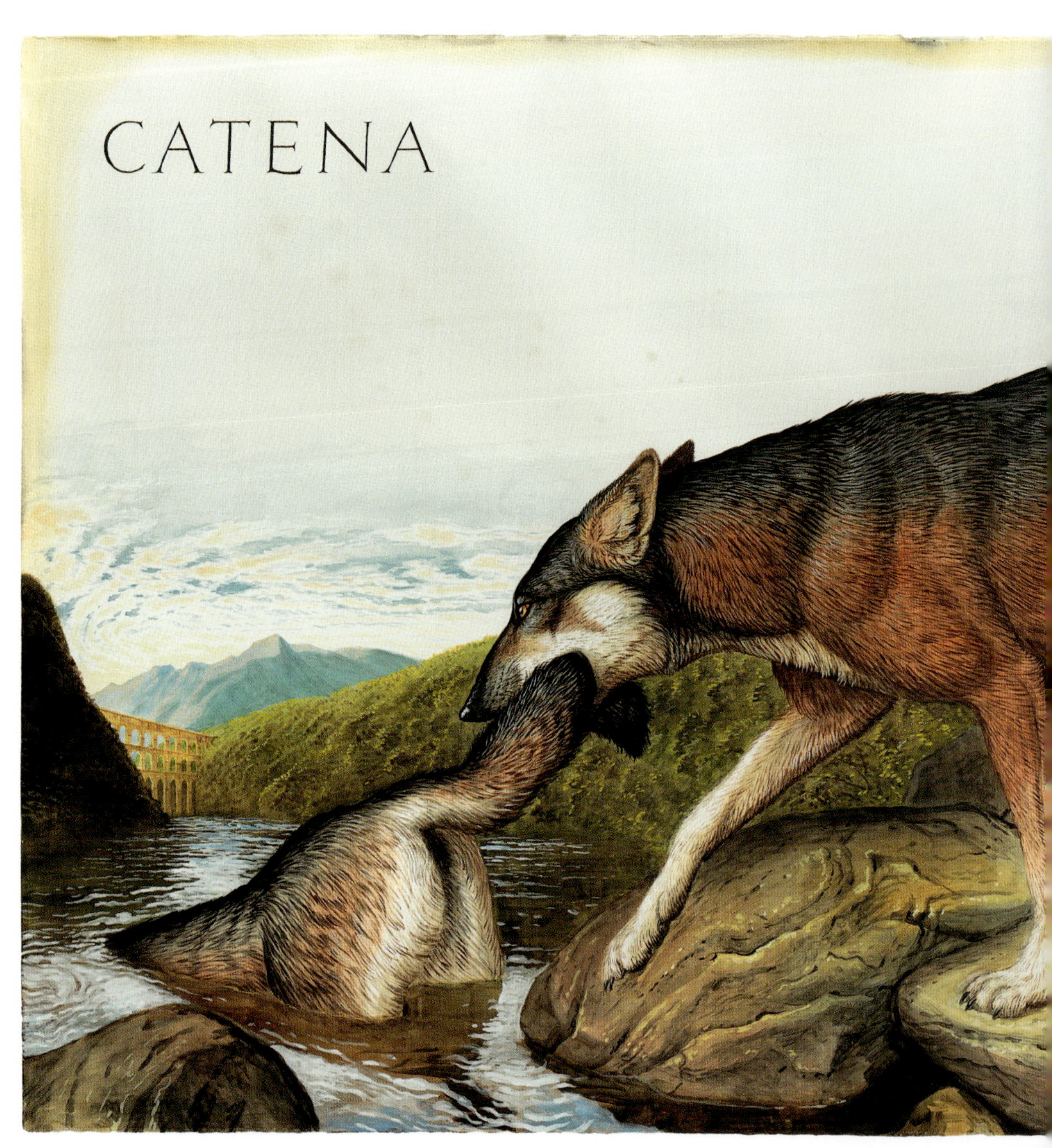

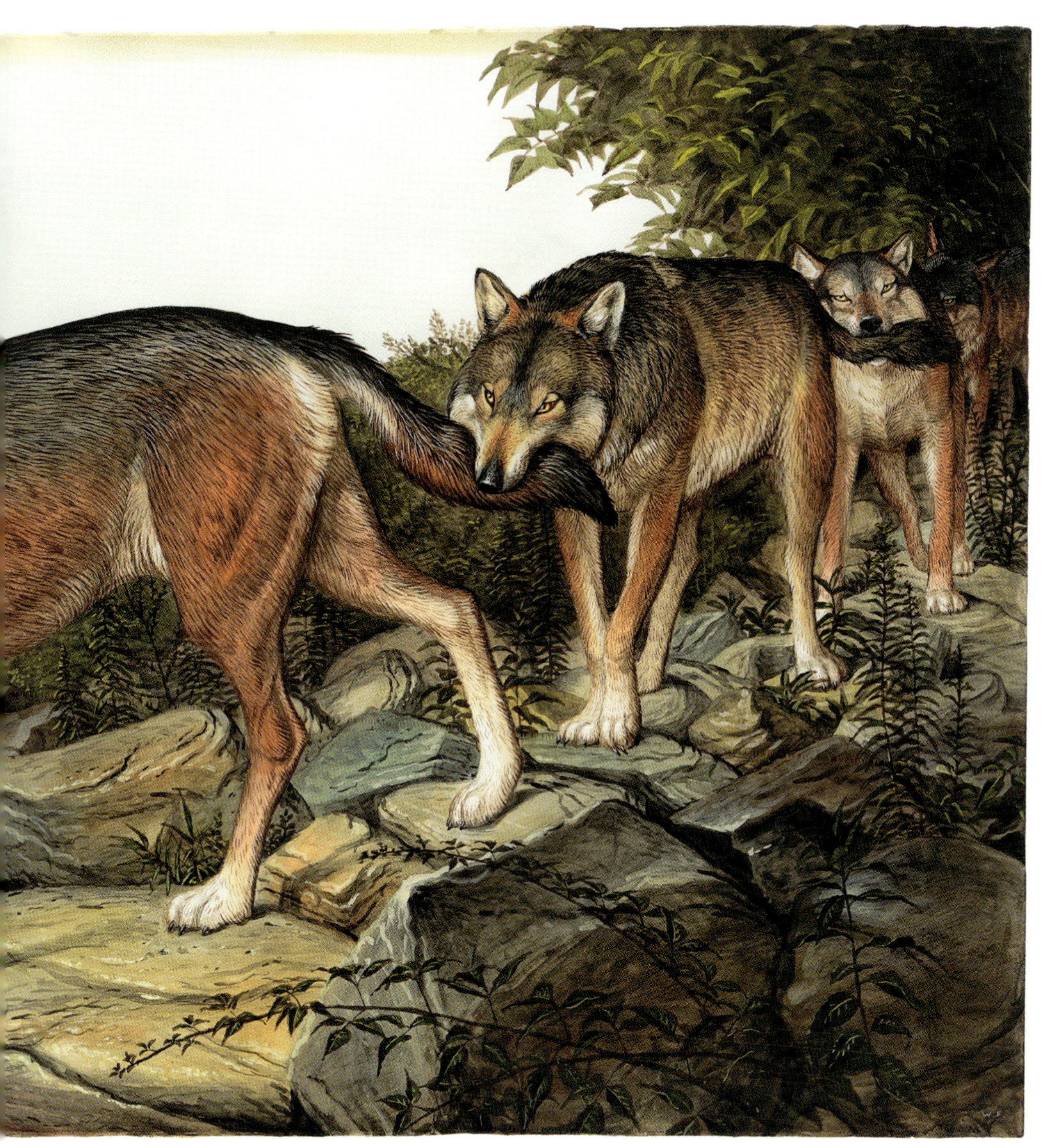

Catena
Watercolor, gouache, and ink on paper
154 x 302.9 cm (60⅝ x 119¼ in.), 2012

Anthroponosis 1975
Watercolor, gouache, and ink on paper
243.8 x 152.4 cm (96 x 60 in.), 2013

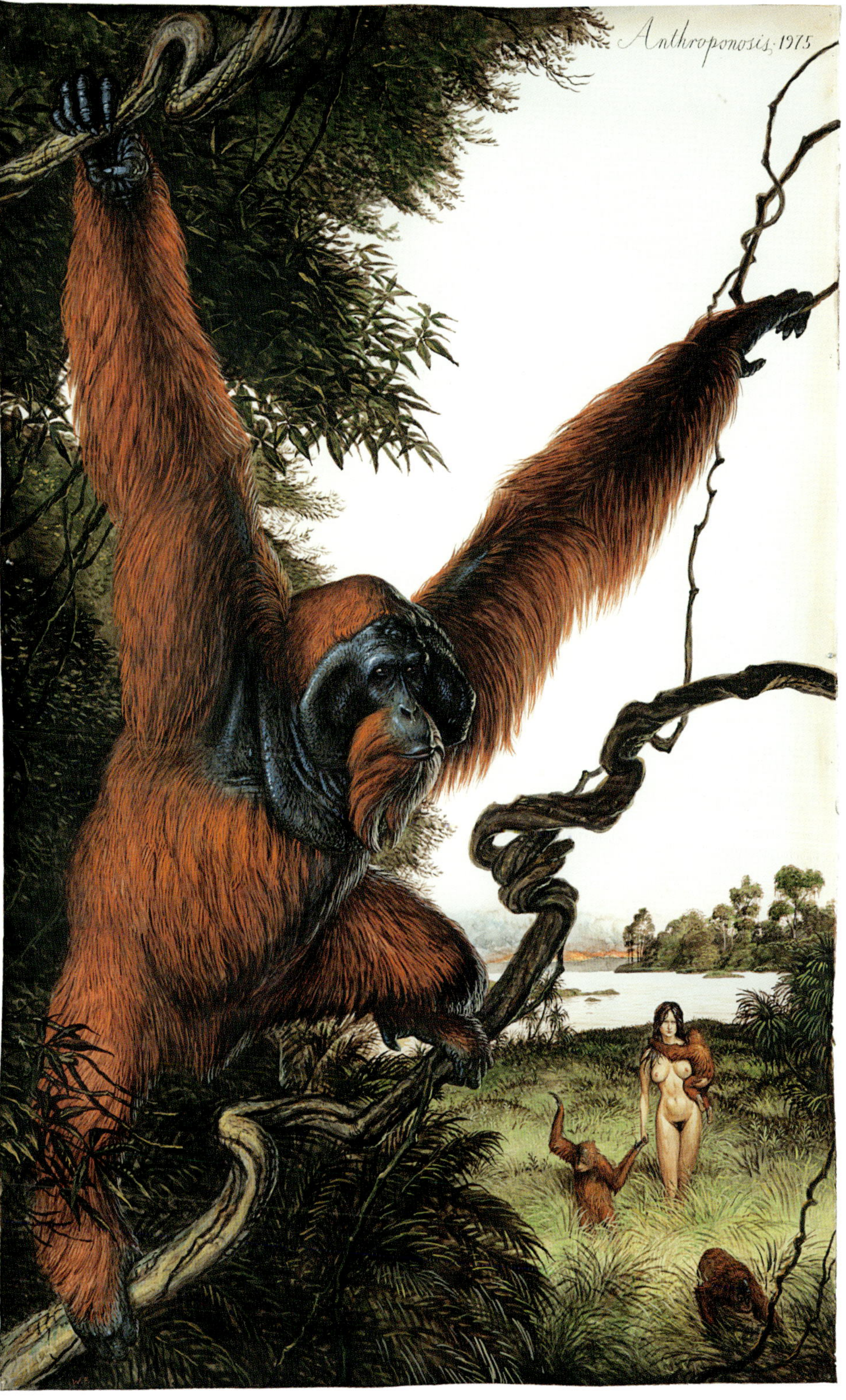

Anthroponosis, 1975

The Tigress

Watercolor, gouache, and ink on paper
152.4 x 304.8 cm (60 x 120 in.), 2013

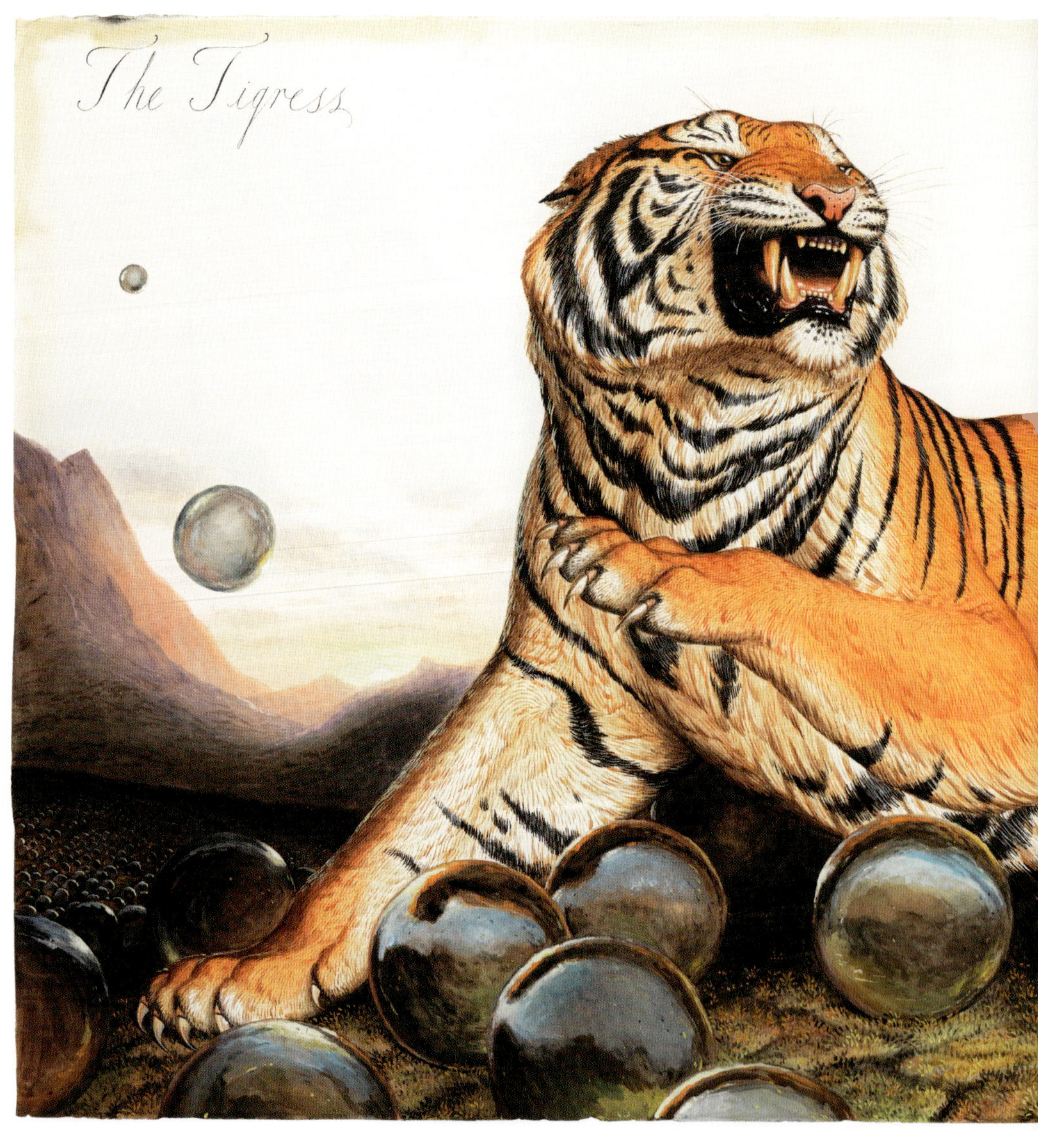

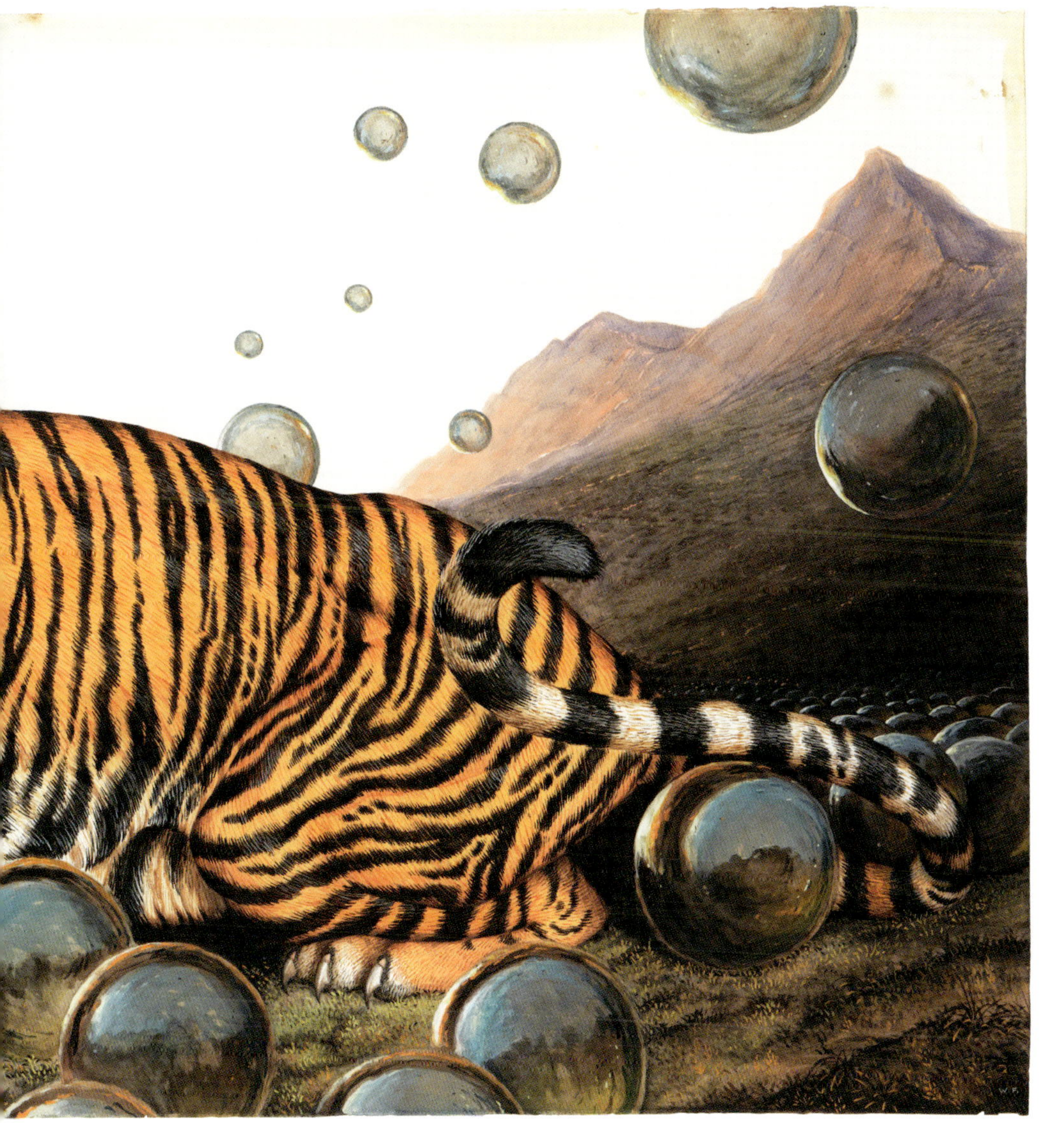

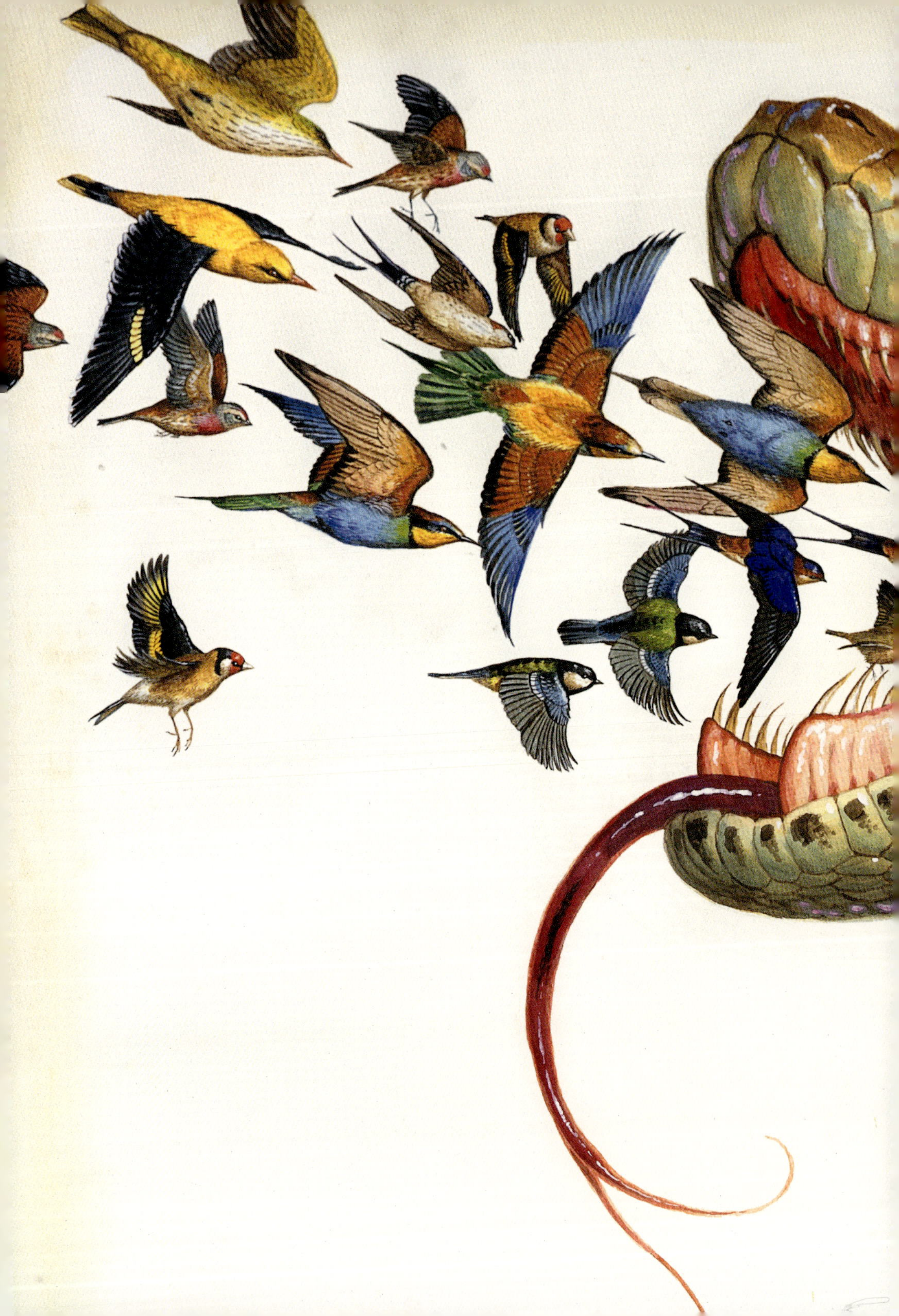

RHYNDACUS

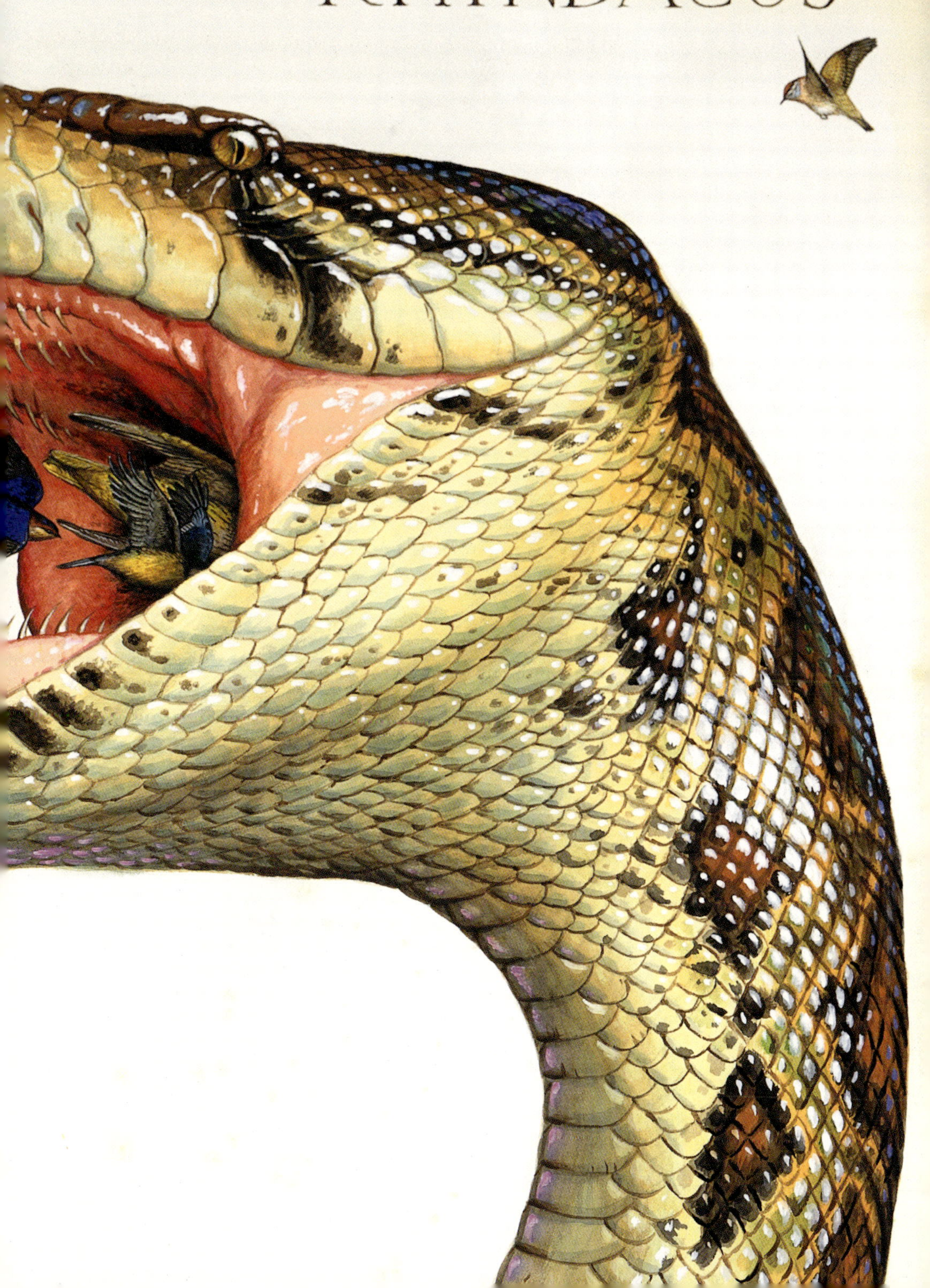

Rhyndacus
Watercolor, gouache, and ink on paper
302.9 x 153 cm (119¼ x 60¼ in.), 2014

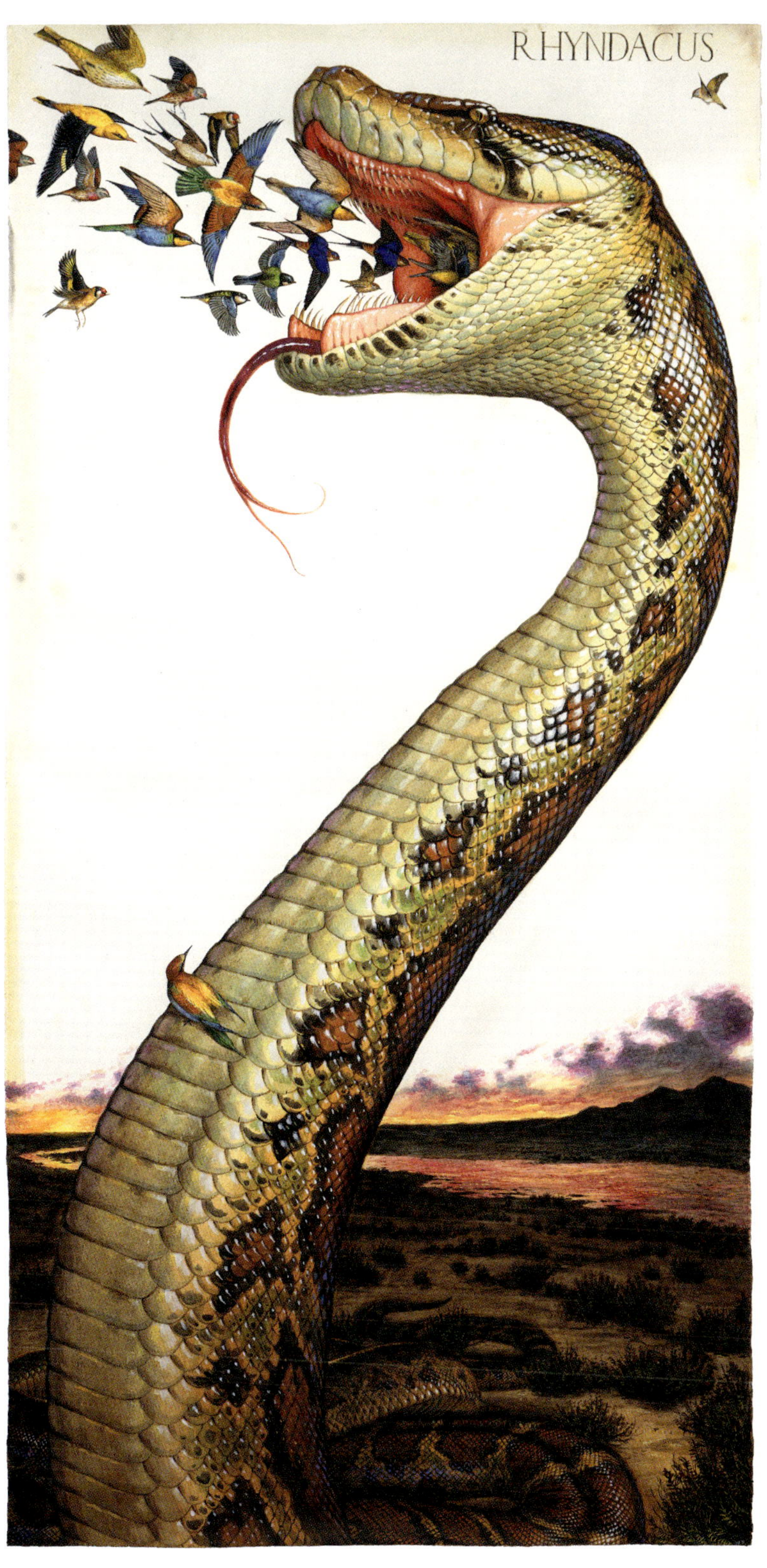
R.HYNDACUS

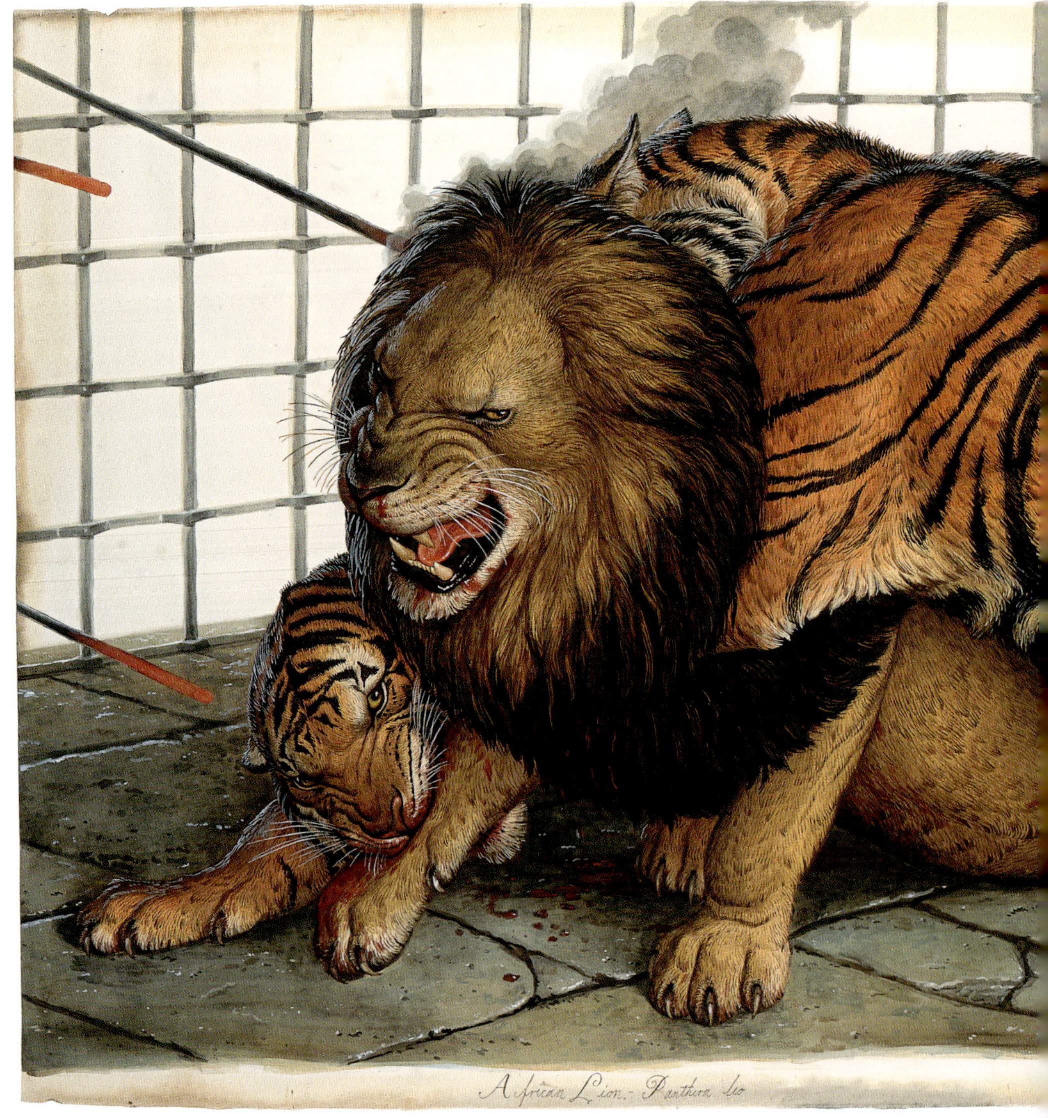

African Lion.- Panthera leo

The Royal Menagerie
at the Tower of London
Watercolor, gouache, pencil, and ink on paper
151.8 x 105.1 cm (59¾ x 41⅜ in.), 2009

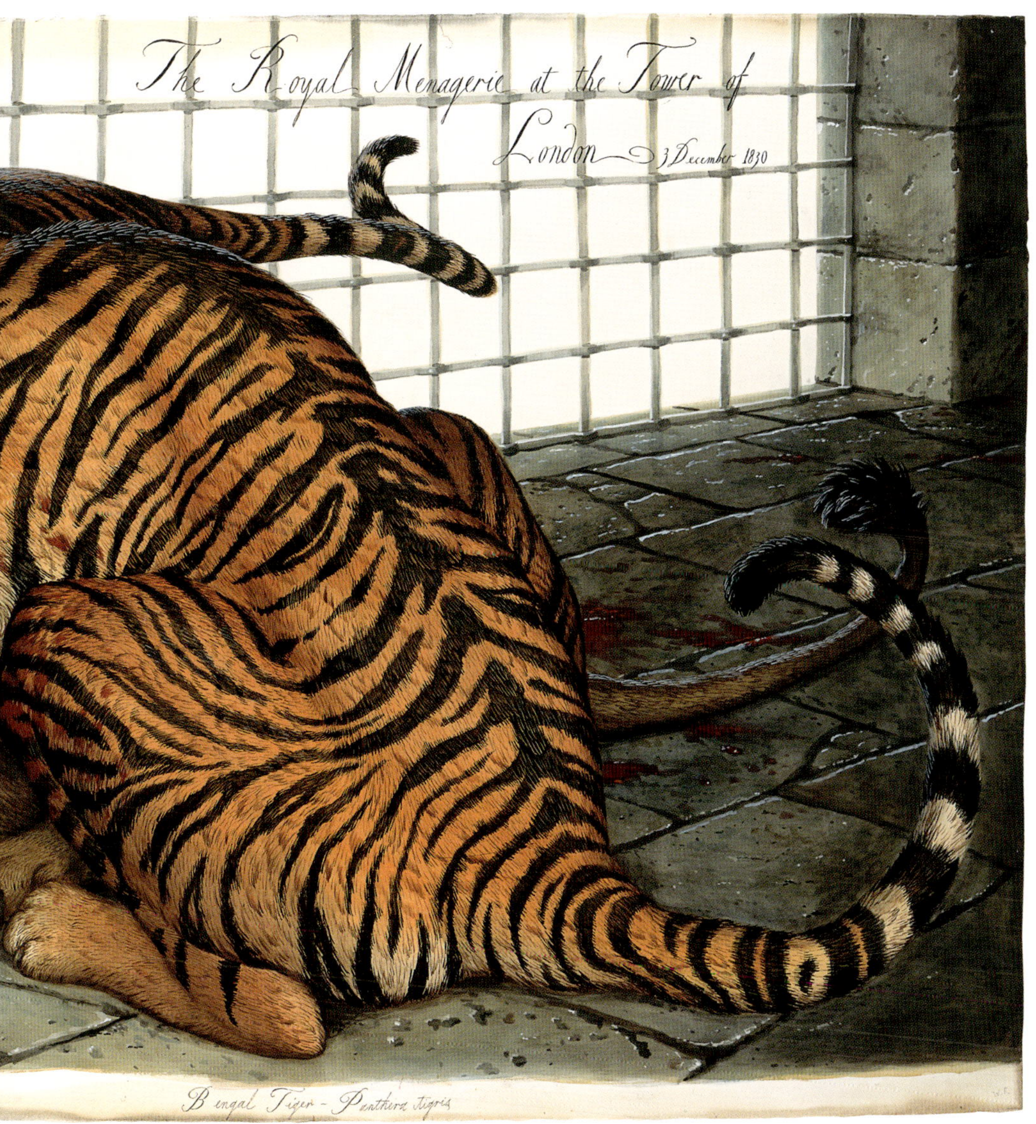

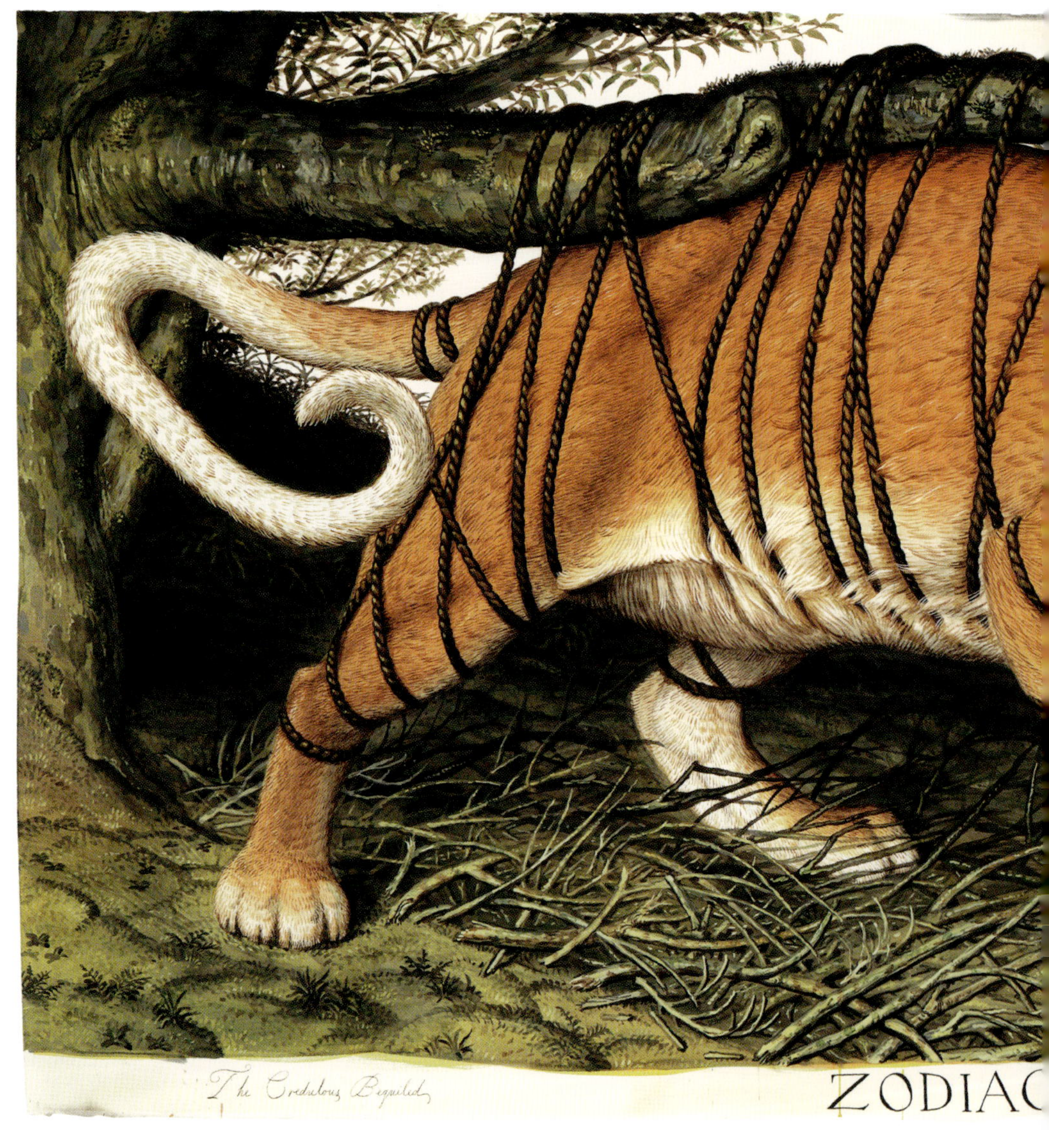

ZODIAC

310

Zodiac
Watercolor, gouache, and ink on paper
153.7 x 303.5 cm (60½ x 119½ in.), 2014

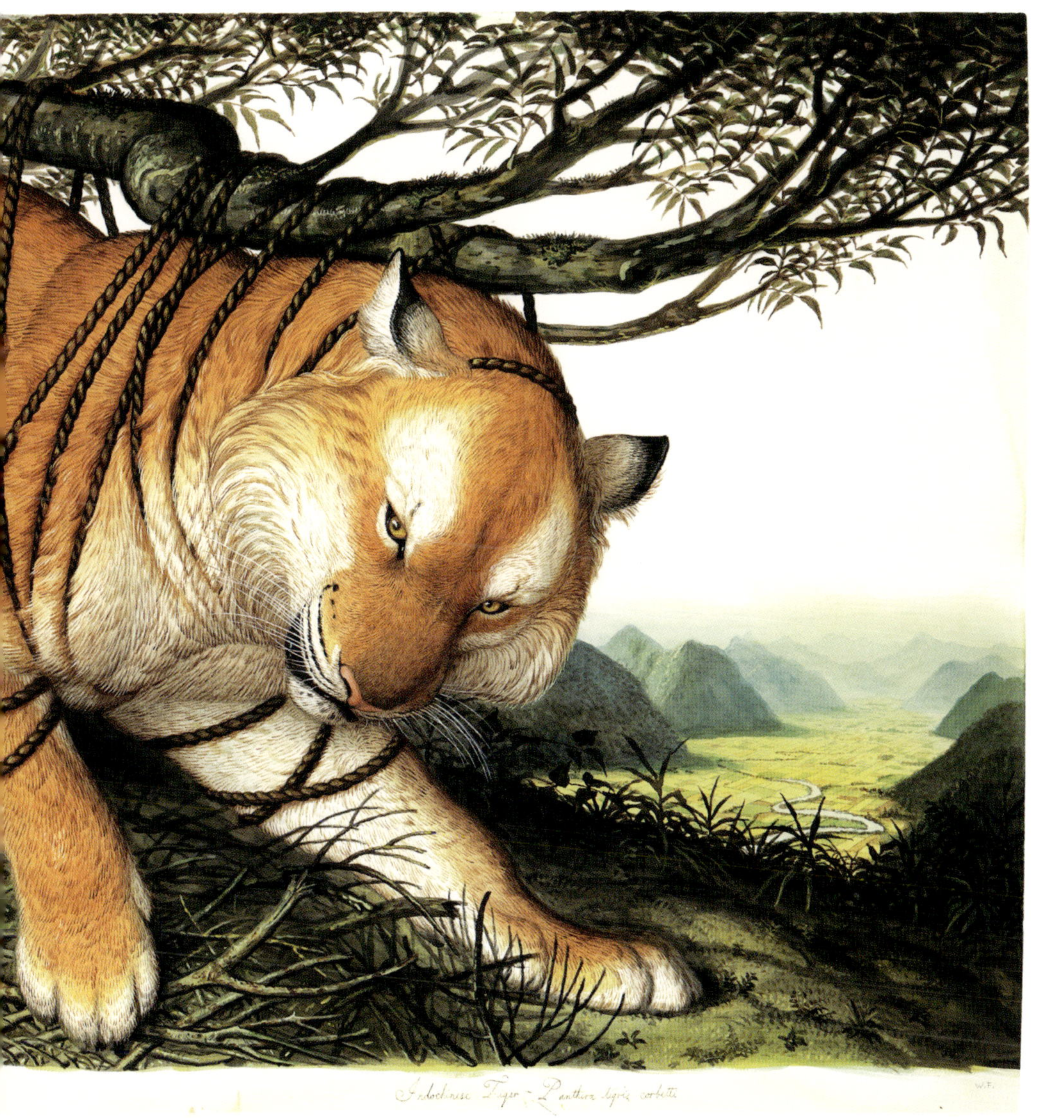

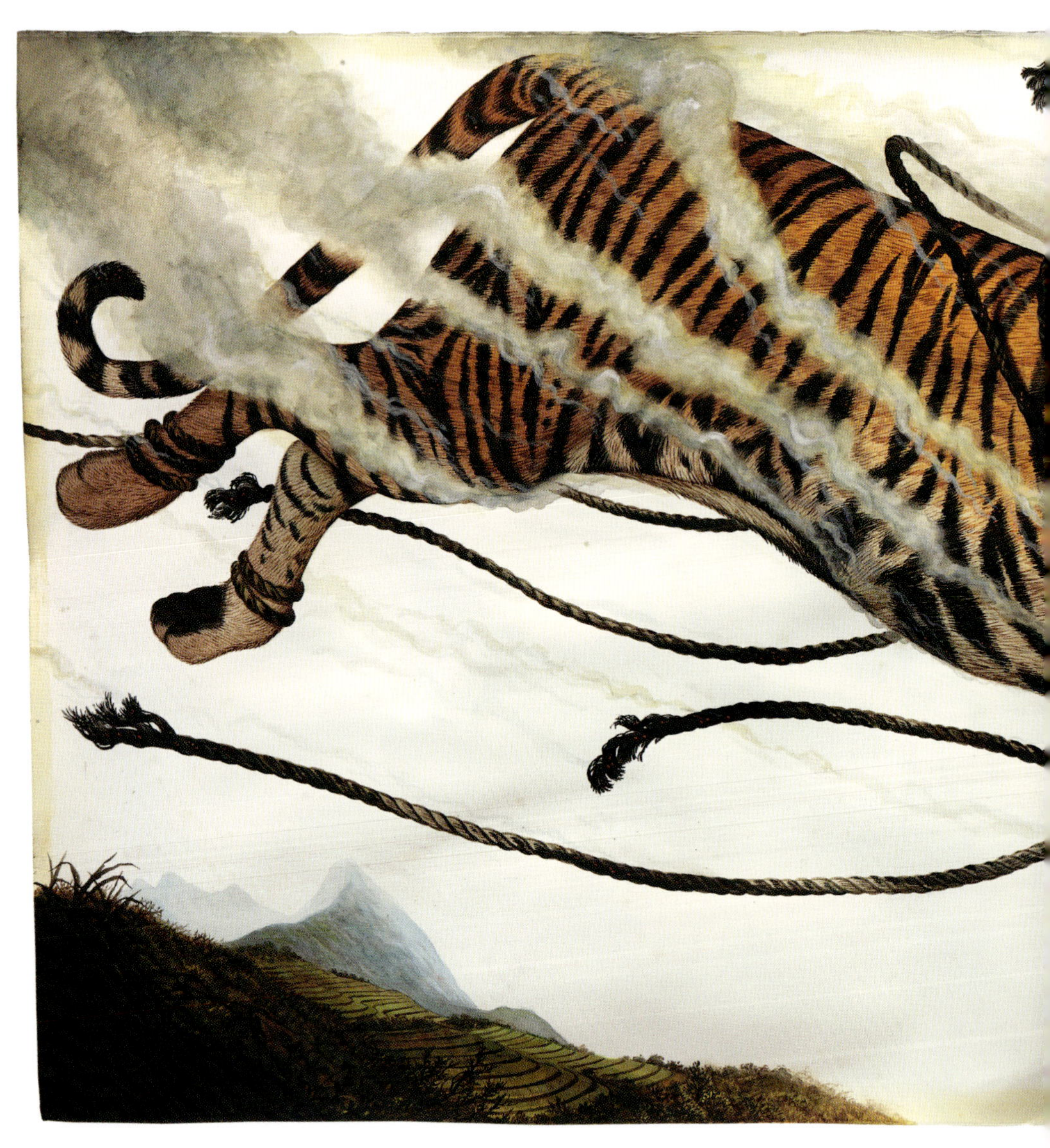

Trí Thông Minh
Watercolor, gouache, and ink on paper
152.4 x 304.8 cm (60 x 120 in.), 2013

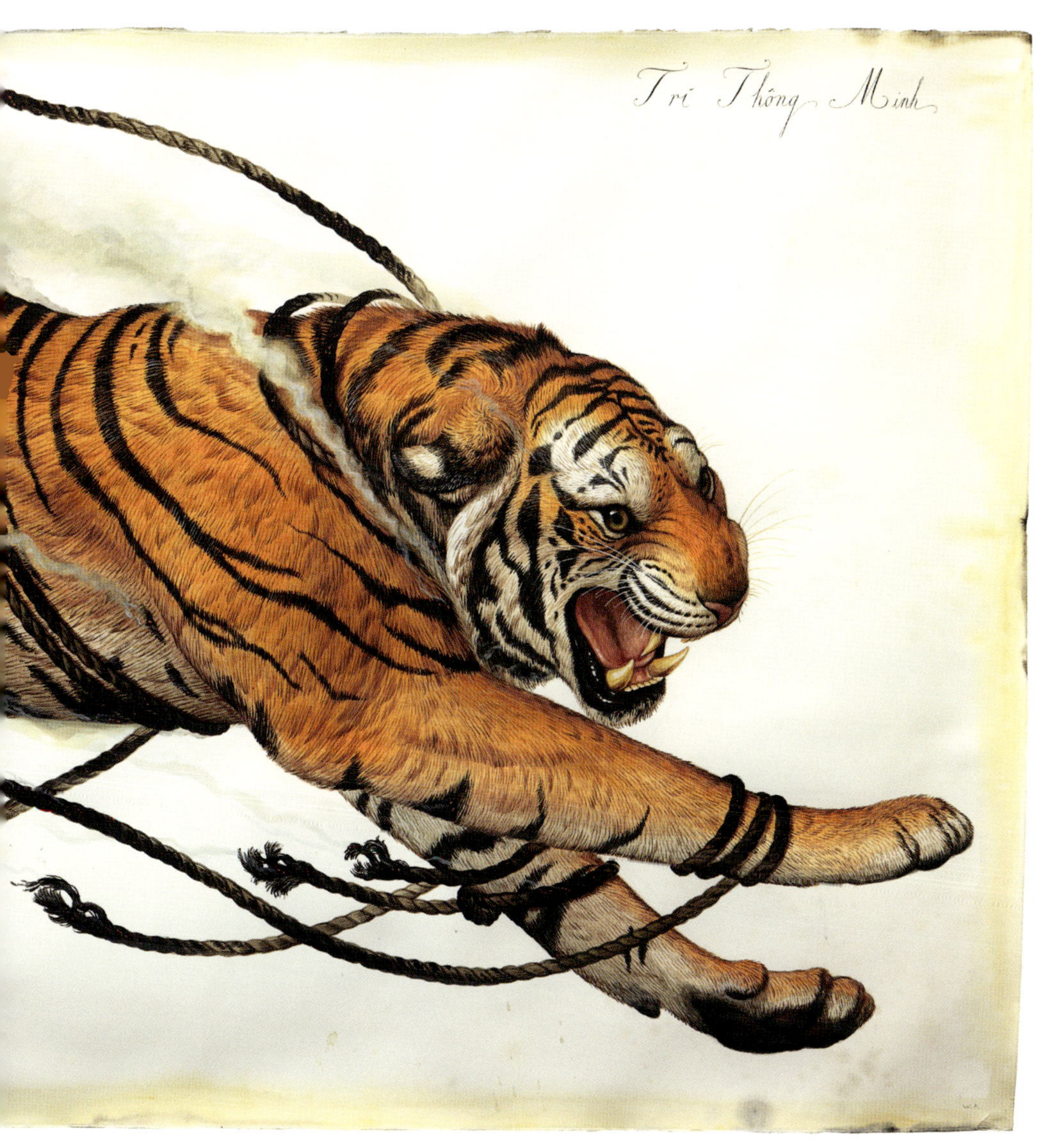

Tri Thông Minh

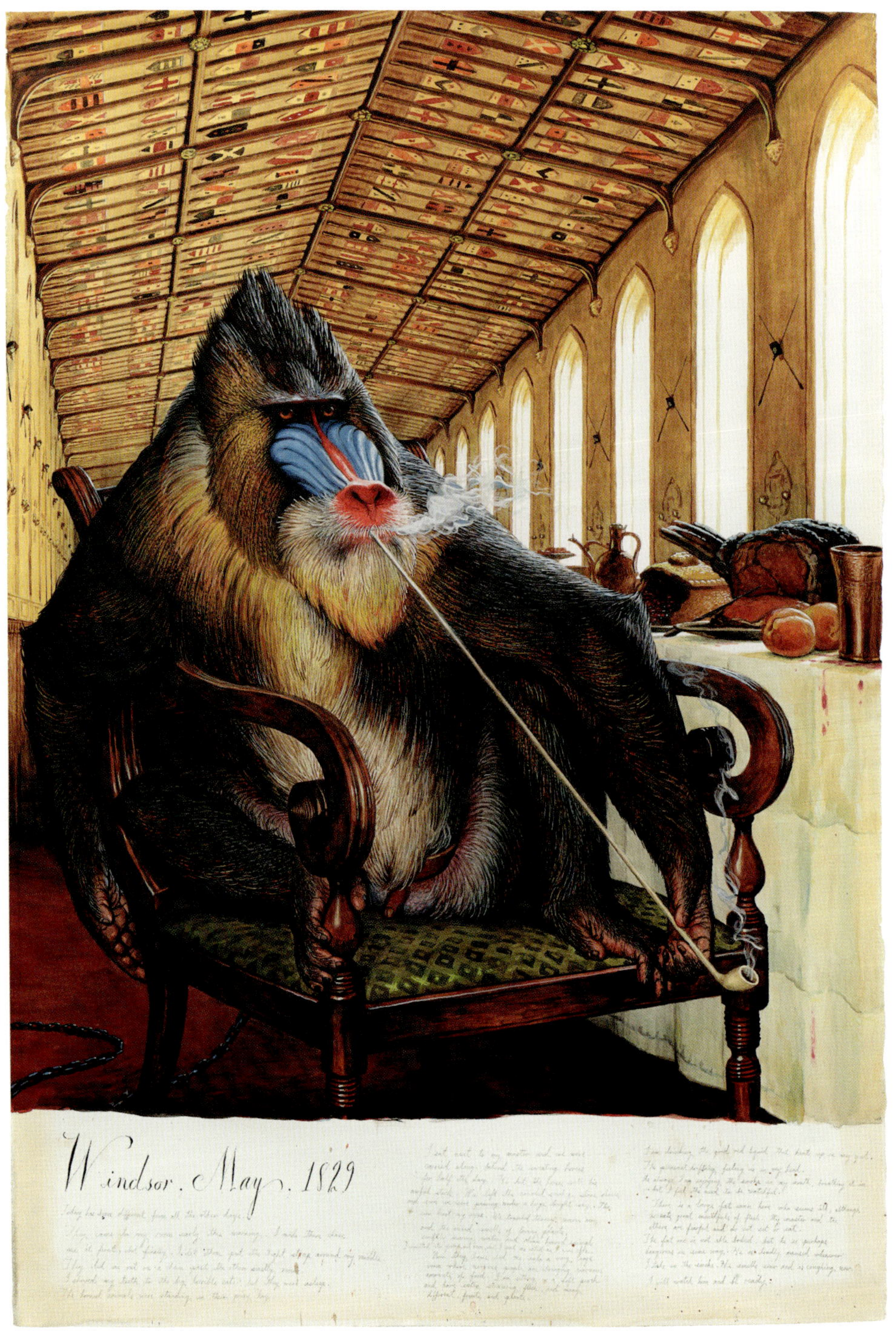

Windsor. May. 1829

WINDSOR/ ———

Today has been different from all the other days.
They came to my room early this morning. I made them chase
me at first, but finally, I let them put the tight strap around my middle.
They led me out on a chain past the other smelly rooms.
I showed my teeth to the big horrible cats, but they were asleep.
The horned animals were standing in their pissy hay.

I sat next to my master and we were
carried along behind the sweating horses
for half the day. He hit the horses with his
awful stick. We left the crowded smoky stone places
and soon we were passing under a huge bright sky. The
sun hurt my eyes. We traveled through warm air,
and the mixed smells of living plants,
swiftly moving water and clean hooved animals.
I wanted to jump and run, but I sat as still as I was able.
Now they have led me into a very large
room where nervous people are bringing enormous
amounts of food. I am sitting on a soft perch
and have eaten steaming flesh, and many
different fruits and plants.

I am drinking the good red liquid that heats up in my gut.
The pleasant drifting feeling is in my head.
As always I'm enjoying the smoke in my mouth, breathing it in …
… but I feel the need to be watchful.

There is a large fat man here who seems ill, although
he eats great mouthfuls of flesh. My master and the
others are fearful and do not sit or eat.
The fat one is not able bodied, but he is perhaps
dangerous in some way. He is loudly amused whenever
I take in the smoke. He smells sour and is coughing now.
I will watch him and be ready.
/ ——— *Walton Ford, 2014*

Windsor
Watercolor, gouache, and ink on paper
151.8 x 103.5 cm (59¾ x 40¾ in.), 2014

Heute war es anders als alle anderen Tage.
Früh am Morgen kamen sie auf mein Zimmer. Ich ließ sie
mich zuerst jagen, doch schließlich willigte ich ein, dass sie mir den engen
Riemen um die Hüfte legten.
An einer Kette führten sie mich hinaus, vorbei an den anderen
übelriechenden Räumen.
Den großen, grausigen Katzen bleckte ich die Zähne, doch sie schliefen.
Die behornten Tiere standen in ihrem stinkigen Heu.

Ich saß neben meinem Herrn und wir wurden
hinter den schwitzenden Pferden davongetragen,
einen halben Tag lang. Er schlug die Pferde
mit seinem furchtbaren Stock. Wir verließen die überfüllten und
verräucherten steinernen Orte
und bald glitten wir unter einem weiten, strahlenden Himmel dahin.
Die Sonne schmerzte mir in den Augen. Wir fuhren
durch warme Luft und ein Duftgemisch gedeihender Pflanzen,
hurtig dahinfließenden Wassers und gepflegter Huftiere.
Ich wollte springen und laufen, doch blieb ich sitzen, so still ich nur konnte.
Nun haben sie mich in einen sehr großen Raum gebracht,
den nervöse Leute mit gewaltigen Mengen an Speisen versorgen.
Ich sitze auf einem weichen Platz, habe dampfendes Fleisch und
viele verschiedene Früchte und Pflanzen gegessen.

Ich trinke den guten roten Trank, der meinen Bauch von innen wärmt.
Mein Kopf ist voll von diesem wohltuenden wabernden Gefühl.
Wie stets genieße ich den Rauch in meinem Mund, atme ihn ein …
… doch ich spüre, dass ich wachsam sein muss.

Da ist ein massiger, fetter Mann, der krank zu sein scheint, obgleich
er riesige Bissen Fleisches verschlingt. Mein Herr und die anderen
sind furchtsam und sitzen nicht, noch essen sie.
Der Fette ist nicht körpertüchtig, doch vielleicht
auf irgendeine Art gefährlich. Lautstark zeigt er sich amüsiert,
wann immer ich den Rauch inhaliere. Er riecht sauer und hustet jetzt.
Ich werde ihn beobachten und mich bereithalten.
/ ——— *Walton Ford, 2014*

WINDSOR/ ———

Aujourd'hui a été différent de tous les autres jours.

Ils sont venus dans ma chambre ce matin. Ils ont dû me courir après
au début mais finalement je les ai laissés m'attacher la sangle serrée autour
de mon ventre.

Ils m'ont tiré au bout d'une chaîne le long des autres pièces nauséabondes.

J'ai montré mes dents aux grands félins horribles, mais ils étaient endormis.

Les bêtes à cornes étaient debout dans leur foin pisseux.

J'étais assis à côté de mon maître et nous avons été
emportés derrière les chevaux suant pendant une demi-journée.

Il frappait les chevaux de son terrible bâton. Nous avons quitté les endroits
enfumés pleins de pierres et de gens et bientôt
nous passions sous un immense ciel lumineux.

Le soleil me faisait mal aux yeux. Nous avons traversé l'air chaud, les odeurs
mêlées des plantes vivantes, les eaux rapides et les bêtes aux sabots propres.

Je voulais sauter et courir, mais je suis resté aussi immobile que je pouvais.

Maintenant, ils m'ont amené dans une très grande
salle où des gens nerveux apportent d'énormes
quantités de nourriture. Je suis assis sur un perchoir moelleux
et j'ai mangé de la viande cuite à la vapeur et beaucoup
de fruits et plantes différents.

Je bois le bon liquide rouge qui me fait chaud au ventre.

J'ai un sentiment de dérive agréable dans la tête.

Comme toujours, j'apprécie la fumée dans ma bouche, quand j'inspire…

… Mais je sens que je dois rester en alerte.

Il y a un grand et gros homme ici qui semble malade, même s'il
mange de grandes bouchées de viande. Mon maître et
les autres ont peur et ils ne s'assoient pas pour manger.

Le gros homme n'a pas un corps robuste, mais il est peut-être quand même
dangereux. Il s'amuse beaucoup chaque fois
que j'inhale la fumée. Il sent mauvais et tousse maintenant.

Je le surveille au cas où.

/ ——— *Walton Ford, 2014*

The Graf Zeppelin
Watercolor, gouache, and ink on paper
104.1 x 151.8 cm (41 x 59¾ in.), 2014

THE GRAF ZEPPELIN, AUGUST, 1929/ ————
I no longer feel like biting.
All the strangeness has made me very tired.
The people here have flat faces the color of tongues.
They bark loudly and move quickly.
They offer food to me, most of it soft and sweet.

I am out of the rain almost always now,
inside hard shelters. This shelter seems
to be moving.

I feel like I'm sitting on a high branch
in the wind … being carried somehow.

I remember the feeling of being carried
through the warm rain on my mother's back;
my hands and feet gripping her wet fur …
rolling along … floating along …
the green wet world passing above and below.

Now I'm being carried along very high and far.
The cool rain passes out there, but in here
my fur is dry; and these chattering people carry piles of fruit
and watch me while I eat it.
/ ———— *Walton Ford, 2014*

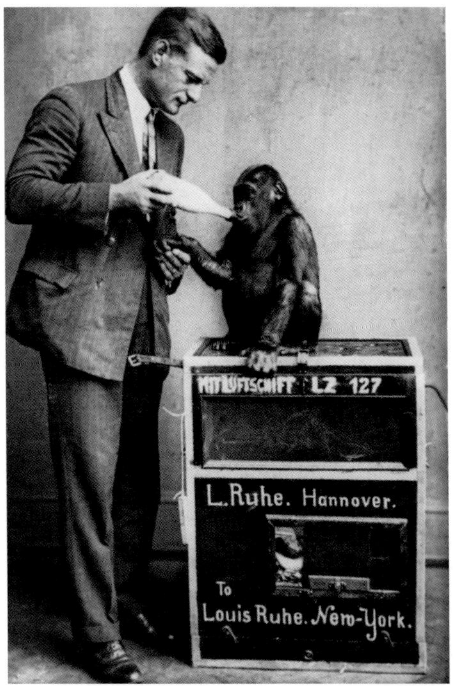

*Susie the Gorilla, about to board
the Graf Zeppelin for America.*

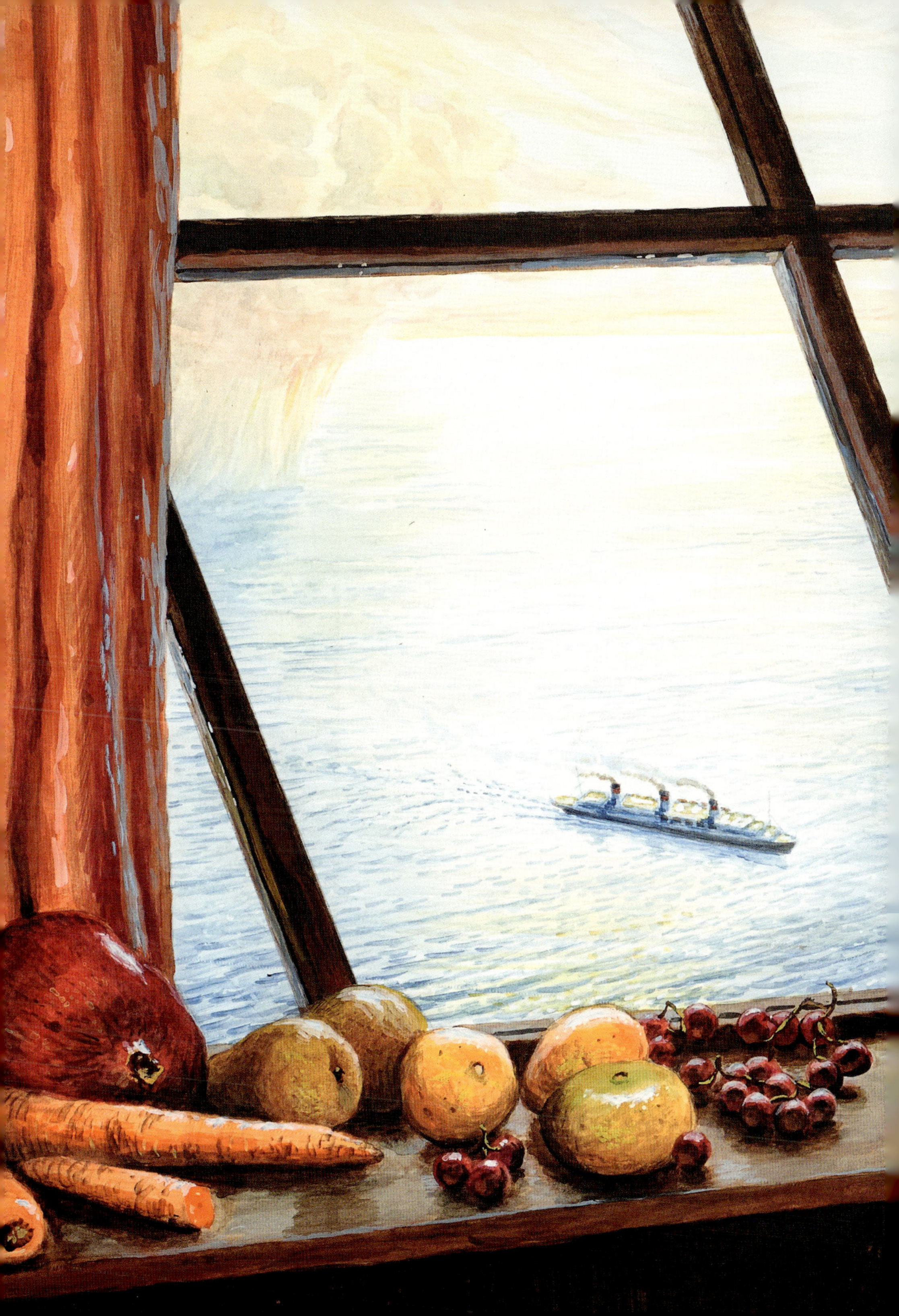

GRAF ZEPPELIN, AUGUST 1929/ ———
Mir ist nicht mehr nach beißen.
All diese Seltsamkeiten haben mich ermüdet.
Die Leute hier haben flache Gesichter,
zungenfarben.
Sie blaffen laut und bewegen sich schnell.
Bieten mir Nahrung an, Weiches und Süßes.

Fast immer entgehe ich jetzt dem Regen,
in festen Unterschlüpfen, und dieser hier scheint
sich zu bewegen.

Ich habe das Gefühl als hockte ich
auf einem hohen Ast im Wind …
und würde irgendwie davongetragen.

Ich erinnere mich daran, getragen zu werden,
durch den warmen Regen, auf dem Rücken
meiner Mutter;
meine Hände und Füße krallten sich in ihr
feuchtes Fell …
wir schlingerten voran … glitten dahin …
an uns zog die grüne, feuchte Welt vorbei.

Jetzt werde ich hoch und weit davongetragen.
Draußen ein kühler Regen, doch hier drinnen
ist mein Fell trocken; die plappernden Leute
bringen Haufen von Früchten herbei
und schauen mir zu, während ich esse.
/ ——— *Walton Ford, 2014*

LE GRAF ZEPPELIN, AOÛT, 1929/ ———
Je n'ai plus envie de mordre.
Toutes ces bizarreries m'ont beaucoup fatiguée.
Les gens d'ici ont des faces plates roses comme
une langue.
Ils aboient fort et se déplacent rapidement.
Ils m'offrent de la nourriture,
pour la plus grande part douce et sucrée.

Je suis toujours abritée de la pluie maintenant,
dans des refuges en dur. Ce refuge-ci
me semble en mouvement.

J'ai l'impression d'être assise sur
une branche haute dans le vent…
d'être comme portée.

Je me souviens de la sensation d'être portée
à travers la pluie chaude sur le dos de ma mère ;
mes mains et mes pieds agrippés à sa fourrure…
roulant le long… flottant le long de…
Le monde vert humide passant au-dessus
et au-dessous.

Maintenant, je suis emportée très haut et loin.
La pluie froide tombe là-bas, mais ici
ma fourrure est sèche ; et ces gens bavards
m'apportent des monceaux de fruits
et me regardent manger.
/ ——— *Walton Ford, 2014*

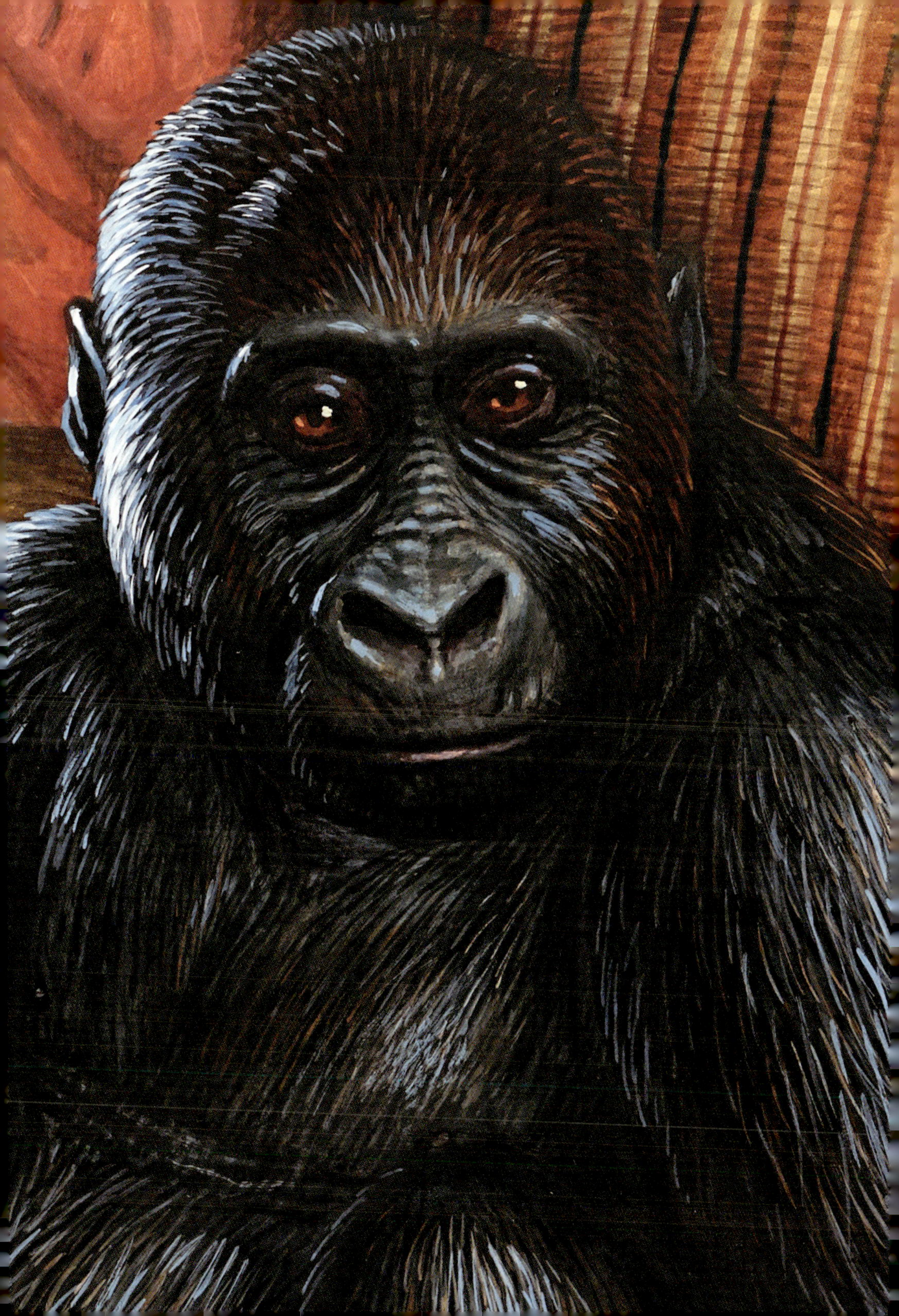

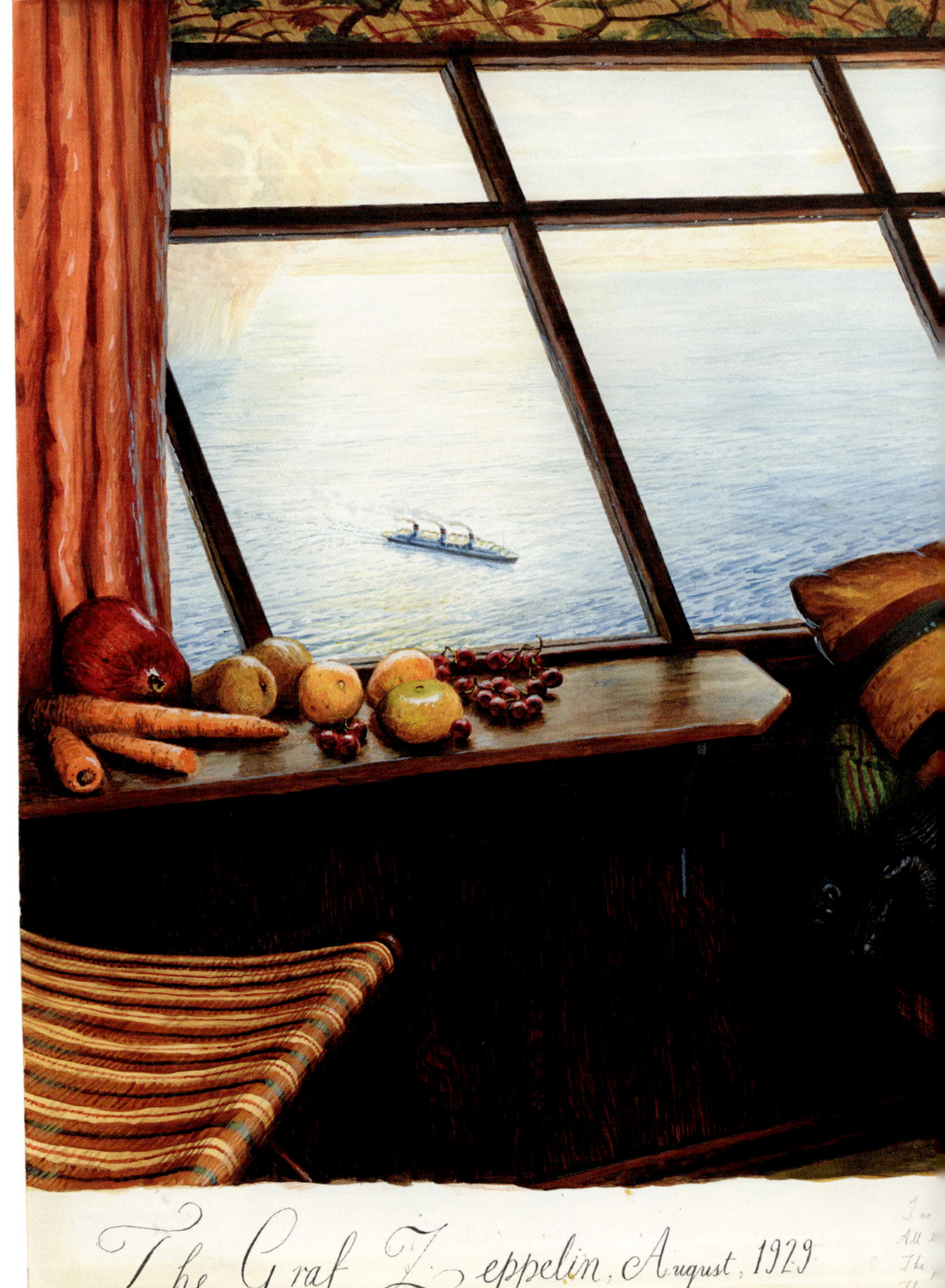

The Graf Zeppelin, August, 1929

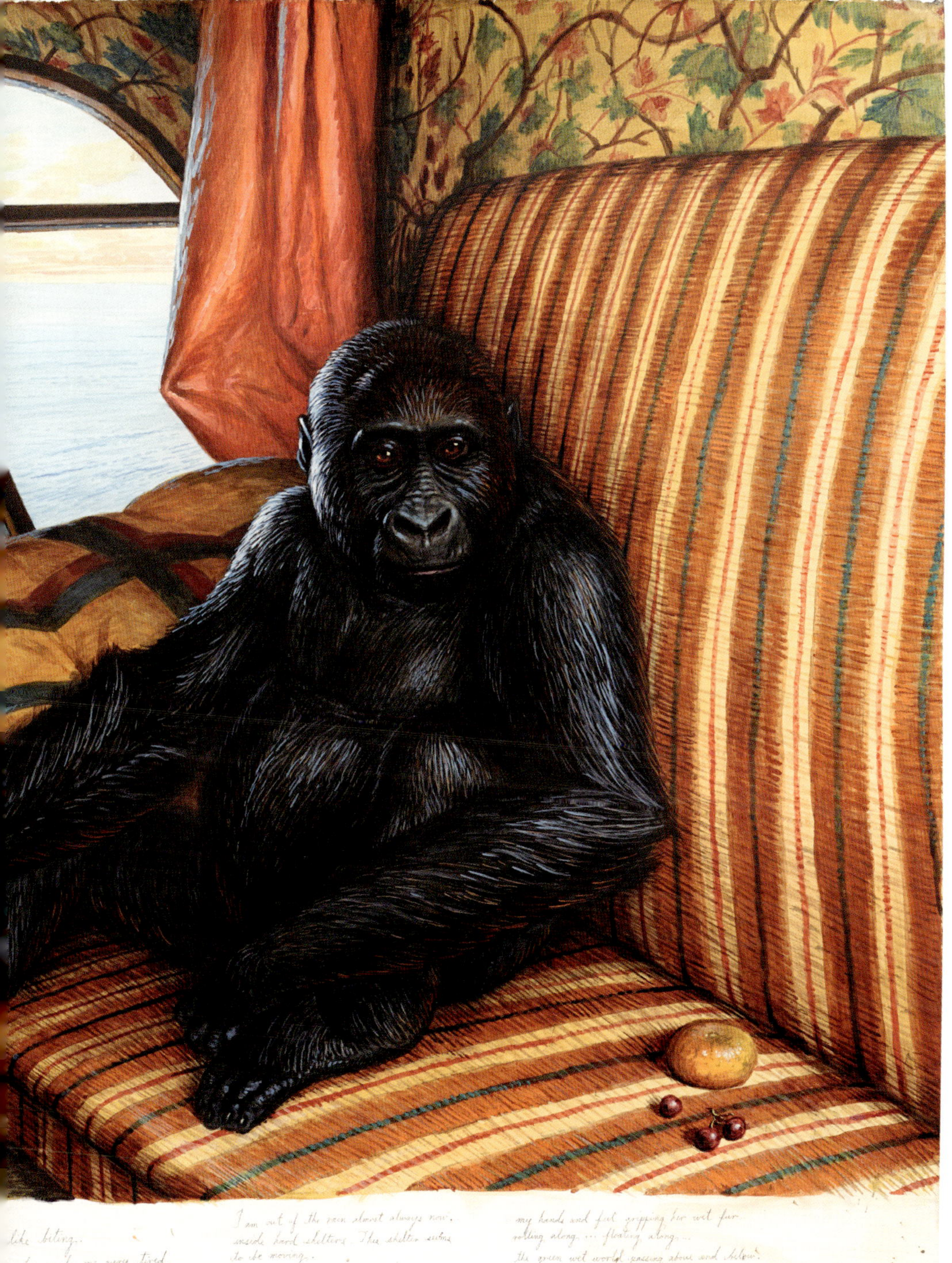
like biting...
has made me very tired.
we flat faces the color of tongues.
and move quickly.
..., most of it soft and sweet.
I am out of the rain almost always now.
inside hard shelters. This shelter seems
to be moving...
I feel like I'm sitting on a high branch
in the wind ... being carried somehow.
I remember the feeling of being carried
through the warm rain on my mother's back,
my hands and feet gripping her wet fur...
rolling along ... floating along...
the green wet world passing above and below.
Now I'm being carried along very high and far.
The cool rain passes out there, but in here
my fur is dry; and these chattering people carry piles of fruit
and watch me while I eat it.

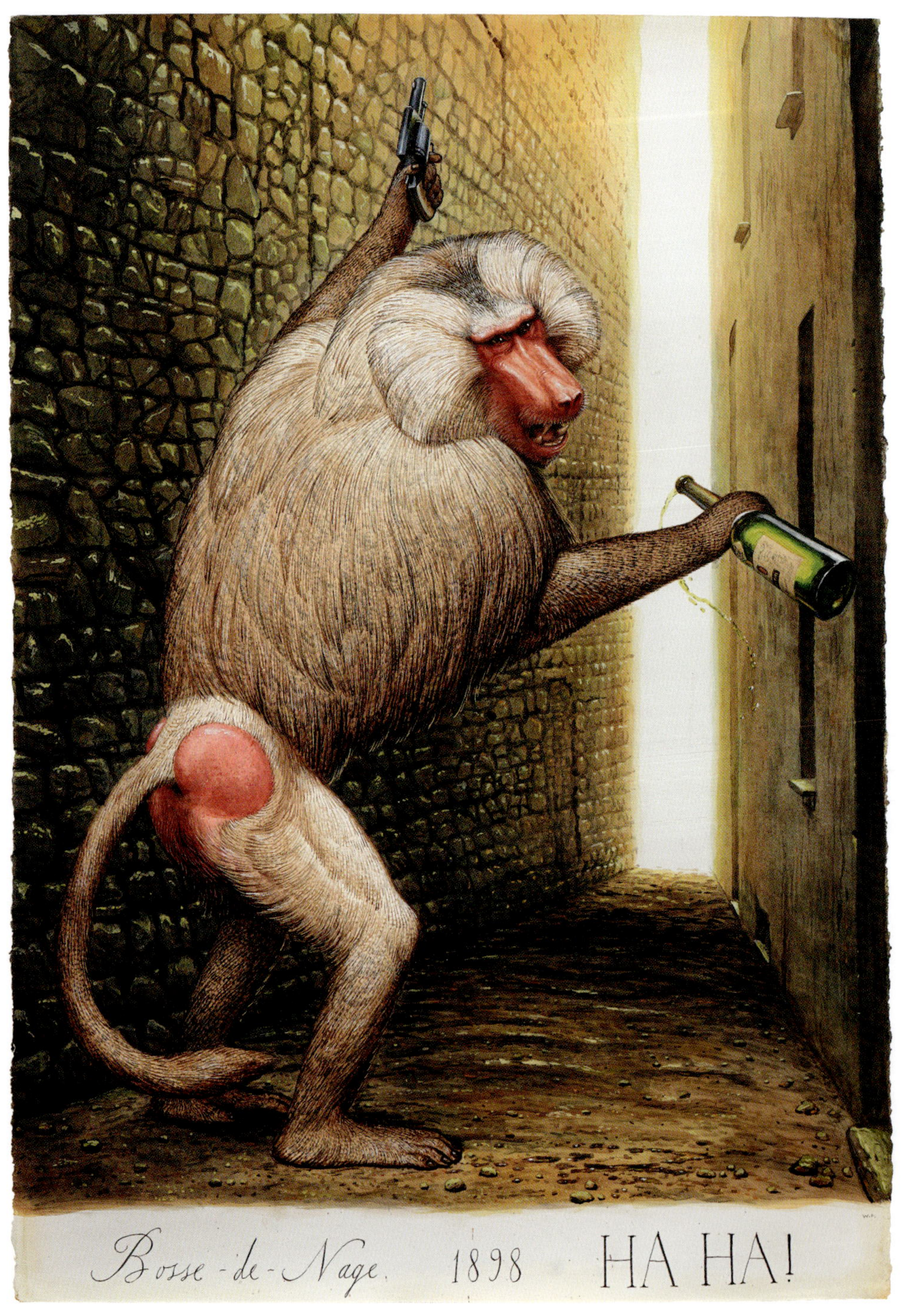

Bosse-de-Nage.   1898   HA HA!

Bosse-de-Nage
Watercolor, gouache, and ink on paper
151.8 x 105.4 cm (59¾ x 41½ in.), 2014

Next spread **DE LA CONCEPTION/** ——— How delicious are the pleasures of the imagination, and how voluptuously one follows out the lines of its dazzling constructions! Ah, dear angel, how little do they realize what we are about, what we originate, what we create during these divine intervals when our fiery souls are plunged utterly into the impure depths of lubricity; what raptures we experience as, frigging each other, we come erect erecting phantoms; nor with what ecstatic joy we caress them … elaborate them … surround them with a thousand obscene details and episodes. All the earth is ours in these enchanted moments; not a single creature resists us, to our aroused senses each affords the kind of pleasure which to our boiling imagination each appears capable of giving; we devastate the planet … and repeople it with new objects, and immolate these in their turn; the means to every crime is ours, we commit them all; we multiply the horror an hundredfold; and all the deeds ambitioned by all the most infernal and the most malignant spirits that ever were, in their most disastrous effects were nought compared to what we desire …/ ——— *The Marquis de Sade,* JULIETTE, *English translation by Austryn Wainhouse, Grove Press, 1968.*

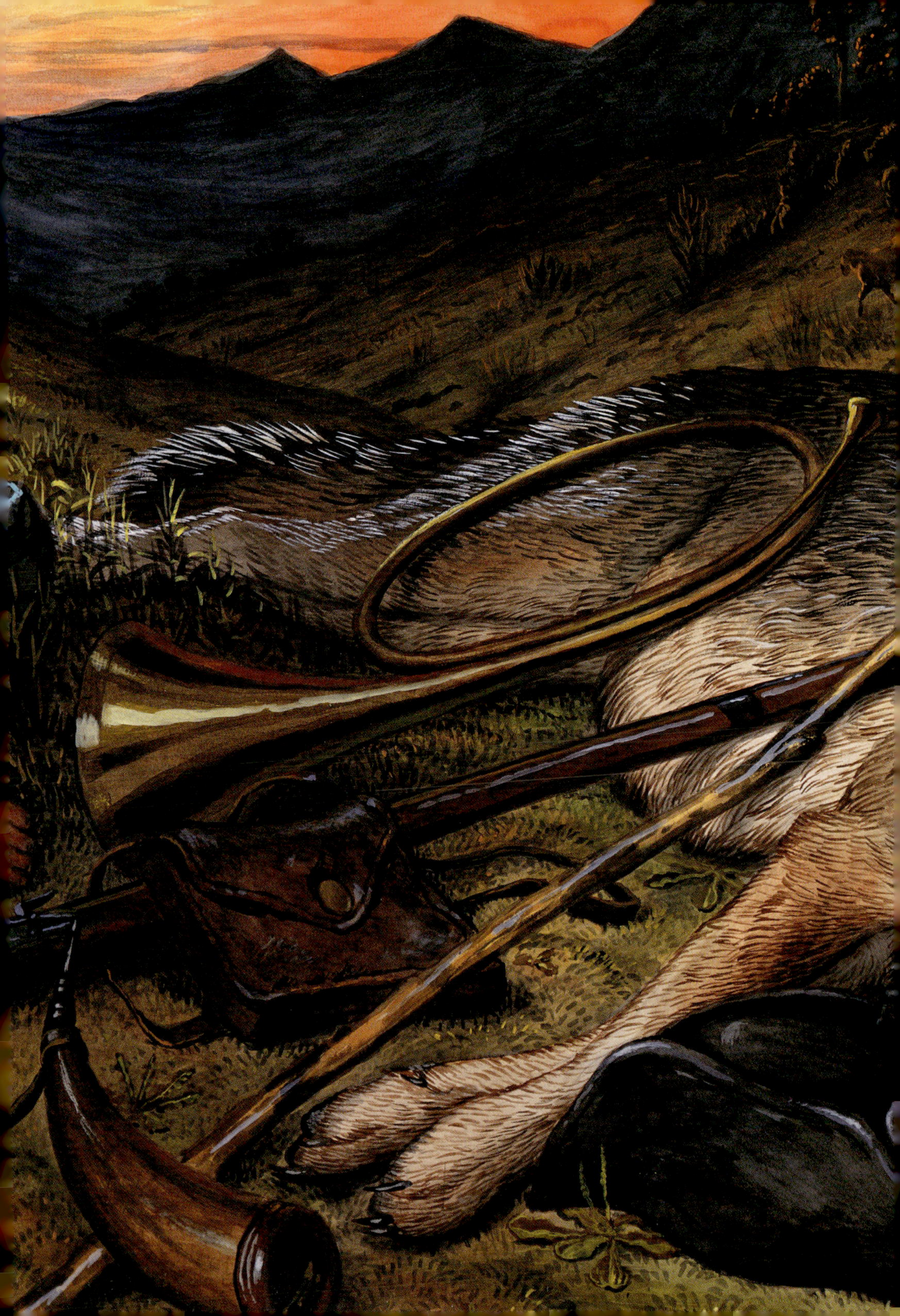

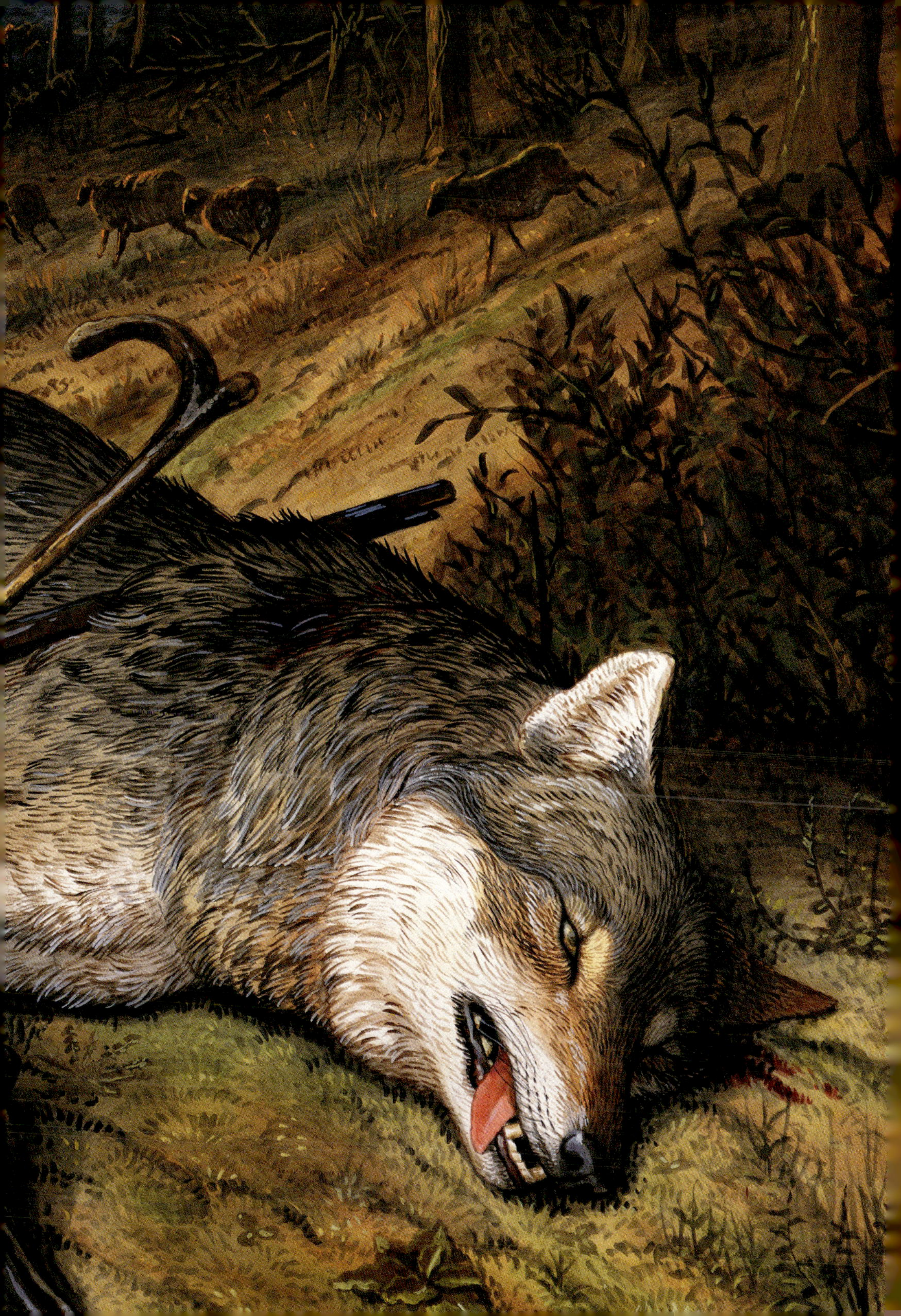

De la conception à la naissance
Watercolor, gouache, and ink on paper
257.8 x 393.7 cm (101½ x 155 in.), 2014

DE LA CONCEPTION/ ———„Wie köstlich sind die Freuden der Phantasie, und wie hingebungsvoll folgt man den Vorgaben ihrer verwirrenden Fügungen! Lieber Engel, wie wenig man doch versteht, worum es uns geht und was wir in diesen göttlichen Momenten hervorbringen, was wir erschaffen, wenn unsere erhitzten Seelen gänzlich in die unkeuschen Tiefen der Lust getaucht werden: Welche Wonnen wir beim Wichsen erleben, wenn wir beim Konstruieren von Phantomen steif werden, mit welch ekstatischem Entzücken wir sie liebkosen … umgeben von tausend obszönen Episoden. Die ganze Welt gehört uns in diesen verzauberten Augenblicken; kein einziges Geschöpf widersteht uns, jedes gewährt unseren erregten Sinnen die Art von Genuss, den es uns in unserer überschäumenden Phantasie zu geben vermag: wir verwüsten die Welt … und bevölkern sie wieder mit neuen Objekten, die wir dann erneut opfern; wir sind zu sämtlichen Verbrechen imstande, wir begehen sie alle, wir vermehren das Entsetzen hundertfach; und sämtliche Taten, die all die infernalischsten und böswilligsten Geister, die je existierten, auszuführen trachteten, werden in ihren fatalsten Auswirkungen im Vergleich zu dem, was wir verlangen, nichts gewesen sein …"/ ——— *Marquis de Sade*, HISTOIRE DE JULIETTE OU LES PROSPÉRITÉS DU VICE, *10-18 (1998)*.

Qu'ils sont délicieux les plaisirs de l'imagination, et que l'on parcourt voluptueusement toutes les routes que nous offre sa brillante carrière! Conviens, cher ange, que l'on n'a pas d'idée de ce que nous inventons, de ce que nous créons, dans ces moments divins où nos âmes de feu n'existent plus que dans l'organe impur de la lubricité: de quelles délices on jouit en se branlant mutuellement pendant l'érection de ces fantômes, comme on les caresse avec transport! … comme on les entoure! … comme on les augmente de mille épisodes obscènes! Toute la terre est à nous dans ces instants délicieux; pas une seule créature ne nous résiste; tout présente à nos sens émus la sorte de plaisir dont notre bouillante imagination le croit susceptible: on dévaste le monde… on le repeuple d'objets nouveaux, que l'on immole encore; le moyen de tous les crimes est à nous, nous usons de tous, nous centuplons l'horreur, et les épisodes de tous les esprits les plus infernaux et les plus malins n'atteindraient pas, dans leurs plus malfaisants effets, où nous osons porter nos désirs…/ ——— *Marquis de Sade*, HISTOIRE DE JULIETTE OU LES PROSPÉRITÉS DU VICE, *10-18, 1998*.

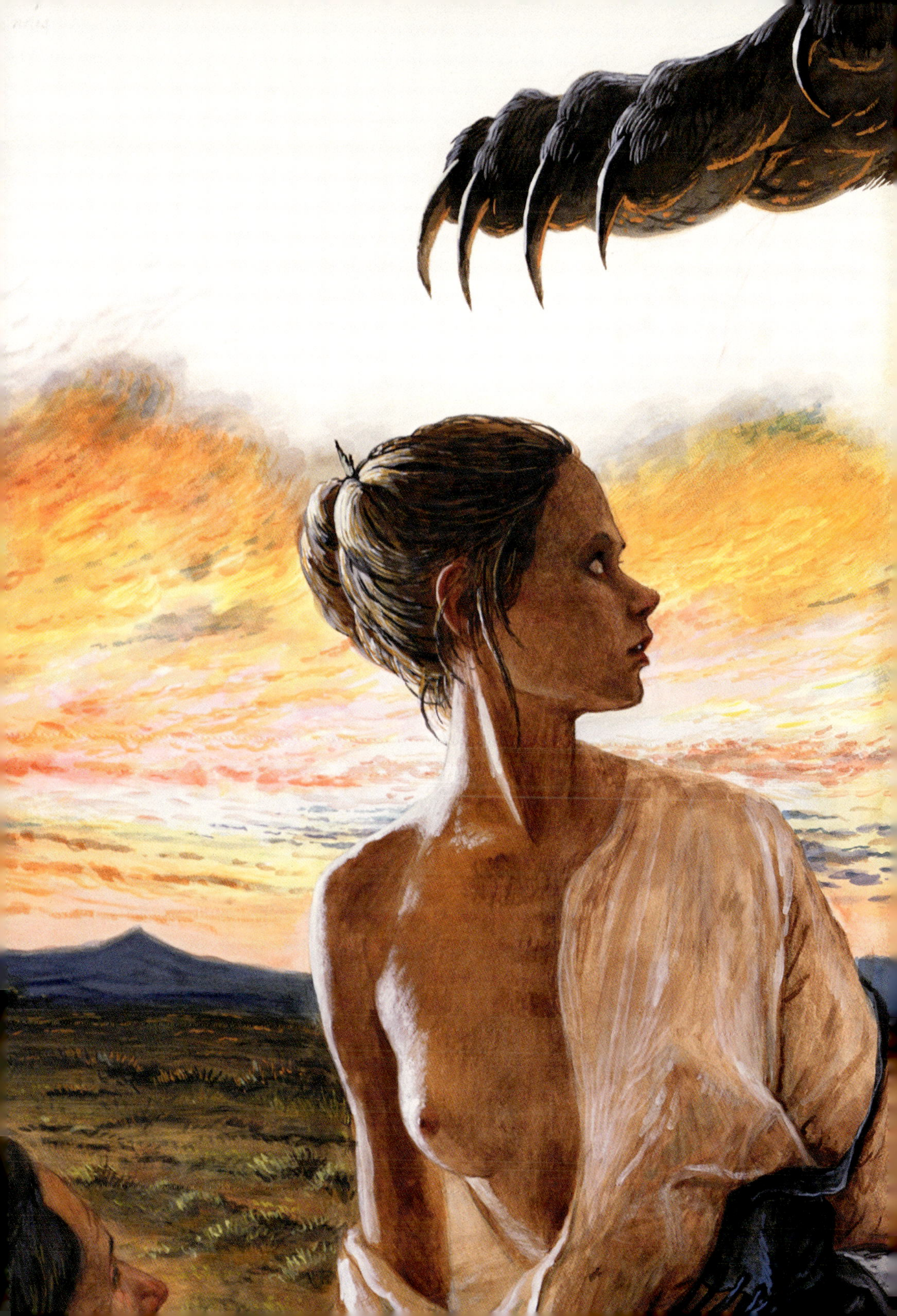

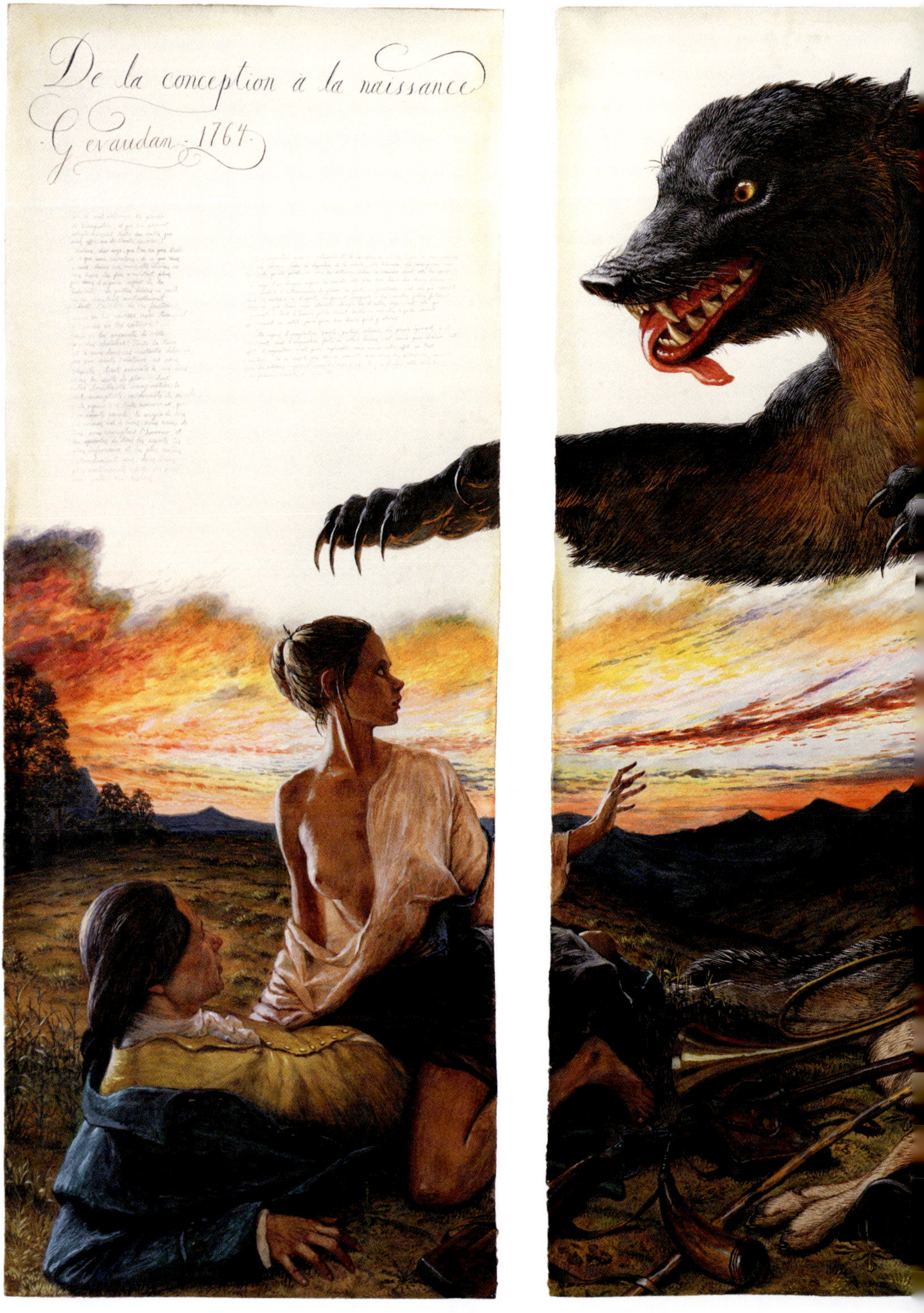

De la conception à la naissance
Gévaudan - 1764 -

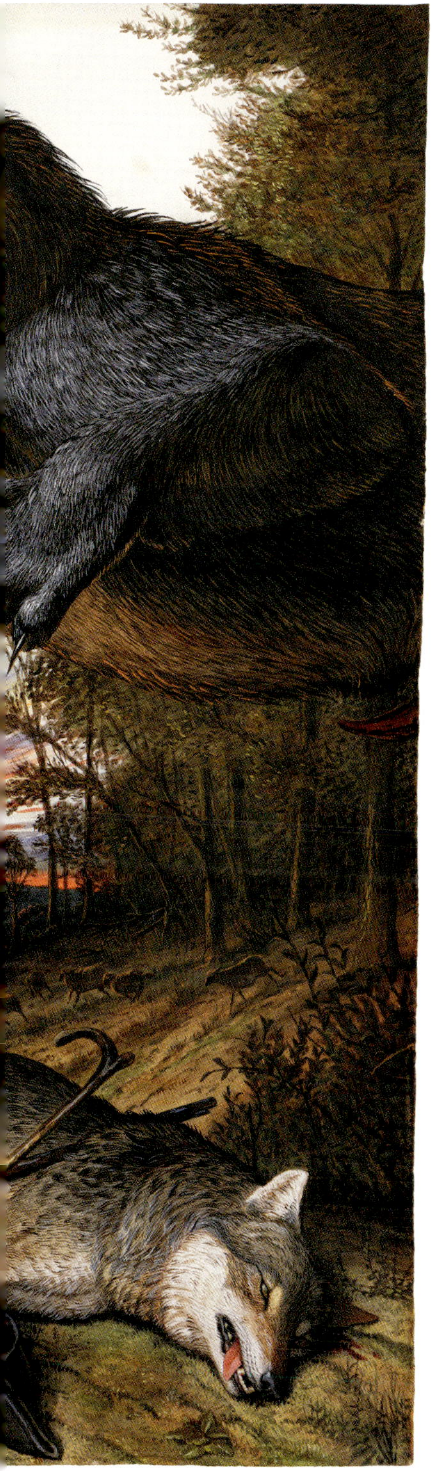

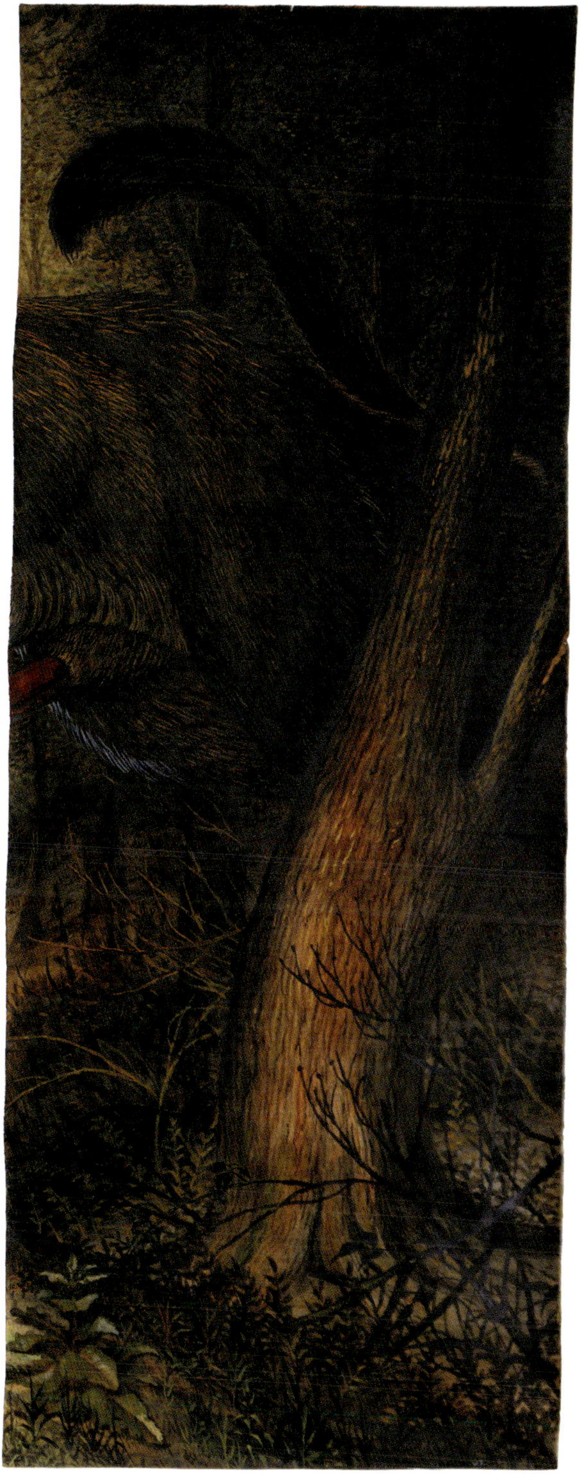

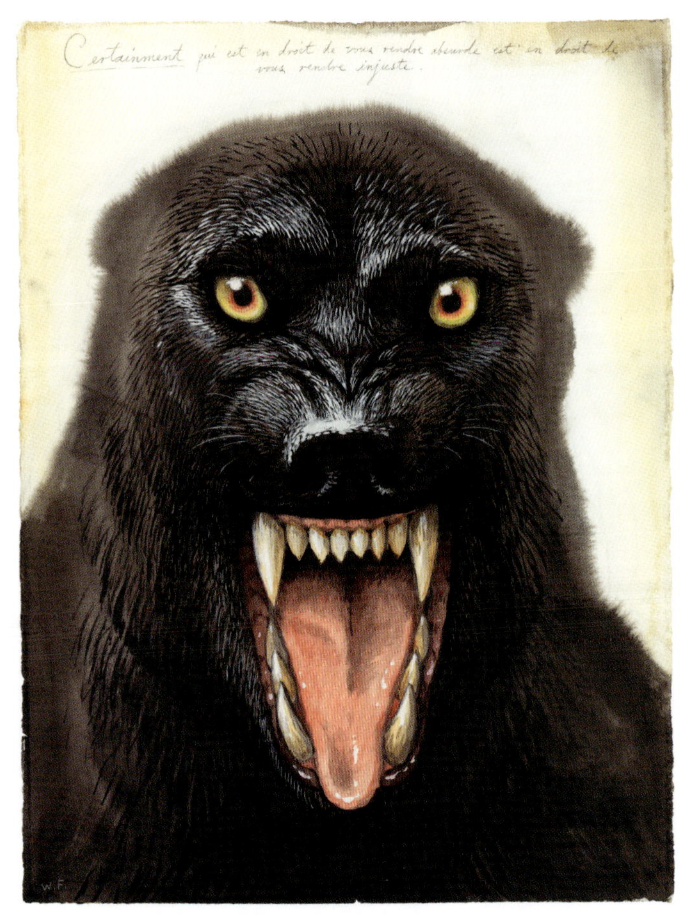

Certainement qui est en droit de vous rendre absurde est en droit de
vous rendre injuste.
W.F

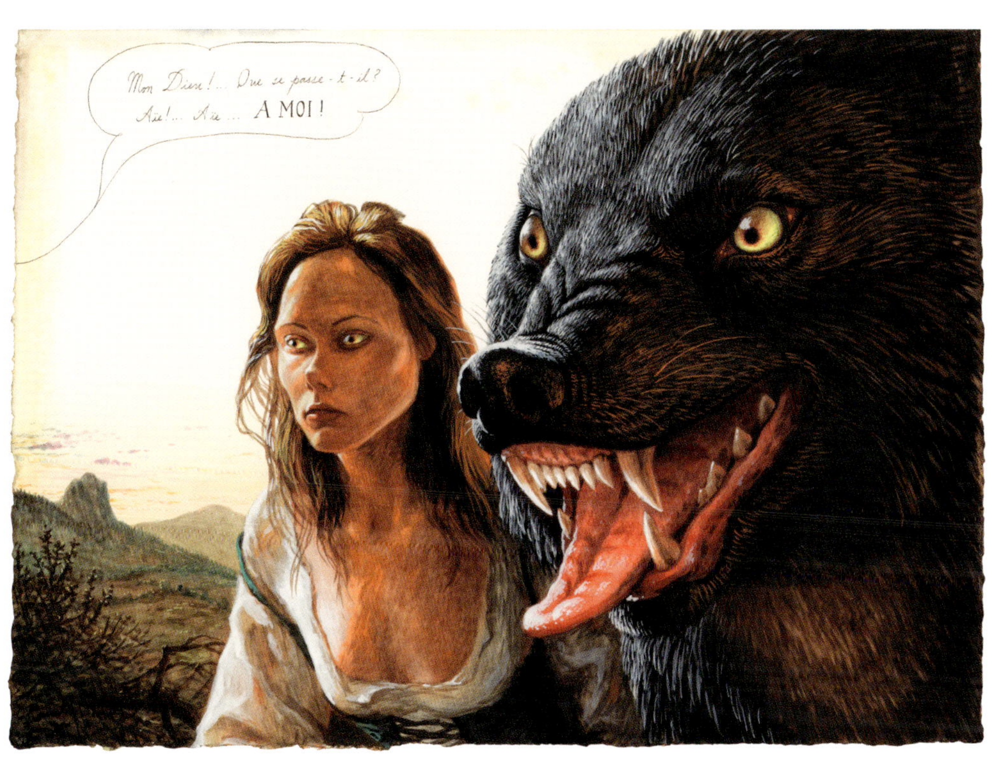

Mon Dieu !... Que se passe-t-il ?
Aïe !... Aïe... A MOI !

Certainment

Watercolor, gouache, and ink on paper
75.6 x 57.5 cm (29¾ x 22⅝ in.), 2015

Mon Dieu

Watercolor, gouache, and ink on paper
76.2 x 106 cm (30 x 41¾ in.), 2015

Répresentation Véritable

Watercolor, gouache, and ink on paper
266.7 x 153 cm (105 x 60¼ in.), 2015

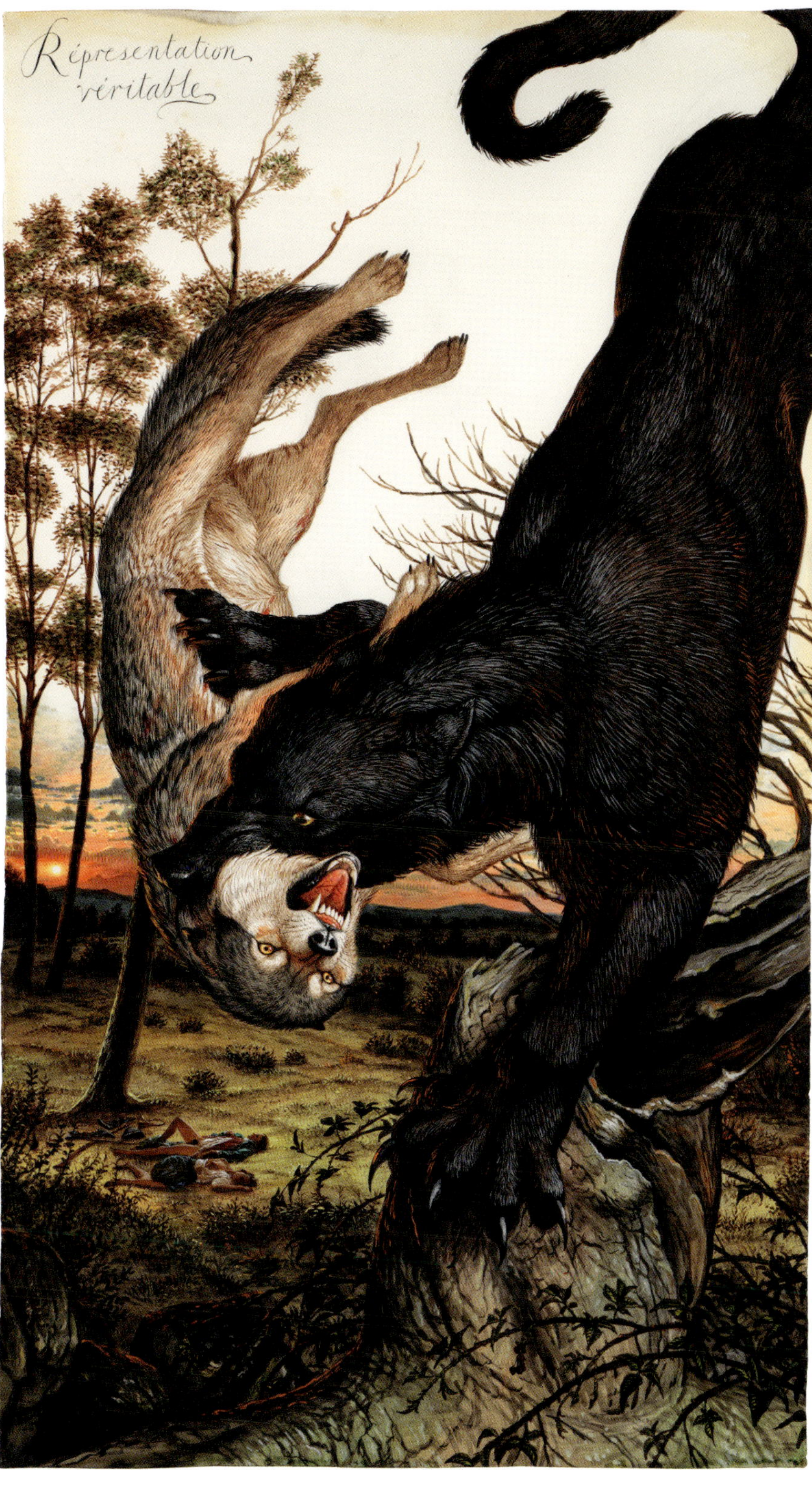
Répresentation
véritable

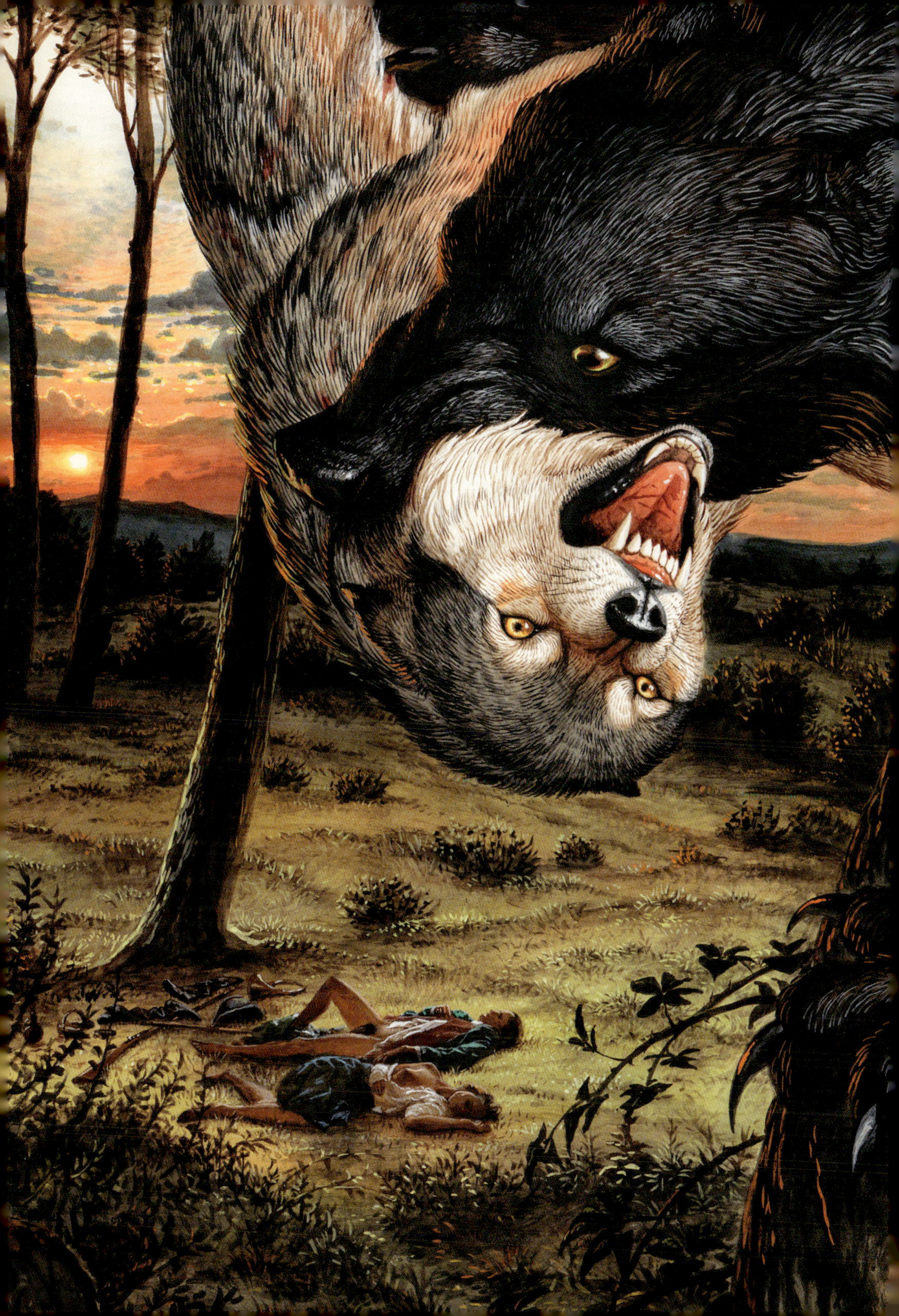

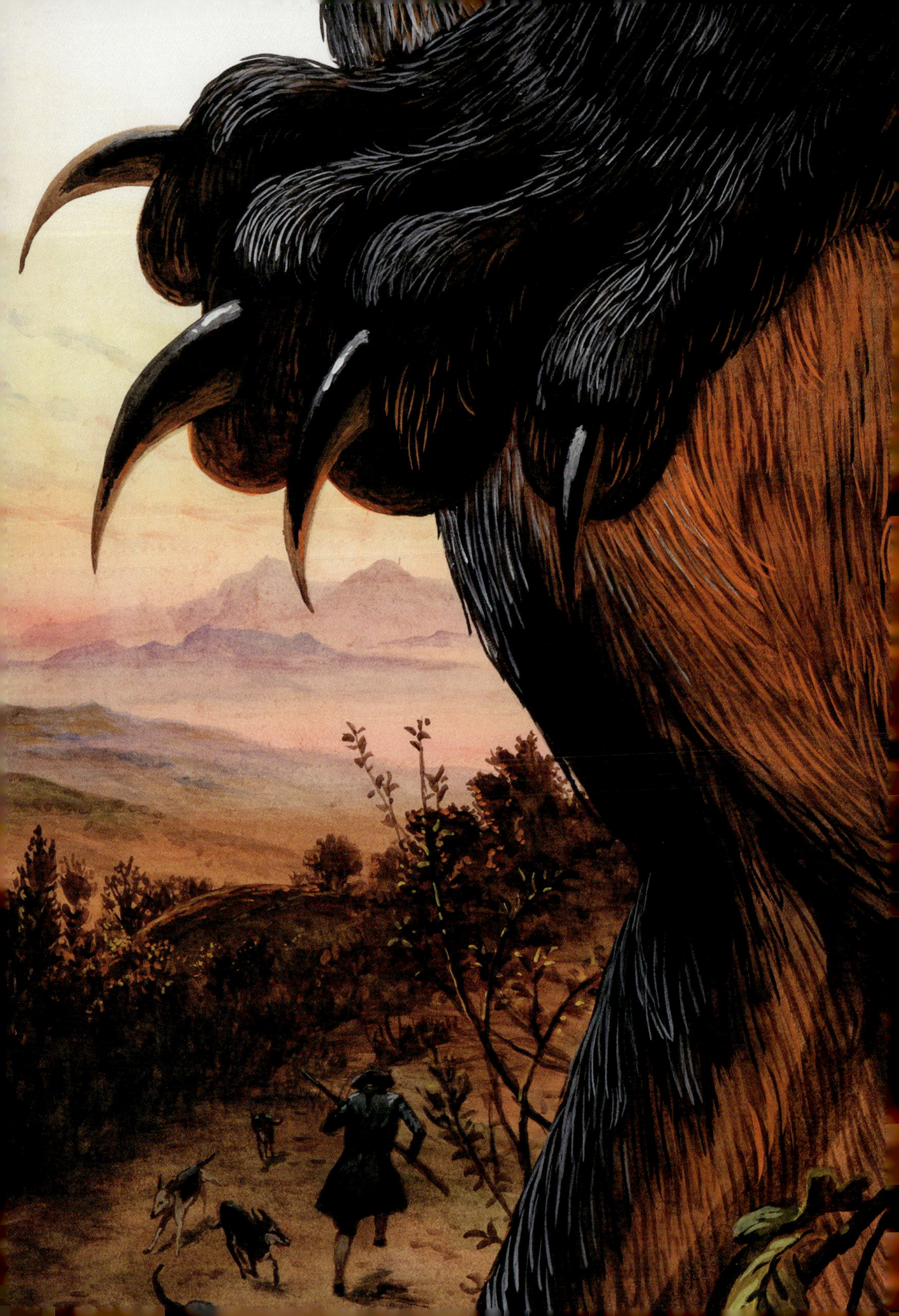

La bête jouant avec un chien de chasse
Watercolor, gouache, and ink on paper
151.8 x 105.4 cm (59¾ x 41½ in.), 2015

LA BÊTE JOUANT AVEC UN CHIEN DE CHASSE/ ——— In the winter of 1765, reading and listening audiences all across France were horrified and enthralled by stories of a "wild beast" (*bête féroce*) that terrorized inhabitants of the Massif Central. With a physical description that defied belief, and the ability to strike quickly, evade detection, and confound its pursuers, the mysterious beast had attacked and killed dozens of people in and around the remote mountainous region of the Gévaudan in the southern province of Languedoc. The victims, virtually all of them women and children attacked while tending their small flocks of sheep or cattle, died grisly deaths. According to many accounts, the "beast of the Gévaudan" lunged deliberately for the neck, delivering fatal wounds and quenching its thirst for human blood before feasting on the bodies of its peasant victims. Several of the unfortunates were decapitated, and at least one skull—separated from the rest of the body and found at the edge of a wood some distance from the other remains—was cracked open like a nutshell. Reports of new assaults came with alarming frequency, and by the end of 1765 the beast would claim sixty victims. As northern Languedoc and neighboring Auvergne descended into mass panic, the growing legend of the beast captured the attention of France and much of Europe./ ——— *Jay M. Smith's* MONSTERS OF THE GÉVAUDAN: THE MAKING OF A BEAST, *Harvard University Press, 2011 uses the phenomenon of the beast as a framework to describe the historical, cultural, and psychological transformations taking place in pre-revolution 18th-century France.*

***

Im Winter 1765 reagierten Leser und Zuhörer in ganz Frankreich entsetzt und aufgeregt auf die Geschichten über ein „wildes Tier" (bête féroce), das die Bewohner des Zentralmassivs terrorisierte. Die Bestie, deren Beschreibung unglaubwürdig klang und von der es hieß, sie habe die Fähigkeit, schnell zuzuschlagen, der Entdeckung zu entgehen und ihre Verfolger zu verwirren, hatte Dutzende von Menschen in der abgelegenen Bergregion des Gévaudan und ihrer Umgebung in der südlichen Provinz Languedoc angegriffen und getötet. Die Opfer, fast alle von ihnen Frauen und Kinder, die beim Hüten ihrer kleinen Schaf- oder Rinderherden angegriffen wurden, starben auf grausame Weise. In vielen Berichten hieß es, „die Bestie des Gévaudan" stürze sich gezielt auf den Hals seines Opfers, dem es tödliche Wunden zufüge, und lösche dann seinen Durst auf Menschenblut, bevor es sich schließlich an den Leibern seiner bäuerlichen Opfer gütlich tue. Einige der Unglücklichen wurden enthauptet, und mindestens einer der Schädel – vom Rest des Körpers getrennt, fand man ihn am Rande eines Waldes, in einiger Entfernung von den anderen Gebeinen – war aufgebrochen wie eine Nussschale. Mit alarmierender Häufigkeit gab es immer wieder Berichte über neue Angriffe, und bis Ende des Jahres 1765 soll die Bestie sechzig Opfer gefordert haben. Während sich im nördlichen Languedoc und in der benachbarten

Auvergne eine Massenpanik breitmachte, fand die sich entwickelnde Legende um die Bestie zunehmende Aufmerksamkeit in Frankreich und in einem Großteil Europas. / ——— *Jay M. Smith' MONSTERS OF THE GÉVAUDAN: THE MAKING OF A BEAST nutzt das Phänomen dieser Bestie als Rahmen, um die historischen, kulturellen und psychologischen Veränderungen zu beschreiben, die sich im vorrevolutionären Frankreich des 18. Jahrhunderts vollzogen.*

***

Au cours de l'hiver 1765, un peu partout en France, un large public, lecteurs et autres, fut horrifié et captivé par l'histoire d'une « bête féroce » terrorisant les habitants du Massif central. Dotée d'un physique hors du commun et d'une rare aptitude à frapper rapidement, passer inaperçue et semer ses poursuivants, la mystérieuse bête avait attaqué et tué des dizaines de personnes dans et autour de la région montagneuse reculée du Gévaudan, dans la province du Languedoc, au sud du pays. Les victimes, presque toutes des femmes et des enfants attaqués alors qu'ils s'occupaient de leurs petits troupeaux de moutons ou de bovins, avaient connu une mort effroyable. Selon de nombreux témoignages, la « bête du Gévaudan » visait délibérément le cou, lui infligeant des blessures mortelles et étanchant sa soif de sang humain avant de se régaler du corps de ses victimes paysannes. Plusieurs de ces malheureux furent décapités et au moins un crâne – séparé du reste du corps et retrouvé à la lisière d'un bois à une certaine distance des autres restes – avait été ouvert à la manière d'une coquille d'œuf. Les rapports de nouvelles agressions arrivaient avec une fréquence alarmante et à la fin de 1765, la bête comptait soixante victimes à son actif. Alors que le nord du Languedoc et l'Auvergne voisine étaient pris de panique, la légende grandissante de ce prédateur attirait l'attention de la France et d'une grande partie de l'Europe./ ——— *L'ouvrage de Jay M. Smith MONSTERS OF THE GÉVAUDAN: THE MAKING OF A BEAST, Harvard University Press, 2011, utilise le phénomène de la bête sauvage comme fil conducteur pour décrire les transformations historiques, culturelles et psychologiques de la France prérévolutionnaire du XVIIIe siècle.*

340

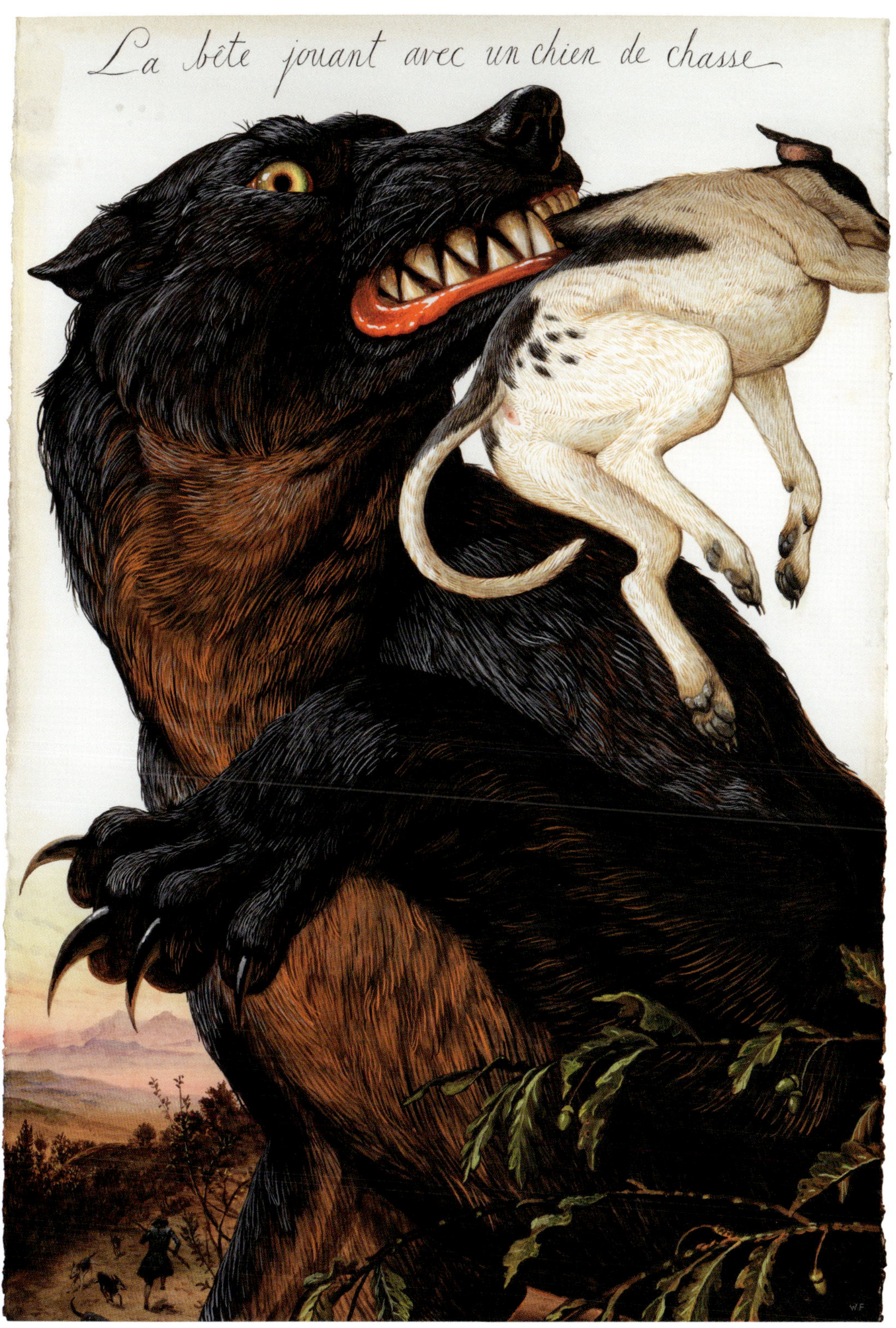

La bête jouant avec un chien de chasse

Pacific Theater
Watercolor, gouache, and ink on paper
105.4 x 151.8 cm (41½ x 59¾ in.), 2015

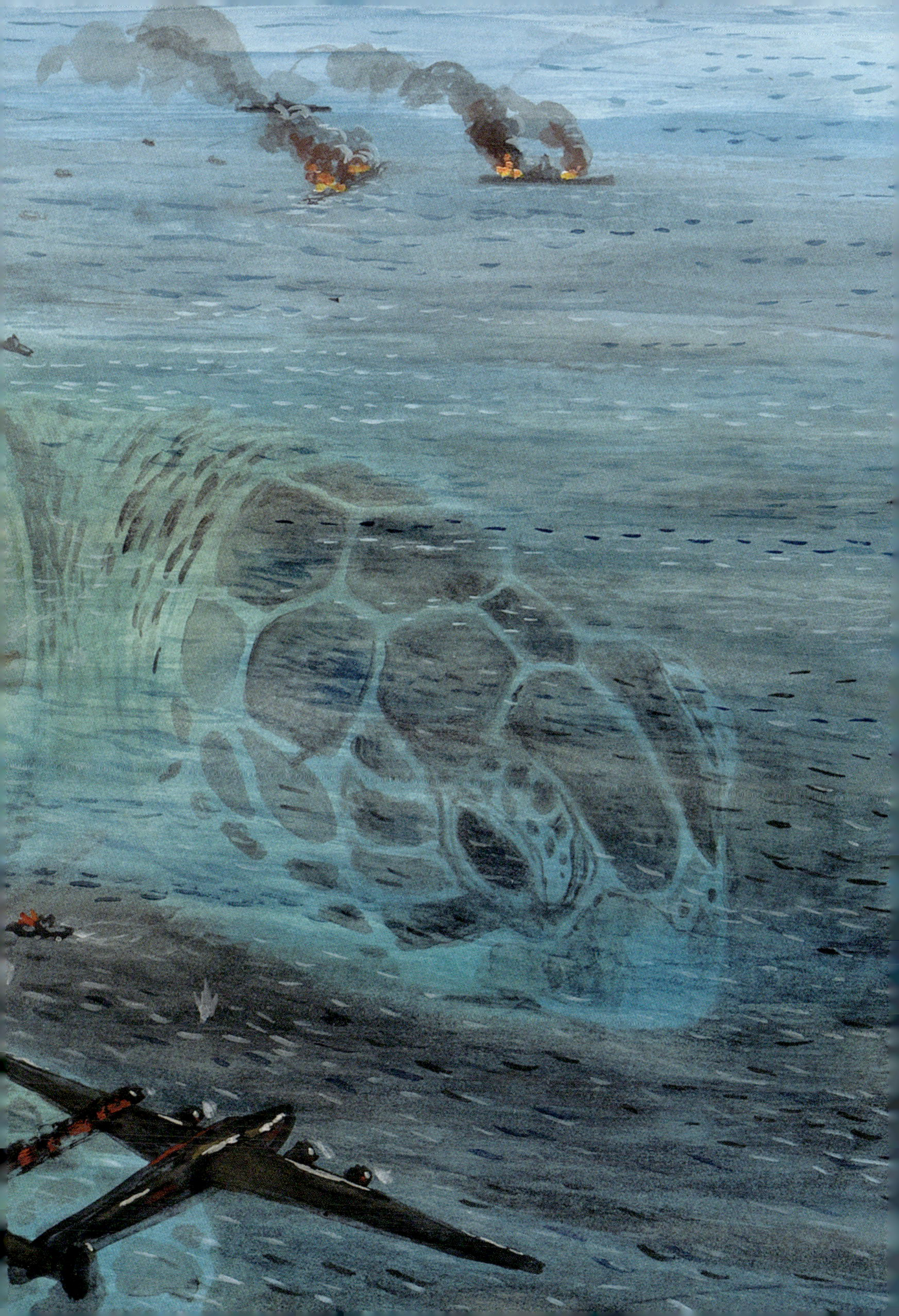

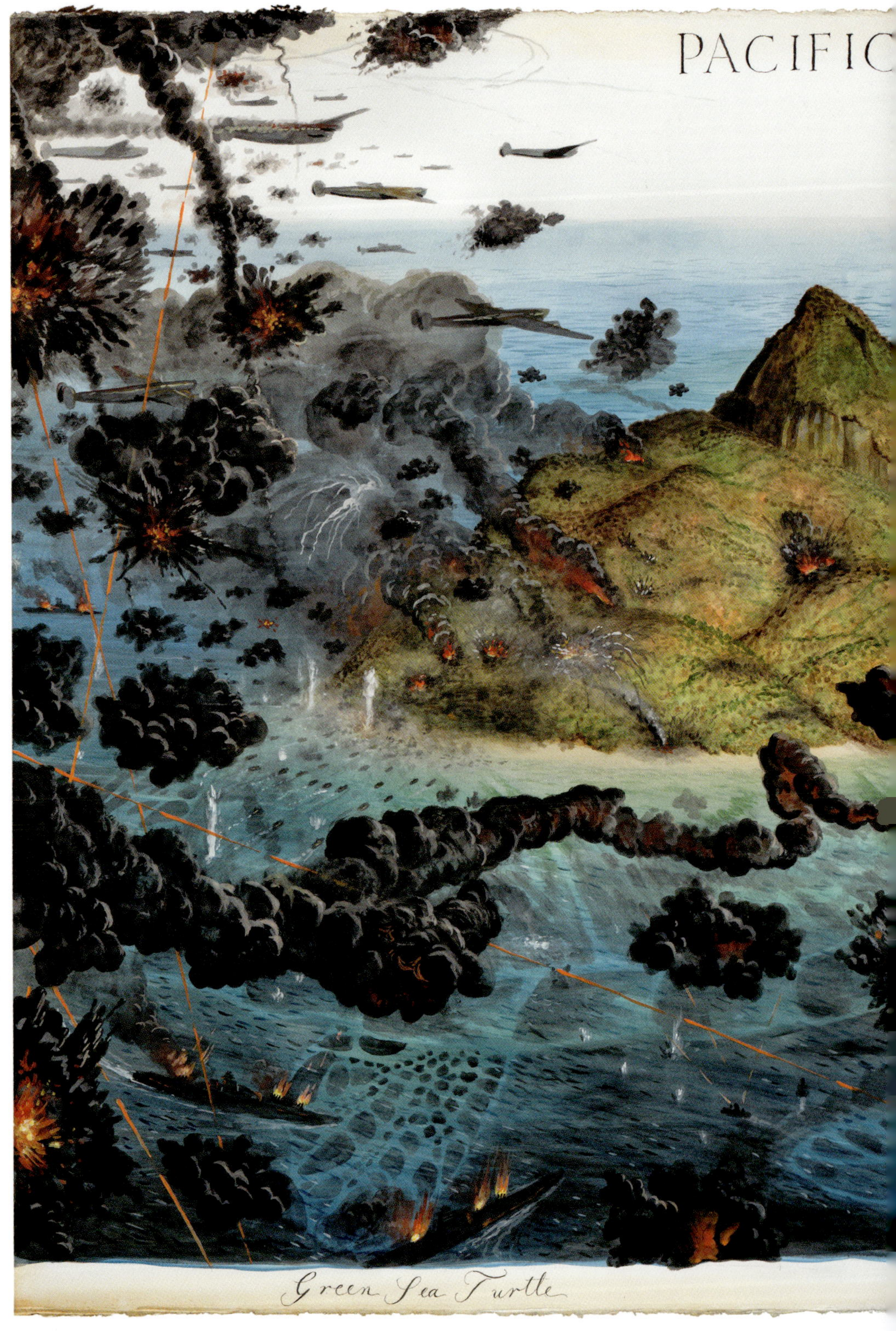

PACIFIC
Green Sea Turtle

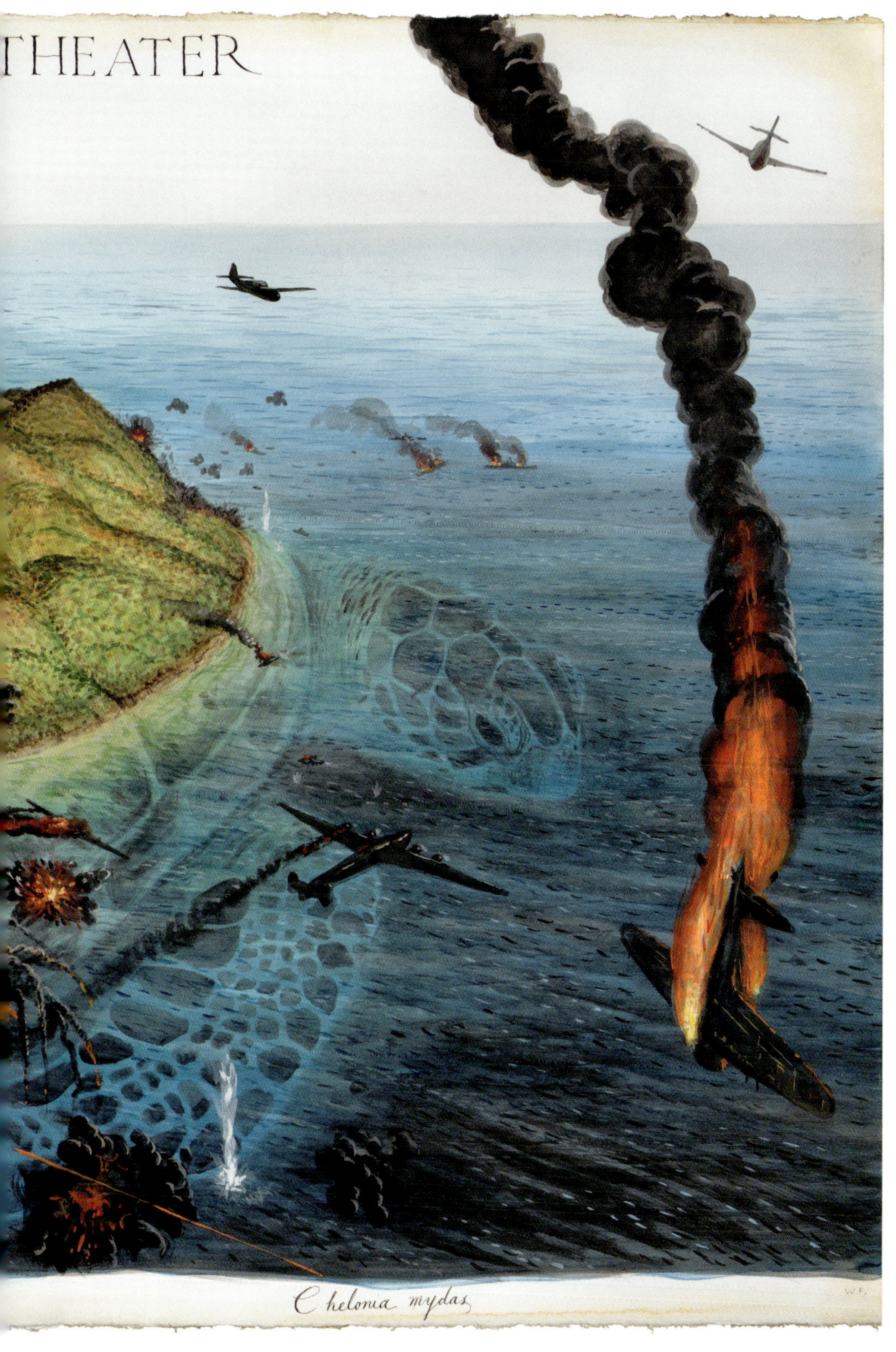

Chelonia mydas

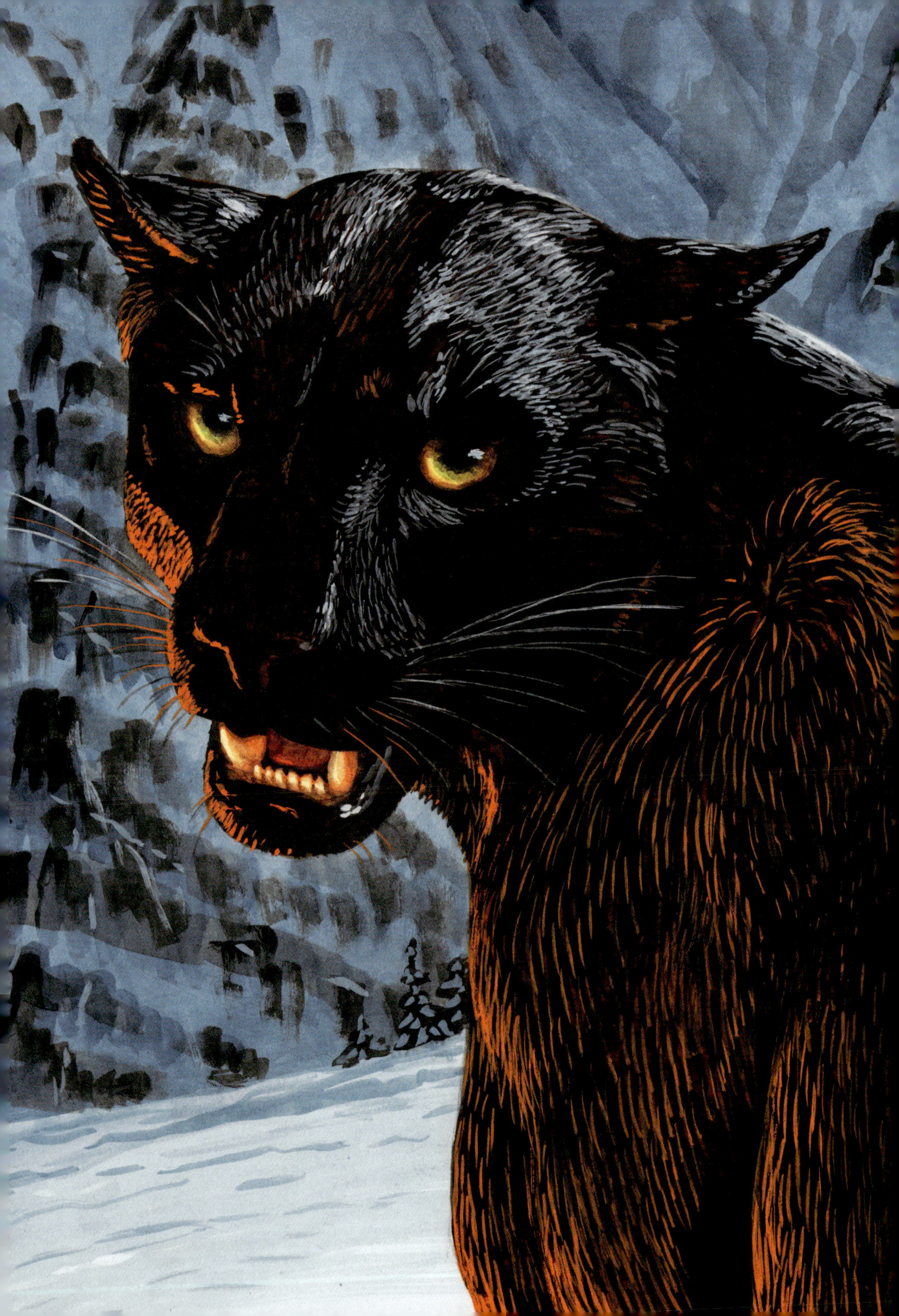

A PANTHER IS FOUND

*She was captured at dawn in a deep, dusty pitfall in India. After months of spitting
and growling during her journey by cart, train, and ship, the frightened black panther finally
arrived — on a cool October afternoon — at the Zürich Zoo. She was dropped into a cage with
a nasty-tempered male as black and sleek as herself. His scent disturbed her; his advances were
unwelcome. They slashed away at each other until they were exhausted, then stared from
opposite corners of their shared cell. The next morning, she was found bloodied, and was moved
to a solitary, indoor cage.*

*Straightaway, she noticed a small vent opening in the roof of her enclosure, from
which she smelled the outdoors. She waited until dark to claw and squeeze her way out
of the vent into the moonlight, panting under a frosty night sky. She vanished like mist
into the windy, snow-burdened Alps.*

*On the morning after her escape, a zookeeper found fur and blood on the vent of her
empty cage. The zookeeper dreamed of the cat many times that autumn and winter.
He dreamed of her shifting into supernatural forms. She was an inky specter floating above the
powder, leaving no spoor, striding through the air. Her face came growling at him
out of a whiteout, in a kind of burning, charcoal fury. He dreamed she killed ibex, ptarmigan,
hare, and chamois on the steep, craggy heights. For the next ten weeks, no trace of her was
found. Even after a hungry farm laborer discovered her under a barn and killed her for food,
the zookeeper's dreams continued. On Christmas he dreamed that
she haunted the site of her death, her lingering spirit climbing a branch of smoke from the firepit
she had been roasted over. He could see the blood of her butchering spread across
the snow. This tropical feline refugee, surviving in the cold of the Swiss winter, continually
troubled his sleep. Eventually the dreams faded away and were forgotten.*

*About a decade later, in 1950, Heini Hediger published a zookeeper's manual and
used the escape of the black panther as a case study in a chapter on cage-breakers. Twenty years
ago I found an old paperback translation of his book,* Wild Animals in Captivity,
*in the nature section of Rodgers Book Barn near Hillsdale, New York. Shortly thereafter,
I made the first of many watercolors of the escaped panther. Over the years I have taken
what I could from Hediger's dry account and imagined the rest. This is the way
I work. Most of what is written above is imagined. A series of paintings might begin with the
discovery of an almost forgotten book. A firsthand account, however brief, will fuel
the fantastic. If all goes well, a panther magically escapes and melts into the landscape.
She is out there somewhere; I stay in my studio and try to find her.*

—Walton Ford, 2020

EIN PANTHER WIRD AUFGEFUNDEN

Sie wurde im Morgengrauen in einer tiefen, staubigen Fallgrube in Indien gefangen. Nach monatelangem Fauchen und Knurren während ihrer Reise auf einem Karren, im Zug und auf einem Schiff traf das verängstigte schwarze Pantherweibchen an einem kühlen Oktobernachmittag im Zoo von Zürich ein.

Sie wurde in einen Käfig, zusammen mit einem übel gestimmten Männchen gesteckt, das genauso schwarz und geschmeidig war wie sie. Sein Geruch störte sie; seine Annäherungsversuche waren unerwünscht. Sie schlugen sich gegenseitig weg, bis sie erschöpft waren, dann starrten sie einander aus gegenüberliegenden Ecken ihres gemeinsamen Käfigs an. Am nächsten Morgen stellte man fest, dass sie blutbefleckt war, und verlegte sie in einen abgesonderten Käfig in einem Gebäude. Sofort bemerkte sie eine kleine Lüftungsöffnung im Dach ihres Geheges, von der aus sie nach draußen schnupperte. Sie wartete, bis es dunkel wurde, dann krallte und quetschte sie sich durch die Öffnung ins von Mondlicht erleuchtete Freie und rang unter dem frostigen Nachthimmel nach Luft. Sie entschwand wie Nebel in die windigen, schneebedeckten Alpen.

Am Morgen nach ihrer Flucht fand ein Zoowärter Fellreste und Blut an der Lüftungsöffnung ihres leeren Käfigs. In jenem Herbst und Winter träumte der Zoowärter oft von der Großkatze. Er träumte, wie sie sich in übernatürliche Formen verwandelte. Sie war ein tiefschwarzes Gespenst, das über dem Pulverschnee schwebte und durch die Luft lief, keine Spuren hinterlassend. Wie in glühender, pechschwarzer Raserei tauchte ihr Gesicht aus einem einzigen Weiß aus Wolken und Schnee knurrend vor ihm auf. Er träumte, dass sie auf den steilen, zerklüfteten Höhen Steinböcke, Schneehühner, Hasen und Gemsen tötete. Während der nächsten zehn Wochen fand man keine Spur von ihr. Selbst als ein hungriger Landarbeiter das Pantherweibchen, unter dem Dach einer Scheune versteckt, entdeckte und es tötete, um das Tier zu verspeisen, hörten die Träume des Zoowärters nicht auf. Zur Weihnachtszeit träumte er, dass sie den Ort ihres Todes heimsuchte und ihr zurückgebliebener Geist eine Rauchschwade über der Feuerstelle, über der sie gebraten worden war, emporkletterte. Er konnte das Blut sehen, das bei ihrer Abschlachtung über den Schnee spritzte. Diese entflohene tropische Großkatze, die die Kälte des Schweizer Winters überlebte, störte ihn weiterhin in seinem Schlaf. Irgendwann verblassten die Träume und waren vergessen.

Ungefähr ein Jahrzehnt später, 1950, veröffentlichte Heini Hediger das Handbuch eines Zoowärters und verhandelte die Flucht des schwarzen Pantherweibchens als Fallstudie in einem Kapitel über Käfigausbrecher. Vor zwanzig Jahren fand ich eine alte Taschenbuchausgabe der Übersetzung seines Buchs Wild Animals in Captivity *in der Naturabteilung von Rodgers Book Barn in der Nähe von Hillsdale, New York. Kurz darauf fertigte ich das erste von zahlreichen Aquarellen des entflohenen Pantherweibchens an. Im Laufe der Jahre habe ich Hedigers trockenem Bericht das entnommen, was ich ihm entnehmen konnte, und habe mir den Rest vorgestellt. Das ist meine Arbeitsweise. Das meiste von dem, was oben geschrieben steht, entspringt meiner Vorstellungskraft. Eine Serie von Gemälden könnte mit der Entdeckung eines fast vergessenen Buchs beginnen. Ein Bericht aus erster Hand, so kurz er auch sein mag, befeuert die Phantasie. Wenn alles gut geht, entkommt ein Panther auf magische Weise und verschmilzt mit der Landschaft.*

Das Tier ist irgendwo da draußen; ich bleibe in meinem Atelier und versuche, es zu finden.

—Walton Ford, 2020

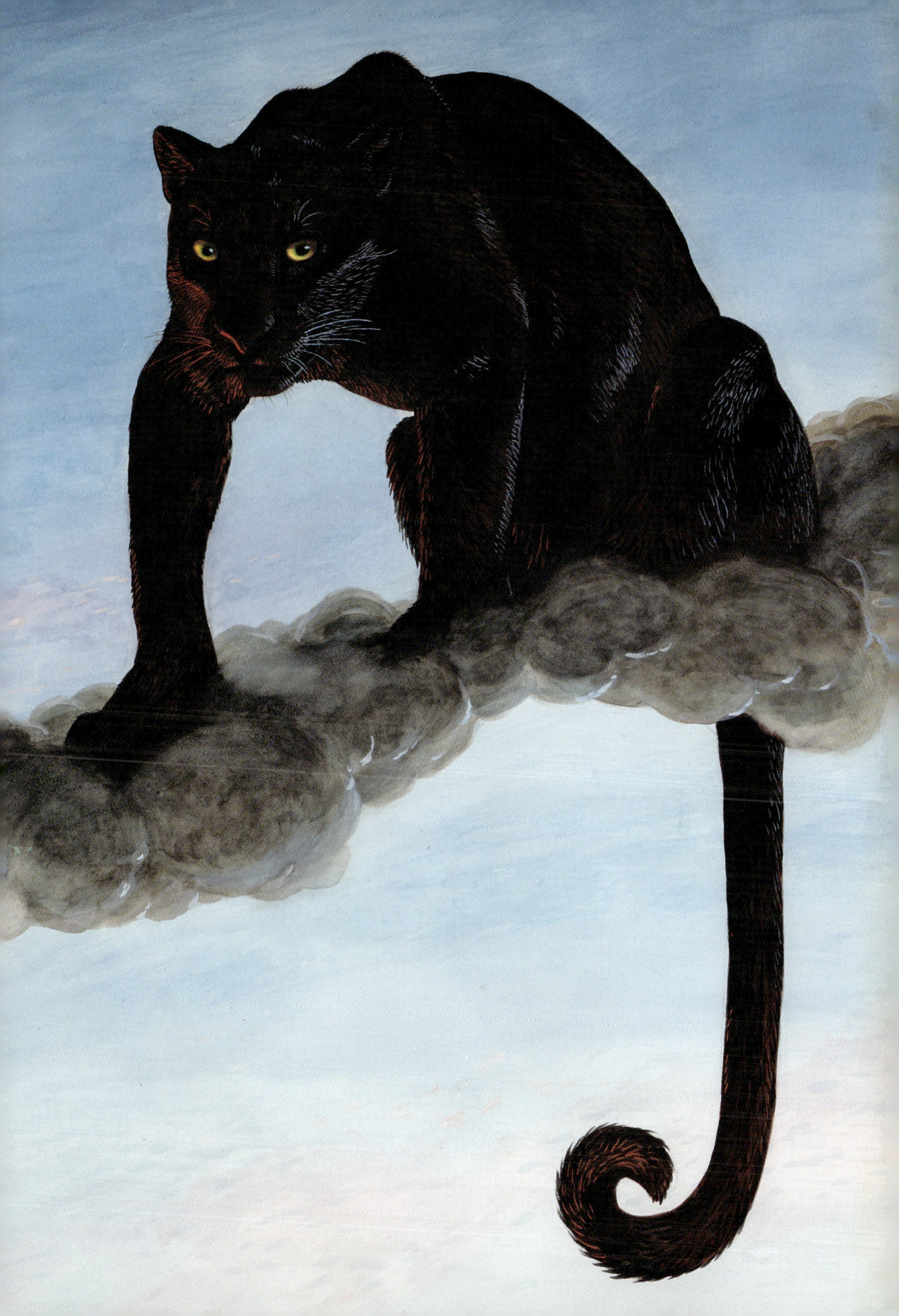

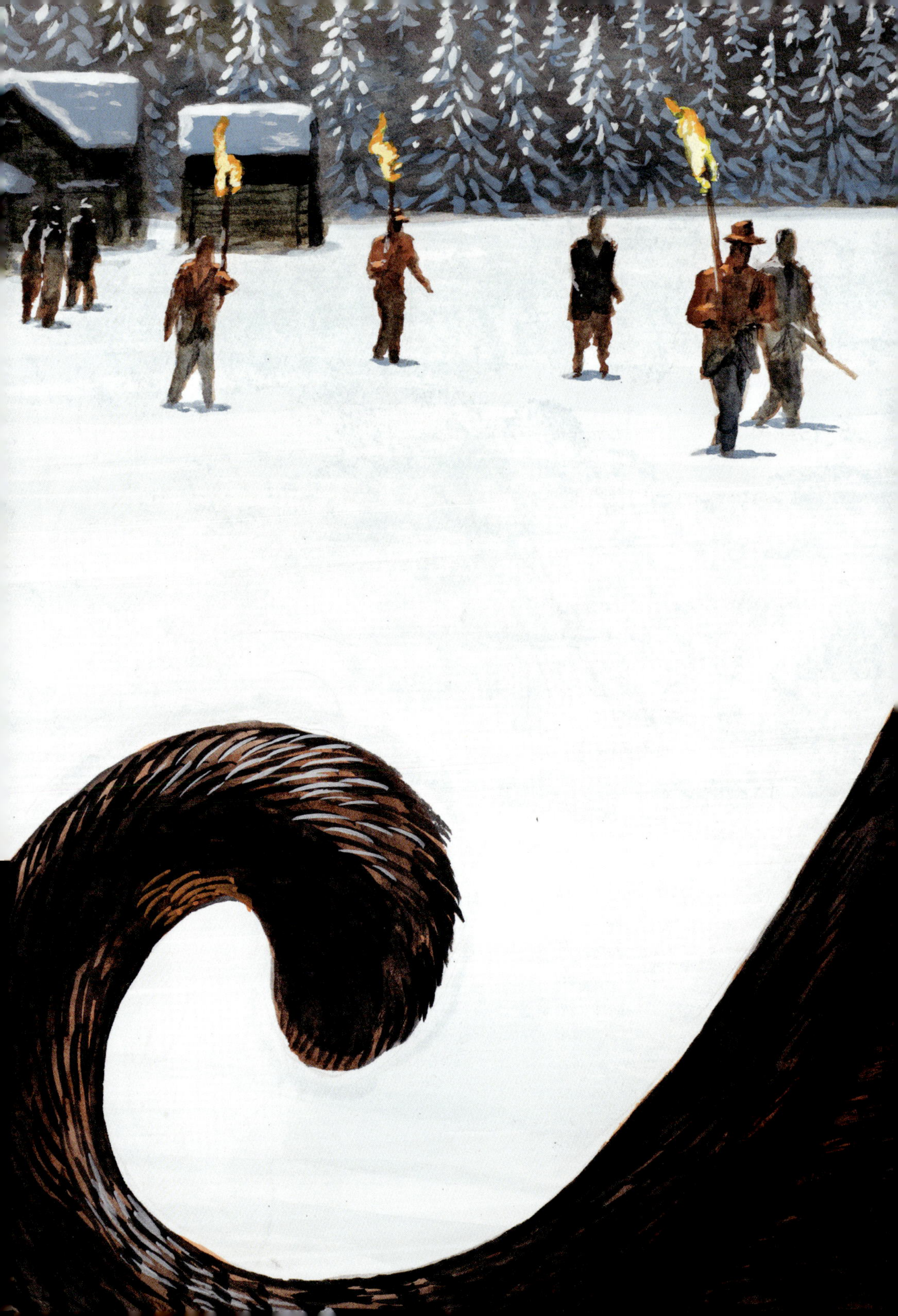

DÉCOUVERTE D'UNE PANTHÈRE

Elle fut capturée à l'aube dans un piège profond et poussiéreux en Inde. Après des mois de feulements et de grognements durant son voyage en charrette, en train et en bateau, la panthère noire apeurée arriva enfin – par une froide après-midi d'octobre – au zoo de Zurich. Elle fut jetée dans une cage avec un mâle de mauvaise humeur, aussi noir et aussi maigre qu'elle-même. Son odeur l'incommoda ; ses avances furent repoussées. Ils se griffèrent l'un l'autre jusqu'à épuisement, puis décidèrent de s'ignorer aux deux coins de leur cellule partagée. Le lendemain matin, elle fut retrouvée ensanglantée et fut transférée dans une cage isolée à l'intérieur du bâtiment. D'emblée, elle remarqua un petit évent s'ouvrant dans le toit de son enclos, d'où elle flairait le grand air. Elle attendit qu'il fasse nuit pour s'y hisser, s'extraire par le vasistas et sortir dans le clair de lune, haletante sous le glacial ciel nocturne. Elle disparut comme une brume dans les Alpes venteuses et recouvertes de neige.

Le lendemain de son évasion, un gardien du zoo retrouva des poils et du sang sur l'évent de sa cage vide. Le gardien rêva du félin plusieurs fois cet automne et cet hiver-là. Il rêvait de la bête glissant parmi des formes surnaturelles. Elle était un spectre d'encre flottant au-dessus de la poudre blanche, ne laissant aucune trace, évoluant dans les airs. Sa gueule rugissante surgissait d'une tempête de neige, dans une sorte de fureur de braises brûlantes. Il rêvait qu'elle tuait des bouquetins, des lagopèdes, des lièvres et des chamois sur les pentes raides et escarpées. Pendant les dix semaines suivantes, on ne trouva aucune trace d'elle. Même après qu'un ouvrier agricole affamé l'eut découverte sous une grange et tuée pour se nourrir, le rêve du gardien du zoo se poursuivit. À Noël, il rêvait qu'elle hantait le lieu de sa mort, son âme persistante escaladant une volute de fumée depuis l'âtre où elle avait été rôtie. Il voyait répandu sur la neige le sang de sa mise à mort. Ce félin, réfugié tropical survivant dans le froid de l'hiver suisse, perturbait continuellement son sommeil. Finalement, les rêves disparurent et furent oubliés.

Environ une décennie plus tard, en 1950, Heini Hediger publia un manuel du gardien de zoo et il utilisa l'évasion de la panthère noire comme étude de cas dans un chapitre sur les animaux évadés. Il y a vingt ans, j'ai trouvé en édition de poche une ancienne traduction de son livre, Les Animaux sauvages en captivité, *dans la section Nature de la librairie Rodgers Book Barn près de Hillsdale (New York). Peu de temps après, je fis la première de nombreuses aquarelles sur la panthère évadée. Au fil des ans, j'ai pris ce que je pouvais du récit succinct de Hediger et j'ai imaginé le reste. C'est comme ça que je travaille. La plupart des détails ci-dessus sont imaginés. Une série de peintures pourrait commencer par la découverte d'un livre presque oublié. Un compte-rendu de première main, même bref, alimentera le fantastique. Si tout se passe bien, une panthère s'échappe comme par magie et se fond dans le paysage. Elle est dehors, quelque part. Je reste dans mon atelier et j'essaie de la retrouver.*

—Walton Ford, 2020

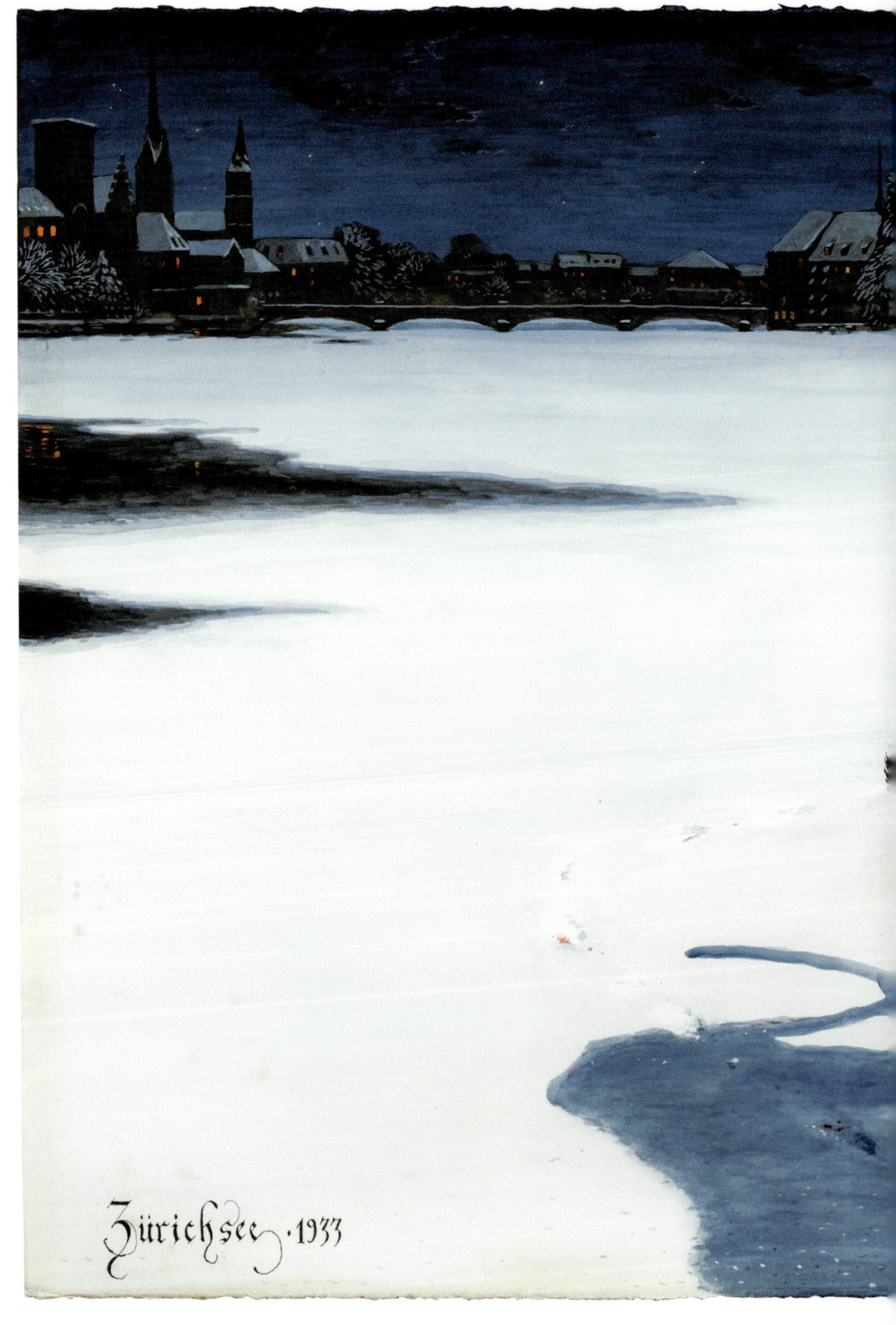
Zürichsee · 1933

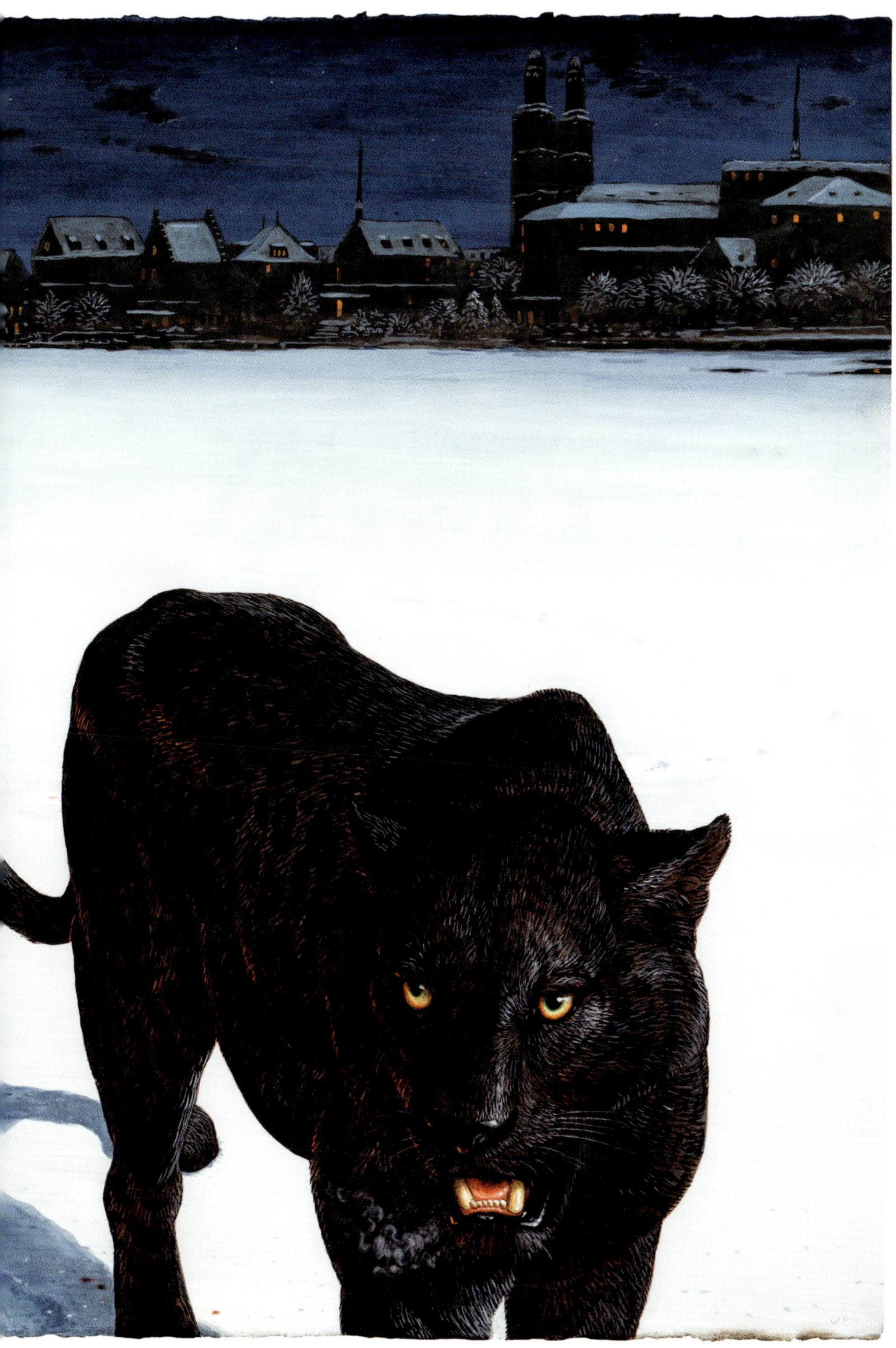

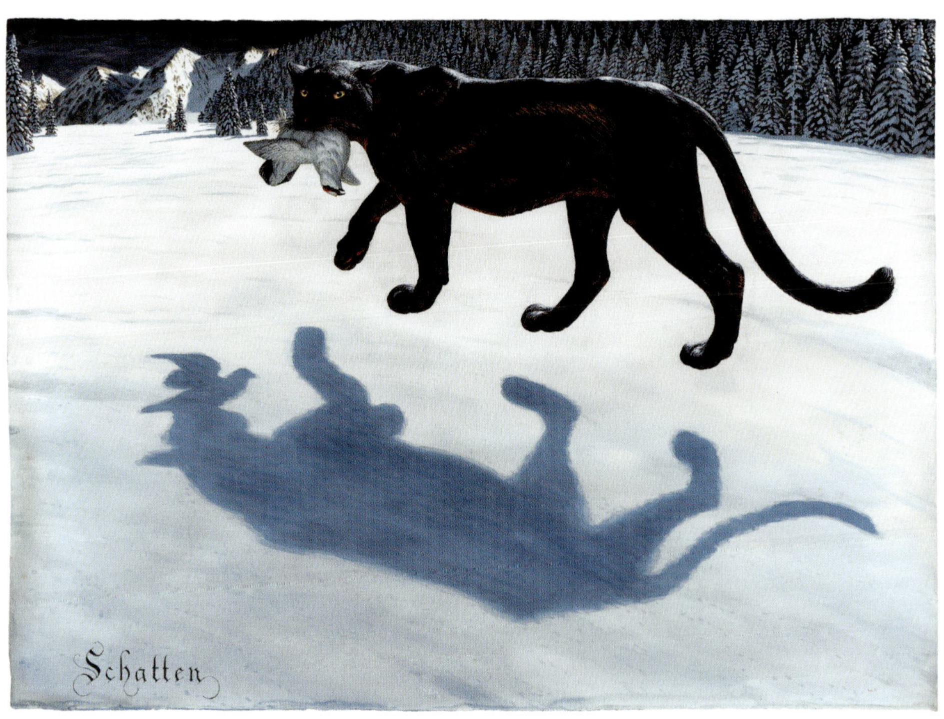

Schatten

Watercolor, gouache, and ink on paper
153.7 x 212.1 cm (60½ x 83½ in.), 2016

Previous spread
Zürichsee

Watercolor, gouache, and ink on paper
105.4 x 151.8 cm (41½ x 59¾ in.), 2015

Blut lecken

Watercolor, gouache, and ink on paper
106 x 151.8 cm (41¾ x 59¾ in.), 2016

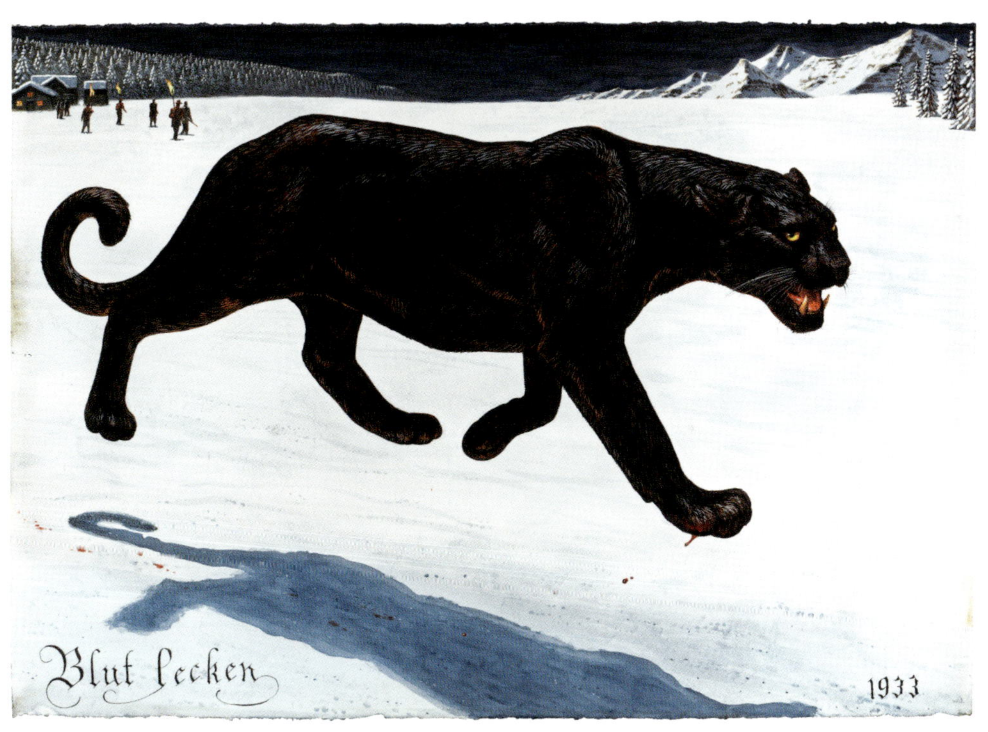

Next spread
Spurlos
Watercolor, gouache, and ink on paper
151.8 x 105.4 cm (59¾ x 41½ in.), 2015

Woche drei
Watercolor, gouache, and ink on paper
75.9 x 57.8 cm (29⅞ x 22¾ in.), 2018

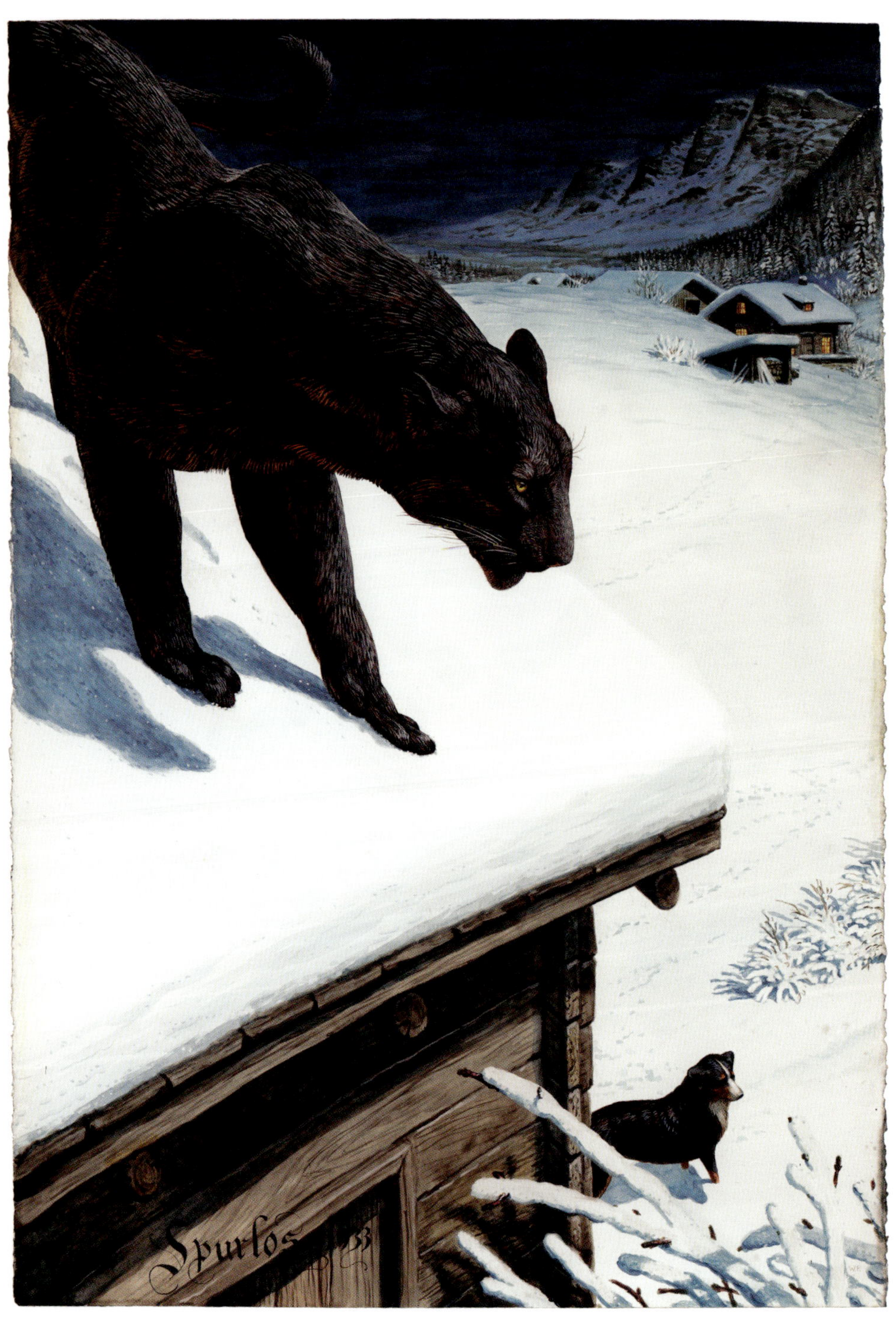
Spurlos

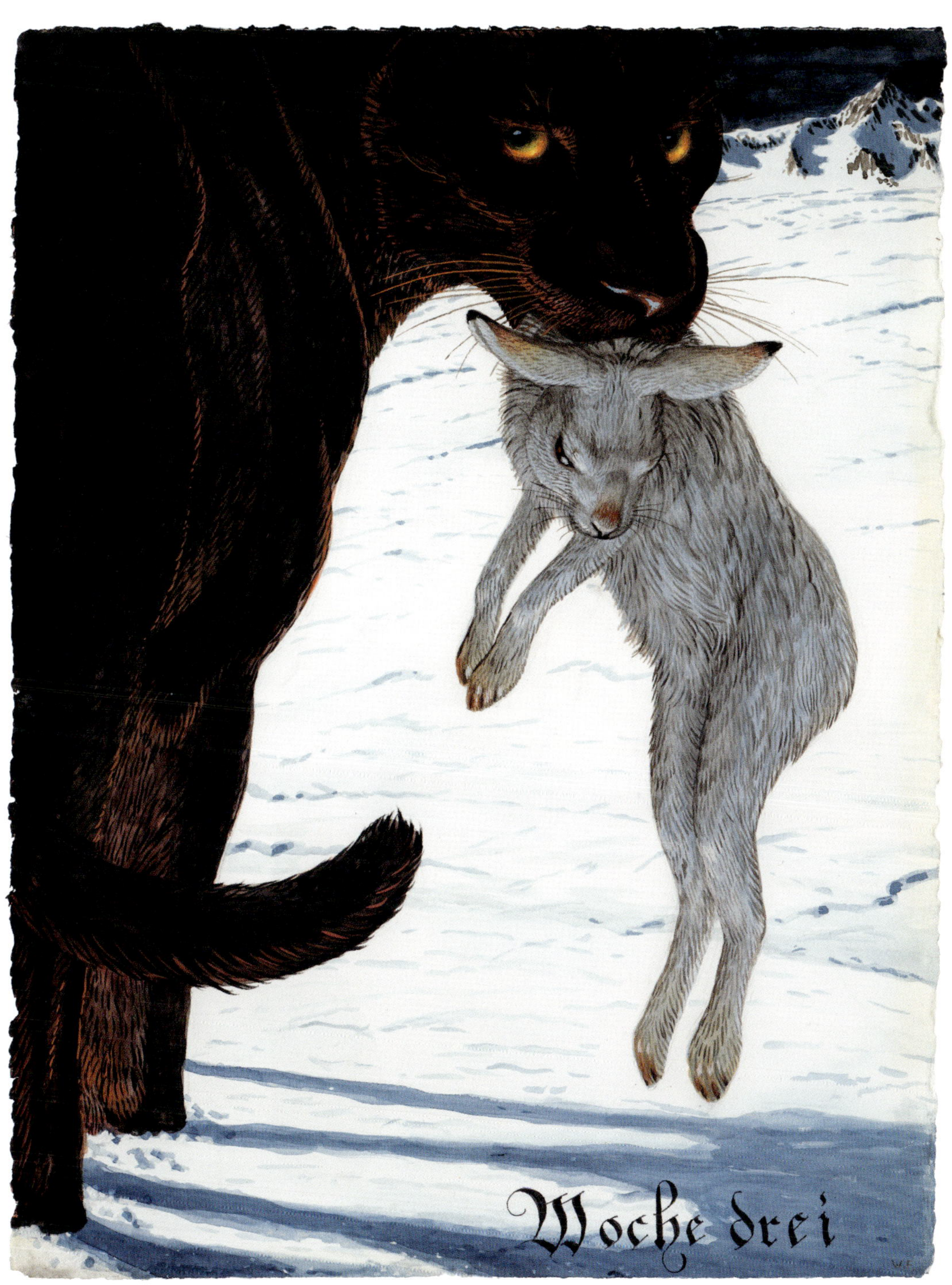
Woche drei

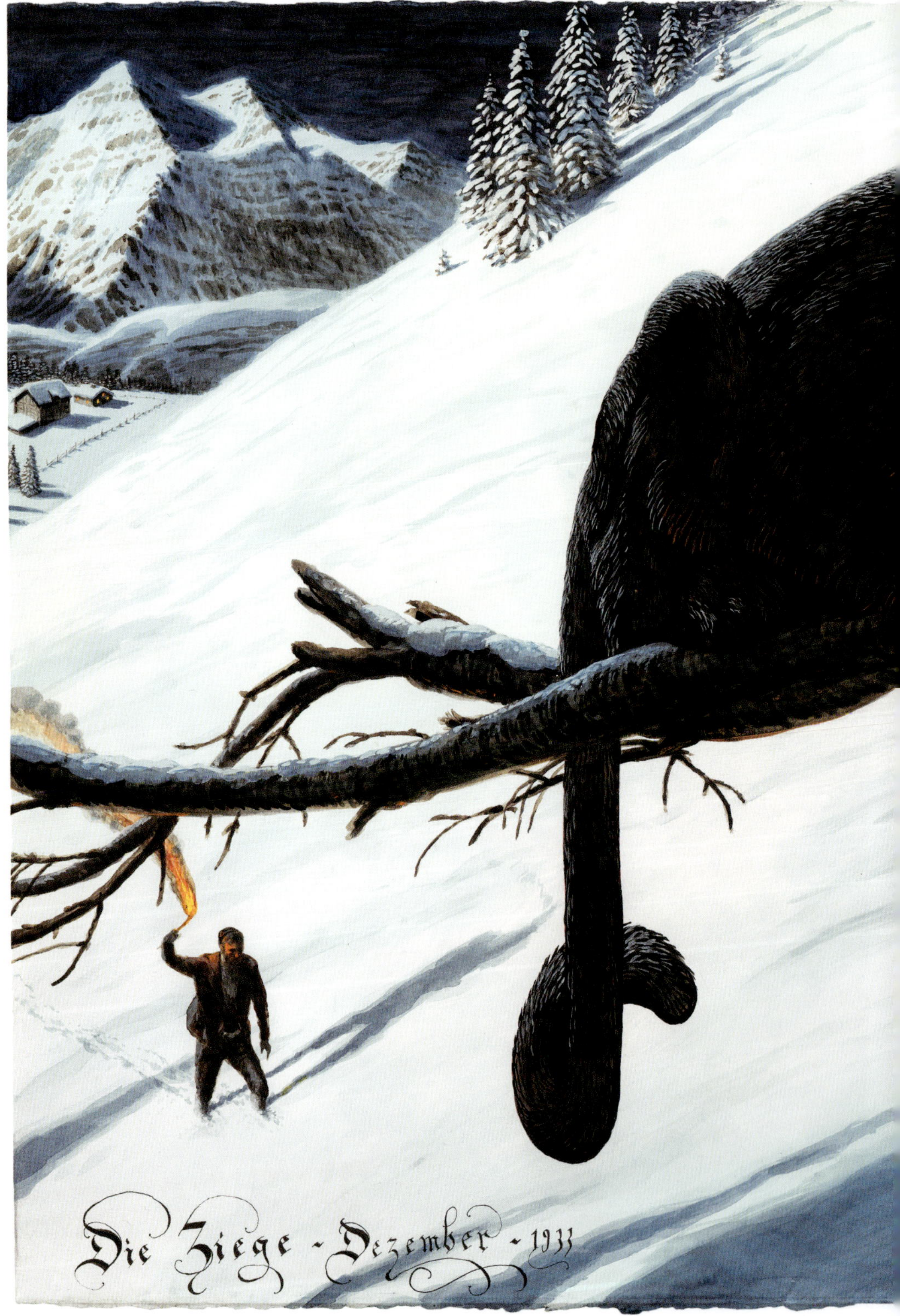

Die Ziege · Dezember · 1933

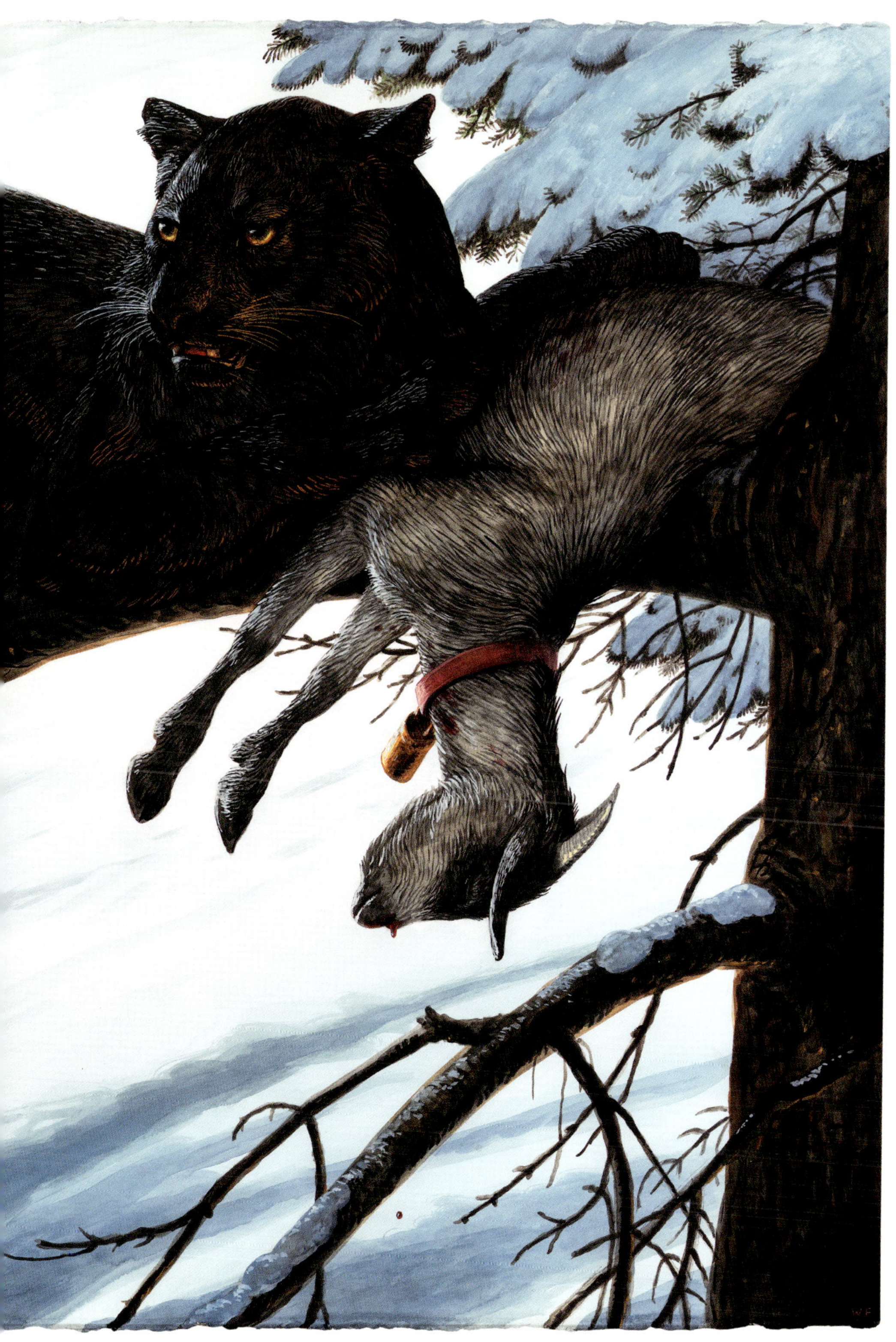

Die Ziege

Watercolor, gouache, and ink on paper
105.4 x 151.8 cm (41½ x 59¾ in.), 2016

Woche sechs

Watercolor, gouache, and ink on paper
75.9 x 57.8 cm (29⅞ x 22¾ in.), 2018

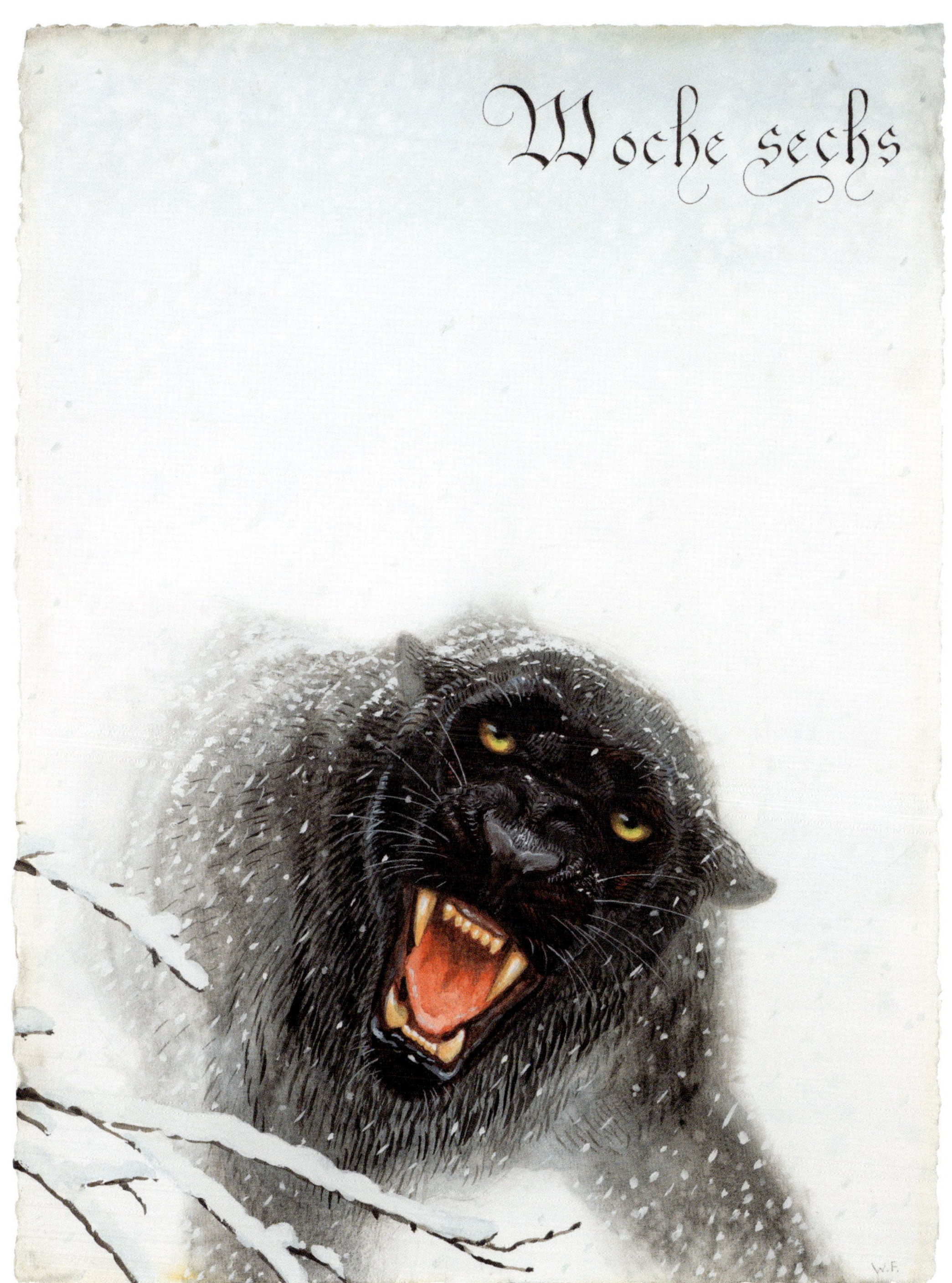

Woche sechs

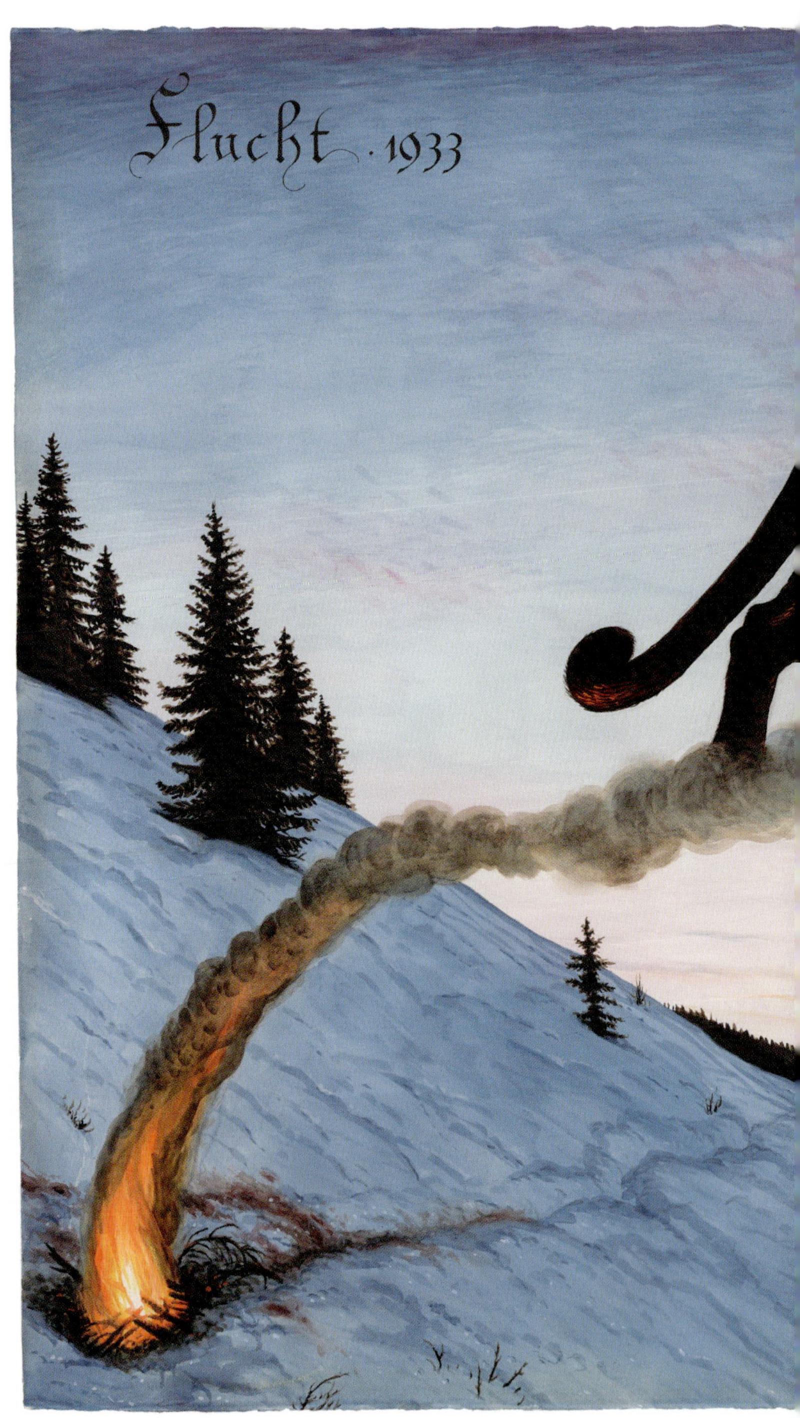

Flucht
Watercolor, gouache,
and ink on paper
153.7 x 212.1 cm
(60½ x 83½ in.), 2018

362

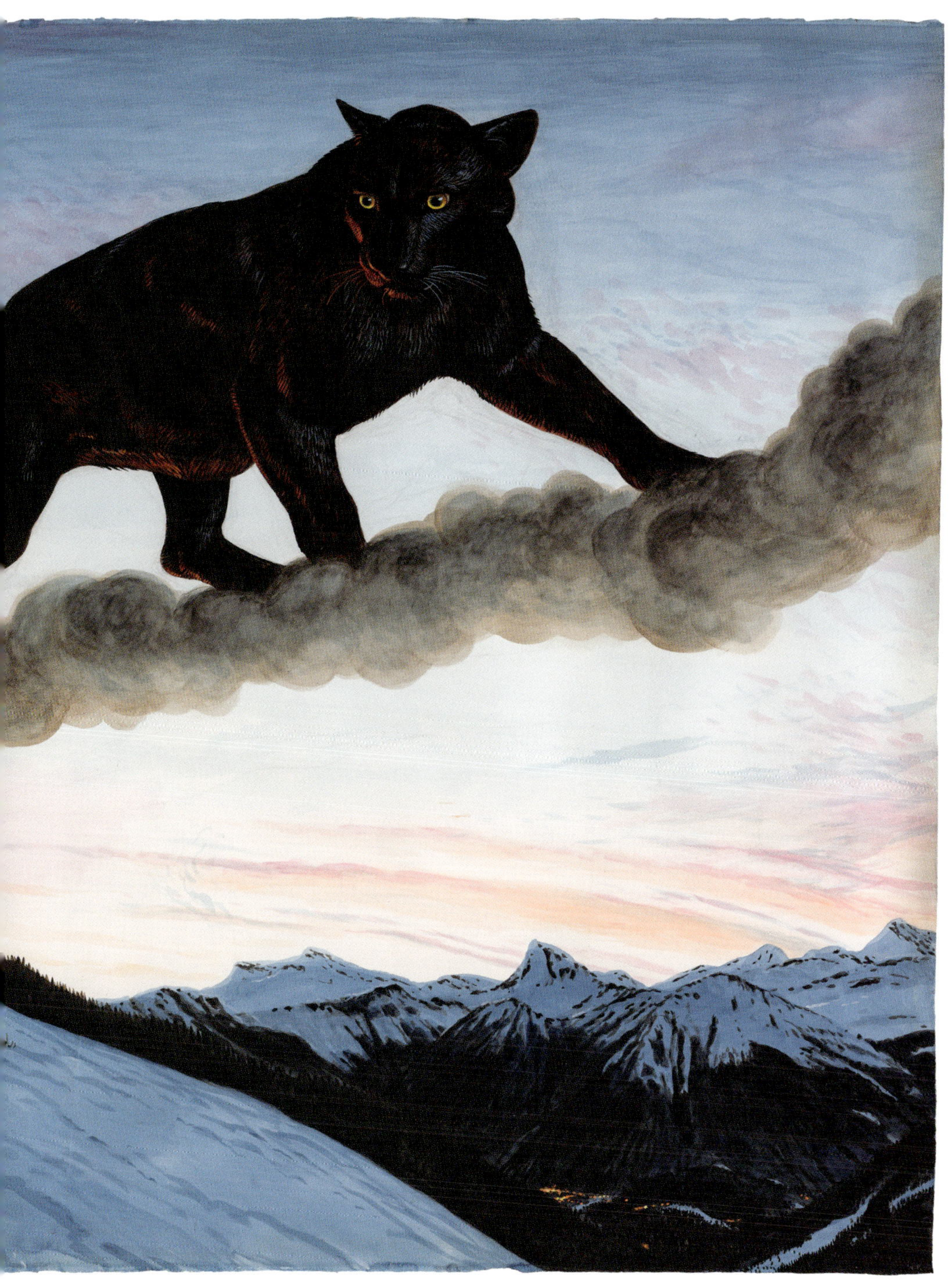

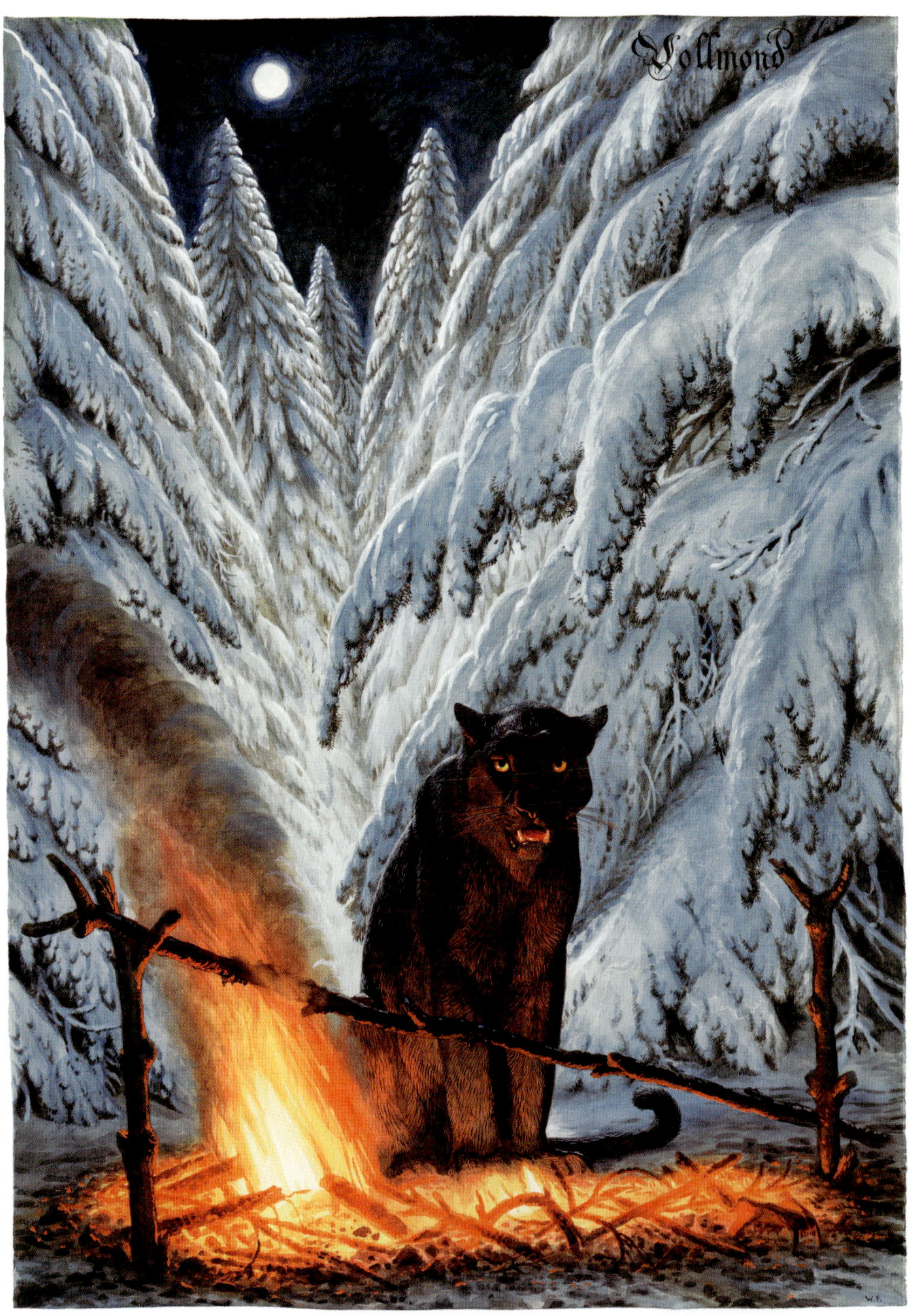
Vollmond

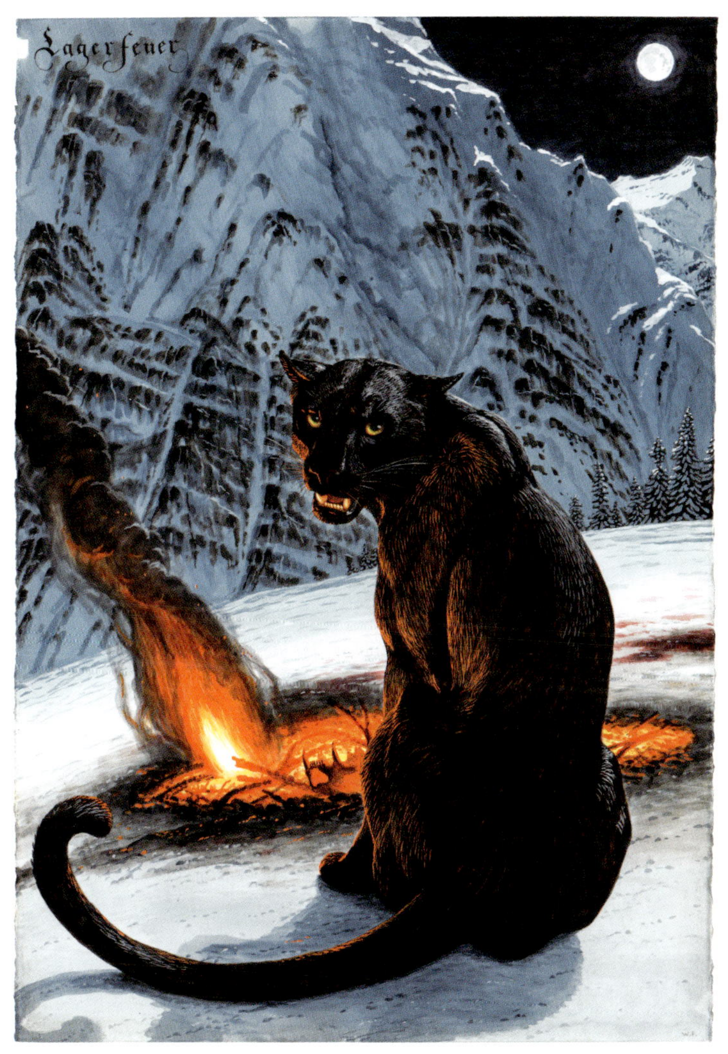
Lagerfeuer

Previous spread
Vollmond
Watercolor, gouache, and ink on paper
213.4 x 152.4 cm (84 x 60 in.), 2016

Lagerfeuer
Watercolor, gouache, and ink on paper
152.4 x 106 cm (60 x 41¾ in.), 2016

Verfolgen
Watercolor, gouache, and ink on paper
273.7 x 153.7 cm (107¾ x 60½ in.), 2018

Next spreads
Die Königin
Watercolor, gouache, and ink on paper
152.4 x 106 cm (60 x 41¾ in.), 2018

Ausbruch
Watercolor, gouache, and ink on paper
212.7 x 152.4 cm (83¾ x 60 in.), 2018

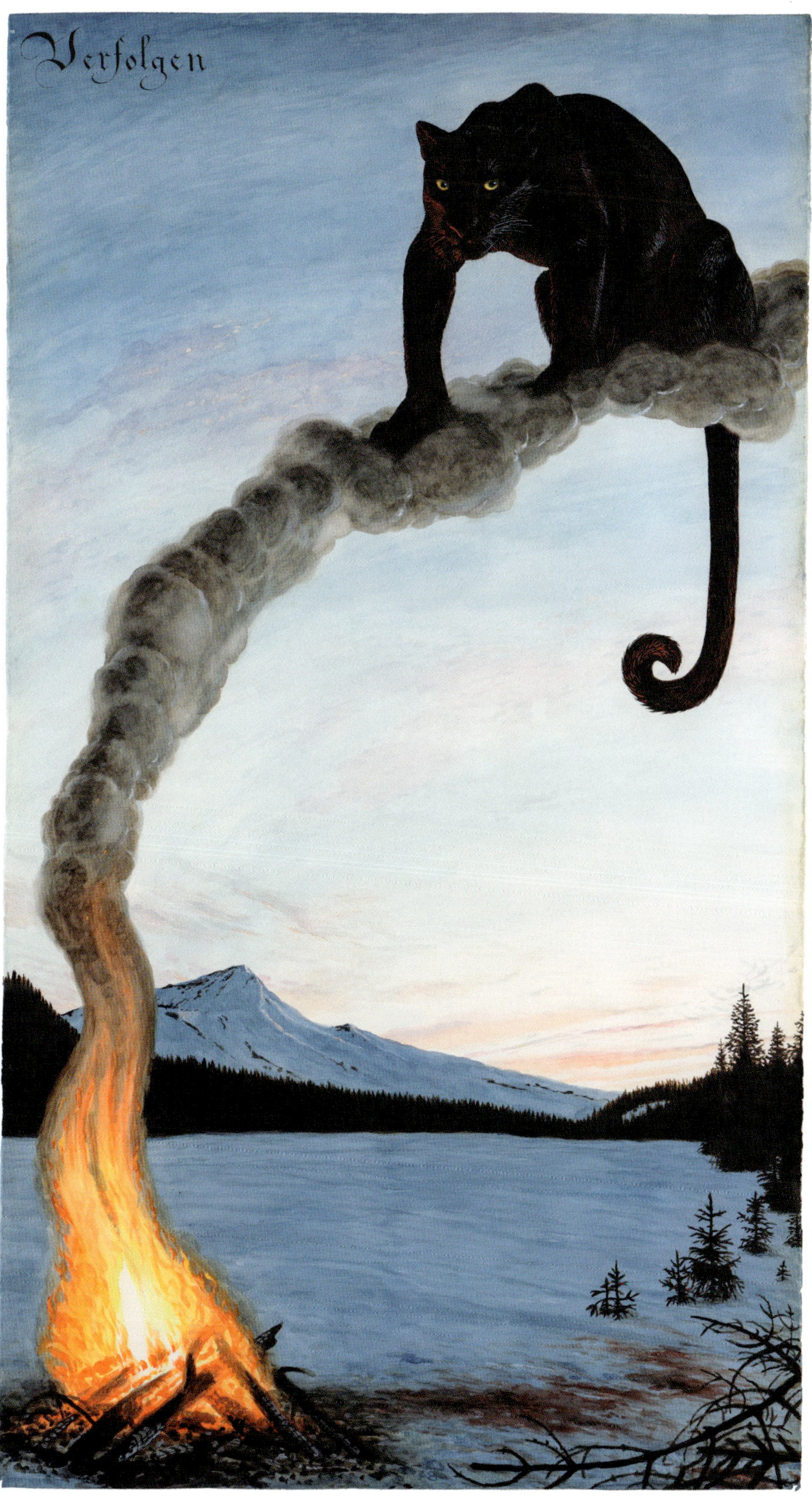
Verfolgen

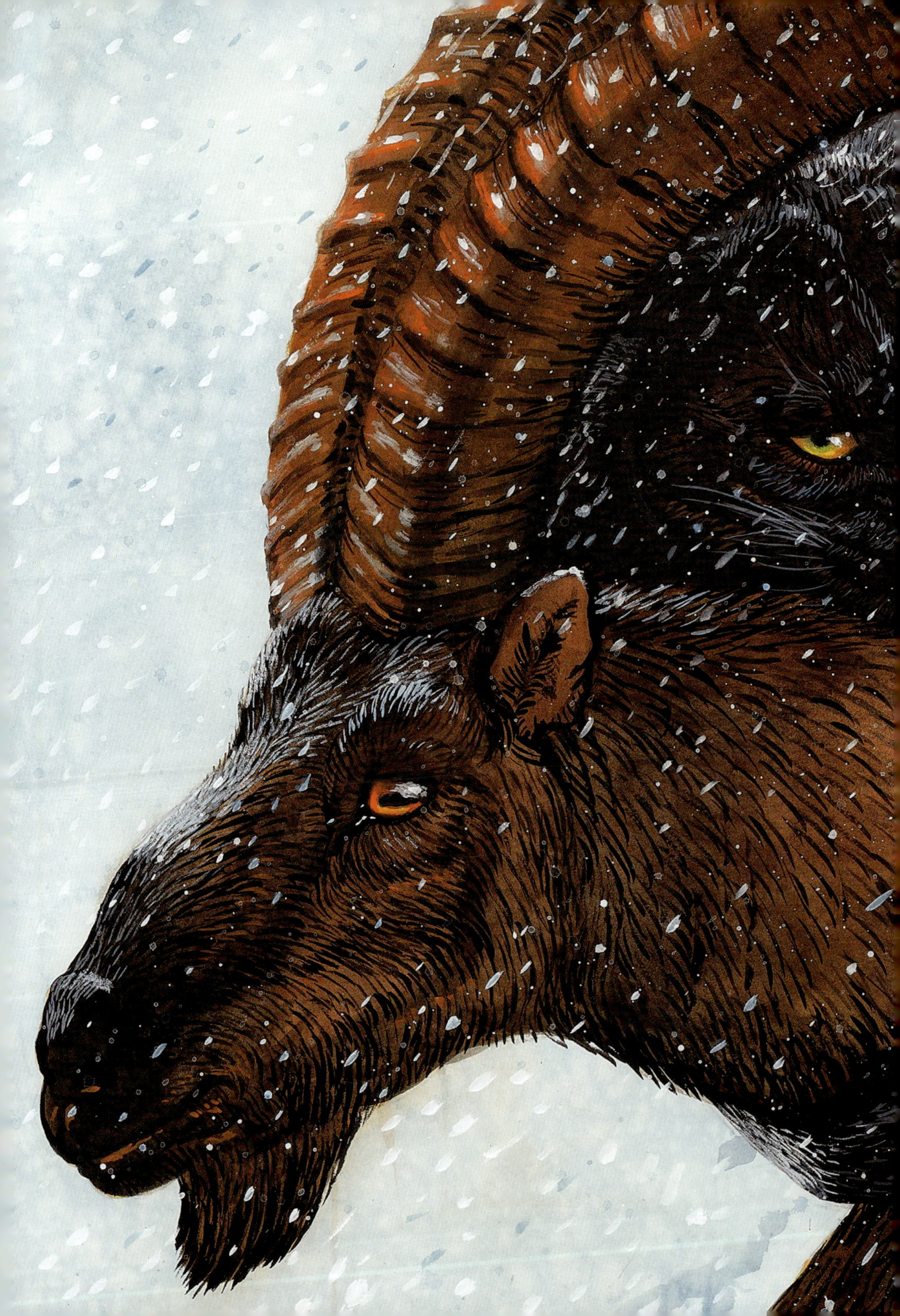

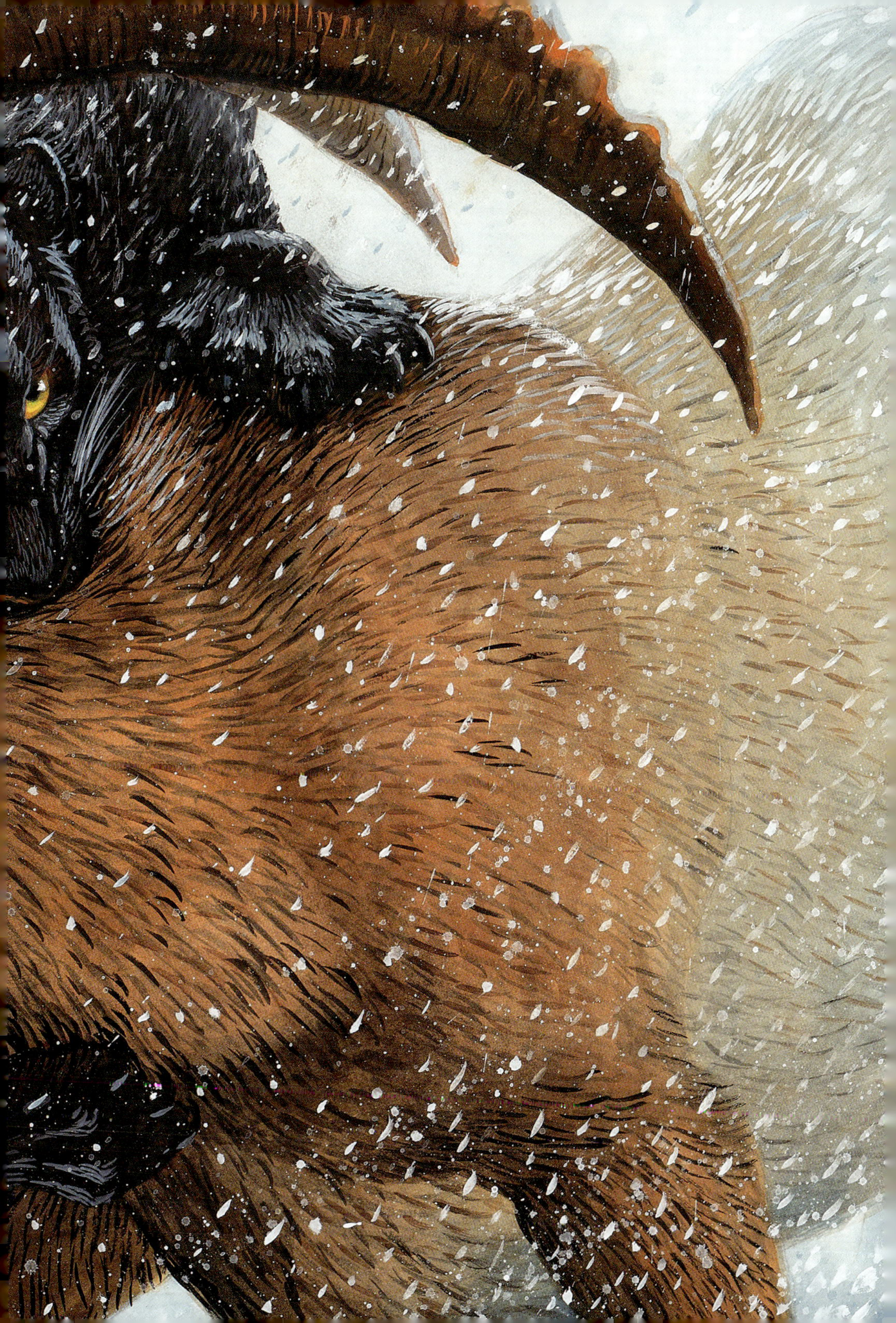

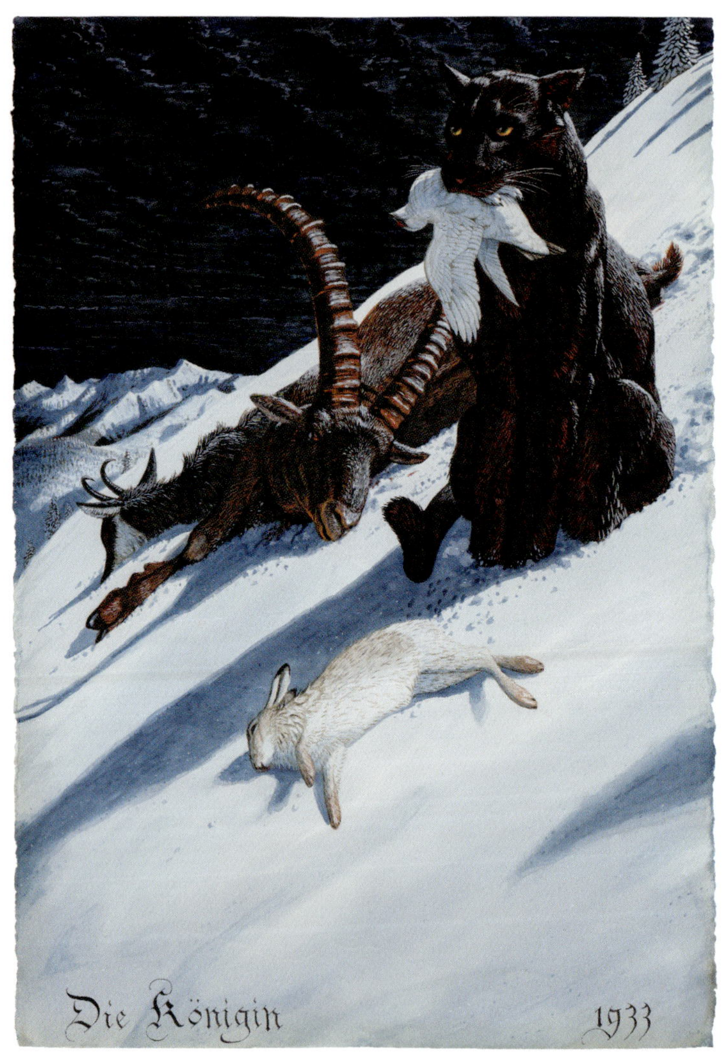
Die Königin
1933

Ausbruch

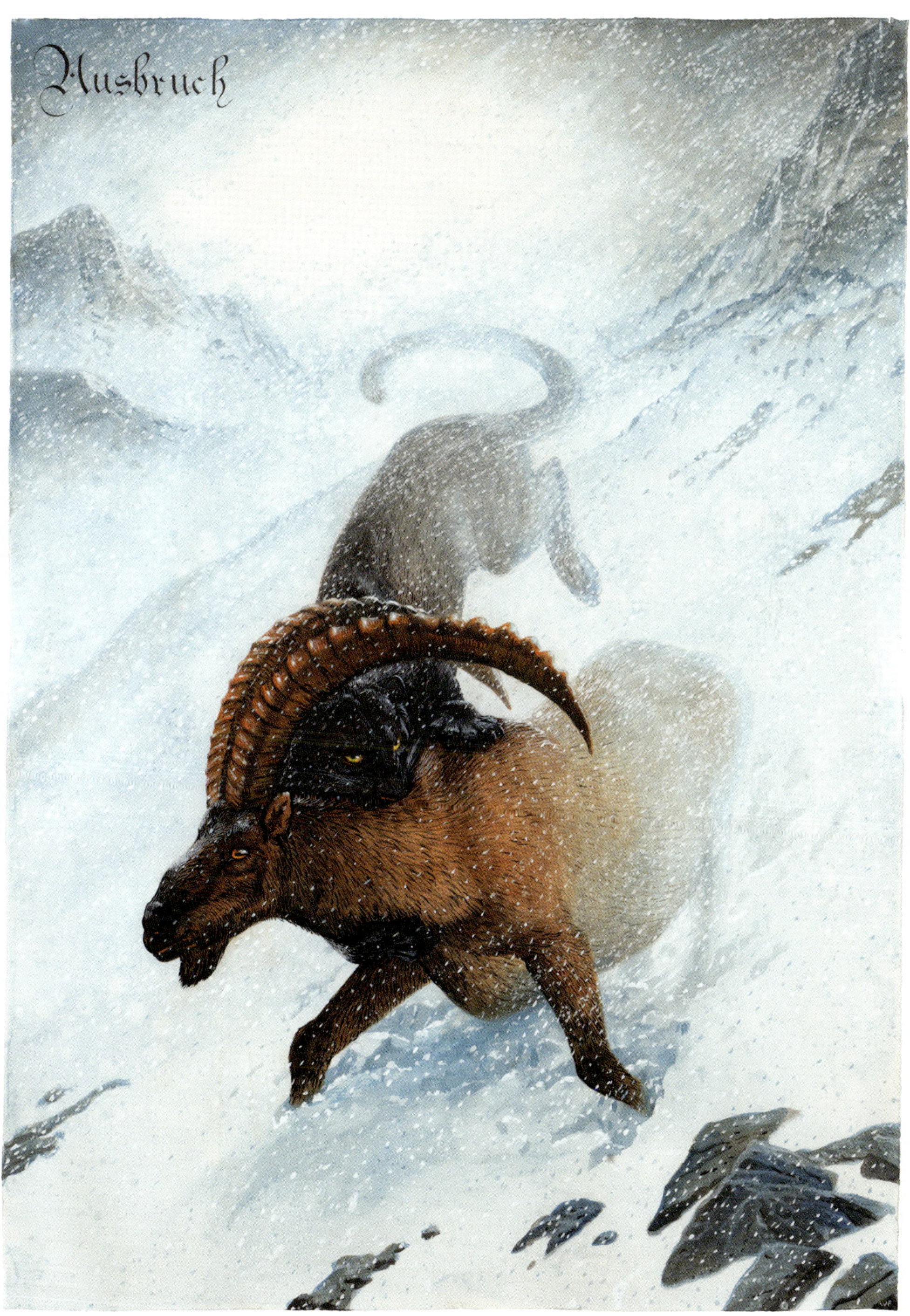

Eureka
Watercolor, gouache, and ink on paper
152.4 x 304.8 cm (60 x 120 in.), 2017

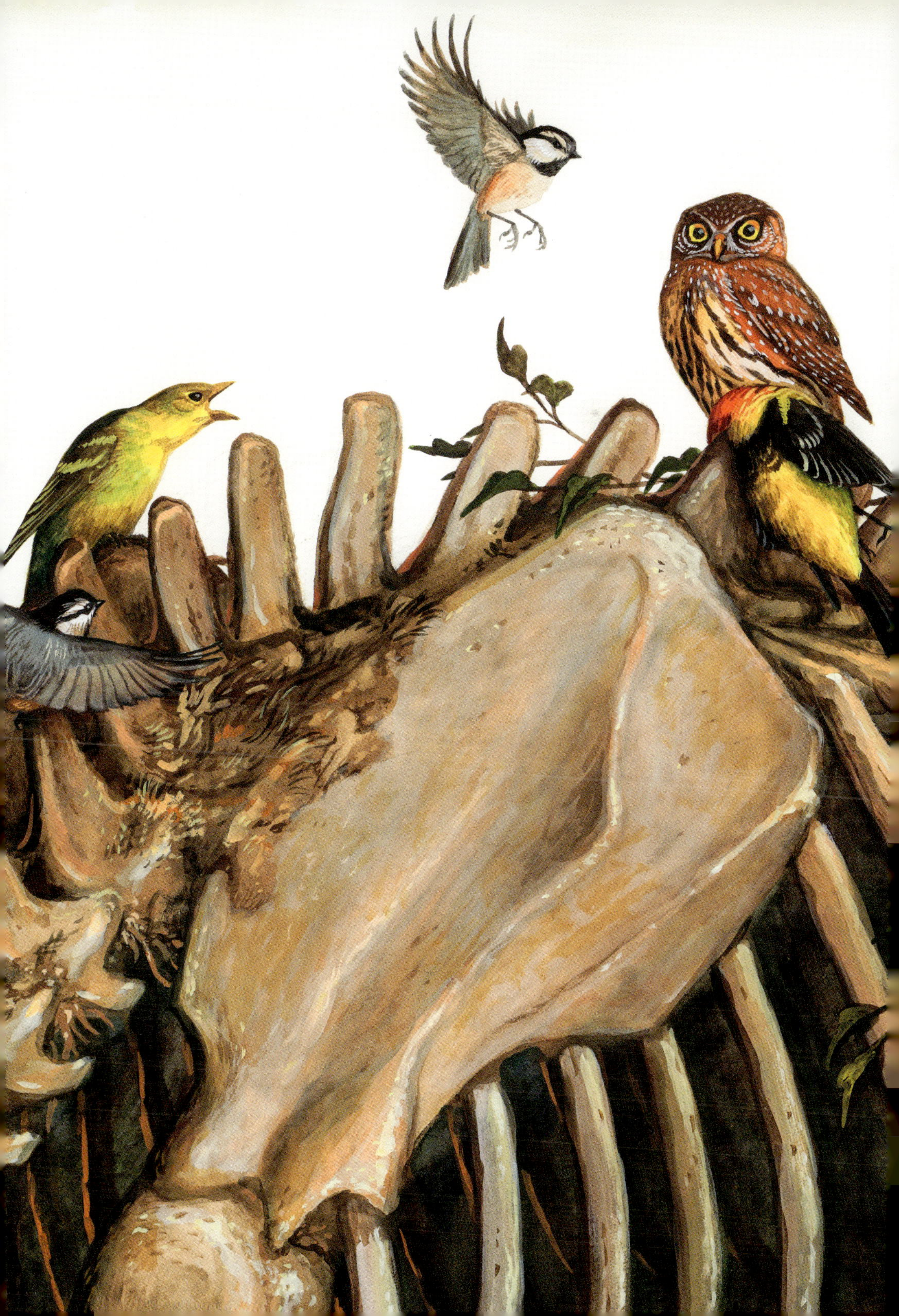

EUREKA/ ——— Down in the deep, gloomy bottom of one of its darkest and most secluded cañons, I once came upon a curiosity seldom found anywhere, in the shape of a complete and untouched skeleton of a grizzly, unfound even by the wolves and foxes. It was bleached clean and white, with just enough of the cartilaginous attachments remaining to hold all together. The position was one not unfrequently assumed by the animal in death, that is, prone on all fours, the head resting on the forepaws, something like a dog which waits impatiently for his master./ ——— *From Tracy I. Storer and Lloyd P. Tevis, Jr.'s* CALIFORNIA GRIZZLY, *University of California Press, 1955.*

Tout au fond caverneux et sombre de l'un de ses cañons les plus obscurs et les plus encaissés, je suis un jour tombé sur une curiosité extrêmement rare, sous la forme d'un squelette complet et intact de grizzly, que même les loups et les renards n'avaient pas détecté. Il était blanc et d'une parfaite netteté avec juste ce qu'il fallait de cartilages pour tenir le tout ensemble. Il se trouvait dans une position fréquente chez les animaux mourants, c'est-à-dire couché à quatre pattes, la tête appuyée sur les pattes de devant, un peu comme un chien qui attend impatiemment son maître./ ——— *Extrait de Tracy I. Storer et Lloyd P. Tevis Jr.,* CALIFORNIA GRIZZLY, *University of California Press, 1955.*

***

Weit unten, am tiefen, düsteren Grunde eines seiner dunkelsten und abgelegensten Cañons stieß ich einmal auf eine Kuriosität, die selten irgendwo zu finden ist – ein vollständig erhaltenes und unberührtes Skelett eines Grizzlys, das nicht einmal die Wölfe und die Füchse gefunden hatten. Es war komplett und weiß gebleicht, wobei gerade noch genug von den knorpeligen Anhaftungen übrig waren, um das Ganze zusammenzuhalten. Die Körperhaltung entsprach einer, die häufig von sterbenden Tieren eingenommen wird, das heißt, auf allen Vieren liegend, den Kopf auf den Vorderpfoten ruhend, ähnlich der eines Hundes, der ungeduldig auf sein Herrchen wartet. / ——— *Aus Tracy I. Storer und Lloyd P. Tevis, Jr.,* CALIFORNIA GRIZZLY, *University of California Press (1955).*

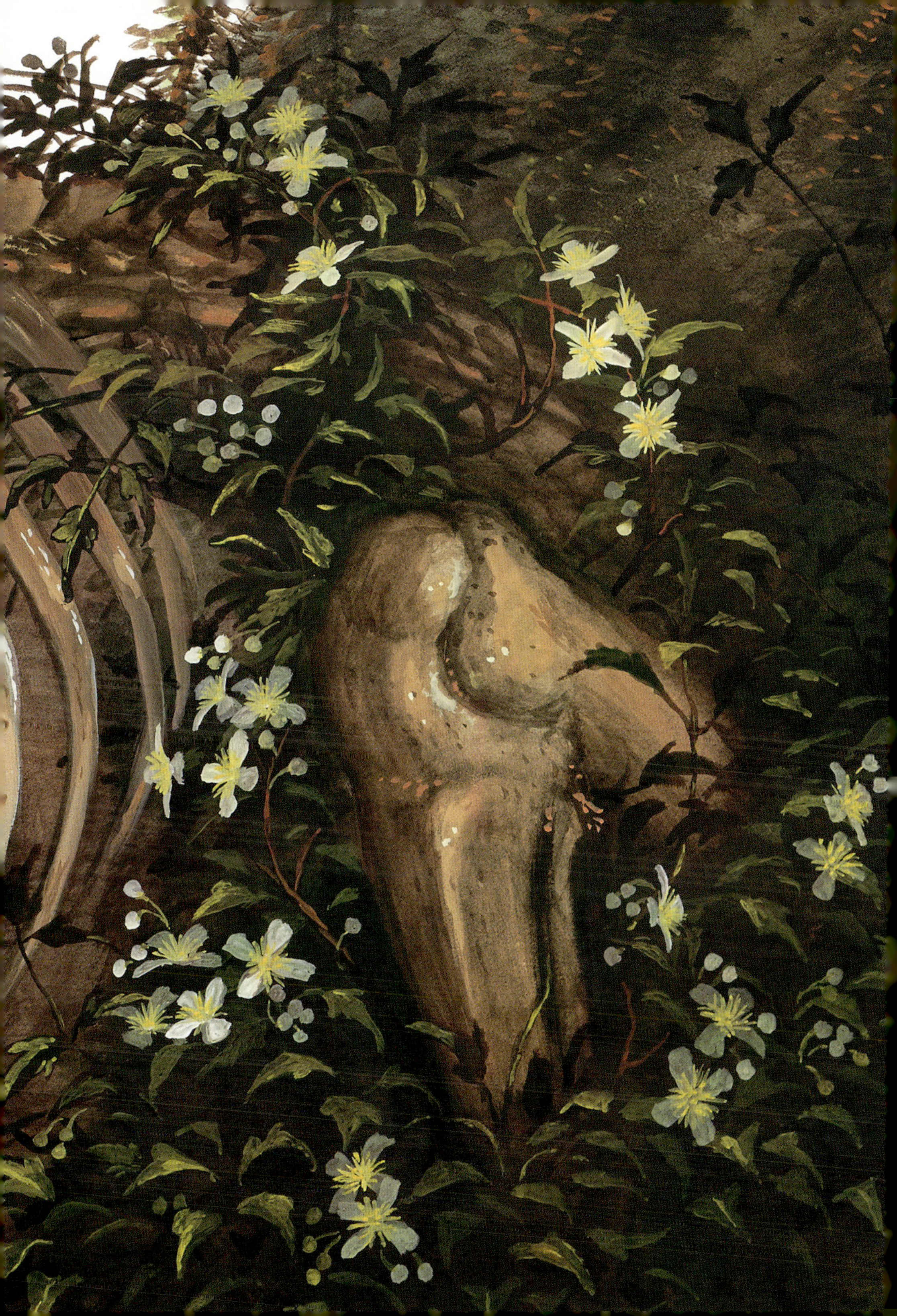

EUREKA

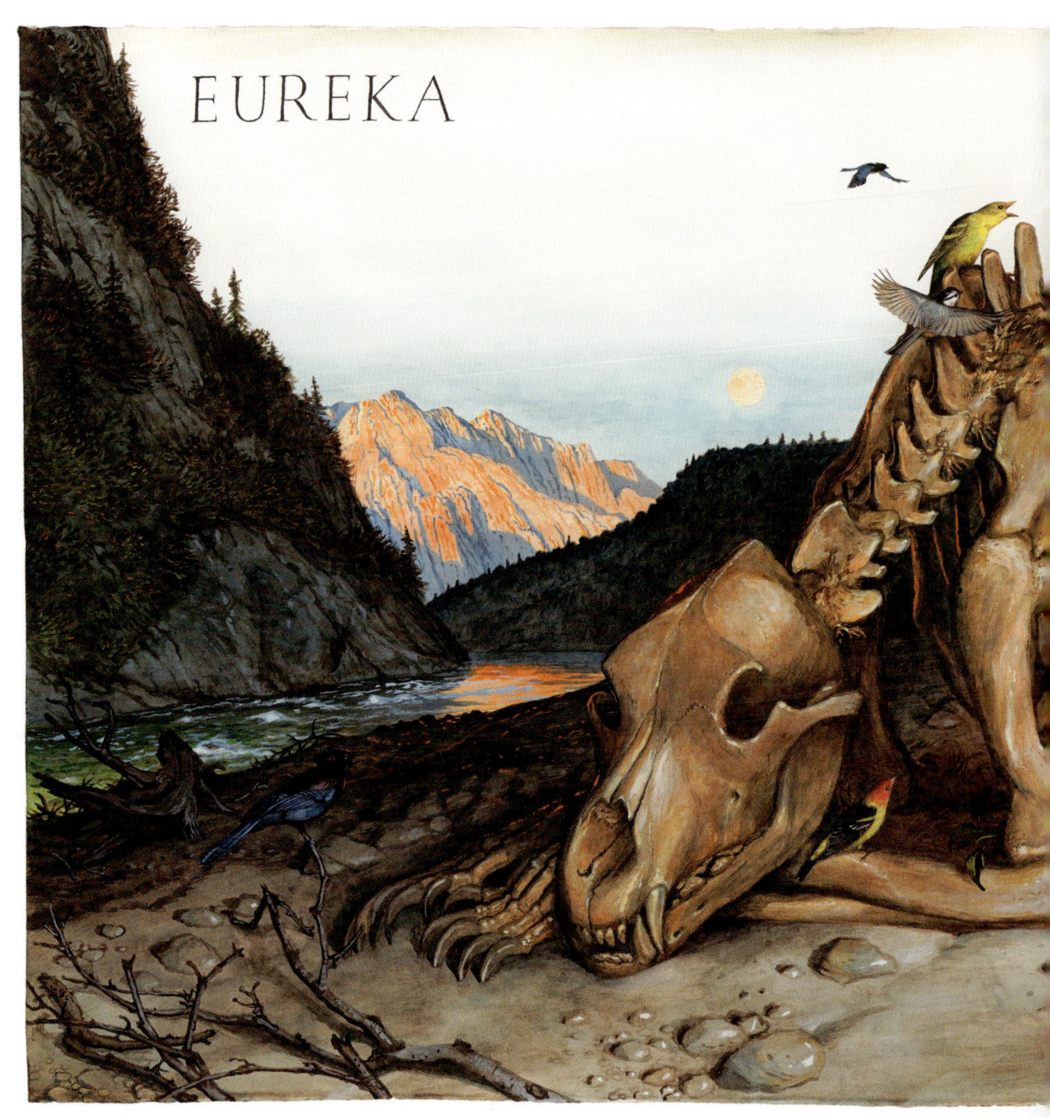

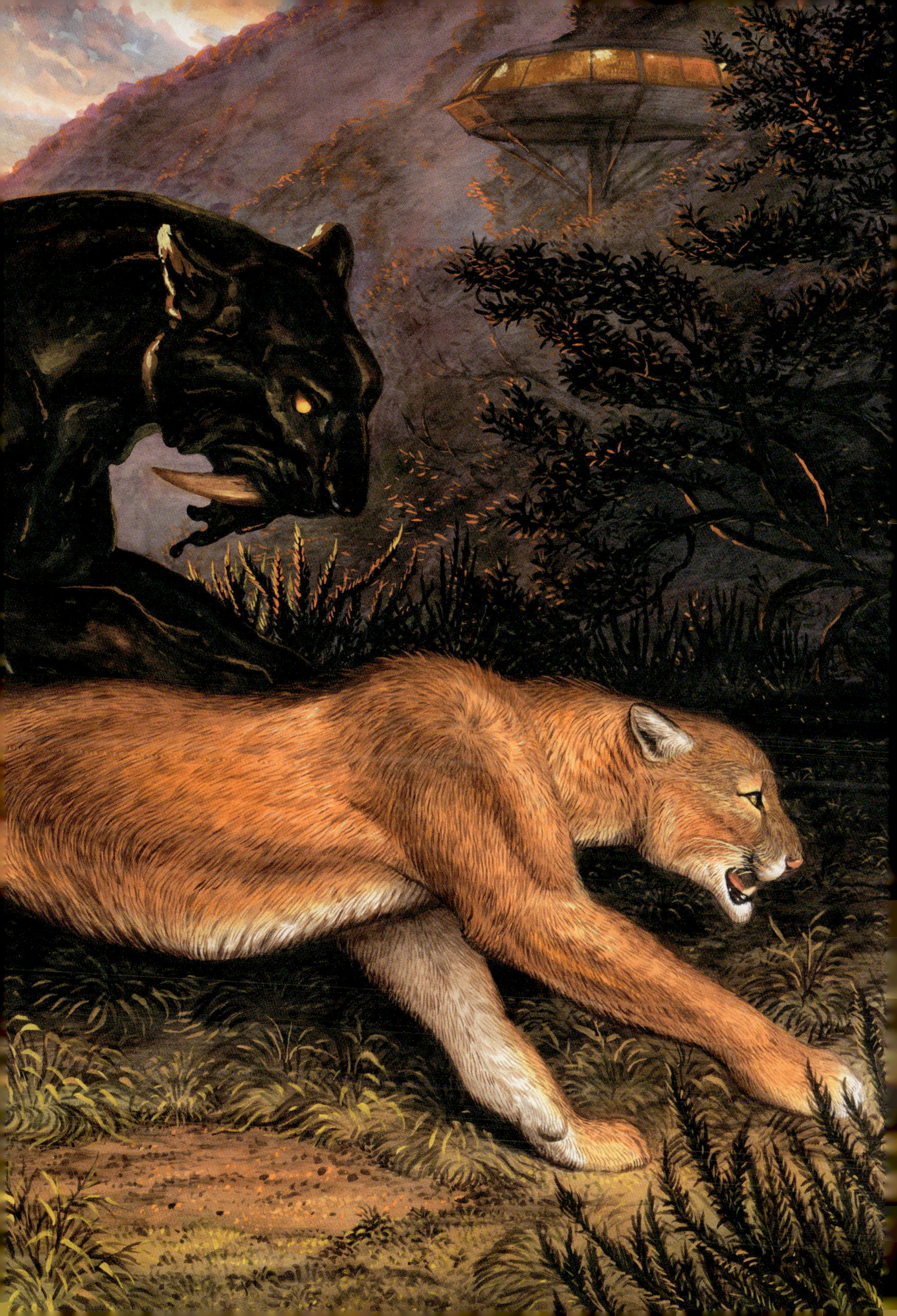

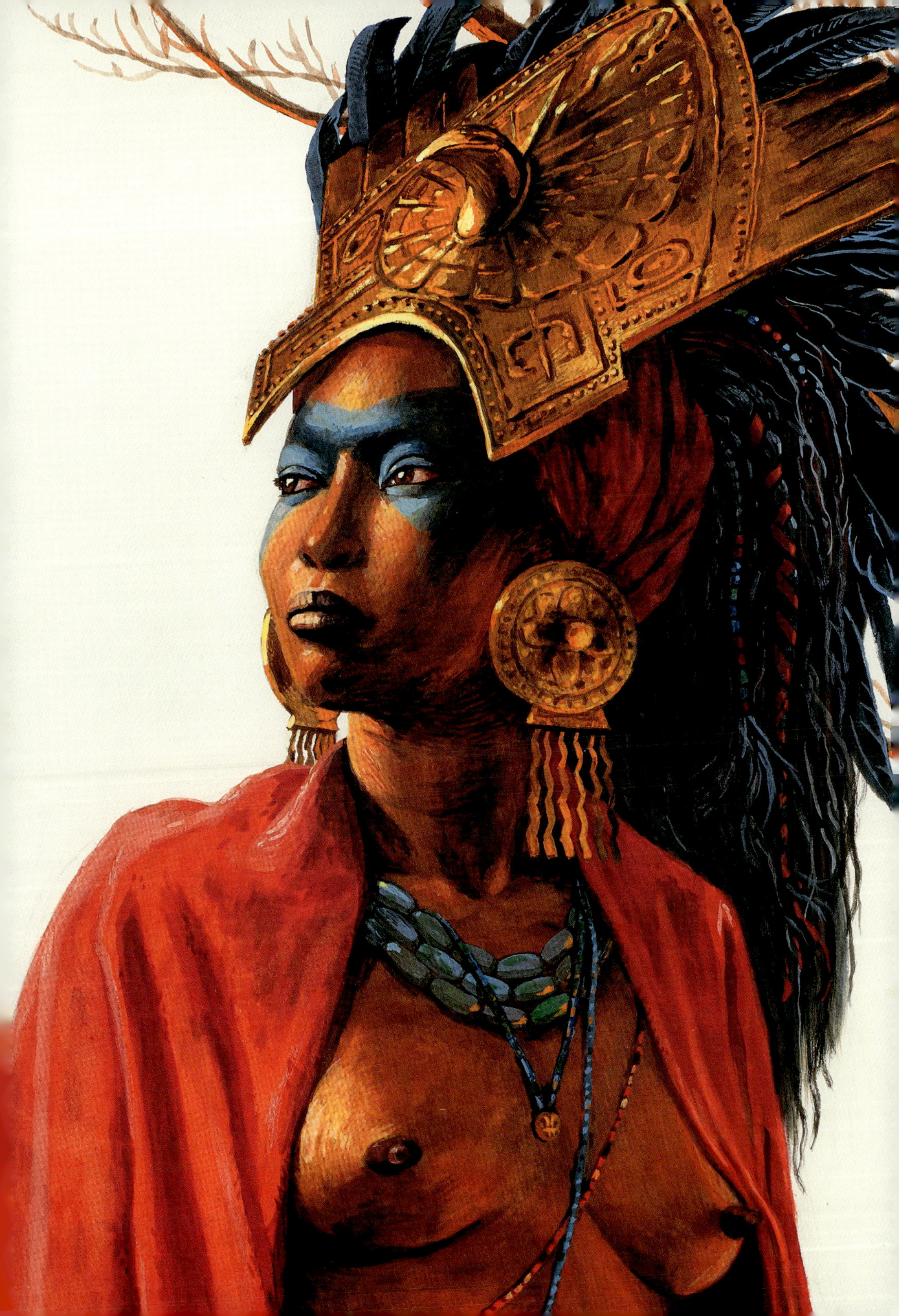

Calafia
Watercolor, gouache, and ink on paper
240.7 x 153 cm (94¾ x 60¼ in.), 2017

CALAFIA/ ——— I tell you that on the right-hand side of the Indies there was an island called California, which was very close to the region of the Earthly Paradise. This island was inhabited by black women, and there were no males among them at all, for their way of life was similar to that of the Amazons. The island was made up of the wildest cliffs and the sharpest precipices found anywhere in the world. These women had energetic bodies and courageous, ardent hearts, and they were very strong. Their armor was made entirely out of gold—which was the only metal found on the island—as were the trappings of the fierce beasts that they rode once they were tamed. They lived in very well-designed caves. They had many ships, which they used to sally forth on their raiding expeditions and in which they carried away the men they seized, whom they killed in a way that you will soon hear. On occasion, they kept the peace with their male opponents, and the females and the males mixed with each other in complete safety, and they had carnal relations, from which unions it follows that many of the women became pregnant. If they bore a female, they kept her, but if they bore a male, he was immediately killed. The reason for this, inasmuch as it is known, is that, according to their thinking, they were set on reducing the number of males to so small a group that the Amazons could easily rule over them and all their lands; therefore they kept only those few men whom they realized they needed so that their race would not die out./ ——— *An account from Garci Rodríguez De Montalvo's* THE LABORS OF THE VERY

BRAVE KNIGHT ESPLANDIÁN, *originally published in the 1500s, in which the name "California" appeared for the first time in print. From* LANDS OF PROMISE AND DESPAIR *edited by Rose Marie Beebe and Robert M. Senkewicz, Doce Calles, 1998.*

***

Ich sage Ihnen, dass es rechterseits von Indien eine Insel namens California gab, die sehr nahe an der Gegend des Irdischen Paradieses lag. Auf dieser Insel lebten schwarze Frauen, und unter ihnen gab es überhaupt keine Männer, denn ihre Lebensweise glich der der Amazonen. Die Insel bestand aus den wildesten Klippen und den steilsten Abgründen, die es auf der Welt gibt. Diese Frauen hatten kräftige Körper und mutige, leidenschaftliche Herzen, und sie waren sehr stark. Ihre Rüstungen waren vollständig aus Gold gefertigt – dem einzigen Metall, das auf der Insel zu finden war –, ebenso das Geschirr der wilden Tiere, die sie ritten, nachdem sie sie gezähmt hatten. Sie lebten in sehr gut ausgestalteten Höhlen. Sie hatten viele Schiffe, mit denen sie sich zu ihren Raubzügen aufmachten und auf denen sie die von ihnen gefangenen Männer fortschafften, die sie auf eine Weise töteten, von der Sie bald hören werden. Gelegentlich hielten sie mit ihren männlichen Gegnern Frieden, dann mischten sich die Frauen und die Männer in völliger Sicherheit miteinander, und sie hatten fleischliche Beziehungen. Aus diesen Vereinigungen ergab sich, dass viele der Frauen schwanger wurden. Gebaren sie ein weibliches

Kind, behielten sie es bei sich, doch gebaren sie ein männliches Kind, so wurde es sofort getötet. Der Grund dafür ist, soweit bekannt, dass sie entsprechend ihren Auffassungen entschlossen waren, die Zahl der Männer auf eine so kleine Gruppe zu reduzieren, dass die Amazonen leicht über sie und ihr ganzes Land herrschen konnten; deshalb hielten sie nur die wenigen Männer, von denen sie erkannten, dass sie sie brauchten, damit ihre Rasse nicht aussterben würde./ ——— *Ein Bericht aus Garcí Rodríguez De Montalvos* THE LABORS OF THE VERY BRAVE KNIGHT ESPLANDIÁN, *ursprünglich im 16. Jahrhundert veröffentlicht und in dem der Name „California" zum ersten Mal gedruckt erschien. Aus* LANDS OF PROMISE AND DESPAIR, *herausgegeben von Rose Marie Beebe und Robert M. Senkewicz, Doce Calles (1998).*

***

J'affirme que du côté droit des Indes se trouvait une île appelée California, très proche de la région du paradis terrestre. Cette île était habitée par des femmes noires et il n'y avait aucun homme parmi elles car leur mode de vie était semblable à celui des Amazones. L'île était composée des falaises les plus sauvages et des précipices les plus abrupts au monde. Ces femmes dotées d'un corps énergique et d'un cœur courageux et ardent étaient très fortes. Leur armure était entièrement faite d'or – le seul métal qu'on trouvait sur l'île – de même que les pièges des bêtes féroces qu'elles chevauchaient après les avoir apprivoisées. Elles vivaient dans des grottes

fort bien conçues. Elles avaient de nombreux navires, qu'elles utilisaient pour leurs expéditions de pillage et dans lesquels elles ramenaient les hommes qu'elles avaient capturés, qu'elles tuaient d'une manière que vous entendrez bientôt. À l'occasion, elles avaient des rapports paisibles avec leurs adversaires masculins : femmes et hommes se mêlaient en toute sécurité et ils avaient des relations charnelles, d'où il s'ensuivait que beaucoup de femmes tombaient enceintes. Si elles accouchaient d'une fille, elles la gardaient, mais si c'était un garçon elles le tuaient immédiatement. La raison de ceci, dans la mesure où on le sait, est que, selon leur pensée, elles étaient résolues à réduire le nombre d'hommes à un groupe si réduit que ces Amazones pourraient facilement les gouverner eux et toutes leurs terres ; c'est pourquoi elles ne gardèrent que les quelques hommes dont elles réalisèrent avoir besoin pour que leur race ne s'éteigne pas./ ——— *Un récit tiré du récit* LES TRAVAUX DU TRÈS COURAGEUX CHEVALIER ESPLANDIÁN *de Garci Rodríguez De Montalvo, publié à l'origine dans les années 1500, dans lequel le nom « California » apparaît pour la première fois sous forme imprimée. Extrait de* LANDS OF PROMISE AND DESPAIR, *sous la direction de Rose Marie Beebe et Robert M. Senkewicz, Doce Calles, 1998.*

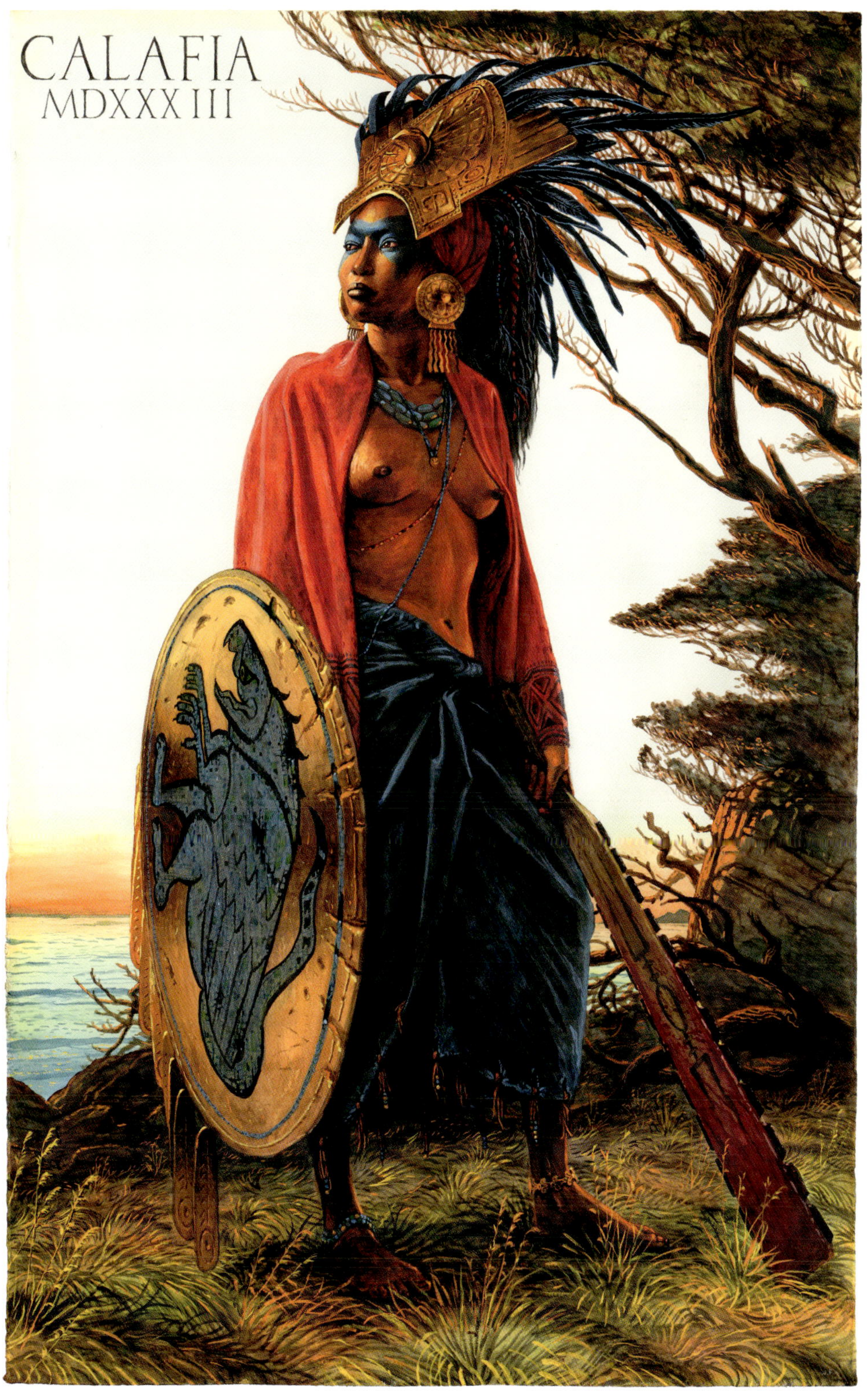
CALAFIA
MDXXXIII

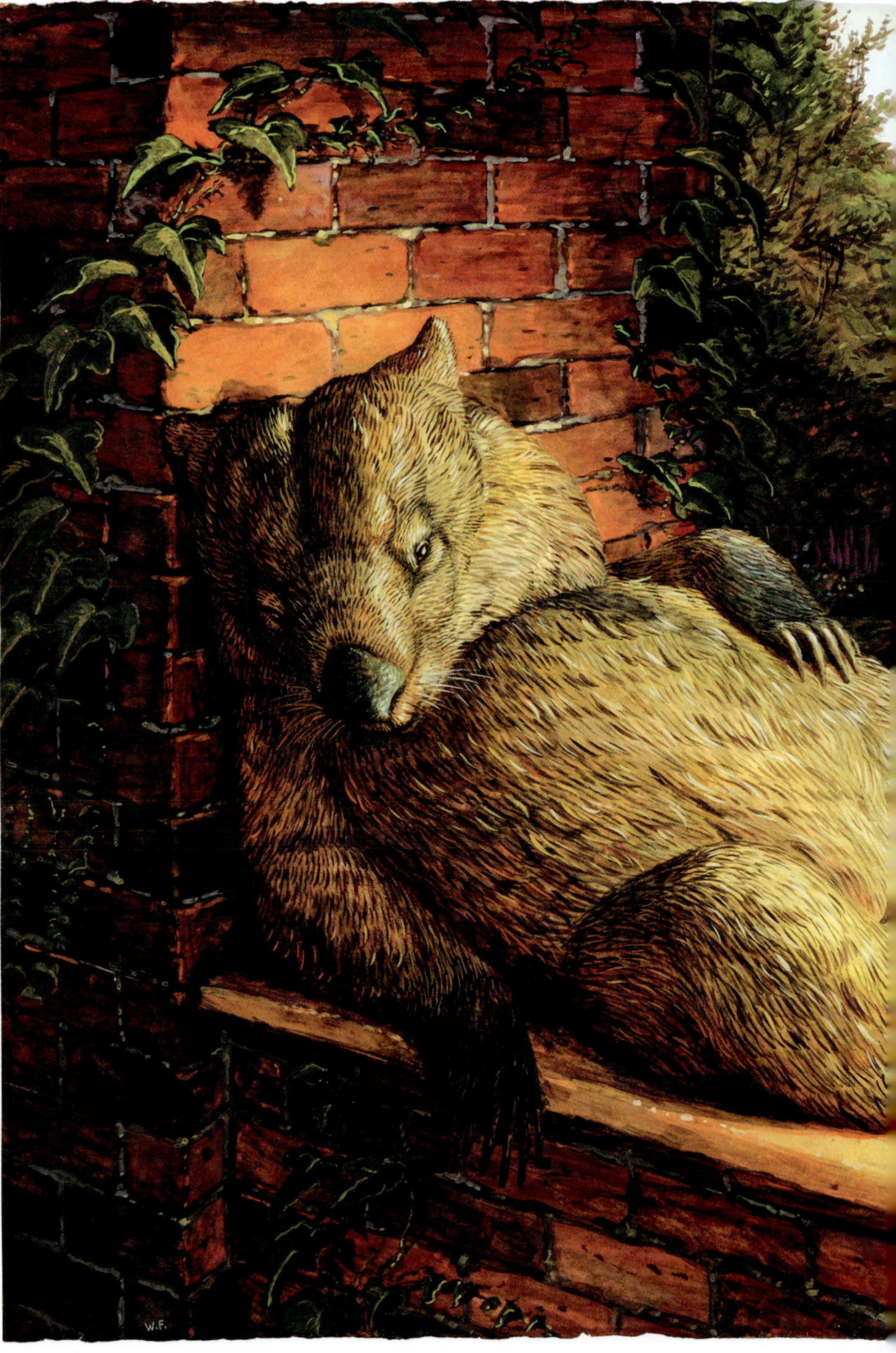
W.F.

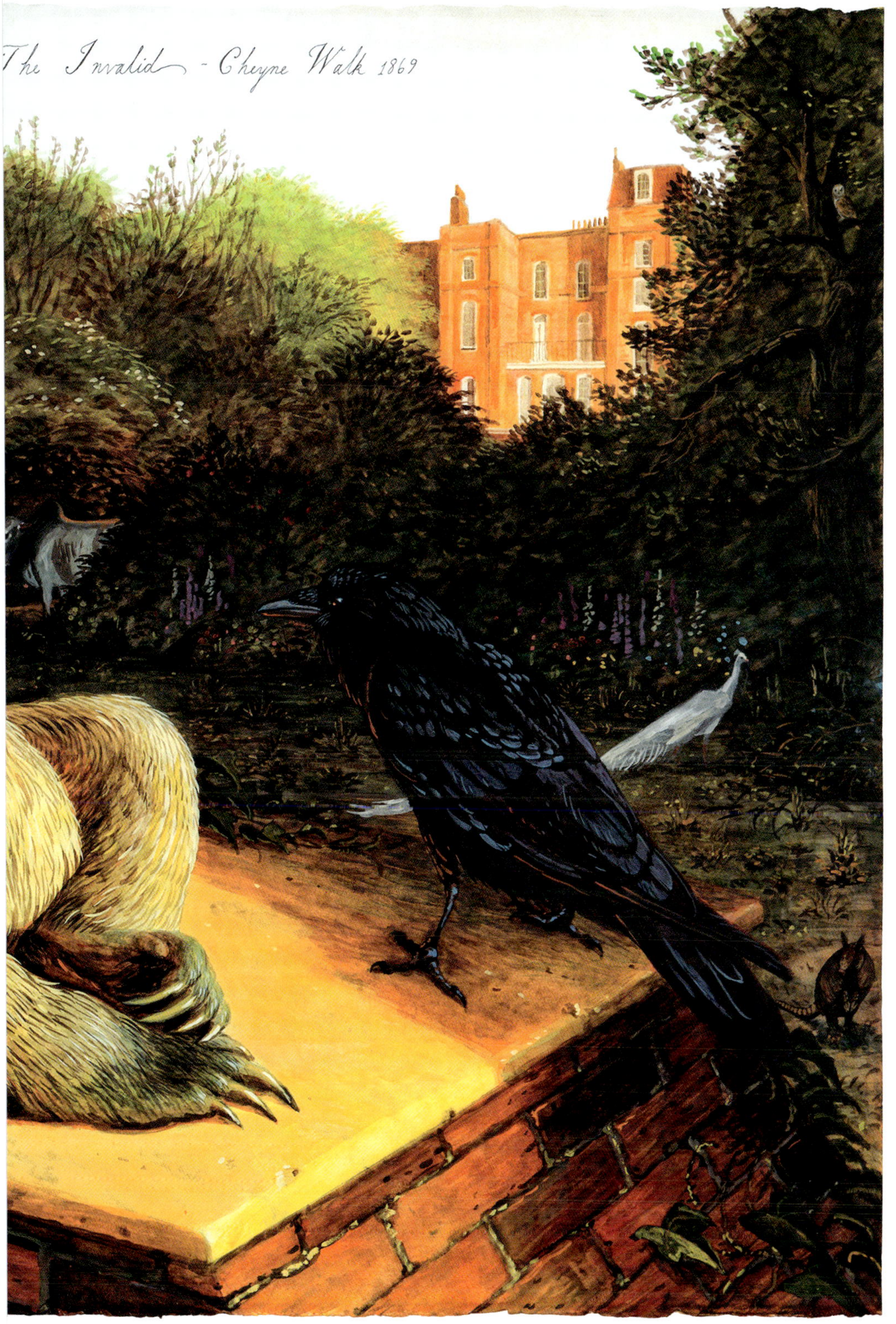
The Invalid - Cheyne Walk 1869

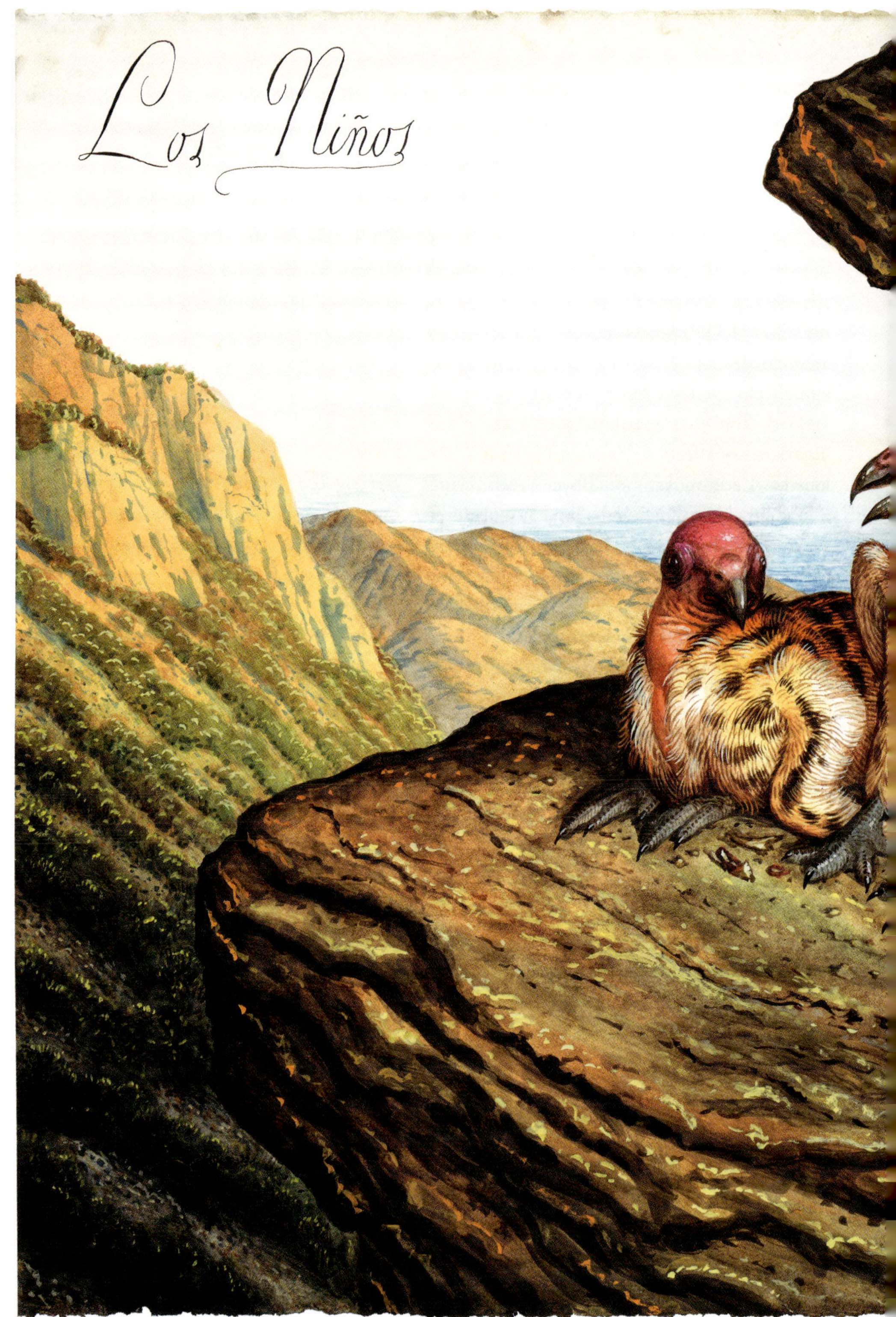
Los Niños

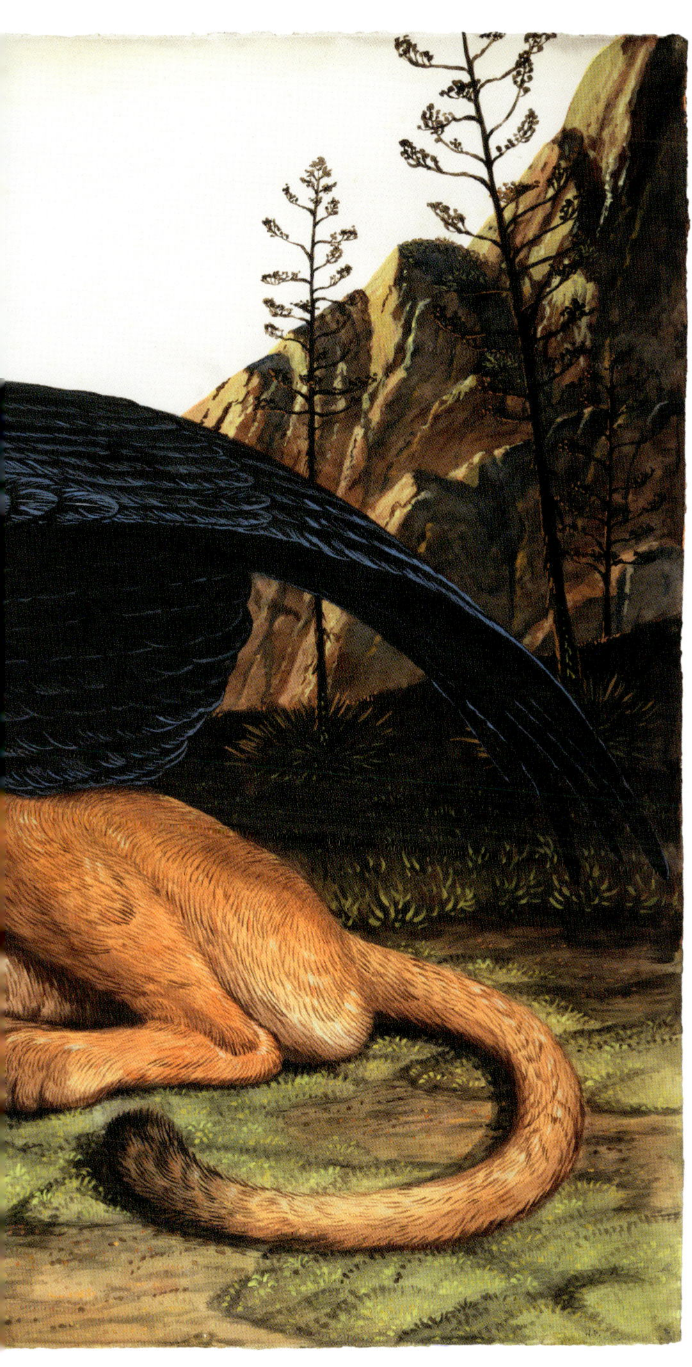

Grifo de California
Watercolor, gouache, and ink on paper
153 x 212.7 cm (60¼ x 83¾ in), 2017

Pestvogel
Hard ground, soft ground, aquatint, spit bite,
sugar lift, drypoint on Somerset Satin
101.6 x 78.1 cm (40 x 30¾ in.), 2016

PESTVOGEL/ ——— Waxwing invasions are one of those natural dramas that seem to force themselves upon our attention. In Europe they were recorded as early as 1552 in the vicinity of the Rhine by the Swiss naturalist Conrad Gesner. Such was the impact of these sudden, inexplicable arrivals that Bohemian Waxwings were once loaded with sinister import (although none of these baleful associations seem to have attached to the Cedar Waxwing in America). Old names for the species included *Pestvogel* ('plague-bird') which is still the bird's name in Dutch, as well as *unglücksvogel*, *pestilenzvogel* and *todtenvogel* in German-speaking areas (respectively, 'disaster-bird', 'pestilence-bird' and 'death bird'). A widely recorded waxwing invasion during the winter of 1913 / 14 was later assumed to be a foreboding omen for the calamity that ensued the following summer — the First World War./ ——— *From Mark Cocker's* BIRDS & PEOPLE, *Jonathan Cape, 2013.*

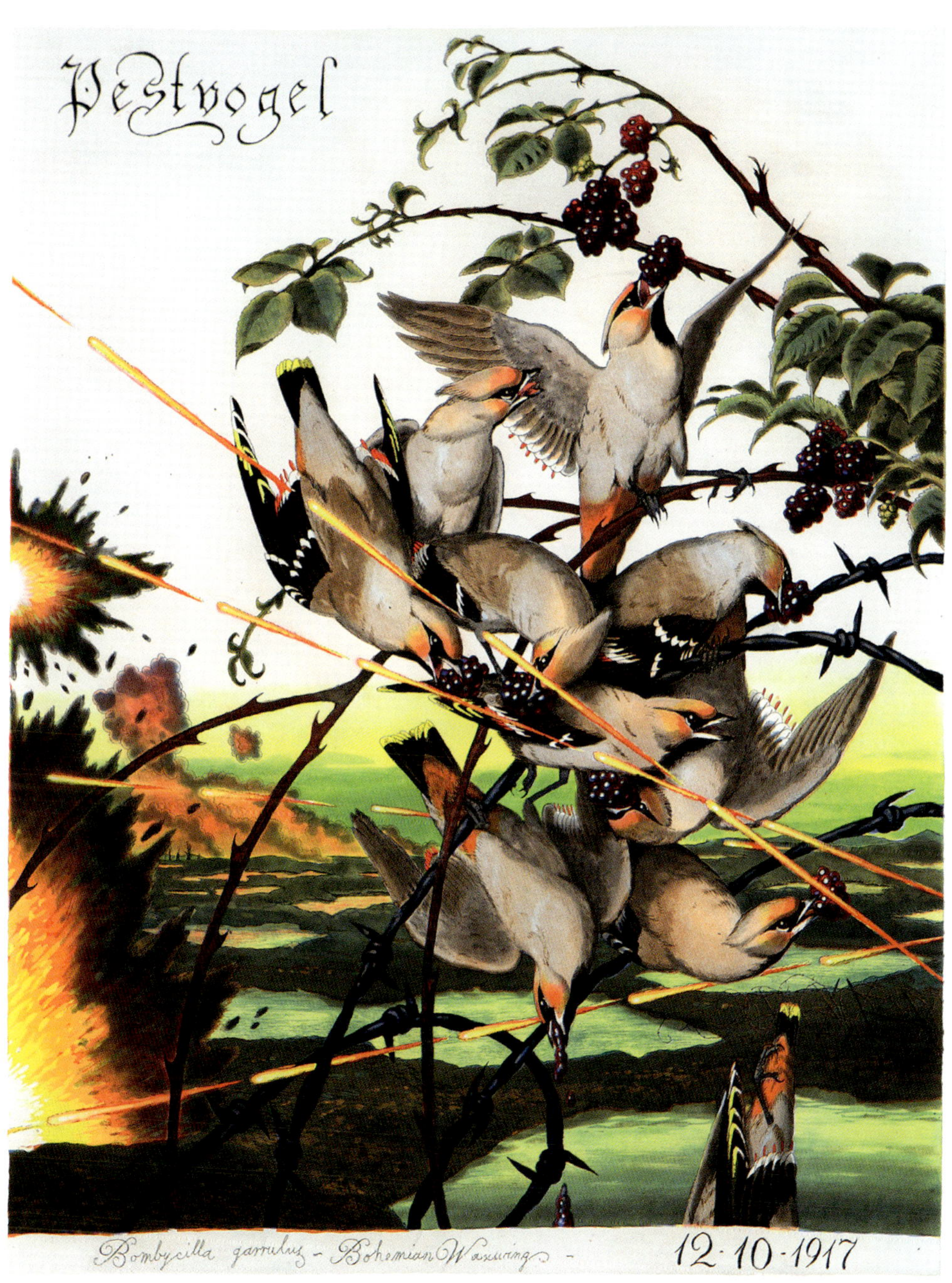

Pestvogel
Bombycilla garrulus - Bohemian Waxwing -
12·10·1917

Isla de California
Watercolor, gouache, and ink on paper
mounted on aluminum panel
274.3 x 365.8 cm (108 x 144 in.), 2017

PESTVOGEL/ ——— Invasionen von Seidenschwänzen gehören zu jenen Dramen der Natur, die unsere Aufmerksamkeit zwingend zu verlangen scheinen. In Europa wurden sie bereits 1552 von dem Schweizer Naturforscher Conrad Gesner in der Gegend am Rhein verzeichnet. Die Wirkung dieses plötzlichen, unerklärlichen Eintreffens der Böhmischen Seidenschwänze war so eindrucksvoll, dass den Vogelschwärmen eine düstere Bedeutung zugeschrieben wurde (obgleich mit den Zedernseidenschwänzen in Amerika offenbar keine dieser unheilvollen Ahnungen verbunden wurden). Zu den alten Bezeichnungen der Spezies gehören *Pestvogel* – was noch immer der heutigen Bezeichnung des Vogels im Niederländischen entspricht – oder, in den deutschsprachigen Gebieten, auch Unglücksvogel, *Pestilenzvogel* und *Todtenvogel.* Eine überregional verzeichnete Invasion von Seidenschwänzen während des Winters 1913/14 wurde später als Unheil verheißendes Omen gedeutet, das die Katastrophe ankündigte, die im Sommer darauf folgte – der Erste Weltkrieg./ ——— *Aus Mark Cocker, BIRDS & PEOPLE, Jonathan Cape (2013).*

Les invasions de passereaux sont l'un de ces drames naturels qui forcent l'attention. En Europe, ils furent signalés dès 1552 dans les environs du Rhin par le naturaliste suisse Conrad Gesner. L'impact de ces arrivées soudaines et inexplicables était tel que les passereaux de Bohème étaient jadis porteurs de connotations sinistres (bien qu'aucune de ces associations néfastes ne semble s'être attachée au passereau Jaseur d'Amérique). Parmi les anciens noms de l'espèce, on mentionnera *Pestvogel* («oiseau de la peste»), qui est toujours le nom néerlandais de l'oiseau, ainsi qu'*unglückvogel, pestilenzvogel* et *todtenvogel* dans les régions de langue allemande (respectivement «oiseau sinistre», «oiseau de la pestilence» et «oiseau de mort»). Une invasion largement documentée au cours de l'hiver 1913/1914 devint plus tard un présage inquiétant de la catastrophe qui s'ensuivit l'été suivant, à savoir la Première Guerre mondiale./ ——— *Extrait de Mark Cocker, BIRDS &* PEOPLE, *Jonathan Cape, 2013.*

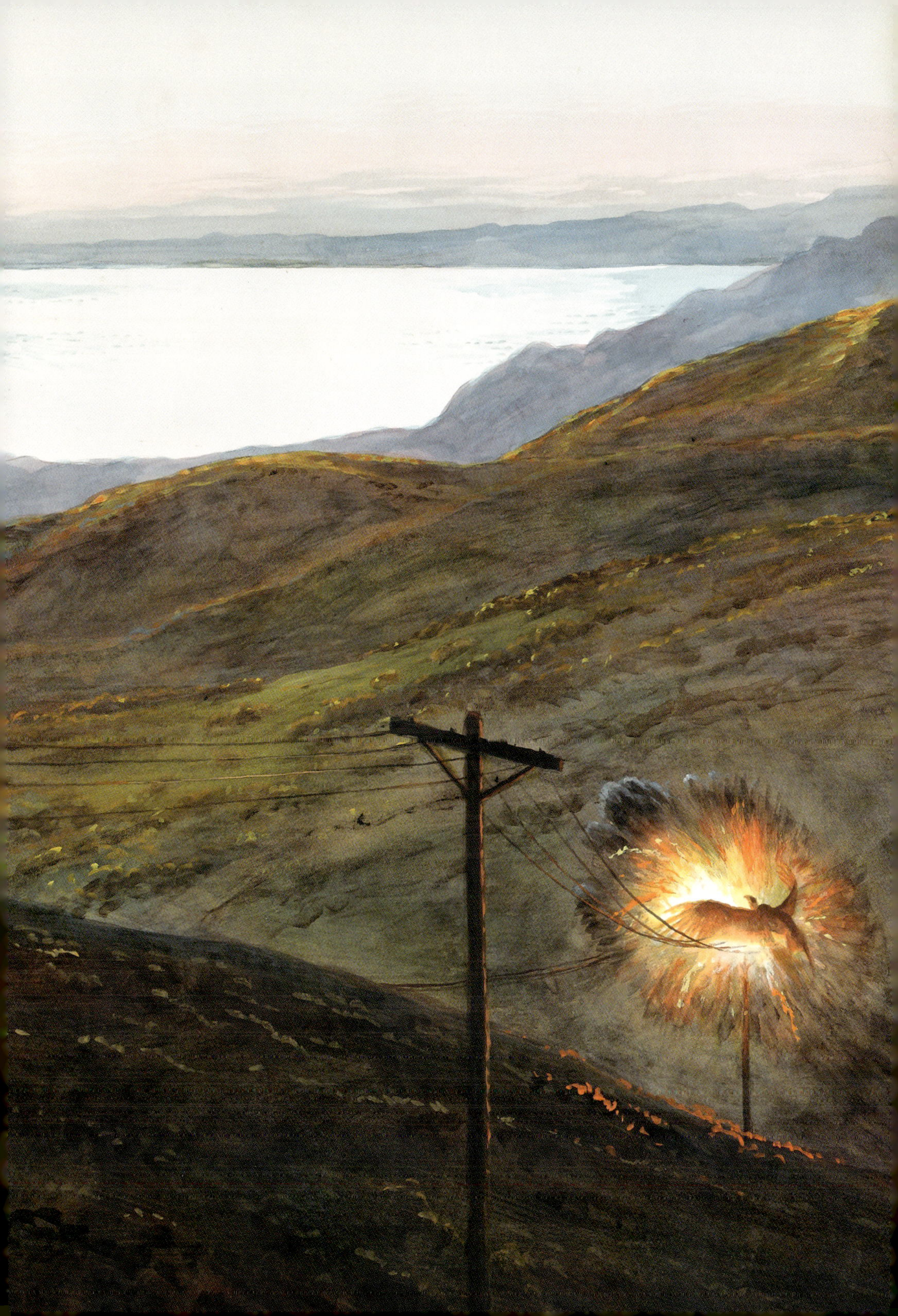

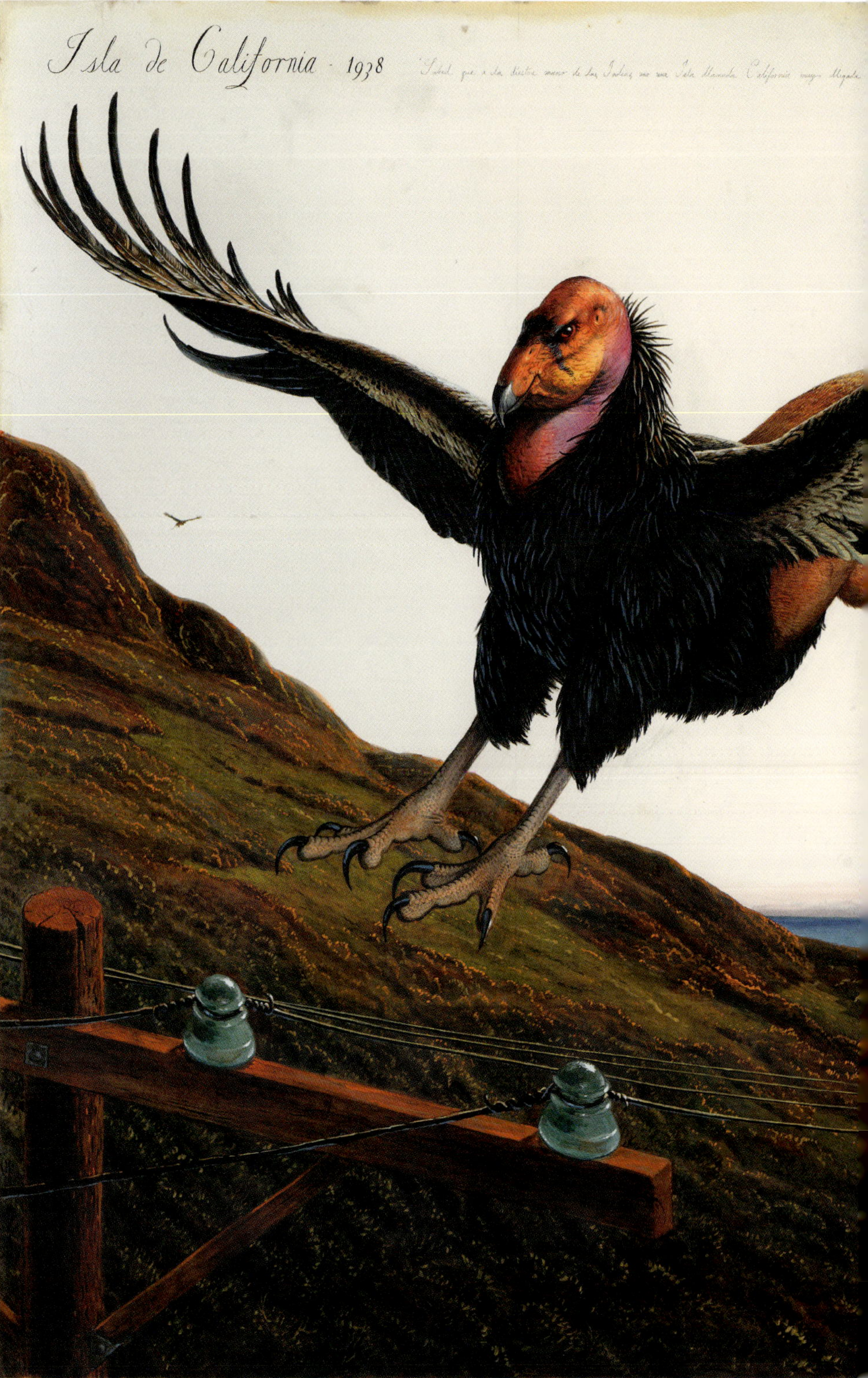

Isla de California · 1938

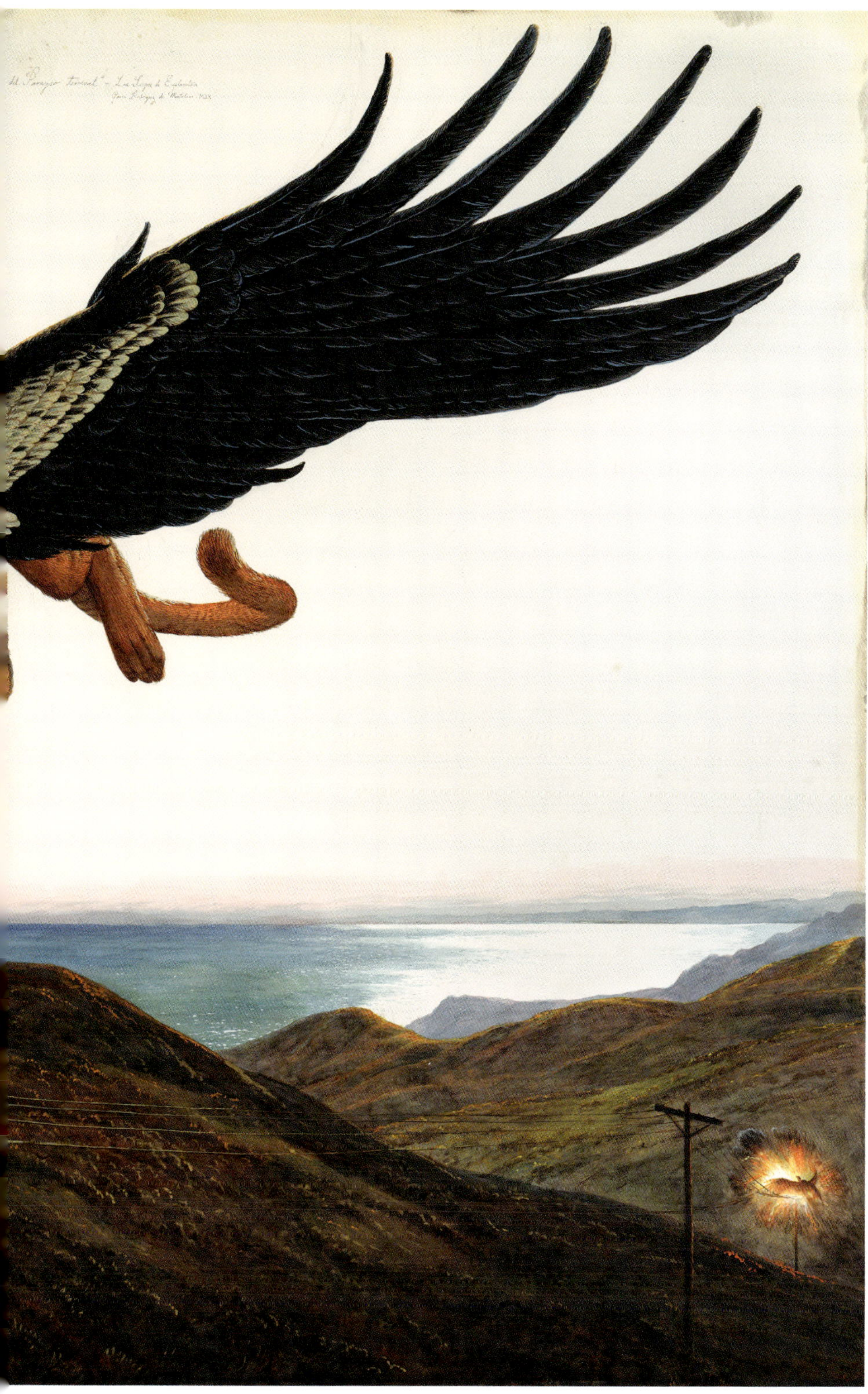
del "Paraíso terrenal" – Los Lagos de Enhamber
Grace Rodríguez de Montalvo. MDX

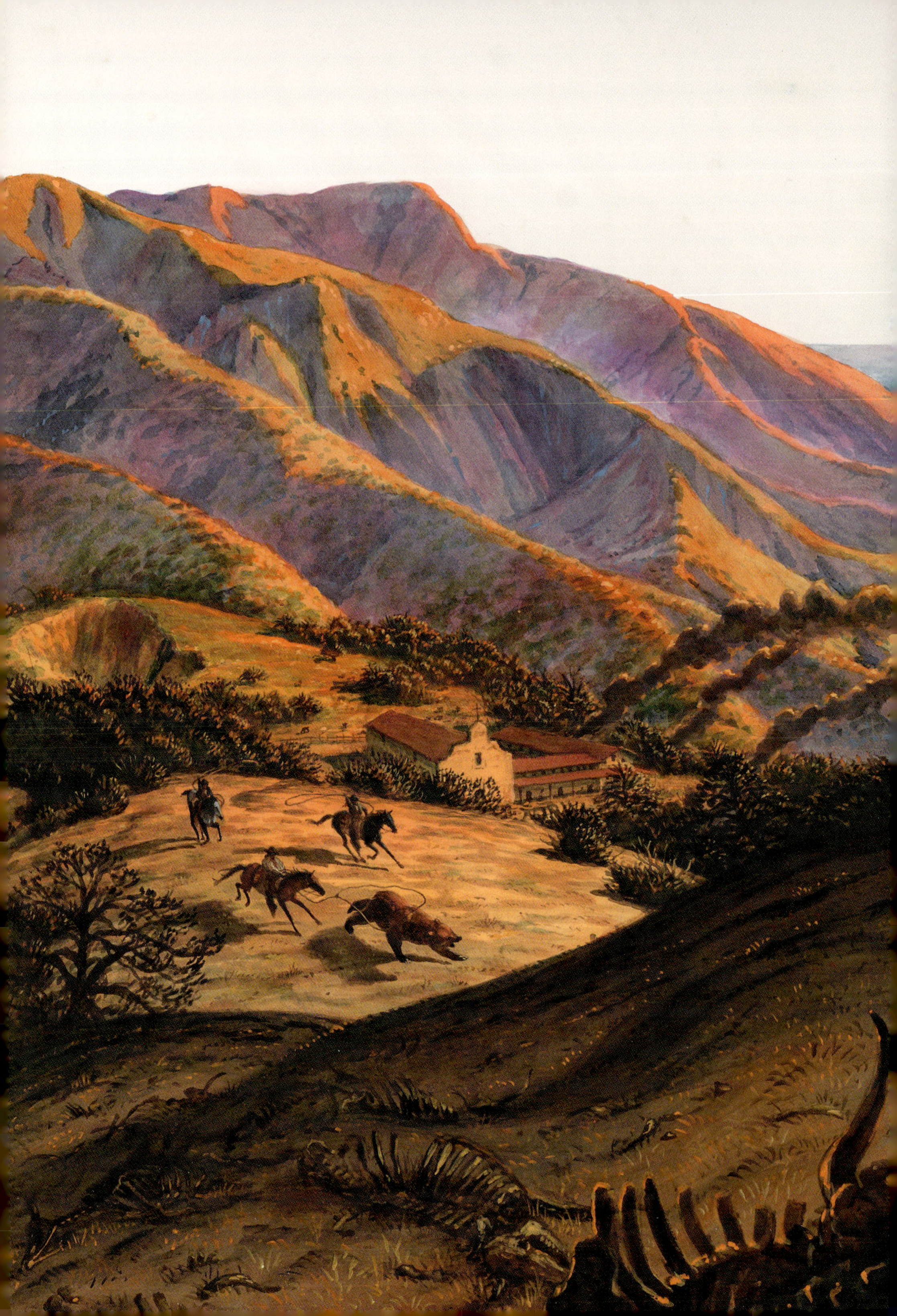

La Madre
Watercolor, gouache, and ink on paper
mounted on aluminum panel
274.3 x 365.8 cm (108 x 144 in.), 2017

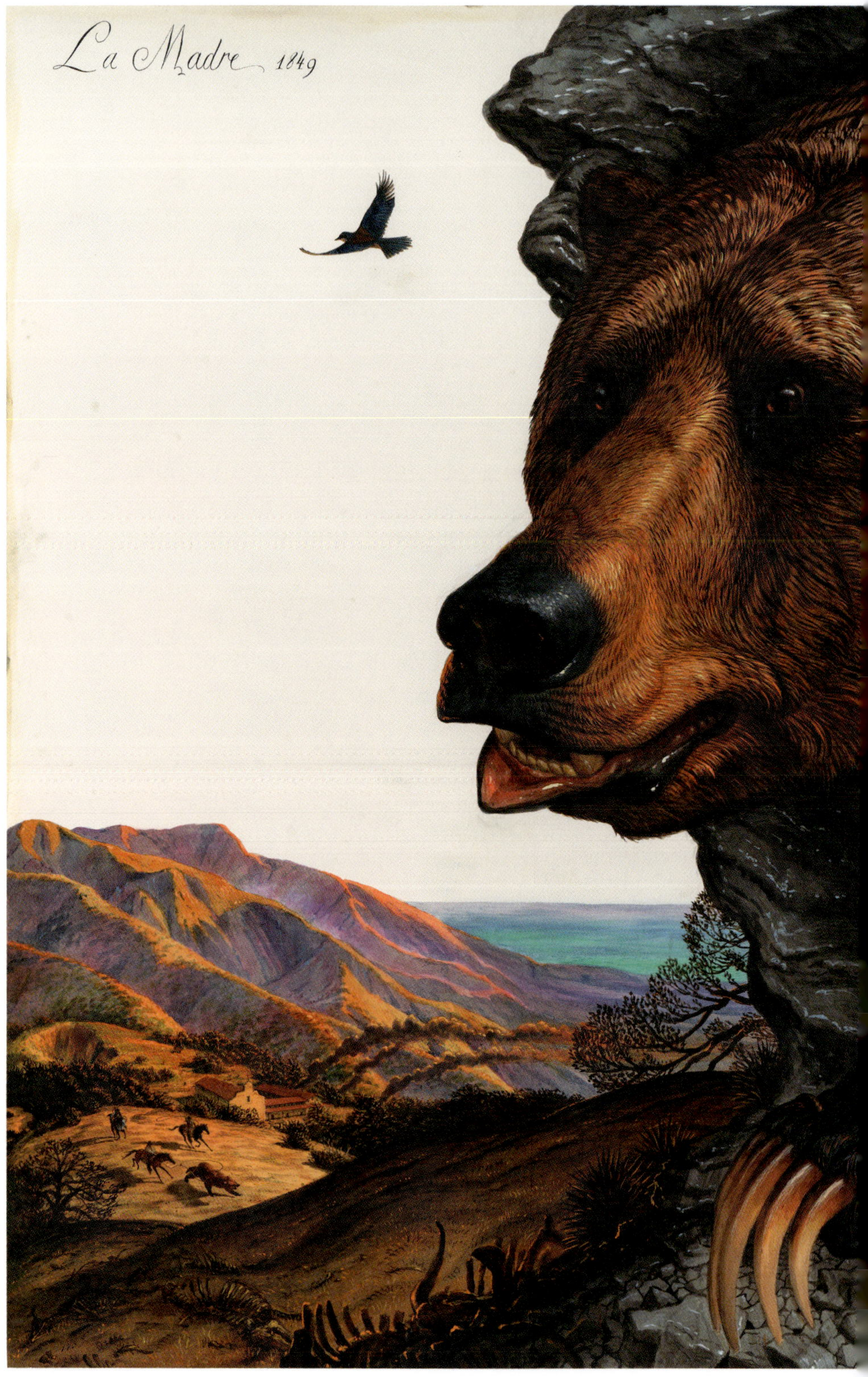

La Madre 1849

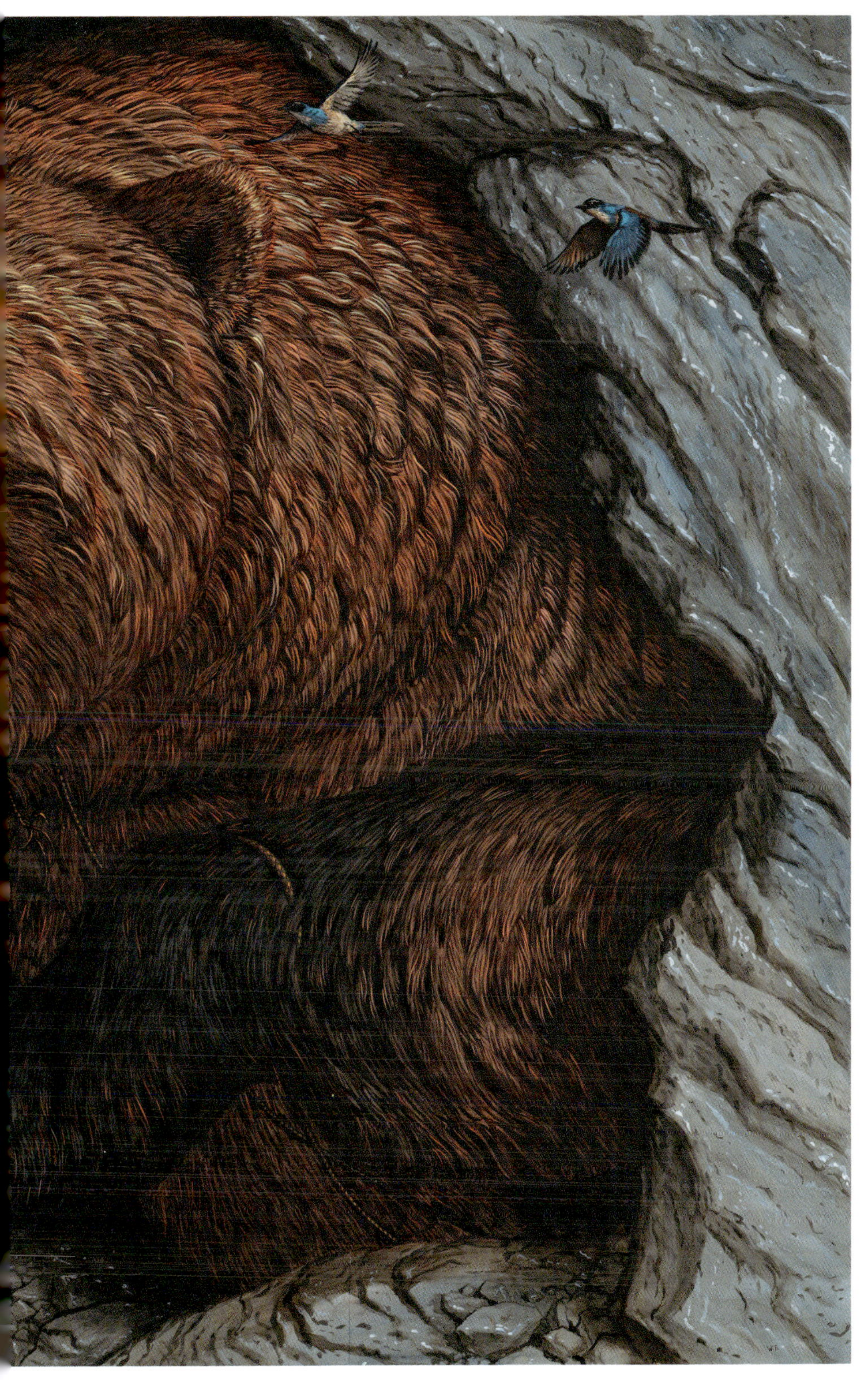

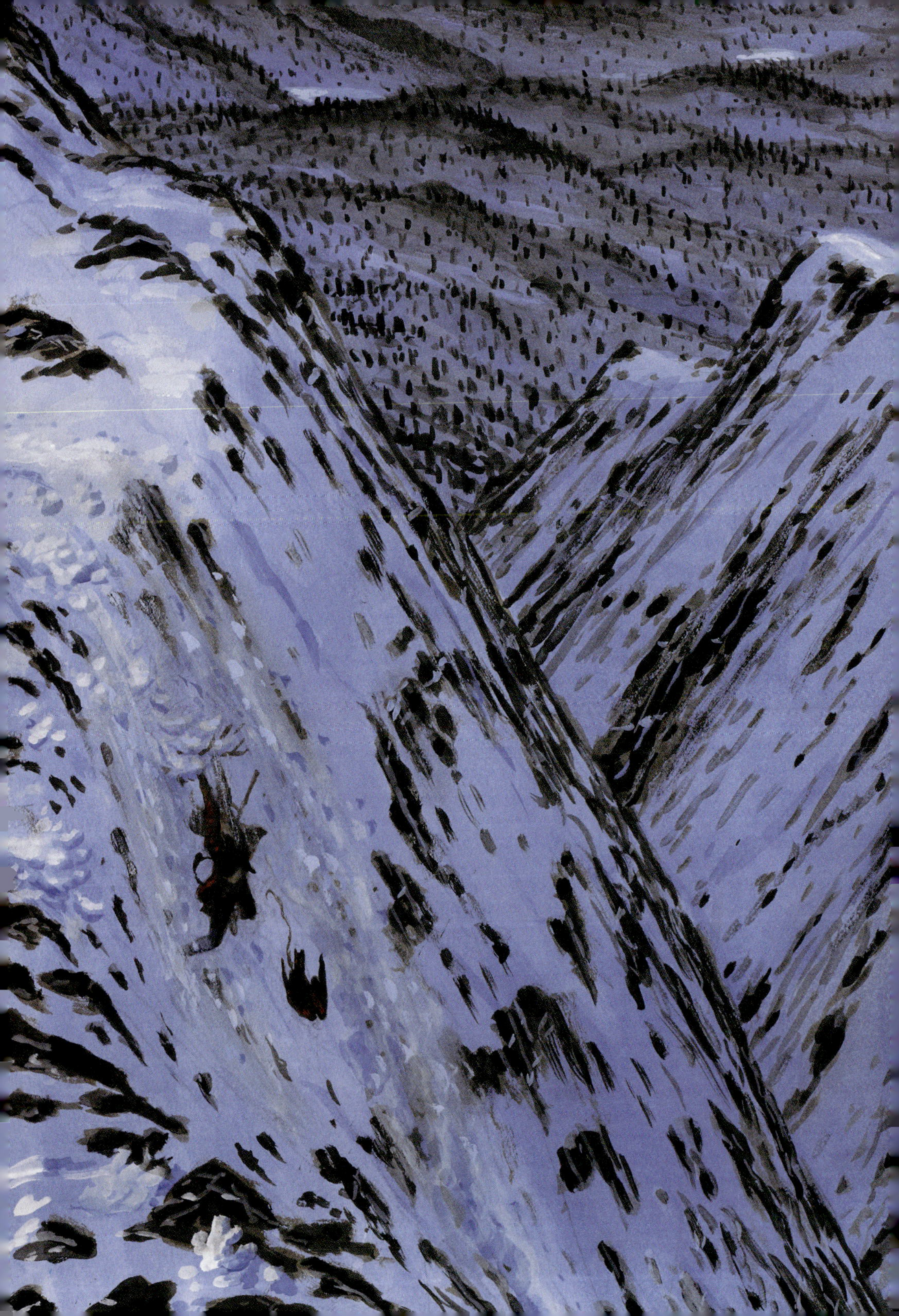

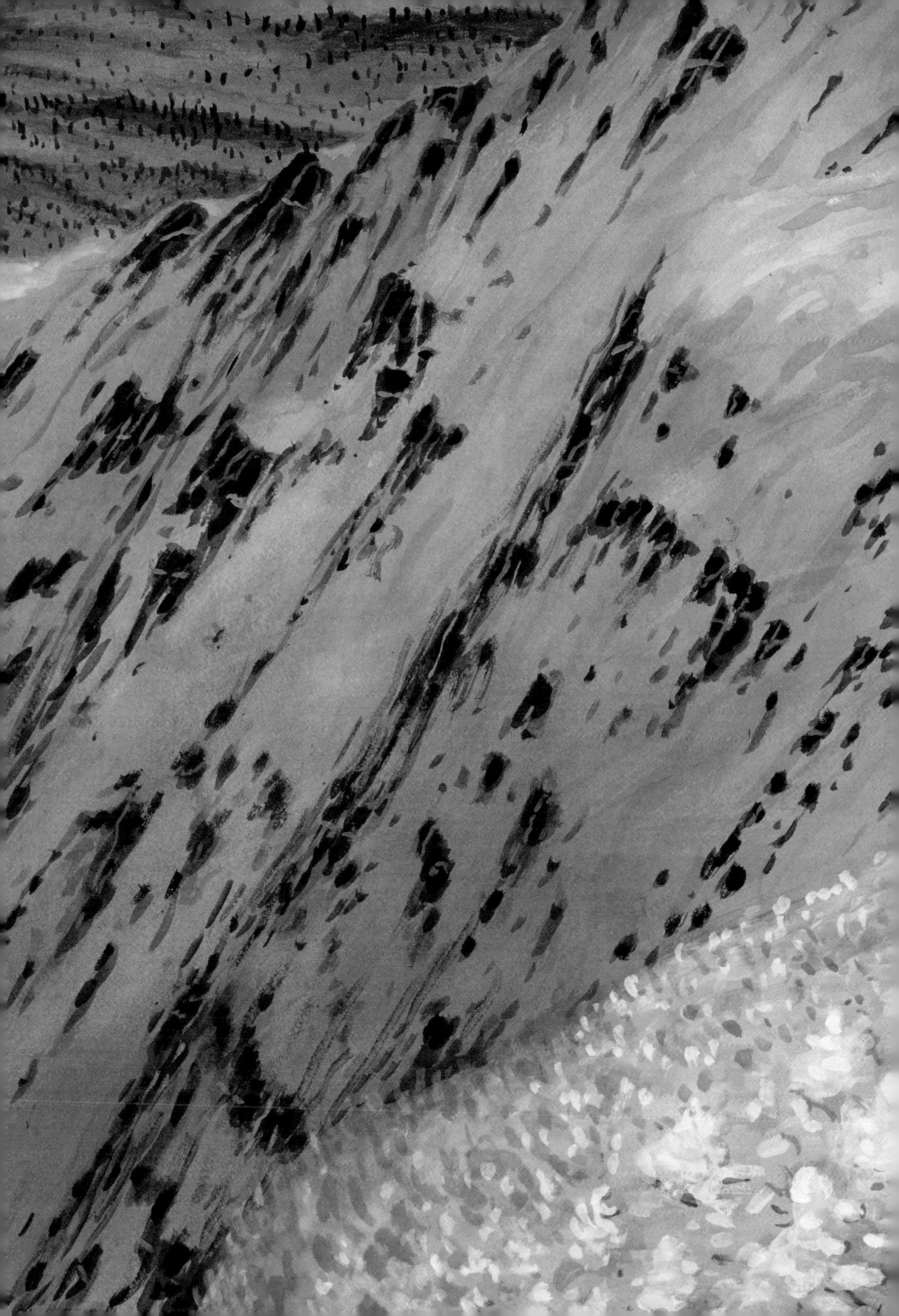

Spasmodic Affection
Watercolor, gouache, and ink on paper
273 x 152.4 cm (107½ x 60 in.), 2019

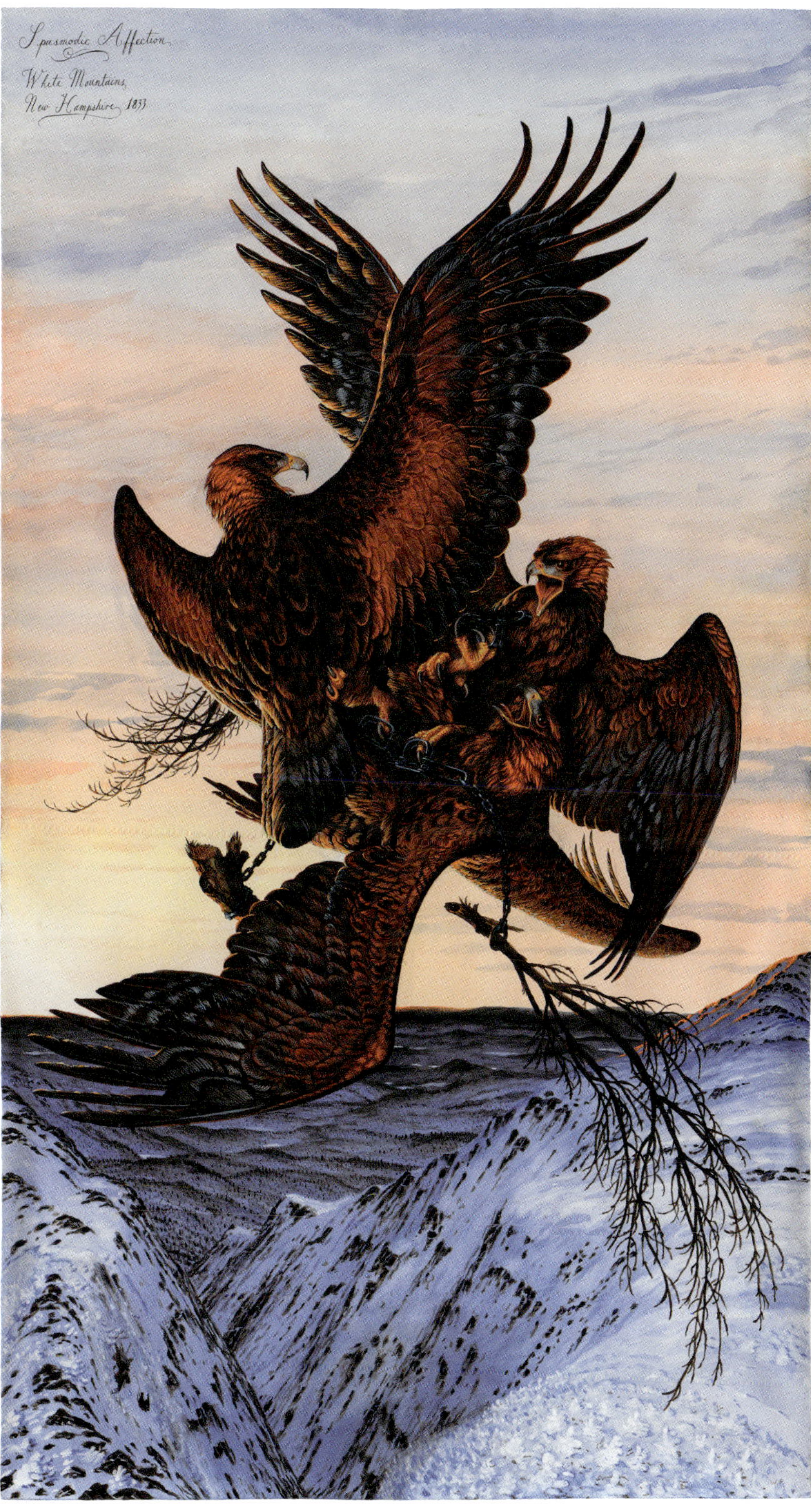

Spasmodic Affection
White Mountains,
New Hampshire 1833

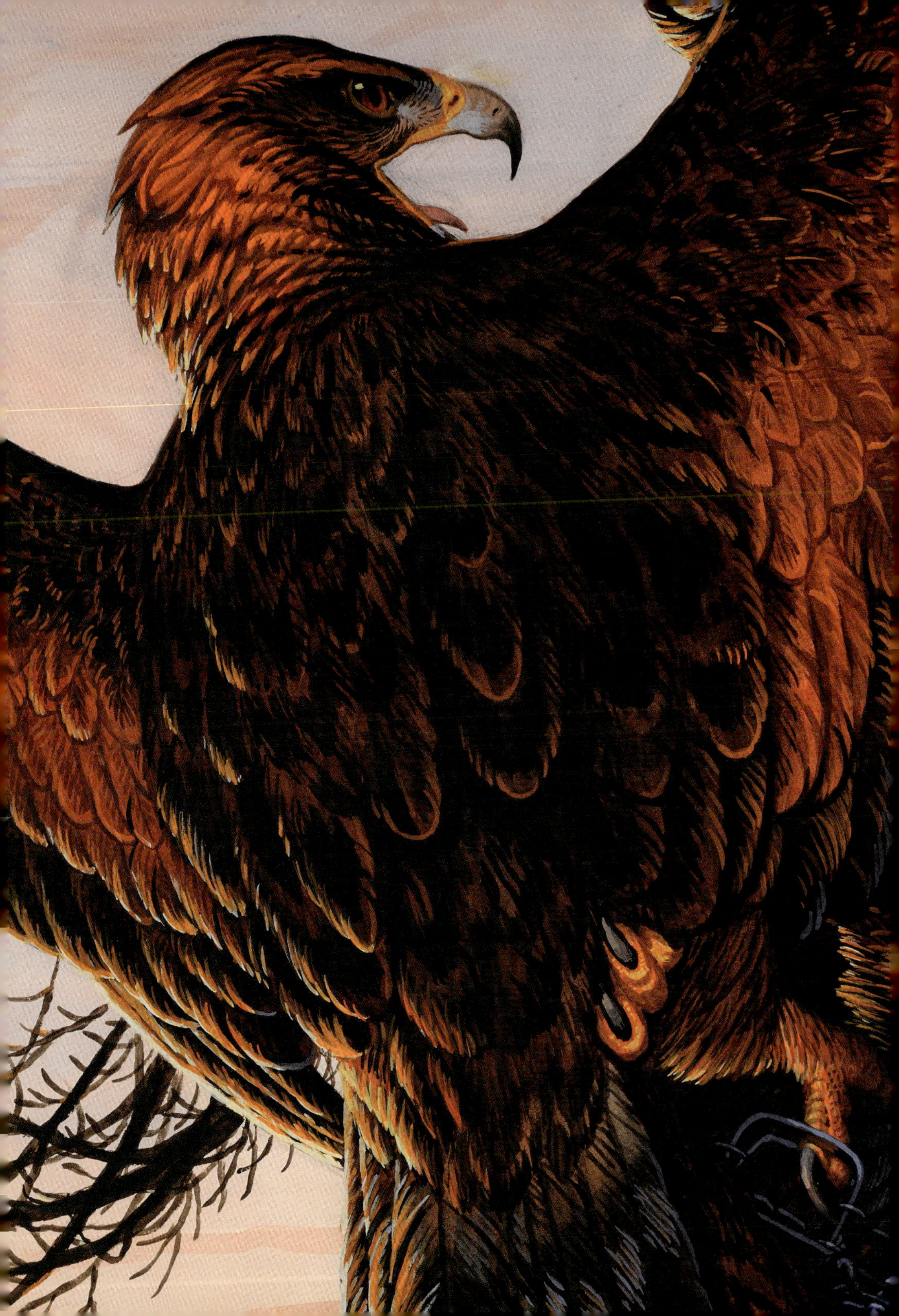

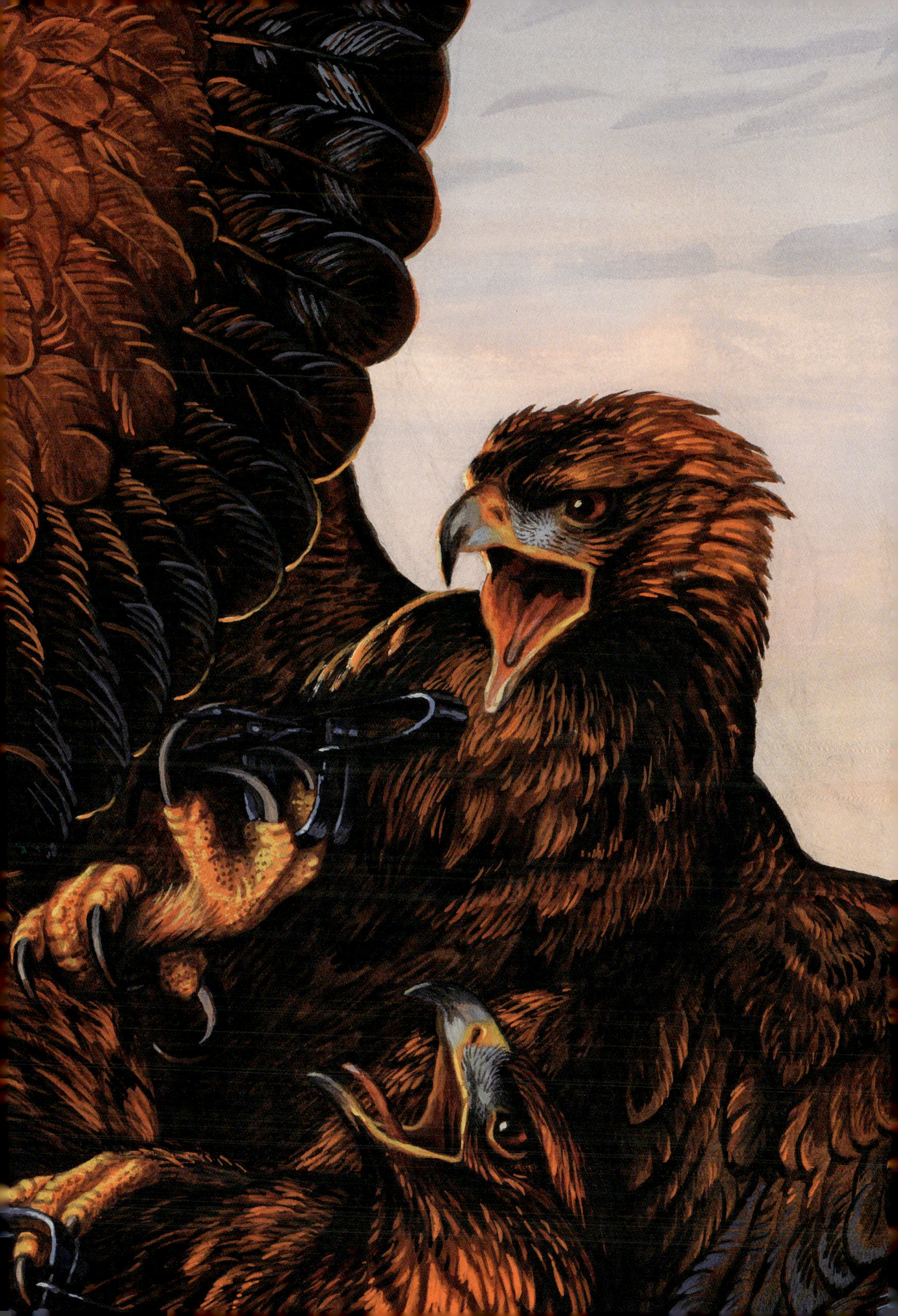

The Graveyard of Gut-shot Bulls
Watercolor, gouache, ink, and pencil on paper
273.7 x 152.4 cm (107¾ x 60 in.), 2019

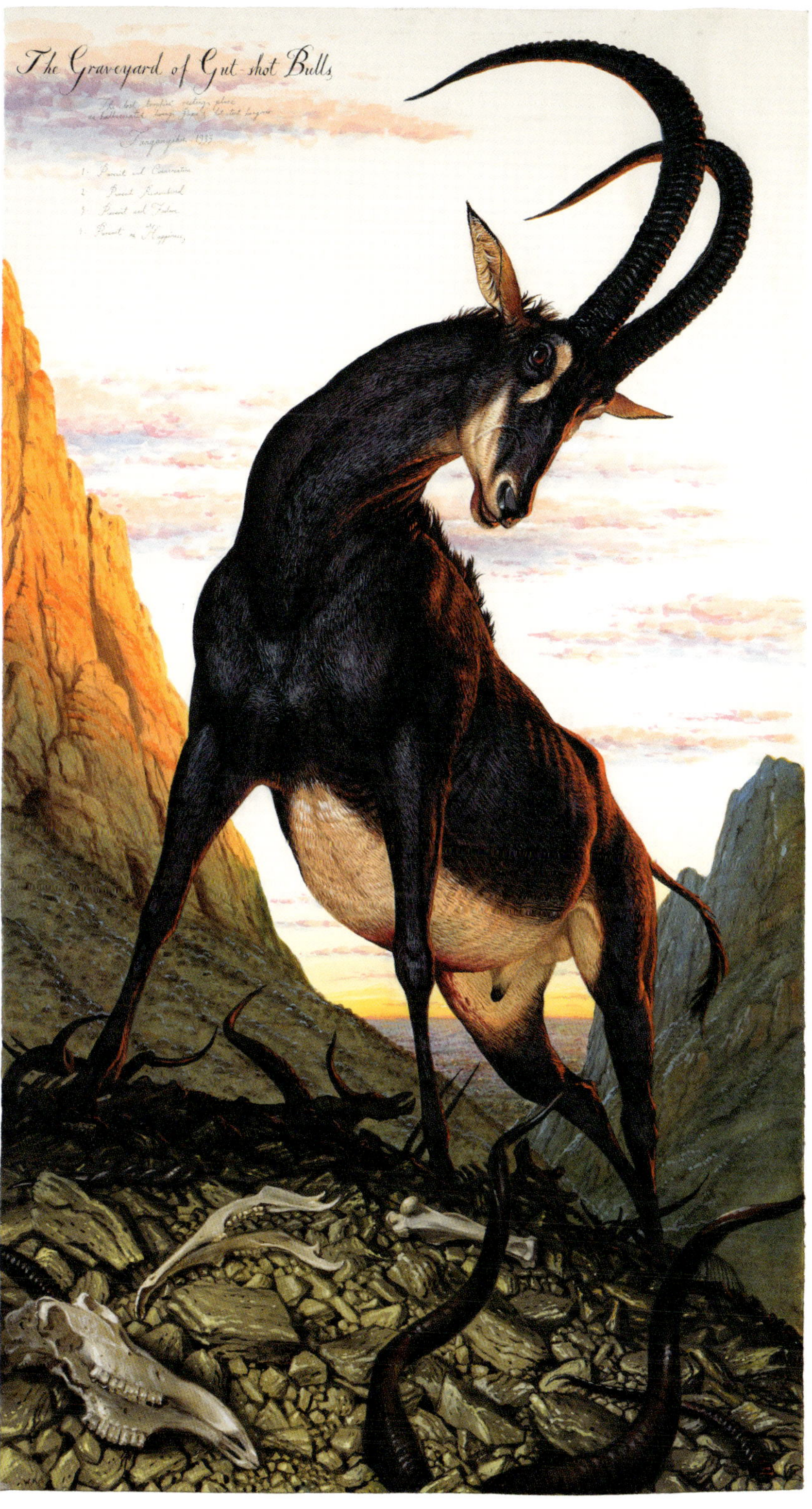

The Graveyard of Gut-shot Bulls

Ars Gratia Artis
Watercolor, gouache, and ink on paper
153 x 302.9 cm (60¼ x 119¼ in.), 2017

ARS GRATIA ARTIS/ ——— This time I had to lie on the floor and remain absolutely still. I would ruin the scene if I couldn't control my breathing. My back was bare to the waist. I could hear a lion's claws scratching the floor as the trainer led him in on a leash. Then I could hear another trainer whisper to Mr. De Mille, who came and knelt beside me.

"I must ask you something for your own safety,"
he whispered. "You're not menstruating, are you?"
"No," I replied very softly.
He stood up and said to the trainer, "We can
proceed. Everything's fine."

Then I could hear the lion breathing near me. They put a piece of canvas on my back to keep the lion's manicured claws from making the slightest scratch. Then they brought the lion up to me and put his paw on the canvas. Ever so slowly they pulled the canvas aside until I could feel his paw on my skin. Every hair on my head was standing on end. I could hear the camera grinding and then the crack of the trainer's whip. Every cell in my body quivered when the animal roared. His hot breath seemed to go up and down my spine.

For an instant I opened my eyes a slit. Without raising my head, I saw lines of people ringing the set, motionless absolutely silent. Among them, in his uniform, his eyes popping almost out of his head, was Daddy. His mouth hung open with horror at the sight of his one and only child with a man holding a gun beside her and a roaring lion standing over her. It was our first glimpse of each other in five years.

When the scene was over, I could tell that Mr. De Mille was ecstatic. He said we would not reshoot it. He could tell it was perfect. He said if I had any energy left, he would like me to get into the moleskin evening gown so that he could redo one or two close-ups. Then the shooting would be finished./ ——— *From 1920s film star Gloria Swanson's autobiography* SWANSON ON SWANSON, *Pocket Books, 1981.*

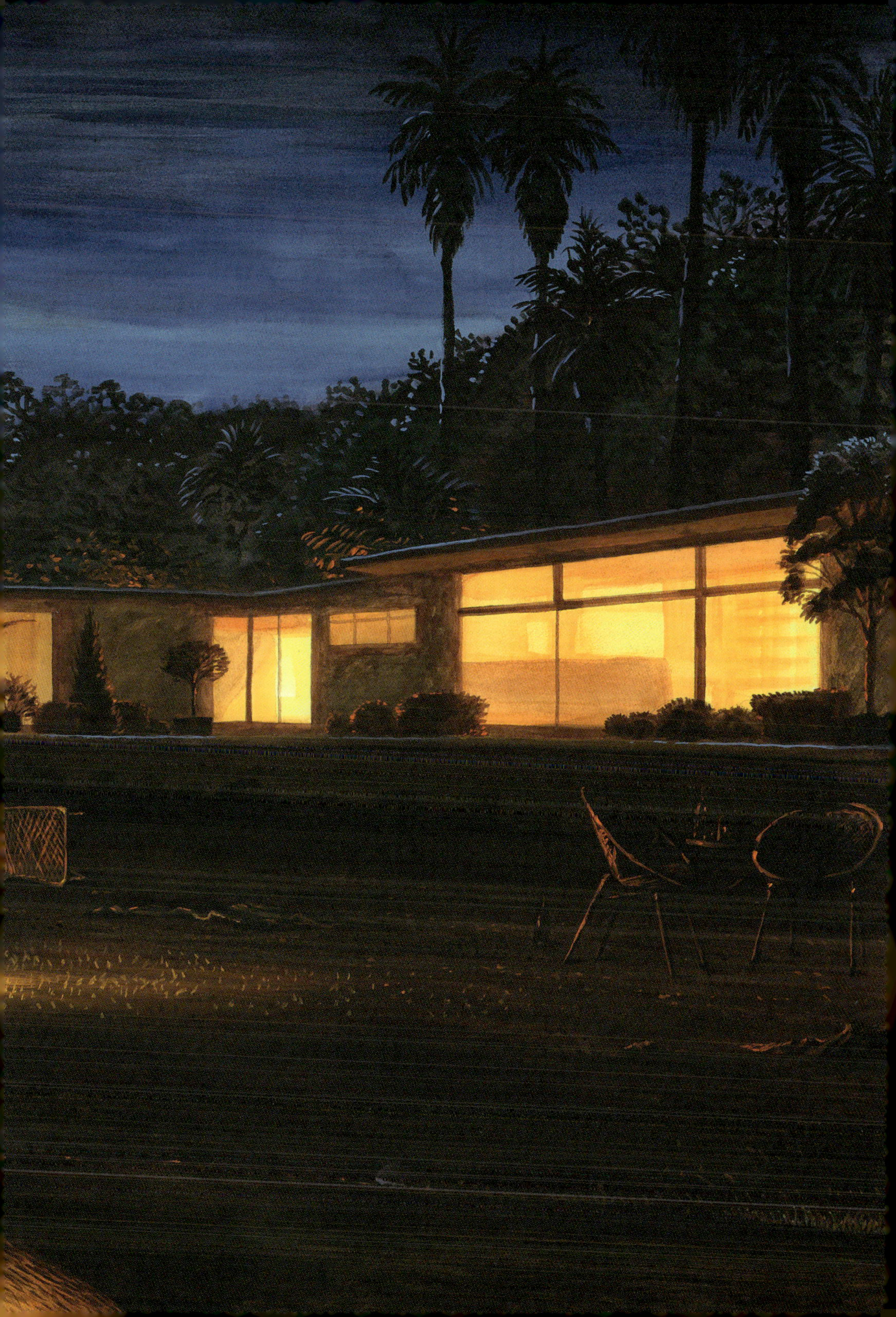

ARS GRATIA ARTIS/ ——— „Diesmal musste ich auf dem Boden liegen und mich absolut ruhig verhalten. Wenn ich meine Atmung nicht kontrollieren könnte, würde ich die Szene ruinieren. Mein Rücken war bis zur Taille entblößt. Ich konnte hören, wie die Krallen eines Löwen über den Boden kratzten, als der Trainer das Tier an einer Leine hereinführte. Dann bekam ich mit, wie ein anderer Trainer Herrn De Mille etwas zuflüsterte. Er kam anschließend auf mich zu und kniete sich neben mir hin.

‚Ich muss Ihnen zu Ihrer eigenen Sicherheit eine Frage stellen‘, raunte er. ‚Sie haben nicht gerade Ihre Menstruation, oder?‘
‚Nein‘, erwiderte ich sehr leise.
Er stand auf und sagte zu dem Trainer: ‚Wir können weitermachen. Ist alles in Ordnung.‘

Dann konnte ich den Löwen in meiner Nähe atmen hören. Sie bedeckten meinen Rücken mit einem Stück Leinwand, um zu verhindern, dass die gepflegten Krallen des Löwen auch nur den geringsten Kratzer hinterließen. Dann brachten sie den Löwen zu mir und legten seine Tatze auf die Leinwand. Ganz langsam zogen sie die Leinwand weg, bis ich seine Pfote auf meiner Haut spüren konnte. Mir stand jedes Haar auf meinem Kopf zu Berge. Ich konnte das schleifende Geräusch der Kamera hören, dann den Knall der Peitsche des Trainers. Als das Tier brüllte, erzitterte jede Zelle meines Körpers. Sein warmer Atem schien an meiner Wirbelsäule hoch- und runterzugehen.

Für einen Moment öffnete ich blinzelnd meine Augen. Ohne meinen Kopf zu heben, sah ich Reihen von Leuten, die das Set bewegungslos und ganz still umstanden. Unter ihnen war Papa, der in seiner Uniform dastand und dem die Augen fast aus dem Kopf fielen. Sein Mund stand beim Anblick seines einzigen Kindes in Gesellschaft eines Mannes, der eine Waffe in der Hand hatte, und eines brüllenden Löwen, der über seiner Tochter stand, vor Schreck weit offen. Das war übrigens unser erstes kurzes Wiedersehen seit fünf Jahren.

Als die Szene gedreht war, konnte ich erkennen, dass Herr De Mille begeistert war. Er sagte, wir würden sie nicht noch einmal drehen. Er konnte feststellen, dass die Aufnahme perfekt war. Dann meinte er, sollte ich noch Energie haben, würde er mich bitten, in das Moleskinabendkleid zu schlüpfen, damit er noch eine oder zwei Nahaufnahmen machen kann. Danach wäre der Drehtag beendet.“/ ——— *Aus der Autobiographie des Zwanziger-Jahre-Filmstars Gloria Swanson,* SWANSON ON SWANSON, *Pocket Books (1981).*

Cette fois, j'ai dû m'allonger par terre et rester absolument immobile. Afin de ne pas gâcher la scène, je devais contrôler ma respiration. Mon dos était nu jusqu'à la taille. J'entendis les griffes d'un lion râcler le sol lorsque l'entraîneur l'amena au bout d'une longe. Puis j'entendis un autre dompteur murmurer quelque chose à M. De Mille, qui était venu s'agenouiller à côté de moi.

« Je dois vous poser une question pour votre propre sécurité, murmura-t-il. Vous n'avez pas vos règles, n'est-ce pas ?
— Non », répondis-je à voix basse.
Il se leva et dit au dompteur : « Nous pouvons continuer, tout va bien. »

Puis j'entendis le lion respirer près de moi. On disposa un morceau de toile sur mon dos afin d'éviter que les griffes (limées) du lion ne provoquent la moindre éraflure. Puis on fit approcher le fauve tout près de moi et quelqu'un posa sa patte sur la toile. Très lentement, on écarta la toile jusqu'à ce que je sente sa patte sur ma peau. Tous mes cheveux se dressèrent sur ma tête. J'entendis la caméra grincer puis le claquement du fouet du dompteur. Chaque cellule de mon corps tremblait lorsque l'animal rugissait. J'avais l'impression que son souffle chaud montait et descendait le long de ma colonne vertébrale.

Un instant, j'entrouvris légèrement les yeux. Sans lever la tête, je vis des rangées de personnes disposées en cercle sur le plateau, immobiles, absolument silencieuses. Parmi elles se trouvait Papa, en uniforme, ses yeux lui sortant presque de la tête. La bouche béante d'horreur à la vue de son seul et unique enfant à côté d'un homme tenant une arme à feu et d'un lion rugissant grimpé sur elle. C'était la première fois que nous nous revoyions depuis cinq ans.

À la fin de la scène, je vis que M. De Mille était extatique. Il décréta qu'on ne ferait pas de seconde prise, il trouvait celle-ci parfaite. Il me dit que s'il me restait de l'énergie, il aimerait que j'enfile la robe de soirée en moleskine afin de refaire un ou deux gros plans. Ensuite, le tournage serait terminé./ ——— *Extrait de* SWANSON ON SWANSON, *l'autobiographie de Gloria Swanson, la star de cinéma des années 1920, Pocket Books, 1981.*

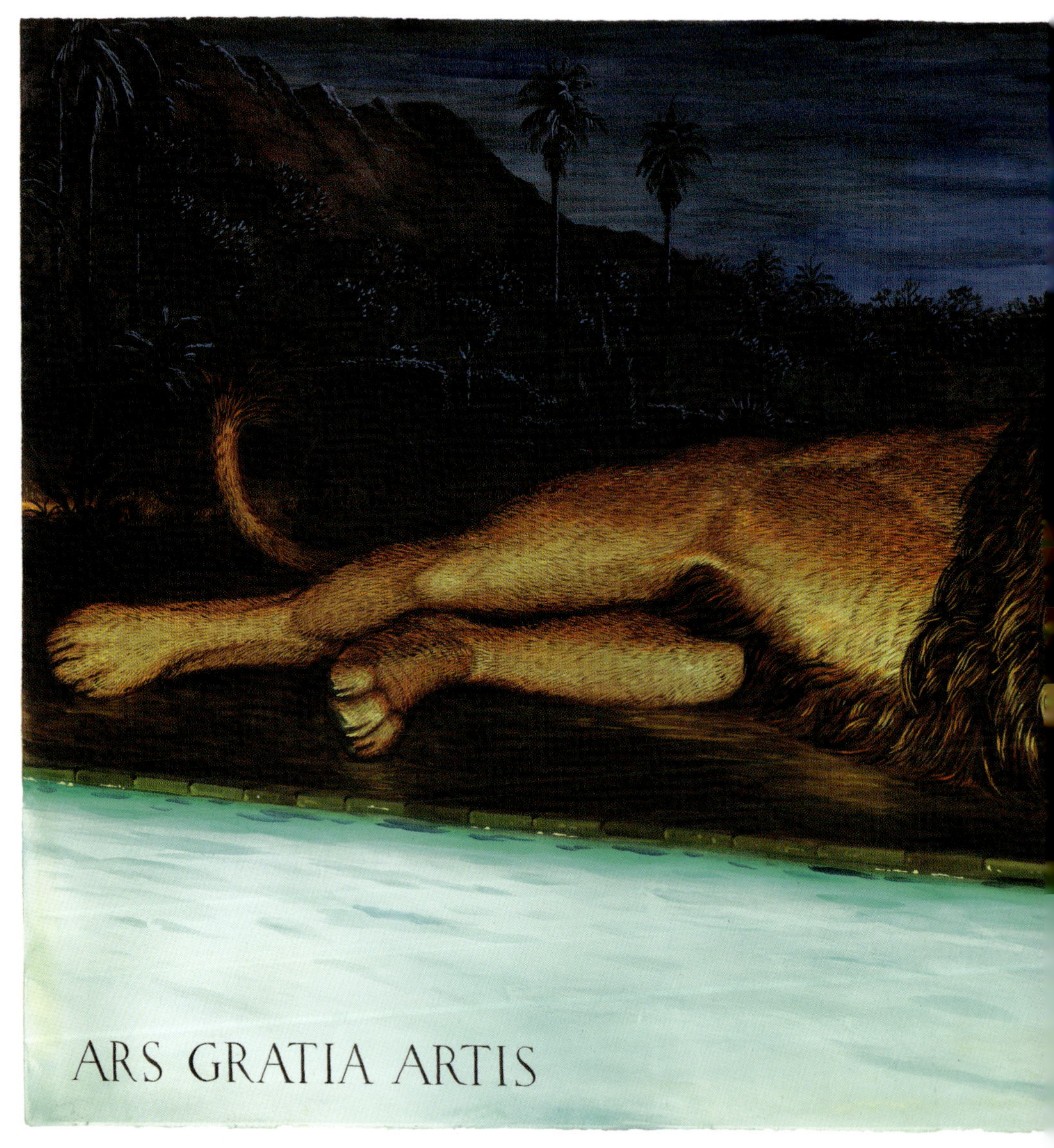
ARS GRATIA ARTIS

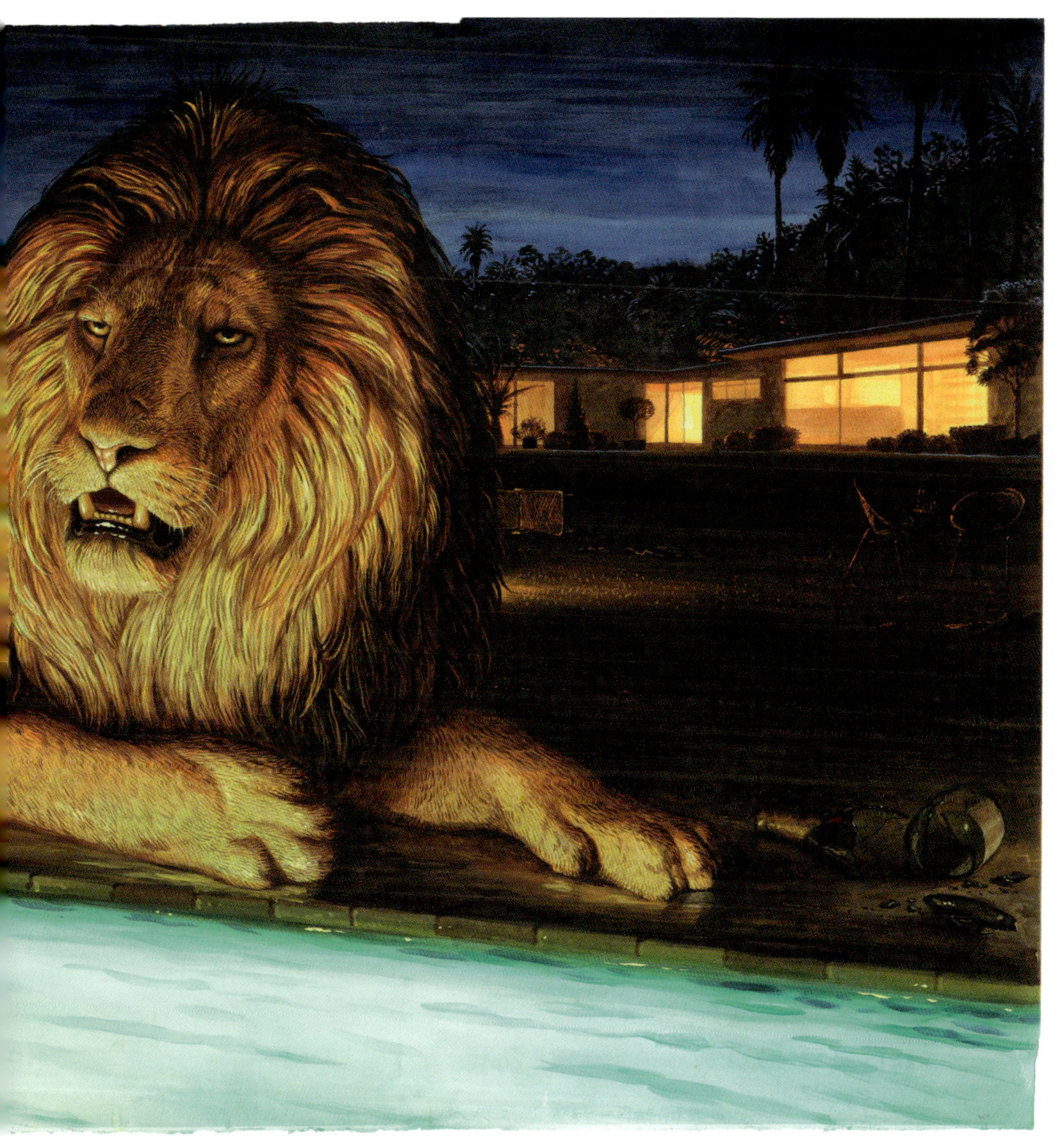

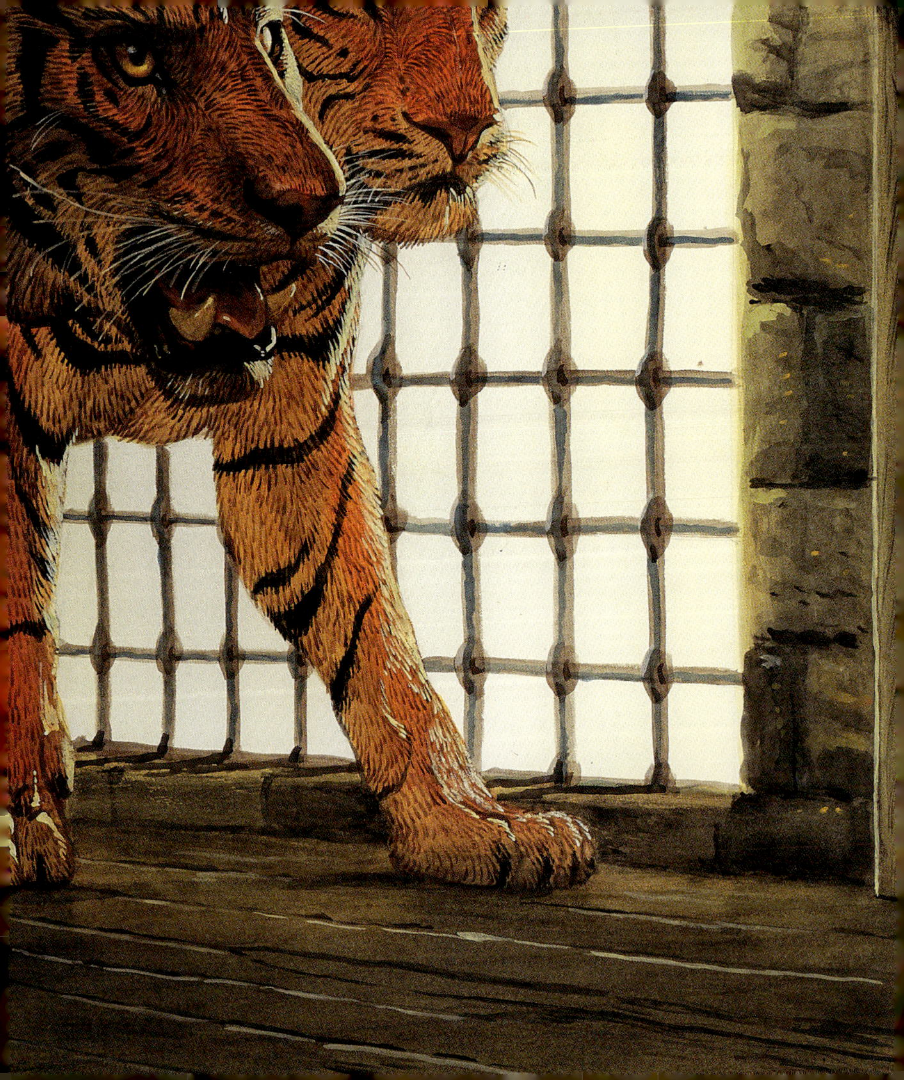

AUGURY/ ——— Perhaps the most famous incident took place on 3 December 1830 when an underkeeper inadvertently raised a door and allowed a lion and a Bengal tiger and tigress to come face to face. As battle commenced 'The roaring and yelling of the combatants resounded through the yards, and excited in the various animals the most lively demonstrations of fear and rage'. After a fight lasting half an hour the animals were finally separated by applying heated rods to the mouths and nostrils of the enraged tigers, who were in the ascendancy. The lion succumbed to its wounds and died a few days later./ ——— *From Geoffrey Parnell's* THE ROYAL MENAGERIE AT THE TOWER OF LONDON, *Royal Armouries Museum, 1999. Although the first lion was brought to the formidable fortress by King John, the Royal Menagerie was allegedly established when the Holy Roman Emperor gifted a trio of beasts — thought to be leopards — to King Henry III in 1235.*

***

Der vielleicht berühmteste Vorfall ereignete sich am 3. Dezember 1830, als ein Tierpfleger versehentlich ein Torgitter öffnete und es damit ermöglichte, dass sich ein Löwe und ein Pärchen Bengalischer Tiger mit einem Mal gegenüberstanden. Als der Kampf begann, „erschall das Brüllen und Geheul der Kombattanden über allen Gehegen und reizte die verschiedensten Tiere zu den lebhaftesten Bekundungen von Angst und Wut". Nach einem halbstündigen Kampf konnten die Tiere schließlich getrennt werden, indem den aufgebrachten Tigern, die die Oberhand gewonnen hatten, erhitzte Stangen an die Mäuler und Nasenöffnungen gehalten wurden. Der Löwe erlag seinen Verletzungen und starb einige Tage später./ ——— *Aus Geoffrey Parnell,* THE ROYAL MENAGERIE AT THE TOWER OF LONDON, *Royal Armouries Museum (1999). Den ersten Löwen brachte zwar König John in seine beeindruckende Festung, doch wurde die königliche Menagerie angeblich gegründet, als der Kaiser des Heiligen Römischen Reichs im Jahre 1235 König Henry III. drei Raubtiere — vermutlich Leoparden — schenkte.*

***

Peut-être l'incident le plus célèbre a-t-il eu lieu le 3 décembre 1830 lorsqu'un gardien auxiliaire ouvrit une porte par inadvertance mettant face à face un lion, un tigre et une tigresse du Bengale. Dès le début du combat, « les rugissements et les hurlements des combattants résonnèrent dans les jardins et excitèrent chez divers animaux les plus vives manifestations de peur et de rage ». Après une lutte d'une demi-heure, on sépara enfin les fauves en appliquant des barres chauffées à blanc sur la gueule et les naseaux des tigres enragés, qui avaient pris le dessus. Le lion succomba à ses blessures et mourut quelques jours plus tard./ ——— *Extrait de* THE ROYAL MENAGERIE AT THE TOWER OF LONDON *de Geoffrey Parnell, Royal Armouries Museum, 1999. Bien que le premier lion ait été amené à la formidable forteresse par le roi Jean, la Ménagerie royale aurait été créée en 1235, lorsque l'empereur du Saint-Empire germanique fit don au roi Henri III de trois fauves — sans doute des léopards.*

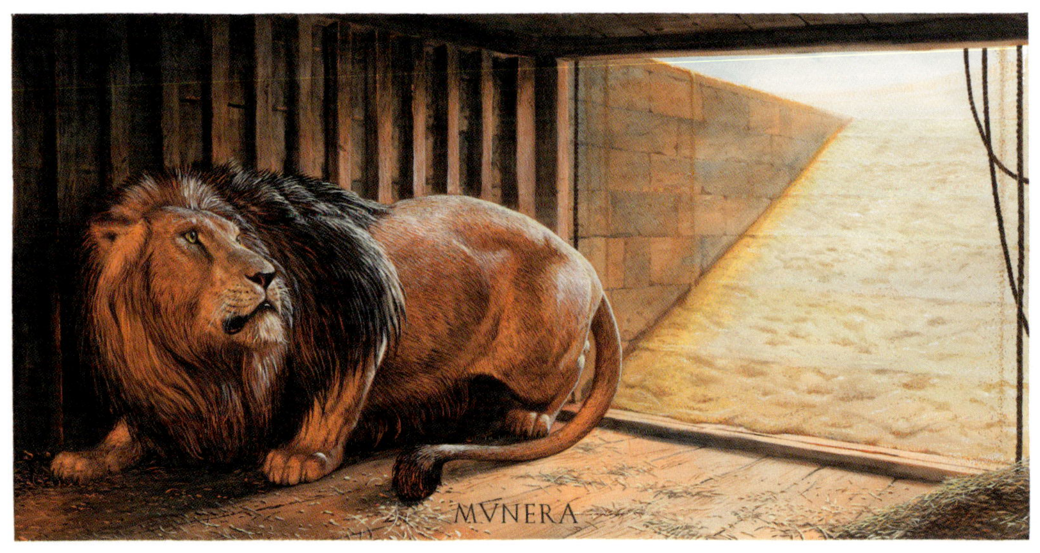

Mvnera

Watercolor, gouache, and ink on paper
152.4 x 303.5 cm (60 x 119½ in.), 2018

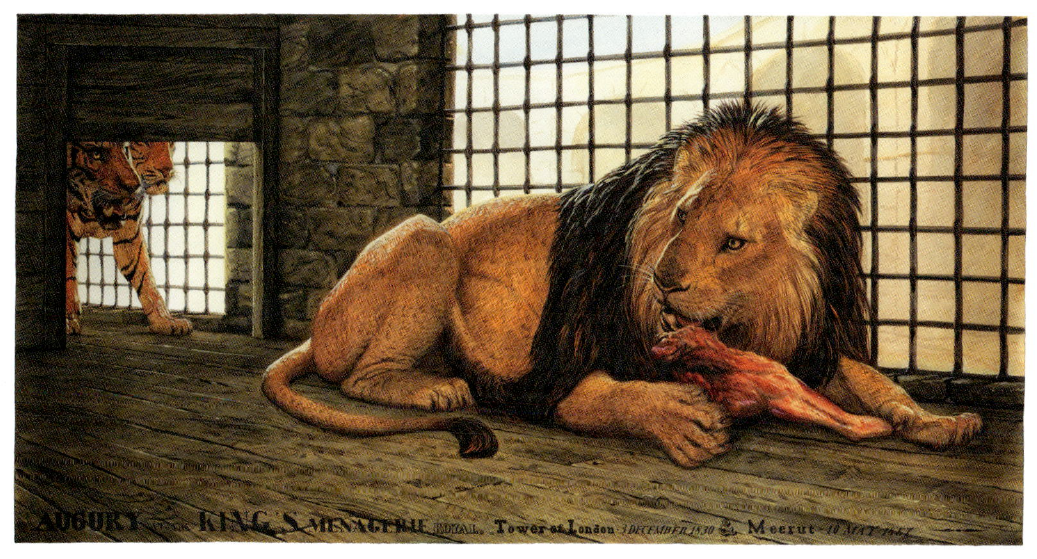

Augury
Watercolor, gouache, and ink on paper
153 x 303.5 cm (60¼ x 119½ in.), 2018

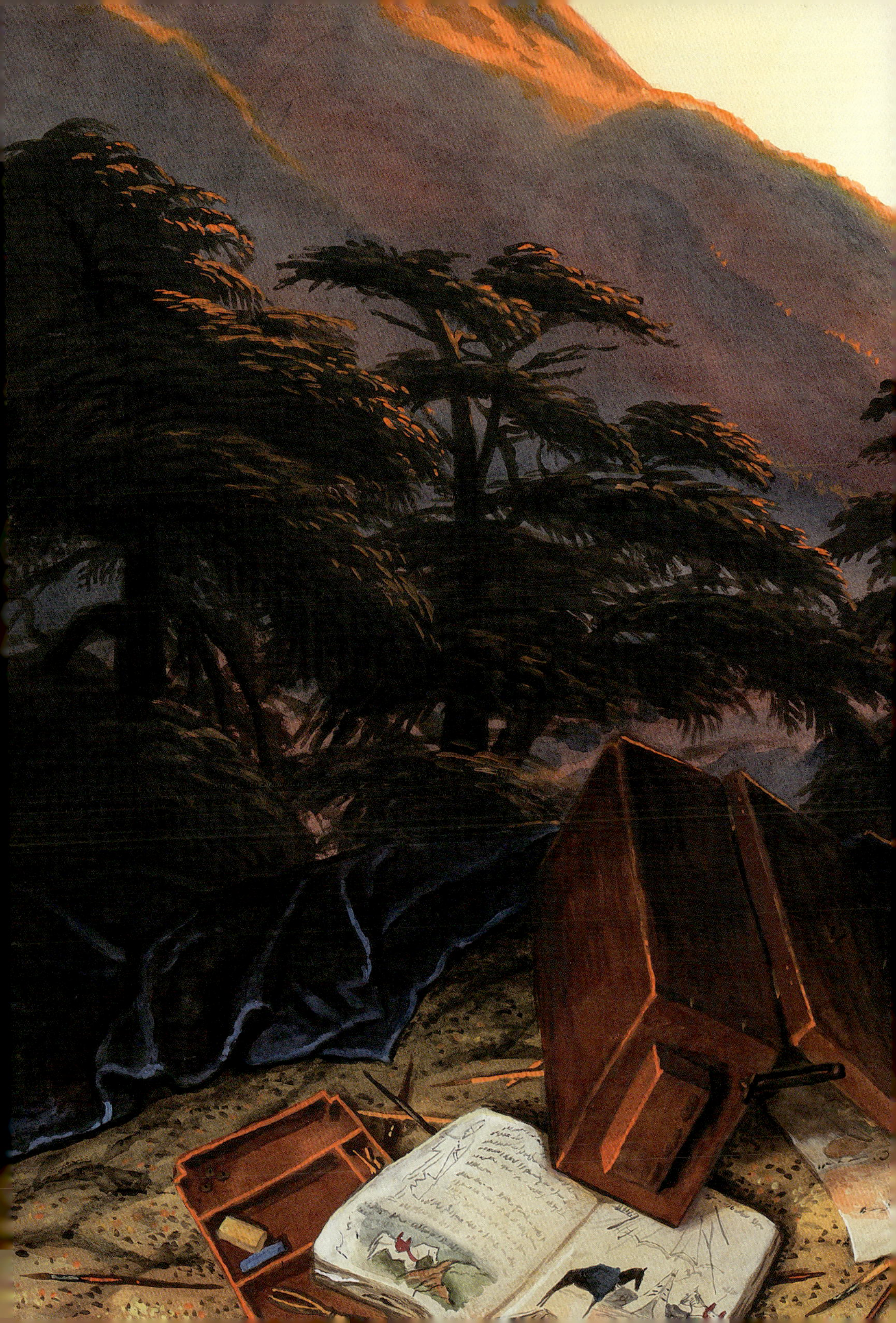

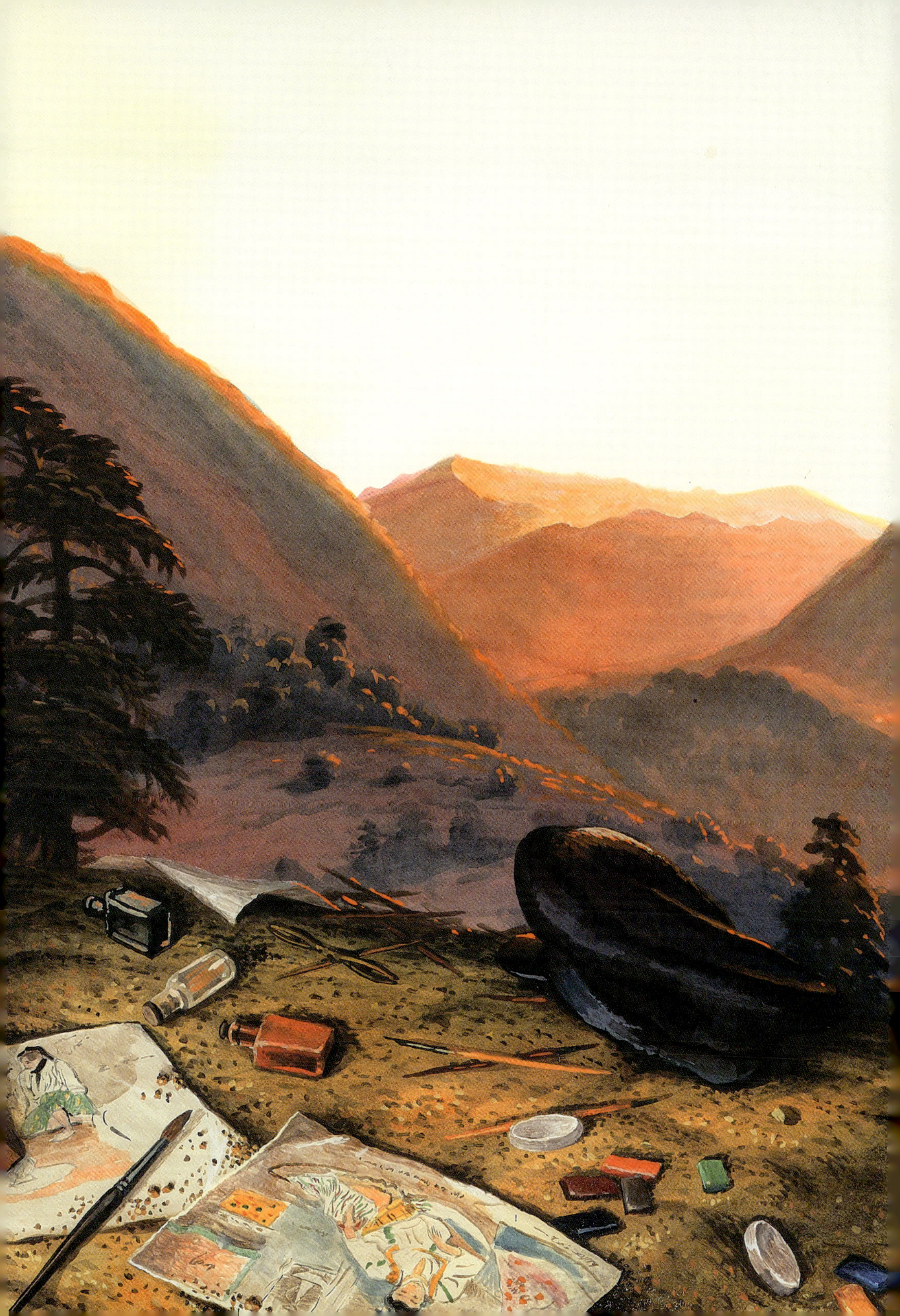

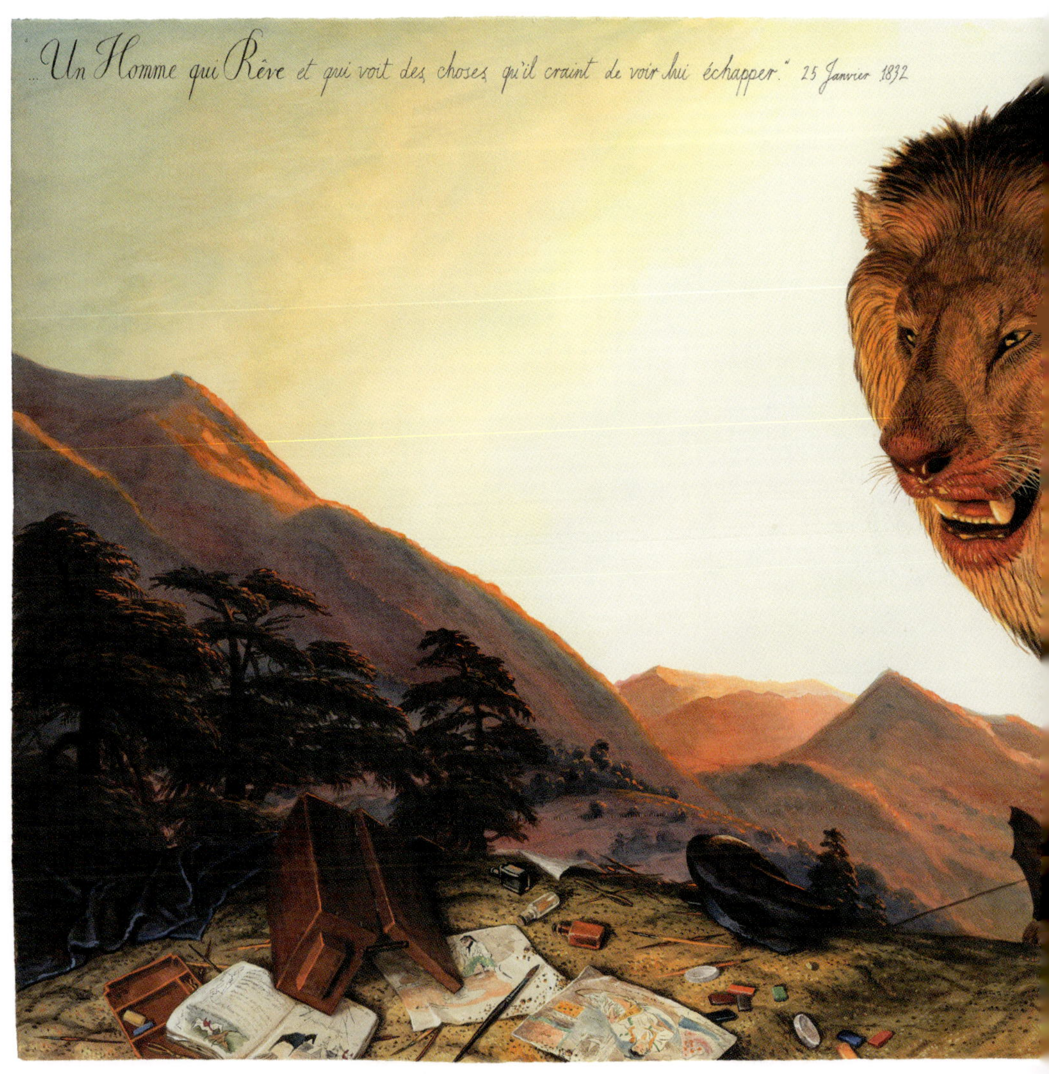

...Un Homme qui Rêve et qui voit des choses qu'il craint de voir lui échapper." 25 Janvier 1832

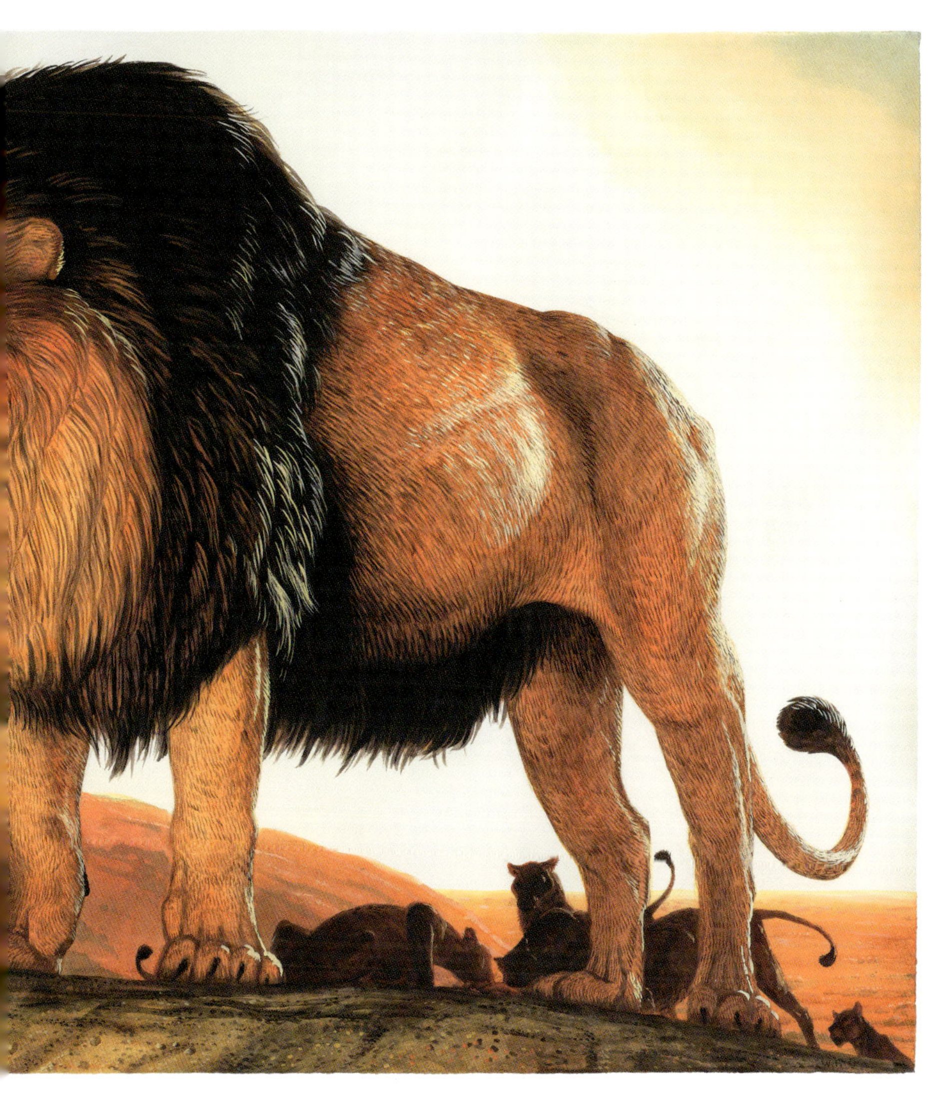

Un Homme qui Rêve
Watercolor, gouache, and ink on paper
152.7 x 302.9 cm (60⅛ x 119¼ in.), 2018

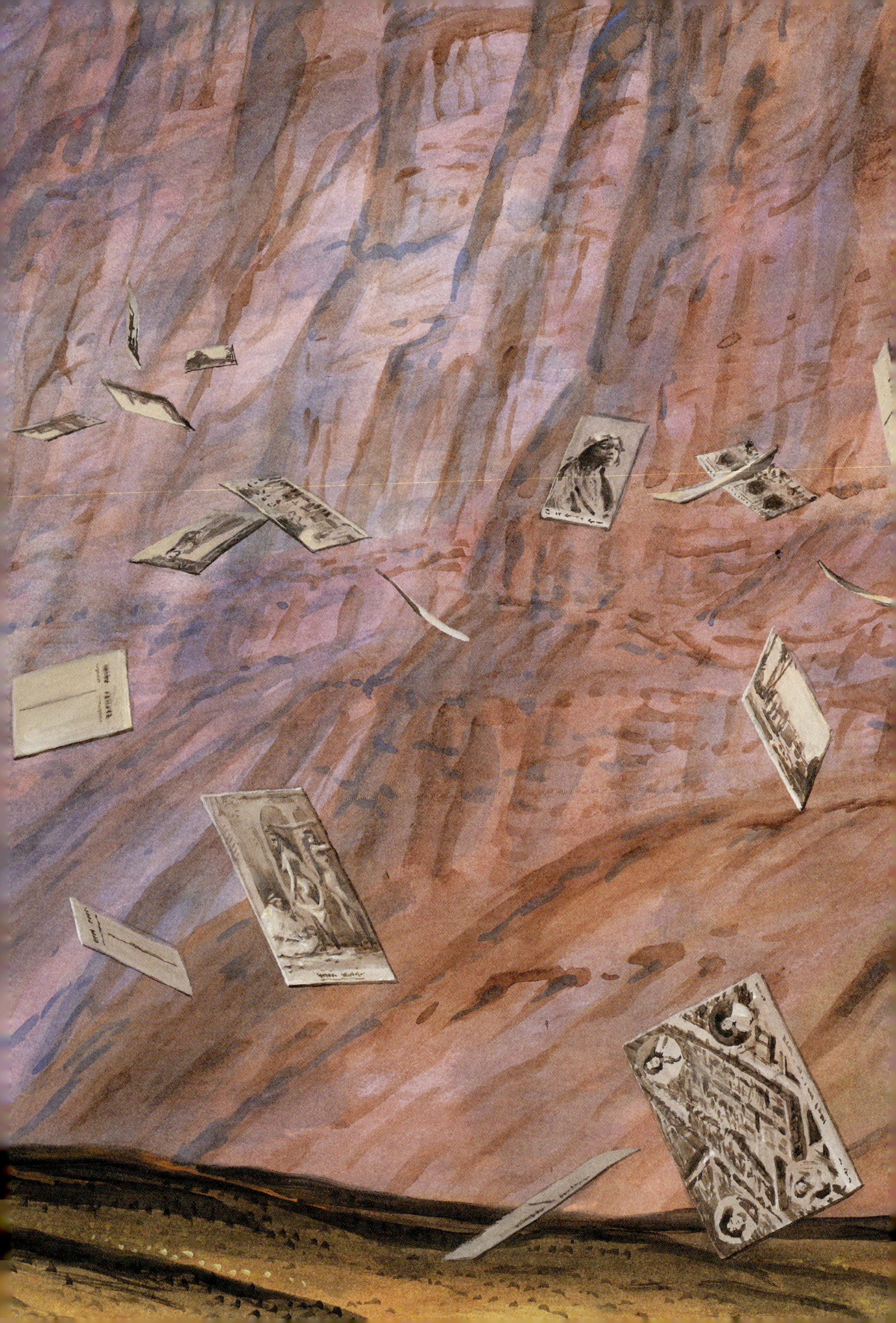

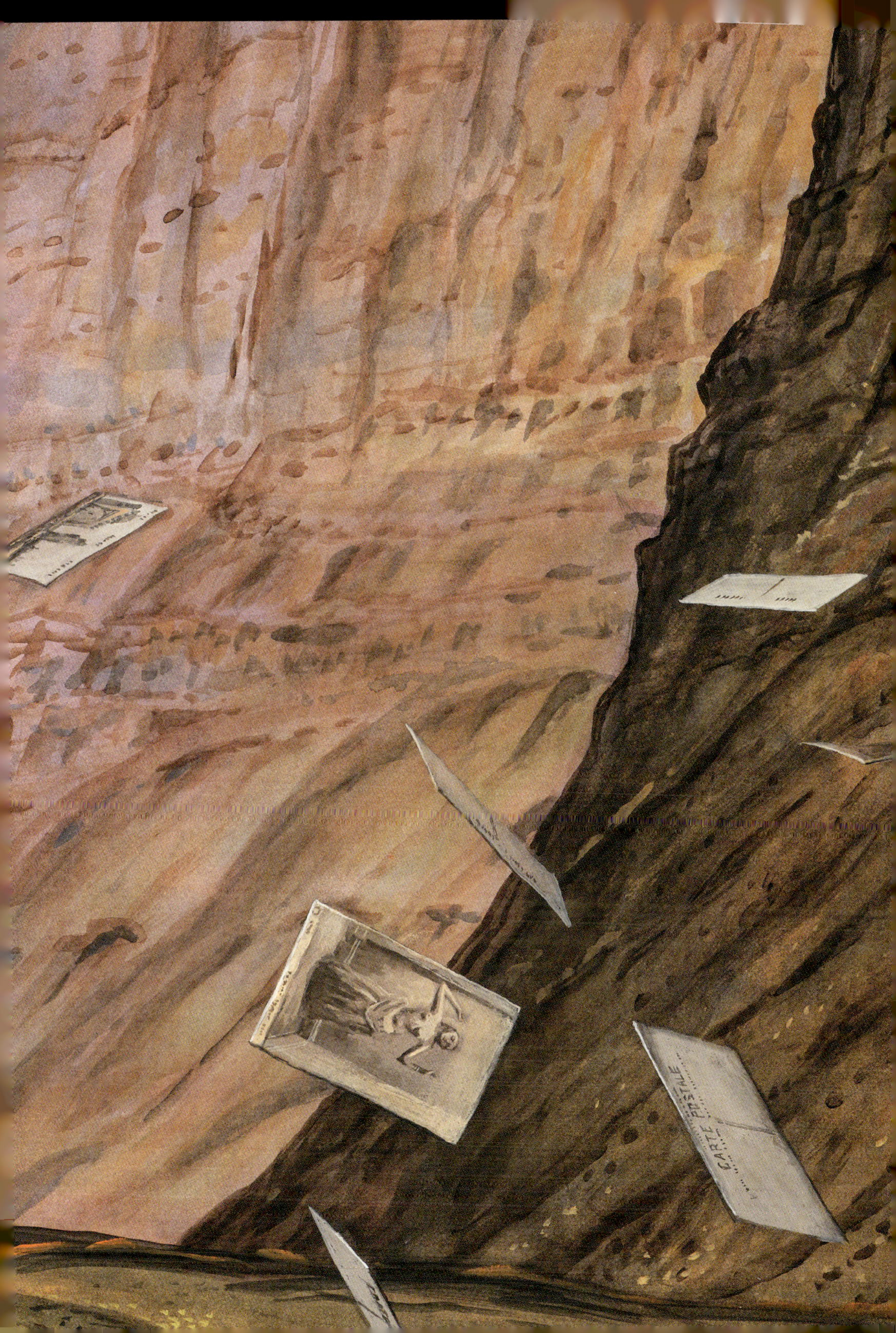
CARTE POSTALE

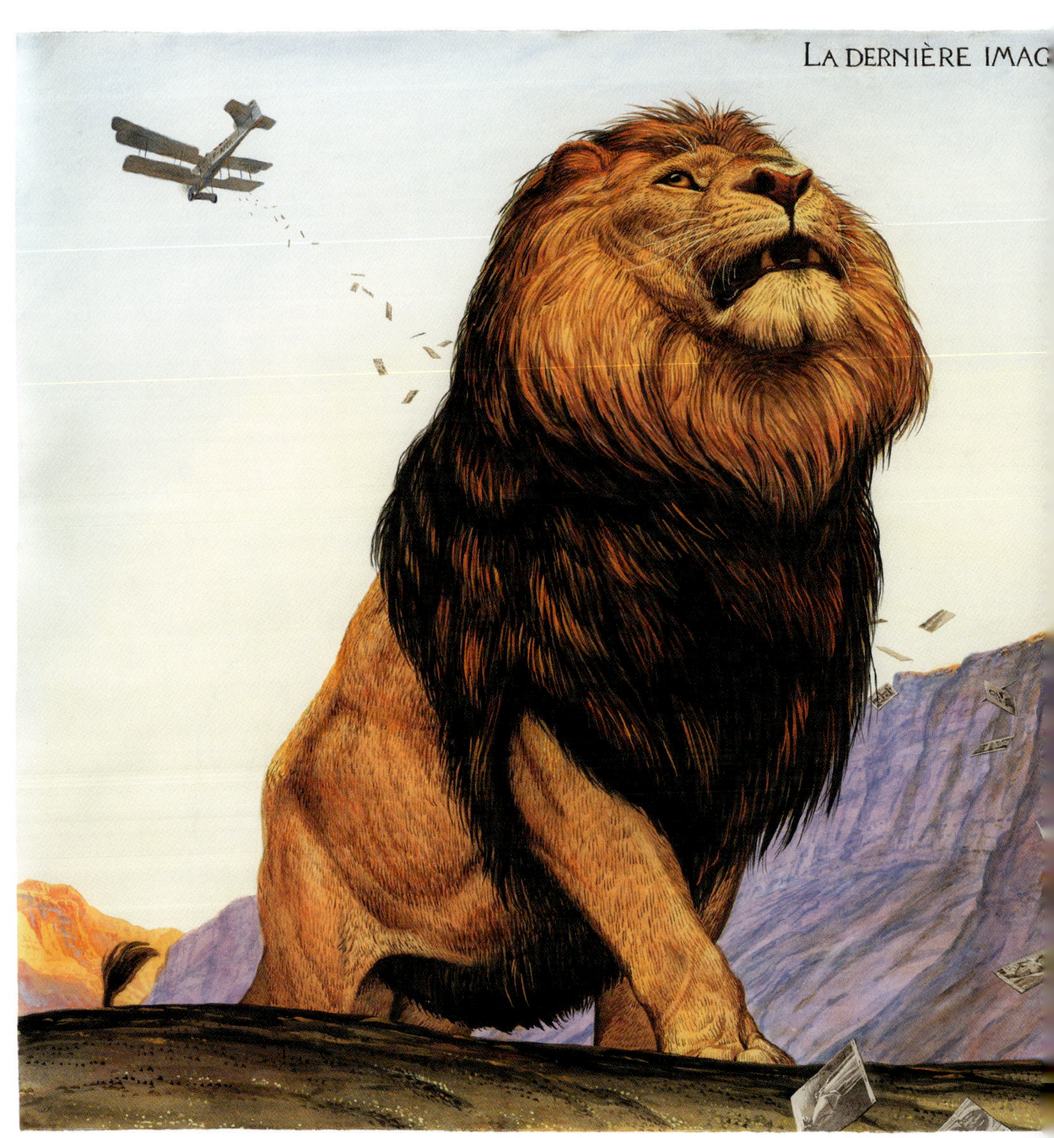

La Dernière Image
Watercolor, gouache, and ink on paper
152.4 x 303.5 cm (60 x 119½ in.), 2018

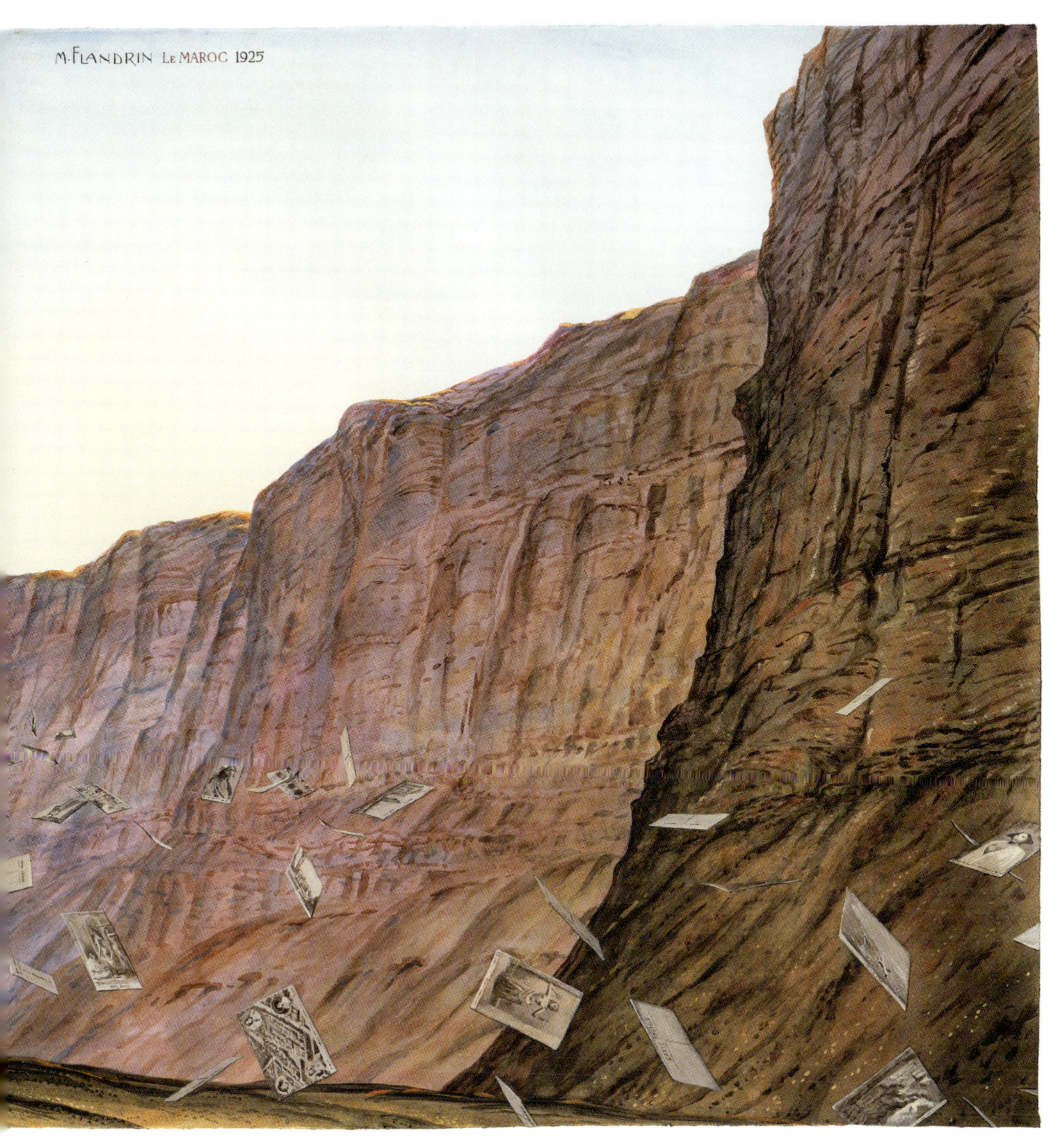
M. FLANDRIN LE MAROC 1925

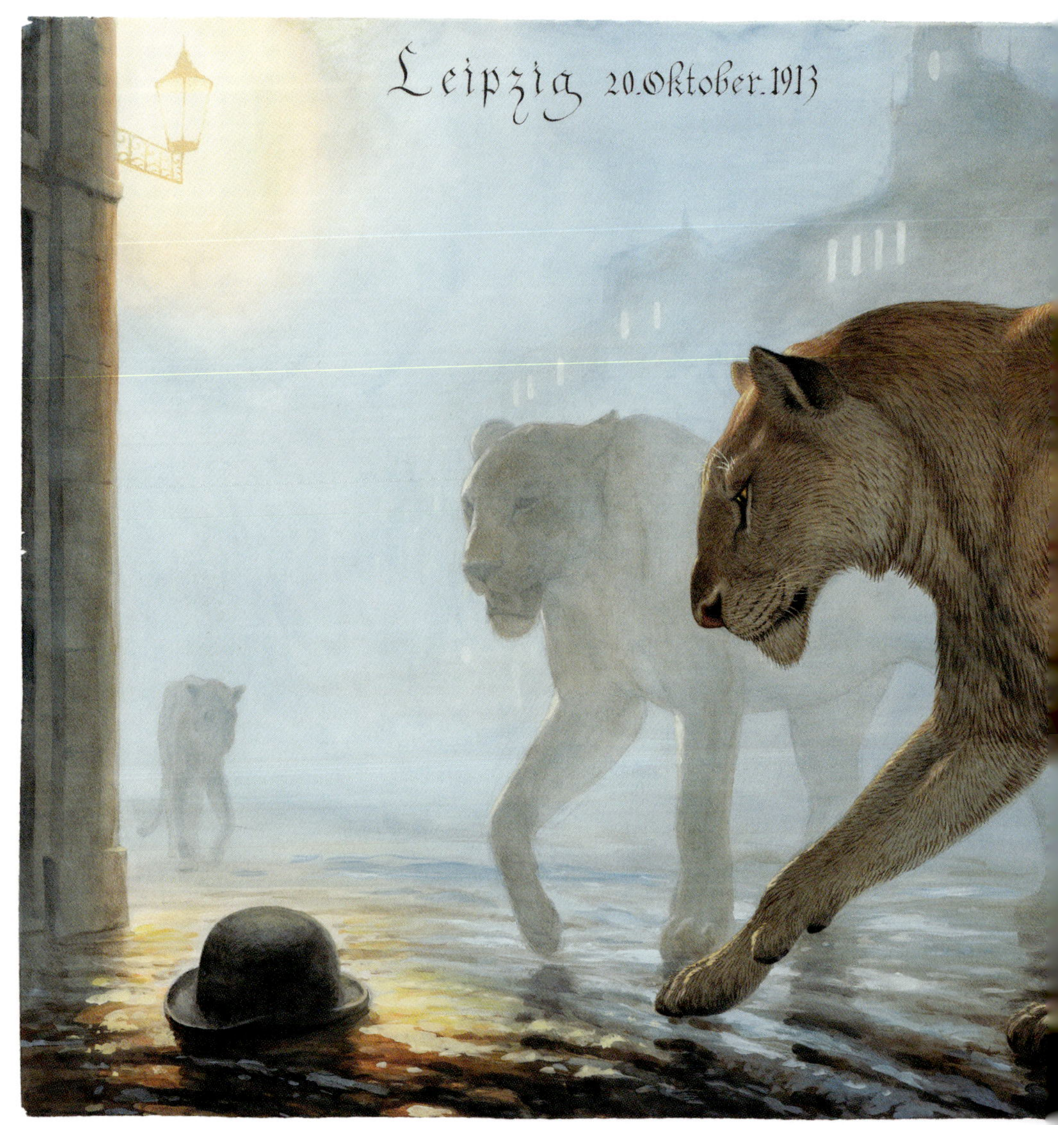

Leipzig 20.Oktober.1913

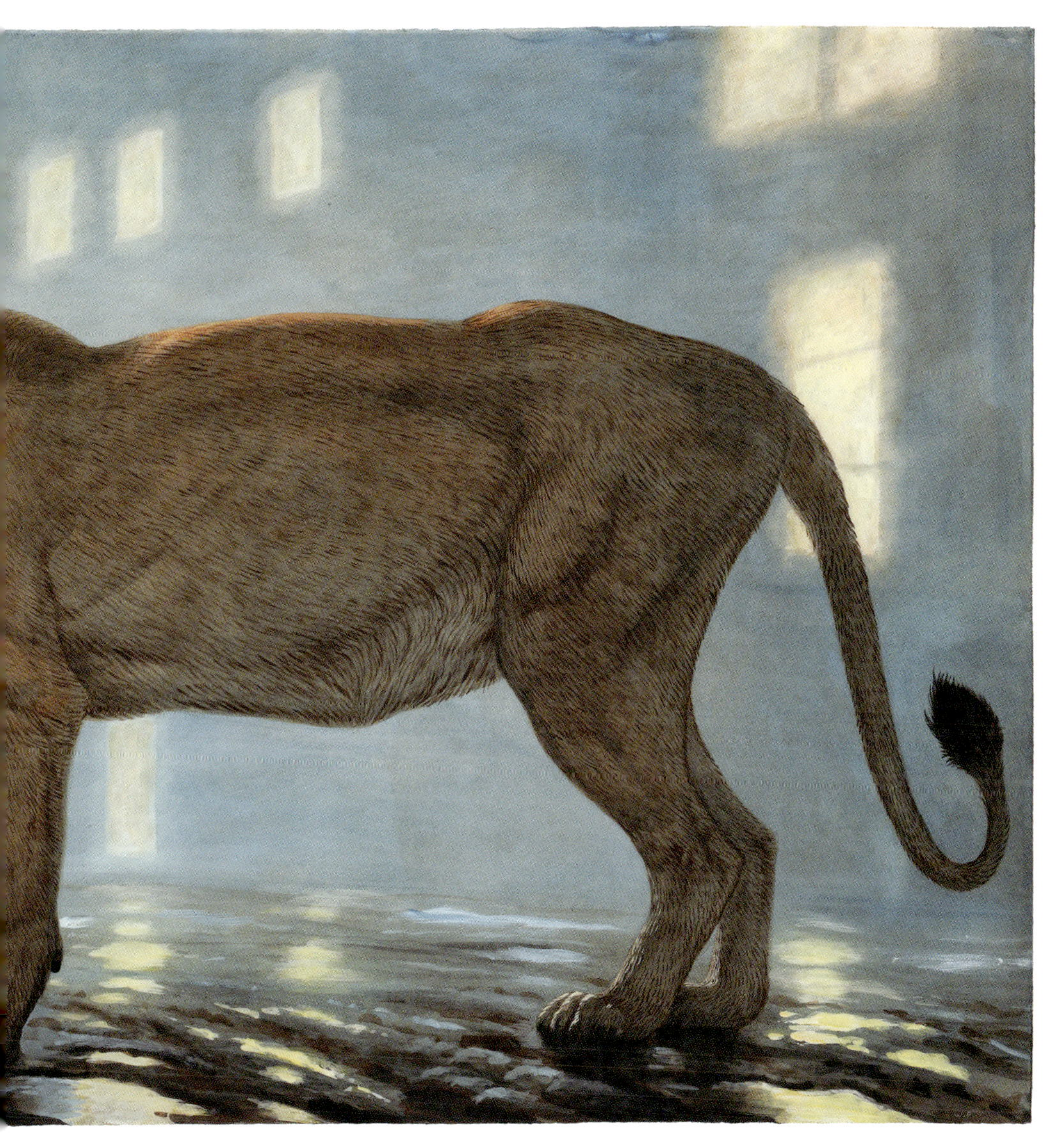

Leipzig
Watercolor, gouache, and ink on paper
152.7 x 302.9 cm (60⅛ x 119¼ in.), 2018

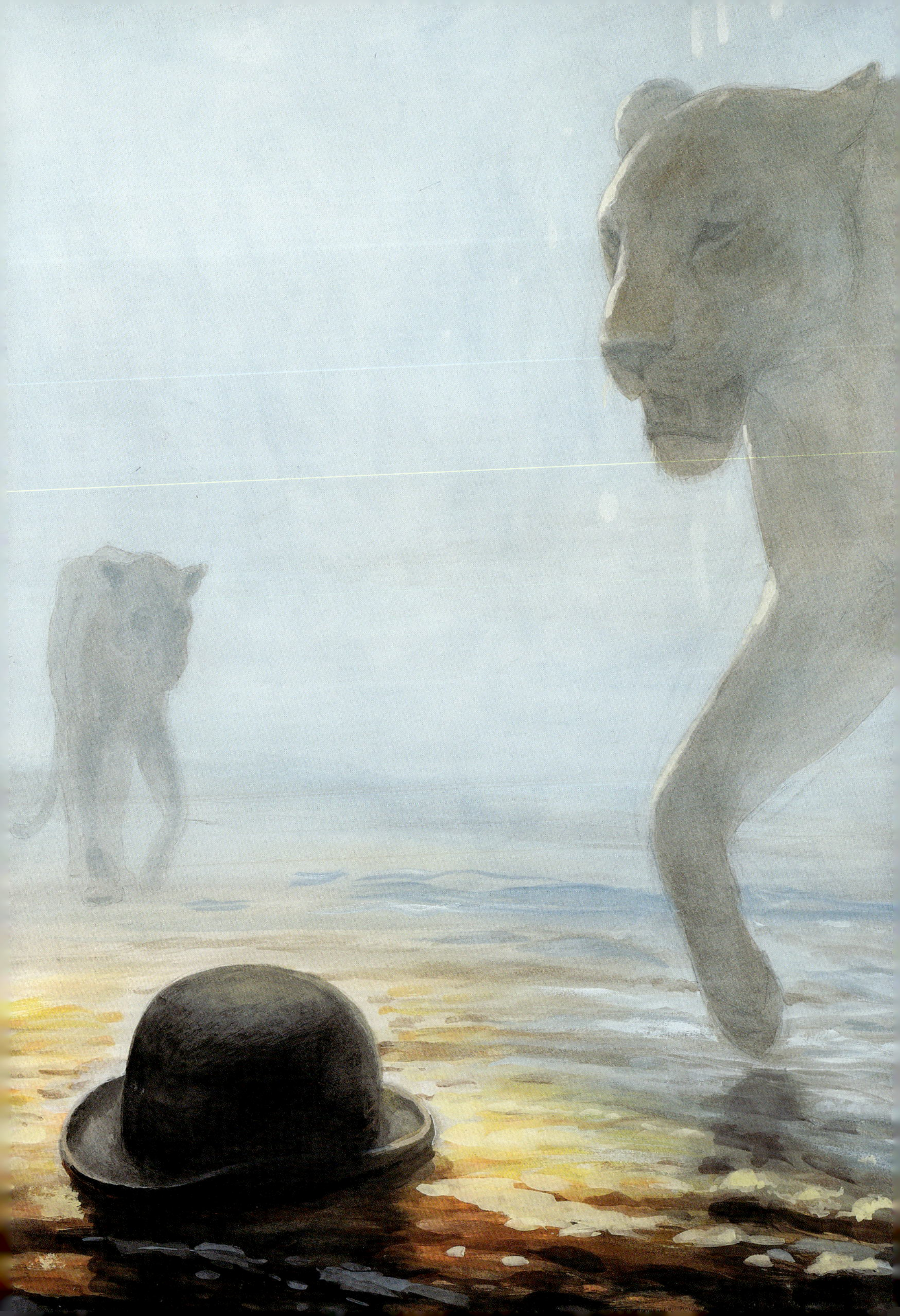

LEIPZIG/ ——— The Leipzig lion hunt happened under the following circumstances according to J. Gebbing ((1928) 35). Some animals escaped in the night from Barnum's Circus. One group was captured alive in Blücherstrasse by the zoo staff; a second group (six in all) was shot by the police. The bodies of the victims of the now world-famous Leipzig lion hunt were put on show at the zoo, and next day enormous crowds flocked to see them. (Note, in passing, the great interest in the slaughtered lions by the public; this shows that the public need enlightenment about their interests and taste.) This example, one of many, confirms the fact that in such situations the police usually shoot far too soon and generally without need. Naturally, they act on the firm conviction that the sacrifice of human lives must be prevented by making the dangerous carnivores harmless as quickly as possible. It is not easy to convince the police that danger hardly exists. To show the truth of this bold assertion, so contrary to popular opinion, let us quote two arguments. In the above instance, the zoo staff caught several of the escaped lions without being eaten up by them; practical proof that they should not be shot at sight. Secondly, it is impossible, psychologically speaking, to call these lions man-eaters. Unfortunately full details of the escape are not known, but it is safe to assume that the lions were not in a condition of extreme hunger.

To begin with, the lions can have had no other impulse than to seek cover. Escaped beasts of prey are not dangerous absconding criminals, but just wild animals undergoing flight reaction. As such, they try first and foremost to put a safe distance between themselves and man, to find a home. An escaped lion is obeying the law of flight and must do so from biological compulsion. Even a completely tame lion with no urge to run away from man will, in this situation, be subject to the law of flight. Every escape of this sort is associated with conditions of excitement; and panic, even in tame animals, causes their innate savageness to flare up again. But savageness does not imply blood lust, merely tendency to flight. This cannot be over-emphasized, particularly in any critical analysis of accidents among large animals./ ——— *Dubbed the father of zoo biology Dr. H. Hediger's* WILD ANIMALS IN CAPTIVITY *dispels the often anthropomorphic approach to understanding confined animals behavior. Butterworths Scientific Publications, 1950.*

spielte sich die Leipziger Löwenjagd unter den folgenden Umständen ab. In der Nacht waren einige der Tiere aus dem Zirkus Barnum entkommen. Eine Gruppe wurde von Mitarbeitern des Zoos lebend in der Blücherstraße eingefangen; eine zweite Gruppe (sechs Tiere insgesamt) wurde von der Polizei erschossen. Die Kadaver der Opfer dieser nun weltbekannten Leipziger Löwenjagd wurden im Zoo präsentiert, und am nächsten Tag strömten Besucher in wahren Scharen herbei, um sie sich anzuschauen. (Bei dieser Gelegenheit sei auf das große Interesse des Publikums an den abgeschlachteten Löwen verwiesen; dies zeigt, dass das Publikum im Hinblick auf seine Interessen und seine Vorlieben Aufklärung nötig hat.) Dieses Beispiel, eines von vielen, bestätigt die Tatsache, dass die Polizei in solchen Situationen in der Regel viel zu früh und meist unnötig schießt. Natürlich handelt die Polizei in der festen Überzeugung, dass die Gefährdung von Menschenleben verhindert werden muss, indem die gefährlichen Raubtiere so schnell wie möglich unschädlich gemacht werden. Es ist nicht einfach, die Polizei davon zu überzeugen, dass kaum eine Gefahr besteht. Um den Wahrheitsgehalt dieser kühnen Behauptung zu belegen, die so sehr im Gegensatz zur landläufigen Meinung steht, wollen wir zwei Argumente anführen. Im oben zitierten Fall hat das Zoopersonal mehrere der entflohenen Löwen eingefangen, ohne von ihnen aufgefressen zu werden; ein faktischer Beweis dafür, dass die Tiere nicht gleich, kaum dass man ihrer ansichtig wird, erschossen werden

müssen. Zweitens ist es, psychologisch betrachtet, unmöglich, diese Löwen als Menschenfresser zu bezeichnen. Leider sind nicht alle Einzelheiten der Flucht bekannt, doch es ist anzunehmen, dass die Löwen zu jenem Zeitpunkt nicht unter großem Hunger litten.

Zunächst einmal können die Löwen nur dem Impuls, Schutz zu suchen, gefolgt sein. Entflohene Raubtiere sind keine gefährlichen Kriminellen auf der Flucht, sondern nur wilde Tiere, die ihrem natürlichen Fluchtinstinkt folgen. Als solche versuchen sie zunächst und vor allem, zwischen sich und den Menschen einen sicheren Abstand herzustellen und einen Unterschlupf zu finden. Ein entflohener Löwe gehorcht seinem Fluchtinstinkt, und sein biologischer Drang lässt auch nichts anderes zu. Selbst ein ganz zahmer Löwe, der keinen Drang verspürt, vor dem Menschen davonzulaufen, wird in einer solchen Situation seinem Fluchtinstinkt folgen. Jede Flucht dieser Art ist mit Aufregung verbunden; und Panik lässt, auch bei zahmen Tieren, wieder ihre angeborene Wildheit aufkommen. Doch Wildheit impliziert nicht unbedingt Blutrünstigkeit, sondern lediglich einen Fluchtreflex. Dies kann, insbesondere bei der kritischen Analyse von Zwischenfällen mit großen Tieren, nicht genug betont werden./ ——— *Der als Vater der Zoo-Biologie geltende Dr. H. Hediger räumt in seiner Schrift* WILD ANIMALS IN CAPTIVITY (Wilde Tiere in Gefangenschaft) *mit dem oft anthropomorphen Ansatz bei der Beurteilung des Verhaltens eingesperrter Tiere auf. Butterworths Scientific Publications (1950).*

Selon J. Gebbing ((1928) 35), la chasse au lion de Leipzig s'est déroulée dans les circonstances suivantes. Quelques animaux s'échappèrent dans la nuit du cirque Barnum. Un groupe fut capturé vivant dans la Blücherstrasse par le personnel du zoo ; un deuxième groupe (six bêtes au total) fut abattu par la police. Les cadavres des victimes de la désormais célèbre chasse au lion de Leipzig furent exposés au zoo, et le lendemain, une foule immense se pressa pour les voir. (Notez, en passant, le grand intérêt du public pour les lions abattus ; cela montre que le public a besoin d'être éclairé sur ses intérêts et ses goûts.) Cet exemple, parmi bien d'autres, confirme le fait que dans de telles situations, la police tire beaucoup trop tôt et généralement sans nécessité. Naturellement, les policiers agissent avec la ferme conviction que le sacrifice de vies humaines doit être empêché en neutralisant les dangereux carnivores le plus vite possible. Il n'est pas facile de convaincre la police que le danger est pourtant infime. Pour étayer cette audacieuse affirmation, si contraire à l'opinion commune, deux arguments. Dans l'exemple ci-dessus, le personnel du zoo a capturé plusieurs des lions évadés sans se faire dévorer par eux ; preuve tangible qu'ils n'auraient pas dû être abattus à vue. Deuxièmement, il est impossible, d'un point de vue psychologique, d'appeler ces lions des mangeurs d'hommes. On ne connaît malheureusement pas tous les détails de l'évasion, mais on peut raisonnablement supposer que les lions n'étaient pas affamés.

Tout d'abord, les lions ne pouvaient écouter que leur instinct de se mettre à l'abri. On ne saurait comparer ces prédateurs évadés à de dangereux criminels, ce sont simplement des animaux sauvages qui obéissent à une réaction de fuite. En tant que tels, ils essaient avant tout de mettre une distance de sécurité entre eux et l'homme, et de trouver un refuge. Un lion évadé qui adopte un comportement de fuite y est contraint par sa biologie. Même un lion complètement domestiqué qui n'a pas envie de fuir l'homme sera, dans cette situation, soumis à cette loi. Toute évasion de ce type est associée à un certain niveau de stress ; et la panique, même chez les animaux apprivoisés, fait resurgir leur sauvagerie innée. Mais celle-ci n'implique qu'une propension à la fuite et non le goût du sang. Ces principes ne sauraient être trop rappelés, en particulier dans toute analyse critique des accidents survenus chez les grands animaux./
———WILD ANIMALS IN CAPTIVITY (Les Animaux sauvages en captivité), *de H. Hediger, surnommé le père de la zoobiologie, réfute l'interprétation souvent anthropomorphique du comportement des animaux confinés, Butterworths Scientific Publications, 1950.*

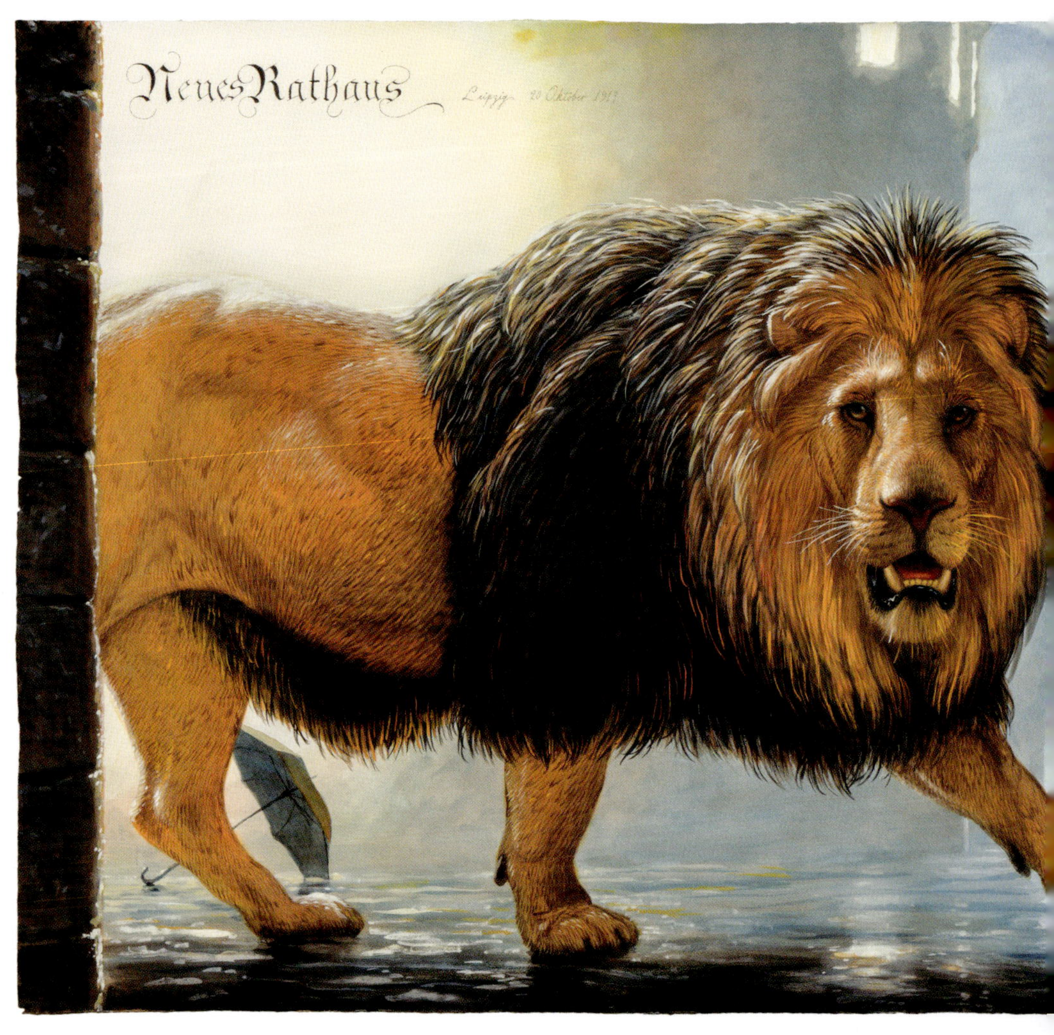

NeuesRathaus Leipzig 20 Oktober 1913

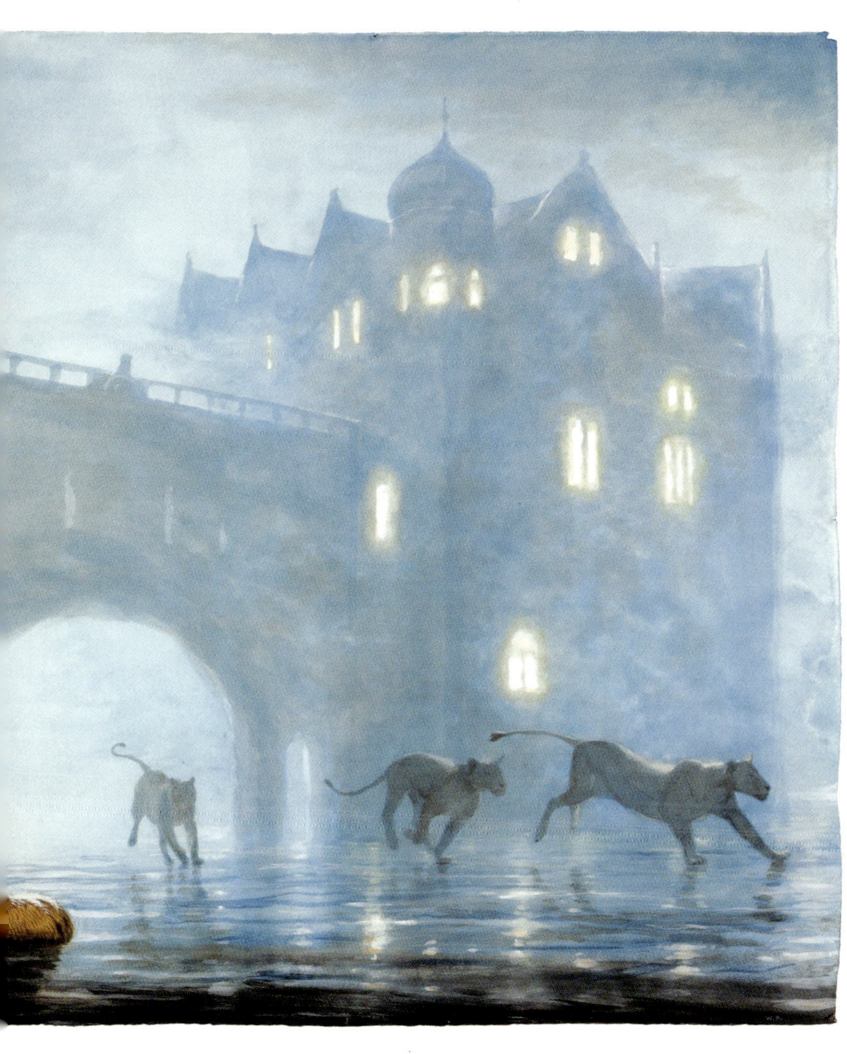

Neues Rathaus
Watercolor, gouache, and ink on paper
151.7 x 303.5 cm (59¾ x 119½ in.), 2019

Siegesdenkmal
Watercolor, gouache, and ink on paper
152.4 x 302.9 cm (60 x 119¼ in.), 2019

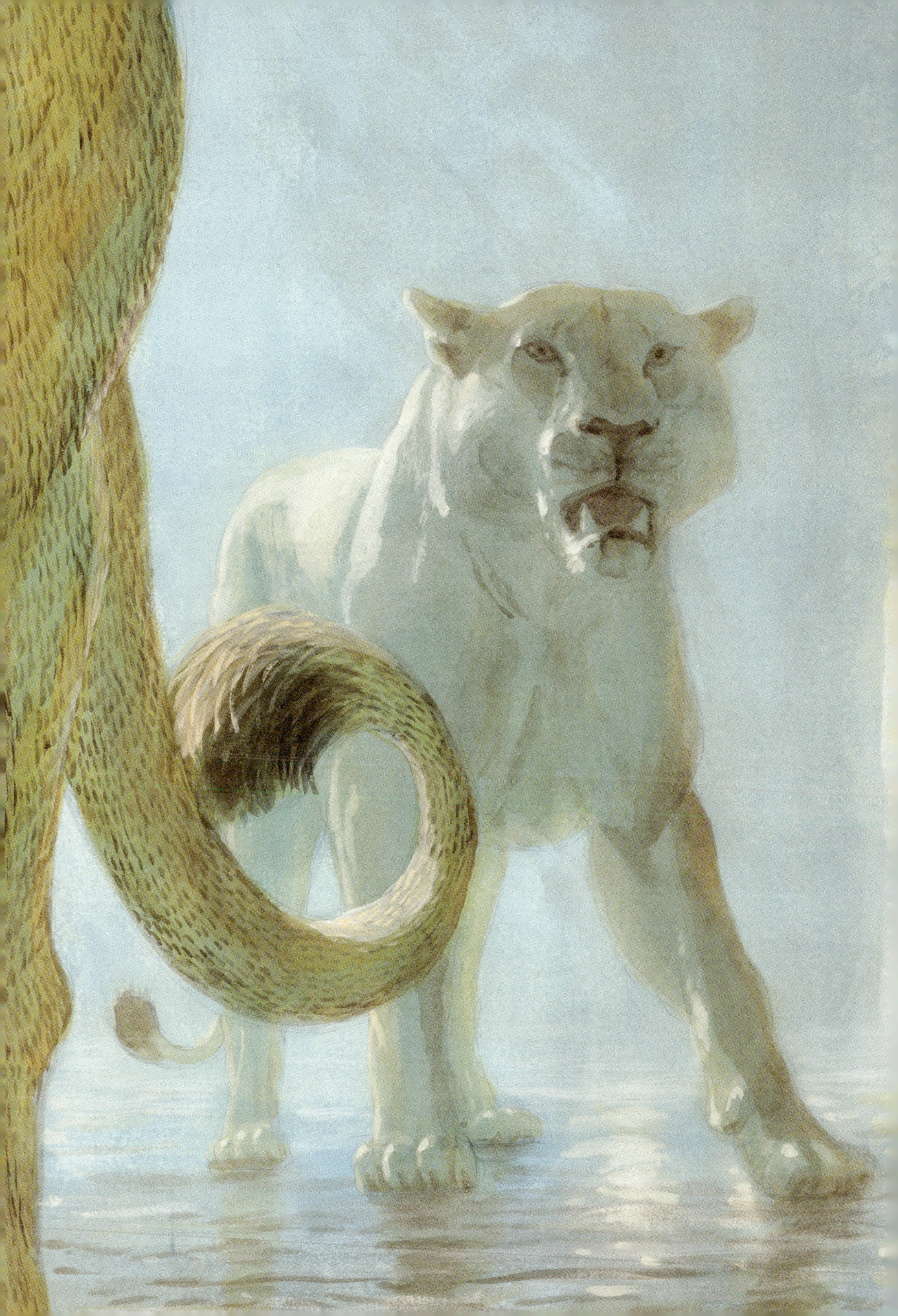

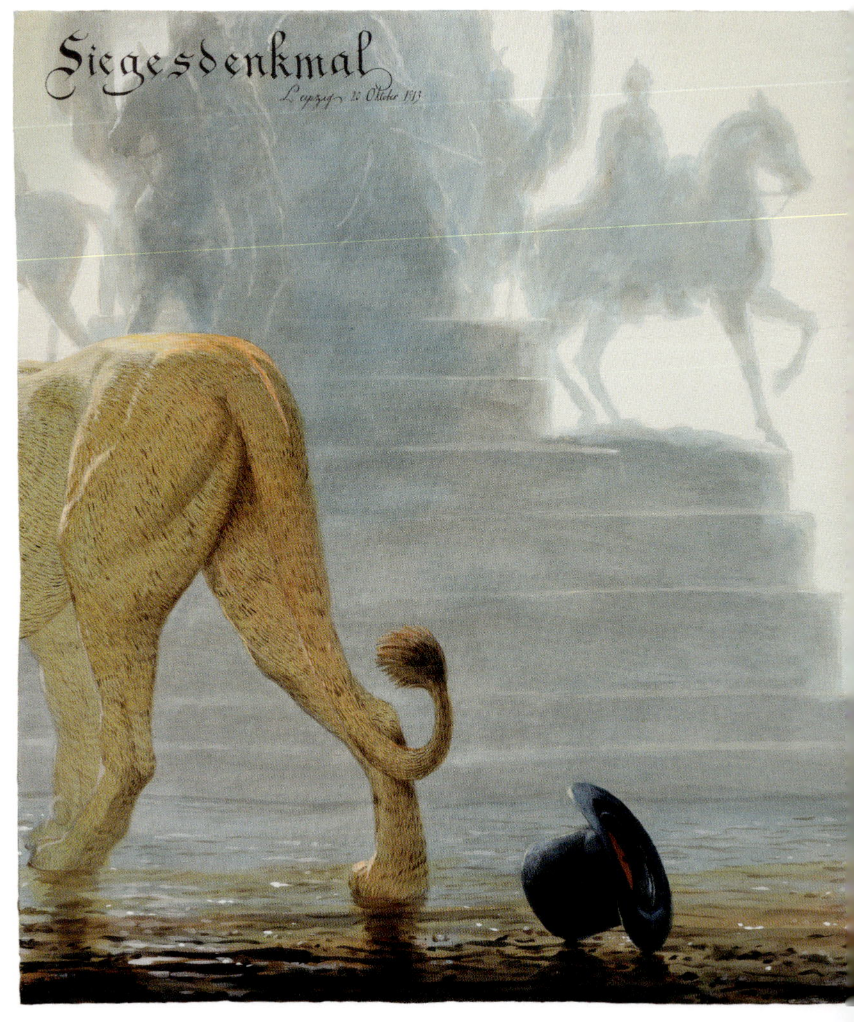

Siegesdenkmal
Leipzig, 20. Oktober 1913

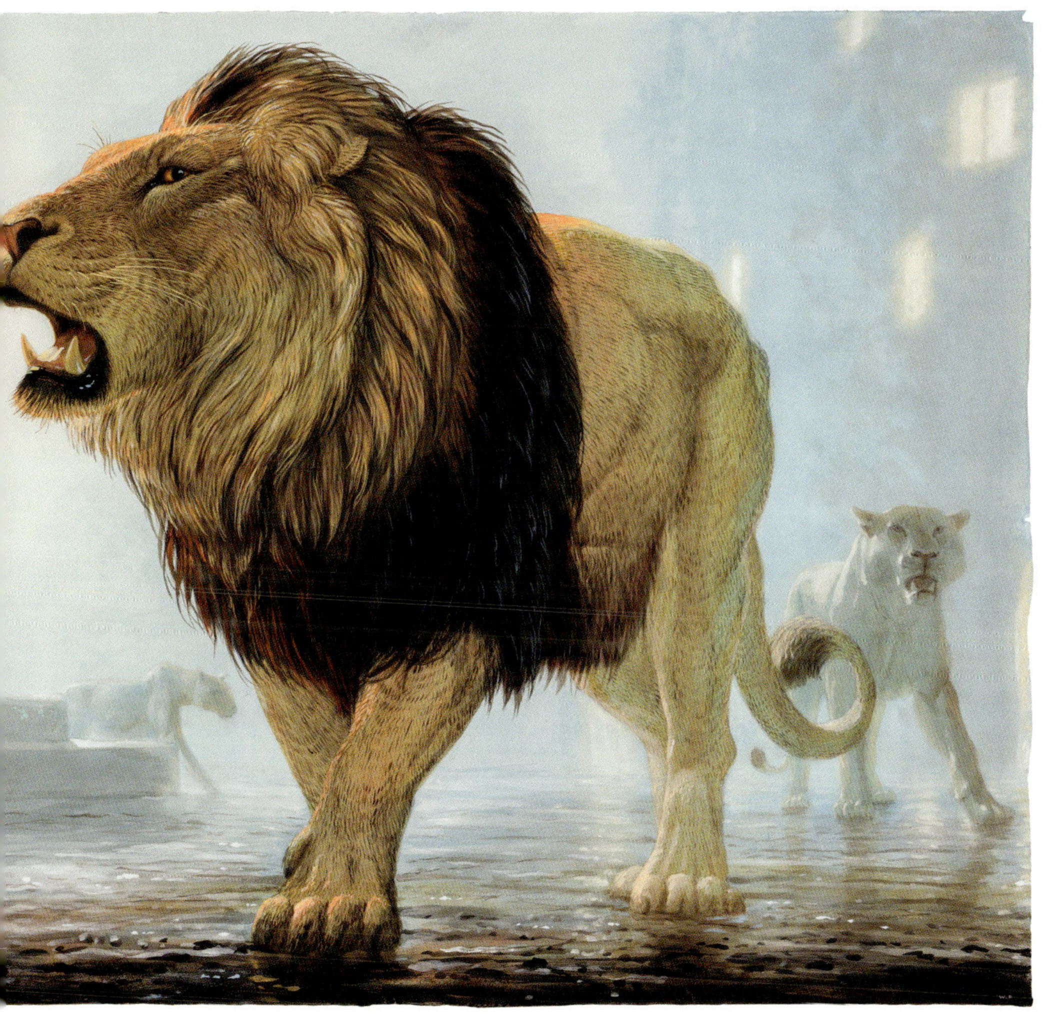

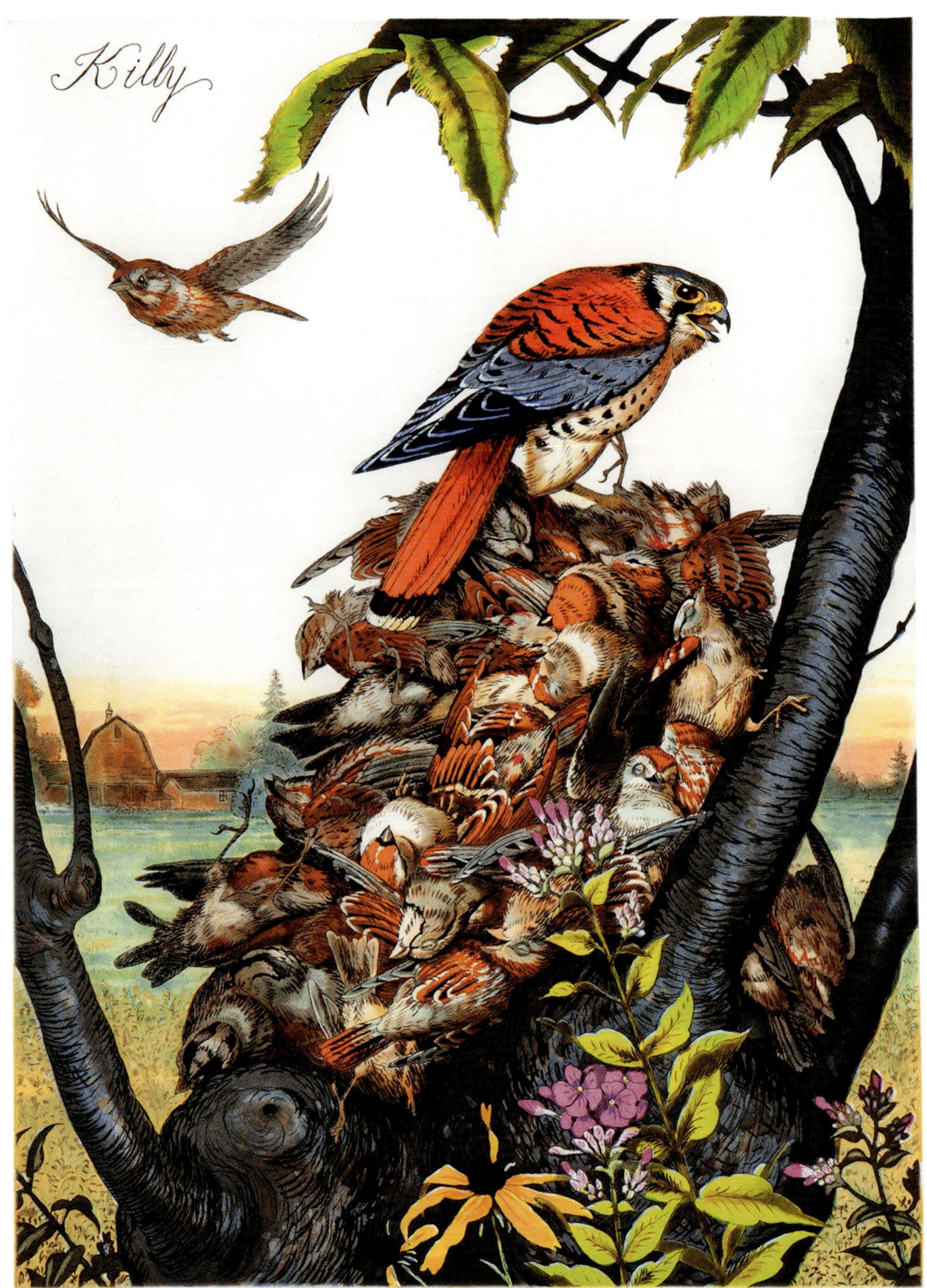
Killy

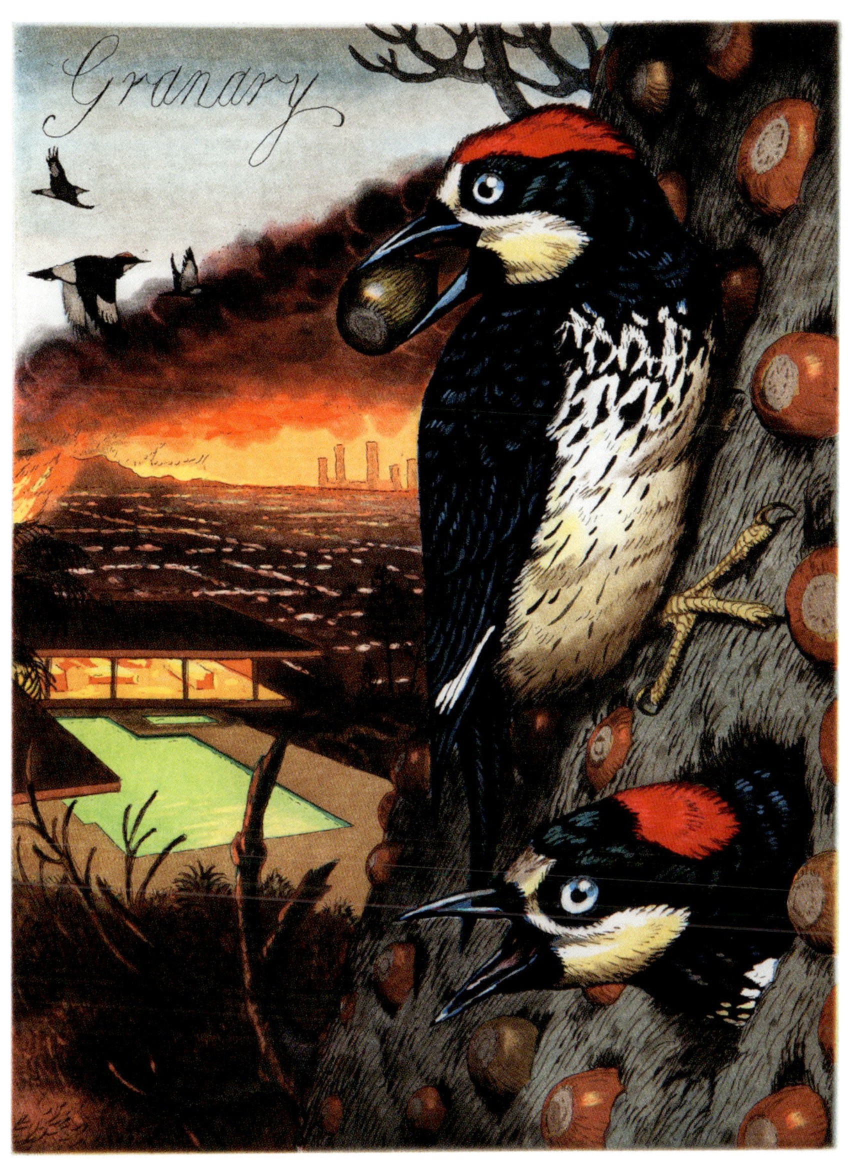

Threnos
Watercolor, gouache, and ink on paper
153 x 304.2 cm (60¼ x 119¾ in.), 2020

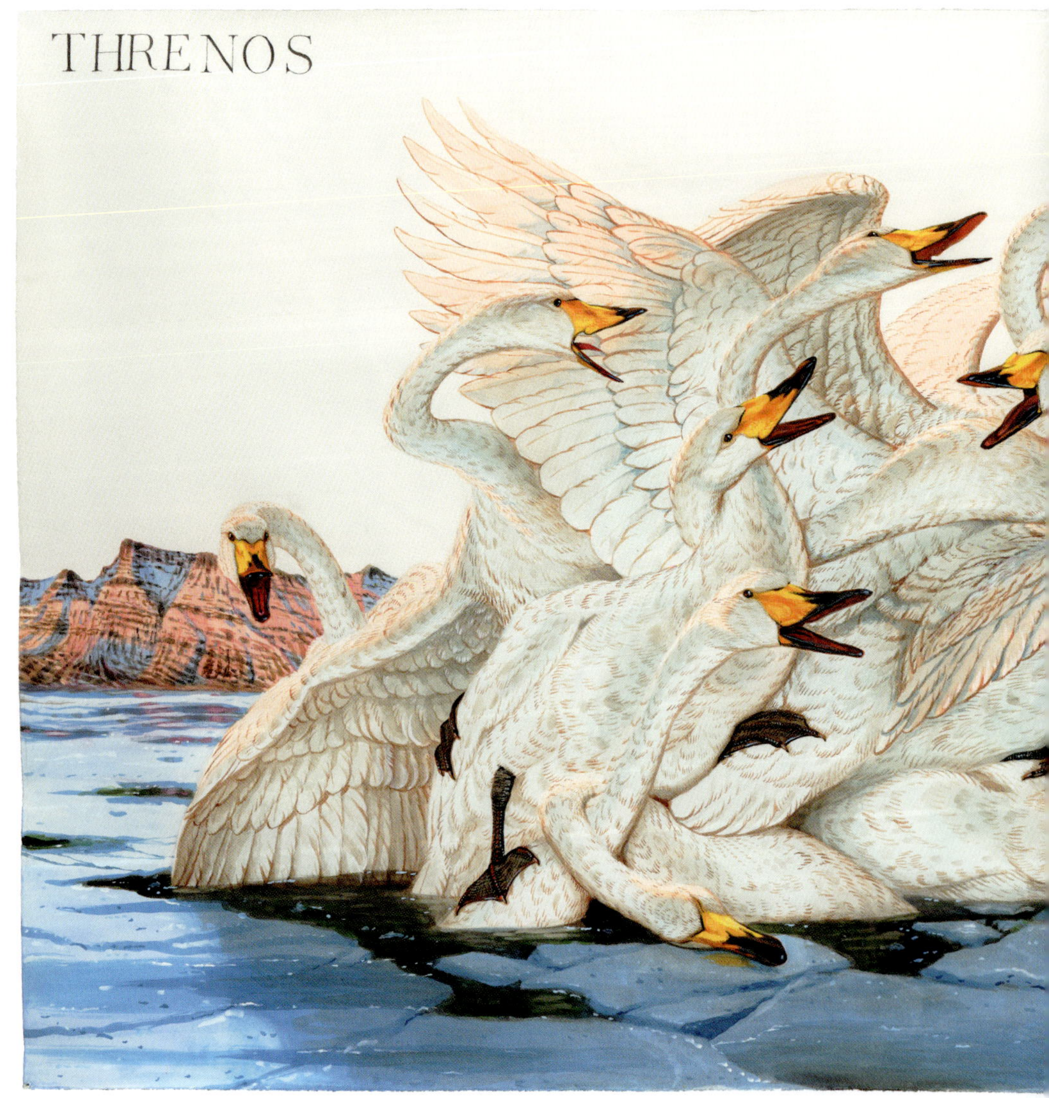

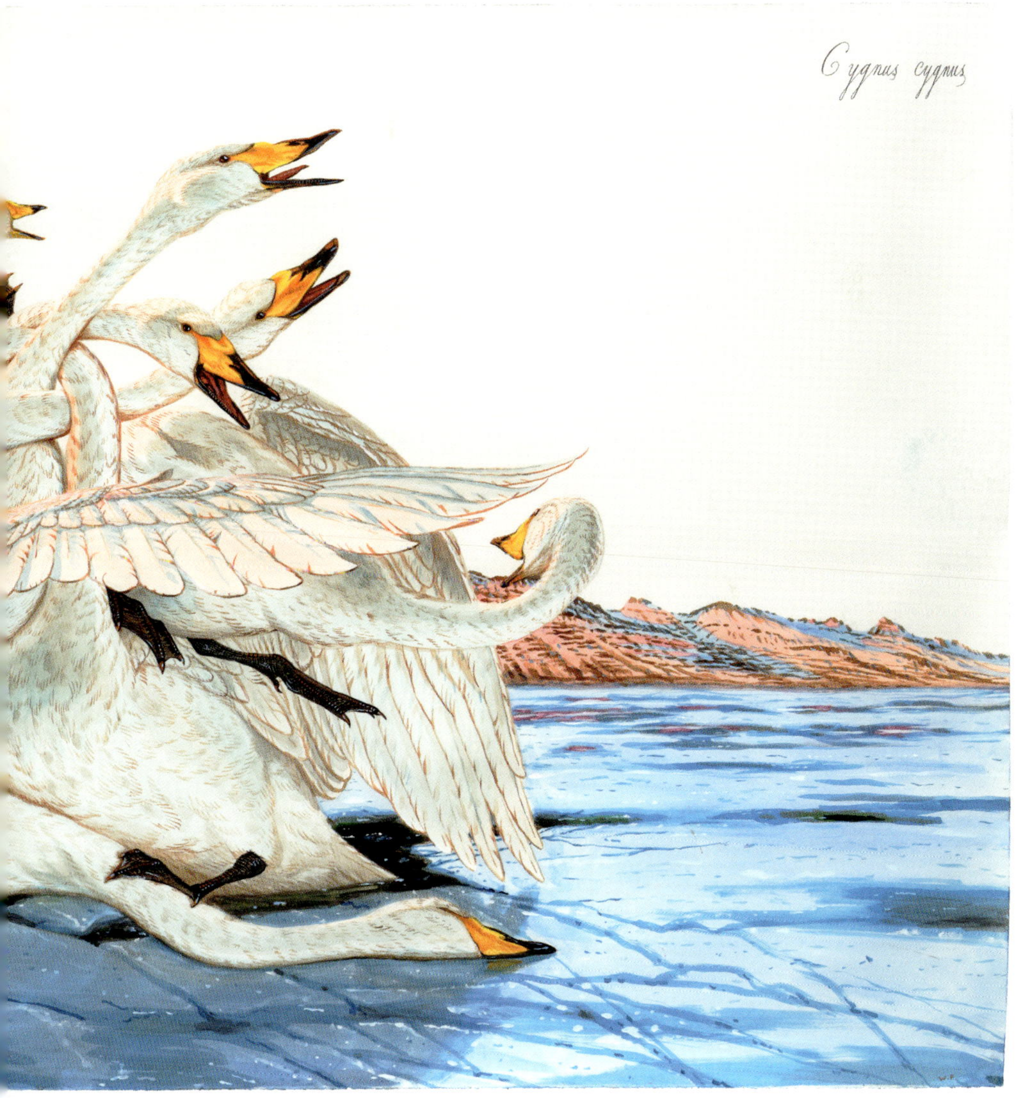

Cygnus cygnus

Cigninota

Watercolor, gouache, and ink on paper

152.4 x 304.8 cm (60 x 120 in.), 2020

CIGNINOTA

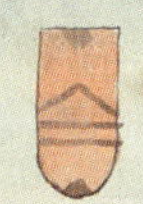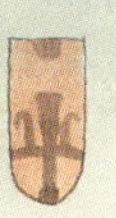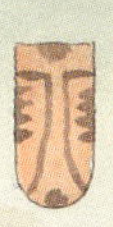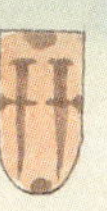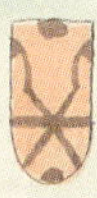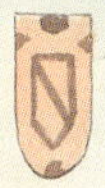

Every freeholder havyng any Swanne's shall begynn yerly to marke or cause to be marked the same upon the Monday next after Trinitye Sundaye, so that the Maister of the Kynge's Game of Swanne's or his deputies be there present, and if any persons take upon hym in markynge to the contrary, to forfeyte to the Kynge.

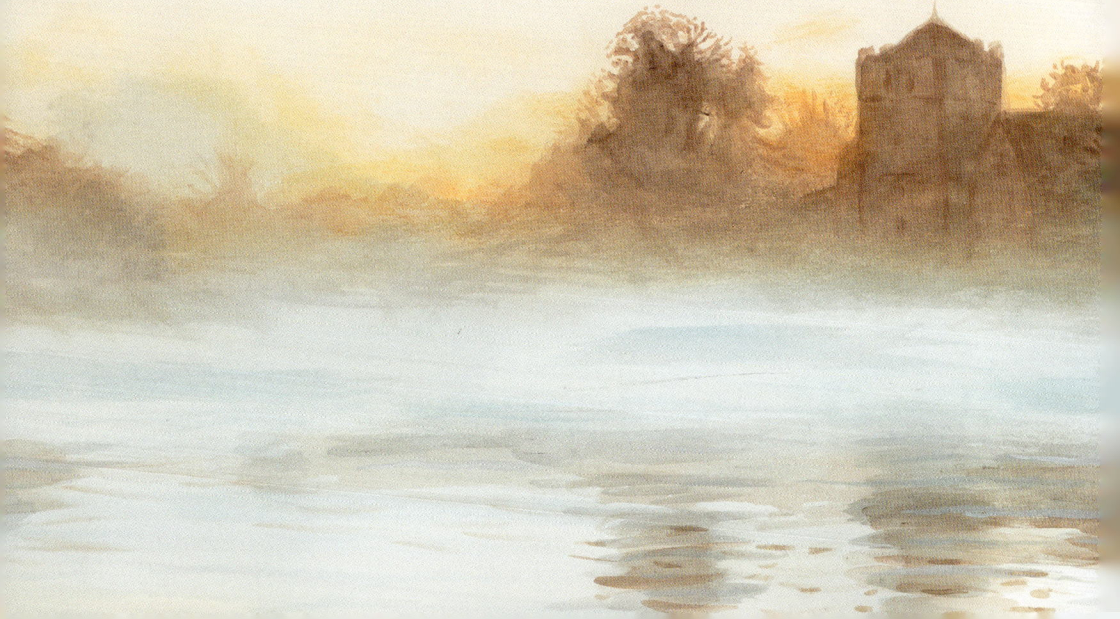

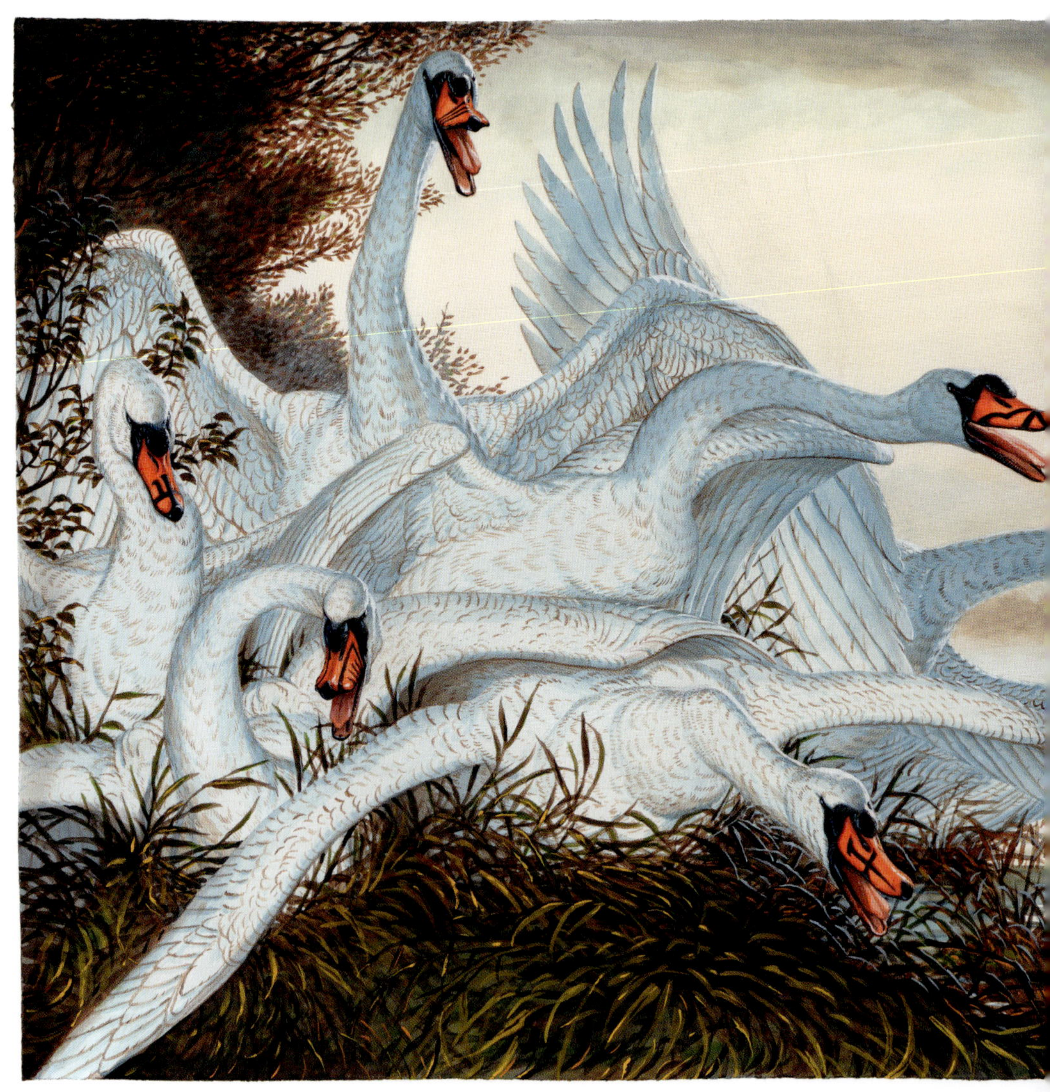

CIGNINOTA

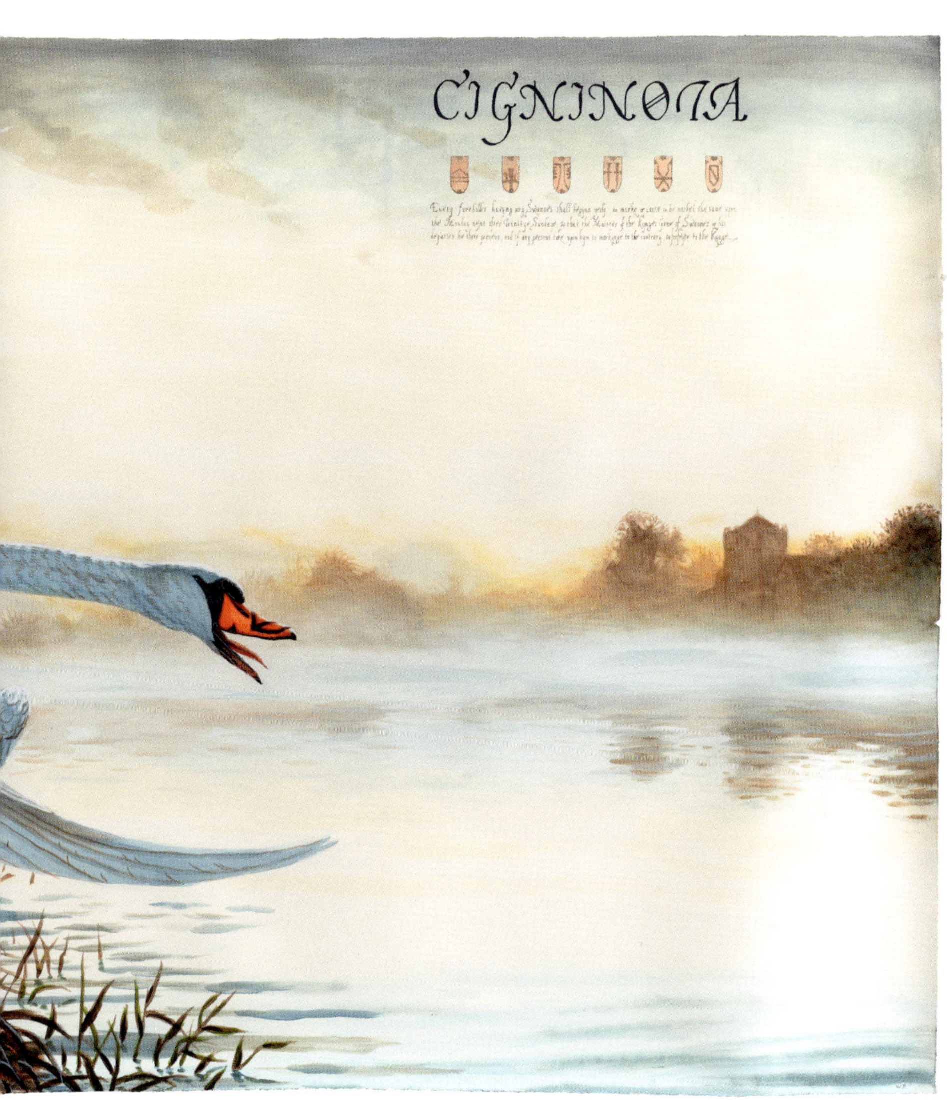

Every freeholder having any Swannes shall begyne onely to marke or cause to be marked the same vpon
the Mundie next their Cristofse Sondaie, so that the Stewards of the Kinges game of Swannes or his
deputies be there present, and if any persons take vpon him to marke to the contrary, to forfeite to the Kinge

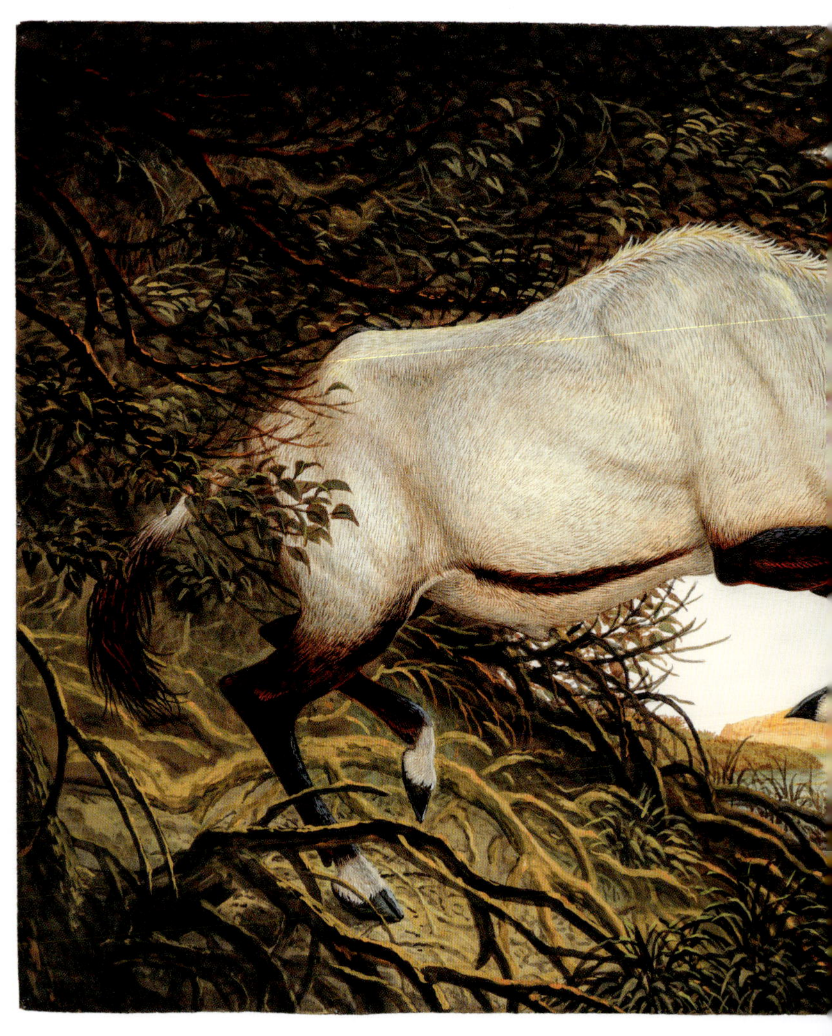

Euphrates
Watercolor, gouache, and ink on paper
152.4 x 303.5 cm (60 x 119½ in.), 2020

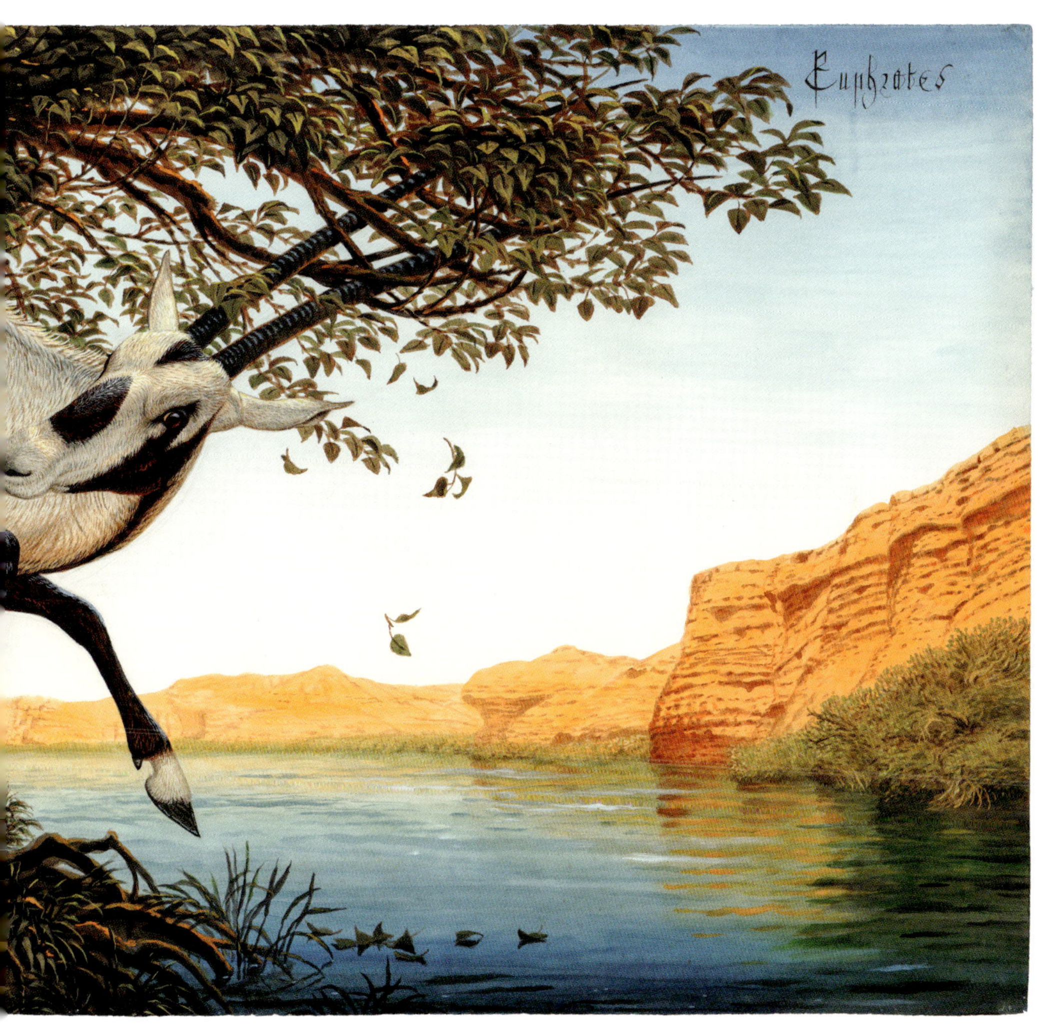
Euphrates

Cameleopards

Watercolor, gouache, and ink on paper

303.5 x 152.1 cm (119½ x 59⅞ in.), 2020

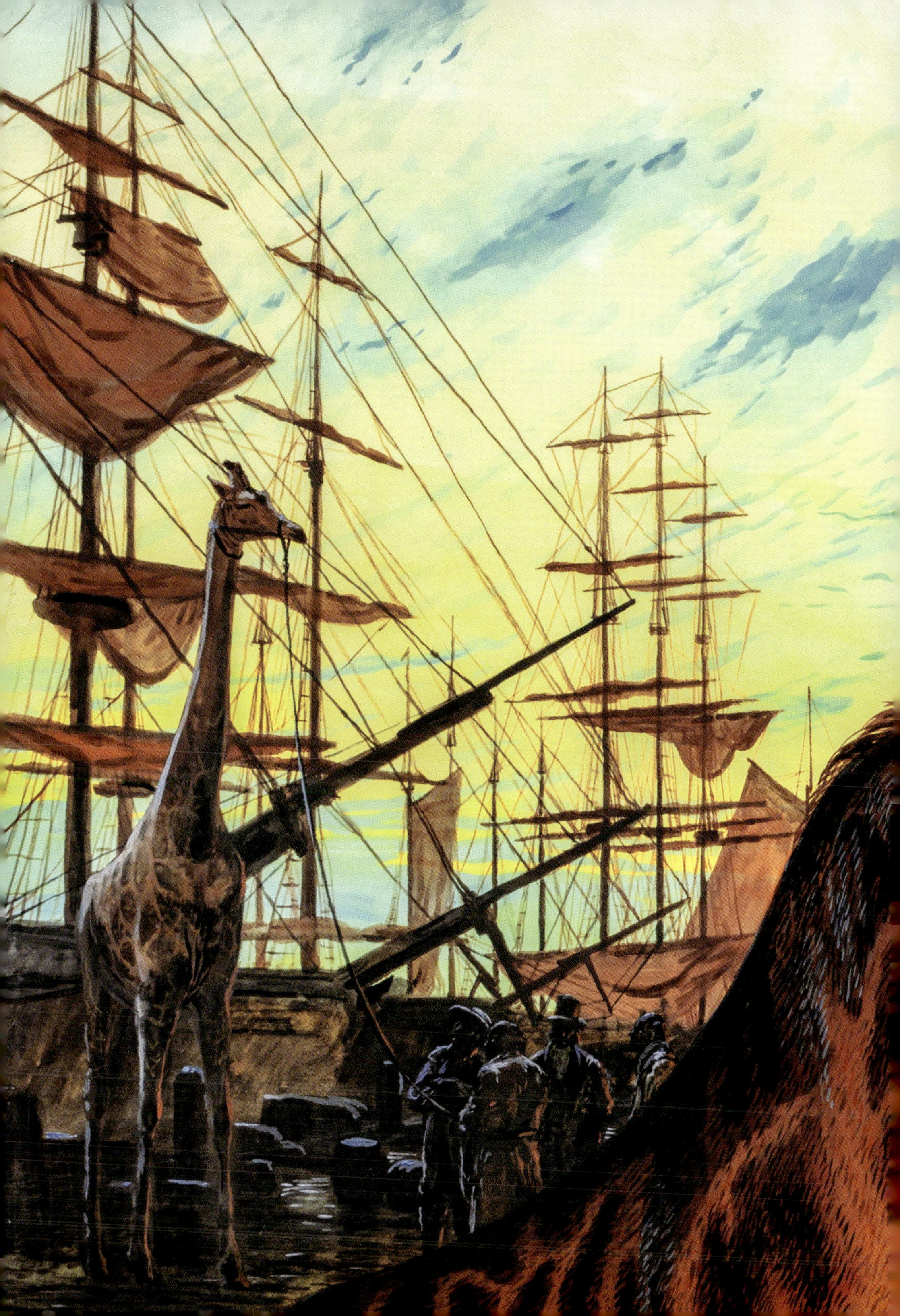

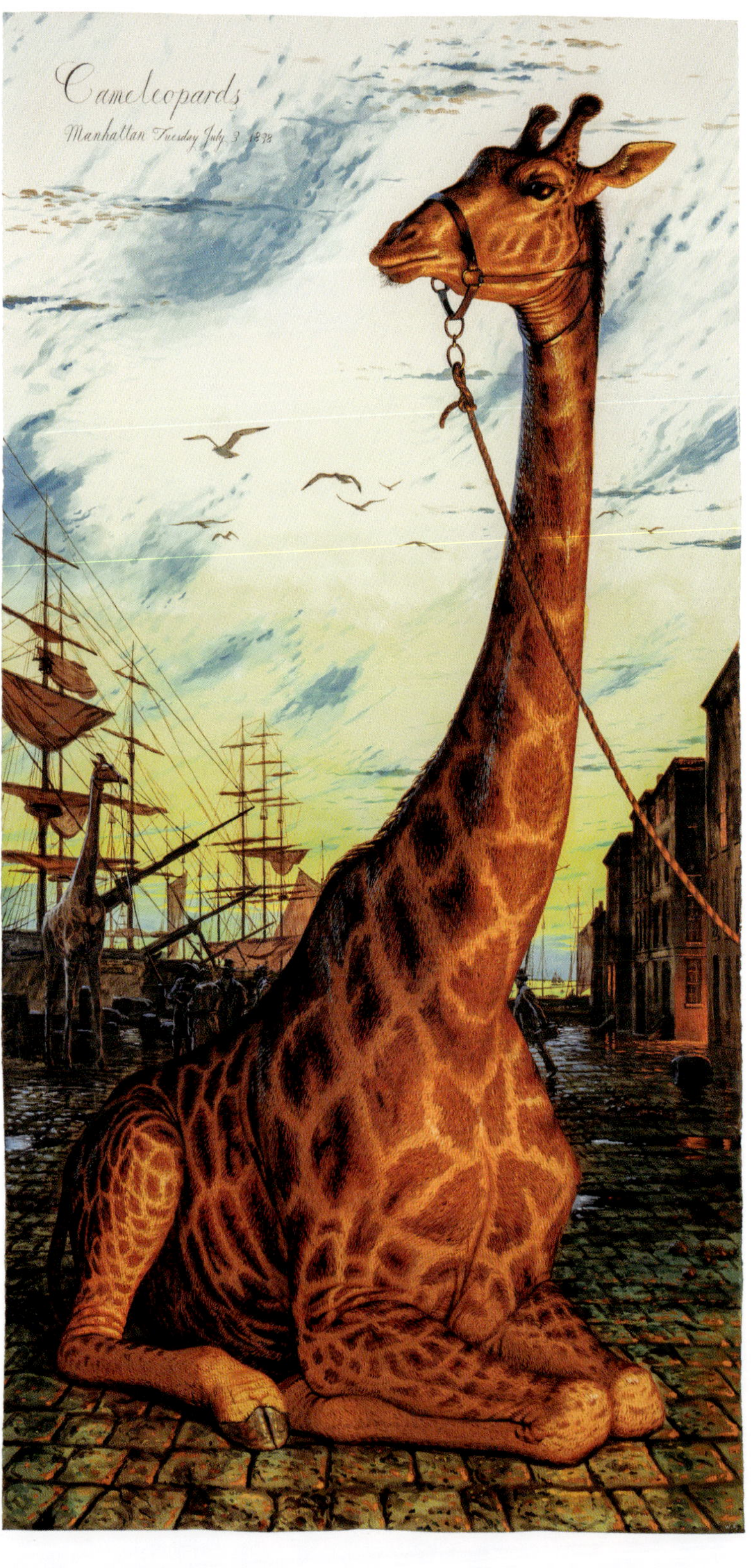

Cameleopards
Manhattan Tuesday July 3 1838

Next spread
Detested
Watercolor, gouache, and ink on paper
152.4 x 212.1 cm (60 x 83½ in.), 2020

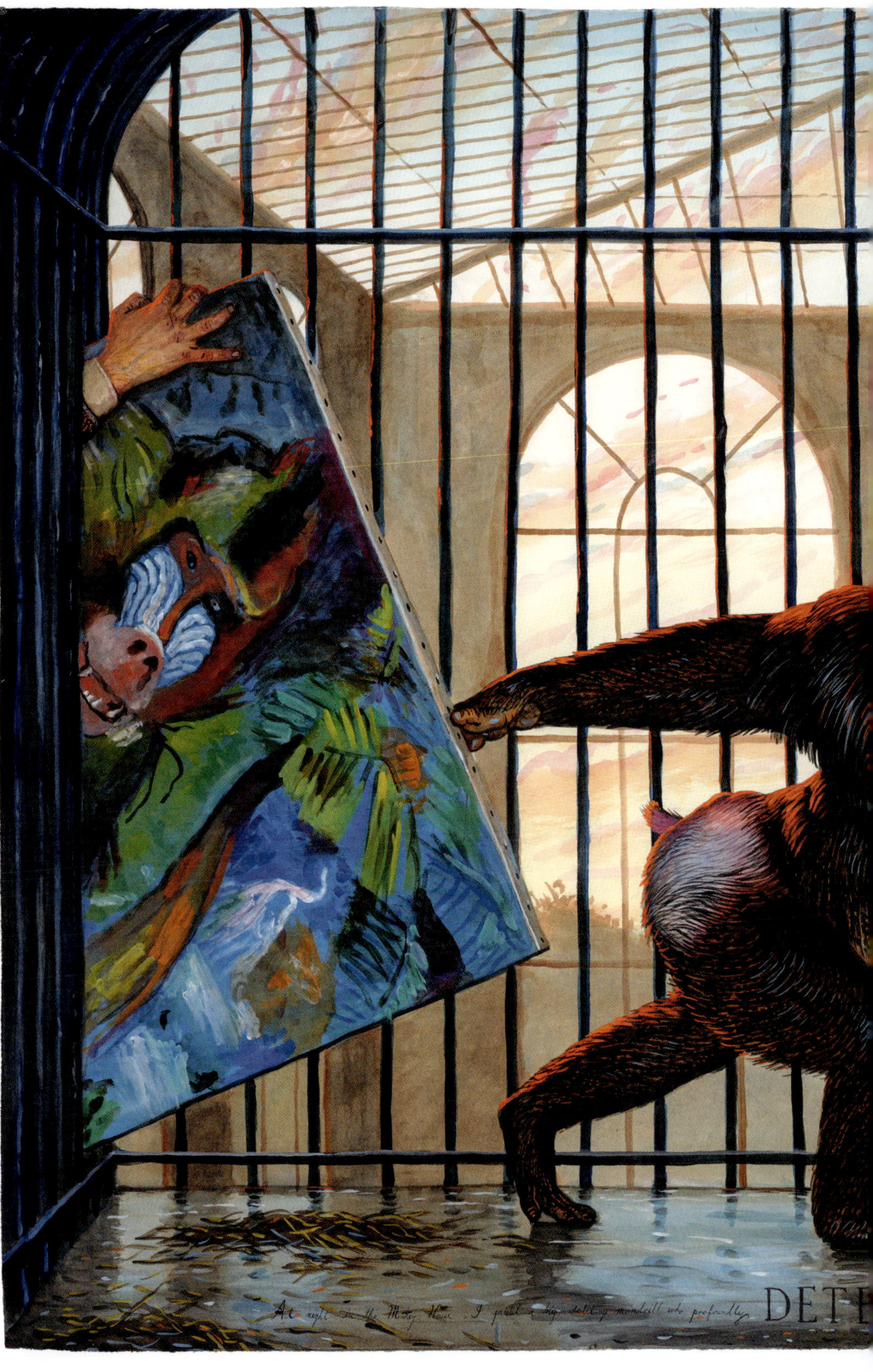

DETE

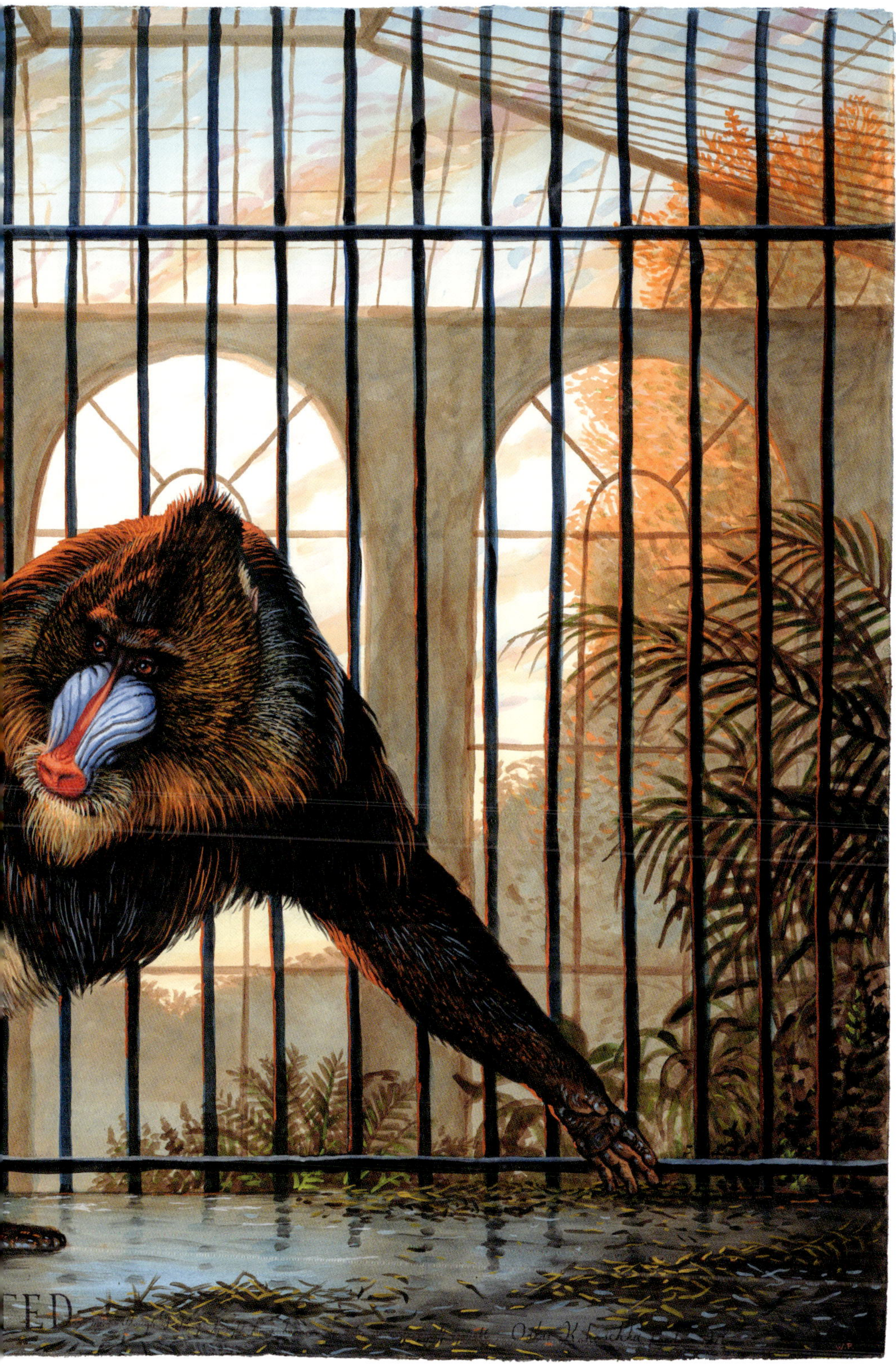

The Flaming Fields
Watercolor, gouache, and ink on paper
212.1 x 151.8 cm (83½ x 59¾ in.), 2020

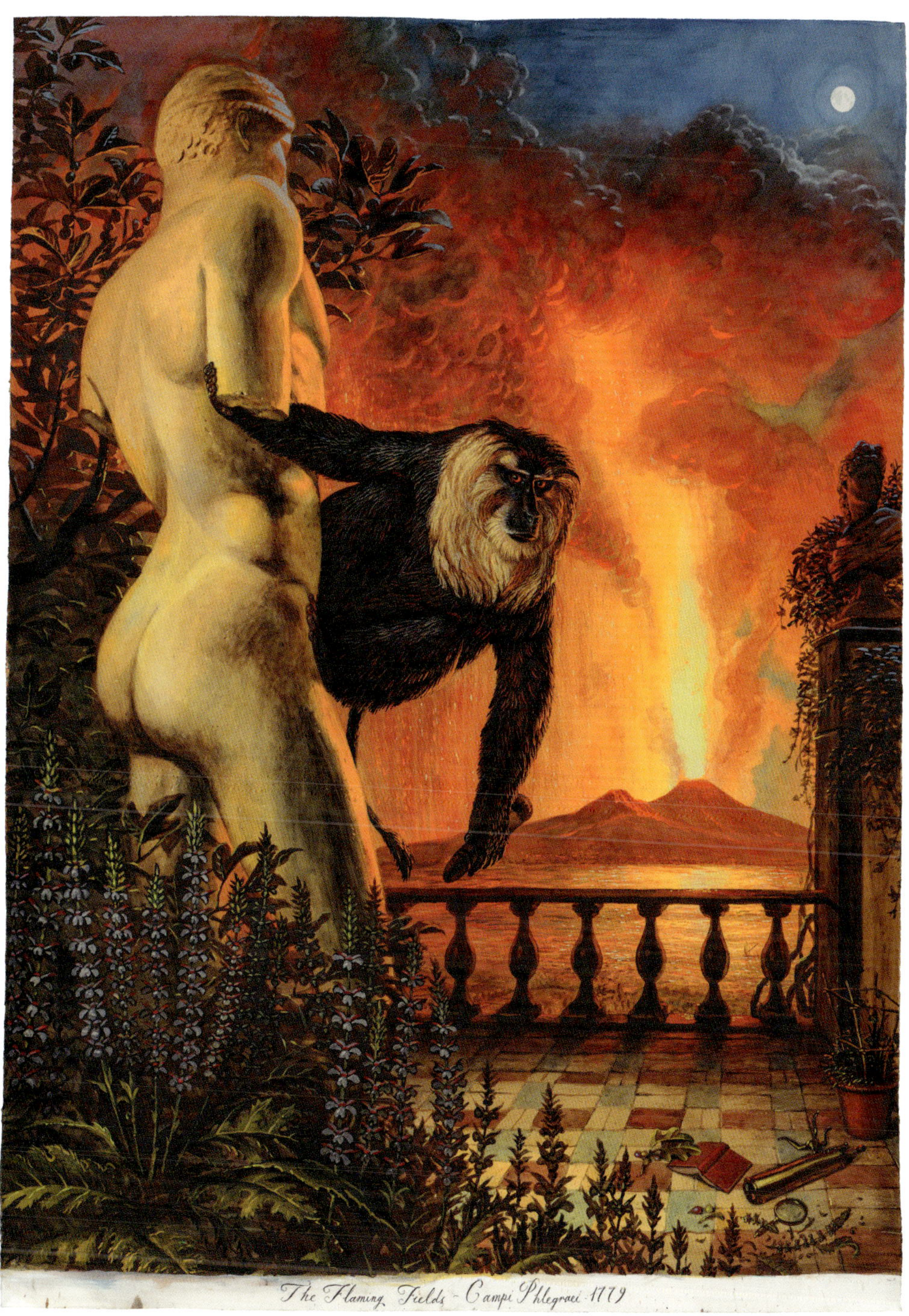
The Flaming Fields - Campi Phlegraei 1779

More than a Mile
The White Mountains — February — 1833

452

More than a Mile
Watercolor, gouache, and ink on paper
152.4 x 302.9 cm (60 x 119¼ in.), 2020

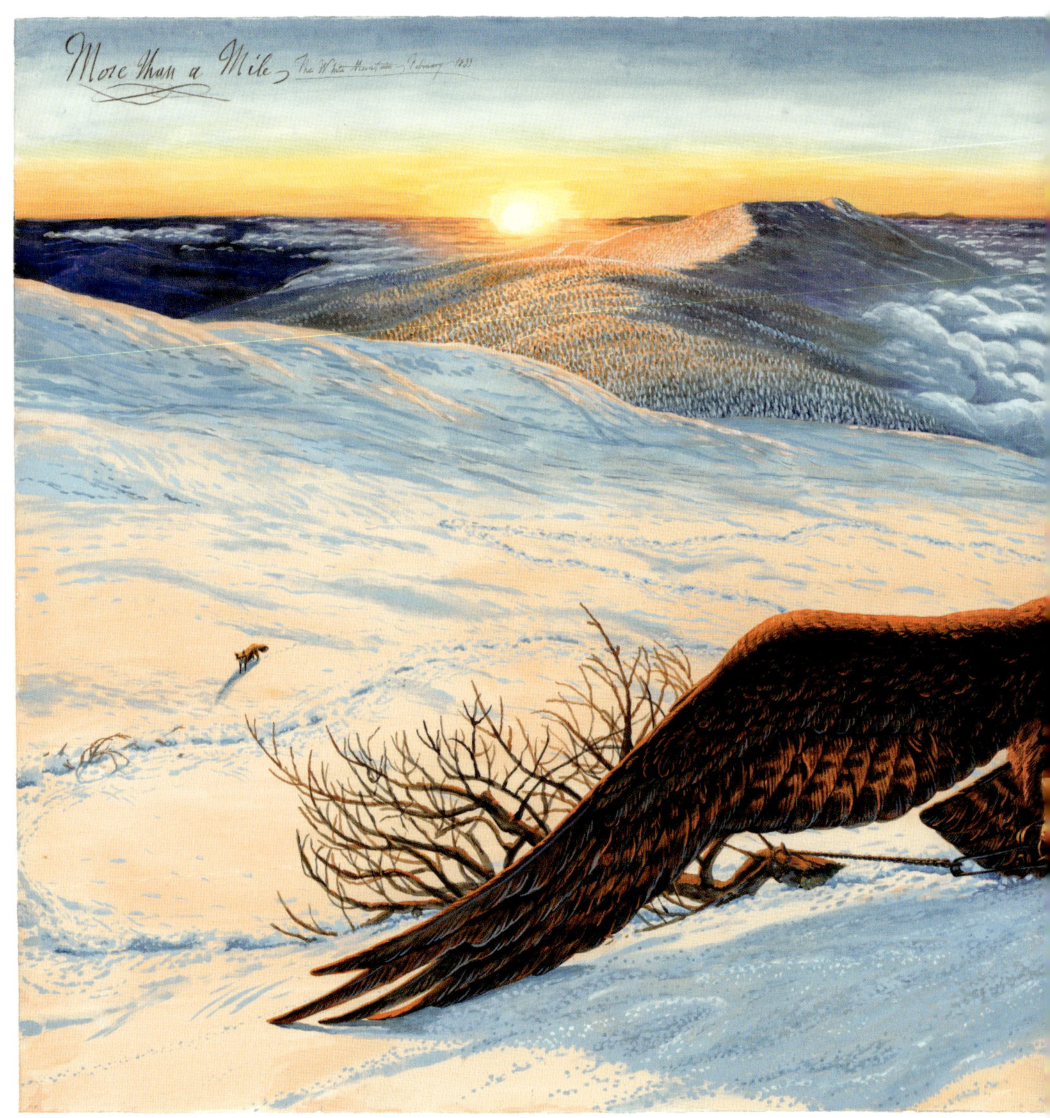

More than a Mile — The White Mountains — February 1933

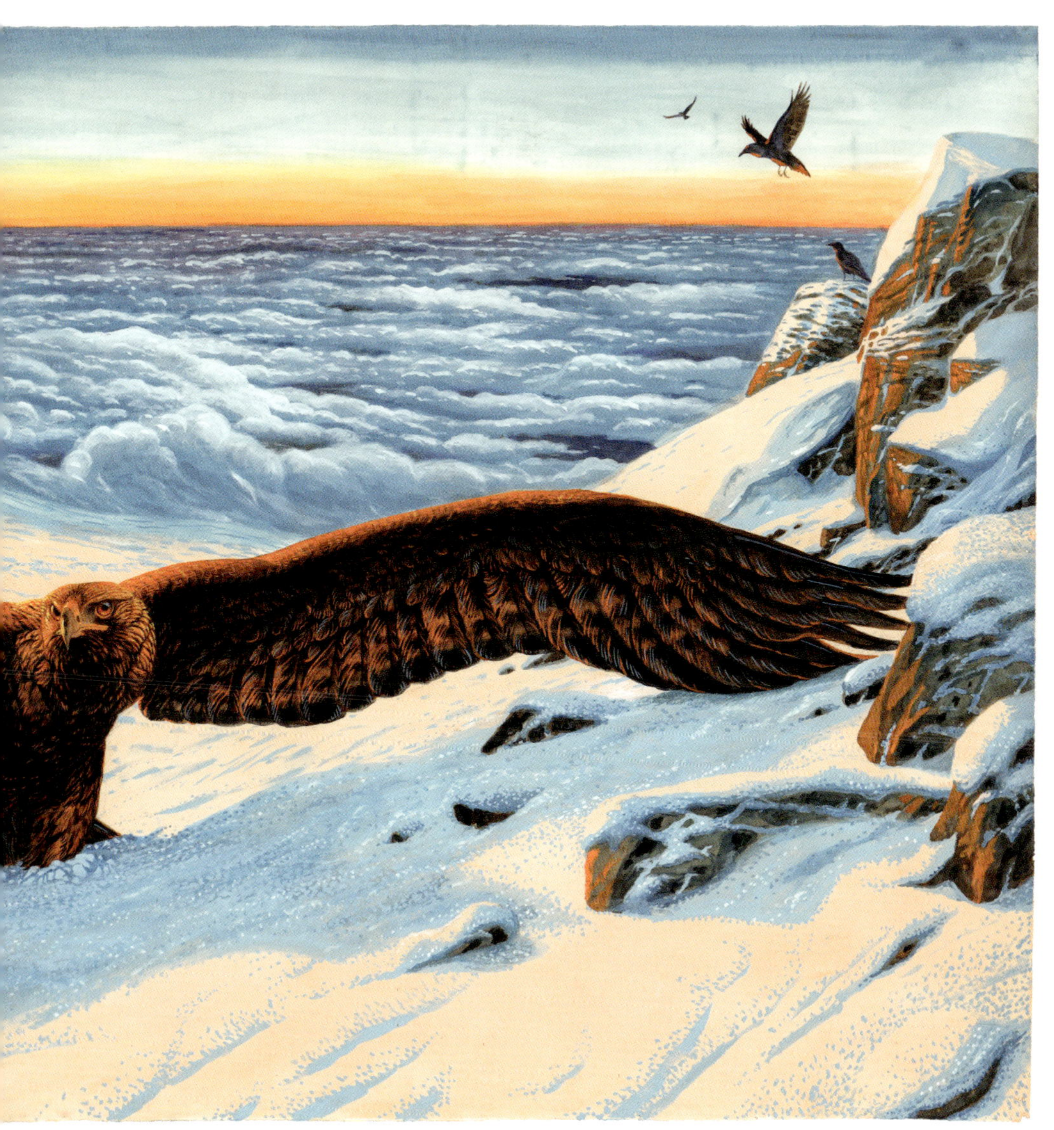

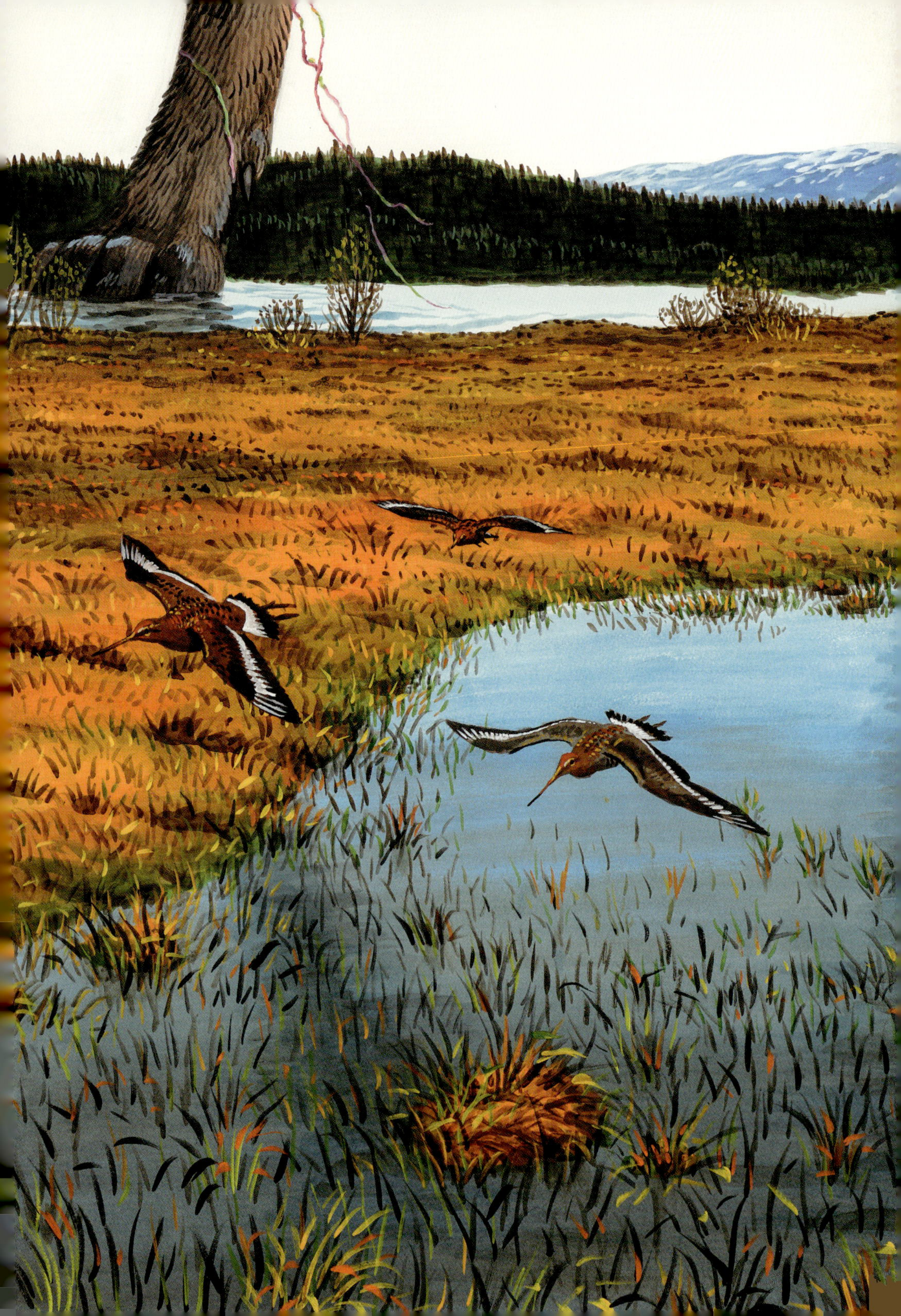

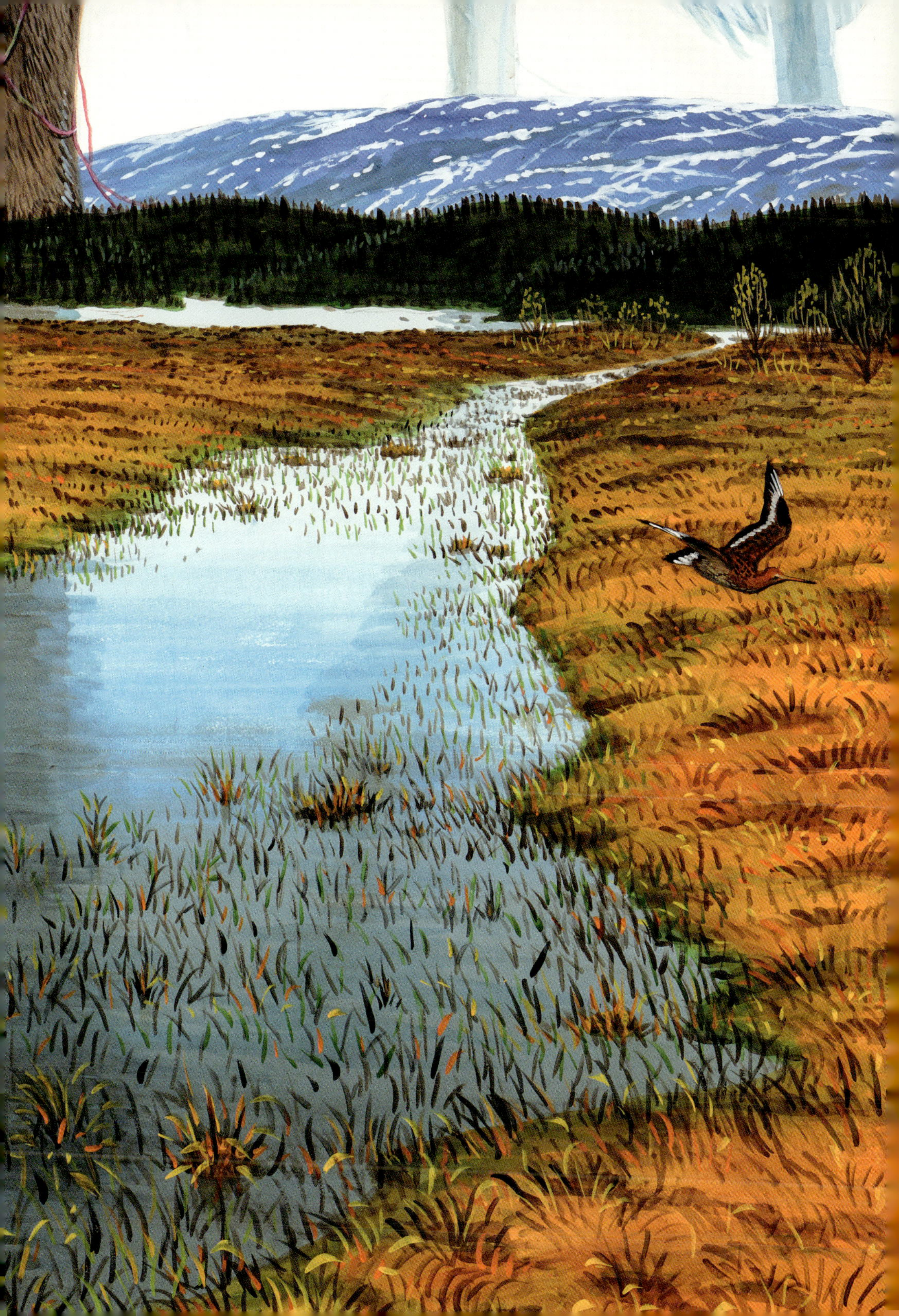

MORGUNDÖGG

Watercolor, gouache, India ink,
and pencil on paper
304.8 x 152.4 cm (120 x 60 in.), 2020

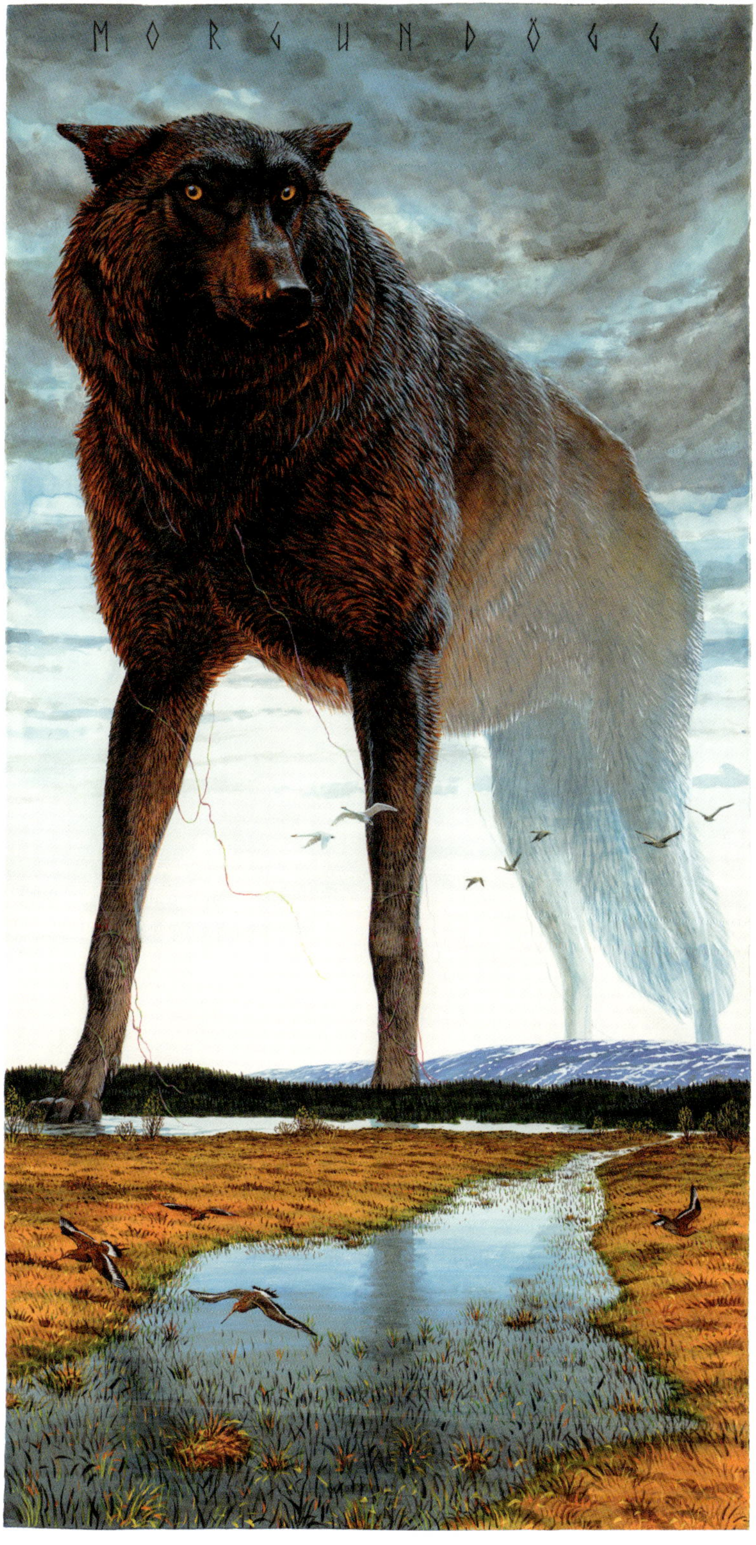

MORGUNDÖGG

Cabeza de Vaca

Watercolor, gouache, and ink on paper

152.4 x 304.2 cm (60 x 119¾ in.), 2021

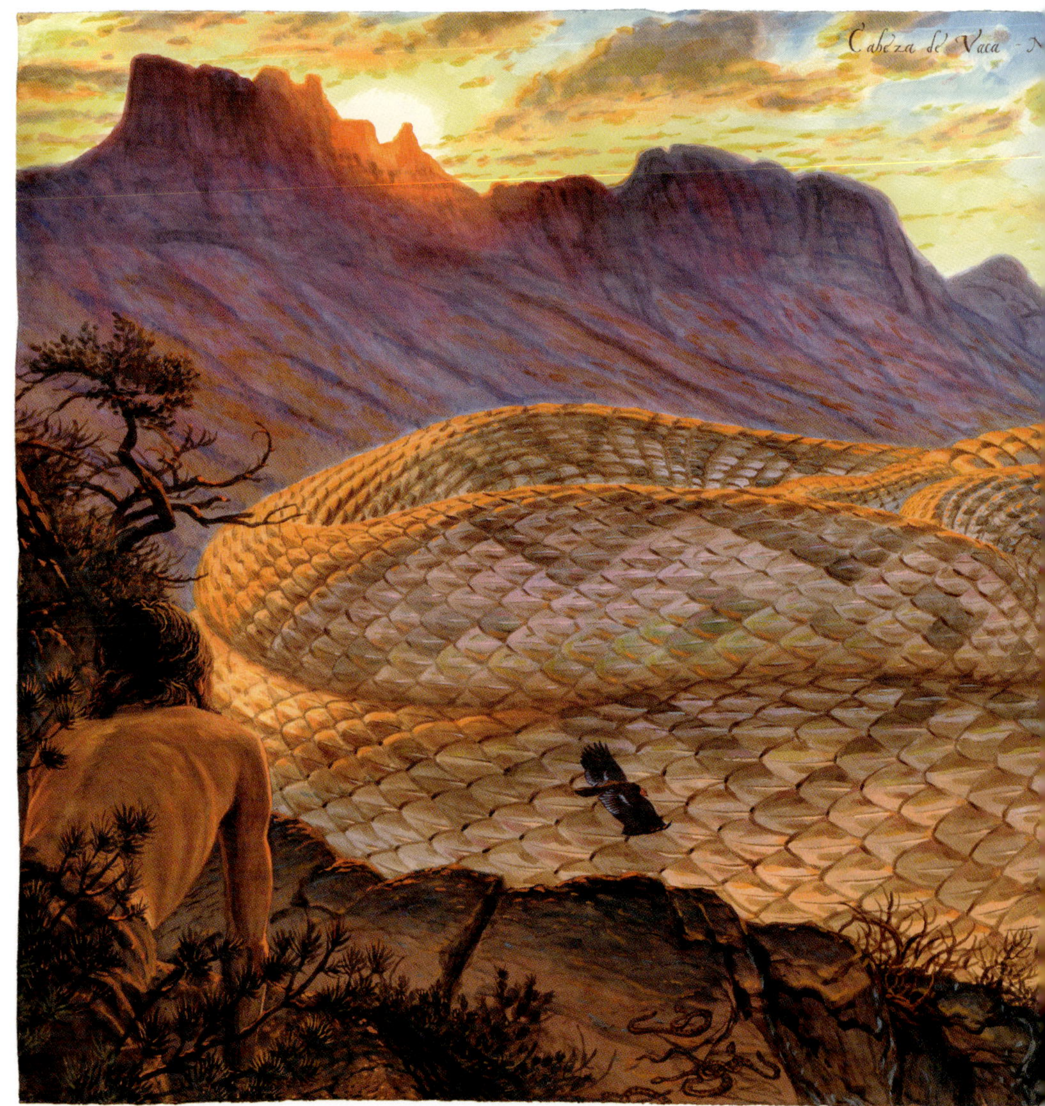

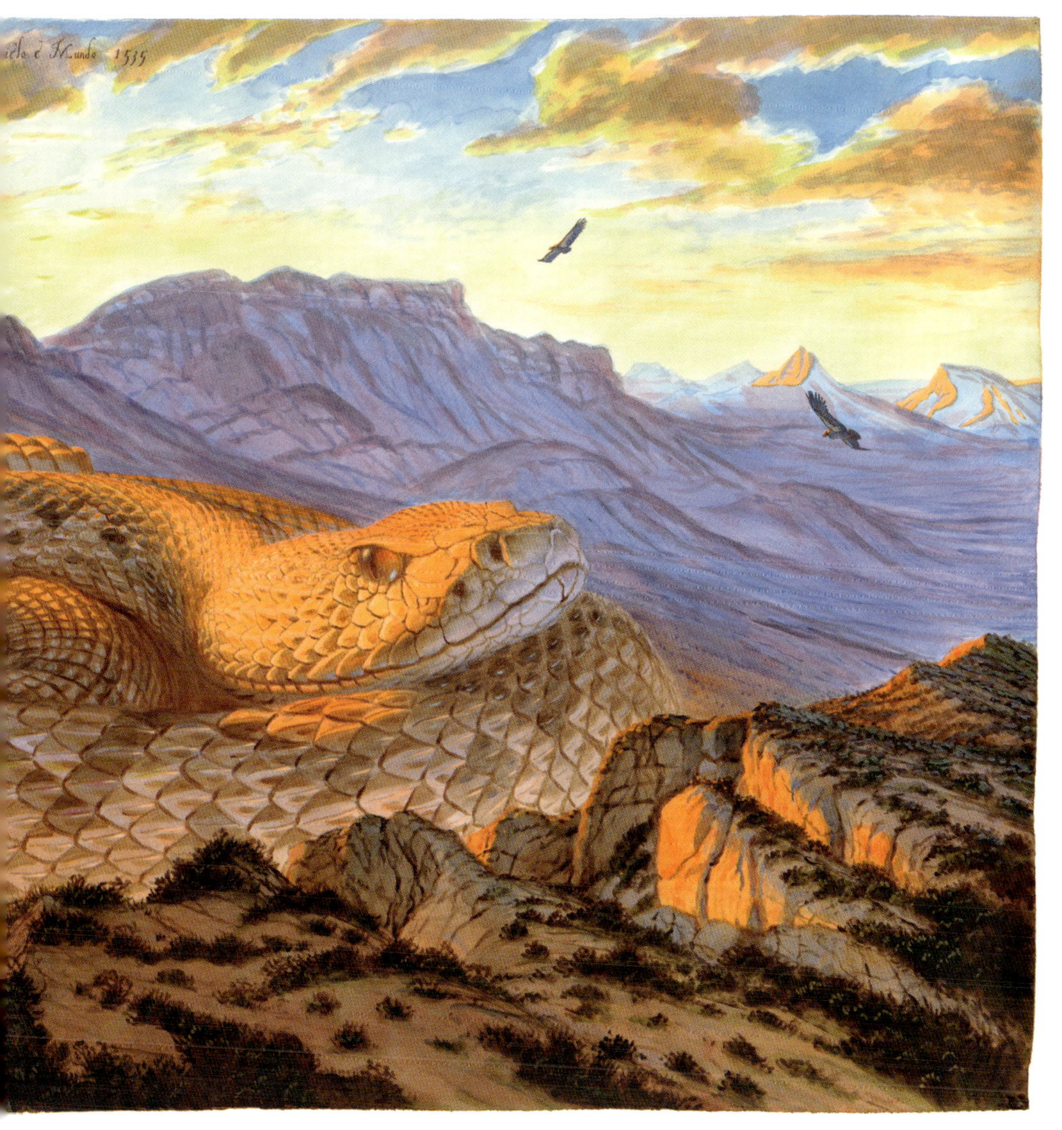

...elo e Mundo 1535

Cháy
Watercolor, gouache, and ink on paper
152.4 x 274.3 cm (60 x 108 in.), 2021

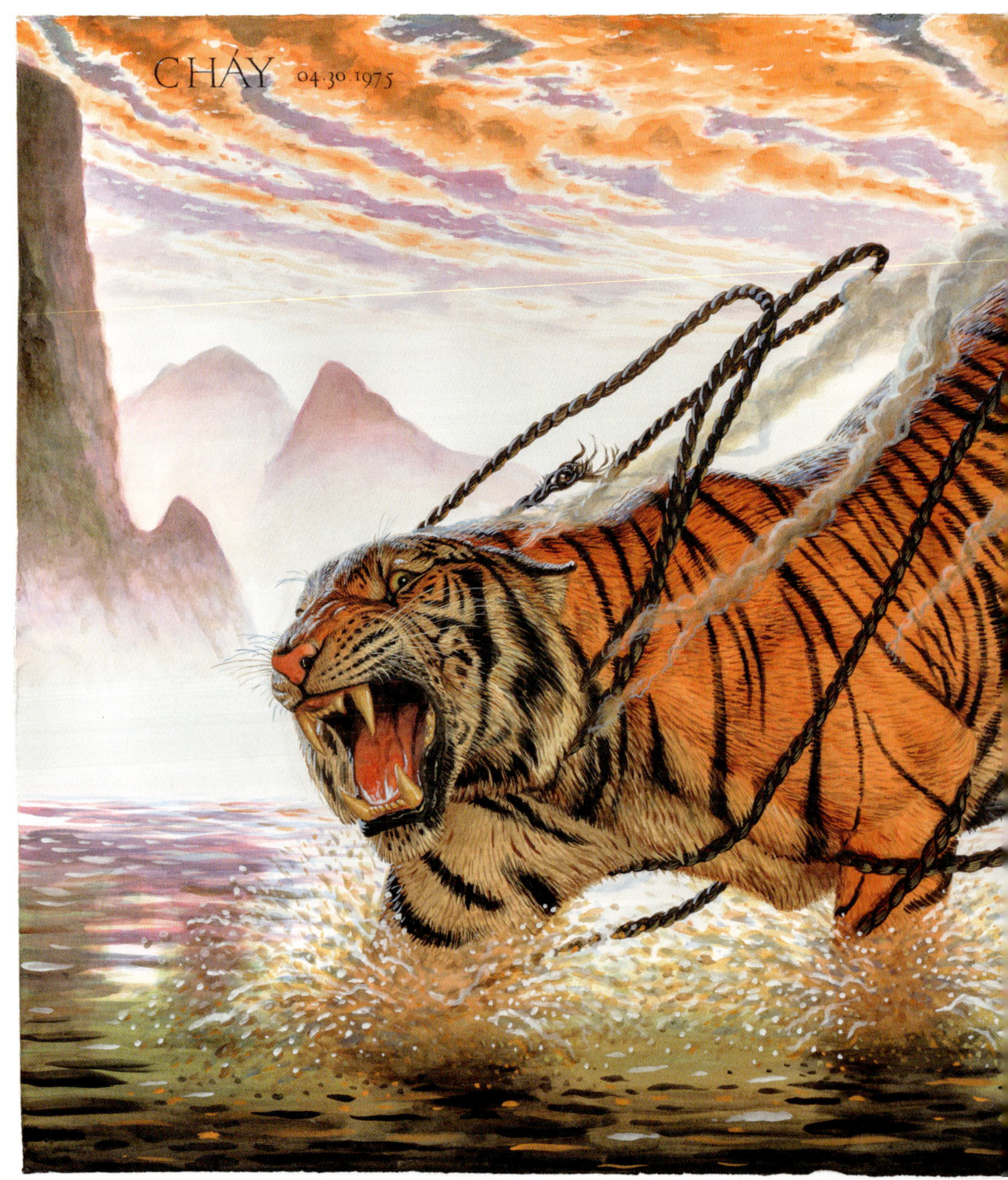

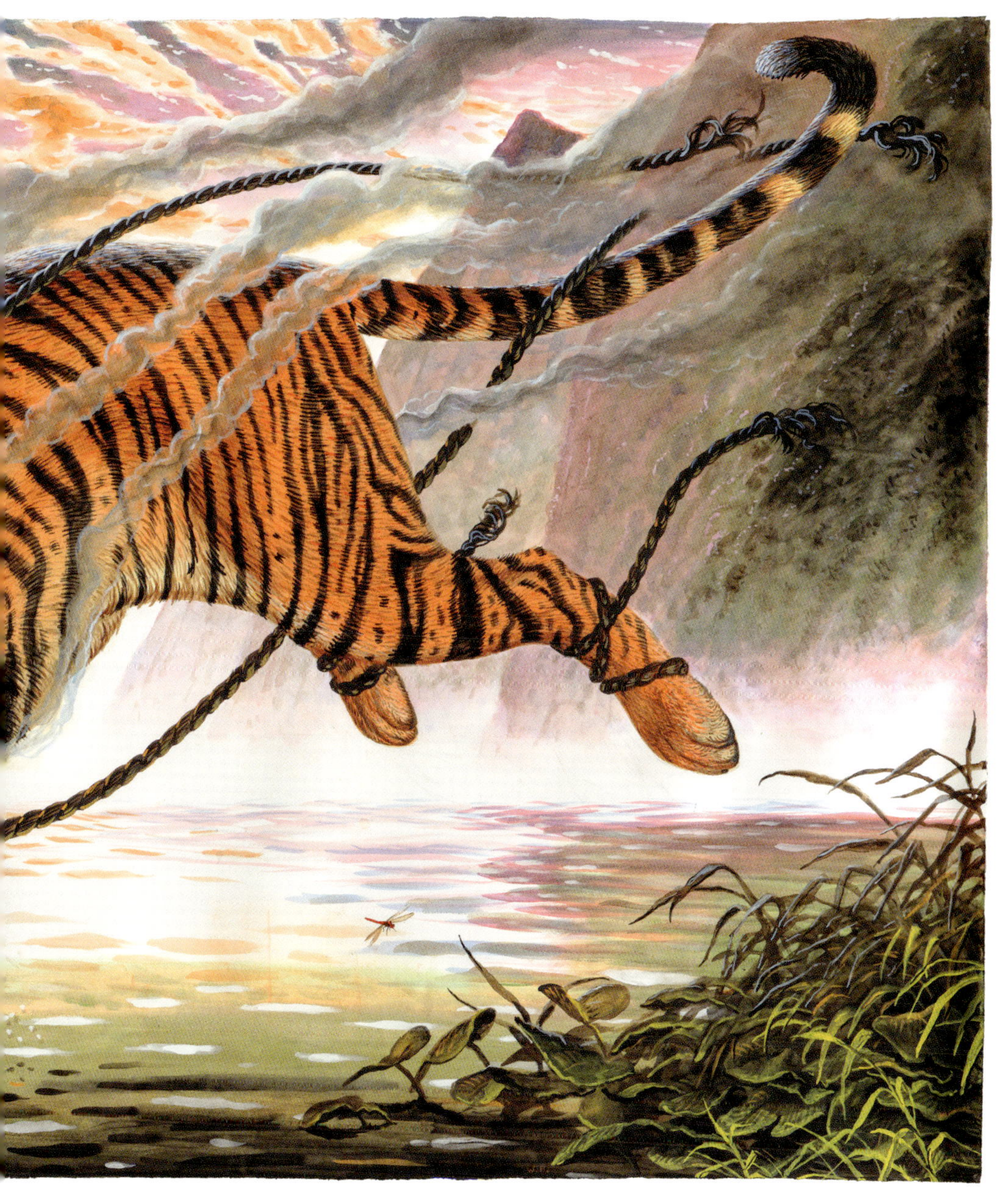

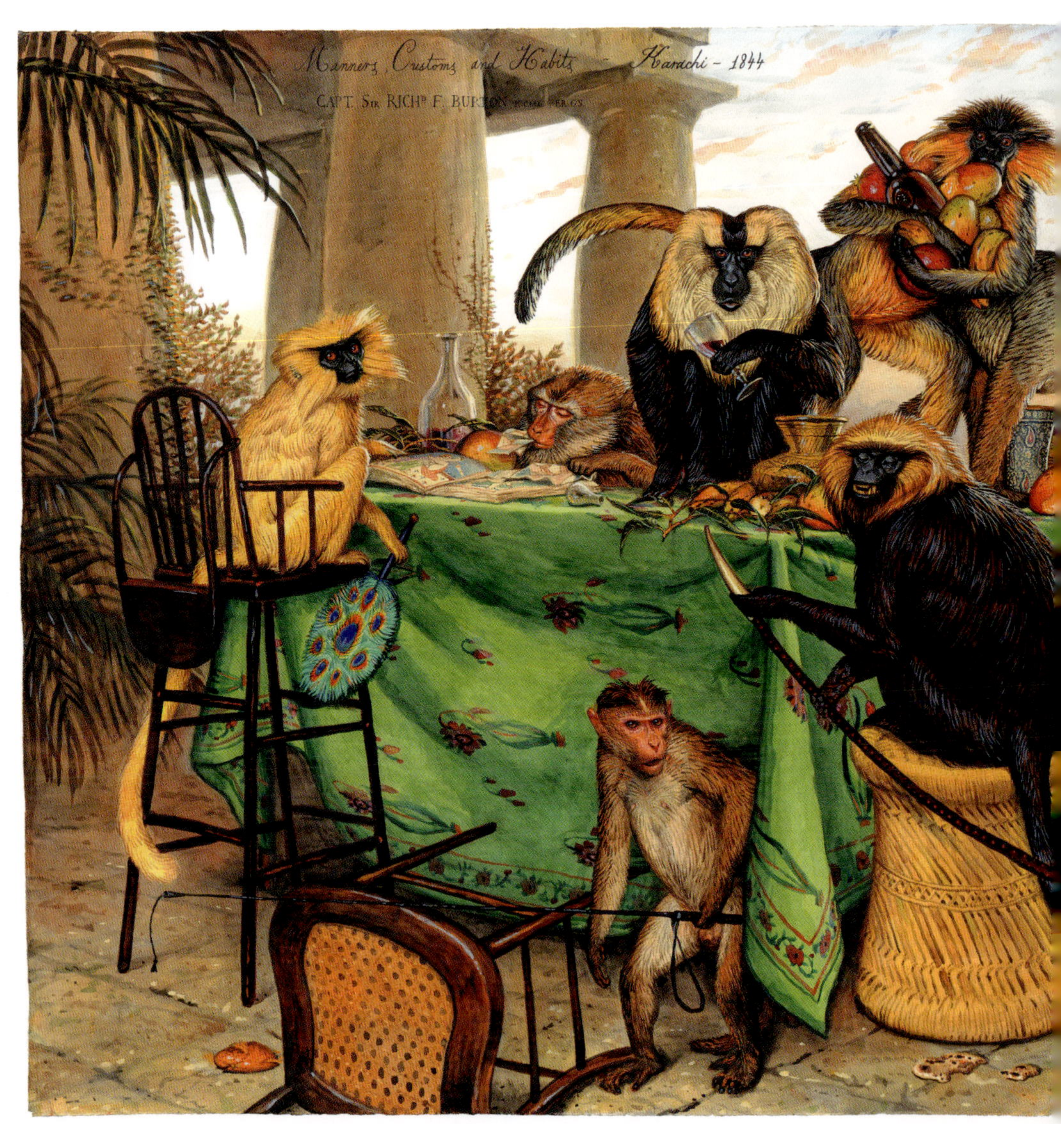

Manners, Customs, and Habits
Watercolor, gouache, and ink on paper
151.8 x 304.2 cm (59¾ x 119¾ in.), 2021

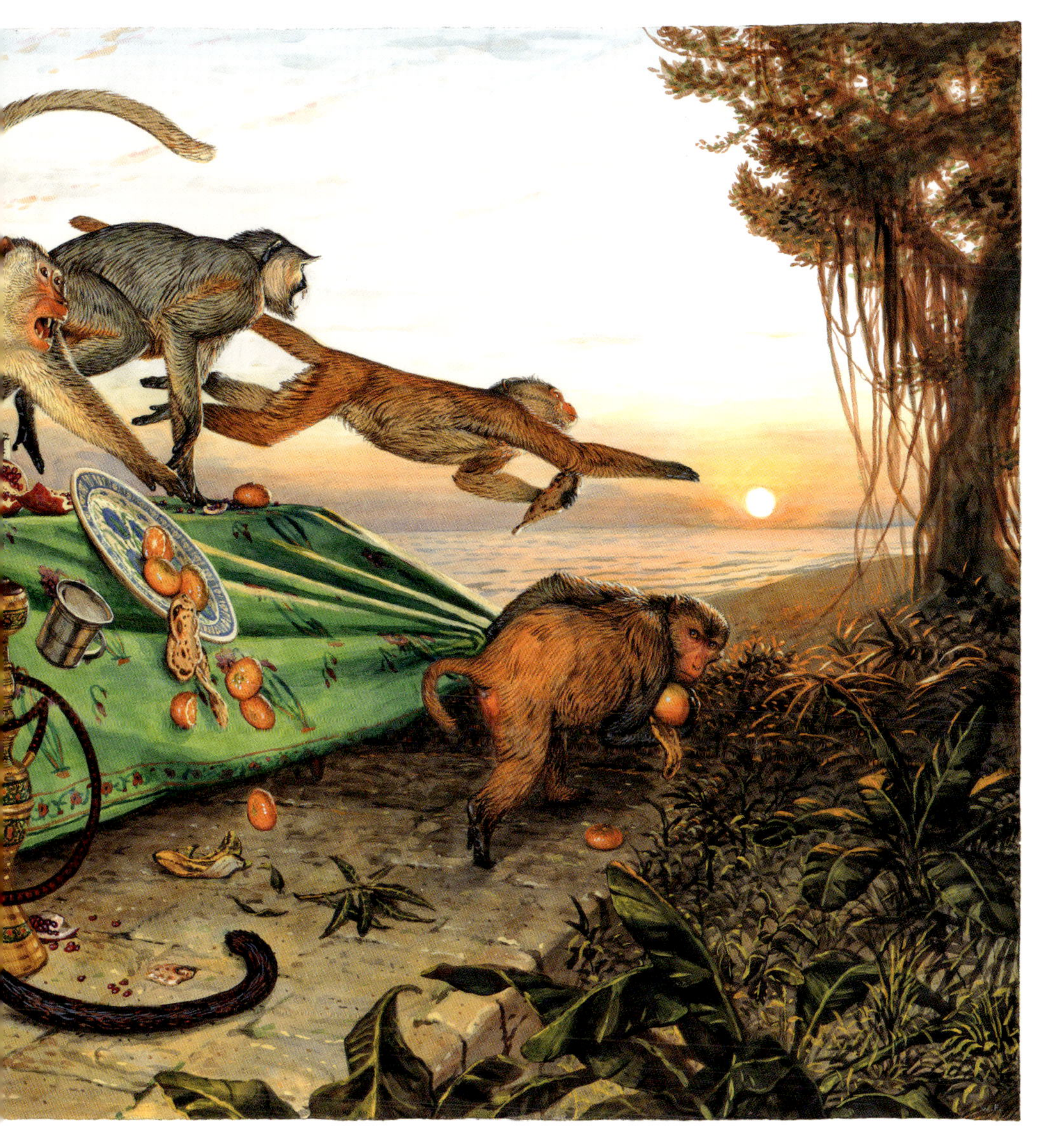

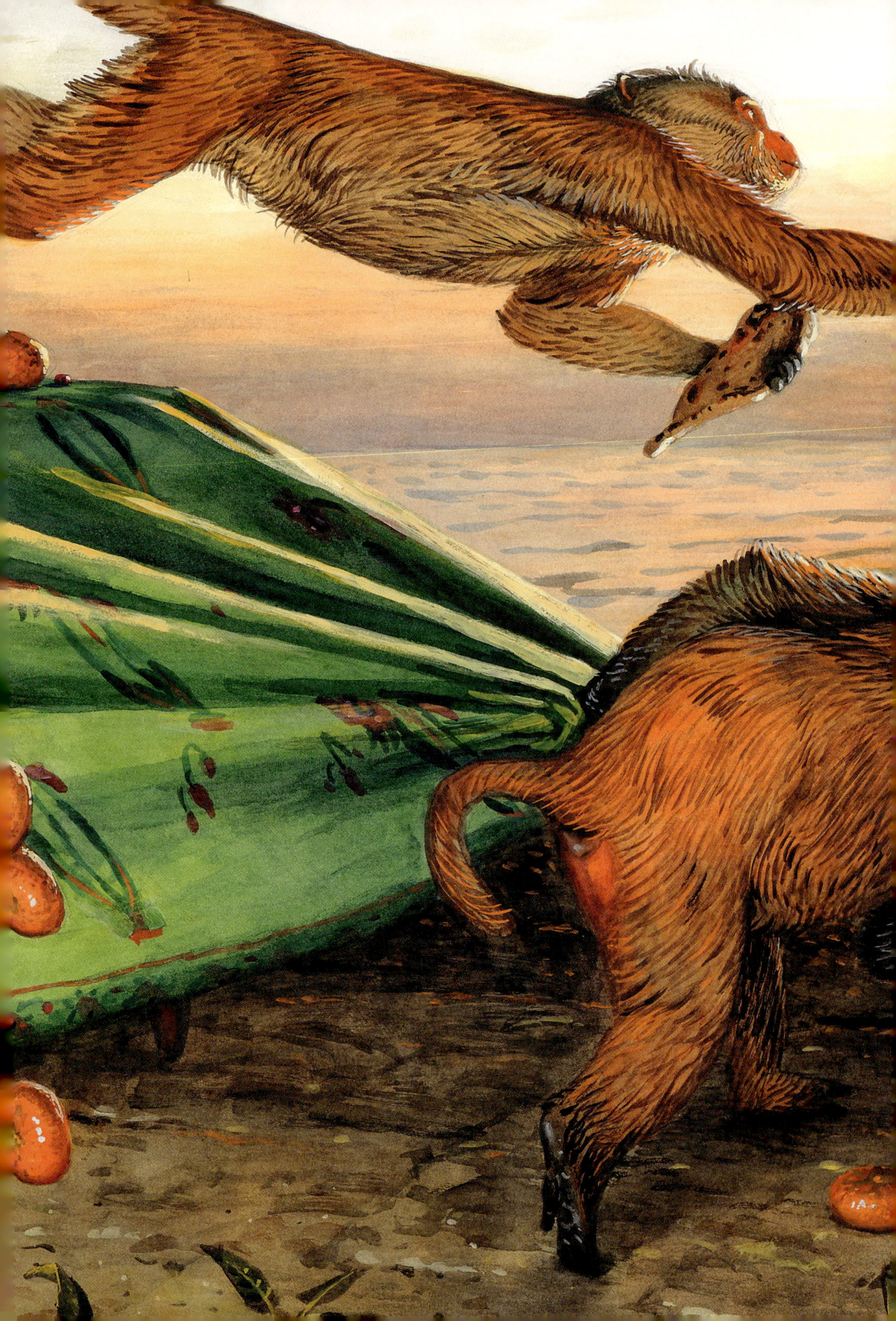

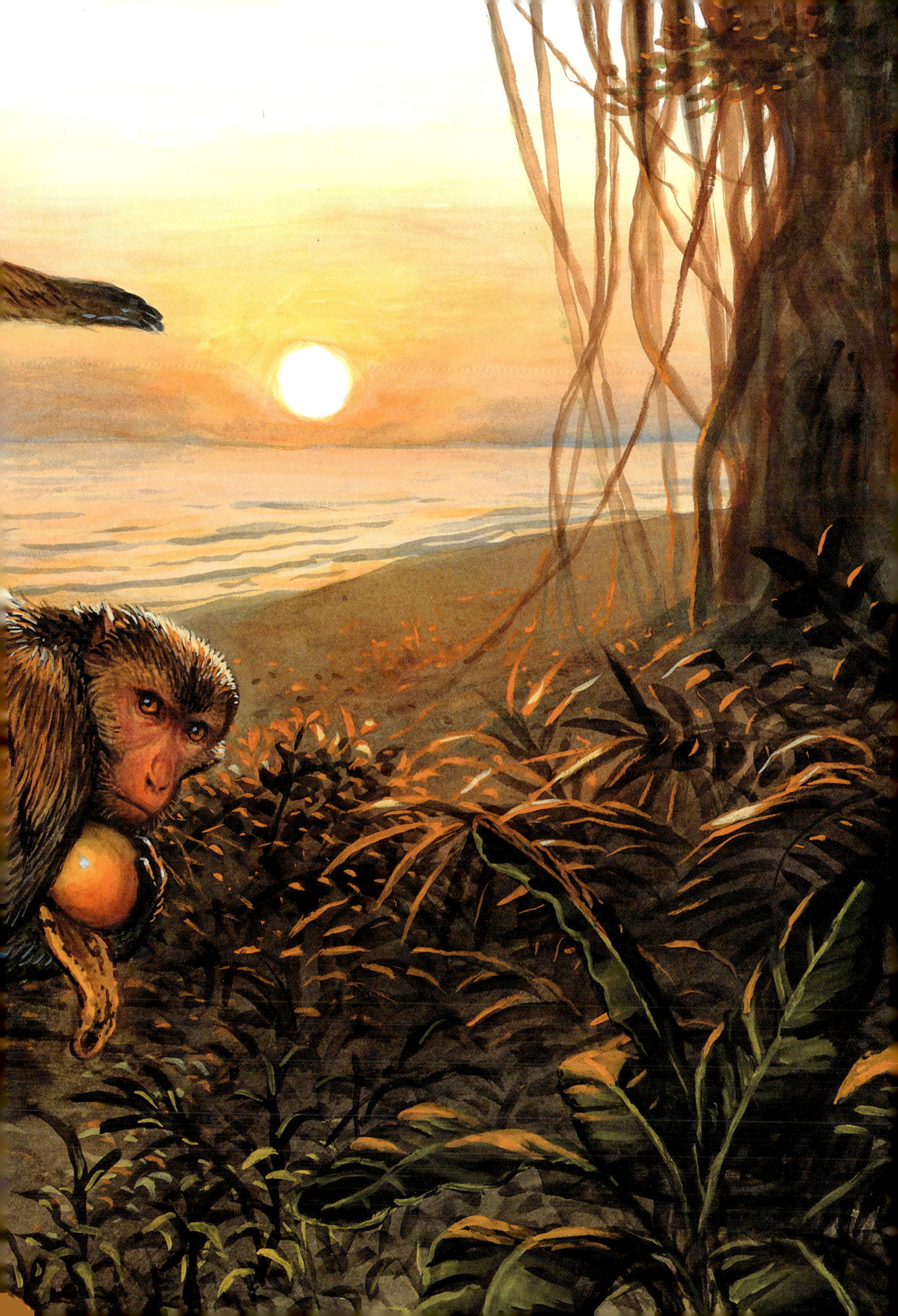

Stac an Armin

Watercolor, gouache, and ink on paper

226.7 x 153 cm (89¼ x 60¼ in.), 2021

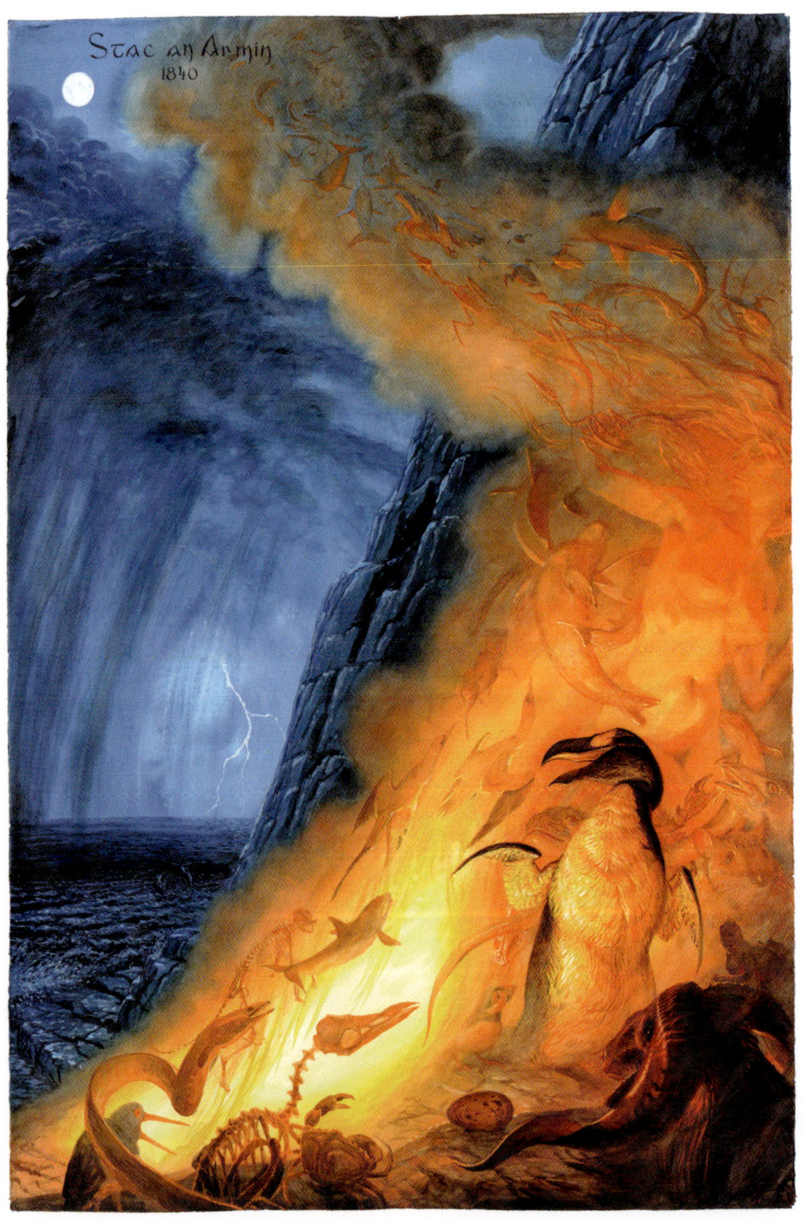

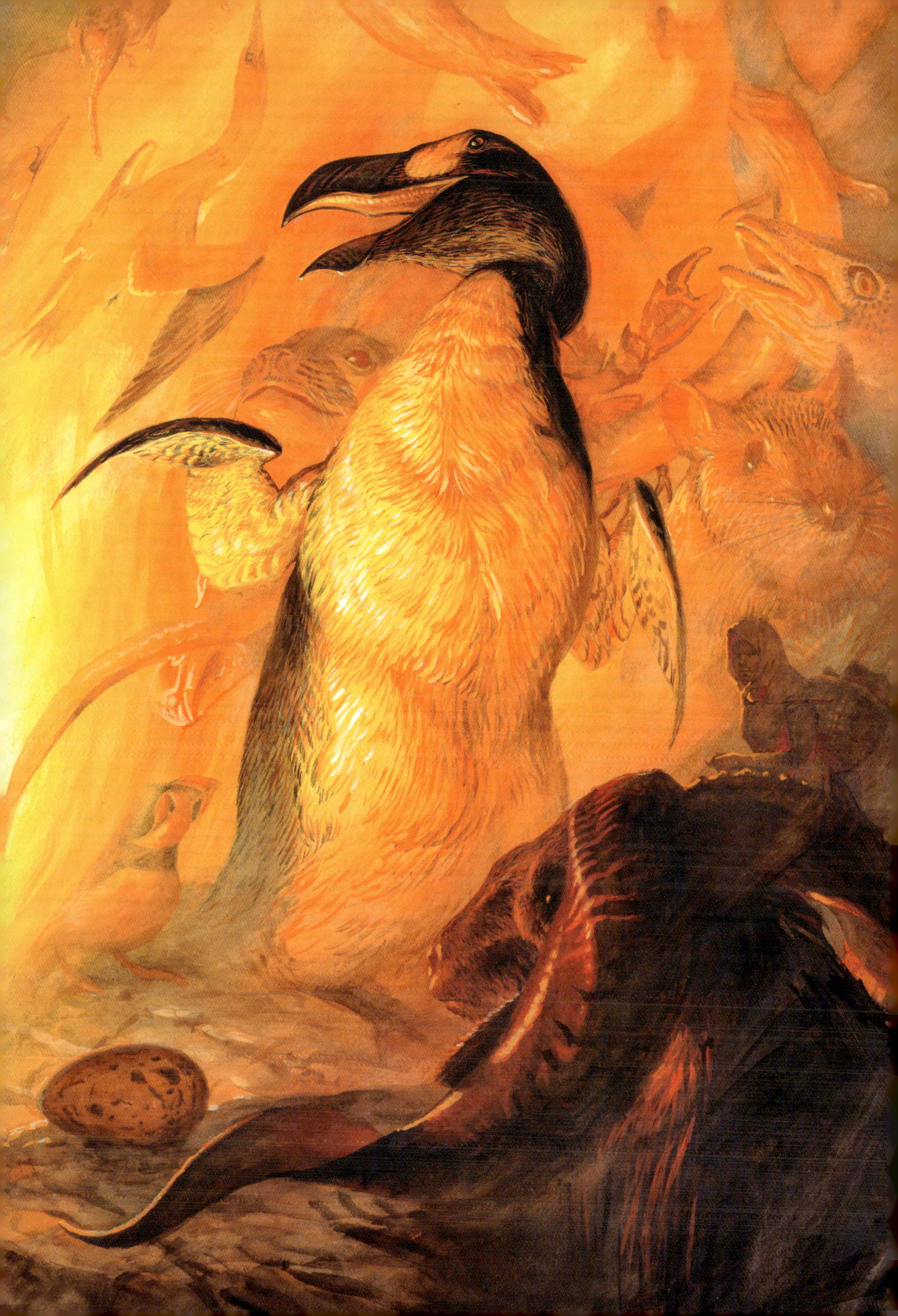

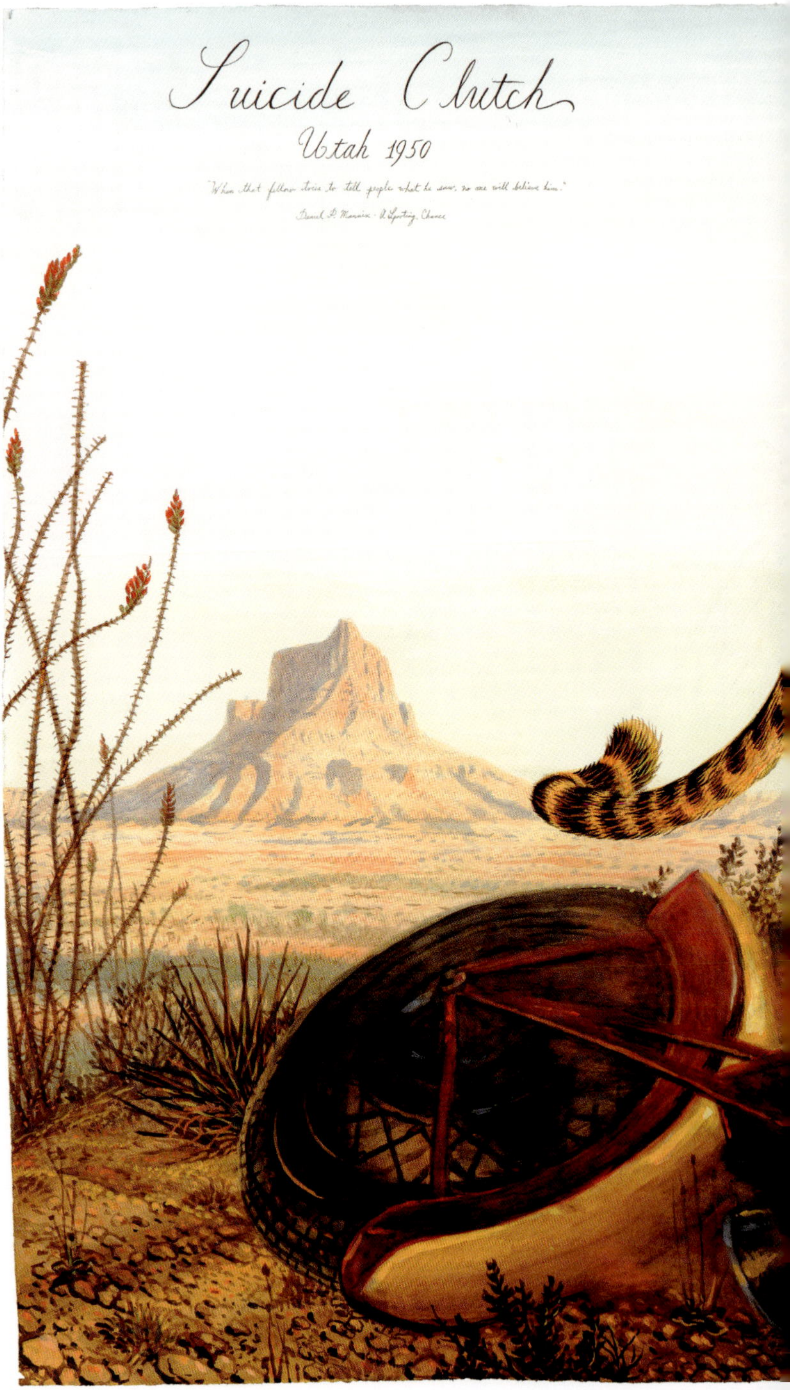

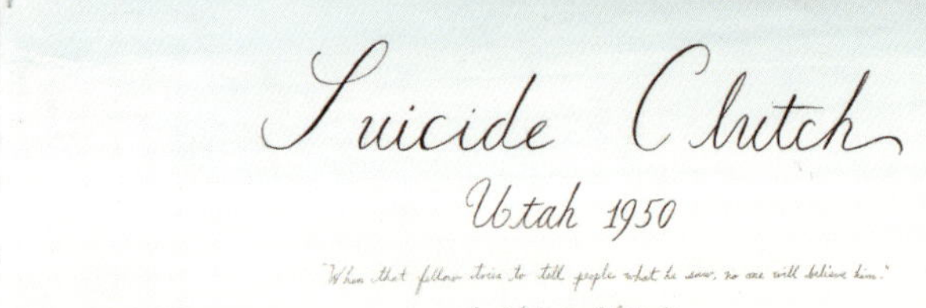

Suicide Clutch

Watercolor, gouache,
and ink on paper
152.4 x 212.7 cm
(60 x 83¾ in.), 2021

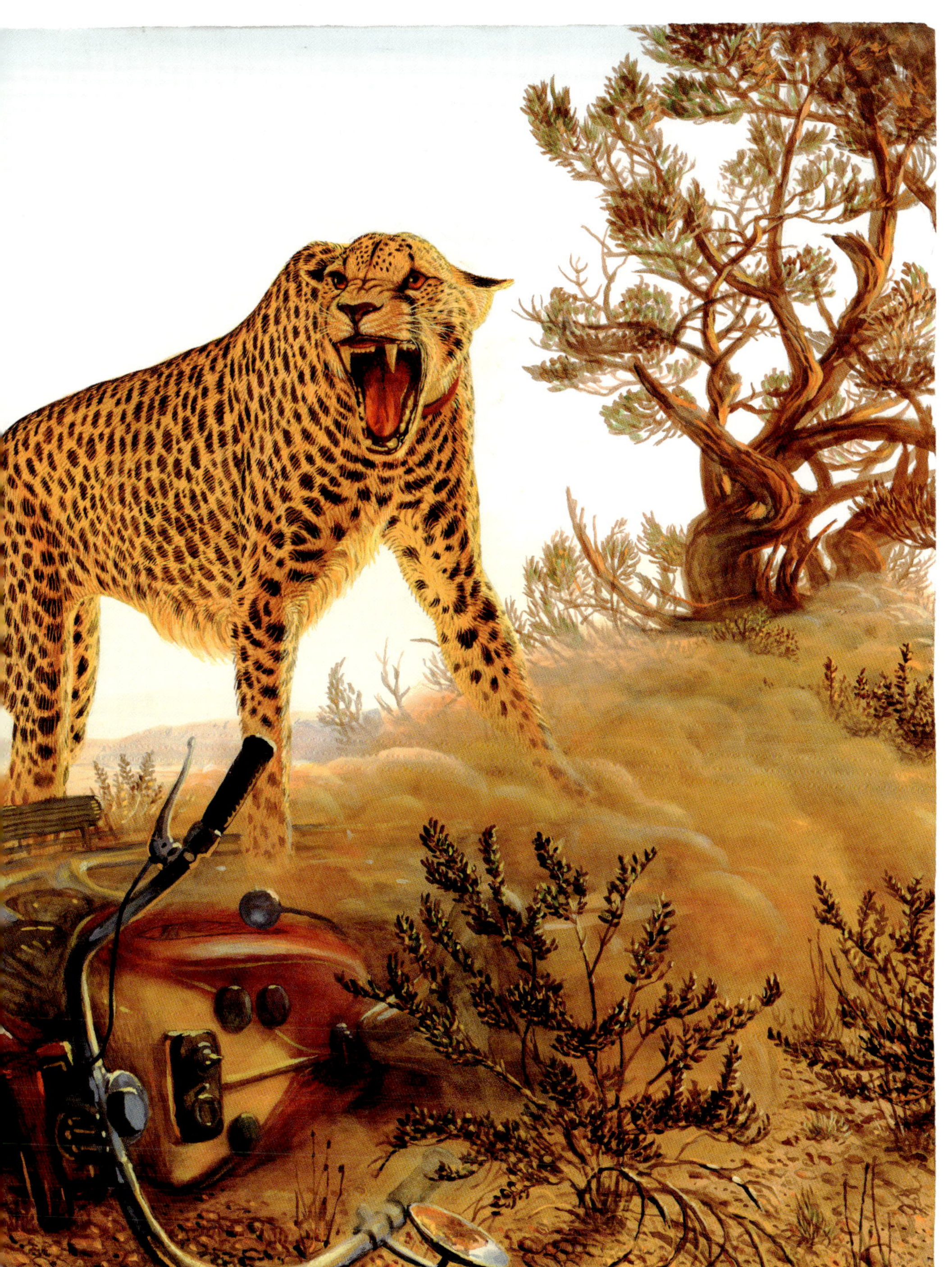

Halve Maen
Watercolor, gouache, and ink on paper
153 x 106.7 cm (60¼ x 42 in.), 2022

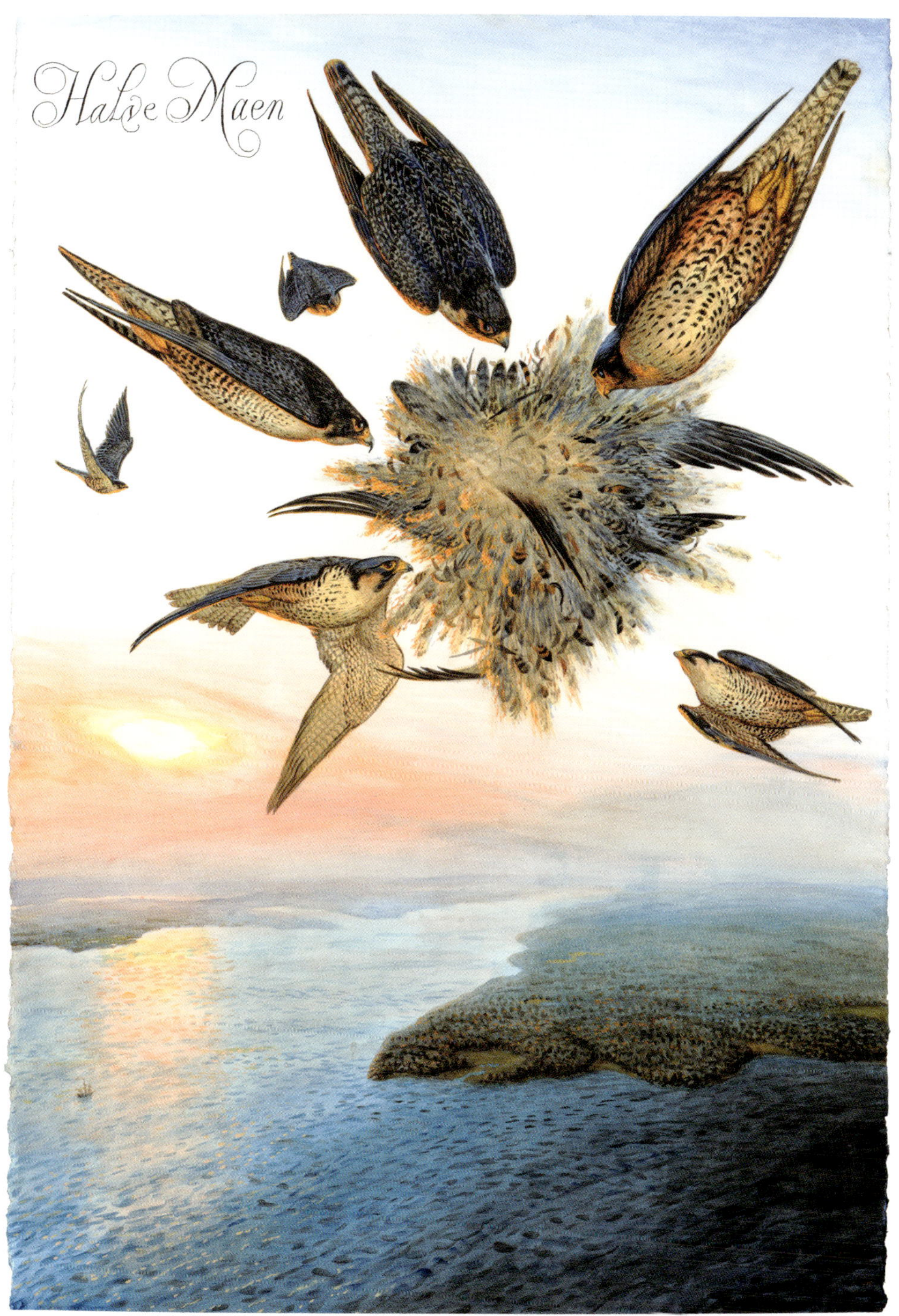

Halve Maen

Distinguished Stranger
Watercolor, gouache, and ink on paper
303.5 x 152.4 cm (119½ x 60 in.), 2022

Bisclavret
Watercolor, gouache, and ink on paper
152.4 x 106.7 cm (60 x 42 in.), 2022

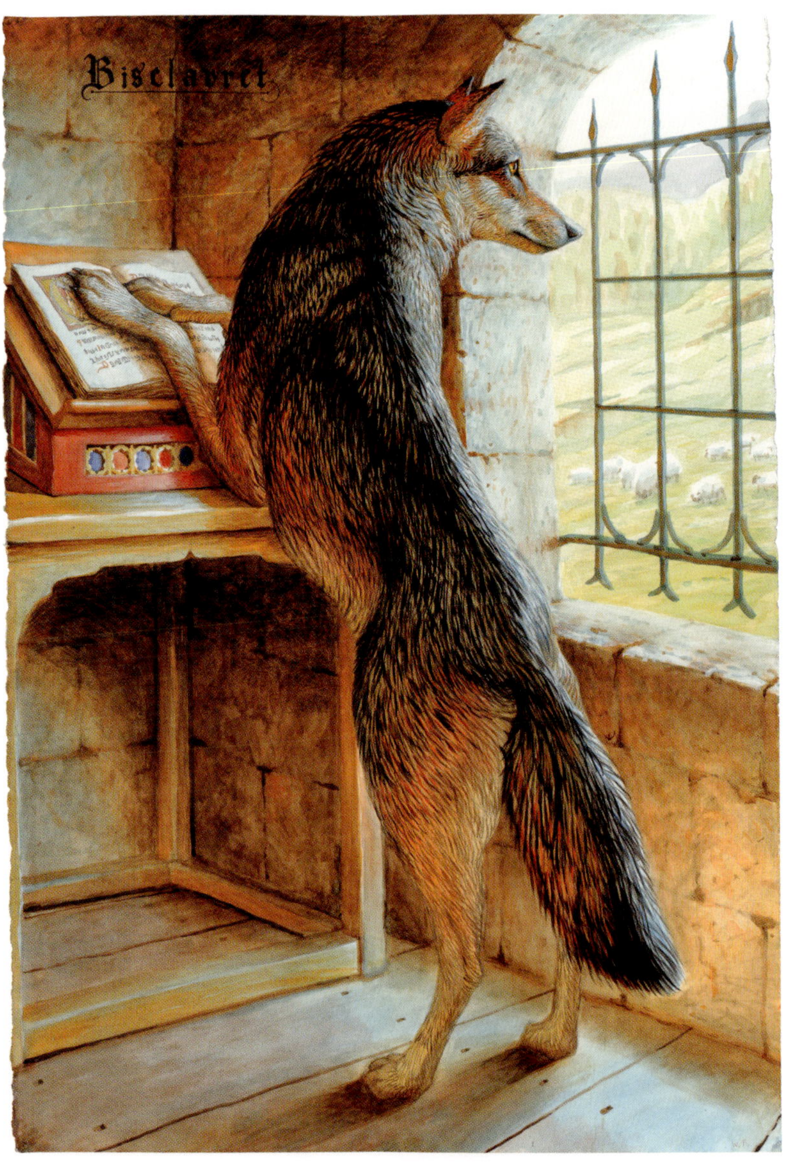

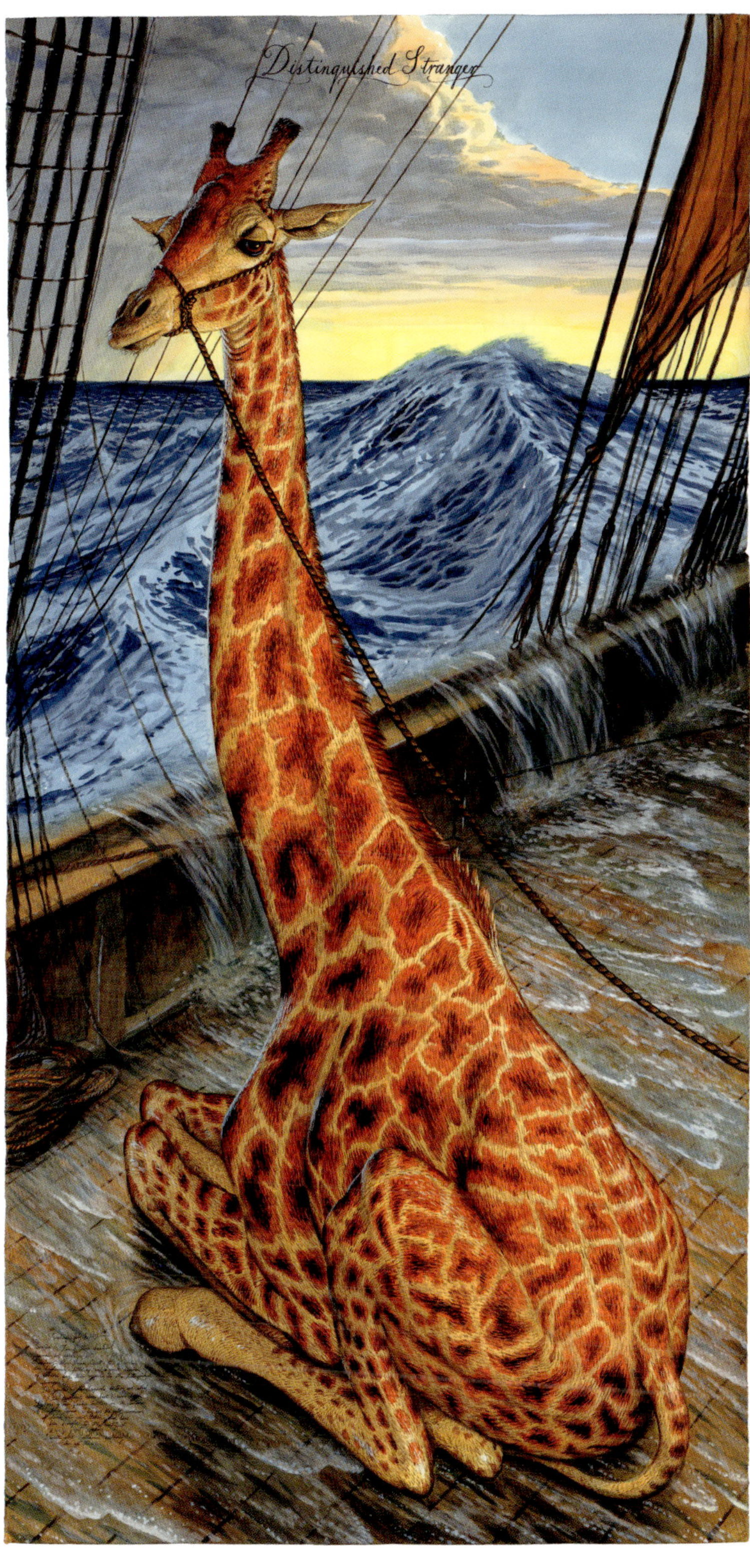

Distinguished Stranger

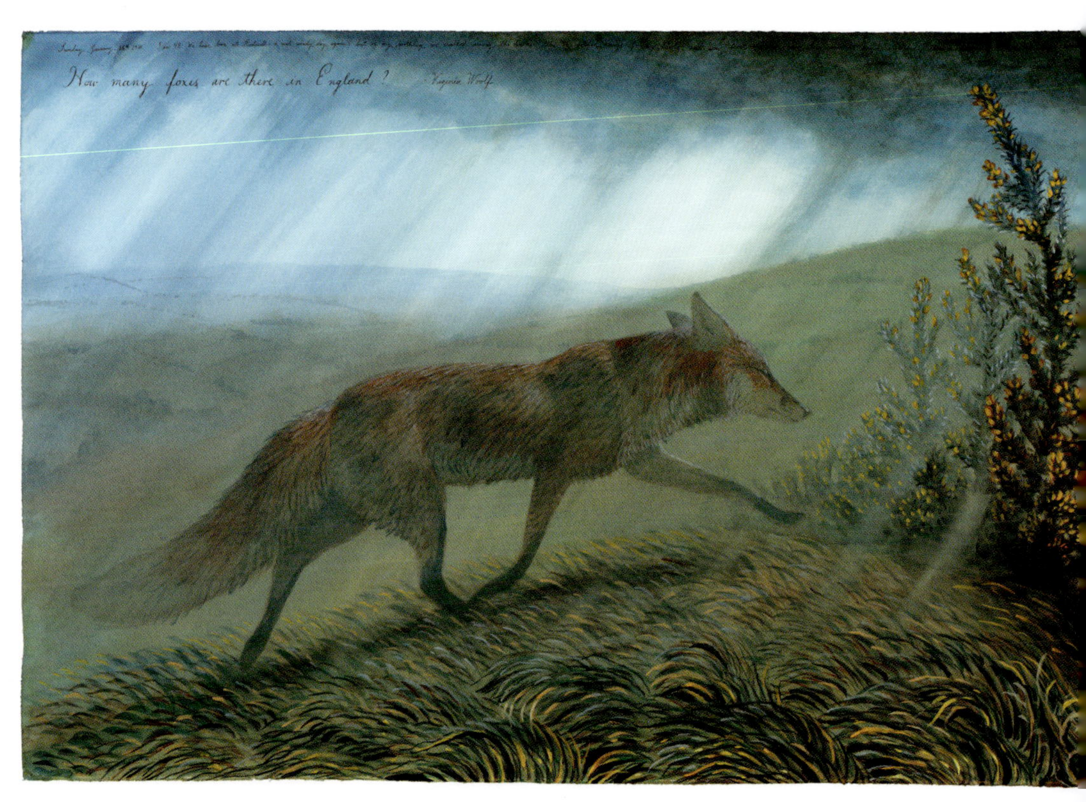

How many foxes are there in England?
Watercolor, gouache, and ink on paper
101.9 x 301.9 cm (40⅛ x 118⅞ in.), 2022

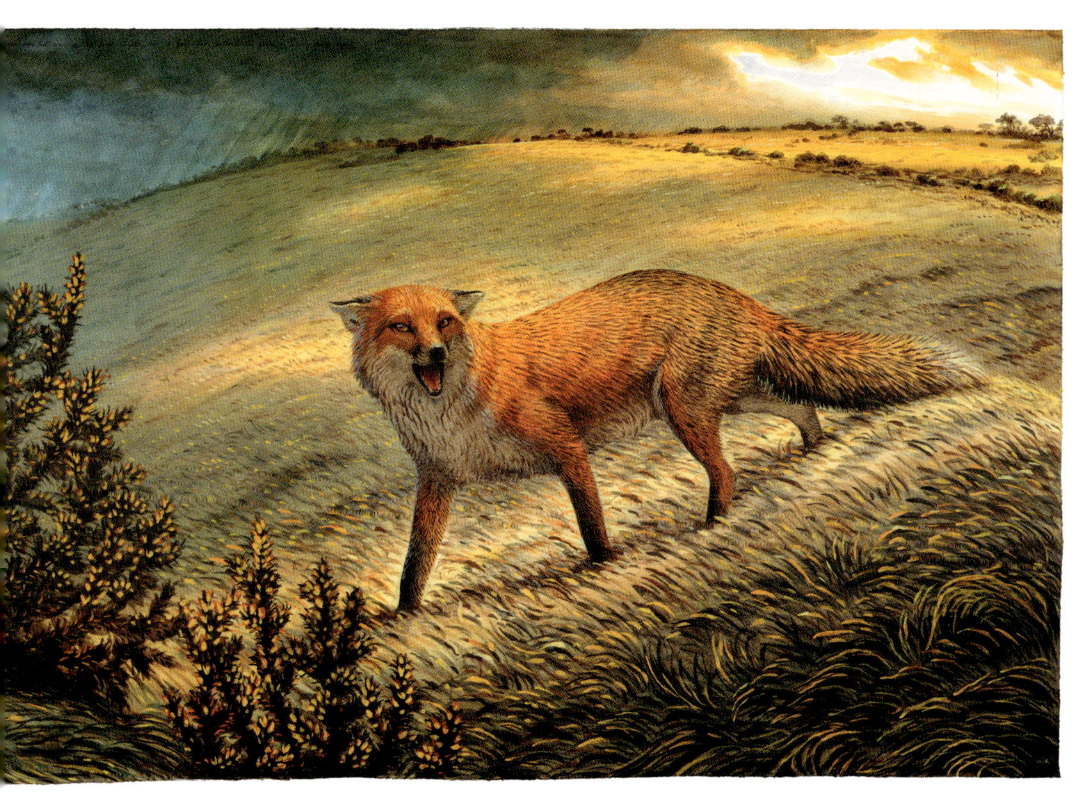

Kooloo-kamba
Watercolor, gouache, and ink on paper
152.4 x 106.7 cm (60 x 42 in.), 2022

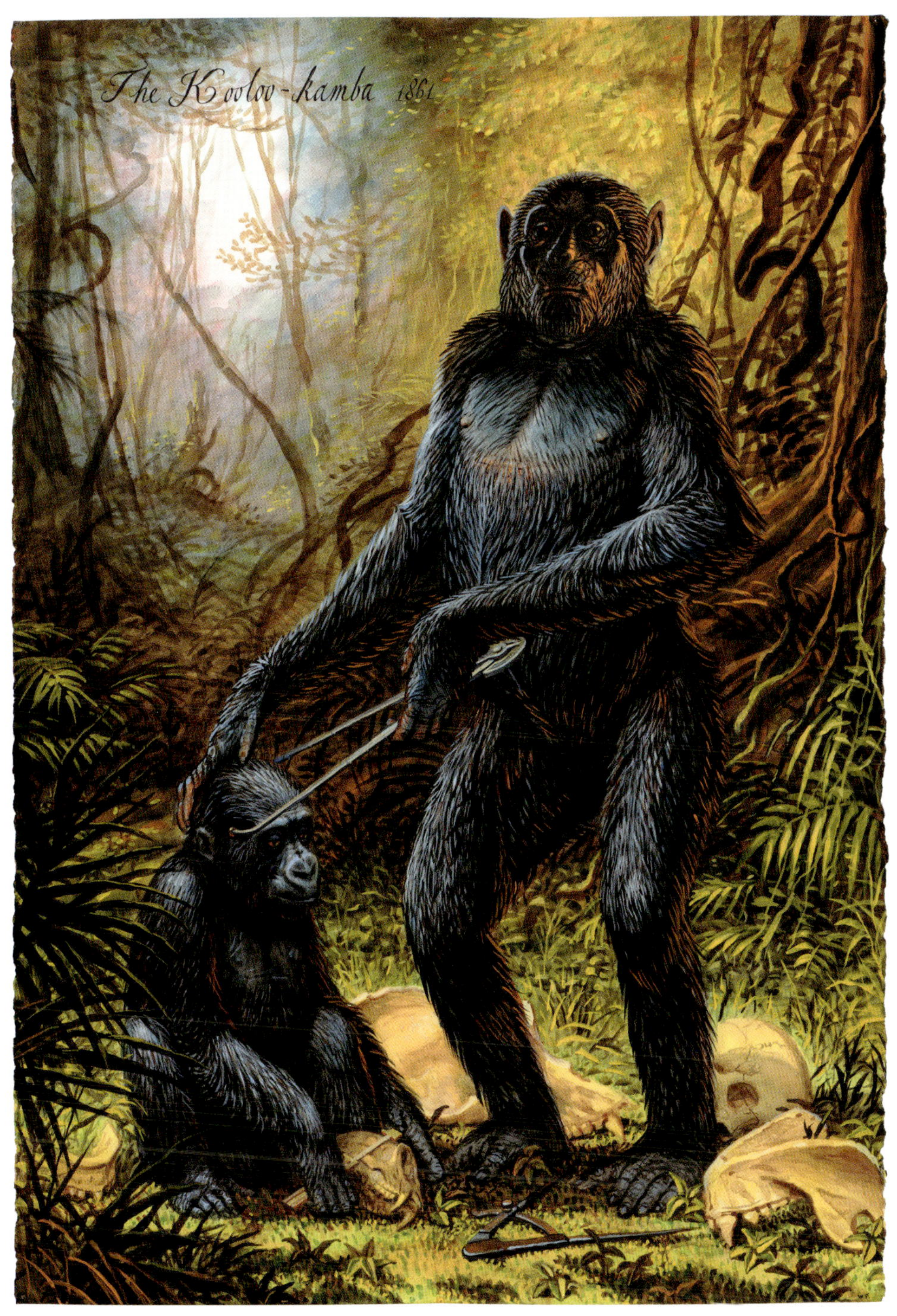

The Kooloo-kamba 1861

Mazeppa in the Exclusion Zone
Watercolor, gouache, and ink on paper
212.7 x 152.7 cm (83¾ x 60⅛ in.), 2022

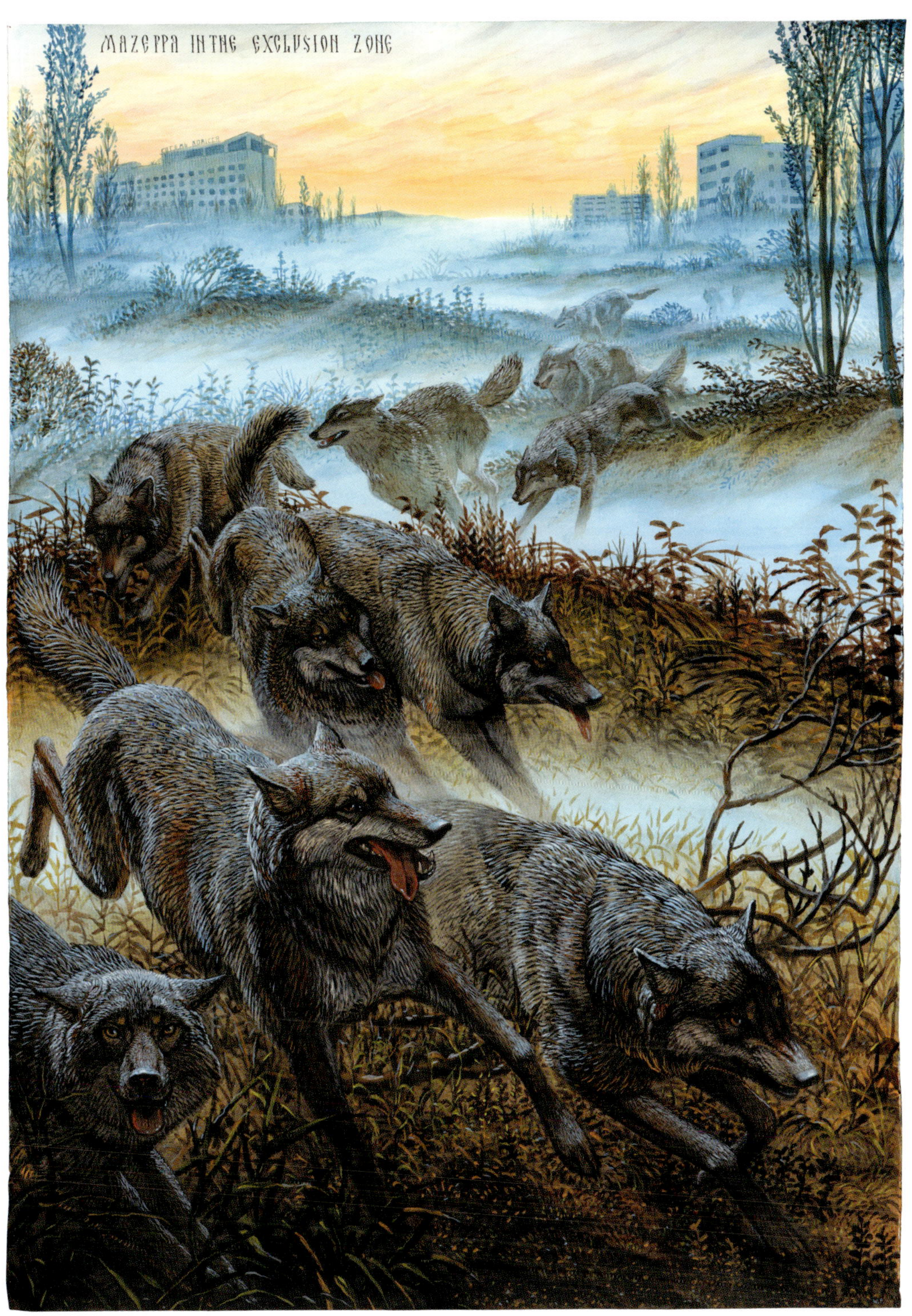
MAZEPPA IN THE EXCLUSION ZONE

Awakening
Watercolor, gouache, and ink on paper
153 x 304.8 cm (60¼ x 120 in.), 2023

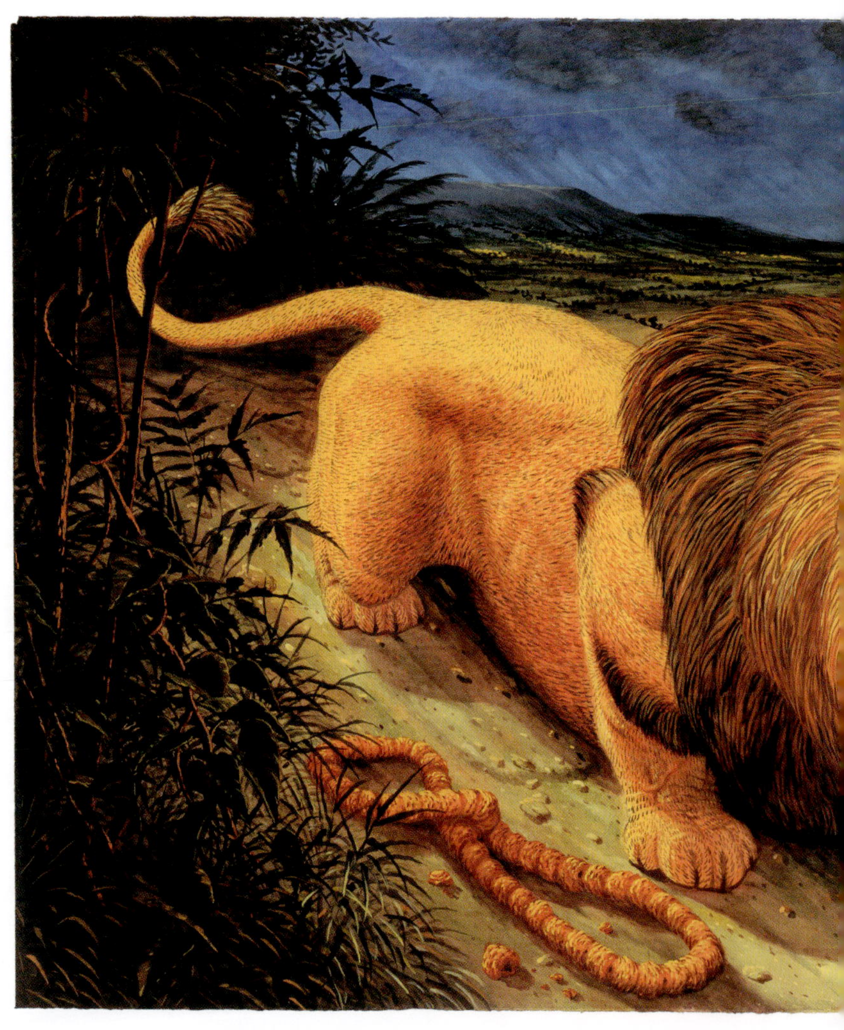

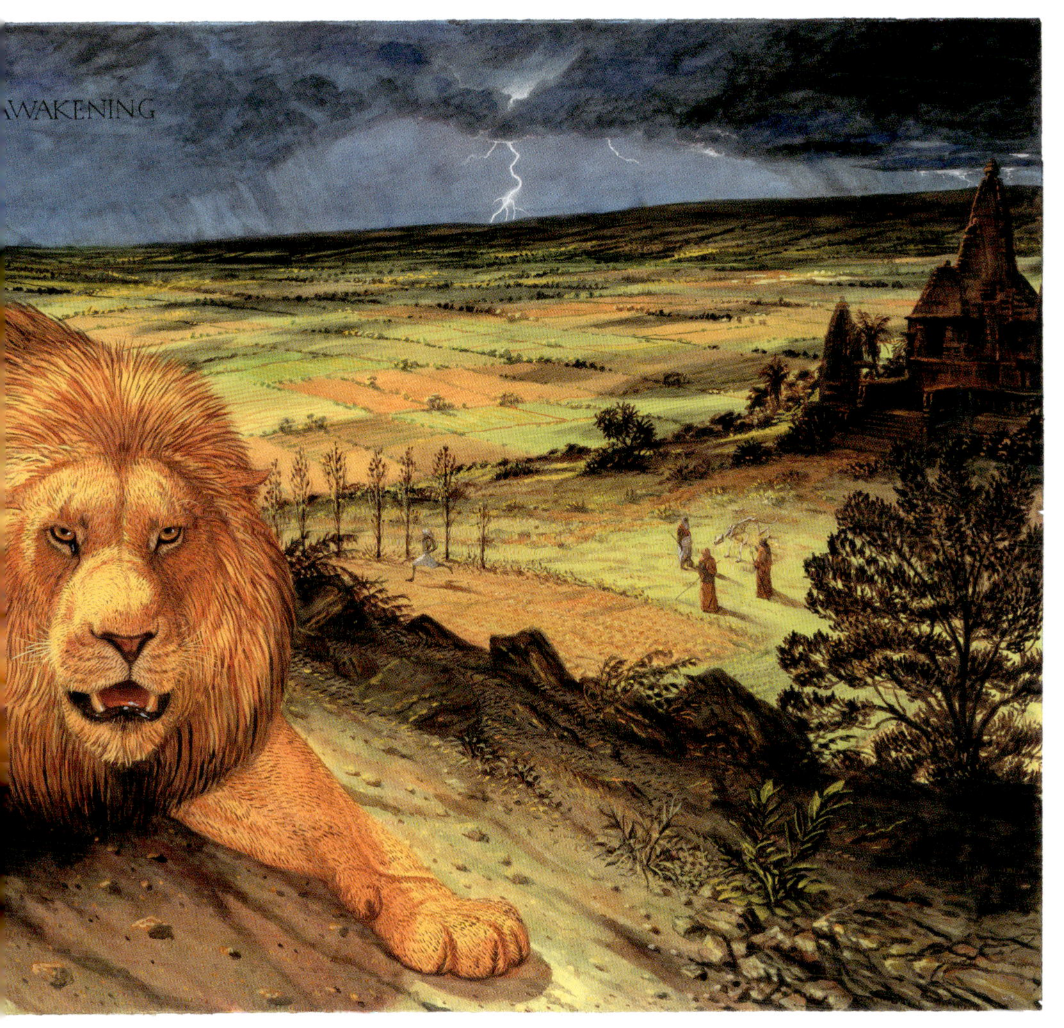
AWAKENING

Vespers
Watercolor, gouache, and ink on paper
152.4 x 106 cm (60 x 41¾ in.), 2022

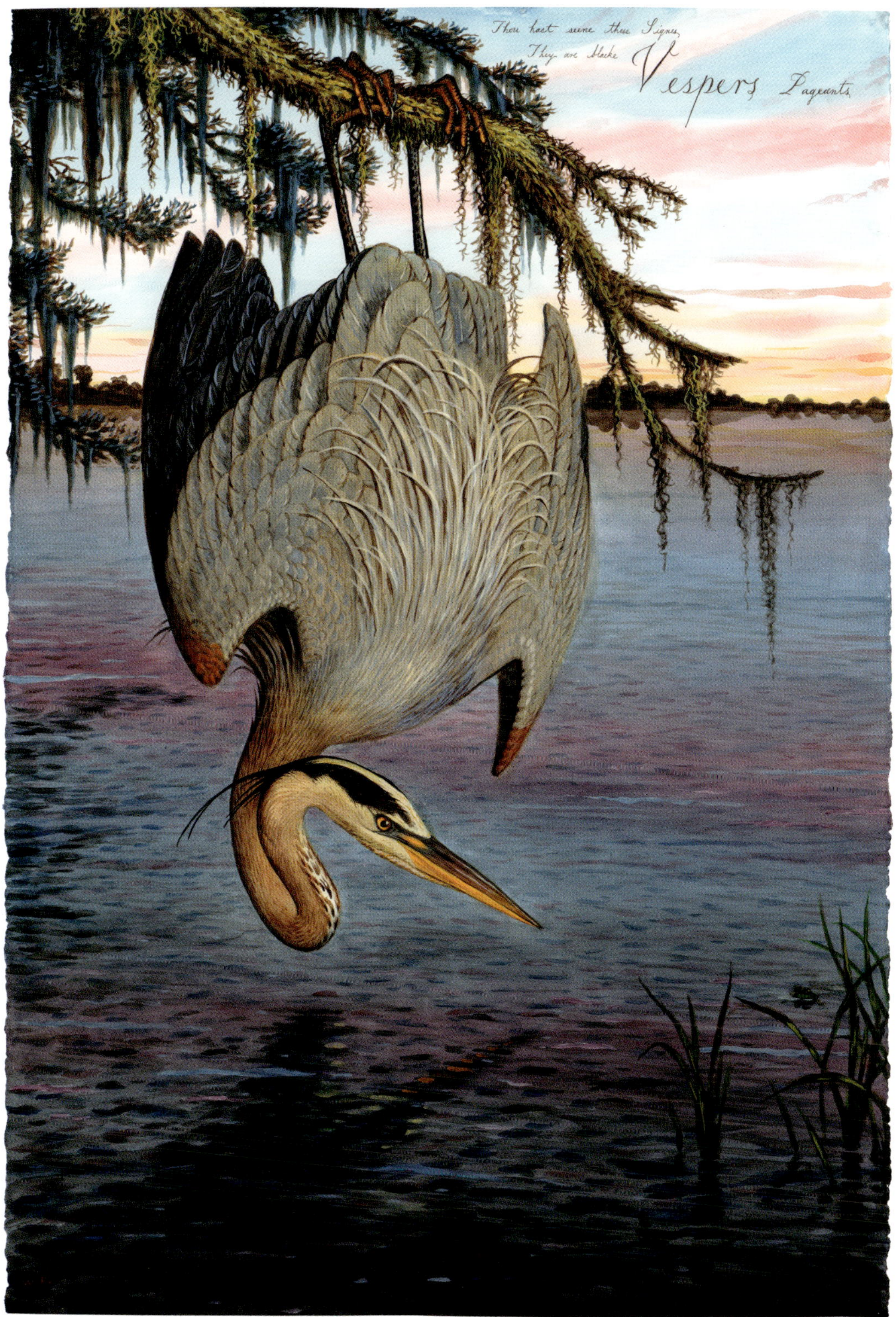

Thou hast seene these Signes,
They are blacke Vespers Pageants

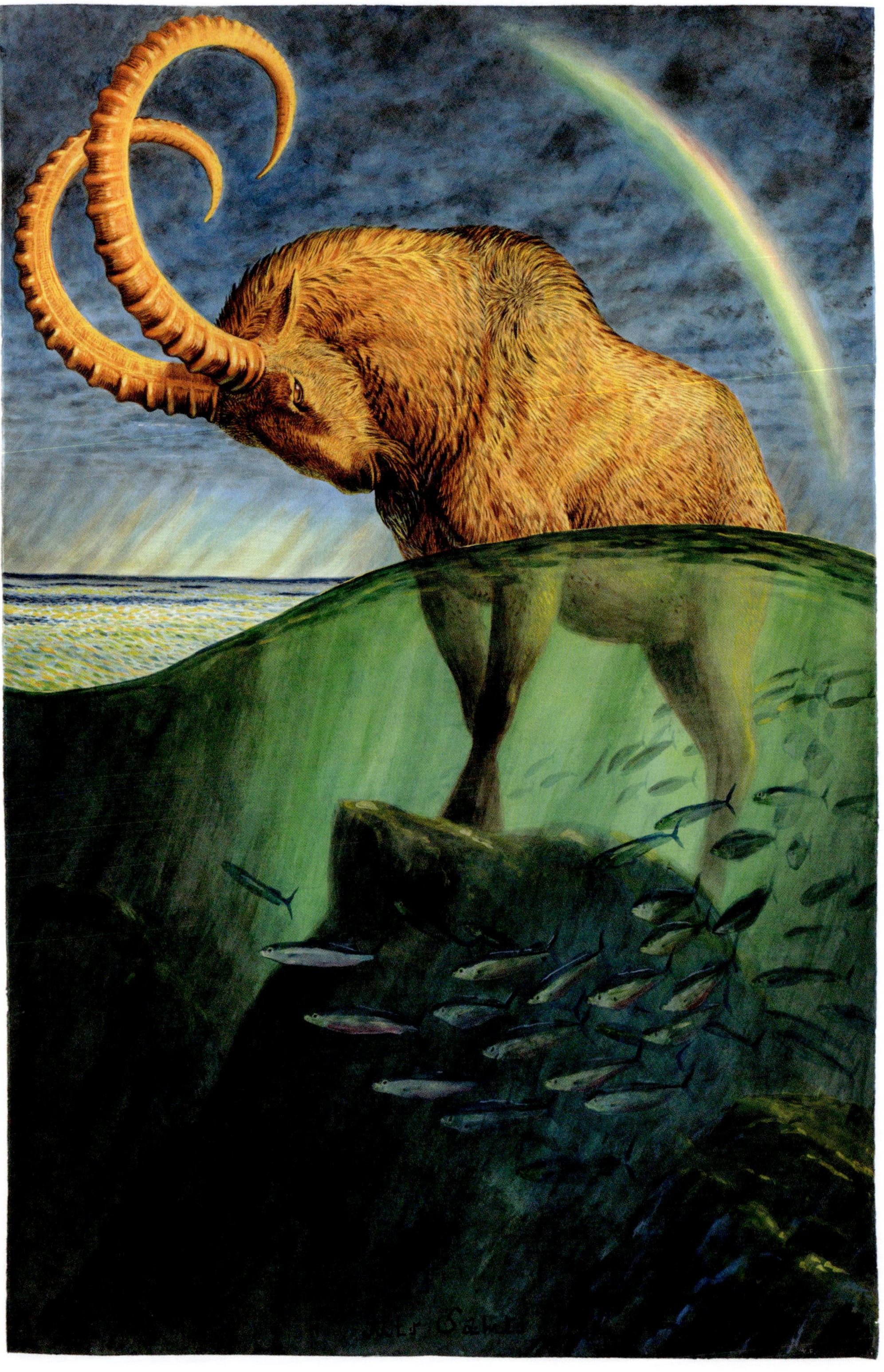

Mir Samir
Watercolor, gouache, and ink on paper
227.9 x 151.8 cm (89¾ x 59¼ in.), 2022

I'd been training performing animals since
vaudeville days. So when The Wizard of Oz was
in the works I got the call.
Fleming was determined to use real flying monkeys
from the Congo. That was M.G.M. in those days!
Never cutting corners.
But even Trefflich in New York was only able to
find about a dozen animals. Very rare, those monkeys,
even then. The script called for an army, hundreds,
so right away things got all balled up.
Anyhow, I happen to like flying monkeys, they're smart
and quite gentle, but nobody, I mean nobody, can train
a dozen to fly in formation. I had two days to work
with them before the first scene. It was bedlam.
Right off they just flew all over the set like pigeons,
landing on the equipment, pulling the place apart.
Of course after that Fleming used little people in
monkey costumes and I got the breeze after four thankless
days. No screen credit, naturally.
I remember hearing that Louis B. Mayer kept the finest
looking Flying Monkey for a while as a pet.
The original Nikko, I guess. In any case, I was on to
the next thing by then — over on Cahuenga with Louis Weiss
helping set up Monkey Island ... another wacky story for
another day.
— Bert G. Fisher!

The Original Nikko

Watercolor, gouache, and ink on paper
228.3 x 152.4 cm (89⅞ x 60 in.), 2023

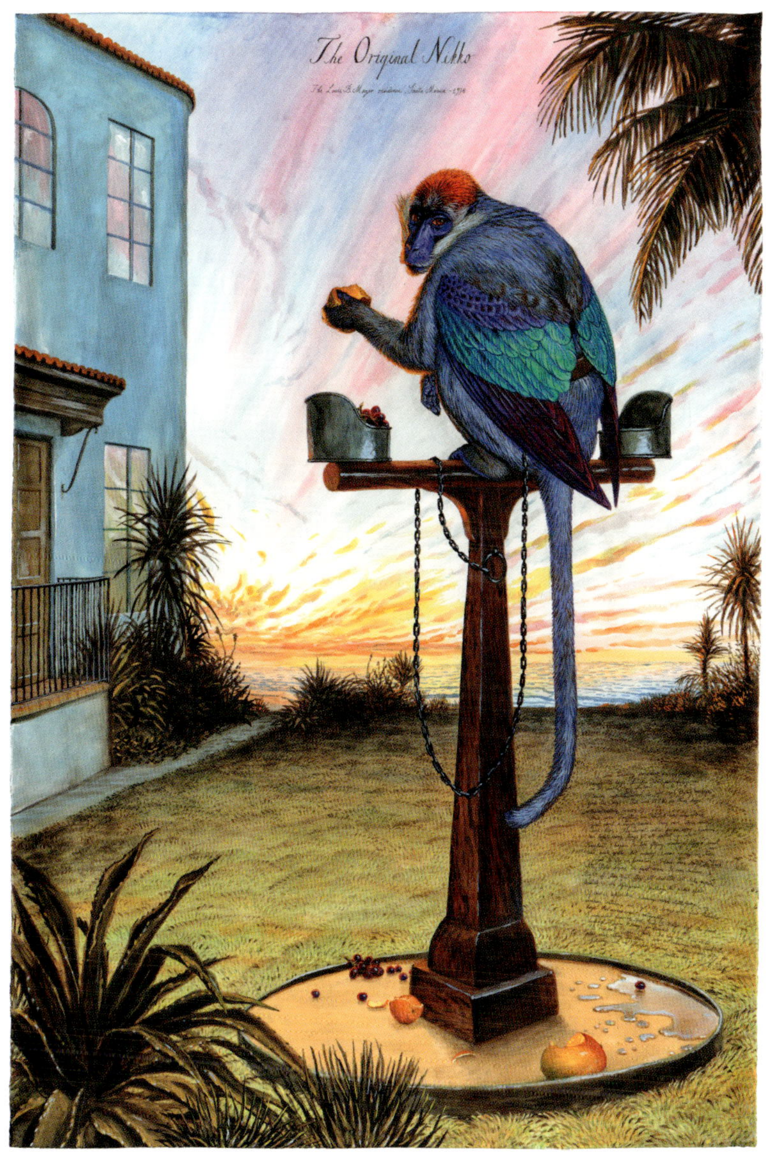

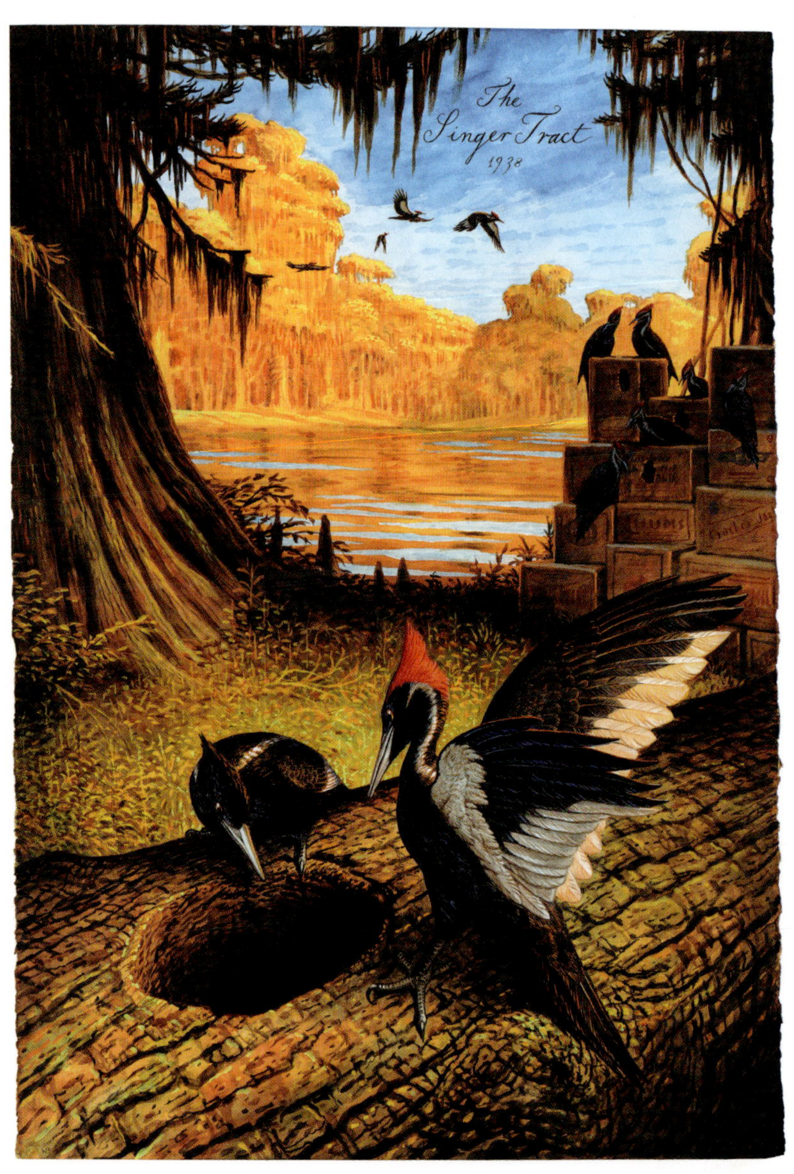

The Singer Tract

Watercolor, gouache, and ink on paper

152.4 x 106 cm (60 x 41¾ in.), 2023

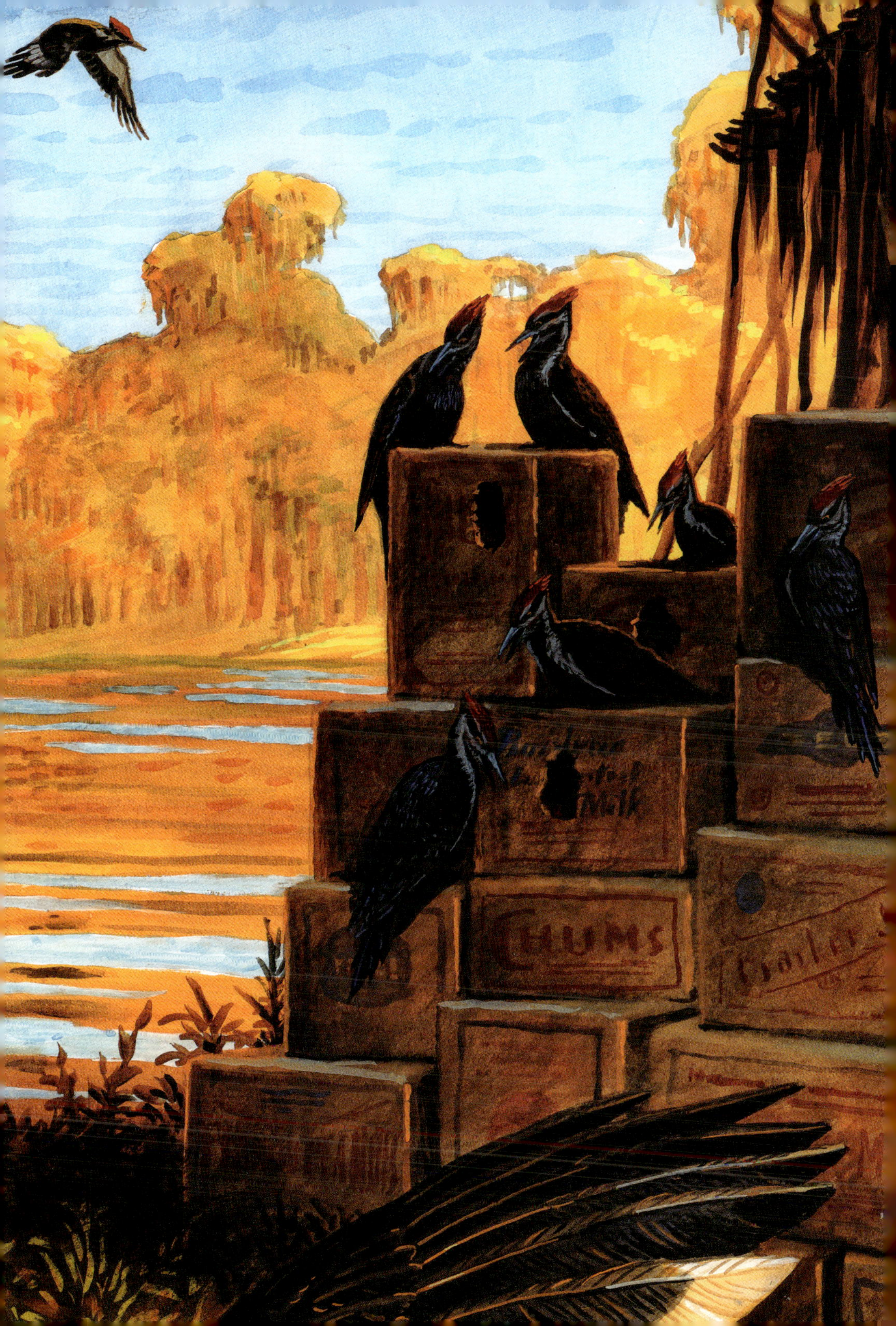

CHUMS

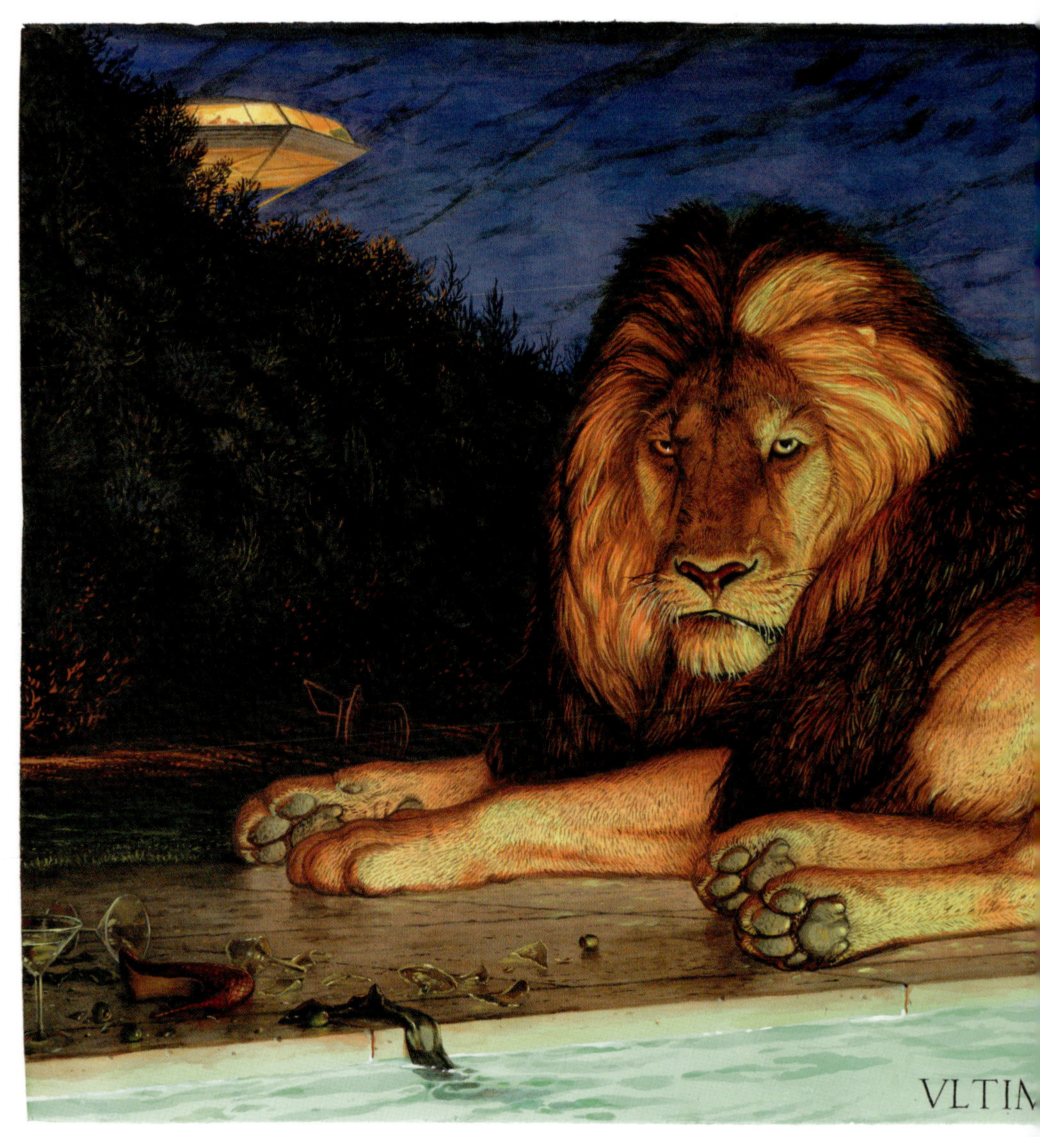

Ultimum Leo
Watercolor, gouache, and ink on paper
153 x 304.8 cm (60¼ x 120 in.), 2022

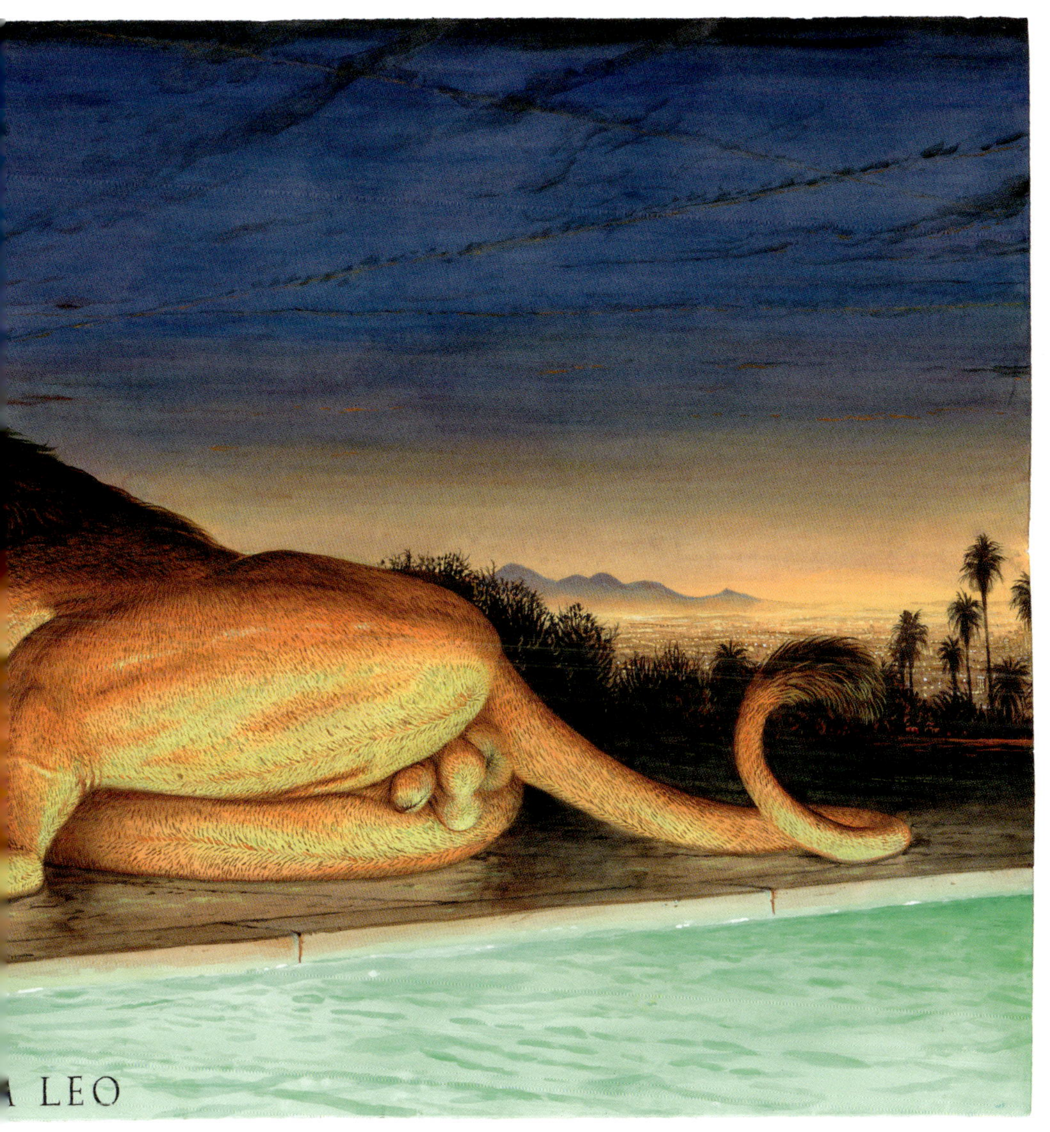
LEO

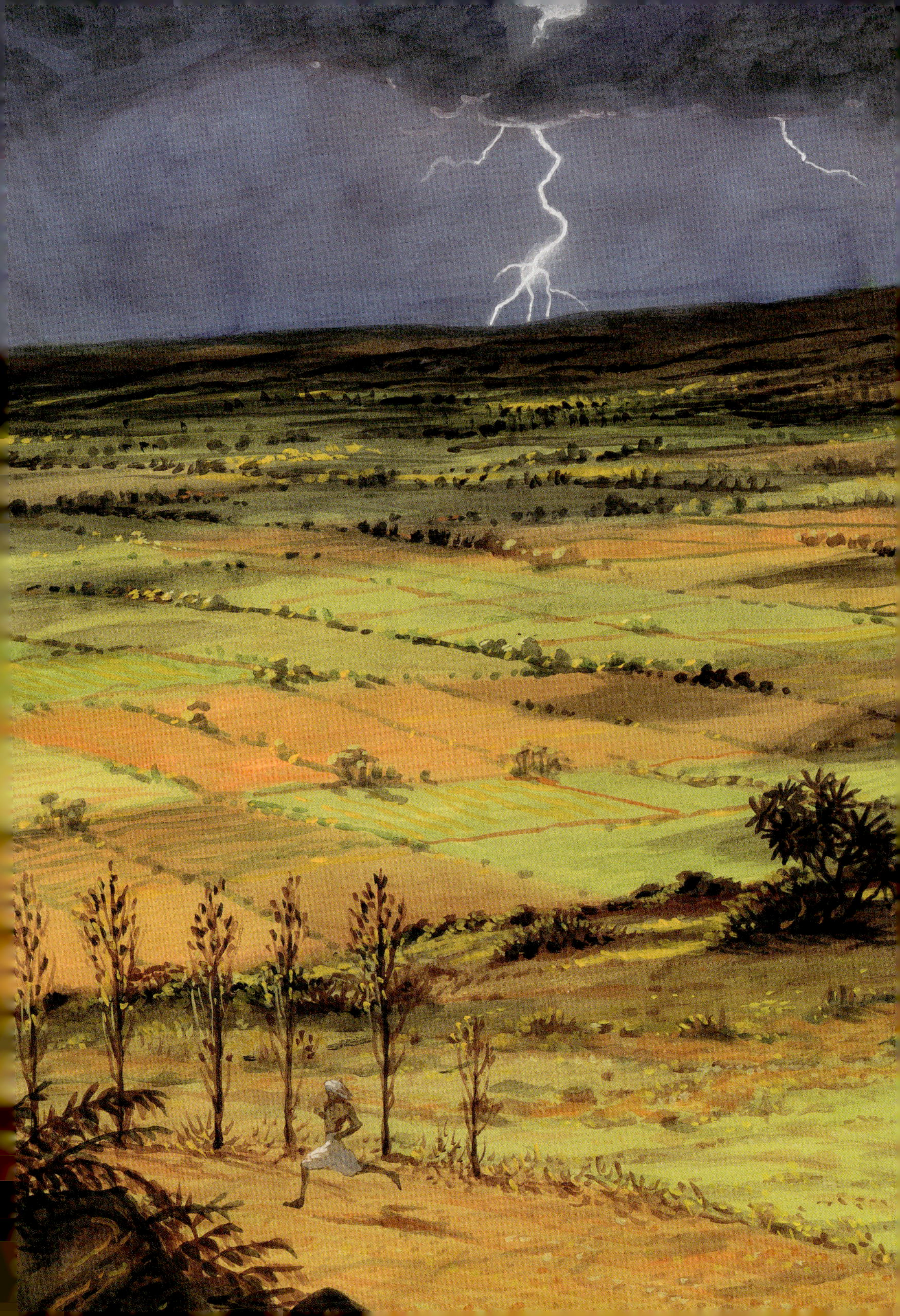

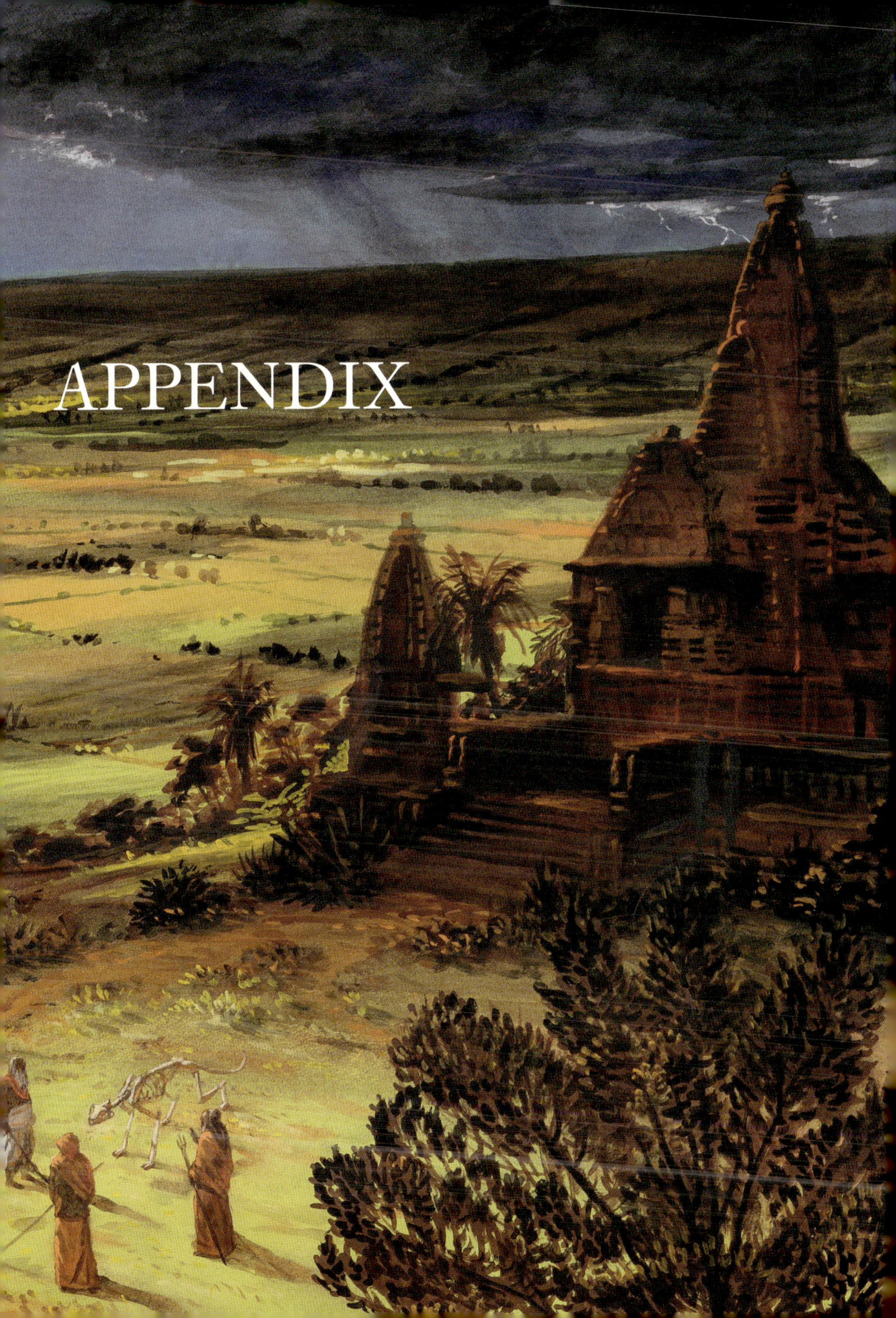

APPENDIX

WALTON FORD
1960/ ——— Born in White Plains, New York
Lives and works in New York City

EDUCATION
1982/ ——— BFA, Rhode Island School
of Design, Providence, Rhode Island
1982/ ——— European Honors Program,
Rhode Island School of Design, Rome, Italy

SOLO EXHIBITIONS
2023/ ——— *"Walton Ford: Aquarelle,"*
Galerie Max Hetzler, Berlin, Germany,
June 18–August 14
2022/ ——— *"Walton Ford,"* Gagosian Gallery,
New York, New York, March 11–May 7
2021/ ——— *"Walton Ford: A Very Rare Sight,"*
Galerie Max Hetzler, Paris, France,
April 22–June 3
2018/ ——— *"Walton Ford: Barbary,"*
Paul Kasmin Gallery, New York, New York,
October 10–December 22
"Walton Ford: New Watercolors,"
Vito Schnabel Gallery, St. Moritz,
Switzerland, March 18–May 6
2017/ ——— *"Walton Ford: Calafia,"*
Gagosian Gallery, Beverly Hills, California,
November 2–December 16
2015–16/ ——— *"Walton Ford,"*
Musée de la Chasse et de la Nature,
Paris, France, September 15, 2015–
February 14, 2016
2014/ ——— *"Water Colors,"* Paul Kasmin
Gallery, New York, New York, May 1–
June 21

2011/ ——— *"I don't like to look at him, Jack.
It makes me think of that awful day on the
island,"* Paul Kasmin Gallery, New York,
New York, November 3–December 23
2010–11/ ——— *"Walton Ford,"*
Louisiana Museum of Modern Art,
Humlebaek, Denmark,
November 12, 2010–March 6, 2011
2010/ ——— *"Walton Ford: Bestiarium,"*
Hamburger Bahnhof Museum für
Gegenwart, Berlin, Germany; Albertina,
Vienna, Austria, January 23–June 6
2009/ ——— *"New Work,"* Paul Kasmin
Gallery, New York, New York,
November 12–December 29
2008/ ——— *"Walton Ford,"* Paul Kasmin
Gallery, New York, New York, May 8–July 3
2006/ ——— *"Tigers of Wrath: Watercolors by
Walton Ford,"* traveling exhibition: Brooklyn
Museum, Brooklyn, New York, November
3, 2006–January 28, 2007; Norton Museum
of Art, West Palm Beach, Florida, June 16–
August 26, 2007; San Antonio Museum
of Art, San Antonio, Texas, October 26, 2007–
January 6, 2008
"Ford: Works on Paper," John Berggruen Gallery,
San Francisco, California, June 1–June 30
2005/ ——— *"New Works,"* Paul Kasmin
Gallery, New York, New York, May 20–July 2
2004/ ——— *"Bitter Gulfs,"* Paul Kasmin
Gallery at 511, New York, New York,
June 9–July 10
"New Work," Michael Kohn Gallery,
Los Angeles, California, April 29–June 25
2002/ ——— *"Walton Ford,"* Paul Kasmin
Gallery, New York, New York, October 17–
November 16

2000/ ——— *"Brutal Beauty,"* Bowdoin
College Museum of Art, Brunswick, Maine,
September 29–December 10
"New Paintings," Paul Kasmin Gallery,
New York, New York, May 18–June 30
1999/ ——— *"New Work,"* Kohn-Turner
Gallery, Los Angeles, California,
February 11–March 20
"Avatars: The Watercolors of Walton Ford,"
University Art Museum, California State
University, Long Beach, California,
January 26–March 26
1998/ ——— *"New Works,"* Paul Kasmin
Gallery, New York, New York, April 22–
May 23
"Walton Ford: The Legacy of Empire,"
Aspen Art Museum, Aspen, Colorado,
February 26–April 12
1997/ ——— *"Walton Ford: The Legacy
of Empire,"* Southeastern Center for
Contemporary Art, Winston-Salem,
North Carolina, July 19–September 30
"Walton Ford: Recent Paintings & Drawings,"
Paul Kasmin Gallery, New York, New York,
April 10–May 10
1993/ ——— *"Procrustean Beds,"*
Nicole Klagsbrun Gallery, New York,
New York, in collaboration with Michael
Klein, Inc., New York, New York,
October 23–November 20

PUBLIC COLLECTIONS
Alturas Foundation, Milton, Massachusetts
Bowdoin College Museum of Art, Brunswick,
Maine
Crystal Bridges Museum, Bentonville, Arkansas

DeCordova Museum, Lincoln, Massachusetts
Detroit Institute of Art, Detroit, Michigan
Museum of Fine Arts, Houston, Texas
Museum of Modern Art, New York, New York
New Britain Museum of American Art,
New Britain, Connecticut
New York Public Library, New York, New York
Princeton Art Museum, Princeton, New Jersey
San Antonio Museum of Art, San Antonio, Texas
Smithsonian American Art Museum,
Washington, D.C.
Spencer Museum of Art, Lawrence, Kansas
University Art Museum, California State
University, Long Beach, California
Wadsworth Atheneum, Hartford, Connecticut
Whitney Museum of American Art, New York,
New York

DOCUMENTARIES
2019/ ——— PBS. *That Moment When. Walton
Ford*, Lindsay Blatt, producer and director.
2018/ ——— PBS News Hour. *The Met's
"Delacroix" exhibit shows the artist in full.*
2015/ ——— The Metropolitan Museum of
Art. *The Artist Project*, Season 1: Walton Ford.
Teresa Lai, producer; Christopher Noey,
director.
2011/ ——— Juxtapoz Magazine. *Walton Ford.*
2003/ ——— *Art:21: Art in the Twenty-First
Century*, Season Two. Susan Sollins, producer;
Charles Atlas, director.

ACKNOWLEDGEMENTS

I've been blessed to have been represented by the best art galleries on the planet.

Many thanks to Larry Gagosian and to all of the hardworking people who make his galleries operate; with special thanks to the indefatigable and charming Putri Tan.

It's been a delight working not only with the elder and the younger Max Hetzler; but also with Samia Saouma and the lovely team at Galerie Max Hetzler.

I would like to send love to the late Paul Kasmin for giving me the years in the studio that I needed. I deeply appreciate the wonderful people Paul surrounded himself with, and whom I have depended on over the years; special thanks to Edith Dicconson and Nick Olney.

My thanks to Colin Bailey and Isabelle Dervaux at the Morgan Library and Museum; we have much to look forward to.

Thank you to Jérôme Neutres for his dynamism and for finding me the perfect venue for my work. Thank you Claude D'Anthenaise and

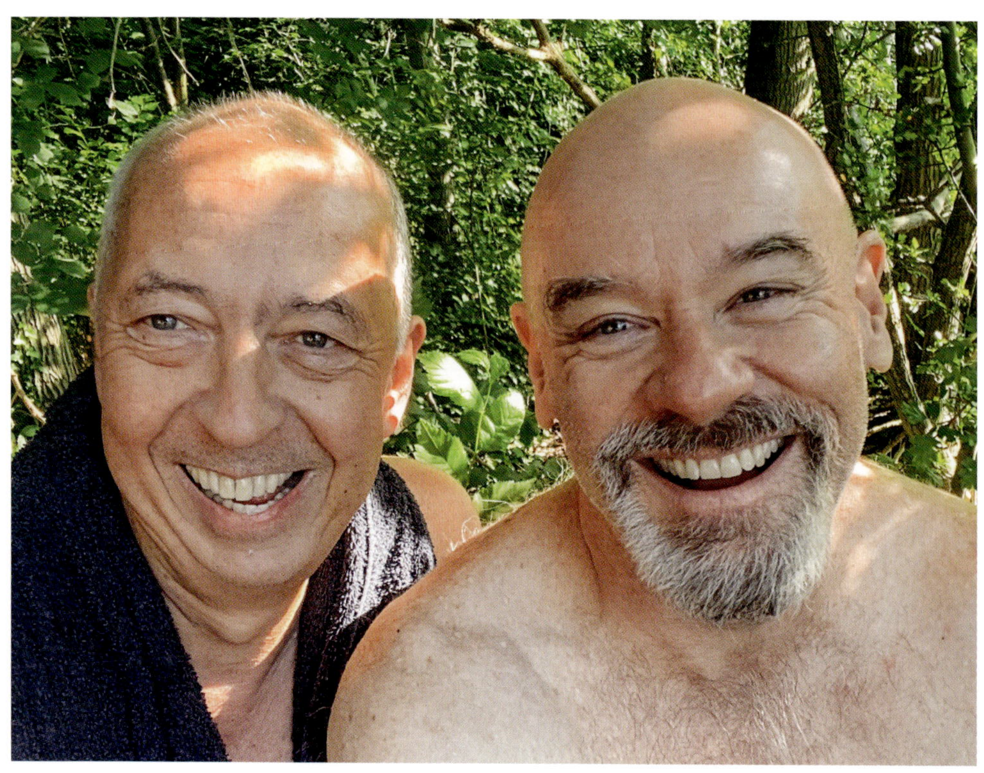

the staff at le Musée de la Chasse et de la Nature for giving me leave to do as I pleased with their beautiful museum.

Thank you Vito Schnabel for letting my panther escape in Switzerland.

I'm much obliged to Bill Buford for his flawless introduction. He came through like a great chef in a big-city restaurant at the height of service.

I owe a great deal to my dear pal Peter Pettengill for teaching me the exquisite language of copperplate etching.

Thank you to Robert Allen for your loyalty, tenacity, and wit.

I will never forget Benedikt Taschen's generosity and enthusiasm; I have been delighted with Andy Disl's ravishing design; Anna Walker's meticulous copyediting and proofreading of the text has been a gift. I counted on Nina Wiener to be a supremely brilliant editor, and I am lucky enough to count her as a generous and beloved friend. I have been overwhelmed by the warmth and intelligence of the people at TASCHEN.

Great love and gratitude to my sweet mom.

My life has been graced by two radiant, loving, and accomplished daughters. I love you, Lilly and Camellia.

—Walton Ford, 2023

Benedikt Taschen und Walton Ford,
Berlin 2021.

The publisher gratefully acknowledges the use of images from the following collections: American Museum of Natural History: p. 86 (Carl E. Akeley in his studio, 1926, photographer unknown), p. 88 (Young Gorilla, Africa, photograph by Martin Johnson); p. 102 (Skeleton of Great Auk and three eggs, 1935, photograph by Thane Bierwert); p. 125 (Blind students studying the elephant, American Museum of Natural History, 1916, photograph by J. Kirschner.); and p. 150 (Passenger Pigeon from aviary of D. Whitman, 1898, photograph by J. L. Hufford). The Bridgeman Art Library International: p. 213 (John Wilmot, 1647–80, Second Earl of Rochester, ca. 1675, oil on canvas, attributed to Jacob Huysmans, ca. 1633–96/Warwick Castle, Warwickshire). Byron Crabbe, Mario Larringa, Ernest Smythe, and Willis O'Brien: p. 291. Collège de Pataphysique, Léna Weber: p. 296. Gerard Willems, Hobart: p. 252. Collection of W. Graham Arader III: p. 226 (George Catlin, 1794–1872, Plate No. 10: *Buffalo Hunt, White Wolves Attacking a Buffalo Bull* from Catlin's North American Indian Portfolio, lithography by Day & Haghe, London, ca. 1840).

Walton Ford's paintings have been photographed by Adam Reich, Christopher Burke, Ed Glendinning, Elisabeth Bernstein, and Tom Powel.

Page 512
Sans Souci
Watercolor, gouache, and ink on paper
76.7 x 104.2 cm (30 x 41 in.), 2011

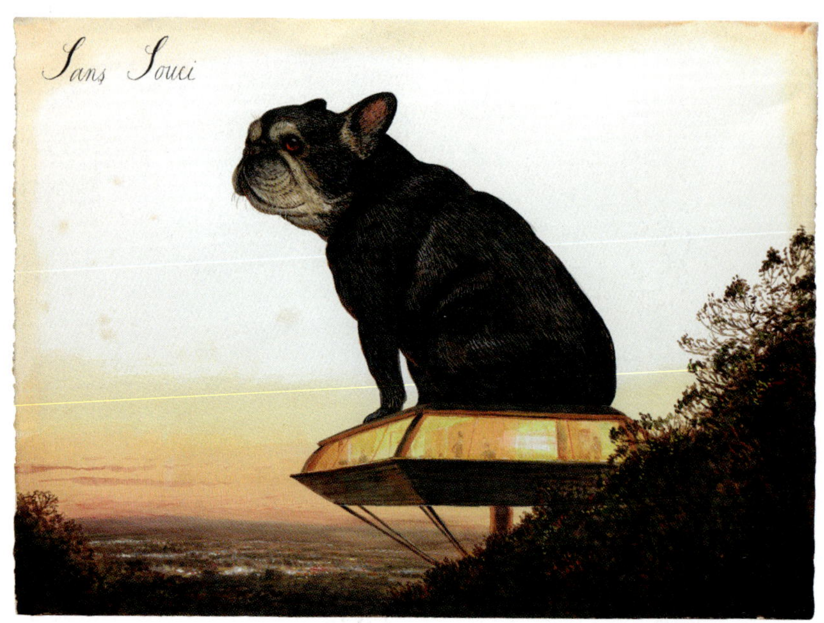

IMPRINT

**EACH AND EVERY TASCHEN BOOK
PLANTS A SEED!**
TASCHEN is a carbon neutral publisher.
Each year, we offset our annual carbon emis-
sions with carbon credits at the Instituto Terra,
a reforestation program in Minas Gerais, Brazil,
founded by Lélia and Sebastião Salgado. To
find out more about this ecological partnership,
please check: *www.taschen.com/zerocarbon*
Inspiration: unlimited.
Carbon footprint: zero.

To stay informed about TASCHEN and our
upcoming titles, please subscribe to our free
magazine at *www.taschen.com/magazine*, follow
us on Instagram and Facebook, or e-mail your
questions to *contact@taschen.com*.